C. G. 융과 기독교

기독교 인문
시리즈
009

C. G. 융과 기독교

융 심리학으로 재해석하는 기독교 정신

장덕환

차례

머리말: 껍데기는 가라고? _ 7

제1장 융의 운명 – 원초적 대극의 발생과 만남　　　　　16

　이성적 혹은 근대적인 아버지의 뿌리 _ 18
　감성적 혹은 신비적인 어머니의 뿌리 _ 32
　서로 다른 두 뿌리의 만남 _ 40
　C. G. 융에게서 구체화된 두 뿌리의 뒤섞임 _ 41

제2장 융의 핵심 과제 – 대극의 문제를 어떻게 풀 것인가?　　62

　철학적·심령술적 접근 _ 64
　심령술적·정신의학적 접근 _ 89
　결혼과 업적 _ 102

제3장 프로이트와의 만남과 결별, 그리고 자신의 심리학을 찾아서　　　　　112

　프로이트의 『꿈의 해석』과 융 _ 113
　편지 왕래 _ 118
　직접 교류 _ 124
　융은 왜 프로이트와 결별했나? _ 137
　결별 과정 _ 186
　융 자신의 심리학을 찾아서 _ 191

제4장 융이 본 영지주의 210

    융이 영지주의를 탐구하게 된 동기 _ 211
    영지주의란? _ 214
    융과 영지주의 _ 231
    영지주의와 연금술 _ 258

제5장 분석심리학의 기본 틀 266

    기본 개념 _ 267
    개성화 과정 혹은 자기실현 _ 281
    종교 속에서의 개성화 과정 _ 365

제6장 전이심리학과 연금술 374

    정신 치료에서 전이와 변환의 관계 _ 375
    연금술에서의 개성화 과정 혹은 전이: 「현자의 장미원」의 그림들을
      중심으로 _ 391

제7장 기독교 신화의 재해석 - 『욥에의 응답』 460

    『아이온』 _ 461
    『욥에의 응답』 _ 464
    새로운 신화의 탄생 _ 544

[부록 1] 『변환의 상징』 요약 _ 556
[부록 2] 밀러의 환상들 _ 594
[부록 3] 죽은 자들을 위한 일곱 가지 설교 _ 609
[부록 4] 「초월적 기능」 요약 _ 630
[부록 5] 프로이트의 『토템과 타부』 요약 _ 641

참고문헌 _ 646

머리말
껍데기는 가라고?

초등학교 2학년 때쯤이니까 정말 옛날얘기다. 산수 시간에 막대그래프를 그리는 시험을 봤는데 빵점을 받았다. 시험지에 0에서부터 100까지를 나타내는 빈 막대들이 미리 그려져 있었고, 문제는 거기에다 "70을 표시하고 색칠하시오!" 하는 정도였던 것 같다. 나는 70이면 70, 80이면 80에 해당하는 곳에 줄을 긋고, 그렇게 만들어진 공간을 까맣게 색칠하기 시작했다. 그런데 색을 꽉 차게 칠해야 하는데, 그렇게 다 칠해버리면 왠지 미워 보였다. 그래서 까맣게 꽉 메우지 않고, 그래프의 맨 꼭대기를 하얀 선으로 보이게끔 조금 남겨두었다. 보기가 아주 좋았다. 그러나 선생님은 나에게 왜 그렇게 했느냐고 묻지도 않고 빵점을 주셨다. 당연한 결과였다. 그것은 산수시험이지 미술시험이 아니었으니까. 그런데 내게 있어서 이것은 뭘까? 본질보다 껍데기를 중시하는 기질적 소인인가?

교회 초등부 교사를 하던 시절 이야기니까 10대 후반이나 20대 초반에 있었던 일이다. 초등학교 아이들을 데리고 성탄절 특별 공연을 준비하고 있었다. 뮤지컬을 하기로 했다. 연극적 스토리텔링이 있어야 하고 거기에 걸맞은 음악이 있어야 하는 작업 말이다. 상상만 해도 멋있는 일이었다. 그런데 문제는 어린이를 위한 뮤지컬 악보나 대본은 아무 데도 없었다는 점이다. 그래서 나는 그것을 혼자 다 만들고 연출했다. 그게 무슨 문제냐고? 혹시 자기 자랑하려고 하는 것 아니냐고? 아니다. 여기에도 분명 내 문제가 있었다. 솔직히 말해서 내가 그런 걸 할 만한 음악적 지식이나 재능이 없었음에도 그런 무모한 짓을 그 당시에는 뻔뻔스럽게 했다는 것이 문제다. 이것 역시 뮤지컬을 작곡하고 연출했다는 화려한 껍데기만을 중시했던 일이었다.

그 당시쯤에 이와 비슷한 일이 하나 더 있었다. 어느 날 나는 내가 작곡한 곡의 4부 악보를 예쁘고 정성스럽게 그린 후 성가대 반주자 선생님한테 가지고 가서 한번 연주해달라고 부탁을 했다. 선생님이 몇 소절 쳐보시더니 벌레 씹은 표정을 지으면서, 어떻게 하지는 못하시고 얼버무렸던 장면이 떠오른다. 그때 나는 화성학 책을 딱 한 번 읽어보고 4부로 된 노래를 작곡한답시고 했던 것이다. 악보를 얼마나 정성스럽게 그렸는지 마치 인쇄한 듯하였다. 그러니까 음악적 화음이나 선율에 관심이 있었다기보다 그것 역시 '악보를 인쇄한 것처럼 그리기'라는 껍데기에만 관심이 있었던 사건처럼 느껴진다.

나는 왜 이 책을 쓰려고 할까? 혹시 이런 껍데기를 중시하는 고질적인 기질적 요인이 작용해서 그러는 것은 아닐까? 그래서 내용보다는 모양새나 어떤 설익은 성취감을 충족시키려는 것은 아닐까? 혹시나 그럴까 봐 이젠 괜히 겁부터 난다. 그래서 이 책을 쓰려고 하는 나 자신을 한번 돌이켜보려고 한다.

우선 내가 융을 접하게 된 동기부터 보자. 기독교인으로서 정신과 수련을 받으면서부터 융에 관한 관심은 프로이트를 능가했다. 프로이트의 이론이 답답하게 다가왔다면, 적어도 융의 이론은 열린 모양새로 내게 다가왔다. 특히 종교적 측면에서는 단연 프로이트보다 융이 크게 돋보였다. 이런 갈망은 실제 융 분석가에게 분석을 받고 싶다는 데에까지 이르렀다. 그래서 어떤 유명한 분과 분석약속을 하고 그날을 고대하고 있었는데, 아쉽게도 그분의 개인 사정으로 인해 약속이 무산되고 말았다. 그때 곧바로 다른 분을 찾아 다시 시도했어야 했는데 선천적 게으름 때문에 그 시기를 놓쳤고, 전문의 자격증을 딴 후로는 먹고사는 데 여념이 없다 보니 그런 기회를 잡을 새도 없이 시간만 허비하고 말았다. 개업을 하고 나름대로 정신 치료를 꾸준히 시행했다. 물론 나는 정통 프로이트 학파 사람도 아니고, 정통 융 학파 사람도 아니다. 그래서 내 정신 치료 방법은 여러 가지 이론과 기술들이 복합적으로 섞여 있는 어중이떠중이 치료법일 수밖에 없다. 껍데기를 중시하는 우리네 정서에서는 정통적이지 않다는 것만으로도 이미 암묵적으로 평가절하될 가능성이 있는 치료법이다. 그러나 굳이 위안을 삼자면 나를 통해 긍정적인 결과를 얻은 환자가 많다는 것이다. 그 환자들 덕분에 나름대로 보람을 느끼고 있다.

개업한 병원이 어느 정도 자리를 잡아갈 즈음, 학창 시절부터 갈망해 오던 신학을 공부할 기회가 생겼다. 내 인생에 기독교가 미치는 영향이 상당히 컸기 때문이었다. 신학 석사학위 논문을 쓸 때, 정신과 의사로서 가장 잘 할 수 있는 분야가 바로 신학과 정신과를 함께 아우르는 영역임은 너무도 분명했다. 그래서 논문 주제로 종교심리학의 관점에서 본 융 심리학을 택했다. 이 작업은 내가 그토록 관심 있어 하던 융 심리학을 보다 더 자세히 연구할 수 있는 기회를 마련해주었다. 막상 논문을 쓰기 시작하니 융이라는 사람은 내가 감히 어떻게 그려낼 방법이 없을 만큼 너무도 큰 산임을 새삼 절감했지만 그냥저냥 논문을 완성했다. 신학박사과정까지 줄곧 융 심리학을 도구로 삼아 논문을 썼다. 그리고 그 박사논문을 근간으로 한 단행본을 출판했는데, 어설픈 상태에서 처음 낸 책이 『융 심리학적 관점에서 본 이용도 목사의 꿈과 환상체험』이었다. 나중에 찬찬히 되돌아보니 이 책이야말로 어렸을 때 아무 망설임 없이 질러댔던 무모함의 소산처럼 느껴졌다. 그래서 좀 더 근원적인 문제로 다가가려고 노력한 결과물이 『인간 없이 신은 없다』라는 책이다. 이 책은 처음 발간한 책을 상당 부분 보완한 것으로, 어떤 면에서 보면 거의 새로 다시 쓴 책이나 진배없다. 이런 과정 속에서 모 신학 대학교와 대학원에서 종교심리학을 강의하게 되었는데, 그 시간이 내게 많은 자극을 주었다. 강의 준비를 위해 융 심리학에 관한 여러 서적을 또다시 정리하고 확장해서 볼 기회를 얻은 것이다. 그 후 여러 자료를 보충하고 허접하지만 몇 개의 글을 교재처럼 묶을 수 있게 되었다. 이런 작업이 지금 이 책을 쓰게 된 밑바탕이 되었다.

그런데 책의 내용을 다시 읽어보니 나의 어린 시절, 그 무모했던 행위들이 떠올랐다. 껍데기만 중시하는 나의 선천적 속성 때문에 내용에 충실하지 못한, 어쩌면 이 책 저 책을 베낀 쓰레기 같은 책일지도 모른다는 생각이 물밀 듯이 밀려왔다. 그래도 이 일을 해야 할까? 만일 하고 싶은 욕망이 스러지지 않는다면 그건 도대체 뭘까? 나는 내 껍데기가 가지고 있는 힘을 뜯어보고 이해하고 싶어졌다.

청소년기에 누구나 한 번쯤은 생각하고 넘어가는 주제가 있다. 바로 죽음이다. 나도 예외 없이 죽음이란 문제에 한동안 사로잡혀 살았다. 아마도 고등학교 1학년 때쯤으로 기억한다. 등하교 길에 조그마한 개울이 있었는데, 그 다리를 건널 때마다 습관적으로 '여기서 뛰어내리면 죽을 수 있을까?' 하는 질문을 했다. 산다는 것에 대한 고민이 가장 극심했던 때는 의과대학 예과 1학년 때였다. 그때 나는 수원에서 통학을 했는데, 지금처럼 전철이 있었던 때가 아니라서 경상도나 전라도로 떠나는 기차를 타고 다녀야 했다. 언제나 서울역에 가서 기차를 탔는데, 기차를 타려면 반드시 철판으로 되어 있는 긴 발판과 양옆으로는 쇠파이프로 손잡이를 길게 이어놓은 개찰구를 통과해야 했다. 그 설치물을 지날 때마다 발걸음에 따라 철판들이 부딪히는 소리가 마치 죽은 사람의 뼈들이 서로 부딪쳐 달가닥달가닥하는 것처럼 들렸고, 석양이 개찰구에 드리워지기라도 하는 날에는 마치 붉은 피가 쇠파이프와 철판 위로 흥건히 흘러내리는 것처럼 느끼곤 했다. 지금 생각해보니 그때 나는 아마도 지독한 우울증에 시달렸던 것 같다. 그야말로 삶과 죽음의 경계가 가장 모호했던 시절의 추억이다.

내가 기독교를 만난 것이 중학교 2학년 때이니까 그 당시 내 신앙생활은 제법 익어갈 무렵이었다. 그러나 신앙이 죽음을 갈구하던 나를 구출해주기는커녕 훨씬 더 깊고 황량한 내면으로 몰아가는 듯했다. 교회는 무조건적인 회개와 순종을 요구했고 선한 삶만 강조했다. 내 속은 악으로 가득 차 수시로 마음의 죄를 지었고 그로 인한 갈등으로 존재 자체에 대한 회의 속에서 전쟁을 벌이며 죽음과 마주한 채 그것에 파괴당하는 기분에 사로잡혀 있는데도 불구하고, 교회는 "너는 태생적으로 죄인이다. 절대적으로 무능한 존재이므로 오로지 예수 그리스도를 통해서만 구원받을 수 있어. 그리고 그런 다음엔 원수를 사랑하고 참고 견디는 자만이 참된 승리자가 될 수 있는 거야"라고 가르쳤다. 그러면서 신앙생활과 일상생활은 물과 기름처럼 전혀 다른 삶임을 강조하곤 했다. 세상의 삶은 타락과 환락과 범죄로 가득하다는 것이다. 주일저녁 예배가 끝날 때쯤 교회는 "나가세 나가! 나가세 나가! 싸움터로 나가세!"라는 찬송가를 힘차게 불렀다. 죽는 게 두려워서 그랬는지 모르겠지만 이런 분위기에서는 세상 모든 걸 접고 차라리 교회 안에서만 살았으면 좋겠다는 생각마저 들었다.

기독교 신앙이란 정말 이런 것일까? 교회생활은 선이고 세상살이는 악일까? 기독교만 옳고 세상 지식은 모두 쓸데없는 것일까? 하나님만 옳고 다른 신들은 다 그른 것일까? 게다가 하나님의 자녀가 된다는 것이 힘센 아버지 밑에서 살아가는 어리고 나약한 아이가 된다는 뜻일까? 그래서 주님의 절대적인 보호에 언제나 감사하며 살아야 한다는 말일까? 그리고 그런 하나님을 떠나면 우리는 천애 고아가 되어 죽음에 이를 수밖에 없다는 것인가? 내가 죽음을 생각하며 살아가는 것도 이런 믿음이 없어서라는 마음마저 들었다. 그러나 이런 생각이 들면 들수록 마음은 점점 더 답답해지기만 했다.

의과대학에서 배우는 과목은 이런 의문투성이인 내게 하나도 도움이 되지 않았다. 게다가 하나같이 내 적성과는 거리가 먼 것들이었다. 억지로 의과대학을 졸업하고 의사면허증을 받고 났더니 정말 내가 하고 싶은 과가 정신과 말고는 아무것도 없었다. 그것도 선뜻 결정하지 못하고 2-3년을 방황하고 나서야 정신과 전문의 과정을 밟기 시작했다. 그때부터 정신과의 초석인 프로이트를 좀 더 자세하게 만나기 시작했는데, 그의 정신분석 이론을 공부하면 할수록 과거에 느꼈던 답답함이 밀려왔다. 프로이트가 무의식을 발견하여 인간의 이성과 의식을 중시하던 시대의 한계를 깨부수고 새로운 시대를 열었다는 점에서는 그의 천재성에 무한한 존경을 보내지만, 현재의 여러 심리학적 현상이 과거에 기원한다는 환원론적 이론은 내 가슴을 꽉 막히게 했다. 특히 종교에서 신(神)은 어렸을 때 경험한 무소불위(無所不爲)한 힘을 가진 아버지에 대한 표상이라는 그의 사상은 너무도 단순하다는 느낌마저 들었다. 그에 의하면 인간의 종교성은 자신의 나약함 때문에 생겨나는 어린아이의 의존적인 욕망에 지나지 않고, 종교란 쓸데없을 뿐만 아니라 어떤 면에서 보면 오히려 병적 현상일 수도 있다는 것이다. 그렇기 때문에 인간은 모름지기 이성의 힘을 가지고 무의식적 유아성에서 벗어나 일상의 즐거움을 즐길 줄 아는 성인이 되어야 한다는 것이다.

내 답답함은 근대정신에 대항하는 포스트모던적 반항일까? 어떻든 나는 적어도 유아적 신앙관에 사로잡혀 살고 싶지는 않았다. 말하자면 강력한 부성 안으로 들어가 어린아이같이 순종하는 장자가 되기보다는 아버지 곁을 떠나 나의 존재감을 강하게 경험하는 탕자가 되는 편이 내 성향과 더 잘 맞는 듯하였다. 나는 나를 억누르는 힘이 그 어떤 것이라도, 심지어 그것이 전능하신 하나님일지라도 반항하고 말았을 것이다. 이것은 획일화에 대한 반항이고 개별성에 대한 갈망이다. 그러면서도 나는 나 자신에 대한 자만이 아니라 무능한 나 자신을 철저히 인정하면서도 그런 내게 주어진 고유한 가치를 찾아내려는 모순 속에서 무척이나 갈등하는 존재로 남아 있었다. 나 자신은 지극히 작은 먼지일지라도 내 마음속에는 무소부재(無所不在)한 하나님의 형상이 내재되어 있는 존재임을 확인받고 싶었다.

티끌 같으나 가치 있는 존재로서의 나! 이것이 기독교가 바라보는 참 인간상이 아닐까? 그렇다면 나는 그것을 어떻게 알 수 있을까? 어떻게 믿을 수 있을까? 이런 의문에 기꺼이 확신을 제공해준 것이 바로 융 심리학이었다. 융의 분석심리학은 기독교에서뿐만 아니라 그 밖의 모든 신앙에서 성실하고 설득력 있는 심리학적 설명서임이 틀림없다. 이런 힘이 나를 그토록 분석심리학에 매달리게 이끌었던 것 같다.

비단 껍데기만을 위해서 내가 이 일을 하고 있는 것 같지는 않다. 오히려 내 경험에서처럼, 권위적이고 맹목적인 신앙관에 질식할 듯이 답답함을 경험한 사람들에게 내가 하는 일이 적어도 작은 이정표는 되지 않을까 하는 소망을 품어본다. 이쯤 되면 "껍데기는 가라"고 감히 힐난하지는 못하지 않을까? 그래서 심히 부끄럽기는 해도 허접한 책을 내기로 마음먹게 되었다.

지난해에 새물결아카데미에서 융 심리학에 관한 강의를 하게 되었다. 그런데 8주간의 강의를 진행하면서 내 안에 아직까지도 그놈의 껍데기가 남아 있음을 알게 되었다. '이것저것 짜깁기한 내용들이 과연 나에게 무슨 의미인가?' 하는 의문이 또 한 번 일어났던 것이다. '뭔가 내 안의 언어와 느낌이 부족하구나!' 하는 것들 말이다. 다시 한번 곱씹어서 내 느낌과 언어를 찾아야 하는 과제를 새삼 얻게 되었다. 그런 작업 끝에 졸작 하나를 세상에 펴내려 한다. 이 책에 나름대로의 혼을 불어넣을 수 있었던 것은 전적으로 새물결아카데미의 공이 크다. 새물결플러스의 김요한 목사님과 새물결아카데미의 여러분들에게 감사를 드린다. 무엇보다도 이 책을 보기 좋게 가다듬고 세세한 곳까지 신경 쓴 디자이너와 편집인들의 노고에 더더욱 감사할 일이다.

2019년 3월
팔달산 아래 진찰실에서
장덕환

제1장
융의 운명 – 원초적 대극의 발생과 만남

칼 구스타프 융(Carl Gustav Jung, 1875-1961)이 평생토록 매달렸던 연구 과제는 지극히 단순했다. 그것은 둘로 나누어진 내면세계를 하나로 화해시키는 방법을 찾는 것이었다. 융의 언어로 다시 표현하면 자아와 자기가 하나로 합일되는 방법을 찾는 것이고, 기독교식으로 말하면 하나님과 인간이 어떻게 화해할 수 있는지, 다시 말해서 인간 구원의 문제를 심리학적으로 어떻게 이해할 수 있는지를 찾는 것이다. 이것은 한마디로 삶의 변화는 과연 일어나는지, 일어난다면 어떻게 일어나는지, 그리고 그런 깨달음은 심리학적으로 어떻게 이해되는지를 찾아간 여정이었다.

융은 열한 살 때 이미 인격의 비밀을 탐구하기 시작했다고 하면서, "내 모든 생각과 이념들은 바로 이 한 주제와 연관된다"고 말했다. 그는 왜 하필이면 수많은 삶의 목표 중에 인격의 비밀을 탐구과제로 삼으려 했을까? 이러한 의문을 가지고 그의 가계와 성장 과정을 관심 있게 들여다보면 그곳에 서로 다른 두 개의 거대한 정신적 물줄기가 한곳으로 모여들고 있음을 알 수 있다. 그 두 물줄기가 만나는 교차점에 바로 융이 자리하고 있다. 이것이 그로 하여금 인격의 비밀, 즉 둘로 나누어진 내면세계의 화해를 평생토록 탐구하게 한 원동력이 되었을 것이라고 가정해볼 수 있다. 이제부터 바로 그 두 거대한 물줄기를 따라가 보자.

이성적 혹은 근대적인 아버지의 뿌리

스위스인 C. G. 융을 이해하려면 그의 할아버지인 칼 구스타프 융 1세 (1794-1864) 얘기부터 시작해야 한다. C. G. 융의 이름이 그로부터 왔음에서도 그렇고, 그 집안이 독일인에서 스위스인으로 바뀌는 시발점이기도 하기 때문이다. 게다가 C. G. 융의 아버지를 이해하기 위해서도 칼 구스타프 융 1세에 관한 이야기는 반드시 필요하다.

1. C. G. 융의 할아버지 칼 구스타프 융 1세[1]

칼 구스타프 융 1세는 개성이 강하고 심지가 굳은 인물이었다. 1813년부터 1816년까지 하이델베르크 대학에 재학했고 최우등으로 졸업하면서 의학과 자연과학 박사학위를 받았다. 그는 성격은 변덕스러웠지만 재주가 다양했다. 예컨대 학창 시절에는 짙은 분홍색 돼지를 애완용 동물로 길렀는데 개처럼 끈을 묶고 돌아다녀서 하이델베르크의 선량한 시민들에게 충격을 주었다. 한편 시와 노래를 쓰는 데 특별한 재능을 보여 그 가운데 일부는 『독일 노래집』에 수록되기도 했다. 의학 방면에서는

---

1 Deirdre Bair, *Jung: A Biography*, Little, Brown and Company, NY., 2003, 7-13(정영목 역, 『융』, 열린책들, 2008, 27-35 참조).

출발부터 성공을 거두었다. 스물네 살(1818년)에 벌써 베를린 자선 병원에 있는 유명한 안과 의사의 수술 조수로 채용됐고, 동시에 왕립 프로이센 전쟁대학에서는 화학 강사직을 맡게 되었다. 그로 인해 베를린에서 하숙을 했는데, 그 집 부부가 그를 아들처럼 대해주었다. 출판업에 종사하는 이 부부는 당시의 유명 식자층과 긴밀하게 교류했고, 그는 이 부부의 도움으로 여러 낭만주의 운동 지도자들이 속해 있는 지식인 그룹에 낄 수 있었다.

그때 그에게 가장 큰 영향을 준 사람이 개신교 신학자 프리드리히 D. E. 슐라이어마허(Friedrich D. E. Schleiermacher, 1768-1834)다. 슐라이어마허는 낭만주의 운동의 중요한 인물 중 하나로 삼위일체 교회의 목사이기도 했는데, 많은 사람이 그의 설교를 들으러 이 교회에 모여들었다. 온 나라가 침체된 시기에 그의 설교는 진지한 종교적 열정으로 불탔을 뿐만 아니라 애국심을 고취시키는 데도 막대한 영향을 끼쳤다. 사실 슐라이어마허는 칼 구스타프 융 1세와는 사돈지간이었다. 슐라이어마허의 누이가 융 1세의 형과 결혼했기 때문이다. 게다가 C. G. 융이 그의 친구에게 보낸 편지에서 "슐라이어마허가 나의 할아버지의 대부처럼 행동했다"고 말한 것을 보더라도 둘 사이는 아주 가까웠던 것 같다. 문제는 당시 슐라이어마허의 개신교가 독일 낭만주의의 민주주의적 관념에 기초한 정치적 행동주의라는 데 있었다. 이들의 낭만주의적 성향은 당시를 지배하던 계몽주의적 사조에 대한 반동적 색채가 강했다.

1817년 10월 18일, 칼 구스타프 융 1세는 민족주의적 체조단의 일원으로 바르트부르크 축제에 참석하여 정부의 독재정치에 항의했다. 이 집회에서 14개 대학 대표는 국민주의와 자유주의를 표방하는 독일의 첫 전국 대학생 조직을 결성했고, 이후로 학생 시위가 전국적으로 퍼져 나가기 시작했다. 그 결과 정부는 일상적인 시민의 자유를 더욱더 가혹하게 제한했다. 1819년 3월, 칼 구스타프 융 1세의 친구인 칼 루드비히 잔트(Karl Ludwig Sand)가 극우 시인을 암살하자 모든 학생 단체와 클럽이 폐쇄되었고 자유주의적 견해를 옹호하던 많은 교수들이 체포되었다. 그중에는 칼 구스타프 융 1세도 있었다. 그는 잔트가 선물로 준 광물 조사용 망치를 소유하고 있었다는 이유로 선동가로 낙인찍혀 징역 13개월 형을 선고받아 감옥에 갇혔고, 석방된 뒤에는 독일에서의 취직이 금지됐다.

칼 구스타프 융 1세는 의학 연구 분야의 일자리를 구하기 위해 파리로 갔다. 거기서 저명한 자연과학자 알렉산더 폰 훔볼트(Alexander von Humboldt, 1769-1859)의 도움과 슐라이어마허의 추천장을 받아 스위스 바젤의 의과대학 교수로 취직했고, 1822년 3월에 새로운 고향인 스위스 바젤에 도착한다. 당시 바젤은 2만 5천 명의 인구를 귀족이 지배하는 정체된 도시였다. 그는 이후 10년간 의대를 개혁하기 위해 매우 열정적인 노력을 기울였다. 1823년에는 경쟁자 없이 학과장이 되었고, 스스로 부속 병원의 수석 의사를 맡아 시설을 확장하고 치료 수준을 높였다. 1828년에는 대학의 최고 책임자인 총장이 되었다.

1830년 그의 첫 번째 부인이 딸 넷을 낳고 스물여섯의 나이로 죽었고, 그중 살아남은 한 아이를 그가 혼자서 길렀다. 첫 부인이 죽은 직후 칼 융 1세는 바젤의 지도 가문 태생인 바젤 시장 요한 루돌프 프라이(Johann Rudolf Frey)의 딸 소피 프라이(Sophie Frey)에게 구애를 했지만, 열여덟 살의 나이 차이와 그의 과거 혁명적 학생운동의 전력이 걸림돌이 되어 거절당했다. 이후 그는 첫 부인의 하녀를 두 번째 아내로 맞이한다. 그녀는 세 자녀를 낳았는데 그중 한 명이 일찍 죽었고 그녀 또한 결혼한 지

3년 만에 결핵으로 죽고 만다. 융 1세는 또다시 아이 셋 딸린 홀아비가 되었다. 이로 인해 그는 사람들의 동정을 받기 시작했다. 그즈음 바젤 시장의 딸 소피 프라이가 마음을 바꾸어 융 1세의 세 번째 아내가 된다. 소피는 1836-1852년까지 아들 다섯과 딸 하나를 낳았다. 이로써 융 1세는 죽은 아이를 포함해서 총 열세 명의 아이의 아버지가 되었다. C. G. 융의 아버지인 요한 파울 아힐레스(Johann Paul Achilles, 1842-1896)는 열세 번째 자식으로 융 1세가 마흔여덟 살이던 1842년 12월 21일에 태어났다.

가정에서 칼 구스타프 융 1세는 가부장적이었다. 그는 집에서 버럭 소리를 지르고 명령을 하는 존재로 가족에게 사랑의 대상이라기보다는 공포의 대상이었다. 그의 아들 에른스트(Ernst)에 따르면 그는 가혹했고, 무자비하게 규율을 강조해서 자식들 모두가 집을 나가고 싶어 했다고 한다. 파울의 기억으로는 점심을 먹은 뒤 칼 융 1세가 자리에서 일어나 짧은 낮잠을 자면 그동안 나머지 가족은 입을 꼭 다물고 그대로 자리에 앉아 있어야 했다. 아버지가 잠에서 깰 때까지 아무도 감히 식탁에서 일어나지도, 움직이지도, 말을 하지도 못했다. 그는 또 아버지가 나이가 들수록 점점 우울해했으며, 자신의 건강 상태를 관찰해 꼼꼼하게 일지를 썼다고 회고했다.

2. C. G. 융의 아버지 요한 파울 아힐레스[2]

이처럼 집안에서 마치 절대군주 같은 지배자였던 아버지를 어떤 자식이 감히 거역할 수 있었겠는가? 그의 권위는 너무도 강해서 차라리 아버지

---

2 Ibid., 13-14(Ibid., 35-38).

곁을 떠나면 떠났지 감히 그의 규칙이나 신념을 면전에서 거역한 자식들은 하나도 없었다. 열세 명의 자녀 중 막내로 태어난 파울의 입장에서는 순종이 가장 큰 미덕이 되지 않을 수 없었을 것이다.

이러한 집안 분위기 속에서 파울은 자신을 내세우지 않고 조용히 지내는 태도를 배웠다. 그나마 아버지와 파울이 자연스럽게 친해질 수 있었던 순간은 둘 다 두꺼운 학술서적에 몰두하는 것을 좋아해서 그것을 매개로 같이 있거나 대화를 나눌 때였다. 그러나 파울은 아버지처럼 엄청난 자존심과 자신감을 가지지는 못했다. 그를 움직이는 원리는 순응이었다. 그는 사람들 앞에서는 사근사근하고 고분고분해 보였지만, 혼자 있을 때는 조용한 분노와 부글거리는 격정에 사로잡히곤 했다. 그의 매우 수줍은 성격은 모든 사람이 그를 알아보고 지켜보는 분위기에서 버릇없는 행동을 할까 봐 겁을 냈기 때문이기도 했다.

칼 구스타프 융 1세는 파울을 독일의 괴팅겐 대학에 유학 보내 동양언어(고대 히브리어와 아랍어)를 연구하게 했다. 그는 아들을 국제화된 사람으로 키우기 원했다. 파울은 문헌학을 전공하여 철학박사 학위를 땄다. 사람들은 모두 파울이 학자이자 교사로 화려한 길을 걸어갈 것이라고 생각했다. 그런데 그는 학자의 삶을 거부하고 스위스 복음주의 개혁교회의 목사가 되겠다고 해서 주위를 놀라게 했다. 당시 파울의 집안은 경제적으로 비참한 지경이어서 진학을 하려면 누군가의 도움이 필요했기 때문이었다. 그의 먼 친척이 성직자가 되려는 가족에게 쓰라며 유산을 남긴 것을 알고 학자의 길을 포기하고 성직자의 길을 택한 것이다.

성직자가 된 파울은 그의 아버지와는 달리 근본적으로 보수적이고, 약간의 인문주의적 회의주의를 품고 있었으며, 실용적인 지식 때문에 좌로도 우로도 깊이 치우치지 않는 전형적인 바젤 출신의 성직자 유형을 보였다. 게다가 그는 겉으로는 언제나 실질적인 것만을 추구하려 했다. 이러한 성향은 당시의 시대사조를 받아들이는 태도에도 절대적으로 영향을 미쳤을 것이다. 당시 종교적 분위기는 다음과 같았다.

3. 시대적 배경 — 계몽주의와 낭만주의, 슐라이어마허와 리츨

당시는 자유주의 신학이 각광을 받았다. 자유주의 신학은 리츨(Albrecht Ritschl, 1822-1889)의 사상으로 가름할 수 있다. 그는 슐라이어마허와 헤겔의 영향을 받은 신학자로 '개신교의 고전적 자유주의'의 대표적 인물이다. 19세기 말부터 20세기 초까지 자유주의 신학을 대표하는 신학자로는 알브레히트 리츨, 아돌프 하르낙, 월터 라우쉔부시가 있다. 슐라이어마허와 마찬가지로 이 신학자들은 기독교의 신조를 현대적으로 재구성하는 작업을 시도하였다. 그러나 그들 사이에는 여러 차이점이 있었다. 그중에서 슐라이어마허와 리츨의 차이를 살펴보자. 리츨은 계몽주의를 극복하려는 이전의 모든 시도, 특히 낭만주의를 거부하고 오히려 이전의 계몽주의의 이론적이며 실천적인 철학을 수용함으로써 신학사적 흐름을 역행한 것처럼 보인다. 그는 낭만주의의 대표 주자였던 슐라이어마허의 신학적 틀을 보면서 그의 역사성 결여와 주관주의적 위험 그리고 신비주의적 위험을 비판했다.

리츨은 계몽주의의 대표적인 철학자 칸트의 사상에 근거하여 기독교를 삶의 실천적 이상으로 해석했다. 따라서 그의 신앙의 주제는 형이상학이 아니라 도덕적 가치였다. 그는 칸트에게서 두 가지를 받아들였는데, 첫째는 형이상학이나 이론적 사변이 하나님에 대한 지식의 원천이 될 수 없다는 점이고, 둘째는 종교적 사상은 본질적으로 실천적이며 도덕적이라는 신념에 기초하여 기독교의 의미를 해석한 점이다. 리츨은 기독교를 달리 정의했다. 즉 기독교란 하나님 나라를 창건한 예수 그리스도의 인격과 사역 위에 세워진 영적·윤리적 종교다.

이러한 계몽주의와 낭만주의를 좀 더 이해하기 위해서는 르네상스로부터 그 흐름을 되짚어봐야 한다. 르네상스는 시민계급이 형성되면서 봉건제도의 붕괴가 시작되었던 14세기부터 16세기까지 전개되었던 운동이다. 이 운동의 핵심은 그리스-로마 문화의 틀로 인간과 자연을 재발견하는 것이다. 이 운동을 간략히 정리하면, 첫째로 르네상스는 자연을 재발견했고, 이 '자연의 재발견'은 과학의 발달과 획기적인 지리상의 발견을 촉진했다. 이것은 산업혁명으로 이어졌고, 산업혁명은 집약된 노동력을 필요로 했기에 농경산업의 파괴와 노동자 계급의 양산을 초래했다. 둘째, '인간의 재발견'을 통해 휴머니즘이 생겨났다. 이것은 중세의 신 중심 사상을 인간 중심 사상으로 전환시키는 데 구심 역할을 했다. 인간 중심 사상은 사회적으로 봉건제도의 붕괴와 동시에 새로운 시민계급이 생겨나도록 촉진했고, 또한 종교개혁과 종교전쟁의 원동력으로 작용하기도 했다. 따라서 사회는 두 측면에서 각기 상반되는 가치로 극명하게 대립했다. 하나는 봉건제도의 기득권 세력과 신흥 시민계급 사이, 또 다른 하나는 획일적인 가톨릭과 다양성이 있는 프로테스탄트 사이의 대립이었다. 이러한 팽팽한 긴장 사이에서 프로테스탄트 신앙의 승리는 결국 획일적인 가톨릭의 지배체제를 붕괴시켰고, 그 사이 흩어진 세력의 틈새를 비집고 여러 왕권이 나타나서 절대주의 혹은 절대왕조라고 하는 과도기적 정치 형태를 이룩했다. 이 절대왕조는 16-18세기에 걸쳐 성행했으나, 이내 계몽된 시민세력에 의해 붕괴되어 결국 근대적 국가 형태로 이어졌다.

이처럼 절대왕조를 무너뜨린 시민계급의 계몽사상은 인간 이성(理性)의 힘에 대한 강한 믿음에서부터 시작되고 발전되었다. 근대철학의 아버지라 일컫는 데카르트(René Descartes, 1596-1650)의 합리주의가 바로 이러한 이성의 힘을 전면에 위치시켰다. 그리고 그 합리주의는, 가치 있는 것은 무지와 미신 그리고 맹목적인 전통이 아니라 바로 인간 이성임을 선포한 계몽주의라는 새로운 사상의 도래를 촉진했다.[3] 이제 인류는 이성의 인도 아래서 보편적 행복이 있는 미래로 방해 없이 나아갈 수 있다고 희망하게 되었다. 이러한 희망이 서유럽에서 급진적 성향으로 발전하여 급기야는 미국과 프랑스 혁명의 기초가 되면서 절대주의를 붕괴시켰던 것이다.

그러나 계몽주의는 이성을 지나치게 강조해서, 첫째 신과 인간을 분리시켰고, 둘째 종교의 계시적 요소를 부정했으며, 셋째 과거를 미신적 시대로 평가절하하여 역사적 단절을 초래했다. 이러한 계몽주의의 폐단을 넘어서려는 움직임은 스피노자(Baruch de Spinoza, 1632-1677)의 신비적 범신론을 재조명하기에 이르렀다. 즉 스피노자로부터 계몽주의의 폐단을 극복하려는 낭만주의가 시작된 것이다. 스피노자는 모든 것

---

3 아리스토텔레스 철학에 반기를 든 영국 고전경험론의 창시자 베이컨(Francis Bacon, 1561-1626)의 철학이 계몽주의 시작의 전거가 된다. 그는 종족의 우상(올바른 인식으로 가는 것을 방해함), 동굴의 우상(개인의 편견), 시장의 우상(언어 구조가 사물 자체를 파악하는 데 장애가 됨), 극장의 우상(철학 등 이론 체계가 실체를 보지 못하게 함)을 이야기하면서, 관찰과 분석, 실험과 종합을 통하여 자연과학적인 경험적 확신에 도달하는 귀납법을 주장했다. 중심적 계몽주의자들로는 영국에서는 존 로크, 프랑스에서는 볼테르, 독일에서는 레싱을 들 수 있으며, 이러한 계몽주의를 완성시키고 동시에 극복해나간 사람들로는 영국의 흄, 프랑스의 루소, 독일의 칸트를 들 수 있다. 사회적 현상으로 보았을 때 이것은 1730년경 프랑스에서 시작하여, 급속도로 영국과 독일로 퍼져나가 1785년에 정점에 이른다.

의 원천은 동일하다는 '동일성의 원리'를 주창했다. 다시 말해서 그것은 모든 것의 밑바탕에는 영원한 신적 실체가 동일하게 있다는 원리다. 스피노자의 사상은 계몽주의의 '분리의 원리'를 극복하게 했다. 그리하여 '분리의 원리'로 인해 도덕적 복종의 틀에 얽매여 있던 인류를 해방시키는 단초를 제공했다. 그의 사상을 이은 낭만주의는 18세기 말에서부터 19세기 전반에 걸쳐 범유럽적 사상운동으로 전개되었다. 특히 이 운동은 독일인들의 해방 전쟁에서 더욱더 탄탄해졌다. 즉 계몽주의를 이념적 지주로 삼았던 프랑스 대혁명과 그 혁명 이념의 전파자였던 나폴레옹에 맞서 싸웠던 독일인들에게서 꽃을 피웠다.[4] 낭만주의는 1800-1830년 사이에 최고조에 달했다가 서서히 퇴조했으며, 19세기 유럽 문화에 지속적인 영향을 미쳤다.

이러한 철학사적 흐름과 더불어 신학사적 흐름의 변화를 이야기할 때 현대 프로테스탄트 신학의 아버지로 불리는 슐라이어마허는 절대적 가치를 지닌 인물이다. 그는 계몽주의의 영향 아래에 있던 신학의 한계를 극복하려 한 낭만주의에 속하는 신학자다. 당시 계몽주의는 하나님과 성서적 신화에 대한 전통적인 개념을 붕괴시켰고, 근대과학과 칸트의 비판철학의 물결 속에서 초자연적인 형이상학을 파멸시켰다. 이러한 상황은 당연히 당시 지식인들로 하여금 종교를 외면하게 했다. 그래서 슐라이어마허는 진정한 종교를 변증하기 위해 종교론을 서술했다. 그는 계몽주의 철학을 부인한 것이 아니라 다른 차원에서 그것을 극복하려 했다. 칸트(분리의 원리)와 스피노자(동일의 원리)를 결합하여 도덕종교에 갇혀 있는 종교를 구하려 한 것이다.

---

4 이종훈, 「로맨티시즘」, 『서양의 지적 운동』(지식산업사, 1997), 467.

슐라이어마허는 강론에서, "이신론(理神論)적인 형태의 이론적 인식과 칸트적인 형태의 도덕적 복종은 주체와 객체가 분리되어 있음을 전제로 한다. 여기에 주체인 자기가 있고, 저기에 객체인 신이 있다. 신은 내게 대하여 다만 객체일 뿐이며, 나는 신에 대하여 객체다. 둘 사이에는 다름과, 떨어짐과, 거리가 있다. 그러나 이 다름은 동일성의 원리에 의해서 극복될 필요가 있다. 이 동일성은 우리의 내부에 현존한다. 그것이 감정이다"라고 논증하고 있다. 둘로 나뉜 것을 하나로 합치고자 하는 의도에서 슐라이어마허의 생각은 융의 생각과 일맥상통한다.

이처럼 슐라이어마허는 종교의 원천과 위치를 우리의 심정에서 찾았다. 그에 의하면 인간의 정신에는 세 가지 기능이 있는데, 그것은 '아는 것'(knowing), '행동하는 것'(doing), '느끼는 것'(feeling)이다. 그는 '느끼는 것'으로서의 감정이 칸트나 계몽주의에서처럼 지식이나 행위에 종속된 것이 아니라 종교가 발견되는 주체적 장소라고 보았다. 그리고 감정을 직접적인 자기의식과 동일시했으며, 이것을 종교의 본질인 '절대의존의 감정'이라고 불렀다.

슐라이어마허의 종교관은 첫째, 종교를 감정 또는 인간의 존재 상황에 직접적으로 개입시킴으로써, 종교의 본질에 대한 계몽주의적 개념과 종교를 확실히 단절시키고 종교 연구의 새로운 길을 제시했다. 둘째, 슐라이어마허는 하나님의 계시가 아닌 인간의 경험에서 종교 연구의 출발점을 찾았다. 즉 그는 종교에서 경험의 위치를 처음으로 제시했다. 이것은 종교적인 경험이 인간 경험의 중심에 위치해 있으며, 종교가 인간 존재의 본질적인 측면임을 밝힌 것이다. 셋째, 계몽주의는 종교를 형이상학이나 도덕 혹은 교의에 예속시켰으나 슐라이어마허는 감정을 종교의 독자적인 영역으로 간주함으로써 그러한 예속 상태로부터 종교를 해방시켰다. 여기서의 감정이란 주체와 객체를 초월한 우주적 직관인 직접지(直接知)를 말한다. 이것은 종교적 경험이라 부르는 것의 본질로서의 감정이다. 이와 같이 그는 유한자 안에 무한자가 현존하는 내재의 원리에 의해서 자연주의적·합리주의적·초자연주의적 입장을 극복했다.

그러나 유럽의 전통적인 이분법적 사고 구조는 슐라이어마허의 통합 정신을 계승하기보다 그것이 오히려 너무 주관적으로 편향되어가는 측면을 크게 염려했다. 그래서 슐라이어마허는 다음과 같은 평가를 받았다. 첫째, 계몽주의의 편견에서 종교를 구하기는 했지만 인간을 너무 개체적 존재로만 보았기 때문에 인간이 사회적 혹은 관계적 존재라는 사실을 놓치고 말았다. 즉 삶의 현장으로서의 역사성을 결여하고 있다. 둘째, 서로의 독자성을 살리기 위해 정치와 종교를 분리시킴으로써 결과적으로는 서로 무관심해져, 종교가 개인적인 관심으로만 진행되었다. 즉 종교가 사유화되었다. 셋째, 감정을 너무 강조함으로써 주관적인 위험과 신비주의로 빠질 위험을 가지고 있었다. 유럽의 전통적인 사고 구조는 이와 같은 비판을 하면서 또다시 이분법적인 사고로 전환되었다. 그로부터 나온 것이 바로 리츨의 자유주의 신학이다. 그것은 낭만주의의 감성적 깊이를 거부함으로써 인간의 감정을 극도로 메마르게 만들어서 예수 그리스도도 윤리교사로 격하시키고 말았다.

이러한 자유주의적 메마름이 파울에게 어떤 영향을 주었는지는 정확하게 알 수 없지만, 적어도 사회적 분위기는 계몽주의적 색채가 농후했을 것이 분명하기 때문에 직간접적으로 영향을 받았을 것이다. 아버지의 절대 권위 아래에서 자신의 감정을 억압하는 법을 배우며 성장한 파울에게 이러한 자유주의적 감정의 메마름은 과연 어떤 영향을 주었을까? 그것은 그로 하여금 어른이 되어서도 가슴속에 기본적으로 분노를 간직하게 하는 원동력으로 작용했던 것 같다. 말하자면 아버지에 대한 억압적 분노가 자유주의의 윤리적 교사로서의 메마름과 만나면서 자신에 대한 주관적 감정, 곧 비합리적이거나 신비적인 감정과 존재감을 더욱더 강하게 억눌렀을 것이다. 이것은 나중에 그의 아내 에밀리와의 관계에서 종종 격한 감정으로 폭발하곤 했는데, 오히려 이런 성장 배경이 그를 수줍음 많은 보수적 회의주의자로 만들었을지도 모른다. 실제로 그가 종사하고 있던 교회 현장에서 겪는 여러 감정 덩어리들과 교리에 대한 회의로 인해 그는 평생토록 괴로워했다. 그런데도 그 괴로움에서 벗어나는 길을 찾지 못한 것이 그가 아버지의 억압 속에서 성장했기 때문은 아니었을까? 파울 융의 성격은 역설적이게도 그의 아들 C. G. 융이 인간 정신을 탐구해가는 데 강력한 동인으로 작용했다. C. G. 융은 나중에 그의 아버지와는 반대로 다시 낭만주의에 깊은 관심을 가지게 된다. 그에게 지대한 영향을 끼쳤던 낭만주의 정신을 정리해보면 다음과 같다.[5]

첫째, 낭만주의에서 무엇보다 먼저 꼽을 수 있는 것은 계몽주의와는 달리 자연에 대하여 깊은 감정을 지닌다는 점이다. 낭만주의는 자연을 감정이입(empathy) 상태에서 깊은 존경심을 가지고 바라보았다. 이는 인간과 자연의 진정한 관계를 찾기 위하여 자연 속으로 깊이 관통하여 들어가려는 열망이었다. 자연에 대한 이러한 감정은 낭만주의적인 서정시에서뿐만 아니라 자연철학에서도 나타났다. 생리학자들에게 그것은 인체기관의 주기성과 리듬 그리고 그것들의 우주운동과의 관계에 관심을

---

5   H. F. Ellenberger, *The Discovery of the Unconscious* (Basic Books, Publishers, New York, 1970), 200-201.

갖게 했다.

둘째, 낭만주의자들은 가시적 자연 아래에 있는 자연의 근본에 대한 비밀을 찾고자 했다. 이것은 동시에 그 자신의 영혼의 근본을 찾는 것이라고 생각했다. 그들은 이러한 근본을 찾는 방법이 지성뿐만 아니라 감정의 가장 내면의 성질 속에 있다고 보았다. 그렇기 때문에 낭만주의에서는 무의식을 보여주는 여러 가지 것들, 예컨대 꿈, 수호신, 정신병, 초심리학, 운명의 숨은 힘 등에 관심을 가졌다. 또한 민담과 민속학 그리고 민간전승의 수호신에 대한 자연발생적인 표현에도 관심을 가졌다. 자연의 어두운 면(the night-side of Nature)이라 불린 이 원리 속에는 존재하는 것들의 뿌리뿐만 아니라 우주적 상징이 포함되어 있었다.

셋째, 낭만주의는 발달 가능성에 대한 감정을 가지고 있었다. 계몽주의가 이성은 영원하며 그것이 인류의 역사 과정 속에 일정하게 표현된다고 믿었던 반면, 낭만주의는 모든 사물이 발달 가능성의 원리에 근거하고 있기 때문에 개인, 사회, 국가, 언어 그리고 문화까지도 성장해나간다고 보았다. 인간은 짧은 미숙기를 거쳐 긴 성숙기를 살아가는 것이 아니라 자발적인 성장 과정(a spontaneous process of unfolding), 즉 일련의 변화 과정을 거친다는 것이다. 융은 이것을 그의 심리학에서 개성화 과정(individuation process)이라고 불렀다.

넷째, 낭만주의는 보편적으로 사회보다 국가와 그 문화에 관심이 더 많았다. 독일의 낭만주의자들은 독일어와 그 문화를 재건했을 뿐만 아니라 다른 문화에 대한 열망도 대단해서 외국의 민담, 민속학, 신화, 문학 등을 자국어로 번역했다.

다섯째, 낭만주의는 지나간 세기의 정신을 되살리고자 하는 열망을 품고 역사를 새롭게 느꼈다. 낭만주의는 가능한 모든 역사를 감정이입의 태도로 보려 했고, 특히 중세기에 더 많은 관심을 보여 르네상스가 그리스-로마의 유풍을 재발견했듯이 중세의 가치들을 재발견해냈다.

여섯째, 낭만주의는 계몽주의와는 반대로 개인이라는 관념을 매우 강조했다. 계몽주의가 사회를 인간 의지의 자발적 산물 또는 사회적 계약의 산물로 보았다면, 낭만주의는 공동의 삶을 자연이 주는 독립적인 인간의 의지로 보았다.

일곱째, 무엇보다도 낭만주의 정신 속에 숨어 있던 영지주의(靈智主義)는 융의 사상에 비옥한 터전이 되었다. 낭만주의와 영지주의 사이의 부인할 수 없는 친화성에 주목했던 시몬느 페트르망(Simone Pétrement)은 다음과 같이 말했다.

영지에서 거의 언제나 드러나는 감정은 무엇보다도 낭만주의적 감정이다. 즉 운명의 한계에 대한 인식, 그리고 이러한 경계를 파괴하고 인간 조건을 넘어서며 모든 것으로부터 벗어나고자 하는 욕망 등이 나타난다.[6]

또한 위탱(Serge Hutin)은 융에게 큰 영향을 준 괴테의 『파우스트』제2부가 명백한 영지주의적 형이상학을 전개하고 있음을 지적했다.[7]

---

6 S. Hutin, 황준성 역, 『신비의 지식, 그노시즘』(문학동네, 1996), 146.
7 Ibid., 147.

감성적 혹은 신비적인 어머니의 뿌리

1. 외할아버지, 외할머니 그리고 어머니의 뿌리[8]

C. G. 융의 아버지 파울이 제네바의 복음주의 신학교에서 공부할 때 그는 그곳에서 구약 주석과 동양 언어를 가르치던 자무엘 프라이스베르크(Samuel Preiswerk, 1799-1871)의 딸을 처음 만났다. 후에 파울의 장인이 된 자무엘 프라이스베르크는 사교성이 풍부했다. 또한 삶의 기쁨에 충만해 있었고, 다방면에 관심사가 많았으며, 파울과 마찬가지로 언어학도로 출발했던 사람이었다. 작은 교회 목사였던 자무엘은 우연한 기회에 복음주의 신학교의 교수가 되었고, 그의 강의는 많은 찬사를 받았다. 그로 인해 그는 바젤 대학의 히브리어와 히브리 문학 종신교수직과 더불어 바젤의 한 교구 목사로 와달라는 요청을 받았다.

자무엘은 결혼을 두 번 했는데, 첫 번째 부인이 낳은 아들이 어려서 죽는다. 그는 두 번째 부인인 아우구스타 파버(Augusta Faber, 1805-1862)와 함께 바젤에 안착했다. 목사의 딸로 노처녀가 될 뻔한 파버는 자무엘과의 만남을 다행스럽게 생각했다. 이는 한 세대 뒤 그녀의 딸 에밀리(Emilie, C. G. 융의 어머니)와도 비슷한 처지였다. 파버의 가족은 낭트 칙령이 철회된 1685년에 독일로 이주한 프랑스 알자스의 개신교도 후손이었다.[9]

---

8   Deirdre Bair, *Jung: A Biography*, 14-17(정영목 역, 『융』, 38-41 참조).
9   당시는 프랑스의 루이 14세가 프로테스탄트 세계 전체를 적으로 여겼던 시절이다. 그는 프랑스의 프로테스탄트들이 반란을 일으킬 우려가 있다고 여기고 그들을 무력으로 개종시키려 했다. 그러나 잘 안 되자 압박 수단의 하나로 프로테스탄트에게 예배의 자유

파버는 자무엘의 두 번째 부인으로 열두 자녀의 어머니가 되었다. 그녀는 가족에게 '신비스러운 기질'(occult strain)을 전수했으며, '제1호 인격과 제2호 인격'(No.1 and No.2 personalities)이라는 말을 처음으로 썼던 인물이다. 훗날 C. G. 융은 제1호 인격을 의식적·관습적 인격, 즉 무해하고 인간적인 인격으로, 제2호 인격을 기괴하고, 예측 불가능하고, 무시무시한 인격으로 묘사했다. 파버의 경우 그녀의 두 인격은 그녀가 '좋은 수사(修士)'와 '나쁜 수사'라고 부른 두 수사로 상징되는데, 그녀는 이 두 수사가 어디를 가나 자신을 따라다닌다고 주장했다. 또한 그녀는 외손자 C. G. 융의 집단무의식, 즉 무의식 가운데 개인적이고 특정한 것이 아니라 심리의 어디에나 존재하고, 변하지 않으며, 어디에서나 동일한 특질 또는 기층을 이루는 부분과 관련한 개념을 예시하기도 했다. 파버는 수사들과 함께 있을 때 지나간 여러 생에서 자신에게 일어났던 여러 가지 사건을 묘사했는데, 남편은 그녀가 읽었을 리 없는 여러 역사적 이야기를 통해 그것을 확인한 이후 그녀의 말을 존중하기 시작했다. 융은 집단무의식을 연구할 때 이 일을 기억했다.

이러한 신비스러운 성향을 가진 사람은 파버만이 아니었다. 자무엘 역시 매주 특정한 시간에 서재에 들어가 그의 첫 번째 부인이었던 유령과 친밀한 대화를 나누었다. 게다가 공부를 하거나 설교문을 쓰는 동안에는 네 딸 가운데 하나를 서재 뒤에 앉힌 다음 가끔씩 손으로 찰싹 때리는 시늉을 하여 유령을 쫓게 했다. 유령이 자꾸 자신의 생각을 어지럽힌다고 여겼기 때문이다. 둘째 언니보다 열 살이나 어린 에밀리는 언니

를 보장해주었던 낭트 칙령을 철회해버렸다. 칙령이 철회되고 무자비한 박해가 뒤따르자 수많은 프로테스탄트(대개 수공업자들)가 프랑스를 등지고 떠나야 했다. 파버 가족도 그때 프랑스를 떠나 독일에 정착했다.

가 일찍 결혼해 집을 떠난 후에도 아버지 뒤에 앉아 그 지루한 시간을 아주 많이 견뎌야 했다.

파버는 대단한 천리안을 가지고 있었는데, 자무엘이 그녀의 이런 능력에 끌렸던 면도 없지 않다. 그녀가 천리안을 갖게 된 뒷이야기는 이렇다. 결혼 전 그녀의 오빠가 전염성이 매우 강한 성홍열에 감염되었는데, 그녀의 어머니는 평소 파버가 지나치게 괴팍했기에 오빠를 간호하다가 죽어도 괜찮다고 생각하여 그녀에게 오빠의 간호를 맡겼다. 결국 파버는 병간호 중 원인 불명의 혼수상태에 빠졌고, 의사는 그녀가 죽을 것이라고 진단했다. 실제로 그녀는 며칠 동안 관에 들어가 있었고 장례식도 치렀다. 그러나 그녀의 어머니는 딸이 죽었다는 사실을 믿지 않으며, 파버의 목덜미에 뜨거운 다리미를 갖다 대 그녀를 다시 살려냈다. 그렇게 다시 살아난 순간부터 파버는 천리안을 갖게 되었고, 그녀의 예지는 모든 사람을 놀라게 했다.

이 때문에 파버는 자무엘의 완벽한 짝이 되었다. 자무엘 역시 깨어 있는 상태에서 환각(대부분 환시[幻視], 종종 대화를 곁들인 전반적인 극적 장면 등)을 경험했기 때문이다. 파버의 환시는 감정을 흥분시키는 어떤 것에 의한 기절 발작(fainting fit) 후에 나타났다. 그리고 언제나 단기 몽유병(brief somnambulism) 상태가 뒤따랐고 바로 그때 예언을 했다. 자무엘은 부인이 감정적으로 흥분한 후 환시를 경험하는 것을 북돋워 주었다. 그는 이런 행동에 아주 익숙했다. 정신박약이었던 그의 남동생이 아주 선명하고 통찰력 있는 환시를 보았고, 그의 누이 역시 독특하고 이상한 특성의 환시를 보았기 때문이다.

이렇게 해서 이 부부의 열세 자녀 가운데 막내인 에밀리 프라이스베르크(Emilie Preiswerk, 융의 어머니, 1848-1923)는 환상 경험(visionary experience)이 정상적인 가족의 일상생활의 한 부분이라고 생각하며 자랐다. 어린 시절 그녀는 일기장에 프라이스베르크 일가, 그중에서도 특히 자신에게 자주 일어나는 신탁 경험에 대해 쓰곤 했다. 그녀의 어린 시절은 고독과 활발한 가족 모임이 묘하게 결합되어 있었다. 그녀의 형제들은 그녀가 아주 어렸을 때 대부분 결혼해서 집을 떠났지만 프라이스베르크 가문 사람들은 가족 모임으로 자주 모였다. 따라서 그녀는 많은 남녀 조카를 비롯한 어린 친척들과 함께 어울릴 수 있었다. 그들 가운데 다수가 비슷한 환시를 보았고, 유령을 믿었으며, 여러 귀신이 찾아온다고 생각했다. 심지어 어떤 아이는 방언을 하기도 했다. 그러나 이런 공유된 경험과 믿음을 바탕으로 이루어진 협력 관계에도 불구하고 에밀리의 기질은 기본적으로 외톨이었다. 그녀는 혼자서 생각에 잠기고 일기를 쓸 때 편안함을 느꼈다.

2. 시대적 배경 — 마지막 엑소시스트 가스너와 메스머의 동물자기설

이처럼 C. G. 융의 어머니의 뿌리는 신비한 속성이 강했다. 우선 융의 할머니 파버의 신비스러운 기질은 제1호 인격과 제2호 인격이라는 개념을 융에게 전수한 것을 위시해서 인간의 비현실적인 감성적 측면을 사실로 받아들이게 하는 토양을 마련해주었다. 당시는 계몽주의 시대였으며, 인간의 정신적 현상의 측면에서는 프란츠 안톤 메스머(Franz Anton Mesmer, 1734-1815)의 동물자기설(動物磁氣說, animal magnetism)이 정점에 다다랐던 때였다.

동물자기설은 마지막 엑소시스트인 가스너 신부에 뒤이어 등장한다. 르네상스의 인본주의가 종교개혁으로 이어지는 동안 사회의 일각에서는 아직도 반종교개혁의 이념이 민중들을 굳건히 지배하고 있었다. 악마의 빙의(憑依, 귀신 들림)를 믿었던 때라 마녀사냥이 극에 달했던 시기이기도 하다.[10] 정신사적 혹은 심리학적 현상을 귀신 들림으로 보는 이러한 전통은 절대주의 시대에 유명한 엑소시스트로 활동했던 가스너(Johann Joseph Gasner, 1727-1779)에게서 끝난다.[11] 신부로서 당시 저명한 대중 치료자였던 가스너는 전통의 힘을 인격화하였고, 종교의 이름으로 정교하게 채색된 옛 기술들을 모두 습득했다. 그는 1758년에 동 스위스의 작은 마을에서 첫 목회를 시작했다. 그러나 몇 년 후 심한 두통과 어지럼증, 그리고 미사를 집전하거나 설교를 전할 때, 또는 고백성사를 시작할 때 더욱 악화되는 어떤 장애에 시달려야 했다. 이로 인해 그는 '악한 존재'가 활동하고 있다는 믿음을 갖게 되었고, 교회의 기도자들에게 귀신을 축출해달라는 도움을 청했다. 그 결과 그의 고통은 사라졌다. 그 후 가스너는 교구에 있는 병자들을 귀신 축출을 통해 치료했고, 소문을 들은 이웃 지역에서 병자들이 몰려오기 시작했다. 1774년에 고귀한 백작 부인을 치료해준 이후 그의 명성은 더욱 높아졌다.[12]

그러나 위에서 언급한 시대적 배경이 가스너의 퇴진과 메스머의 등장을 촉진했다. 1775년에 뮌헨에서 열린 한 조사위원회가, 동물자기설(animal magnetism)이라고 부르는 새로운 원리를 발견했다고 주장하는 메스머를 초청했다. 그해 11월 23일, 뮌헨에 도착한 메스머는 손가락을 환자들에게 대는 것만으로 여러 가지 증상, 특히 발작 증상의 출현과 소멸을 보여주었다. 그의 방법은 귀신 축출 행위 없이 효과 면에서 가스너

10　Ellenberger, *The Discovery of the Unconscious*, 195.
11　좀 더 정확하게 말하자면, 마지막 마녀사냥 중 하나가 1782년 스위스에서 행해진다.
12　Ellenberger, *The Discovery of the Unconscious*, 54-55.

의 방법에 버금갔다. 메스머는 가스너가 동물자기를 이용하여 환자들을 치유했으면서도 실은 그것의 힘을 깨닫지 못했을 뿐이므로 그는 의심의 여지없이 정직한 사람이라고 주장했다. 한편, 1779년 4월 4일에 생을 마감한 가스너의 묘비에는 라틴어로 당대에 가장 유명했던 '엑소시스트'라고 쓰여 있다.[13]

1773-1774년에 메스머는 15가지 정도의 심한 증상을 보인 스물일곱 살의 외스털린(Oesterlin) 양을 그의 집에서 치료했다. 그는 그녀의 증상이 발현되는 유사천문학적 주기성을 연구했다.[14] 그 결과 위기의 재현을 예측할 수 있었고, 그에 따라 증상 출현 과정을 수정하려고 노력했다. 그리고 당시 영국의 몇몇 의사들이 어떤 질환을 자석(磁石, magnets)으로 치료했다는 것에 착안하여, 외스털린에게 '인위적 자기파동'(人爲的 磁氣波動)을 유발시켰다. 즉 그녀에게 철분이 들어 있는 약을 먹게 한 후, 특수하게 고안된 세 개의 자석을 그녀의 배와 양다리에 붙였다. 그녀는 곧 전신에 신비로운 액체가 아래로 흐르는 듯한 이상한 흐름을 느끼기 시작했고, 몇 시간 만에 그녀의 모든 사악한 것들이 말끔히 없어졌다.[15] 그는 이 효과를 단순히 자석의 효과라고만 볼 수가 없어 어떤 '본질적인 다른

---

13 Ibid., 57.
14 사실 메스머의 동물자기설은 역사상 처음으로 최면 현상을 학문적으로 연구한 것이다. 메스머는 환자들이 병을 앓는 이유가 우주 유동체(cosmic fluid)가 인체에 영향을 주기 때문이라고 생각했다. 다시 말해서 그는 행성은 보이지 않는 유동체를 통해 인체에 영향을 미치며, 그 유동체는 자석에 의해 이동 가능하다고 믿었다. 따라서 천문학적인 주기성을 연구함으로써 환자의 증상 출현을 예측할 수 있다고 생각했으며, 실제로 치료 현장에서 증상이 발현됨을 증명해 보였다. 이런 발현은 나중에 최면에 의한 현상이라는 것이 밝혀졌다.
15 메스머의 새로운 방법으로 치료받은 외스털린 양은 완쾌한 후 메스머의 양아들과 결혼하여 건강한 아내이자 어머니가 되었다.

요인'을 생각했다. 즉 그것을 그 자신 안에 축적되었던 액체라고 가정하고 그것이 환자의 자기적(磁氣的) 흐름을 유발시켰다고 생각한 것이다. 그는 이것을 동물자기설이라고 불렀다. 이처럼 메스머는 가스너를 역사의 뒤안길로 몰아냈다. 메스머의 승리는 첫째, 사양길에 접어든 절대주의 정신에 대한 계몽주의의 승리였고, 둘째, 신학에 대한 과학의 승리였으며, 셋째, 성직자들에 대한 귀족 계급의 승리였다.[16] 후에 동물자기설은 최면술의 효과였음이 밝혀졌고, 더 나아가 그것은 인간의 무의식을 발견하는 통로를 마련하기에 이른다. 그 결과 프로이트의 정신분석학이 이 세상에 탄생했다.

여기서 파버의 기절을 동반한 환시 경험과 단기 몽유병적 상태를 메스머의 동물자기 현상으로 해석하기에는 무리가 있다. 따라서 메스머의 제자였던 퓌제귀르(Marquis de Puységur, 1751-1825)가 행했던 치료 행위를 고찰해볼 필요가 있다. 퓌제귀르는 자신의 가문에서 대대로 일해오던 스물세 살의 젊은 농부인 빅토르 레이스(Victor Race)를 그의 첫 환자로 맞이했다. 경도의 호흡기 질환을 앓고 있던 빅토르는 쉽게 자기화(磁氣化)되었는데, 그 상태에서 매우 특이한 위기 현상을 보였다. 그는 다른 환자들처럼 발작이나 이상한 운동은 보이지 않고, 정상적인 각성 상태보다 더 각성되어 있으면서도 잠을 자고 있는 듯한 이상한 수면 속에 빠져 있었다. 그는 큰 소리로 말했고, 정상 상태에서보다 더 명철하게 질문에 대답했다. 더욱이 퓌제귀르는 상대가 들을 수 없을 정도로 작은 소리로 노래를 했는데도 그 젊은 농부가 큰 소리로 똑같은 노래를 부르는 것을 발견했다. 빅토르는 이와 같은 위기 상태를 벗어난 후에는 아무것도

---

16 Ellenberger, *The Discovery of the Unconscious*, 186.

기억하지 못했다. 퓌제귀르는 그에게 다시 위기 상태를 조장할 수 있었고, 그 밖의 사람들에게도 같은 상태를 성공적으로 시도할 수 있었다. 그리고 이런 상태에 한 번 빠지기만 하면, 그들의 병을 진단해서 그 병의 발전 과정을 미리 볼 수 있었기 때문에 적절한 처방이 가능했다.[17] 여기서 환자가 치료자 혹은 그것을 조장하는 사람에 의해 '완전한 위기 상태'에 빠진 후 기억상실 상태에 이르는 것을 그는 인위적 몽유병이라고 불렀다. 퓌제귀르는 이러한 치료 과정을 통해 메스머의 이론을 뒤엎고 "물리적 액체에 대한 메스머의 교육은 자만일 뿐이며 치유에 진정으로 작용하는 요인은 자기시술자의 의지(magnetizer's will)라는 것"을 이해하게 되었다.[18] 이것은 실제 신체의 어느 부분이 망가져서 생기는 증상이 아닌 기능적 혼란 때문에 일어나는 환자의 몽유병적 현상이 환자의 심리상태와 관련되어 있음을 증명했다. 또한 동시에 그것이 나타내는 증상들은 치료자의 태도에 따라 변했다. 이런 현상은 파버의 경우와 매우 유사하다.

돌이켜 보건대 파버는 아마도 최면에 잘 걸리는 유형의 사람이었을 가능성이 크다. 게다가 그의 남편 자무엘은 그런 현상에 대해 잘 알고 있었기 때문에 자신도 모르게 파버의 몽유병적 행위를 조장했을 가능성이 있다. 그러나 무엇보다 중요한 것은 그들이 이런 현상을 정신의 자연스러운 한 측면으로 받아들였다는 점이다. 다시 말해서 그들 스스로는 명확하게 알지 못했지만, 그들은 그때 이미 자신들의 무의식적 현상과 힘을 알고 있었을 뿐만 아니라 대단한 믿음으로 받아들이고 있었던 것으

---

17 Ibid., 70-71.
18 Ibid., 70.

로 생각된다. 한편 이런 현상은 아무 비판도 없이 신비주의로 빠질 위험을 항상 가지고 있었다. 그리고 그 속성이 C. G. 융의 제2호 인격의 비옥한 토양으로 작용했음은 너무도 명백하다.

서로 다른 두 뿌리의 만남[19]

C. G. 융의 어머니 에밀리는 몸집이 컸고, 거동이 어색했으며 외모에는 전혀 관심이 없는 조용한 여인이었다. 융의 아버지 파울은 스물여섯 살에 시골 교구를 하나 맡게 되어 내조자가 필요한 때에 에밀리에게 청혼했다. 그 당시 파울은 아버지를 잃은 상태였고, 장차 장인이 될 자무엘이 그를 잘 위로해주던 터였다. 게다가 에밀리 집안에서는 시집을 못 가고 있는 딸이 걱정되어 파울의 청혼을 받아들이라고 부추겼다. 그러나 결혼을 약속한 이후에도 결혼식을 기다릴 뿐 둘 사이에는 특별히 뜨거운 연애 감정이 일지 않았다. 그들은 예정대로 1869년 4월 8일에 결혼식을 올렸다.

결혼식을 올리자마자 이 신혼부부는 시골 교구 사택에 자리를 잡았다. 두 사람은 교구민의 사랑을 받았지만, 에밀리는 곧 처량하고 서글픈 상황에 처하게 된다. 그녀는 여러 차례 어렵게 임신을 했다가 모두 사산하여 다른 여자들의 동정을 샀다. 움츠러든 에밀리는 영들이 나타나는 개인적이고 내적인 환상의 세계로 도피해버렸다. 그녀는 법석거리는 작은 마을 공동체보다 환상의 세계를 훨씬 더 좋아했다. 억지로 교구

19　Deirdre Bair, *Jung: A Biography*, 17-18(정영목 역, 『융』, 41-43 참조).

생활에 참여해야 할 때, 누군가 그녀가 구축해놓은 껍질을 깨고 들어오려고 하면 신랄하고 매서운 말로 공격해서 결국 혼자 남아 있곤 했다. 곧 모두가 그녀를 혼자 내버려두는 편이 편하다는 것을 깨달았다. 남편인 파울도 아내의 가시 같은 날카로운 성향을 견디기 힘들었다. 그 역시 아내를 혼자 내버려두는 편이 편하다는 것을 깨달았다.

에밀리는 외모에 더욱더 무관심해져서 엄청나게 뚱뚱해졌으며, 평생 그런 상태였다. 그녀는 유능하고 사교적인 부인으로 묘사되기도 했지만, 뚱뚱하고 못생기고 권위적이고, 오만하고, 우울한 기분 때문에 고생했다고 묘사되기도 했다. 파울은 에밀리의 격렬한 분노 앞에서 움츠러들었고, 이들은 점차 서로에게 무관심해져 방도 따로 썼다. 그런데도 에밀리는 다시 임신을 했다. 1875년 7월 26일에 에밀리는 케스빌 목사관에서 건강한 아들을 낳았다. 파울이 아들의 이름을 자신의 아버지 이름을 따서 C. G. Jung으로 짓기를 고집한 반면, 에밀리는 아이가 살아 있다는 사실만이 중요해서 이름 따위에는 관심도 없었다.

C. G. 융에게서 구체화된 두 뿌리의 뒤섞임

1. 전학 동기 – '어머니 늪'과 불안

C. G. 융이 태어난 해에 프로이트는 열아홉 살, 자네(P. Janet, 1859-1947)는 열여섯 살, 그리고 아들러(A. Adler, 1870-1937)는 다섯 살이었다. 융의 가족은 부모와 아홉 살 아래의 여동생 트루디(Trudi, Johanna Gertrud의 애칭)가 전부였다. 융이 태어나고 처음 몇 년 동안 에밀리는 잠깐 일상적

인 의무를 이행하려고 노력하다가 다시 자기 방으로 들어가 버리는 삶을 반복하면서 방에 머무는 시간이 점점 길어졌다. 그녀는 교구의 몇몇 여자에게 목사관 복도를 떠도는 유령이나 귀신 이야기를 할 때, 또는 그들에게서 마을과 호수 사이의 좁은 길을 떠도는 귀신 이야기를 들을 때만 진정으로 행복한 것 같았다. 반면에 파울은 교구민을 대할 때와 똑같이 상냥하고 근심 어린 표정으로 아들을 관심 있게 지켜보았다. 그러다가 그가 서재로 들어가 버리면, 어린 융은 종종 혼자 놀거나 늘 귀찮아하는 하녀와 함께 있곤 했다.[20]

융이 생후 6개월이 되었을 때, 파울은 라우펜 교구로 자리를 옮겼다. 이곳의 교회와 목사관은 라인강 급류가 가장 높이 솟아오르는 지점이자 유럽의 자연 명승지 중 가장 멋진 곳으로 꼽히는 라인 폭포에 자리 잡은 라우펜 성 바로 위에 있었다. 파울은 융을 낳은 후 점점 더 무기력해지는 에밀리가 호전되기를 바라며 교구를 옮겼다. 그러나 이사는 에밀리를 더욱더 심한 우울증으로 밀어 넣었다. 융이 두 살 즈음에는 가족 분위기가 더 나빠졌다. 에밀리가 자기 방에 틀어박혀 있는 동안 하녀는 몇 주씩이나 계속해서 혼자 융을 돌보곤 했다.

파울은 이 교구에서 지내는 3년 동안 융을 자기 방에 데려가 함께 잤다. 융이 서너 살 때 가정은 점점 더 위기에 빠졌다. 마을 사람들은 목사의 불행한 결혼 생활에 대해 공개적으로 수군거렸고, 파울은 어린 시절에 겪었던 격렬한 분노를 다시금 느꼈다. 그는 교구민에게는 이런 분노를 감추려 했지만, 아내에게는 그렇게 하지 못했다. 파울의 분노는 언제나 집안 전체를 울렸기 때문에 융도 이를 다 듣고 있었다. 부부 사이는

20　Ibid., 19(Ibid., 51).

파울이 욕을 하고 에밀리가 잘 들리지 않는 목소리로 대꾸를 하는 것이 전부였다. 그러고 나면 에밀리는 오랫동안 말없이 지내곤 했다.[21]

목사관의 주변 경관도 가족 분위기 못지않게 극적이었다. 사제관 안에 들어가 있어도 폭포의 으르렁거림은 귓가를 떠나지 않았으며, 파울이 그곳에서 목회하는 동안 자살과 사고로 시체가 많이 떠밀려 오기도 했다. 익사체들을 목사관 세탁실에 두었다가 신원을 확인한 뒤 매장하는 일이 반복되었다. 융은 접근하지 말라는 명령을 무시하고 창고 바깥을 배회하거나, 아버지가 여러 사람과 함께 시체를 땅에 묻는 광경을 목격하곤 했다. 그는 검은 코트에 실크해트(silk hat, 키가 크고 챙이 조그만 모자)를 쓰고 장화를 신은 덩치 큰 남자들이 시체를 묻을 구덩이 주위에 서 있고, 아버지가 평소 듣지 못하던 우렁찬 목소리로 열변을 토하는 모습을 보았다.[22] 이 시절 융은 폭포 다리 난간에서 미끄러져 죽을 뻔한 경험을 한다. 그때 다친 머리의 흉터가 김나지움 후기까지도 남아 있었는데, 융은 그 당시의 사고를 '무의식적인 자살 충동이나 이 세상에서의 삶에 대한 숙명적인 저항'이었다고 회고한다.[23] 그 당시 융의 기억은 막연한 불안, 시체, 묘지, 교회당, 엄숙한 남자들, 까만 상자, 긴 예복 등 라인폭포에 대한 그의 기억처럼 음산하고 성난 울부짖음과 같은 것들의 연속이었기 때문에 그의 자살 충동이 어느 정도 이해가 된다.

또한 융은 그 당시 들뜨고 불안하여 잠을 이루지 못했던 일을 회상했다. 아마 어머니가 마을의 다른 여자들에게 밤에 집 주변을 배회하는 신비한 유령 이야기를 하는 것을 들었기 때문일 것이다. 어머니는 그전

---

21 Ibid., 19-20(Ibid., 50-51).
22 Ibid., 20(Ibid., 52).
23 C. G. Jung, A. Jaffé, 이부영 역, 『회상, 꿈 그리고 사상』(집문당, 1996), 23.

부터 당연한 듯이 그런 이야기를 하곤 했지만, 이제는 매일 빼놓지 않고 아주 활기차게 밤의 유령들을 세밀하게 묘사하고 그들의 대화를 전해주기까지 했다. 낮 시간 동안 어머니는 맥이 풀려 있어서 어린 융은 점점 불안해졌다. 그러나 저녁이 되면 상냥하게 토닥여주는 어머니로 바뀌어, 그에게 밤의 두려움에 맞서 편안한 마음을 유지할 수 있는 기도를 가르쳐주었다. 어린 융은 어머니의 완전히 다른 두 인격이 이해되지 않아 당황스러웠다.[24]

그 무렵 에밀리는 갑자기 목사관을 떠나 바젤 근처 요양소에서 오랫동안 머물렀다. 이런 일은 이후에도 몇 차례 되풀이되었다. 융의 자서전인 『회상, 꿈 그리고 사상』에 의하면, 그는 네 살 때 앓은 습진이 부모와의 일시적인 이별(1878년) 때문인 듯하다고 회상하고 있다.[25] 이러한 융의 기억은 파울이 에밀리를 입원시킨 것과 또 그 기간 동안 자신을 에밀리의 언니인 구스텔리(Gusteli)에게 맡겼을 때 받았던 정신적 상처를 반영하는 듯하다. 이때 파울은 융에게 되풀이해서 '어머니가 너를 사랑하며 곧 돌아올 것'이라고 말했다. 그러나 그 후로 어머니와 관련해 사랑이라는 말이 나올 때마다 어린 융은 다시 자신이 버림받는 일이 생기고, 다시 헤어지는 일이 생길까 봐 불안해했다. 그리하여 융에게 여성적인 것은 본디 신뢰할 수 없는 것, 절대 믿을 수 없는 것이 되었다. 에밀리가 처음 집을 비웠을 때 파울은 이모에게 맡긴 아들이 그리워서 곧 되찾아와 에밀리가 올 때까지 몇 달간 같이 지냈다. 에밀리는 이후에도 때로는 길게 때로는 짧게 집을 비우곤 했지만, 아버지와 아들은 두 번 다시 헤어져

---

24   Deirdre Bair, *Jung: A Biography*, 20-21(『융』, 53).
25   C. G. Jung, A. Jaffé, 이부영 역, 『회상, 꿈 그리고 사상』, 21-22.

살지 않았다. 그 시절에 이들 부자는 겉으로 드러내지는 않았지만, 다정하고 가까운 사이였다. 그러나 융에게 아버지는 신뢰성과 무력감이라는 두 가지 감정과 동의어가 되었다.[26]

그 당시 꼭 짚고 넘어가야 할 두 여인이 있다. 융의 삶에서 매우 중요한 인물로, 라우펜에서 살 때 에밀리가 입원해 있는 동안 융을 돌봐준 사람들이다. 한 사람은 몸집이 작고 검은 머리에 살갗이 까무잡잡한 하녀로, 융은 이 여자를 보면서 자신이 이해할 수 없는 다른 신비한 존재들을 떠올렸다. 융이 이 하녀를 오래도록 기억하는 것으로 봐서 아마 그녀는 융을 사랑했던 것 같다. 나중에 융은 이런 유형의 여자를 자신이 '아니마'(anima)라고 부른 것의 구성 요소로 활용했다. 또 한 여자는 근처 우비젠에 살던 예쁜 처녀 베르타 솅크(Bertha Schenk)였다. 그녀는 목사관에 자주 찾아와 융과 놀아주었고, 함께 라인강변으로 산책을 나가기도 했다. 융은 그런 그녀를 사랑했지만, 그녀가 자신의 아버지를 사모한다는 것을 알고 몹시 곤혹스러워했다.[27] 베르타 솅크는 후에 융의 장모가 되었다.

라우펜에서 융은 대개 혼자 놀았다. 마을 사람들이 아주 독특한 부모를 둔 묘한 아이와 자기 자식이 가까이 지내는 것을 원치 않았고, 또 한 마을 아이들은 간단한 일이라도 할 수 있는 나이가 되면 바로 가족의 농토에 나가 일을 했기 때문이다. 집 안에 혼자 있는 시간이 많고 바깥에 나가 같이 놀 친구가 없었기 때문에 융은 꿈과 백일몽을 통해 자신만의 은밀한 놀이와 의식을 만들곤 했다. 융이 다른 사내아이와 놀 수 있

---

26 Deirdre Bair, *Jung: A Biography*, 21(『융』, 54).
27 Ibid., 21(Ibid., 54).

는 유일한 기회는 아버지 파울의 동창이 가족과 함께 방문했을 때뿐이었다. 이 동창생들 가운데는 융의 평생 친구가 된 알베르트 오에리(Albert Oeri)의 아버지도 있었다. 약 55년 뒤 알베르트 오에리는 융이 혼자 앉아서 볼링 놀이를 하면서 자신을 백안시했다고 회고했다. 오에리는 "나는 전에는 그런 비사교적인 괴물을 만나본 적이 없었다"고 놀라움을 표시했다.[28]

그때 이미 융은 내적인 삶에 강하게 집중하고 있었다. 그는 자신이 기억할 수 있는 첫 꿈을 네 살 무렵(나중에 대여섯 살 때일 것이라고 수정함) 라우펜에서 꾸었다고 회고했다. 이 꿈은 그가 평생 사로잡혀 있던 몇 가지 가운데 하나가 되었다. 그는 이것을 계속 비밀로 간직하다가 예순다섯에 부인에게 털어놓았다. 이 꿈은 목사관 뒤편에서 교회 관리인의 집까지 뻗어 있는 초원에서 시작되었다. 융은 그곳에서 놀다가 전에 본 적이 없는, 땅속으로 깊이 내려가는 구덩이를 발견했다. 이 구덩이는 사각형이었고 안을 벽돌로 둘러싸 우물 같은 느낌을 주었다. 안에는 폭이 1미터쯤 되는 돌계단이 있었다. 그는 두려움과 호기심으로 뒤범벅이 된 채 계단을 내려갔고, 다 내려가서 짙은 녹색 무늬가 영롱한 커튼으로 덮인 아치를 발견했다. 커튼을 옆으로 밀자 5-6미터 정도 길이의 사각형 방이 나타났다. 아치형 천장은 돌이었다. 입구부터 맞은편까지 붉은 양탄자가 바닥의 일부를 덮고 있었다. 맞은편의 낮은 단에는 아주 화려한 황금 보좌가 있었다. 그 위에 붉은 방석이 있었고, 의자 위에는 묘한 구성물이 있었다. 그것은 처음에는 거의 천장까지 이르는 커다란 나무줄기로 보였다. 그 꼭대기에는 눈이 있었지만, 보는 눈은 아니었다. 오히

---

28 Ibid., 23(Ibid., 56).

려 불분명한 머리에 가까웠다. 이 괴상한 물체는 움직이지 않았지만 융은 이것이 자신을 향해 벌레처럼 기어와 공격을 할까 봐 겁이 났다. 그때 갑자기 어머니의 목소리가 그 방 바깥 지상에서 들려왔다. "그래, 잘 봐. 그게 식인종이야."

이 꿈에서 무엇보다 무서웠던 것은 어머니의 말이었다. 그 후로 오랫동안 융은 이 꿈을 다시 꿀까 봐 잠자기를 두려워했다. 몇 년 후 그는 꿈속의 이 꾸불꾸불한 벌레가 음경이라는 것을 깨달았으며, 그 뒤로 수십 년이 지난 뒤에야 그것이 '제의용 남근상'(ritual phallus)이라는 것을 깨달았다.[29]

이것이 무서운 꿈이기는 했지만 융은 부모에게 이야기하지 않았다. 그는 어른이 되어 분석가로 '성욕의 무가치함'을 '음경으로 상징된' 자기(the self)와 연결시키곤 했으면서도, 이 꿈에 대해 이야기하거나 글을 쓸 때는 상징적인 해석을 하는 쪽을 더 좋아했다. 죽기 몇 년 전 융은 그가 '최초의 삶'이라고 부르는 것의 맥락 안에서 이 꿈 이야기를 했으며, 자신이 이 꿈에서 결코 놓여난 적이 없었다고 말했다. 당시 어린 융은 자신에게 뭔가 놀라우면서도 끔찍한 일이 일어난 적이 있다고 믿었던 것이다. "세상을 향한 어떤 메시지가 압도적인 힘으로 나를 찾아왔다.…여기서 나의 과학적인 연구가 시작되었다.…그것이 나를 파괴하지 않은 것이 놀라울 뿐이다."[30] 융은 그 꿈을 다음과 같이 회고했다.

29　Ibid., 23-24(Ibid., 56-57).
30　Ibid., 24(Ibid., 58). 이는 그런 꿈과 환상 때문에 망가진 슈레버(Schreber)를 염두에 두고 한 말이다. 융(Jung)은 그 꿈의 음경을 "그것이 원경험이기 때문에 프로이트적인 방식으로" 해석할 수도 있다고 말한 뒤 이렇게 덧붙였다. "그러나 그것은 단순한 음경이 아니다. 그것은 거대한 신화적 존재다. 인도 사람들이 지하에서 거룩한 남근상을 숭배하는 것과 마찬가지다. 상상에서는 사물이 그런 형태로 나타났다. 나는 그것이 나에게 전한 대로 기록했다. 그것은 그냥 그런 식으로 나에게 제시된 것이다. 나는 그것과 내 관계가 어떤지도 몰랐다. 그것이 그냥 나에게 닥쳤고, 나는 그것을 기록했을 뿐이기 때

이 어릴 적 꿈을 통해 나는 대지의 신비에 정통하게 되었다. 그때 이를테면 땅 속으로 들어가는 매장이 거행된 것이다. 오늘에야 나는 그것이 최대한의 빛을 어둠 속에 가져다주기 위하여 일어났었음을 알았다. 그것은 어둠의 왕국에서 일어난 일종의 성인식이었다. 그때 내 영적인 삶이 그 무의식적인 첫발을 내디딘 것이다.[31]

파울은 라우펜에서의 생활이 좋은 쪽으로 개선될 여지가 없음을 알았기 때문에 다른 교구로 옮겨달라고 요청하여 1879년 클라인휘닝겐(Kleinhüningen)으로 가게 되었다. 그곳은 작은 시골 마을로 주민들은 주로 어업과 농업에 종사했다. 에밀리는 교구민의 생활에 관심이 없어서 이사를 오자마자 여러 개의 방을 폐쇄했다. 이때 커다란 공식 응접실도 같이 폐쇄해버렸는데, 이곳은 목사가 교구민을 서재로 데려가기 전에 맞이하는 장소였다. 에밀리의 이런 행동은 그녀의 말대로 일을 덜기 위한 것이라기보다는 남편에 대한 적대적인 냉대로 여겨졌다. 또한 그녀는 라우펜에서처럼 융에게 아버지와 침실을 같이 쓰게 했다.

이곳으로 이사 온 뒤 에밀리는 친정 오빠 식구들과 어울리면서 많이 나아졌다. 그녀가 친정 가족들과 어울리면서 위로를 받았던 반면 파울은 일종의 감상적 이상주의로 퇴각해 들어가 학창 시절을 황금 시절로 기억하며 그리워했다. 그는 나이에 어울리지 않게 학생처럼 행동하고 학생들이 쓰는 속어를 사용했으며, 학생들이 좋아하는 긴 사기 담뱃대를 물었다. 목회도 그리 성공적이지 못했다. 교구민들이 처음에는 파울

문이다."
31 C. G. Jung, A. Jaffé, 이부영 역, 『회상, 꿈 그리고 사상』, 28-29.

을 몸집이 크고 단단해 보이는 신사이자 유능한 성직자로 여겼는데, 시간이 조금 지난 다음에는 그의 서재 바깥에서 볼일만 보고 빨리 가려고 했다. 서재 안에 들어가면 파울이 자주 되풀이하는 이야기를 또 들어야 했기 때문이다. 교구민은 그를 아주 따분한 사람으로 여겨 가능하면 피하려 했다. 나중에 융은 "아주 오랜 시간이 흐른 뒤 나는 아버지가 어머니에게 밀려났으며, 그 때문에 둘 다 신경증 환자가 되었다"는 이야기를 간접적으로 들었다고 기록했다. 그러나 당시 이들 부부는 서로에게 당황했을 뿐 아니라, 자신들이 낳은 이상한 아들에게도 혼란을 느꼈다.[32]

클라인휘닝겐으로 이사 온 지 얼마 안 되어서 그 주위의 비제강이 범람하여 많은 사람이 죽었다. 이때 다섯 살이었던 융은 시체를 찾으러 다녔고 실제로 찾기도 했다. 동네에서 돼지를 잡는 날에는 그의 어머니가 아들에게 보이지 않으려 했지만 융은 돼지의 배가 갈라지고 피와 내장이 쏟아져 나오는 광경을 홀린 듯이 바라보았다. 에밀리는 아들의 이런 행동을 악한 짓이라고 생각했다. 이곳에서 에밀리가 조금씩 좋아지기는 했어도 어린 융은 그녀가 만들어내는 집안 분위기에 상당한 압박감을 느낀 것 같다. 그는 일곱 살 즈음에 질식 발작을 수반하는 가성후두염을 앓았다. 이 병은 종종 숨이 막히는 발작을 일으켰는데 그때마다 융은 보름달 크기의 빛나는 구(球)의 환상을 보았고 그것을 천사라고 생각하여 그것을 보고 나면 증상이 완화되곤 했다. 융 스스로 표현하듯이 그 당시 그의 정신적인 분위기는 숨을 쉴 수 없는 지경이었다. 융은 이렇게 말했다.

불안을 자아내는 것들과 어떤 알 수 없는 것들, 여러 가지 일이 일어났다.

---

32 Deirdre Bair, *Jung: A Biography*, 26(『융』, 60-61).

부모는 당시 각기 다른 방에서 잤고, 나는 아버지 방에서 잤다. 어머니 방의 문에서는 불안을 자아내는 영향들이 스며 나오고 있었다.[33]

2. 학동기 & 청소년기 – '아버지 산'과 열등감

1) 아버지가 심어준 성에 대한 편견

1884년 7월 17일에 어머니가 딸 요한나 게르트루트(Johanna Gertrud)를 낳자 융은 충격을 받았다. 그때 융은 아홉 살이었는데 여느 형제자매들처럼 질투 때문이 아니라 여자 동생이 육욕(성교)의 살아 있는 광고물처럼 여겨졌기 때문이었다. 융은 아기를 낳은 어머니가 부끄러웠다. 그는 생물학과 식물학에 거의 강박에 가까운 집착을 보였지만, 그의 주된 관심사는 생식에 대한 호기심과는 거리가 먼 관찰에만 있었다. 성적인 것들에 대한 그의 태도는 매우 억압적이었다. 그것은 아버지의 종교적 가르침 때문이었다. 융은 아버지를 존경했기에, 학교에서 친구들이 외설적인 태도를 보이더라도 그들에게 휩쓸리지 않는 태도를 굳건하게 지켜서 아버지를 기쁘게 해주고 싶어 했다.[34]

2) 김나지움에서의 소외감과 신경증

융은 열한 살 때 바젤의 후마니스티세스(Humanistisches) 김나지움에 입

---

33 C. G. Jung, A. Jaffé, 이부영 역, 『회상, 꿈 그리고 사상』, 32.
34 Deirdre Bair, *Jung: A Biography*, 27 (『융』, 62).

학했다. 클라인휘닝젠에서 '목사 아들 칼'은 최고의 학생이었지만, 도시의 김나지움에서는 정반대였다. 후마니스티세스 김나지움은 바젤에서 가장 좋은 집안의 아들들이 모이는 곳이었다. 대부분의 학생이 매일 가족마차를 타고 멋진 양복을 입은 모습으로 하인의 시중을 받으며 등교했다. 반면에 융은 몇 킬로미터를 걸어서 등교했다. 또한 다른 아이들은 프랑스어와 독일어를 유창하게 구사했지만, 융은 프랑스어는 전혀 몰랐고 독일어는 더듬거리는 데다가 억세고 투박한 바젤 방언을 웅얼거렸다. 그는 급우들보다 힘이 세고 단단하고 키도 큰 편이어서 늘 싸울 준비가 되어 있는 사람처럼 행동했고, 또 실제로 싸움도 잦았다. 교사들은 늘 난폭한 행동을 한다고 융을 꾸짖거나 벌을 주었다. 그는 그것이 모두 부모의 좋지 않은 관계로 인한 '나쁜 분위기' 때문이며, 자신이 아마도 '우울한 상태'였을 것이라고 추측했다. 학교생활에 흥미를 잃은 융은 거짓 핑계를 대고 수업을 빼먹기도 했다. 특히 수학을 싫어해서 그 개념들을 이해하지 못했다. 그런데도 자기가 이해하지 못한다는 사실이 수치스러워서 감히 물어보지도 못했다. 융은 그 당시의 심정을 다음과 같이 회고한다.

> 나는 실패에 대한 불안과 나를 둘러싸고 있는 거대한 세계 앞에 아주 보잘것없이 쪼그라들어 있는 나 자신의 모습 때문에 심한 불쾌감뿐만 아니라 소리 없는 절망감에 사로잡혀서 학교를 극도로 싫어하게 되었다. 그에 더하여 아주 무능력하다는 이유로 나는 미술 학습에서 제외되었다.[35]

---

35 C. G. Jung, A. Jaffé, Richard and Clara Winston, *C. G. Jung Memories, Dreams, Reflections*, Fontana Press (Hammersmith, London, 1995), 45.

그러다가 1887년(12세) 이른 여름 어느 날, 드디어 학교를 안 가도 될 만한 사건이 터졌다. 김나지움에서 첫해를 마무리하기 직전, 집에 함께 걸어가곤 하던 친구를 기다리며 뮌스터 광장에 서 있는데 갑자기 다른 아이가 미는 바람에 쓰러진 것이다. 융은 길가 모서리 돌에 머리를 세게 부딪혀 잠시 정신을 잃었다. 훗날 그는 그 순간에 '이제 학교에 다닐 필요가 없겠구나' 하고 생각했음을 정확하게 기억했다. 이때부터 학교에 가야 할 시간이 되면 기절하는 일이 생겼다. 몇 주 후 다시 학교에 다니기는 했는데 거의 매일 11시에서 12시 사이에 기절을 했다. 어른이 되어서 융은 아무도 자신의 습관적인 기절이 단순한 배고픔 때문일지도 모른다는 생각을 하지 못한 것을 흥미롭게 여겼다. 그는 매일 아침 7시에 우유 한 잔을 마시거나, 때로는 그것조차 먹지 못한 상태에서 집을 나섰기 때문이다.

급우들이 수업을 받기보다 융이 기절하기만을 기다리자 교사들은 융을 학교에 나오지 못하게 했다. 이후 여섯 달 동안 융은 집에서 혼자 놀거나, 백일몽을 꾸거나, 아버지 서재에서 책을 읽으면서 만족스럽게 지냈다. 그의 놀이는 대개 폭력적이었다. 전쟁과 약탈, 참화와 강탈의 이미지가 가득했다. 여름에는 그의 큰아버지 에른스트의 집에서 지냈는데, 융은 그곳에서 무척 즐거운 시간을 보내면서 건강도 눈에 띄게 호전되었다. 융이 클라인휘닝겐으로 돌아오자 사람들은 모두 그가 건강해져서 다시 학교에 다닐 수 있을 거라고 생각했다. 그러나 그 이야기가 나오자마자 융은 다시 기절하기 시작했다. 파울은 자신이 목사 겸 상담사[36]로 근무하

---

36 융은 회고록에서 자신의 아버지가 바젤 대학 정신병원에서 목사 겸 상담사로 일한 사실을 언급하지 않는다. 그곳이 파울의 아버지 칼 융 1세가 부흥시켰던 병원이기 때문이기도 했겠지만, 하여간 파울은 그 일에 대단히 헌신적이어서 얼마 지나지 않아 정신

는 바젤 대학 정신과로 아들을 데려갔으나 거기서는 어떠한 대책도 얻을 수 없었다. 나중에 융은 아버지가 그의 친구와 이야기하는 중에 "불치병이라면 평생을 어떻게 저렇게 살아가겠는가? 뒷바라지할 돈도 없는데…"라는 말을 엿듣고 나서 현실에서 도피하려는 자신을 깨닫고 그 병에서 나오려고 노력하기 시작했다. 그러나 그것은 그리 쉽지 않았다. 융은 자꾸 쓰러지려는 증상에 의지력으로 몇 번이고 계속해서 저항한 끝에 거기서 벗어날 수 있었다. 후에 그는 그때 무엇이 신경증(neurosis)인지를 배웠다고 회고한다.[37] 이 경험은 그를 철저하게 엄격한 사람으로 만들었고 특히 부지런한 성격으로 변하게 했다. 몇 주 후 융은 다시 학교로 돌아갔고 두 번 다시 정신을 잃지 않았다.

3) 신성(神性)의 이중성 체험과 자신의 이중성 인식

융은 1년을 유급하여 새로운 반에 들어갔다. 그 반 아이들은 그의 이전 행동을 몰랐기에 그를 쉽게 받아들였다. 공부에 몰두하고 급우들의 인기도 얻은 융은 평화롭게 나머지 김나지움 생활을 보내면서 행복해했다. 그러나 이때부터 서서히 자신 속에 있는 두 개의 서로 다른 인격을 느끼기 시작했다. 현실적으로 무력한 어린아이로서의 인격과 한껏 부풀어 있는 권위 있고 힘 있는 남자로서의 또 다른 자기 모습이 그것이었다.

질환과 심적 장애 전문 목사로 유명해졌다. 이때 어린 융은 정신질환에 대한 논의를 처음 들었을 가능성이 있다. 정신질환과 치료에 관한 파울의 열성적인 관심은 그의 신앙 위기 때문이었다고 보기도 하고, 그 밖의 개인적 이유 때문이었다고 보기도 한다. 그중에 그의 아들 융의 병도 포함되어 있었을 것이다. 파울은 평생토록 정신병원에서 일했다.

37 C. G. Jung, A. Jaffé, 이부영 역, 『회상, 꿈 그리고 사상』, 45.

이때 그가 신경증을 스스로 극복했던 것은 그의 자아가 현실과 비현실을 구별하고 현실에 적응하여 살아가는 법을 알 만큼 분명해졌음을 보여주었다. 그리고 이 시기에 자아가 분명해지면서 그동안 뚜렷하지 못했던 내부의 문제들이 서서히 윤곽을 드러낸 것으로 보인다. 그것의 좋은 예가 자기 속에 있는 또 다른 인격에 대한 인식과 분별이었다.

그렇기 때문에 이때가 융의 근본적 물음인 종교적 문제를 새롭게 경험하게 되는 시점일 수밖에 없었다. 그는 그 문제에서 새로운 차원의 경험을 하였다. 그것은 그가 평생 발전시켜나간 그의 사상의 핵심을 개관해서 보여주었던 것들 중 하나였다. 13학년 어느 화창한 여름 날 점심 때 학교에서 뮌스터 광장 쪽으로 걷던 그는 찬란한 햇빛에 반사되어 화려하게 윤이 나던 성당의 지붕을 보면서 잠시 황홀감에 빠졌다. 그때 갑자기 성령에 반하는 죄를 짓고 있는 것 같은 느낌이 엄습해와 심한 죄책감에 시달리는 경험을 한 것이다. 그가 회고록에서는 삭제한 그 당시의 경험은 하나님이 천국의 보좌에 앉아 성당 위에 '똥을 누는' 광경의 백일몽이었다. 불경스러운 이 장면이 계속 반복되면서 그는 영원한 저주에 떨어질 것 같은 두려움에 놓였고, 이제는 더 이상 피할 수 없음을 직감했다. 그는 사흘 동안이나 두려움 속에서 무엇인가를 생각하려고 무척 애를 썼다. 그의 표현이다.

이제 오는구나. 이제는 문제가 심각하다! 나는 생각해야 한다. 먼저 충분히 생각해두어야 한다. 왜 내가 나도 모르는 것을 생각해야 하나? 나는 생각할 마음이 전혀 없다. 그건 명백하다. 그럼 누가 그걸 원하나? 나도 모르고 내가 원치도 않는 것을 누가 내게 무엇인가 생각하라고 강요하나? 어디서 이런 무시무시한 의지가 생겨나는가? 왜 하필이면 내가 그 알 수 없는 의지에 지배받아야 하는가?[38]

융은 자신의 의지와는 상관없이 엄습한 이런 현상에 당황해하면서도 결국 신(神)의 의도가 그 시련 속에 있음을 깨달았다. 그리고 그 신은 융 스스로 해결점을 찾도록 하고 있음을 느꼈다. 융은 "그렇다면 신은 무엇을 원하는가?"를 반문하면서 계속 생각을 이어갔다. 그는 이 절망적인 난관의 근원이 마귀로부터 온 것이 아니라 신으로부터 온 것이라고 확신하기에 이르렀다. 결국 신이 원하는 것은 인간의 보상적 행위, 즉 신앙적 복종심이 아니라 다만 그런 문제에 직면하는 용기를 보고자 함이라는 결론에 다다랐다. 그래서 그는 자율적 사고의 흐름에 자신을 맡겼다. 이것은 한마디로 무의식적인 힘이 발휘되도록 자아의 의지를 정지시키는 경험이었다.

그 후 융은 두 가지 서로 다른 경험을 동시에 하게 된다. 하나는 말할 수 없는 축복감이었고, 다른 하나는 심한 열등감을 가진 자신의 보잘것없는 모습에 대한 확인이었다. 첫 번째 깨달음을 통해 융은 그의 아버지가 이해하지 못했던 것을 경험했으며, 이것이 바로 신의 의지라는 결론에 도달했다. 결국 융은 그의 아버지에 대하여 다음과 같이 평가하기에 이르렀다.

아버지는 나름대로 최선의 이유와 가장 깊은 신앙심에서 이 신의 의지에 저항했다. 그러므로 그는 또한 모든 것을 치유하며 모든 것을 이해시키는 은혜의 기적도 경험할 수가 없었다. 그는 성서의 계율을 행동 규범으로 삼

---

38 Ibid., 51.

왔다. 그는 성서에 쓰여 있는 대로, 그의 조상들이 가르쳐준 대로 신을 믿었다. 그러나 그는 살아 있는 직접적인 신, 성서와 교회 위에 자유롭게 전능한 힘을 가지고 서 있는 신, 인간에게 그의 자유를 호소하며 신의 요청을 무조건 충족시키기 위해서 그의 개인적인 의견이나 확신을 포기하도록 강요할 수 있는 신을 알고 있지 않았다.[39]

그는 이 경험 속에서 열등감을 절실히 느꼈다. 크나큰 신의 은혜 앞에서 자신의 왜소함을 깨닫지 못하는 인간은 아마도 없을 것이다. 더구나 평소에도 자신을 타락하고 못난 존재라고 여기는 융에게 그런 느낌은 훨씬 심했을 것이다. 그래서 결국 위의 경험은 버림받은 느낌과 선택된 느낌, 저주받은 느낌과 축복받은 느낌이라는 양가감정(兩價感情) 위에 그를 남겨두었다.

이때의 경험은 융의 생애에 하나의 작은 이정표가 되었다. 타고난 신비적 감성과 조화롭지 못한 가정환경이 운명처럼 그에게 가져다준 인생의 과제를 비로소 개성을 가지고 들여다보게 된 계기였기 때문이다. 융은 자기 속에 있는 두 인격, 즉 일상적이고 의식적인 제1의 인격과 내면에 숨어 있으면서 강력한 힘을 발휘하는 제2의 인격을 인지하게 되었다. 그렇다고 해서 서로 상반되게 행동하려는 두 인격을 완전히 이해할 수 있었던 것은 아니다. 다만 그의 주체성이 확실해짐에 따라 그 둘의 상이함을 어렴풋이 구별할 수 있는 능력이 생겼을 뿐이었다. 그는 두 번째 인격이 권위 의식을 드러내 보일까 봐 두려워했다. 융은 아래와 같이 표현했다.

---

39 Ibid., 54.

나는 언제나 속으로는 내가 둘임을 알고 있었다. 하나는 부모님의 아들로서 학교에 가고, 다른 아이들보다 머리가 별로 좋지 못하고, 똑똑하거나 부지런하거나 얌전하거나 또는 깨끗하지 못한 아들이고 다른 또 하나의 나는 성장한, 심지어 늙은, 회의에 찬, 의심 많은, 인간세계와는 동떨어진 사람이었다. 그러나 그 대신 나는 자연에 가까이 있는 사람이었다. 대지와 태양과 달과 날씨와 생명 있는 피조물들과, 무엇보다도 밤과 꿈과 신 등, 내게 직접 작용해오는 모든 것과 친밀했다.[40]

4) 아버지 상(像)의 극복과 기존 기독교에 대한 회의

이런 경험을 하면서 융은 더욱더 외로워졌다. 이것을 이야기할 수 있는 환경이 아니었기 때문이다. 그는 조숙하게도 남이 관심 없어 하는 것을 너무도 많이 경험했다. 특히 아버지에게는 더더욱 말할 수 없었다. 그 당시 융은 아버지가 말하는 모든 것에 깊은 회의를 느꼈다. 아버지의 설교는 맥 빠지고 공허했으며, 아버지 본인도 믿을 수 없는 그저 들어서 아는 역사를 이야기하는 것 같았다. 그에게 아버지는 필연적으로 넘어야 할 산이었다. 그는 아버지를 도울 마음으로 긴 시간 토론을 하기도 했으나 결과는 항상 불만족스럽게 끝나곤 했다.

이미 언급했듯이 아버지가 신봉하는 기독교는 자유주의 신학에 근거했다. 융은 그러한 기독교는 종교적 계율로 신의 의지를 대신할 뿐만 아니라, 불현듯 다가오는 신의 의지는 이해할 필요조차 없음을 가르쳐줄 목적으로 그 계율을 사용하고 있다고 생각했다. 또한 하나님의 사랑도

---

40 Ibid., 59.

융의 경험에 의하면 훨씬 더 경이로움에도 불구하고, 그가 느끼기에 그의 아버지는 그것을 단지 피상적으로만 다루었다. 이러한 교회는 융 스스로 경험으로 알고 있는 것들을 믿어서는 안 된다고 경고했다. 교회에 대한 회의는 견신례를 위한 성찬식 이후에 절정에 이르렀다. 성찬식에서의 빵과 포도주는 아무런 상징적 힘도 발휘하지 못했고, 그곳에 참여한 교인들도 지루하게 시간을 보낼 뿐이었다. 단지 그곳에는 껍데기만 존재하고 있었다. 융에게 그것은 종교가 아니라 신의 부재를 의미했다. 그런 교회는 생명이 아닌 죽음이 있는 곳이었기에 융은 더 이상 교회를 나가지 않았다. 이것은 그에게 큰 외로움을 안겨주었다. 융의 표현이다.

지금까지 나의 교회와 주위의 인간들과의 일치감은 이제 내게서 무너졌다. 나는 나의 인생의 가장 큰 패배를 맛본 듯했다. 내게 전체와의 관련성을 가진 것으로, 유일하게 의미 깊은 것으로 보인 종교관이 무너져버린 것이다. 다시 말해서 나는 통속적인 신앙에 참여할 수 없었다. 나는 교회와 내 아버지의 믿음과 기독교를 대변하는 모든 그 밖의 것들로부터 떨어져나간 자신을 발견했다. 나는 교회 밖으로 떨어져나갔다. 그것이 나를 슬픔으로 가득 차게 했고 대학공부가 시작되기까지 여러 해 동안을 우울하게 만들었다.[41]

5) 종교 문제의 해결 방안

그 후 융은 종교 문제의 해결점을 찾으려고 혼자서 애를 썼다. 그러다가

---

41 Ibid., 72.

그 해답의 실마리를 종교 서적이 아닌 괴테의 『파우스트』에서 발견하고는 크게 기뻐했다. 그는 『파우스트』에서 어둠과 고통 속에 있는 인간을 구원할 수 있는, 악과 그 세계를 포함하는 힘의 신비로운 역할을 발견한 사람이 있음을 알게 됐다. 그는 괴테를 예언자처럼 여겼다. 더 나아가서 과거의 철학자들 가운데에도 이와 같은 인간의 문제를 다룬 사람이 있을 것을 기대하고 찾아보았지만, 그 당시는 뚜렷한 실마리를 찾지 못하였다.

그러던 중 작문 시간에 있었던 한 사건 때문에 융은 자신 속에 있는 무의식을 좀 더 구체적으로 관찰하게 되었다. 작문 시간에 관심 있는 주제가 나와서 신이 난 융이 작문을 열심히 해서 제출했는데, 그 글을 읽은 선생님이 '이것은 융의 작품이 아니라 남의 글을 베껴서 냈다'고 단정하는 바람에 분노가 일었던 것이다. 그 분노를 통해서 그는 자기 자신을 들여다보게 되었다. 그러면서 자기의 참모습을 이해하고 있지 못함을 반성하면서 무의식의 움직임을 다음과 같이 표현했다.

그 당시 나는 아직 인격 1호와 2호 사이의 차이를 보지 못했을 뿐 아니라 제2호의 세계를 나의 개인적인 세계라고 주장하고 있었다. 그러나 그러면서도 늘 나 자신 이외의 다른 것이 거기에 있는 것 같은 느낌을 속으로 지니고 있었다. 하늘의 별세계와 끝없는 공간에서 오는 입김이 나에게 와 닿는 것 같은, 혹은 어떤 영혼이 눈에 띄지 않게 방 안으로 들어선 것 같은 느낌, 아득히 지나간 과거의 것 그러나 언제나 존재하며 초시간적인 먼 미래에 이르기까지 현존하는 듯한 영혼의 느낌을 가지고 있었다. 이런 종류의 전환점은 누멘(numen)의 후광으로 둘러싸여 있었다.[42]

융이 주체성을 확실하게 확립하여 내면의 혼란에서부터 비로소 벗어나는 시기는 16-19세 사이였다. 이때야 비로소 융의 제1호 인격이 더욱 뚜렷해지기 시작했으며, 그에 따라 그의 우울한 기분도 많이 호전되어갔다. 동시에 학교와 도시생활로 바쁜 시간을 보내면서 제2호 인격의 활동은 자연스럽게 억압되었다. 보다 더 뚜렷해진 자아의식은 훨씬 더 체계적으로 그의 인생 문제에 접근해 들어갔다. 그래서 그는 철학사 입문서를 읽었고, 피타고라스, 헤라클레이토스, 엠페도클레스, 그리고 플라톤 사상을 접하게 되었다. 특히 마이스터 에크하르트(Meister Eckhart, 1260-1327)에 이르러서는 드디어 삶의 입김을 느꼈다고 융은 고백하고 있다. 그러나 그를 더욱 큰 감명으로 이끈 사람은 그동안의 융의 혼란스러운 내면적 고통을 분명하게 설명해준 쇼펜하우어(Arthur Schopenhauer, 1788-1860)였다. 그는 쇼펜하우어를 세계 속에 있는 결함, 잔인성, 고통을 용기 있게 말한 최초의 사람이라고 평했다.

융의 철학적 탐구는 의학 공부 시절까지 확장되었고 이러한 노력은 그의 성격을 변화시켰다. 수줍음과 불안, 그리고 남에 대한 의심이 많았던 융은 그 이후 모든 면에서 대단한 의욕을 느끼기 시작했다. 그리하여 그는 붙임성 있고 속이 탁 트인 사람으로 변모해갔다. 말하자면 그는 열등의식을 극복했다. 그러나 이러한 변화는 사람들에게 허풍쟁이로 비쳐서 오히려 급우들에게 배척당하는 결과를 초래했다.

융은 선생님을 비롯한 주변 사람들이 자신의 관심사를 인정하지 않는 이유에 대해 생각해보았다. 그것은 남들이 흥미를 가지지 않는 분야에 대해 너무 아는 체를 했기 때문이었다. 이로 인해 그는 "나에게 제기된

42　Ibid., 82.

모든 화급한 문제들은 나의 어릴 적 비밀처럼 세속적인 일상계(日常界)에 속하는 것이 아니라 신의 세계에 속하는 것으로 거기에 관해서는 차라리 입을 다무는 것이 좋다"고 생각하게 되었다.[43]

김나지움 생활이 막바지에 접어들어 대학 진학을 결정해야 할 시점에 이르자 융은 앞으로의 진로에 대하여 많은 고민을 했다. 그러면서 융의 두 가지 인격은 훨씬 더 명확해지기 시작했다. 특히 제2호의 인격이 보다 더 뚜렷하게 정리되어갔다. 제2호는 태어나고 살고 죽는 온갖 것이 하나 속에 들어 있는 인간 성격의 총람으로서 알 수 없는 어두운 내계이면서도 그 안에 빛을 가지고 있었으며, 끊임없이 제1호의 어두운 매개물을 통해서 그 자신을 나타냈다. 제1호가 우연의 소산이라면 제2호는 역사성을 내포하는, 특히 중세와 은밀한 일체감을 느끼는 과거의 유산과도 같았다.

---

43 Ibid., 88.

제2장
융의 핵심 과제 – 대극의 문제를 어떻게 풀 것인가?

융은 1895-1900년(20-25세)까지 바젤 대학에서 과학과 의학을 공부한 후, 그해 정신의학을 전공으로 선택하고 취리히(Zürich)의 부르크횔츨리(Burghölzli) 정신병원에서 조교 생활을 했다. 이 시기에 그는 평생의 탐구 과제인 인격의 비밀에 대하여 본격적인 관심을 쏟기 시작했다. 즉 두 인격으로 상징되는 외적 세계와 내적 세계, 의식과 무의식, 또는 과학과 영성에 대한 인생의 과제를 비로소 진지하게 탐구했던 것이다. 융은 이 시기에 두 가지 상반된 세계를 화해시키는 방법을 찾는 노력을 게을리하지 않았다.

그가 추구했던 방법은 첫째, 내면의 영성에 칸트와 쇼펜하우어를 통한 철학적 분석으로 접근하는 것이었고, 둘째, 철학으로부터 정신의학으로 나아가 영성의 심리학적 이해의 기초를 완성하는 것이었다. 초평기아(Zofingia) 학생회 활동이 전자의 방법을 발전시키는 계기가 되었다면 그의 박사학위 논문은 후자의 방법으로 나아가려는 초기의 시도였다고 볼 수 있다.[1]

---

[1] F. X. Charet, *Spiritualism and the Foundations of C. G. Jung's Psychology* (State University

철학적·심령술적(spiritualistic) 접근

1. 아버지의 죽음

융은 바젤 대학 자연과학부 첫 학기 때부터 지적으로나 감정적으로 활기가 넘쳤다. 1895년(20세)부터는 2년간 의학을 위한 준비과정(Propädeuticum)을 이수하면서 생물학·해부학·생리학과 동시에 신학·문화인류학·비교종교학 등 다른 분야의 지식을 의학 공부에 통합하는 방법을 배웠다. 또한 그는 대학의 네 학부에서 가장 훌륭하고 인기 있는 학생들에게만 회원 자격을 주는 초핑기아(Zofingia) 학생회에 가입하라는 권유를 받았는데, 이를 통해 그가 사교적인 면에서도 학창 시절을 잘 보냈음을 알 수 있다.

그의 아버지도 예전에 이 학생회에 속해 있었기에 옛 멤버 자격으로 학생회 소풍에 아들과 함께 참여한 적이 있다. 오랜만에 부자는 서로 적대감 없이 행복한 시간을 보냈다. 아버지 파울은 자신의 학창 시절에 관해 즉흥 연설을 했고 학생회 멤버들은 박수갈채로 화답했다. 융은 그런 아버지에 대해 뿌듯함을 느끼면서도 한편으로는 아버지의 삶에서 학창 시절만큼 행복했던 시간은 없었다는 생각에 슬퍼졌다. 그해 늦가을, 파울은 췌장암으로 병상에 누워 1896년 초에 작고했다.[2]

파울이 죽은 뒤 어머니 에밀리가 안정을 찾아서 가정을 지키는 날이 많아졌다. 그녀는 스위스 문화 전통에 따라 융을 집안의 실제적 가장으

---

of New York Press, Albany, 1993), 125.
2 C. G. Jung, A. Jaffé, 이부영 역, 『회상, 꿈 그리고 사상』(집문당, 1996), 114.

로 정중하게 대했다. 아버지의 죽음은 융에게 구시대의 종말을 알렸으며 명실상부한 성인으로서 남자다움과 자유를 맞이하는 계기를 제공했고, 동시에 경제적인 문제마저 책임져야 하는 자리에 앉게 했다. 그때 가장 시급했던 문제는 당장 목사관을 비워줘야 하는 일이었다. 상당히 난감해하던 차에, 외삼촌의 도움으로 공장으로 쓰던 옛 건물 1층으로 이사할 수 있었다.

2. 초핑기아 학생회 활동

1) 유물론 비판

융은 초핑기아 학생회에서 활동하면서 주제 발표를 모두 네 번 했다. 첫 번째 발표는 1896년(21세) 11월 "정밀과학의 경계 영역"이라는 제목으로 행했다. 그는 현실을 물질로 환원하는 기계론적 관점은 한계가 있음을 지적하면서, 생명 현상의 발현은 비물질적인 생명력이라든지 자연법칙으로는 파악할 수 없는 원리에 지배되고 있다는 생기론적 견해를 발표했다. 그가 가장 강조한 것은 합리적이거나 교리적인 이론이 아니라, 깊이 느껴지는 내적 현실에 토대를 두는 종교적인 경험을 중심으로 하는 경험 속에 있었다. 이 과정에서 융은 종교 사상가인 키르케고르(Søren Kierkegaard)처럼 헤겔(Hegel)을 부정했다. 즉 융과 키르케고르는 헤겔이 지나치게 집단적이며 외부 세계에 초점을 둔 사고를 했다고 비판하면서, 윤리적인 삶을 살도록 하는 아주 중요한 안내자인 '내적 경험'에 더욱더 집중했다.[3]

  이 발표에서 융의 관심은 과학과 모든 것을 포함한 비특정 심령술

(spiritualism) 양쪽 모두에 있었다. 이러한 양상은 이후 융의 글과 사고를 지배했다. 여기서 융은 과학자들이 심령술을 생각조차 안 한다고 비판했다. 그러면서 세기의 전환기(20세기 초)에 대학 교육을 지배하던 견고한 유물론에 반기를 들었다. 유물론은 학생들에게 영적인 측면보다는 물질적인 측면에서 대상, 요구, 고려에 초점을 맞추게 했기 때문이다. 융은 학생회 학생들에게 영적인 문제를 이성적이고 객관적으로 탐구할 가능성을 고려해보라고 촉구했다. 그러면서 스위스와 독일에서 이러한 시도를 했던 칸트, 쇼펜하우어, 칠너(Zöllner) 같은 사람들이 흔적도 없이 사라졌다고 개탄했다. 그는 바젤 사람들이 신약과 구약에 나오는 기적은 맹목적으로 믿으면서 당대의 다양한 심령술사들이 보고하는 그와 똑같거나 비슷한 사건들에는 눈을 감아버린다고 비판했다.[4]

2) 알브레히트 리츨 비판

초핑기아 학생회에서의 마지막 발표문에서 융은 종교의 신비한 요소를 거부했던 독일의 개신교 신학자 알브레히트 리츨(Albrecht Ritschl)의 이론을 다루었다. 그는 리츨의 신학에 의문을 제기했다. "리츨의 하나님은 인간을 위해 좋은 일을 하고 싶을 때마다 공식적인 통로만을 택하는 분이다. 그렇다면 기독교인의 헌신이 어떻게 가능할까?" 융은 이렇게 반문하면서 신학자들은 인간 인격체의 비밀을 모르고 있음을 확인했다. 그리고 그들은 조직화된 종교 속에 갇혀 있는 신-인간으로서의 예수만을

---

3 A. Casement, 박현순·이창인 역, 『분석심리학의 창시자 칼 융』(학지사, 2007), 112-113.
4 Deirdre Bair, *Jung: A Biography* (Little, Brown and Company, NY., 2003), 45(『융』, 열린책들, 2008, 93-94).

세상에 강요했지, 그리스도라는 인간을 이해하는 면에서는 그동안 거의 진전이 없었다고 주장했다. 그는 그리스도를 예언자, 신이 보낸 사람으로 봐야 한다고 했는데, 이 말은 기독교 중심에 '형이상학적 세계, 형이상학적 질서의 신비'를 복원해야 한다는 주장이었다. 이것은 융 심리학의 가장 근원적인 문제였다. 그의 말년 저서 『욥에의 응답』에서는 이에 대해 구약과 신약을 통전적으로 검토하면서, 그리스도와 적-그리스도의 문제 등을 통해 지금 여기서 제기하는 문제를 거대한 시각으로 정리해냈다.

3) 철학적 담론

초핑기아 학생회에서 융은 쇼펜하우어와 칸트에 관한 논쟁처럼 철학적 담론도 즐겨했다. 그 당시 융은 전통적인 하나님 이미지를 정면으로 부정한 쇼펜하우어의 사상에 무척 매료되어 있었다. 쇼펜하우어는 "이 세상은 조물주의 선함과 지혜의 섭리로 창조된 것도 아니고, 또한 우주가 조물주의 섭리에 의해 조화롭게 운행되고 있는 것도 아니다. 세상은 인간 역사의 슬픈 과정과 자연의 잔인성 아래를 흐르는 근본적인 흠인 세계-창조 의지의 맹목성(the blindness of world-creating Will)이 창조했다"[5]고 말했다. 융은 쇼펜하우어의 신성모독과 같은 이러한 견해에 전적으로 공감했다. 다시 말해서 쇼펜하우어가 당시 사상계를 주름잡고 있던 헤겔의 '절대정신'이라는 개념에 반기를 들고, 이성의 무력함을 주장한

---

5 S. A. Hoeller, *The Gnostic Jung and the Seven Sermons to the Dead* (The Theosophical Publishing House Wheaton, Ill. U.S.A. 1994), 16-17.

것에 전적으로 공감했다. 쇼펜하우어는 "인간 정신의 본질은 이성이 아니라, 무의식적 충동과 감성이다"라고 주장했다. 이것은 정신분석학 담론과 동일한데, 그런 측면에서 보면 쇼펜하우어는 프로이트보다 70여 년 앞서 먼저 심리학적 주제를 다룬 셈이다. 어떻든 이러한 바탕 위에서 그는 세계 창조란 조물주의 섭리가 아니라 고통스러운 우연의 산물이라고 말했다.

그러나 그 맹목성을 극복하기 위해서는 지성이 그것을 넘어가는 어떤 상(像)을 제시해야 한다는 점에서 융은 쇼펜하우어를 받아들일 수 없었다. 융은 쇼펜하우어가 생각하는 지성은 한낱 거울조각에 불과하기에 그것으로는 그 문제를 해결할 수 없다고 생각했다. 그래서 쇼펜하우어를 더욱 철저히 연구하게 되었고, 그러면서 쇼펜하우어와 칸트의 관계에 깊은 감명을 받았다. 그는 『순수이성비판』을 읽고서 쇼펜하우어의 결함을 발견했고 그의 염세적인 세계상보다도 더 큰 깨우침을 칸트에게서 받았다.

칸트(Immanuel Kant, 1724-1804)는 '현상적 사실'(현상계)과 '물 자체적(物本體的, noumenal)인 것'(물자체)을 구별했다. '현상계'는 시공의 선험적 범주로 결정되는 감각을 통해 이해할 수 있는 것, 곧 인식을 통해서 아는 것이고, '물자체'는 직관적 세계라고 부르는 것으로서 인식을 통해 알 수 없는 것이다. '현상계'는 감각 과정의 결과이지만, '물자체'는 그렇지 않다. 따라서 인간의 지식은 다만 현상적 사실의 한계 내에서만 가능하다. 그러므로 '물자체'는 인간 이성으로는 알 수 없는 것으로 남는다. 여기서 '현상계'는 '지식의 객체들'을 포괄하며 '물자체'는 영들(spirits)과 같은 '신앙의 객체들'을 포괄한다고 칸트는 보았다.[6] 다시 말해서 그는 초월적인 것은 감각이나 과학적 이성으로 파악할 수 없음을 확실히 알고 있었다. 또한 그는 초월을 확고하게 믿었다.

쇼펜하우어는 영들의 믿음에 대한 칸트의 증명을 영들의 존재를 부정하는 것이 아니라 현상적 사실로부터 그 영들을 분리하려는 시도로 해석했다. 이러한 해석에 융은 동조할 수 있었지만, 쇼펜하우어가 "인간이 '물자체'로부터 분출되는 영 또는 이미지를 내적 과정을 통하여 경험할 수 있다. 그런 과정은 주관적이고 또 감각적인 재능 속에 엉켜 있어서 그것을 경험하는 개인의 특성에 따라 다르게 나타난다"고 하면서 영들이 삶에 영향을 미칠 가능성을 부인하지는 않았지만 그것들은 다만 개인의 신경심리학적 재능을 통해 영향을 입힌다고 추측했을 때,[7] 융은 그가 여전히 이성의 범주 안에서 그 해결책을 찾고 있다고 생각했다. 진정 그런 것이라면 쇼펜하우어는 인간의 지성을 너무 과대하게 확대함으로써 칸트의 한계를 뛰어넘으려고만 했지 계몽주의적 사고에 그대로 머물러 있는 꼴이라고 융은 생각했다.

융은 신과 인간의 교류를 단절시킨 계몽주의의 맹목성을 쇼펜하우어를 통해서 보았다. 그러므로 그는 신과 인간 사이의 교류를 가능케 하는 데에 있어서는 쇼펜하우어의 생각에 동조할 수 없었다. 융은 이 한계를 극복할 수 있는 방법을 이성의 한계를 지적한 칸트로부터 다시 찾아냈다. 즉 그는 칸트가 "물자체는 인간의 이성으로는 알 수 없는 영들(spirits)과 같은 신앙의 객체들"이라고 말한 것 속에서 칸트의 초월적 현상에 관한 믿음을 보았던 것이다. 그러나 칸트의 한계는 거기까지였다. 칸트는 유한한 자아가 무한한 초월적 영들에 다가갈 수 있는지에 관한

---

6 F. X. Charet, *Spiritualism and the Foundations of C. G. Jung's Psychology*, 287.
7 Ibid., 287.

논의를 전혀 하지 않았다. 반면에 쇼펜하우어는 초월적 여지마저 남겨두지 않았다고 융은 본 것이다. 그러므로 이런 여러 문제가 후에 융의 과제가 된 것은 우연이 아니다.

칸트와 쇼펜하우어의 이러한 관념들은 나중에 융의 사고에 큰 영향을 미쳤다. 예컨대 융의 저서에서는 쇼펜하우어의 중요한 관념들이 많이 발견된다. 인간의 모든 기본적인 것들은 자연적인 힘처럼 무의식적으로 작용한다는 것, 악은 선의 결여가 아니라 그 스스로 권리를 가지고 존재하는 실재라는 주장, 융이 삶의 전반부라고 부른 시기가 그런 것처럼 36세가 되면 에너지를 재생할 수 없고 그때부터 사람들은 마치 무위도식하듯이 산다는 것 등이다. 두 사람 모두 목적론적인 세계관을 고수했다. 융은 무의식의 기원과 정신생활의 중심에 대한 영감을 쇼펜하우어에게서 얻었음이 분명하다.[8]

또한 그런 유형의 논쟁 중 빼놓을 수 없는 것이 니체(F. W. Nietzsche, 1844-1900)에 관한 것이다. 융은 니체의 『짜라투스트라는 이렇게 말했다』를 읽고서 니체가 그의 제2호 인격을 중년 이후에 만나고 있음을 보았다. 그러나 융은 니체가 그의 제2호 인격을 그것에 대하여 알지도 못하고 이해하지도 못하는 세계에 거침없이 꺼내 보였다고 생각했다. 니체는 인간이 제2호 인격의 모습을 제대로 알지 못한 채 그 인격에 자신을 내어 맡기면 어떤 모습을 나타내는지를 극명하게 보여준 인물이었다. 융은 니체가 『짜라투스트라는 이렇게 말했다』를 집필할 때, 원형에 사로잡혀 마치 그의 무의식에서 다이몬(daimon)이라도 나온 듯이 엄청난 속도로 썼다고 주장한다. 니체의 경우 다이몬은 그리스의 포도주

---

8 A. Casement, 박현순·이창인 역, 『분석심리학의 창시자 칼 융』, 117-118.

의 신(神)인 디오니소스였다. 그는 디오니소스를 그가 동일시하고 있던 '권력에의 의지'(will to power)의 근원으로 보았다. 융에 따르면 이러한 동일시가 니체로 하여금 그에게 내려진 계시를 지키는 대신에 그 메시지를 온 세상에 널리 퍼뜨려야 한다고 느끼도록 하는 자아팽창(ego inflation)에 이르게 했고, 그러한 동일시에서 벗어날 수 없었기 때문에 결국 니체는 언제 어디서나 원형에 사로잡힌 사람들이 겪는 운명, 즉 광기에 이르는 고통을 겪었다는 것이다.[9] 그리하여 융은 "파우스트가 나에게 하나의 문을 열어주었듯이 짜라투스트라는 문을 닫아버렸고 그것도 철저하게, 그리고 오랜 기간에 걸쳐 그렇게 두었다"고 고백한다.[10] 그러나 융은 여러 면에서 니체와 유사했는데 그중에서도 글을 자동적으로 써 내려가는 능력이 그러했다. 그것은 의식의 과정을 거치지 않고 무의식을 표현해내는 타고난 재능이었다.[11]

융이 쇼펜하우어와 니체에게 큰 영향을 받은 이유는 그가 살았던 독일 문화권의 독특성 때문으로 볼 수 있다. 그것은 자연철학이다. 독일의 자연철학은 낭만주의의 한 분파로서 셸링(Friedrich Wilhelm von Schelling, 1775-1854)이 주창했다. 라이브란트(W. Leibbrand)의 말을 빌리면, "융 심리학은 셸링과 연관 지어 생각하지 않으면 이해할 수 없다"고 한다. 셸링 철학의 출발점은, "자연은 보이는 정신(Spirit)이고 정신은 보이지 않는 자연"이라는 표현에 함축되어 있다.[12] 그러므로 자연은 기계적이고 물리적인 개념으로 이해할 수 있는 것이 아니라 그 밑에 깔려 있는 정신

---

9 Ibid., 124.
10 C. G. Jung, A. Jaffé, 이부영 역, 『회상, 꿈 그리고 사상』, 124.
11 A. Casement, 박현순·이창인 역, 『분석심리학의 창시자 칼 융』, 128-129.
12 F. W. von Schelling, 한자경 역, 『자연철학의 이념』(서광사, 1999), 82.

의 법칙(spiritual laws)을 통해 이해할 수 있으며, 이러한 정신의 법칙을 탐구하는 것이 자연철학이다. 자연 속에 있는 조직적이고 가시적인 세상은 보편적 정신원리(a common spiritual principle), 즉 세계정신(the world soul; Weltseele)으로부터 기인하며 이 정신이 계속해서 일련의 생성을 거듭하여 물질과 살아 있는 자연, 그리고 인간의 의식을 만들어낸다는 것이다.[13]

자연철학의 기본원리는 첫째, 인간과 자연은 필수적인 통일성을 갖고 있다. 즉 인생은 일종의 자연 내 우주적 운동 안에 동참하는데, 이 우주는 각 부분이 다른 모든 것들과 감응관계(a relation of sympathy)로 연결되어 있는 조직화된 전체다. 그렇기 때문에 자연철학자들은 메스머의 동물자기설에 많은 관심을 가졌으며 그것을 자신들의 이론으로 해석했다.

둘째, 또 하나의 기본 원리는 '양극성의 법칙'(law of polarities)이다. 이는 결국 다른 형태로 결합되는 반대의 힘과 보완의 힘의 쌍을 말한다. 셸링은 자연 속에 낮과 밤, 힘과 물질, 중력과 빛 등 양극성이 존재한다고 생각했다. 화학의 산성과 알칼리의 양극성이나 생리학에서의 각성과 수면, 식물의 세계와 동물의 세계 등도 그런 예들이다. 그는 양극성을 종종 반대되는 힘들의 역동적 상호작용으로 생각했다. 그러므로 자연이란 긍정과 부정의 힘의 갈등이며 세력 간의 투쟁이라고 파악했다.

셋째, 원시적 현상과 그 현상으로부터 순차적으로 변형이 일어난다는 개념이다. 플라톤의 『심포지움』에서 보면 원시인은 양성(bisexuality)을 소유하고 있었다. 이 양성이 나중에 제우스에 의해 서로 분리되었기 때

13　H. F. Ellenberger, *The Discovery of the Unconscious* (Basic Books, Publishers, New York, 1970), 202.

문에 남자와 여자는 다시 결합하려는 노력의 일환으로 각각 자기 짝을 찾으려 하는 것이다.

넷째, 자연은 합목적성을 갖는다는 원리다. 계몽주의의 기계론은 자연을 인과론으로 설명하려 했지만 유기적 자연은 원인과 결과의 모든 기계적 연결로는 설명이 불가능하다. 어떠한 유기체도 계속 진화하지 않고 언제나 자기 자신에게로 무한히 되돌아갈 뿐이기 때문에 그 유기체는 외부의 다른 사물의 원인도 아니고 결과도 아니다. 유기체에서는 어떠한 개별적 부분도 그 전체 안에서가 아니면 발생할 수 없으며, 또 전체 자체는 오직 그 부분들의 상호작용 안에서만 성립한다.[14] 그러므로 모든 개체는 전체의 합목적성과 연관되어야만 한다. 다시 말해서 자연철학자들은 자연 안에서 목적이 없거나 반목적적으로 보이는 어떤 것을 발견할 때 그 사물의 전체 연관이 파괴되었다고 믿으며, 그 가상적 반목적성이 다른 관점에서 합목적성으로 바뀌기 전까지는 안정을 찾지 못한다고 생각한다. 이와 같이 자연 어디에서든 목적과 수단의 결합을 전제하는 것은 반성적 이성의 필연적 준칙이라고 셸링은 말했다.[15]

이러한 낭만주의적 영향은 프로이트와 융 모두에게 미쳤다. 존스(Ernest Jones)는 프로이트의 정신생활에 대한 개념에도 양극성이 우세하게 나타난다고 했다. 예컨대 그는 주체와 객체의, 쾌락과 고통의, 능동성과 수동성의 양극성이 나타난다고 지적했다. 원시 현상이라는 낭만주의적 철학 개념은 융의 작품에서 원형(archetype)이라는 이름으로 다시 제시될 뿐만 아니라 프로이트에게서도 발견되는 개념이다. 즉 원시의 아

---

14 Schelling, 한자경 역, 『자연철학의 이념』, 61-62.
15 Ibid., 80-81.

버지를 살해하는 오이디푸스 콤플렉스는 원시 현상 없이는 이해할 수 없다. 인간은 근본적으로 양성(bisexuality)이라는 낭만주의적 사고 역시 프로이트와 융의 정신 조직에서 발견된다. 예컨대 융의 아니마(anima)와 아니무스(animus) 개념은 낭만주의적 원시 현상이 다시 육화된 것이며, 또한 이 개념은 꿈과 상징을 강조하면서 융의 '집단무의식'에서 재생되기도 한다.[16] 특히 자연의 합목적성은 융에게 막대한 영향을 주어서 인간 정신의 발달 과정을 다른 정신분석학자들보다 더욱 넓혀놓는 계기를 마련해주었으며, 그의 목적론적 접근 방법은 인간의 정신을 인과론의 굴레에서 해방시켰다.

낭만주의는 후기에 가서 깊이의 차원을 발견했다. 즉 그것은 무의식의 재발견과 20세기 실존주의의 모든 사상의 기초가 되었다.[17] 셸링은 키르케고르(S. A. Kierkegaard, 1813-1855)와 다른 많은 사람에게 실존주의의 근본 개념을 전달해주었다. 그리고 키르케고르의 뒤를 이어 니체의 분석이 출현했는데, 그는 쇼펜하우어의 비합리적 의지, 하르트만(Eduard von Hartmann, 1842-1906)의 무의식의 철학, 또 그 후 심층심리학적 탐구가 가져올 결과의 대부분을 예견했다.[18] 프로이트는 무의식의 범주를 쇼펜하우어의 제자 하르트만에게서 발견했다.[19] 그러나 당시 젊은 융은 철학에서 자신의 제1호 인격과 제2호 인격을 조화시킬 수 있는 뚜렷한 길을 발견하지 못했다.

이상의 철학적 담론을 도표화해서 정리하면 다음과 같다.

---

16 Ellenberger, *The Discovery of the Unconscious*, 204-205.
17 P. Tillich, 송기득 역, 『19-20세기 프로테스탄트 사상사』(한국신학연구소, 1980), 110.
18 P. Tillich, 김경수 역, 『문화의 신학』(대한기독교서회, 1987), 131.
19 P. Tillich, 송기득 역, 『19-20세기 프로테스탄트 사상사』, 111.

<도표 1> 철학적 담론 1

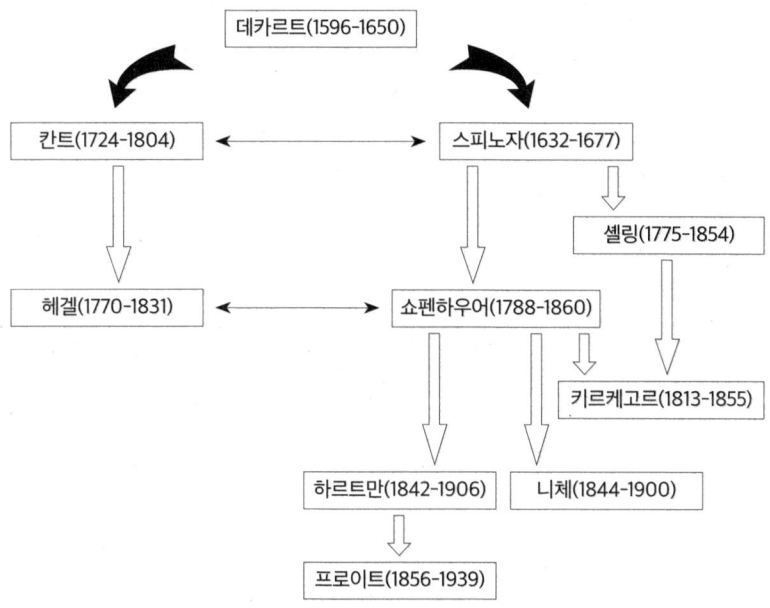

<도표 2> 철학적 담론 2

데카르트(1596-1650): 방법론적 회의-진리를 찾는 수단으로서의 의심
- 데카르트는 자신의 존재까지 의심했을 때, 존재하지 않는다면 의심할 수 없기 때문에 그가 의심을 하고 있다는 사실이 그의 존재를 증명한다는 것을 깨달았다. → "Cogito ergo sum"(나는 생각한다, 고로 존재한다).

칸트(1724-1804): 분리의 원리	
• 인식론의 가장 핵심은 인식의 주체인 '자아'(데카르트)	**스피노자**(1632-1677): 신비적 범신론(동일성의 원리)
- 자아의 문제를 경험의 한계를 벗어나서 다루지 않았다.	• "세계는 신의 속성이 구현된 양태"

현상계	물자체	- 신이 세상 밖에서 자신이 창조한 세상을 굽어보는 것이 아니라, 세상의 모든 순간에 모든 방식으로 참여하고 있다는 것
인식을 통해 아는 것	인식으로 불가능	
감각 과정의 결과	감각으로 모른다	- 즉 신은 자연의 생명력 그 자체다.
지식은 현상적 사실에 국한됨	이성으로는 알 수 없는 것	

		셸링(1775-1854): 자연철학
지식의 객체들 포괄	영들과 같은 신앙의 객체들 포괄	• 자연은 보이는 정신, 정신은 보이지 않는 자연이다.
		• 자연 속의 조직적·가시적 세상은 보편적 정신 원리, 즉 세계정신으로부터 기인하며, 이 정신이 계속 생성을 거듭해서 물질과 살아 있는 자연, 인간의 의식을 만들어낸다.
		• "세계는 인간의 정신이 구현된 현상의 종합"

헤겔(1770-1831): 독일 관념철학 대표자	**쇼펜하우어**(1788-1860)
• 칸트의 이념과 현실의 이원론→일원화	• 이성은 감각이 제공하는 재료를 개념화하고 추론하는 능력일 뿐, 인식의 재료를 스스로 산출할 수 없다.
• 칸트의 한계를 극복하려는 시도	• '정신' 대신 '의지'
- 인간 사유의 산물인 개념을 독자적인 그 무엇으로 간주한 칸트의 인식론 반박. 개념은 스스로 운동하는 것→긍정-부정-부정의 부정(정반합)의 변증법	- 헤겔의 '정신'은 이성에 강한 힘을 실어준다.
	- 쇼펜하우어의 '의지'는 이성에 역행하는 이론.

- 변증법? 만물은 끊임없이 변화한다. 변화의 원인은 내부적인 자기부정, 즉 모순에 있다. 모순에 의한 자기부정은 합의 상태로 그 문제를 해결한다→결국 최고 이성(**절대정신**=神)에 다다름
- 이성은 초감각적인 절대자를 이런 방식으로 인식한다.

즉 인간 정신의 본질은 이성이 아니라, 무의식적 충동과 감성이다(=정신분석학의 담론).
- 최초 원인이란 있을 수 없다. 인과관계를 파악한다는 것은 변화에 선행하는 변화를 무한히 찾는 것을 의미하므로, 변화하지 않는 질료의 최초 상태는 생각할 수 없다. 따라서 절대자가 최초 원인일 수 없다.
- "이 세상은 조물주의 선함과 지혜의 섭리로 창조된 것도 아니고, 또한 우주가 조물주의 섭리에 의해 조화롭게 운행되고 있는 것도 아니다. 세상은 인간 역사의 슬픈 과정과 자연의 잔인성 아래를 흐르고 있는 근본적인 흠인 세계-창조 의지의 맹목성(the blindness of world-creating Will)이 창조했다."
- '물자체'로부터 분출되는 영 또는 이미지를 내적 과정을 통하여 경험할 수 있다. 그것들은 개인의 신경심리학적 재능을 통해 영향을 입힌다고 추측한다.

	키르케고르(1813-1855)
하르트만 (1842-1906) • 무의식의 철학	**니체**(1844-1900) • 쇼펜하우어의 비합리적 의지, 하르트만의 무의식의 철학, 심층심리학적 탐구가 가져올 결과의 대부분을 예견함 • 중년 이후 그의 제2호 인격을 만나고 있다(자라투스트라는 이렇게 말했다)—자아 팽창의 예 • 융의 자동 글쓰기는 니체와 유사하다.
프로이트 (1856-1939) • 정신분석학	

3. 블룸하르트의 싸움

그러던 중 융은 우연히 평생 친구 중 하나였던 알베르토 오에리(Albert Oeri)의 아버지 서재에서 심령 현상(phenomenon of spiritualism)을 다룬 책 한 권을 발견했다. 『블룸하르트의 싸움』[20]이라는 책이었는데, 거기에는 고틀리빈 디투스(Gottliebin Dittus)라는 여인이 겪은 신비한 종교 체험에 관한 내용이 담겨 있었다. 고틀리빈 디투스가 귀신 들리는 병에 시달리는데, 그런 영적인 현상을 아버지 블룸하르트(Johann Christoph Blumhardt, 1805-1880)[21] 목사가 치유해가는 과정과 그로 인한 교회 부흥에 관한 내용이다.

이 과정은 기괴하고 신비스러운 마법 행위가 아니라 경건주의 신앙에 입각한 기도의 힘으로 이루어졌다. 이 사건은 사람들을 극적으로 감동시켜 회개 운동이 불같이 일어났고, 아버지 블룸하르트 목사를 중심으로 하는 종교 치유 집단(바트볼[Bad Boll] 요양소)을 형성하기에 이른다. 이 정신은 거기에 머물지 않고 아들 블룸하르트(Christoph Friedrich Blumhardt, 1842-1919) 목사를 통해 사회를 개혁하려는 세력으로 확대되었다. 아들 블룸하르트는 1900년에 독일 사회민주당 소속의 뷔르템베르크 주의원이 되어 1906년까지 사회의 약자들 편에 서서 지역 현안에서부터 국제 문제에 이르기까지 활발한 의정 활동을 폈다.

융은 이 책을 정신의학의 하위 범주에 속하는 문헌으로 분류했다. 그

---

20 *Der Kampf in Möttlingen*(1979), *Blumhardt, J. C. Gesammelte Werke*(블룸하르트 전집)로 재출간.
21 블룸하르트 목사는 그의 아들과 이름이 똑같다. 게다가 둘 다 목사였기 때문에 이들을 아버지 블룸하르트, 아들 블룸하르트로 부르는 것이 일반화되어 있다.

가 왜 그랬는지, 그리고 이 책에서 어떤 영감을 받았는지 좀 더 확실하게 이해하기 위해서는 블룸하르트 부자(父子)의 이야기를 조금은 알고 있어야 한다. 이때 우리는 특히 아버지 블룸하르트가 융에게 얼마나 풍성한 자양분을 공급했는지를 느끼게 된다. 또한 블룸하르트와 관련하여 나중에 융에게 중국의 연금술서인 『태을금화종지』의 서문을 부탁한 권위 있는 중국 학자 리하르트 빌헬름(Richard Wilhelm, 1873-1930)과 융의 관계도 이미 여기서부터 잉태된 것은 아닌지 모르겠다. 왜냐하면 중국의 연금술뿐만 아니라 『주역』으로도 융에게 강한 영향을 주었던 빌헬름은 아들 블룸하르트의 다섯째 딸 잘로메와 결혼해서, 그의 사위가 된 인물이기 때문이다.[22]

1) 경건주의

아버지 요한 크리스토프 블룸하르트는 경건주의 분위기에서 태어나 성장한 사람이다. 당시 독일의 경건주의는 종교개혁 이후 정통주의의 교리적 경직화를 타파함으로써 교회, 신학 및 일반 정신 형성에 진보적 태도를 보였던 운동이다. 그들은 교리가 중요한 것이 아니라 인간의 삶이 중요하다고 생각했다. 교리도 다만 인간의 삶을 위한 것이라고 말한 칼 바르트(Karl Barth, 1886-1968)도 경건주의를 '이 시대의 기독교 시민이 발견한 적극적 측면'이라고 평가했다. 종교개혁에 의해 성서가 민중의 손에 넘어갔지만 민중들은 아직도 라틴어를 쓰거나 읽을 수 없어서 그것은 다만 일부 부유층이나 유식자에 국한되어 있었다. 이러한 상황에

---

22 井上良雄, 田鎬潤 역, 『하나님 나라의 證人, 블룸하르트 父子』(설우사, 1991), 245.

서 경건주의자들이 성서를 문자 그대로 모든 사람의 책으로 만들기 위해 자국의 언어로 번역하는 노력을 부단히 했다. 그러한 노력은 그때까지 교리나 철학에만 집중되었던 교회의 학문적 관심을 다양한 주제로 바꾸는 데도 큰 역할을 하였다. 그러므로 영국에서의 청교도주의와 마찬가지로 독일에서의 경건주의적 경건은 최초의 종교적 자유의 선언이었다.[23]

이처럼 경건주의가 기독교에 공헌한 바가 크지만 한편으로는 해독도 있었다. 이 점을 스위스의 개혁교회 신학자 칼 바르트는 기독교의 '개인주의화' 혹은 '내면화'라고 지적했다. 이 말은 경건주의가 무엇이든 '자기 것이 아닌 것'을 '자기 것'으로 바꾸려고 한다는 것이다. 즉 경건주의자들은 하나님 말씀의 수육(예수의 탄생)이 '그때 그곳에서' 일어난 일로서 지금의 자기와는 시간적으로 떨어져 있고 공간적으로도 무관한 사건으로 인지하는 것이 아니라, 그것을 내면화하고 현재화한다. 결국, '근원적인 그리스도의 탄생이란 우리 마음속에서의 탄생'이라는 것이다. 이웃에 대한 것도 마찬가지다. 이웃은 내 밖의 존재로 남아 있는 것으로 나를 방해해서는 안 되며, 그는 나의 것이 아니어서는 안 된다. 그러므로 사귐이나 사랑도 그러한 전제하에서 이루어진다. 경건주의자들은 성서의 권위라 하더라도 기독교인 자신이 가지고 있는 궁극적인 권위, 즉 '내적인 음성'과 일치시키지 않고는 만족하지 못한다. 하나님의 계명도 마찬가지다. 계명도 내면화하여 자기가 해석하며, 그것에 일정한 형태를 줄 수 있는 일반적인 규칙을 만들어버린다. 이러한 태도로 인하여 경건주의의 완전주의적 윤리가 생겨나고, 죄를 짓는 모든 기회(극장, 댄스, 음

---

23 Ibid., 30-31.

식점, 담배, 농담 등)를 피하여 이 세상으로부터 분리된다.[24]

그러나 이러한 경건주의에 근거해 있던 아버지 블룸하르트가 그 당시 서구 사회에 대단한 영향력을 발휘했던 이유는 그가 뫼트링겐(Möttlingen)의 경험을 통해 경건주의를 뛰어넘은 인물이 되었기 때문이다.

2) 뫼트링겐에서의 '싸움'[25]

아버지 블룸하르트는 1829년 가을에 튀빙겐 신학교를 졸업한 후, 7년간 선교부 교사로 일하다가 1838년 7월에 뫼트링겐 교회 담임목사(33세 독신)로 부임했다. 그리고 같은 해 9월 4일에 그 교회에서 결혼식을 올렸다. 그가 부임할 당시 뫼트링겐 교회에는 경건주의의 대표 목사였던 크리스티안 고트로프 바르트가 시무하고 있었다. 그의 설교는 언제나 수사적(修辭的)이고 화려했지만 교인들은 점차 흥미를 잃어 생기가 사라져갔다. 이 교회에 소박하고, 재치도 없고, 게다가 일상 언어로 설교하는 블룸하르트는 오히려 능력 부족의 목사로 보였다. 이러한 분위기는 그전 부임지에서의 블룸하르트와는 전혀 상반되었다. 사실 인간에 대한 그의 애정과 친화력은 누구나 인정하듯이 타고난 면이 있었기 때문이다. 그러나 이런 그의 재능도 전혀 무용지물이 되어갔다.

그러던 중 그를 전혀 다른 사람으로 만들어버린 어마어마한 사건이 터지고 말았다. 그 마을에 고틀리빈 디투스라는 소녀가 살고 있었는데, 블룸하르트가 부임할 당시 그녀는 스물세 살이었다. 그녀에게는 12명의

24　Ibid., 31-32.
25　Ibid., 48-68.

남매 중 살아남은 두 오빠와 두 자매가 있었고, 그들은 가난한 부모와 함께 살았다. 블룸하르트가 부임한 지 1년 반이 지난 1840년 2월에 고틀리빈 디투스 가족은 교회에서 가까운 집으로 이사했다. 이사 온 첫날 그녀는 식탁에서 기도하던 중 갑자기 발작을 일으켜 마룻바닥에 쓰러졌다. 그와 동시에 물건 두드리는 소리와 질질 끌고 가는 소리가 들렸다. 이 소리는 다른 형제자매들도 들을 수 있었다. 이런 일은 이후에도 계속 일어났다. 그러나 그 집안사람들은 이웃의 이목이 두려워 그것을 숨겼다.

　1841년 가을에 고틀리빈은 블룸하르트를 찾아가 점점 심해지는 기괴한 사건과 자신의 괴로움을 호소했다. 그러나 그는 대수롭지 않게 생각해 별다른 대처를 하지 않았다. 그해 12월부터 1842년 2월 사이에는 고틀리빈의 얼굴에 심한 피부염이 생겨 위급한 상태가 되었지만 블룸하르트는 그녀의 병상을 자주 방문하지 않았다. 그녀가 그의 말을 들으려 하지도 않고, 인사도 받지 않는 등 거부적 태도를 보였기 때문이었다.

　드디어 같은 해 4월에 고틀리빈의 친척 두 사람이 블룸하르트를 방문하여 2년 이상이나 끌어온 그 가족의 고통을 호소하는 바람에 비로소 그는 이 사건에 대하여 자세히 알게 되었다. 그들은 2년 전에 죽은 여인이 죽은 아이를 안고 베개 맡에 나타나는 모습이 고틀리빈에게 가끔 보인다는 사실을 털어놓았다. 6월 2일 밤, 그는 몇 명의 교인과 아무런 예고도 없이 그녀의 집을 조사하러 갔다. 그가 그 집에 발을 들여놓는 순간, 두드리는 듯한 격한 소리가 울리면서 계속하여 여러 가지 소리가 들려왔다. 그 소리는 주로 고틀리빈이 자고 있는 방에서 들려오는 듯했다. 같이 간 사람들은 일을 분담하여 집 안팎을 조사했으나, 마침내는 모두 그녀의 방으로 모여들었다. 소음은 점점 높아지고 특히 블룸하르트가 같이 간 사람들과 함께 찬송가를 부르며 기도를 시작하자 소리는 더욱

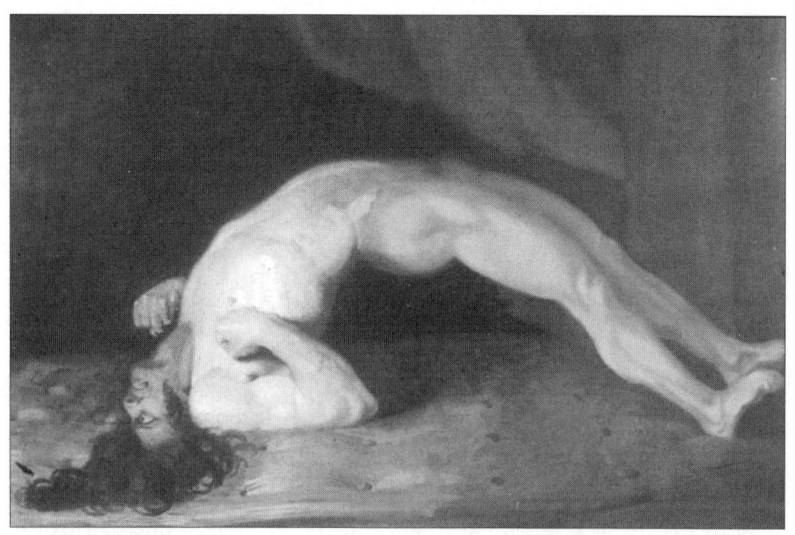

<그림 1> Sir Charles Bell, "Opisthotonus"(1809)

소란스러워졌다. 일행은 소리가 나는 곳을 자세히 살펴보았으나 원인을 찾을 수 없었다.

이 일이 있은 후 블룸하르트는 고틀리빈을 당분간 다른 곳에 있게 하고 신뢰할 만한 두세 명의 교인과 함께 가끔 그녀를 방문하기로 결심했다. 그때부터 일주일에 2-3회 여러 사람이 그의 서재에서 함께 모여 성서 연구도 하고 기도 모임을 가졌다. 그때 그들은 기적을 행한다는 것은 염두에 두지도 않고 성서가 인도하는 것보다 앞서가지 않으려고 서로 다짐하며 충고했다. 그러나 블룸하르트가 개입한 이후, 그녀의 증세는 더욱 심해졌다.

그러던 중 6월 26일 저녁, 블룸하르트의 '싸움'에 중요한 사건이 일어났다. 그가 그녀를 보러 갔을 때, 그녀는 무서운 경련을 일으키고 있었다. 머리를 옆구리에 틀어박고 몸을 마치 활처럼 위로 구부린 그녀는 두 팔이 뒤틀리고 입에서는 거품이 흘러나왔다(그림 1 참조). 이 장면을 보면서 그는 어떤 악령의 힘이 역사하고 있다고 확신했다. 이렇게 무서운 사태가 벌어지고 있는데도 자신이 아무것도 할 수 없다는 안타까움에 젖어 있다가 갑자기 그는 분노에 사로잡혔다. 그래서 뻣뻣해진 그녀의 손을 억지로 모으게 하고는 귀에다 대고 큰 소리로 말했다. "손을 모으고 '주 예수여 도와주소서' 하고 기도하시오." 그러자 그녀는 그 기도의 말을 반복하면서 얼마 후 정신을 차렸고 경련도 완전히 멎었다.

　이 경험은 블룸하르트에게 대단히 중요한 가르침을 주었다. 즉 그 가르침이란 그는 고틀리빈의 괴로움 가운데 '어떤 악령적인' 역사를 보았고, 인간의 조력의 한계를 초월한 힘의 지배에 직면했을 때 그가 병자와 함께 주 예수의 도움을 구하지 않을 수 없었으며, 그것은 바로 '직접적인 충동'에서 나왔고, 따라서 이 '싸움'의 참여가 '자기 자신의 선택이나 교만'은 아니라는 것과, 주의 도움이 현실로 나타났다는 것 등이다. 이 사건을 계기로 그는 이 문제에 새롭게 참여하게 되었다. 다시 말해서 그는 주체로서의 자신이 빠진 귀신과 귀신 축사자의 구도나, 혹은 귀신과 예수의 대결이라는 구도를 모두 거부하고 비록 무능하지만 자기 자신이 주체자로 그 싸움에 동참하는, 주객이 합일된 체험을 하게 되었다.

　그러나 고틀리빈의 괴로움은 끝나기는커녕 점점 더 심해져만 갔다. 1843년에는 그녀의 병세가 한층 더 악화되어 모래나 유리 파편을 토했고, 코피를 계속 흘리거나, 또는 심한 정신착란에 빠져 여러 차례 자살 시도를 하다가 죽음 직전에 이르기도 했다. 이런 때 보통은 치유 은사를 갖고자 하는 유혹에 빠질 만도 한데 블룸하르트는 오히려 자신의 무능을 자각하면서 오로지 용기를 가지고 그 문제에 직면하려고 애썼다. 이러한 그의 행위는 액면 그대로 '암흑의 인격적인 힘'과 목숨을 걸고 벌인 '육박전'이었다. 그러나 이 순간 이것은 블룸하르트 개인의 싸움이면서 동시에 그의 싸움만은 아니었다. 왜냐하면 그가 자각한 바로는 그 싸움의 주체가 그 자신이 아니고 예수였기 때문이다. 그를 통해서 예수가 싸우는 것이었다. 그래서 그는, "그때 주님이 문을 두드리셨다. 그래서 나는 그를 위해 문을 열었을 뿐이다"라고 말할 수 있었다.

그가 몰입해 들어가면 갈수록 문제는 악화되는 듯이 보였다. 그가 자신에게 "주님은 누구인가"라고 반문하면, 예수는 그에게 "앞으로 전진하라"는 음성으로 응답했다. 그는 이미 언급했듯이 언제나 기도와 하나님 말씀만을 가지고 싸움에 임했다. 드디어 1843년 12월 24-28일 크리스마스 기간에 그 싸움은 종말을 고했다. 그 당시 기괴한 일들은 극에 달했고 오빠 게오르그와 동생 카타리나에게까지 암흑의 세력이 뻗쳐서 그들도 고통을 겪고 있었다. 블룸하르트는 이 세 사람과 함께 절망적이라고 생각되는 싸움을 했다. 그것은 "승리냐, 아니면 죽음이냐" 하는 싸움이었다. 게오르그는 얼마 되지 않아 정상으로 돌아왔으나, 카타리나는 상태가 더욱 악화되어 광란으로 발전하여 블룸하르트에게 덤벼들었기 때문에 쉽사리 접근하기도 힘들었다.

그런데 12월 27-28일 사이 한밤중에 예기치 못한 사건이 일어났다. 새벽 2시에 카타리나가 의자에 앉아 머리와 상반신을 뒤로 젖히고 있었고, '사탄이 된 천사'로 불리는 자가 목에서 나오면서 "예수는 승리자다. 예수는 승리자다"라고 부르짖었다. 그리고 악령의 위력이 점차 약해지더니 드디어 그 힘이 소멸되었다. 그때가 아침 8시였다. 그 즉시 고틀리빈도 깨끗해졌다. 고틀리빈의 가족은 긴 괴로움에서 해방되어 마침내 정상적인 생활로 돌아왔다. 특히 고틀리빈은 그 후 블룸하르트의 가정에 들어와 가사와 육아를 도우며 블룸하르트 부인의 충실한 조수가 되었다. 또한 그녀는 그의 도움을 구하러 모여드는 사람 중 정신장애로 고

생하는 사람들을 치유하는 데 중요한 역할을 했다.

3) 평가와 의미

1949-1950년 사이에 튀빙겐 대학 부속병원 정신과장 발타아 슐테와, 아들 블룸하르트의 사위인 오트 브루더는 아버지 블룸하르트의 사건으로 논쟁을 벌였다. 여기서 슐테는 기독교인 의사의 관점에서 이 사건을 신학과 의학이 결부되는 결론으로 이끌고자 노력했다. 그는 고틀리빈의 경우를 히스테리성 장애로 보면서 동시에 그 이후 전개된 종교적 회심과 더불어 사회적 참여로까지 이어진 그들만의 특별한 경험의 가치를 우호적으로 평가하려 노력했다. 그러나 양쪽을 모두 아우르려고 노력한 탓에 블룸하르트가 벌인 '싸움'의 진정한 의미를 파악하는 데에는 미치지 못했다.

블룸하르트의 깨달음은 정신사적 관점에서 추적해볼 때 진정으로 빛난다. 그가 암흑의 인격적인 힘과 말 그대로 '육박전'과 같은 치열한 싸움을 했다고 했을 때, 그 의미는 전혀 새로운 차원의 것이 되었다. 그것은 곧 예수 그리스도가 지금 여기서 암흑의 세력과 맞서 싸우는데 내가 그의 도구가 되어 있다는 의미, 그리고 그것에 동참하는 내가 전혀 수동적 도구로만 있지 않다는 자각으로서 새로운 지평을 열었다.

이것을 신학적 용어로 다시 해석하면, 그에게 하나님 나라는 물론 인간이 만들어내는 것은 아니었지만 동시에 그것은 인간이 팔짱을 끼고 그 도래를 기다리고 있는 것도 아니었다. 그에게는 이 세상에서 일어나는 모든 일이 하나님 나라를 뜻했다. 인간의 일과 하나님 나라의 일이 서로 따로 떨어져 있지 않았다. 그러므로 인간은 자기와의 싸움을 통해,

이 땅 위에서의 하나님의 역사에 참여해야 한다. 따라서 하나님 나라의 도래와 인간의 싸움은 "이것이냐 저것이냐"라는 선택이 아니다. 그것은 양자가 긴밀히 결합하는 것이다.[26] 이런 그의 생각과 행동은 경건주의를 넘어서고 있었다.

육체와 영혼을 하나로 본 블룸하르트의 일원론은 기존의 사고와 확연히 달랐다. 이 점에 관한 바르트의 해설을 들어보자. "플라톤과 아리스토텔레스 이후 교회 교부들, 스콜라 신학자들, 옛 개신교의 정통주의자들은 인간의 본성이 육체와 영혼으로 되어 있다고 생각하며 가르쳐왔다. 그들은 이론적으로는 육체의 문제를 부정하지 않았지만, 실제에서는 언제나 영혼의 중시와 몸의 경시로 기울어졌다. 종교개혁 신학에서도 그러한 문제를 거부하기는 했지만 넘어서지는 못했다. 그것은 종교 개혁자들이 성서의 종말론에 대한 이해가 얕아서 전통적인 인간론을 검토할 이유를 찾지 못했기 때문이었다. 그러나 블룸하르트는 언제나 인간 전체가 문제이므로 몸과 영혼의 치유가 문제였고, 죄 사함과 병의 치유는 그의 사역에 항상 병행되었다. 따라서 그의 태도는 하나님의 영광을 문제 삼지 않고 인간이 건강해지는 것만을 문제 삼는 근대 과학주의와도 달랐고, 또 하나님의 문제를 다만 인간의 영혼·양심·내면에만 국한시키려고 하는 교회의 일반적인 태도나 경건주의의 태도와도 달랐다." 바르트는 블룸하르트가 영혼과 몸에 관한 그리스적·고대 교회적인 추상적 이원론도 아니고, 유물론이나 유심론의 추상적 일원론도 아닌 성서적인 '구체적 일원론'을 실현하고 있다고 확신했다.[27]

---

26 Ibid., 64.
27 Ibid., 99-101.

4) 융에게 미친 영향

고틀리빈 디투스의 증상만을 놓고 보았을 때 『블룸하르트의 싸움』은 당연히 정신의학의 하위 범주에 속하는 문헌일 수밖에 없다. 그리고 그것에 대한 블룸하르트의 치유적 접근도 정신의학적 관점에서 보기에 합당한 자료로 여겨진다. 우선 고틀리빈은 전형적인 히스테리성 간질 증상(opisthotonus)을 동반한 히스테리성 장애의 양상을 보였다. 그러나 그동안의 역사를 돌이켜보면 블룸하르트의 접근법은 새로운 방향을 제시해 주었다. 이미 보아왔듯이 히스테리성 장애를 가스너 신부는 축사 행위로 치유했고, 메스머는 동물자기시술로 치유했다. 그러나 블룸하르트는 그 현상이 마귀의 농간임을 인정하면서도 축사 행위로 접근하지 않고, 그것에 대항하기 위해 오로지 기도와 성서 연구만을 택했다.

이런 접근은 마귀를 단지 외부의 인격적 실체로 보는 태도가 아니었다. 그는 이 과정에서 객체로서의 어두운 세력이 아니라 주체로서의 어두운 세력을 느낄 수 있었다. 그러면서도 동시에 자칫 잘못하면 관념적으로만 흘러버릴 수 있는 주체적 체험을 실제의 힘의 갈등으로 파악함으로써 주체와 객체를 통합시켰다. 따라서 그 사건은, 곧 '나'라는 요소가 적극 개입해야 하는 현실적 문제로 새롭게 창조되었고, 그에 따라 믿음의 행위를 당당하게 결행했던 것이다.

융이 블룸하르트의 책에서 이와 같은 그의 정신을 자각했는지는 정확하게 알 수 없으나, 이러한 블룸하르트의 관점은 그 후 전개된 융 심리학의 핵심과 일맥상통하고 있다. 이러한 추측이 큰 무리가 아니라면 융은 시대적 문제를 해결할 수 있는 새로운 지평을 열어준 블룸하르트의 정신을 칼 바르트보다 먼저 감지했던 인물이라고 할 수 있다.

『블룸하르트의 싸움』이라는 책을 계기로 융은 심령술을 다룬 다른 많은 책을 읽기 시작했다. 칸트의 『영을 보는 사람의 꿈』, 췰너(Zöllner), 크룩스(Crookes), 에셴마이어(Eschenmayer), 파사방(Passavant), 유스티누스 케르너(Justinus Kerner), 괴레스(Görres), 스베덴보리(Swedenborg) 등 심령술과 관련한 19세기 저자들의 이름이 융의 입에서 자주 튀어나왔다.[28] 그런데 융이 인격의 비밀을 해결하려고 신학과 철학 그리고 심령술에 관심을 가졌던 태도는 지금까지 설명해온 것처럼 일직선으로 나열된 과정이 아니다. 이 주제들은 수시로 순환적으로 서로에게 영향을 주며 발전해나갔다. 그것의 좋은 예가 융의 외사촌인 헬레네 프라이스베르크(Hélène Preiswerk)를 영매로 하는 강령회가 1895년 6월(파울이 죽기 6개월 전)부터 계속 열린 것이다. 이 모임은 융의 어머니 에밀리가 주선했다.

심령술적·정신의학적 접근

이 강령회는 후에 융의 박사학위 논문의 주제가 되었다. 융은 헬레네의 영매 현상을 통해서 인간의 정신세계를 탐구하려 했다. 그러나 그는 그의 어머니와는 달리 그러한 현상들을 신비스럽게 다루지 않고 할 수 있는 한 과학적인 관점에서 다루려 했다. 그의 태도에 영향을 미친 정신사적 배경은 다음과 같다.

---

28 Deirdre Bair, *Jung: A Biography*, 43(『융』, 91).

1. 강신술의 출현

앞에서 언급한 동물자기설은 1777-1785년 사이 메스머의 활동을 시작으로 유럽 전역으로 퍼져나갔고, 1840-1850년에 정점에 이르렀지만, 이성적이기보다 열광적이고 광적으로 변해가다가 결국 그 본래의 개념에서 크게 벗어나고 말았다. 즉 그것은 추측과 신비주의, 그리고 돌팔이와 뒤섞여버리고 말았다. 이런 분위기에서 고대부터 있었던 강신술(spiritism)이 두각을 나타내기 시작한 것은 너무도 자연스럽다. 그것은 19세기(1800년대) 초에 크게 유행하였다. 이러한 시대적 기류가 아마도 '블룸하르트의 싸움'에서의 고틀리빈 디투스에게도 지대한 영향을 미쳤을 것이다. 융의 외사촌 헬레네는 어린 영매였는데, 그녀는 융의 외할머니 아우구스타 파버(1805-1862)의 '영매 경험' 일기를 발견했다. 거기서 그녀는 소리 내는 유령인 폴터가이스트 맨(Poltergeist Man)에 대한 글을 보았다.[29]

한편 강신 과정에서, '영매의 성격'이 나타나는 양상에 큰 영향을 미친다는 사실이 발견되었다. 즉 어떤 사람은 영혼의 출현을 가로막기도 하고 또 어떤 사람은 그것들의 출현을 돕기도 하며, 이 중 아주 소수의 사람만이 삶과 죽음의 중계인, 즉 영매로서의 역할을 한다는 것이다. 어떤 영매들은 자동 수기(automatic writing), 무아지경에서의 발언, 물리적인 현상의 출현을 불러일으켰다.[30] 과학자들은 심령술사들이 행하던 자동 수기 현상을 무의식 탐구의 방법으로 채택했다. 새로운 주체인 영매

---

29 Ibid., 48(Ibid., 99).
30 Ellenberger, *The Discovery of the Unconscious*, 84.

를 실험적 심리탐구 대상으로 삼아 인간의 마음에 대한 새로운 모형을 발전시켜나간 것이다.[31]

이처럼 강신술은 인간의 마음을 탐구하는 심리학자와 심리병리학자들의 출현을 간접적으로 돕는 배경 역할을 하였다. 그러므로 강신술의 출현은 어떤 면에서는 역동정신의학의 역사에 매우 중요한 사건이었다. 이러한 사회적 배경에서 생리학자인 샤를 리셰(Charles Richet)와 그와 같은 대학 의사들은 상대적으로 덜 알려진 최면술에 다시 관심을 쏟음으로써 역동심리학에 대한 새로운 접근을 시도하기 시작했다. 여기서 프랑스의 낭시(Nancy) 학파와 살페트리에르(Salpêtrière) 학파가 역사의 전면에 나타났다.

2. 낭시 학파와 살페트리에르 학파

1860-1880년 사이에 자기시술(magnetism)과 최면술(hypnotism)은 전술한 바와 같이 신비적이고 마술적으로 흘러가 악평이 나 있었으므로 이 방법을 쓰는 의사들은 어쩔 수 없이 그의 과학적 역량과 타협할 수밖에 없었다. 이러한 분위기에도 불구하고 소수의 사람들이 공개적으로 최면술을 사용했는데, 그중 한 사람이었던 리에보(Auguste Ambroise Liébeault, 1823-1904)가 낭시(Nancy) 학파의 기원이 되었다.[32] 그는 "점점 더 잠이 올 것"이라는 암시를 주면서, "자기의 눈을 주의 깊게 보라"고 명령하는 최면술을 시행하면서 환자들에게 꼭 나을 수 있다는 확신을 주었다.[33]

---

31 Ibid., 85.
32 Ibid., 85.
33 Ibid., 86.

리에보의 명성은 대학병원에 근무하는 베른하임(Hippolyte Bernheim, 1840-1919)에게까지 전해져, 그는 1882년에 리에보를 초청해서 그에게 최면술을 배우면서 낭시 학파를 이뤘다.

베른하임은 샤르코(Jean-Martin Charcot, 1835-1893)에 반대하여, 최면은 히스테리 환자에게서만 볼 수 있는 병적인 상태가 아니라, 단지 암시의 효과일 뿐이므로 보편적으로 볼 수 있는 상태라고 주장했다. 그는 피암시성이란 생각을 행동으로 전환하는 소질이라고 정의하면서, 정도의 차이는 있지만 인간은 누구에게나 그런 소질이 있다고 했다. 또한 늙은 군인이나 공장 노동자들처럼 피동적으로 복종을 잘하는 사람들이 최면에 더 잘 걸리며 고위직이거나 부자 계층은 결과가 나빴다고 하면서, 최면은 암시를 통해 피암시성이 강화된 상태라고 가르쳤다. 베른하임은 최면술을 여러 가지 기질적인 병(류머티즘, 소화기 질환, 여자의 월경 장애 등)에도 사용했다. 그가 최면술 사용을 줄여갈 즈음에 최면술로 얻을 수 있는 효과를 각성 상태에서 암시만으로도 똑같이 얻을 수 있다는 것에 대한 논쟁이 일었다.[34]

낭시 학파와는 달리 살페트리에르 학파는 당대에 명성이 자자했던 샤르코가 이끄는 강력한 조직력을 가진 학파였다. 샤르코는 많은 왕족의 주치의였고, 멀리 서인도에서도 환자가 올 정도로 유명한 신경학자였다. 그는 여자 간질 환자들이 많이 입원해 있는 특별 병동의 책임을 맡게 되면서, 진짜 간질 환자와 그것을 흉내 내는 히스테리성 간질을 구분해야만 했다. 그는 제자와 함께 히스테리를 연구하여 "완전히 표출된 히스테

---

34 Ibid., 87.

리 발작"(full-blown hysterical crisis)을 자세히 기술했다.[35] 그리고 1878년에 샤를 리세의 영향을 받아 최면술에 관심을 갖기 시작하여 히스테리 발작을 연구할 때처럼 과학적인 접근을 시도했다. 그는 몇몇 여자 히스테리 환자를 대상으로 최면술을 시도했는데 그 과정에서 환자들이 무감각 상태(lethargy), 경직 상태(catalepsy), 몽유병적 상태(somnambulism)의 순서로 최면에 빠진다는 사실을 알아냈다. 1882년 초 샤르코는 과학 아카데미에서 그의 발견 기록을 발표했다.[36]

외상성 마비(traumatic paralyses)[37]에 관한 연구는 샤르코가 이룩한 업적 중 하나다. 당시에는 마비란 신경조직의 손상 때문에만 발생한다고 생각했다. 그러나 샤르코는 이미 기질적 마비와 히스테리성 마비가 다르다는 것을 알고 있었다. 1884년에 외상 후 한쪽 팔이 마비된 3명의 남자 환자가 살페트리에르 병원에 입원했다. 샤르코는 먼저 이 세 사람의 마비가 기질적 마비와는 달리 히스테리성 마비와 정확히 동일하다는 것을 입증해 보였고, 그다음 단계로 최면 상태에서 유사한 마비 상태를 실험적으로 만들어 보였다. 샤르코는 이런 마비를 단계적으로 유발시켰다가 반대의 순서로 없앴다. 그런 다음 외상의 효과를 증명해 보였다. 즉 샤르코는 최면에 잘 걸리는 사람들을 선정하여 최면을 건 후 그들에게, "각성 상태에서 내가 여러분의 등을 때리면 그 즉시 여러분의 팔

---

35 Ibid., 90.
36 Ibid., 90.
37 여기에서의 외상성 마비는 히스테리성 마비, 외상 후 마비와 동일하게 취급된다. 이것은 외상성 신경증의 범주에 속하며, 외상성 신경증이란 급격한 괴로운 상황 또는 경험에 의해서 유발되는 감정 장애로서, 외상에 대한 집착, 또 그 사건에 대한 부분적인 기억상실, 능력의 감소, 악몽, 자극과민성, 자율신경 기능장애 등의 증상을 나타낸다. 미국정신의학회의 분류(DSM)에서는 외상 후 스트레스 장애(Posttraumatic Stress Disorder)로 불린다(이병윤, 『정신의학 사전』, 일조각, 1990, 300).

이 마비될 것"이라고 암시했다. 최면에서 깨어난 후 그들은 최면 후 기억 상실을 보였고, 그가 그들의 등을 때리자마자 그들에게는 외상 후 마비 환자와 똑같은 양상의 편측 마비가 발생했다. 샤르코는 히스테리성 마비, 외상 후 마비, 최면으로 인한 마비를 '역동적 마비'라고 명명했고, 신경계통의 손상으로 인한 마비를 '기질성 마비'라고 구별해서 불렀다.[38]

샤르코의 강의는 환자들이 강의실로 들어올 때 장관을 이루었다. 예를 들어 그가 진전(떨림 증상)을 강의할 때면 3-4명의 여자 환자가 긴 깃털로 만든 옷을 입고 출현하여 각 질병의 진전 양상의 차이를 보여주었다. 가장 장대한 강의는 히스테리와 최면술에 관한 강의였다. 그는 사진을 영사해 보이면서 강의했는데, 이런 방법은 당대의 고정관념을 깼다. 샤르코의 이러한 가르침은 일반인들과 많은 의사, 특히 외국 방문객들에게 아주 매혹적이었다. 프로이트도 1885-1886년 사이 4개월 동안 이곳에서 그의 강의를 들었다.[39]

최면 상태에서는 지각의 민감성이 증가하고, 기억력이 좋아져서 잊고 있었던 어린 시절의 사건들도 기억해낼 수 있으며, 어떤 심리적 과정으로 직접 접근해 들어갈 수 있었다.[40] 말하자면 최면술은 무의식 탐구의 왕도인 셈이었다. 그런데 최면술의 단점이 속속 밝혀지면서 갑자기 열기가 식어가기 시작했다. 그 단점이란 이렇다. 첫째, 모두가 훌륭한 최면술사가 되는 것이 아니었고 또한 최상의 최면술사라 해서 누구에게나 최면을 걸 수 있는 것도 아니었다. 둘째, 많은 환자가 실제로 최면에 걸리지 않았음에도 마치 걸린 것처럼 행동했다. 셋째, 좀 더 심각한 단점은

---

38 Ellenberger, *The Discovery of the Unconscious*, 90-91.
39 Ibid., 96. 최면술이라는 용어는 1842년 브레이드(James Braid)가 명명했다(Ibid., 112).
40 Ibid., 115.

환자들이 무의식적으로 흉내 내는 경향을 나타내서 최면술사의 의지에 복종하고 따르게 된다는 것이었다.[41] 최면에 빠진 환자는 모든 방법을 동원하여 최면술사의 소망을 만족시켜주려고 노력하므로 최면술사의 명령뿐만 아니라 최면술사의 생각까지도 감지하여 표현하려 했다. 또한 그들은 지각이 극도로 예민해지고 선택적으로 최면술사에게만 집중하면서 최면술사의 머릿속까지도 꿰뚫어 보고 있는 것처럼 민감해져서 무의식적으로 최면술사의 마음을 읽고 그대로 행동하게 되었다.

이러한 단점들 때문에 기존의 방법은 사라져갔다. 그 뒤를 이어 1886년에는 자네(Pierre Marie Felix Janet, 1859-1947)가, 1893년과 1895년에는 브로이어(Joseph Breuer, 1842-1925)와 프로이트가 각각 최면적 카타르시스의 새로운 방법을 모색하기 시작하면서, 최면술과 암시는 환자에게 자신의 문제를 잊게 함으로써 질환의 원인을 실제로 더 깊이 감추게 한다는 것을 발견했다.[42] 그러면서 각성 상태에서도 최면 상태에서와 같이 무의식을 관찰할 수 있는 방법이 프로이트에 의해 고안되어(자유연상법) 본격적으로 현재 우리가 알고 있는 인간 마음의 구조나 기제[43]들에 대한 이론이 서서히 정립되어갔다.

---

41 Ibid., 171-172.
42 C. Thompson, 이형영·이귀행 역, 『정신분석의 발달』(하나의학사, 1987), 17.
43 기제란 주위 환경으로부터의 요구를 처리하고, 우리의 자아를 보호하고, 우리의 내적 욕구를 만족시키며, 내적 갈등과 외적 갈등 또 여기서 파생하는 긴장을 해소하는 데 도움을 주는 상당히 많은 심리학적 기능에 대해 적용하는 일반적인 용어다(이병윤, 『정신의학 사전』, 62).

3. 영매를 통한 강령회 체험

이러한 정신사적 배경 속에서 융은 그의 외사촌 헬레네를 통해 강령회 체험을 시도했다. 헬레네는 에밀리(융의 어머니)의 오빠 루돌프의 딸이었다. 오빠도 남편 파울과 같은 해에 죽었기 때문에, 에밀리와 올케 셀레스티네는 두 남편이 병상에 있을 때부터 서로 위로가 되어주던 사이였다. 두 여인은 또한 신비스러운 능력 면에서도 비슷했다. 그래서 둘이 만나면 자신의 집에 출몰했던 요정 이야기나 기괴한 예언 능력이 화제가 되곤 했다. 에밀리의 딸 트루디 융(융의 여동생)도 가끔 놀랄 만한 말을 하곤 했지만, 올케의 열한 번째 아이인 헬레네의 능력과는 비교가 되지 않았다.

융보다 여섯 살 아래였던 헬레네는 역사와 지리를 잘 이해하는 감수성이 예민한 아이였다. 그녀는 이탈리아 르네상스를 특히 좋아했는데, 자신이 전생에 귀족과 약혼한 공주였다고 상상하기 시작했다. 헬레네와 그녀의 언니 루이제는 어려서 융과 자주 어울려 놀았다. 융은 이 사촌 동생들에게 자신의 할아버지(칼 구스타프 융 1세)가 괴테의 아들이라고 설명해줌으로써 자신이 괴테의 증손자라고 은근히 자랑했다. 이러한 융의 모습에 헬레네는 반해버렸다. 융의 조상이 유명한 시인이라는 점이 낭만적이었고 시적인 전생을 산 그녀와 잘 어울렸기 때문이다.[44] 그러나 정작 융의 첫사랑은 헬레네의 언니 루이제였다. 융에 대한 헬레네의 사랑은 언제나 일방적이었으나 그를 향한 열정은 어떻게 할 수 없었다. 헬레네는, "칼(융)은 영혼과 내세를 탐험하고 싶어 한다. 나는 그의 탐험

---

44 Deirdre Bair, *Jung: A Biography*, 47-48(『융』, 97-98).

을 돕도록 선택받았다. 그것이 나의 운명이며, 이는 나를 행복하게 만든다"[45]라고 하면서 그에게 크나큰 관심을 가졌다.

1895년, 융이 김나지움을 졸업하고 대학에 입학하던 여름에 첫 번째 강령회가 열렸다. 그 강령회의 분위기는 다음과 같았다. 다음은 융의 박사논문에 서술된 내용이다.

강령회는 테이블 위에 우리들의 손을 서로 연결하여 얹어놓는 것으로 시작했다. 그런데 그 손들을 얹어놓는 곳은 그 테이블이 즉각적으로 움직이기 시작하는 지점이었다. 그러는 사이 S. W.(헬레네의 익명)는 점차적으로 몽유병적(somnambulistic) 상태가 되어 그녀의 손이 테이블에서 소파로 내려갔고 황홀한 수면(ecstatic sleep)으로 빠져들었다. 그녀는 나중에 종종 자신의 경험을 우리들과 연관시켰다. 그러나 낯선 사람이 있을 때는 말을 삼갔다. 처음 약간의 황홀경 상태 후에, 그녀는 자신이 영혼들 사이에서 뛰어난 역할을 했다고 넌지시 말을 했다. 모든 영혼들처럼 그녀는 특별한 이름을 가지고 있었는데, 그 이름이 이페네스(Ivenes)[46]였다. (이 과정에서) 그녀의 할아버지가 아주 각별하게 그녀를 돌보고 있었다. 꽃의 환상이 동반된 황홀경에서 그녀는 자신이 아직도 굳건히 침묵하고 있는 곳에 대한 특별한 비밀을 배웠다. 그 집회 동안 그녀의 영혼들이 말하기를 그녀는 거의 대부분 자신이 방문했던 친척들에게 가는 먼 여행을 했다는 것이다. 아니면 그녀는 그녀 자신을 저승(the Beyond)에서 발견하곤 했다. 사람들은 그곳을 별들 사이의 공간으로 비어 있다고 생각하지만, 그러나

---

45 Ibid., 48-49(Ibid., 98-99).
46 헬레네가 접신했던 귀신 중 하나. 순수하고 하얀 존재로 영들 사이에서 특별한 역할을 하는데, 수백 년에 한 번씩만 나타난다. 헬레네는 종종 이페네스로 돌아갔다.

사실은 셀 수 없는 영혼의 세계들로 채워져 있다고 그녀는 말을 했다.[47]

그 강령회는 1899년 가을에 끝났는데, 그 사이에 집안 사정으로 거의 1년 동안이나 열리지 않기도 하고, 융을 향한 헬레네의 일방적 애정 때문에 그녀의 정신 상태가 나빠지기도 하는 등 여러 우여곡절이 있었다. 그렇지만 그동안의 강령회에서 융은 "어떻게 그녀의 제2호 인격이 생겨나고 그것이 어린 의식에 출현하여 결국 어떻게 그것을 통합하는가"를 배웠다.[48] 융은 인간 영혼의 어떤 객관적인 것을 경험했다는 확신을 가질 수 있었으며, 그에 따라 모든 예전의 철학적 관점에서 벗어나기 시작했다. 당시 융은 의사 국가고시를 준비하기 위해 정신과 교과서를 읽다가 정신병을 '인격의 병'이라고 표현한 것을 보고 큰 감동을 받았다. 그는 정신과에서 생물학적·정신적 사실에 관한 경험이 만나고 있음과, 또한 정신과 영역이 자연과 영혼의 충돌이 현실 사건으로 변하는 장소임을 알았다. 융은 거기서 그동안 목마르게 찾아오던 제1호와 제2호 인격의 조화 문제를 해결할 수 있는 실마리를 발견했던 것이다. 1900년 12월 10일, 그는 취리히의 부르크휠츨리 병원에 정신의학 조교로 취직하여 바젤을 떠났다.

---

47 C. G. Jung, *On the psychology and Pathology of So-Called Occult Phenomena*, Collected Works of C. G. Jung, Vol 1. Translated by R. F. C. Hull (Princeton University Press, Princeton, New Jersey, 1975). 융 전집은 앞으로 CW로 표시함. CW 1. par. 59.
48 C. G. Jung, A. Jaffé, 이부영 역, 『회상, 꿈 그리고 사상』, 128.

4. 부르크횔츨리 정신병원과 박사학위 논문

취리히의 부르크횔츨리(Burghölzli) 병원은 19세기 유럽에서 중요한 위치를 차지하고 있던 정신의학의 중심지였다. 이곳은 아우구스트 포렐(August Forel, 전 병원장)의 감독하에 세계적인 명성을 얻어, 파리에 있는 샤르코의 살페트리에르 학교나 뮌헨에 있는 에밀 크레펠린(Emil Kraepelin)의 임상 연구 수준에 이르렀다. 포렐은 낭시의 베른하임 밑에서 공부했으며, 이후 최면술을 이용해 정신질환자 치료를 시도했고, 치료 성공률도 제법 높았다.[49] 당시 이 병원의 병원장은 오이겐 블로일러(Eugene Bleuler, 1857-1939)였다. 블로일러의 환자 중심적 치료법은 독일과 스위스에서 매우 높은 평가를 받았기 때문에 많은 의사들이 그의 밑에서 일하는 것만으로도 영광스럽게 생각했다.

융이 의학에 흥미를 느꼈던 것은 실제 진료보다는 정신에 관한 연구를 할 수 있을 것 같아서였다. 따라서 융이 블로일러 밑에서 일하고자 했던 것도 이런 맥락에서였을지도 모른다. 그는 블로일러가 영매를 데리고 실험을 하며, 자신이 주도했던 헬레네의 강령회 같은 심령주의적 활동에 관심을 가진다는 것을 알고 있었다. 융이 박사 논문을 쓰는 1년 동안 블로일러는 그 기획에 계속 관심을 보이면서 여러 대목을 놓고 융과 자주 토론을 벌였다. 심지어 자신의 관심을 구체적으로 증명해 보이기라도 하듯이 남자 영매를 부르크횔츨리로 자주 불러들이기도 했다. 그러나 두 사람 사이에 우정이 싹트지는 않았다.

하여튼 블로일러의 응원 덕에 융은 박사학위 논문, 「이른바 신비주의

---

49 Deirdre Bair, *Jung: A Biography*, 57(『융』, 116).

현상의 심리학과 병리학에 대하여」(On the Psychology and Pathology of So-Called Occult Phenomena)를 완성할 수 있었다. 이 논문의 머리말에서 융은 샤르코, 윌리엄 제임스(William James), 테오도르 플루르누아(Théodore Flournoy), 블로일러의 병력 사례들에 의존해 기존 연구를 요약했다고 밝혔다. 특히 그는 프랑스계 스위스 정신과 의사인 플루르누아의 연구로부터 지대한 영향을 받았는데, 헬렌 스미스(Hélène Smith)라는 영매에 관해 쓴 플루르누아의 저서『화성에 있는 인도인: 방언하는 몽유병 사례연구』(Des Indes à la Planète Mars: étude sur un cas de somnambulisme avec glossolalie, 1899)를 읽고 큰 감명을 받았다.[50] 샴다사니(Shamdasani)는 융이 플루르누아의 영향을 받은 이유를, "플루르누아는 병리적이지 않은 창조적인 전의식 요소의 존재를 가정했고, 영매의 황홀경을 산출하는 것과 같은 자율적인 활동이 의지적 활동에 비해 열등한 것이 아님을 강조했기"[51] 때문이라고 말했다.

그의 박사학위 논문은 소녀 영매(외사촌 헬레네)의 강신술 회합에 여러 해 참여하여 기록한 내용을 분석하고 그동안 그가 연구한 몽유병, 히스테리, 기억상실 및 그 밖의 의식의 몽롱 상태에 관한 논문들을 재검토한 것으로서, 분석심리학의 발단이 되었다. 그가 이 논문에서 하고자 했던 주장은, 심리적인 힘은 정신의 심리적 상태에서 나타나는 것이지 이른바 초자연적인 현상과는 아무런 관계가 없다는 것이었다. 결론적으로 그는 '이른바 신비주의 현상'과 보통 의학적 연구나 토론에 적절한 환자

---

50 A. Casement, 박현순·이창인 역,『분석심리학의 창시자 칼 융』, 38.
51 S. Shamdasani, From Geneva to Zurich: Jung and French Switzerland, *The Journal of Analytical Psychology*, 43: 115–126. 1998. 118(Ibid., 38쪽 재인용).

와의 사이에 있는 다양한 관련성을 입증해보고 싶어 했다.[52] 그는 신중한 추론과 논리를 통해 의식의 변화된 상태에 내재하는 다양한 변화를 다룬 기존 문헌을 검토해나갔고, 헬레네를 「타고난 재능이 빈약한 소녀의 몽유병 사례」[53]라는 제목으로 소개하면서 그의 가족사를 각색해서 기술했다. 이 박사 논문은 1901년 초 취리히 대학 의대 교수진의 심사를 통과했고, 1902년에 출간되었다.

제1장과 제2장에서 살펴봤던 융의 성장 배경과 거기서 시작된 과제들을 풀어가던 융의 노력을 도표로 정리하면 다음과 같다.

<도표 3> 이성적·근대적 아버지의 뿌리와 그 해결책

	시대적 배경		
이성적·근대적 아버지의 뿌리	계몽주의(칸트) (1724-1804)	스피노자 (1632-1677)	C. G. 융 1세(1794-1864)
	낭만주의(슐라이어마허) (1768-1834)		
	리츨의 자유주의		요한 파울 아힐레스(1842-1896)
융의 철학적·심령술적 접근	청소년기		- 피타고라스, 헤라클레이토스, 플라톤 - 마이스터 에크하르트 - 쇼펜하우어(1788-1860)
	대학 시절 (1895-1900)		- 유물론 비판(1896) - 리츨 비판 - 철학적 담론: 칸트, 쇼펜하우어, 셸링, 니체 등 - 블룸하르트 목사(1805-1880)

---

52 Deirdre Bair, *Jung: A Biography*, 63(『융』, 124).
53 이것은 박사학위 논문 제2장의 제목이다. CW 1, pars. 36-71 참조.

<도표 4> 감성적·신비적 어머니의 뿌리와 그 해결책

	시대적 배경	

감성적·신비적 어머니의 뿌리	• 마지막 엑소시스트
	  - 가스너(1727-1779)
	• 동물자기설
	  - 메스머(1734-1815)
	• 최면술의 전조
	  - 퓌제귀르(1751-1825)
		• 자무엘 프라이스베르크
		  (1799-1871)
		• 아우구스타 파버
		  (1805-1862)
		• 에밀리 프라이스베르크
		  (1848-1923)

융의 심령술적·정신의학적 접근	• 강신술 대유행(1800년대 초)
	• 최면술(1870년대)
	  - 낭시 학파: 베른하임
	   (1840-1919)
	  - 살페트리에르 학파: 샤르코
	   (1835-1893)
		• 영매-강령회 체험
		  (1895년 대학 1년-1899년 가을)
		• 1900년 부르크횔츨리 정신과 조교
		• 연구 과제
		  - 히스테리 & 조발성 치매
		  - 단어 연상 검사
		• 박사학위 논문(1901)
		  - 논문 제목:「이른바 신비주의 현상의
		    심리학과 병리학에 대하여」

결혼과 업적

1. 엠마 라우셴바흐와의 결혼

융은 1901년 10월 6일에 스위스 갑부의 딸로서 상당한 재산을 상속받을 엠마 라우셴바흐(Emma Rauschenbach, 1882-1955)와 약혼했다. 엠마의 어머니 로지나 베르타 솅크(Rosina Bertha Schenk, 1856-1932)는 라우펜 교구를 이루는 세 마을 중 하나인 우비젠에서 아버지 파울 융의 교구민이자 친구였던 여인이었다. 융에게 그녀는 어린 시절 그의 어머니가 요양소에

가 있는 동안 종종 라인강둑을 같이 산책했던 추억 어린 아줌마였다. 융은 아마 그의 아버지와 그녀가 서로 좋아했을 것이라고 기억했다.

융의 장모인 로지나 베르타 솅크는 우비젠에서 역사가 100년 이상 된 작은 여인숙집의 딸이었다. 그녀는 1881년에 자신보다 사회적 지위가 높은 요하네스 라우셴바흐 2세와 결혼했다. 그는 시계 제작으로 세계적으로 성공한 요하네스 라우셴바흐 1세의 외아들로 상당한 재산의 주요 상속자였다. 그의 아버지가 1881년에 세상을 떠난 그다음 해에 요하네스 라우셴바흐 2세와 베르타 솅크 사이에서 첫딸인 엠마 마리아(Emma Maria)가 태어났고, 그녀의 여동생 베르타 마가레타는 그다음 해에 태어났다. 엠마는 진지한 아이로, 글도 일찍 깨쳤고 조용히 혼자서 하는 일을 좋아했다. 그녀는 특히 자연에 관심이 많았으며, 탐험과 자연과학 실험을 좋아했다.[54]

1899년 융은 어머니의 권유로 이제는 존경받는 라우셴바흐 부인이 된 베르타 솅크를 인사차 찾아갔다. 그날 융은 거기서 훗날 자신의 부인이 될 엠마를 보고 첫눈에 반한다. 융의 친구는 그의 이런 말을 믿지 않았지만, 하여간 1899년 여름 엠마를 처음 봤을 때부터 1901년 10월 6일 정식 약혼을 할 때까지 그는 부활절이나 크리스마스 때를 위시하여 종종 그녀의 집을 방문했다. 이러한 과정에는 장모가 될 베르타 솅크의 도움이 컸다. 절기 때마다 초청장을 보낸 것도 그녀의 어머니 베르타였고, 딸이 융의 청혼을 받아들이도록 설득한 것도 베르타였다. 둘은 1903년 2월 14일 결혼식을 올렸고, 그 이듬해 12월 26일 엠마가 첫딸을 낳으면서 융은 지적 야망을 당분간 접어두었다. 그리고 같은 해 12월 융은 드

---

54 Ibid., 72-73(Ibid., 144-145).

디어 취리히 대학의 보조강사로 임명되었고, 1905년 3월에는 엠마의 아버지(장인)가 48세의 나이로 세상을 떴다. 아내의 상속으로 융은 갑자기 부자가 되었고, 그로 인해 무엇보다 일에서 독립성을 얻었다. 같은 해에 그는 정식 정신과 강사가 되었다. 다음은 융의 가계도다.

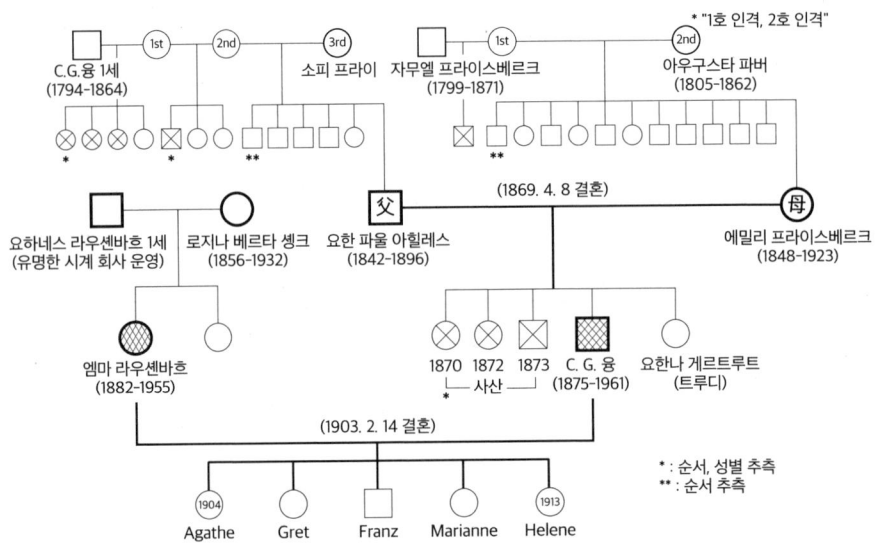

<그림 2> C. G. 융의 가계도

2. 부르크휠츨리 정신병원에서의 연구 업적

1902-1906년 사이 융은 세 가지 영역, 즉 히스테리, 단어 연상 검사, 조발성 치매(후에 조현병으로 알려짐)에 몰두하고 있었다. 이 연구의 핵심 주제는 단연 단어 연상 검사였다. 이 연구는 프랜시스 골턴(Francis Galton)의 단어 연상 실험을 기반으로 해서 융, 블로일러, 리클린이 새로

운 단어 연상 실험을 고안해낸 것이었다.[55]

처음에 그들은 프로이트의 자유연상 연구에 따라, 연구자가 실험 대상자/환자에게 단어만 제시하고 환자는 주어진 시간 안에 응답을 하거나 하지 않는 방법을 썼다가, 곧 절차를 바꾸어 엄격하게 통제된 실험적 연구를 했다. 그들은 우선 실험 대상자에게 연상을 일으킬 만한 단어 목록 100개를 제시해서 마음에 떠오르는 첫 단어로 응답하게 하였다. 그러다가 한걸음 더 나아가 실험 대상자가 제시된 단어에 대응할 때 걸리는 시간으로 그들의 고통 정도를 측정할 수 있음을 발견했다. 대부분의 경우 응답하는 데 혼란을 일으키는 단어들은 융이 '자극 단어'라고 지칭한 단어의 덩어리로 묶을 수 있었다. 이 단어의 덩어리는 환자의 의식적 지식의 어떤 내용이나 무의식적으로 억압한 어떤 정보와 밀접한 관련이 있었다. 환자들은 보통 고통스러운 개인 정보와 관련한 단어가 나오면 머뭇거렸다. 융은 이런 '개인적인 문제'를 표현하기 위해 리클린과 함께 '콤플렉스'라는 용어[56]를 만들어냈는데, 이것은 '공통된 감정적 기조로 한데 묶여 있는 다양한 생각의 집합'이었다. 융은 이 말을 인격의 분리된 조각들을 가리키는 용어로 사용했는데, 하나 또는 그 이상의 콤플렉스는 무의식 속에서 독립적이고 자유롭게 기능을 유지하면서 의식적인 정신에 영향을 줄 수 있다고 보았다.[57]

단어 연상 검사는 융이 정신의학 분야에서 이룩한 업적 중 하나였다.

---

55 Ibid., 64(Ibid., 126).
56 융은 독일의 정신과 의사 테오도르 치헨(Theodor Ziehen)의 용어 gefühlsbetonter Vorstellungskomplex(환자가 의식하지 못하는, 감정이 얽힌 표상들의 복합체)를 '콤플렉스'라는 한 단어로 줄였다. 테오도르 치헨은 1898년경 어떤 정서를 중심으로 마치 송이가 열리듯이 발생하는 여러 가지 심상과 관념의 조합을 발견했다.
57 Deirdre Bair, *Jung: A Biography*, 65(『융』, 126-127).

이 실험은 과학적 절차를 준수하면서 엄격한 실험 방법을 사용해 무의식의 영향을 입증해내려 했기 때문이다. 이 연구는 정신적으로 건강한 사람들에서부터 다양한 신경증 환자와 정신이상자에게까지 이어졌다. 그는 괴상망측하게 표현되는 연상들 사이의 관련을 확인하기 위해 그들의 사회적·문화적·교육적 배경을 조사했다. 실험이 진전되면서 융의 관심은 집단적 통계를 넘어 개인으로 옮겨갔다. "리비도의 흐름을 막는…정신의 침입자를 잡으려" 했기 때문이다. 융은 프로이트가 같은 시기에 "콤플렉스에 대한 그 나름의 개념을 발전시키고" 있다는 사실을 알았다.[58] 이 연구가 인정을 받아 융은 1909년 클라크 대학에 프로이트와 함께 초빙되면서 미국에 알려졌다.

융은 단어 연상 실험을 통한 조발성 치매(조현병) 연구에서도 성과를 냈다. 당시 정신과 의사들의 일이란 고작해야 정신병 환자들에게 진단명을 붙여서 낙인을 찍는 게 다였다. 그런데 단어 연상 실험을 통해 조발성 치매 환자에게도 더 이상 의식에 통합될 수 없는 고착화된 하나 이상의 콤플렉스가 있음을 알아냈다.[59] 이를 통해 융은 심한 정신병 환자들의 망상이나 환각 속에 의미 있는 핵이 있음을 보았으며, 더 나아가 오랜 인류의 갈등을 재발견했다. 융의 말을 들어보자.

정신병에는 하나의 보편적인 인격 심리학이 숨어 있다는 것, 여기서도 오랜 인류의 갈등이 재발견된다. 멍청하고 감정이 없거나 바보처럼 보이는 환자일지라도 겉으로 보이는 것보다 훨씬 의미 있는 것, 훨씬 더 많은 것

---

58 Ibid., 85(Ibid., 166).
59 Ellenberger, *The Discovery of the Unconscious*, 692.

이 일어나고 있다는 사실이 나에게 처음으로 밝혀졌다. 엄격히 말해서 우리는 정신병에서 새로운 것이라든가 미지의 것을 발견하는 것이 아니라 우리 자신의 존재의 바탕을 만나는 것이다. 이런 깨달음은 당시의 나에게는 무척 강렬한 경험이었다.[60]

융은 정신병 환자들을 인격체로 보고 그 내면의 흐름에 집중했다. 그는 정신 치료에서는 어떤 방법을 적용하는 것이 중요한 것이 아니라 인간 내면의 소리를 이해하는 것이 더 중요함을 깨닫고, 정신의학 공부만으로는 불충분하다고 느껴 1909년에 상징을 이해하기 위한 신화를 연구하기 시작했다. 또한 이 시기에 임상에서 정신질환자들의 병리적 현상들을 접하면서 그가 추구하던 객관적 자료를 많이 얻었다. 그리고 그것이 자신이 그동안 경험하고 연구해온 심령론적인 내용과 유사함을 발견했고, 거기서도 또한 인간의 내면에는 우연이 아닌 어떤 보편적인 심리학이 존재하고 있음을 확신했다.

이 시기에 시행했던 심령 현상에 관한 연구도 좋은 본보기가 된다. 융은 몇 해 동안 8명(여자 6명, 남자 2명)의 영매를 만나 그들을 연구했다. 그들은 정신적으로 약간 이상이 있었는데, 대부분은 가벼운 히스테리 증상을 보이는 정도였다. 융은 이들의 심령술적인 의자 이동, 자동수기, 무아지경에서의 발언들이 히스테리 환자에게서 나타나는 것과 유사함을 발견했다. 히스테리 환자는 그의 무의식적 동기로 인하여 마비가 온다거나 자동적인 운동이 일어나는 반면에, 영매들의 행위는 자가 최

---

60 C. G. Jung, A. Jaffé, 이부영 역, 『회상, 꿈 그리고 사상』, 149.

면의 상태에서 발생하는 무의식적 과정임을 확인했던 것이다.[61] 이러한 연구 결과가 1905년 2월에 바젤에서 강연되었고, 그해 11월에 그곳의 한 신문에 연재되었다. 여기서 융은 다음과 같이 말했다.

> 심령술은 모든 종교에서처럼 종교 운동의 영적 핵을 형성하는 하나의 종교적 믿음이다. 이 분파는 우리의 세계 안으로 영적 세계가 실제로 개입해 들어온다는 것을 믿고 있으며, 그 결과 영혼들과 교류하는 종교적 실행을 하는 것이다. 심령술의 이중적인 성격은 다른 종교 운동들보다 나은 이점(利點)을 보여준다. 즉 그것은 입증하지 못하는 어떤 믿음의 조항들을 믿게 해줄 뿐만 아니라, 그 믿음을 이른바 과학적이고 물리적인 현상 위에 세워놓는다. 그것의 이중적 성격, 즉 종교적 분파의 측면과 과학적 가설의 측면 때문에 심령술은 상식적으로는 무(無)인 듯한 광범위하게 다른 삶의 영역을 다루고 있다.[62]

융은 이런 연구 결과가 '개인적 의미'를 지니는 콤플렉스를 밝혀내고, 히스테리 환자의 매우 혼란스러운 정신적 삶의 중요한 요인을 밝혀내며, 조발성 치매에 존재하는 콤플렉스를 밝혀내는 등 여러 가지 '실제적 목적'에 사용될 수 있다고 생각했다.

---

61 C. G. Jung, *On Occultism*, CW 18, pars. 724-728.
62 Ibid., par. 697.

3. 국제적 명성과 융의 관심사

1906년(31세)은 융이 부르크횔츨리 정신병원에서 근무한 지 6년째 되는 해이며, 그가 국제적 명성을 얻기 시작한 해다. 부르크횔츨리 정신병원은 세계에서 가장 중요한 연구 병원 가운데 하나라는 명성을 얻고 있었기에 유럽 전역과 미국에서 의사들이 모여들었으며, 그들은 융을 관찰하고 고향으로 돌아가 그의 성공을 화제로 삼았다. 그런 이야기를 들은 다른 의사들이 그에게 연락하여 그의 연구에 대해 더 알고 싶다고 할 때마다 융은 그들의 칭찬을 들으며 만족감을 맛보았다.

이 시기에 블로일러와 융의 20년에 걸친 적대관계가 시작되었다. 그 이유는 첫째, 둘은 강의하는 방식이 서로 달랐다. 블로일러는 강의 시간에 맞추어 아슬아슬하게 나타난 반면, 융은 많은 준비를 하고 미리 가서 복도 의자에 앉아 있으면서 관심을 보이는 사람들의 질문을 받았다. 블로일러의 강의는 실험 기법과 통계 수치를 임상적으로 차갑게 설명했고, 융의 강의는 개인 병례 연구를 통해 히스테리에서 최면까지 모든 문제를 다루었을 뿐 아니라 가족 발달사에서 작가(예: 콘라트 페르디난트 마이어)나 음악가(예: 로베르트 슈만)의 사고 과정까지 광범위한 이야기를 들려주었다. 당시의 대학 강의는 열린 강좌여서 일반인도 마음껏 청강할 수 있었다. 융의 강의가 이처럼 실제적이었기 때문에 역사, 문화, 사상에 대한 관심을 확장할 시간과 여유가 있는 취리히의 부유한 여자들이 융의 강의실을 자주 찾기 시작했다. 융에게는 곧 눈에 띄는 헌신적인 여성 추종자 집단이 생겼다. 이들은 강의 때마다 자신만만한 태도로 강의실에 들어와 가장 좋은 자리를 차지했기 때문에, 자리가 없어 뒤에 서 있어야 했던 학생들의 원성을 샀다.

둘째, 융과 블로일러는 환자를 보는 관점에 차이가 있었다. 융은 개별 환자가 자신의 병과 증상에 대해 하는 말에 관심을 가진 반면, 블로일러는 정신병 환자의 심리에 아무런 의미가 없다고 생각했다. 융은 블로일러가 증상을 비교하고 통계를 만들어 진단하는 쪽을 더 좋아한다고 비난했다. 그러나 융의 태도가 옳은 것만은 아니었다. 공공 자금의 지원을 받는 의과대학 부속병원을 책임진 사람이라면 당연히 주 당국이 기대하는 대로 연구를 해야 했기 때문이다. 융을 비난하는 사람들은 그가 수석 조수이자 선임 대리자의 주 역할인 병원 관리에 지극히 소홀했다고 지적한다. 실제로 그는 병동을 회진할 때 아래 층계에서 위를 향해 "뭐 재미있는 일 있는 데 없소?" 하고 소리를 질러 아무런 대답이 없으면 올라가 보지도 않고 쏜살같이 연구실로 돌아갔다고 한다.[63]

이처럼 융은 근무하는 병원에서 제 역할을 하지 않는 의사라는 평판을 얻고 있었음에도 불구하고 자주 무급 휴가를 요청하기 시작했다. 짧을 때는 몇 주였고, 길면 한 학기가 되기도 했다. 융의 이러한 태도는 돈을 벌기 위해 휴가도 못 가고 개인 연구도 못 하는 대부분의 의사에게 울화가 치미는 일이었다. 블로일러의 경우도 그러했다. 그는 병원 업무 부담 탓에 항상 연구 결과가 빈약했다. 블로일러는 융이 요청하는 대로 휴가를 승인해주었지만 그런 일이 잦아지자 점점 비판적인 태도를 취할 수밖에 없었다.[64] 그러나 융의 이러한 태도는 그의 관심이 특정한 정신병 환자를 치료하는 문제를 넘어서 있었기 때문이었다. 그는 신경증 환자에 대한 일반적인 연구에 인간 조건에 대한 그의 통찰과 관찰을 결

---

63 Deirdre Bair, *Jung: A Biography*, 98-99(『융』, 187-188).
64 Ibid., 99(Ibid., 188-189).

합했는데, 이것이 그의 필생의 과업이 되어가고 있어서 자주 자리를 비웠던 것이다. 당시는 그 사실을 아무도 몰랐다. 이러한 과업을 풀어가는 과정에서 프로이트는 융에게 중요한 인물로 대두될 수밖에 없었다.

제3장

프로이트와의 만남과 결별,
그리고 자신의 심리학을 찾아서

프로이트의 『꿈의 해석』과 융

1901년에 오이겐 블로일러는 융에게 부르크횔츨리 병원 스태프들 앞에서 1년 전에 출판된 프로이트의 『꿈의 해석』을 정리하여 발표하게 했다.[1] 융은 그 이전에 프로이트가 번역한 베른하임의 책[2]을 통하여 그를 알고 있었고, 『꿈의 해석』도 1년 전에 이미 읽었던 터였다. 이 책을 처음 읽을 당시 융은 책의 가치를 충분히 발견하지 못했다고 하나, 1900년 박사 논문에서 『꿈의 해석』에 대해 잠깐 언급한 두 사례를 보면 이때에도 두 이론가 사이에 비슷한 생각이 있었음을 알 수 있다. 첫 번째는 융이 강령회 동안 영매의 인격 '분열'이 "프로이트의 꿈 연구 결과와 유사한가" 하고 문제를 제기한 대목이다. 두 번째는 헬레네의 '이페네스' 같은 자율적

---

1 F. X. Charet, *Spiritualism and the Foundations of C. G. Jung's Psychology* (State University of New York Press, Albany, 1993), 174.
2 1888년에 프로이트는 베른하임의 책, *De la Suggestion et de ses Applications à la Thérapeutique*를 독일어로 번역하였는데, 이 책 서문에서 당시 낭시 학파와 살페트리에르 학파 간의 논쟁을 요약했다(Charet, Ibid., 174).

인격체들이 '억압된 사고의 독립적 성장'을 연상시킨다는 지적이다. 그러다가 1903년에 융은 연상 실험에서 실험 대상자들이 자극 단어에 반응하지 못하는 패턴을 분류하고 판별하면서, 혹시 『꿈의 해석』에 자신의 생각과 일치하는 부분이 더 없는지 보려고 책을 다시 읽었다. 그때 그는 자신이 이 책의 의미를 완전히 파악하지 못했다는 사실을 깨달았다.[3] 그의 말이다.

이 책에서 내가 무엇보다 관심을 가졌던 것은 신경증의 심리학(the psychology of the neuroses)에서 나온 개념인 억압(repression) 기제를 꿈에 적용한 점이다. 나의 단어 연상 실험에서 나는 종종 그러한 억압을 관찰했기 때문에 그것은 나에게 중요했다. 어떤 자극어에 대해서 환자들은 연상되는 대답을 못하거나 현저하게 긴 반응 시간을 두고 대답했다. 뒤에 밝혀진 바로는 그런 연상의 장애는 자극어가 마음의 괴로움이나 갈등을 건드릴 때마다 생겼다. 대개의 경우 환자들은 이런 사실을 의식하지 못했고, 연상 장애의 원인을 물었을 때 종종 어색하게 만들어서 대답을 했다. 프로이트의 『꿈의 해석』은 이 연상 장애에 억압 기제가 작용하고 있음을 보여주었고, 또한 내가 관찰해온 사실이 그의 학설과 일치한다는 사실을 가르쳐주었다. 이와 같이 나는 그의 설명을 뒷받침해줄 수 있었다.[4]

이처럼 융은 실험 대상자들의 억압 패턴을 보고 프로이트의 무의식 이론이 기본적으로 옳다고 확신했다. 그 이후 융은 그의 논문을 빠짐없

---

3 Deirdre Bair, *Jung: A Biography*, 86(정영목 역, 『융』, 166).

4 C. G. Jung, A. Jaffé, Richard and Clara Winston, *C. G. Jung Memories, Dreams, Reflections* (Fontana Press, Hammersmith, London, 1995), 170.

이 읽을 정도로 프로이트에 심취했다.[5] 뿐만 아니라 다른 사람들이 프로이트에 대해 쓴 글도 관심을 가지고 읽어나갔다. 여기에 더하여 프로이트에 대한 블로일러의 존경심도 융에게 영향을 미쳤다. 블로일러는 1904년에 레오폴트 뢰벤펠트(Leopold Löwenfeld)의 『심리적 강박』(*Psychic Obsessions*)이라는 책의 서평에서 프로이트의 히스테리와 꿈 연구가 '새로운 세계의 일부'를 드러냈으며, 의식으로는 무대의 꼭두각시들만 볼 뿐인데 프로이트의 연구는 '그 인형들을 움직이게 하는 실'도 많이 볼 수 있게 해준다고 말했다. 블로일러의 이런 태도는 융에게 강한 인상을 남겼다.[6]

융과 프로이트의 관계를 좀 더 자세히 살펴보려면 프로이트의 『꿈의 해석』 전후의 상황도 간략히 돌이켜봐야 한다. 『꿈의 해석』은 프로이트가 가장 중요하게 여겼던 역작이다. 그러나 보편적 인기는 거의 없었다. 이 책은 너무 안 팔려서 출간한 지 10년 가까이 지나도 2판 출간이 불필요할 정도였다. 물론 전적인 것은 아니지만 이 책에는 프로이트의 자기분석 내용이 주요한 위치를 차지하고 있다. 그중 프로이트의 어머니에 대한 근친상간적 추억은 그를 성 이론에 집착하게 한 요인 중 하나였다. 프로이트 스스로 고백했듯이 자기가 자신을 분석한다는 것은 불가능하다. 그러나 그것은 자신에게 반향을 불러일으켜 주는 타자가 존재하면 가능해진다. 프로이트에게 타자 역할을 충실히 해주었던 친구가 바로 빌헬름 플리스(Wilhelm Fliess)였다. 프로이트와 플리스는 자그마치 17년이나 우정을 나눈 사이다. 그러나 『꿈의 해석』이 마무리될 즈음

---

5 G. Wehr, 한미희 역, 『카를 융―생애와 학문』(까치, 1998), 51-52.
6 Deirdre Bair, *Jung: A Biography*, 99(『융』, 189).

그들의 우정은 끝을 보였다. 이러한 일련의 과정은 정신 치료 과정과 거의 동일했다. 다시 말하면, 프로이트는 플리스에게 강한 전이 감정을 느꼈고, 그 전이를 통해 자기 자신의 분석이 가능해졌다. 그리고 전이 감정이 점차적으로 해소되어가면서 그들의 관계도 소원해지기 시작했던 것이다. 그들은 결국 책이 출간된 이후 결별하게 된다.

1900년, 드디어 『꿈의 해석』이 출간되었다. 그러나 세상은 아직 프로이트를 인정하려 하지 않았다. 1902년에 그는 비엔나 대학의 교수로 임명되었고, 그를 추종하는 몇몇 유대 학자와 의사들이 '수요 심리학회'라는 이름으로 그의 집에서 정기적으로 모이기도 했다. 이 모임은 젊은 신경과 의사이자 시간제 기자인 빌헬름 슈테켈(Wilhelm Stekel)의 발상으로 시작되었다. 처음 여기에 동참했던 사람들은 슈테켈 이외에도 막스 라하테, 루돌프 라이틀러(Rudolph Reitler), 알프레드 아들러(Alfred Adler) 등이 있었다. 그럼에도 불구하고 프로이트는 자신의 연구가 유대인의 학문으로 무시당할 것 같은 두려움에서 완전히 자유롭지 못했다. 예컨대 앞에서 얘기했듯이 1904년에 블로일러는 뢰벤펠트의 책 서평에서 프로이트를 칭찬했는데, 이 글을 본 프로이트는 흥분하여 막역한 친구였던 플리스에게 다음과 같은 편지를 보냈다.[7]

취리히의 공식 정신과 의사 블로일러가…정말 놀랍게도 나의 관점을 인정해주었네. 정신의학 정교수가 말이야.

---

7   Ibid., 101(Ibid., 191).

『꿈의 해석』이 프로이트가 비정통적 견해를 가진 무명의 신경과[8] 의사라는 평판에서 영원히 벗어나 새로운 이론의 창립자로서의 지위를 공고히 다지는 데 공헌했음은 분명하다. 프로이트가 사망한 후 융이 그를 기리며 『꿈의 해석』을 논평한 글을 보면 그때 그 책이 얼마나 획기적이었는지를 추측해볼 수 있다.

『꿈의 해석』은 아마도 프로이트의 업적 중 가장 중요한 것이며, (무의식의 수수께끼를 정복하려고) 그때까지 시도한 그 어떤 시도보다도 대담했다. 당시 젊었던 우리 정신과 의사들에게 그것은 깨달음의 근원이었지만, 나이 많은 동료들에게는 조롱의 대상이었다.[9]

융이 프로이트에게 관심을 기울인 것은 당연한 일이었다. 그러나 그도 나름대로 명성을 쌓아가고 있던 터라 프로이트에게 선뜻 다가갈 수는 없었다. 첫째, 그는 프로이트와 똑같은 주제를 가지고 오랫동안 독립적으로 많은 연구를 해왔기 때문에, 자신이 거둔 성과를 제시할 때 프로이트가 같은 영토의 많은 곳을 이미 밟았다는 사실을 인정하기가 쉽지 않았을 것이다. 둘째, 융은 대학 강사이자 개별 환자의 자문 의사로서 빛나는 학문 이력을 이제 막 시작하려는 참이었다. 반면 프로이트는 독립적인 이론가이자, '학문 세계의 기피 인물'로 스스로 '과학의 갈보리산'에 고립되어 있었다. 높은 위치에 있는 사람들은 남이 눈치 채지 않게 그에 관해 살짝 언급하는 것이 고작이었다. 따라서 융이 국제 과학계에서

---

8   프로이트 당시의 신경과란 히스테리와 같은 병을 다루던 분야다. 따라서 지금의 신경과가 아니라 정신과를 일컫는다.
9   C. G. Jung, *The Spirit in Man, Art, and Literature*, CW 15, par. 65.

프로이트의 연구를 공개적으로 지지할 경우 피해를 입을 것이라는 데는 의심의 여지가 없었다. 그럼에도 불구하고 모든 위험을 감수하고 또 가능한 보답까지 염두에 두면서 융은 지적인 미지의 세계에 뛰어들 각오가 되어 있었다.[10]

융이 프로이트를 공식적으로 옹호하고 나선 사건은 1906년 어느 학회에서 강박신경증에 관한 보고를 하면서 그의 이름이 고의적으로 묵살되었을 때였다. 그는 학회가 끝난 즉시 「뮌헨 의학주보」에 강박신경증을 이해하는 데 본질적인 기여를 한 프로이트의 노이로제 학설에 관한 논문을 써서 보냈다. 이 논문에 대해 독일인 교수 두 사람이 융에게, "프로이트 편에 서서 계속 그를 옹호하면 대학에서의 당신의 장래가 위태로워질 것"이라고 협박편지를 보냈다. 이에 대해 융은 다음과 같이 회답을 보냈다. "만일 프로이트가 말하는 것이 진리라면 나는 그의 편에 있겠습니다. 출세가 연구를 제약하고 진리를 묵살하는 것을 전제로 한다면 출세 같은 것은 거들떠보지도 않을 것입니다." 그 이후로도 융은 프로이트를 옹호하는 일을 계속했다.[11]

편지 왕래

1906년에 융은 그의 『진단학적 연상 연구』(*Diagnostic Association Studies*)라는 책에서 프로이트의 견해를 상당 부분 인용했다. 이것은 융을 위시

---

10 Deirdre Bair, *Jung: A Biography*, 100(『융』, 190).
11 C. G. Jung, A. Jaffé, 이부영 역, 『회상, 꿈 그리고 사상』(집문당, 1996), 172.

한 부르크횔츨리 정신병원의 블로일러와 다른 연구자들이 프로이트에게 큰 존경심을 품고 있음을 분명하게 보여주었다. 그 책에서 융은 처음에는 연상 실험으로, 그다음에는 몇 주간 여러 번에 걸쳐 강도 높게 정신분석 치료를 했던 강박신경증 사례를 다루는 글에서 프로이트의 「히스테리 사례 분석의 단편」(Fragment of an Analysis of a Case of Hysteria)에 크게 의존했다. 융은 자신의 책을 프로이트에게 보낼 때가 왔다고 생각해서 1906년 초봄에 블로일러와 상의 한마디 없이 책을 보냈다. 블로일러는 융이 자신의 권위에 도전한다고 생각해서 발끈했다.[12]

1906년 4월 11일에 프로이트는 융에게 답장을 보냈다. 이것은 현존하는 최초의 공개 서한이다. 그 내용은 다음과 같다.

친애하는 동료에게

당신의 『진단학적 연상 연구』를 내게 보내준 것에 대해 무한한 감사를 드립니다. 나는 조바심이 나서 이미 그 책을 사 보았습니다. 물론 그 책의 마지막 장인 "정신분석과 연상 실험"에서 우리 분야의 아직 탐구하지 않은 영역에 대해 내가 말한 모든 것이 사실이라고 당신의 경험에 기초하여 주장하는 것을 보고 매우 기뻤습니다. 나는 당신이 나를 지원하는 자리에 종종 있을 것이라고 확신합니다. 나는 언제나 기꺼이 충고를 받아들일 것입니다.

닥터 프로이트, 재배(再拜)[13]

---

12 Deirdre Bair, *Jung: A Biography*, 100(『융』, 190).
13 W. McGuire, *The Freud/Jung Letters* (Princeton University Press, Princeton, New Jersey, 1994), 1F, 3.

이 첫 번째 편지는 지극히 의례적이었다. 그런 가운데서도 프로이트가 융의 역할을 경쟁자보다는 협력자로 규정하고 있음은 명확하다. 또한 "기꺼이 충고를 받아들이겠다"는 프로이트의 수용적 표현 속에 앞으로 그들 사이에 전개될 아버지와 아들, 지도자와 제자라는 관계와 그로 인한 갈등이 암묵적으로 숨어 있음을 누가 알 수 있었을까?

융이 프로이트에게 보낸 편지 중 현존하는 첫 편지는 1906년 10월 5일에 발송되었다. 여기서 융은 "프로이트의 심리학적 견해가 당시의 정신병리학적 연구에 종사하는 사람들을 돕고 있음을 충분히 인정한다"고 밝혔다. 그러나 "자신은 아직 히스테리의 기원과 치료를 잘 이해하고 있지 못함"을 전제로 하면서, "프로이트의 치료가 단순히 정화반응(abreaciton)을 통해 숨겨진 감정이 해소되어서 이루어질 뿐만 아니라 환자와 의사 사이의 어떤 개인적 소통관계(rapports)에 의해서 이루어지는 듯하다"는 견해를 제시했다. 그러므로 융은 히스테리의 기원이 주로 성적인 것이긴 해도 전적으로 그렇지는 않을 것이라는 생각을 분명히 밝히고 있다.[14] 융의 이러한 이견에 대해 프로이트는 즉시 답장을 보냈다. 10월 7일 편지에서 프로이트는 융이 "자신의 히스테리에 대한 견해와 성 문제에 완전히 동의하지 않았음을 지적"하면서, "앞으로 몇 년 안에 자신의 견해와 더욱더 가까워지기를 감히 바란다"고 말했다. 그러면서 융이 "강박신경증 환자를 훌륭하게 분석했기 때문에 어떻게 완벽하게 성적 요소가 숨겨져 있는지를 다른 사람들보다 더 잘 알고 있음이 틀림없다"고 확신했다.[15]

---

14 Ibid., 2J, 3-4.
15 Ibid., 3F, 4-5.

이처럼 둘 사이의 성 이론에 관한 이견은 처음부터 팽팽했다. 그것의 한 예가 1958년에 제네바의 「뉴욕 타임스」 통신원이 제출한 일련의 문제에 대해 융이 기술한 서면 답변이다. 거기서 융은, "프로이트가 묘사한 억압, 대치(substitution), 상징화, 체계적 망각 등은 나의 연상 실험(1902-1904) 결과와 일치했다. 나중에(1906) 나는 조발성 치매(지금의 조현병)에서 비슷한 현상을 발견했다. 나는 당시 프로이트의 견해를 모두 받아들였지만, 아무리 노력해도 정신병은 말할 것도 없고 신경증의 성적(性的) 이론도 받아들일 수가 없었다. 나는 프로이트의 성에 대한 일방적 강조가 주관적 편견이라는 결론에 이르렀다(1910)"라고 썼다. 또 융은 1906년 12월에 『조발성 치매의 심리학』(*The Psychology of Dementia Praecox*)이라는 책을 발표했는데, 책 전체에 걸쳐서 자신의 의도가 프로이트의 학설에 철저히 공정한 태도를 취하면서도 '독립적 판단'을 유지하고 있다고 말하면서 프로이트의 성에 관한 이론에 이의를 제기했다. 즉 융은 '꿈과 히스테리의 복잡한 기제'를 인정하면서도, '프로이트가 유아기 성적 외상(infantile sexual trauma)에 부여하는 심리적 보편성'은 인정하려 하지 않았다.[16]

융은 프로이트가 『조발성 치매의 심리학』에 대해 불만족스러워하는 것을 알고 1906년 12월 29일 편지에서 미안함을 전달하면서 왜 둘 사이에 그러한 차이점이 나타나는지에 대해 5가지 이유를 들어 설명했다.

우리의 견해가 완전히 일치하지 못하는 이유는 첫째, 내 환자와 당신의 환자가 전혀 다르기 때문입니다. 나는 대부분 교육받지 못한 정신병자들,

---

16 Deirdre Bair, *Jung: A Biography*, 103(『융』, 194).

특히 매우 까다로운 조발성 치매 환자들을 치료하는 엄청 힘든 상황에서 연구하고 있습니다. 둘째, 나의 성장 과정과 환경, 그리고 나의 과학적 전제들이 어떤 면에서는 당신과 전혀 다릅니다. 셋째, 당신과 비교해볼 때 내 경험은 매우 일천합니다. 넷째, 정신분석적 재능의 양이나 질에서 당신은 분명히 균형을 유지하고 있는데, (나는 그렇지 못합니다.) 다섯째, 나의 예비적 훈련의 유감스러운 결함 때문에 당신을 개인적으로 만나지 못한 것이 상당한 무거움으로 다가옵니다.[17]

융은 프로이트의 성욕 이론에 대해서는 의문을 제기하면서도, 세 번째에서 다섯 번째 이유에서 보듯이, 사실상 프로이트와의 교류를 갈망하고 있음을 강하게 내비치고 있다. 이처럼 융은 프로이트와 직접 교류하기 전부터 그의 성 이론에 동조하지 않았음에도 불구하고 그 문제는 잠시 간과한 채 그와 교류하기를 갈망했다. 왜냐하면 융이 그동안 배워 온 것과는 다른 방법으로 환자의 문제에 접근할 수 있는 어떤 것들이 프로이트에게 있었기 때문이다. 다시 말해서 빈스방거(Ludwig Binswanger)와 융은 프로이트가 정신의학에 심리학적 문제를 도입했다고 이해했다. 그 당시 의사들은 그동안 환자를 추상화하여 통계를 만들고, 병명을 붙여 분류해서 정리하기만 했다. 말하자면 환자 개인의 심리적 배경은 등한시했던 것이다. 그런데 프로이트의 방법은 이 한계를 뛰어넘고 있었다. 그밖에 융 개인의 심리적 동인(이상적 아버지상에 대한 동경)과 융의 보다 근원적인 과제인 종교적 문제에 대한 해답을 찾으려는 갈망이 프로이트와의 교류를 원하게 했을 것이다.

---

17 W. McGuire, *The Freud/Jung Letters*, 9J, 11.

하여튼 융의 12월 29일 편지에 대해 프로이트는 두 통의 편지를 써서, 융이 한 말은 자신이 받아들일 수 있는 비판의 범위를 넘지 않았으며, 자신은 그의 독립적 사고를 용인할 것이라고 안심시켰다. 그러면서 그는 1907년 1월 1일 편지에서 다음과 같이 언급했다.

내가 당신의 조발성 치매 책에 대해 열광적이지 않았다는 당신의 추측은 잘못되었습니다. 그런 생각일랑 당장 버리시오. 내가 비판하려 했던 바로 그 사실이 당신에게 확신을 주었어야 했는데…. 설령 내 느낌이 달랐다 하더라도, 나는 외교적 수완으로 그것들을 감춰야만 했습니다. 왜냐하면 여태까지 나에게 동조한 사람들 중 가장 유능한 조력자인 당신을 공격하는 것은 매우 어리석은 일이기 때문입니다.[18]

이 편지에서 극명하게 드러나듯이 프로이트 쪽에서도 융은 너무도 필요한 존재였다. 이미 언급했듯이 프로이트는 자신의 연구가 유대인 학문으로 치부되는 것을 매우 염려했다. 융과 블로일러(취리히 학파)가 공식적으로 그를 지지하기 전까지는 유대인 학자들만이 주축이 되어 그의 주변에 모여들었기 때문에, 명성을 얻어가고 있던 프로이트에게는 이 한계를 넘어서는 것이 무엇보다 시급한 과제였다. 따라서 융이 자신의 이론(理論)에 약간의 이론(異論)을 제기한다 해도 당시로서는 그리 큰 문제로 대두될 수 없었다.

두 사람은 각자의 필요에 의해 상대에 대해 매우 호의적인 감정을 주고받았다. 1907년 1월 8일 편지에서 융은 프로이트에게, "내가 당신의

---

18 Ibid., 11F, 13.

주장을 전폭적으로 지지하기 때문에 당신의 이론 가운데서 내가 핵심적이라고 생각하는 부분은 결코 버리지 않겠다"고 맹세했다.[19] 여기서도 융은 역시 '내가 핵심적으로 생각하는 부분'이라는 전제 조건을 달아서 그가 동의하지 못하는 부분이 있음을 간접적으로 언급하고 있다. 그리고 곧 이어서 융은 오랫동안 바라던 개인적 대화의 기쁨을 누리기 위해 봄 휴가 중에 비엔나로 가서 프로이트를 만날 결심을 확고히 다졌다.

직접 교류

1. 만남과 서로 다른 부자지간(父子之間)의 갈망

1907년 3월 3일 일요일,[20] 드디어 융은 아내 엠마와 자신의 제자 빈스방거를 대동하고 비엔나로 가서 프로이트를 만났다. 빈스방거는 프로이트와 잘 맞아서 융이 부다페스트로 떠난 뒤에도 일주일이나 더 그곳에 머물렀다. 이 시간이 둘 사이의 평생에 걸친 우정의 초석이 되었다.[21] 그러나 프로이트가 시선을 두는 쪽은 빈스방거가 아닌 융이었다. 빈스방거는 그의 『프로이트: 회상』이라는 책에서, 프로이트가 '즉시' 융을 자신의 "과학적 아들이자 상속자"로 임명했다고 기록했다. 융 역시 프로이트가 자신이 만난 진정으로 중요한 최초의 사람이었다고 고백했다. 또한 그는 당시 자신의 경험으로는 아무도 그와 견줄 만한 사람이 없었다고

---

19 Ibid., 12J, 14.
20 융은 『회상, 꿈 그리고 사상』에서 첫 만남이 1907년 2월이라고 회상하고 있다.
21 Deirdre Bair, *Jung: A Biography*, 115(『융』, 215-216).

말했다. 융은 그의 태도에서 전혀 진부함을 발견하지 못했을 뿐만 아니라, 그가 머리가 매우 좋고 예리하고 어느 면에서나 두드러진 사람임을 발견했다. 그러면서도 프로이트는 어딘가 불투명하고 알 수 없는 구석을 남겼다.[22] 융은 이 점을 주의하려 했으나 프로이트의 호의와 매력이 그를 압도했다. 그날 그가 프로이트에게서 받은 첫인상은 오랫동안 잘 정리되지 않았다. 1953년경에도 그는 프로이트가 자신에게 그런 애정을 쏟아부을 때 자신의 감정이 어떠했는지를 잘 설명하지 못했다. 그러나 융에게 오래도록 남아 있던 첫 만남에 대한 인상은, "나는 그를 이해할 수 없었다"[23]였다. 그것은 말할 것도 없이 성욕 이론에 관한 것이었다. 융은 그의 자서전에서 프로이트와의 첫 대면에서부터 그가 성에 대하여 갖고 있는 열정이 매우 단호하다는 인상을 받았다고 회상했다. 이것은 융의 생각과는 달랐으나 당시로서는 융이 반론을 제기할 만큼 자신의 이론을 확립하지는 못했다.

융은 오후 1시 점심 시간에 프로이트의 아파트에 들어가 저녁 식사까지 하고 새벽 2시에 떠났다. 무려 13시간 동안이나 쉬지 않고 이야기를 나눈 것이다. 먼 훗날 융은 유명한 프로이트 학파 인물인 쿠르트 아이슬러(Kurt Eissler) 박사와의 인터뷰 중 그날을 아기 출산에 비유하면서 다음과 같이 말했다.

태어나는 순간 이미 모든 것이 거기에 있는 게 아닌가! 사실 거기엔 시간이란 존재하지 않았지요! 시간이란 아무것도 아니지요! 그 상황에서 바로

---

22 C. G. Jung, A. Jaffé, 이부영 역, 『회상, 꿈 그리고 사상』, 173.
23 Deirdre Bair, *Jung: A Biography*, 115-116(『융』, 216-217).

그런 것을 깨닫게 됩니다. 시간이 완전히 사라지는 그런 순간이 있는데, 그때가 그랬습니다.[24]

그날의 모든 것이 워낙 엄청나고 자극적인 경험이었기 때문에 융은 그가 추구하던 문제를 해결할 어떤 희망을 보았다. 다시 말해서 그들은 누가 먼저라고 할 것도 없이 서로에게 강한 전이 감정을 경험했던 것으로 보인다. 그 이후 한동안 그들은 각각의 내면적 욕구를 충족시키기 위해 서로 상대방의 마음을 배려하려는 노력을 했다. 즉 프로이트는 융이 늘 바라던 스타일의 아버지가 되고 싶어 했고, 융 또한 새로운 아버지의 눈에 들려는 아들처럼 되려고 하였다. 프로이트에게 보낸 융의 1907년 10월 28일 자 편지를 보면 융이 프로이트에게 얼마나 가까이 다가가려 했는지를 느낄 수 있다. 그 편지의 내용은 다음과 같다.

친애하는 프로이트 교수님께

최근 두 통의 편지에서 제가 답장을 게을리한다는 말씀을 하셨는데, 그에 대해 확실히 설명해야 할 의무감이 듭니다. 그 이유 중 하나는 제게 주어진 일이 너무 많아서입니다. 저녁이나 되어야 겨우 한숨 돌릴 지경입니다. 그다음 이유는 교수님이 제 태도에 이름 붙인 경탄할 만한 표현인 '자기 보존 콤플렉스'(self-preservation complex)라는 감정 영역에서 찾을 수 있습니다. 교수님도 아시다시피 이 콤플렉스는 제게, 특히 제 저서 『조발성 치매의 심리학』에서 수도 없이 속임수를 행했습니다.[25] 저는 솔직하게 행

---

24 Deirdre Bair, *Jung: A Biography*, 117.
25 융은 논문 안의 증례에서 자신의 이야기를 환자의 것인 양 감추려 했는데 프로이트가 그것을 간파하고 말았다.

동하려고 노력했으나 보시다시피 제 펜에 붙어 있는 악령은 그렇게 쓰기보다는 빈번하게 저를 방어하게 했습니다. 애써 고백하건대 저는 한 남자로서의, 그리고 한 탐구자로서의 교수님께 무한히 감탄하고 있으며, 또한 어떠한 의식적인 유감도 교수님 탓으로 돌리고 있지 않습니다. 왜냐하면 자기보존 콤플렉스는 거기로부터 유래된 것이 아니기 때문입니다. 교수님에 대한 저의 존경심은 차라리 종교적 심취의 일종일 것입니다. 그것이 저를 힘들게 하지 않음에도 불구하고, 저는 그것의 부정할 수 없는 성적 배경(erotic undertone) 때문에 아직도 그것을 역겹고 우스꽝스럽게 느끼고 있습니다. 이 혐오스러운 느낌은 어렸을 때 존경하던 어떤 남자에게 제가 성폭행을 당했다는 사실로부터 기인합니다.

　제가 아직도 완전히 잊지 못하는 이 느낌은 저를 상당히 구속하고 있습니다. 그것이 다른 측면에서 작동할 때 저는 그것이 저에게 강한 전이 감정을 갖는 동료들과의 관계를 노골적으로 혐오스럽게 만든다는 심리학적 병식(psychological insight)을 발견합니다. 그러므로 저는 교수님이 저를 신뢰하는 것이 두렵습니다. 또한 그 반대로 제가 교수님에게 사적인 친밀감을 언급할 때 교수님이 제게 이와 같은 반응을 보일까 봐 두렵습니다. 따라서 저는 이런 일들을 가능한 한 회피하려 합니다. 왜냐하면 어쨌든 제 느낌으로는, 모든 친밀했던 관계가 어느 정도 지난 후엔 감상적이고 진부한 혹은 과시적인 것으로 끝나버리기 때문입니다. 마치 지금 제 수장인 블로일러와의 관계처럼 말입니다. 저에 대한 그의 신뢰감은 불쾌하고 모욕적인 느낌을 주니까요.[26]

26　W. McGuire, *The Freud/Jung Letters*, 49J, 44.

이 편지의 중심 내용은 답장이 늦은 이유 중 하나가 성 이론에 대한 말할 수 없는 거부감 때문이었는데, 그 거부감은 프로이트의 외골수적인 태도에서보다는 융이 어려서 당했던 성폭행의 상처가 원인이 되었다는 융 나름대로의 논리적 변명이다. 이 변명을 통해서 그는 프로이트의 이론을 간접적으로 긍정하려는 듯한 태도를 보인다. 게다가 그의 과거 마음의 상처를 드러낸 행위는 프로이트를 그만큼 신뢰한다는 뜻이 내포되어 있다. 그러면서 프로이트에 대한 융의 친밀감의 강도와 동시에 융에 대한 프로이트의 친밀감의 강도도 융이 결별을 두려워해야 할 정도로 대단히 강했음을 슬며시 드러내고 있다.

프로이트는 융을 처음 만났을 때부터 잡지를 발간하라고 권했으나, 융은 과중한 업무를 핑계로 일을 미루어왔다. 그런데 프로이트를 추종하는 영국인 제자 어네스트 존스(Ernest Jones)가 프로이트의 의중을 알고 장소와 발행인에 상관없이 즉시 발간하자는 식으로 밀어붙이면서 그 자신이 정기간행물을 창간함으로써 프로이트의 추종자 자리에 서려고 했다. 그 바람에 융이 움직이기 시작했다. 이 과정에서 프로이트는 잘츠부르크 대회의 의장을 블로일러가 맡기를 바랐다. 프로이트는 이를 간청하는 편지를 1908년 2월 17-18일 양일간 연속해서 융에게 보냈다. 그는 융에게 이것을 '개인적 요청'으로 생각해달라고 하면서, 호소력을 높이기 위해서 융과의 관계도 순수한 개인적 관계로 한걸음 더 나아갔다. 편지를 쓸 때 최고 수준의 예절을 갖추어야 하는 사회에서 친밀도를 높이기 위해 프로이트는 2월 17일 편지에서부터 서두를 격식 있는 '친애하는 친구이자 동료에게'에서 좀 더 친근한 '친애하는 친구에게'로 바꾸었다.[27] 이러한 변화에 대해 융은 이틀 후인 2월 20일에 다음과 같이 공손하게 답장했다.

친애하는 프로이트 교수님께

교수님이 저를 신뢰해주셔서 진심으로 감사합니다. 교수님의 우정이라는 과분한 선물은 어떤 말로도 표현할 수 없는 제 생애 최고의 선물입니다. (그러나) 교수님이 플리스와 나눈 우정을 이야기하면서 제게 동등한 우정을 피력하셨지만, 저는 부자 사이의 우정이 적합하다고 생각합니다. 제 생각으로는 그래야 오해를 예방하고, 고집 센 두 사람이 편안하고 긴장감 없는 관계를 유지하며 공존할 수 있을 것 같습니다.[28]

프로이트가 융에게 플리스에 대한 이야기를 했다는 것은 그가 융을 어떤 감정으로 보고 있는지를 가늠하게 한다. 프로이트와 플리스의 관계는 앞에서도 간략하게 언급했듯이 친구 이상의 관계였다. 프로이트 자신이 그것을 동성애적 관계였다고 표현할 정도로 둘은 보통을 넘어서는 사이였다. 프로이트가 자신의 사적인 사연을 융에게 말했다는 것은 프로이트에게로부터 융에게로 강한 전이 감정이 뿜어지고 있었음을 나타낸다. 융은 이러한 프로이트의 감정을 직감적으로 경계하면서 둘의 관계가 부자의 간격만큼 유지되기를 바랐다. 이러한 심정은 그가 제시한 이유 때문만은 분명 아니었을 것이다. 긍정적 전이에서는 융도 자유로울 수 없었다. 그에게 아버지상은 그가 평생을 두고 풀어내야 하는 과제 중 하나였는데, 반면에 그 당시 융에게 프로이트는 이상적 아버지상이었기 때문에 좀 더 복잡한 심리 기제가 작동하고 있었을 개연성은 충분하다. 이 주제는 뒤에서 좀 더 자세히 다루므로 이쯤에서 멈추려 한다.

---

27 Ibid., 70F, 57.
28 Ibid., 72J, 59-60.

2. 정신병 환자에 대한 프로이트와 융의 태도

여러 가지 우여곡절 끝에 융의 주선으로 1908년 4월에 오스트리아의 잘츠부르크에서 제1차 프로이트 심리학 대회가 열렸다. 이 대회에 오스트리아, 스위스, 영국, 독일, 헝가리 등에서 온 40여 명이 참석했다. 모인 사람들은 만장일치로 블로일러와 프로이트를 공동 발행인으로, 그리고 융을 편집인으로 하는 『정신분석과 정신병리학 연구 연감』을 창간하도록 승인했다. 프로이트는 블로일러가 발행인이 된 것을 무척 기뻐했다. 그러나 블로일러는 마지못해 승낙한 것이었다. 어떻든 『연감』에 대한 논의도 있고 해서 융은 프로이트가 부르크횔츨리 병원에 방문하기를 요청했다.

프로이트는 9월 18일에 부르크횔츨리에 도착하여 21일까지 머물렀다. 이 기간에 프로이트와 융은 깨어 있는 시간에는 계속 붙어 다니며 걷고, 이야기하고, 환자를 관찰했다. 그런데 융은 환자에 대한 프로이트의 반응 때문에 몹시 곤혹스러웠다. 가장 속이 상했던 것은 바베테 S.(Babette S.)에 대한 프로이트의 반응이었다. 바베테는 나이 든 여자 정신병자로 어른이 된 이후로 쭉 입원해 있었다. 융은 그녀가 자신을 로렐라이라고 하면서 하이네의 시를 인용하는 '아름다운 망상'을 가진 환자인 것을 프로이트도 알았으면 했다. 왜냐하면 융은 그녀의 병례를 연구하면서, 환자가 망상에 사로잡혀 종잡을 수 없는 이야기를 할 때도 열심히 듣고 정확하게 해석하면 상당히 일관성 있는 내용이 드러난다고 확신했기 때문이다. 사실 융은 이런 자신의 견해를 평소 병원의 다른 의사들에게 이야기하지 못했다. 블로일러가 이미 조현병은 치료 불가능하다고 선언한 이상 반대 의견은 용납되지 않았기 때문이다.

그래서 융은 프로이트에게 바베테 S.를 관찰해달라고 부탁했는데, 프로이트가 그녀에 대해 그냥 '흥미롭다'고만 하자 실망했던 것이다. 융은 그가 정신의학에 대해 아는 것이 거의 없어서 그렇게 무관심했다고 생각했다.[29] 사실 프로이트는 신경과 의사의 관점에서 주로 히스테리 환자들을 관찰했다. 당시만 해도 히스테리가 기질적 병변에 의한 것인지 아니면 심인성 때문인지에 대한 구별이 분명하지 않았다. 다시 말해서 지금처럼 신경과는 신경계통의 실질적인 기질적 손상으로 인한 병을 다루고, 정신과는 심인성 질환을 다룬다는 경계가 그 당시에는 불분명했다는 말이다. 프로이트는 점차적으로 히스테리가 심인성임을 확신하고 인간의 정신세계에 대한 탐구를 시작했다. 따라서 프로이트가 보았던 환자는 주로 히스테리와 같은 신경증(neuroses) 환자들이었다. 그는 융처럼 주로 정신병원에 입원해 있던 조현병(조발성 치매)과 같은 정신병(psychoses) 환자들을 볼 기회가 거의 없었다.

융은 프로이트가 바베테 S.를 이해하기를 기대하며 그를 부르크횔츨리의 도서관으로 데려가 1903년에 출간된 다니엘 파울 슈레버(Daniel Paul Schreber)의 『신경 환자의 전기』(Denkwurdig keiten eines Nervenkranken)를 연구해보라고 간청했다.[30] 1911년에 프로이트는 이 책만을 근거로 「편집증 환자 슈레버」를 분석했는데, 슈레버의 망상이 그의 주치의에 대한 동성애적 욕구와 방어의 결과로 나타난 증세였다고 해석했다.[31]

한편 블로일러와 융의 사이는 극도로 악화되어 급기야 1908년 10월 초에는 블로일러가 융에게 사표를 요구했고, 융은 여러 가지 이유를 들

---

29 Deirdre Bair, *Jung: A Biography*, 149(『융』, 272).
30 Ibid., 149(Ibid., 273).
31 Sigmund Freud, 김명희 역, 『늑대인간』(열린책들, 1996), 279-369 참조.

어 1909년 봄에 사직하기로 하였다. 1908년 11월 28일에 엠마가 아들 프란츠 칼 융을 낳아서 기뻤지만, 한편으로는 곧 병원을 그만두어야 해서 착잡한 기분이기도 했다. 게다가 그즈음 융은 아버지의 영향에 대한 논문[32]을 쓰고 있어서 여러모로 정신이 없었다. 프로이트는 융에게 올바른 방향으로 가고 있다고 위로해주었다. 프로이트는 자기가 가진 것을 주는 데 익숙한 사람이었기에, 자신의 '아버지 노릇'이 또 다른 부담이 되지는 않을 것이라고 아들을 다독거리듯이 융을 다독거려주었다. 융은 프로이트의 분석에 동의했지만 또 한 사람의 아버지와 헤어지는 중이라고 덧붙였다. 그것은 바로 블로일러였다. 1909년 3월에 융은 취리히주 보건 국장에게 사직서를 제출함으로써 그의 인생에서 한 시기가 끝나고, 이제 새로운 다른 시기가 막 시작되려는 시점에 이르렀다. 그런 가운데 『연감』은 프로이트가 융의 자존심을 어루만져주고, 경쟁 관계를 완화하고, 위기를 모면하는 등 우여곡절 끝에 발간되었다.

3. 미국 여행 – 프로이트의 실신

1909년 9월, 미국의 클라크 대학 강연에 프로이트와 융이 동시에 초청되었다. 프로이트는 페렌치(Sandor Ferenczi)와 동행하기로 했다. 그들은 8월 21일에 브레멘에서 만나 같이 배를 타고 가기로 했는데, 융이 브레

---

32 당시 융은 오토 그로스라는 조발성 치매(조현병) 환자를 중심으로 한 「개인의 운명에서 아버지의 의미」라는 논문을 쓰고 있었다. 여기서 유전적으로나 심리적으로나 아버지가 어머니보다 가족에게 훨씬 더 지속적이고 강한 영향을 준다는 명제를 제시했다. 또한 그는 우리의 불행의 동인은 신이나 악마가 아니라 운명 탓이라고 주장했다. 융은 이 명제가 이론적 타당성이 있다고 평생토록 믿어서, 1926년과 1948년에 논의를 수정하면서 '운명'이라는 개념을 '원형'으로 바꾸었다.

멘에서 프로이트와 페렌치를 만난 순간부터 분위기는 긴장되었다. 배를 타기 전 융이 주선해서 그들은 브레멘의 도시를 관광하면서 브레멘 성당에 들러 납 수의에 덮여 납으로 만든 방에 묻혀 있던 주검들을 보았다. 그리고 식당에 와서 식사를 하면서 여러 가지 대화를 나누던 중 브레멘 성당의 미라 얘기와 동시에 독일 북부와 스웨덴 늪지 그리고 이탄 습지에서 발견된 미라 이야기가 나왔다. 그때 프로이트가 졸도하고 말았다.[33] 이것이 프로이트의 첫 졸도 사건이다. 이것에 대해서는 후에 자세히 다루기로 하자.

프로이트의 무의식이 드러나게 된 두 번째 사건의 발생은 이렇다. 둘은 서로 의견이 엇갈린 채 허드슨강을 굽어보고 서 있었다. 그런데 그때 프로이트가 바지에 오줌을 싼 것이다. 융은 그가 화장실이 없는 공공장소에 있게 되면 오줌을 싸는 경향이 있음을 이미 알고 있었다. 1908년 가을, 프로이트가 런던에서 보낸 편지에 이러한 고민을 털어놓으면서 왜 그런지 융에게 물었기 때문이다. 그때 융은 신경증(심리적인 것) 때문이라고 대답했다. 다시 말해서 융은 프로이트가 사랑을 하찮게 보고 억누르면서 동시에 권력에 빠져들었기 때문에, 즉 병적으로 권력을 추구했기 때문에 그런 증상이 생긴 것 같다고 이야기했다. 이번에도 융은 그에게 신경증 때문이라고 이야기했지만 프로이트는 '마비'(실제 있는 병) 때문이라고 주장했다. 융은 프로이트의 잘못된 태도를 지적하면서 자신이 그를 분석해보겠다고 제안했다. 프로이트도 쾌히 승낙을 해서 그 즉시 그의 꿈들을 분석하기 시작했다. 분석 과정에서 프로이트에 대한 일반적인 자료가 다 드러났을 뿐만 아니라 매우 개인적인 문제, 아주 민감

---

33 Deirdre Bair, *Jung: A Biography*, 161(『융』, 294-295).

한 문제도 드러났다.³⁴ 이때 융이 프로이트에게, "당신이 만일 당신의 개인 생활에서 몇 가지를 좀 더 자세히 말해준다면 그 꿈에 대해서 더 많은 것을 말할 수 있게 되리라"고 말했다. 이 말에 프로이트는 융을 이상한 눈초리로 바라보면서, "내 권위의 손상을 무릅쓸 수는 없지 않은가?"라고 대꾸했다. 이때 융은 그 말이 뇌리에 박히면서 그때까지 프로이트로부터 느꼈던 권위가 무너지는 경험을 했다. 동시에 그 말 속에서 둘 사이의 교분이 종말을 향하고 있음을 직감했다. 융은 "프로이트가 개인적 권위를 진실보다 위에 세우고 있었다"고 회고했다.³⁵

4. 윌리엄 제임스와의 만남

융이 미국 여행에서 종교심리학의 대가인 윌리엄 제임스를 만난 일은 큰 수확 중 하나가 아닐 수 없다. 제임스는 클라크 대학 행사 참석자 중 한 사람이었다. 제임스와 융은 무의식에 접근하는 방법으로서의 초심리학의 중요성에 대해 이야기를 나누었다. 그들은 두 번 만났는데, 초심리학, 강신술, 신앙 치료, 심리 치료의 비의학적 적용 등 두 번 다 동일한 주제로 토론을 펼쳤다. 융은 제임스와 처음 대화를 나눈 직후 그가 플루르누아(Théodore Flournoy)³⁶ 같이 객관적이고 세련된 태도를 지닌 학자임을 알았다. 또한 융과 제임스는 심리에서 종교적 요인을 평가하는 면에서 아주 잘 맞았다. 융은 제임스와 플루르누아가 모두 자신의 보편주의

---

34 개인적이고 민감한 문제란 프로이트와 그의 처제인 민나 베르나이스와의 성관계 주장과 관련된 것이다.
35 C. G. Jung, A. Jaffé, 이부영 역, 『회상, 꿈 그리고 사상』, 182.
36 플루르누아와 융과의 관계는 다음 주제인 "융은 왜 프로이트와 결별했나?"를 참조하라.

적 관점을 강화해준다는 것을 알고 만족했다. 그리고 제임스와의 만남 이후 프로이트가 지적 편협함 때문에 대상에 압도되어버린다는 것과 그의 심리학이 여성에게만 의미가 있는 여성심리학처럼 보이는 것을 발견했다. 즉 프로이트 심리학에서의 성이란 생물학적인 면에서 볼 때 엄청난 쟁점이긴 한데, 여자에게서는 성이 사회적 구성 요소라서 사회적으로 중요한 문제인 반면, 남자에게는 사회적 의미가 전혀 없는 생리적 기능일 뿐이다. 그러나 그것은 그 반향 때문에 신비하게 여겨지지만 이마저도 남자는 부정한다고 그는 보았다.[37] 안타깝게도 제임스와 융 사이의 교류는 더 이상 이루어지지 못했다. 융을 만날 당시 이미 병에 걸려 있던 제임스가 그 이듬해인 1910년 8월 26일에 세상을 떠났기 때문이다.

그러나 융은 제임스의 저술을 통해서 상당히 중요한 영향을 받았다. 특히 그가 인간의 성격을 연구하면서 전체성 원리의 중요성을 강조하는 데 깊은 인상을 받았다. 그리고 리비도를 정신적 에너지라는 개념으로 확장하는 데에도 제임스의 영향을 받았다. 융의 유형론도 상당 부분이 그의 개념에서 유래되었다. 제임스의 강인한 성격(tough minded)과 부드러운 성격(tender minded) 간의 차이는 융의 외향성과 내향성의 차이와 견줄 만하다.[38]

5. 그 이후의 공식 행사들

1910년에 뉘른베르크에서 열린 제1차 국제 정신분석학회(International

---

37 Deirdre Bair, *Jung: A Biography*, 167-168(『융』, 303).
38 A. Casement, 박현순·이창인 역, 『분석심리학의 창시자 칼 융』(학지사, 2007), 121-122.

Psychoanalytic Association, IPA)에서 융이 초대 회장으로 선출되었다. 애당초 프로이트는 분석가를 임명하거나 제명할 수 있는 완전한 권력을 가진 종신 회장직에 그를 임명하려 했다. 비엔나의 정신분석가들과 특히 아들러(Alfred Adler)와 슈테켈(Wilhelm Stekel)은 이 일로 매우 낙담했는데, 미래 정신분석학의 발전이 프로이트가 아닌 융의 손에 달리게 될까 봐 염려했던 것이다. 이런 상황에 대처하기 위해 그들은 한 호텔에서 비공식적으로 모여 논의하였다. 그때 느닷없이 프로이트가 나타나서 흥분한 어조로 이렇게 말했다.[39]

당신들 대부분은 유대인이므로 새롭게 가르칠 친구를 얻을 능력이 없습니다. 유대인들은 토대를 마련하는 겸손한 역할에 만족해야 합니다. 내가 전반적인 과학 세계에서 매듭을 지어야 한다는 것은 절대적으로 필요불가결한 일입니다. 나도 이제 나이를 먹었고 끝없이 공격을 받는 일에 지쳤습니다. 우리 모두는 위험에 처해 있습니다. 그들은 내 코트조차 남기지 않을 것입니다. 스위스 사람이 우리를, 나를 그리고 여러분 모두를 구원할 것입니다.[40]

프로이트의 이러한 설득으로 융은 임기 2년의 회장이 되었다. 그리고 그가 재임하는 동안 IPA의 공식 본부를 취리히에 두었다. 그 이후 회원들의 변동이 있었지만 1911년에 제2차 대회가 바이마르에서 열렸다. 여기서 융이 회장으로 재선되자 비엔나 사람들은 당황했다. 이때

---

39   Ibid., 61.
40   F. Wittels, *Sigmund Freud* (London: Allen & Unwin, 1934), 12(A. Casement, 박현순·이창인 역, 61-62 재인용).

부터 프로이트와 융 사이는 점차적으로 멀어지기 시작했다. 표면적으로는 1912년 융의 『리비도의 변환과 상징』이라는 글이 결정적 동기가 되었다. 그러나 결별의 과정은 그렇게 단순하지 않았다. 심층심리학의 두 거장의 부딪침은 인류의 정신사적 관점에서도 그 대표성이 감지될 만큼 상당한 의미를 내포했기 때문이다.

융은 왜 프로이트와 결별했나?

우리가 굳이 이들의 이별 과정을 알아야 하는 이유는 무엇일까? 내 생각에는 우리가 그들의 인간 내음을 맡으면서 융의 분석심리학이 프로이트의 정신분석학에서 어떻게 파생되어가는지를 이해하기 위해서는 이 사건을 한 번쯤 짚고 넘어가야 할 듯하다. 우선 둘의 결별에 결정적인 계기가 되었던 것은 융의 『리비도의 변환과 상징』이라는 작품이었다. 이 작품에서 융은 프로이트와는 다르게 무의식의 탐구 과정을 이야기했다. 다시 말해서 리비도와 근친상간에 대한 그의 개념이 많이 달라지기 시작했다.

1. 리비도와 근친상간 개념에 관한 이견

프로이트와 융이 본 리비도[41]와 근친상간은 두 거장의 차이를 극명하

---

41 리비도라는 용어는 프로이트가 1890년부터 사용한 용어다. 이것은 처음에는 막연한 '성적 욕망'이나 '성적 흥미'를 의미했다. 그러다가 1905년에 '본능적 욕동'을 나타내는 용어가 되었다. 즉 성적 흥미나 자극은 평생토록 인간의 다양한 행동과 정신 활동에서

게 보여주기도 하고 프로이트가 융에게 어떤 영향을 미쳤는지 가늠할 수 있는 주제이기도 하다. 프로이트의 위대함은 그가 무의식을 정리하고 공론화한 점에 있기도 하지만, 오히려 심한 갈등이나 신경증적 증상으로 고통을 겪는 인간의 무의식은 결정적인 치유를 위해 언제나 과거로 퇴행한다는 기전을 발견한 것에 더 비중이 있지 않을까 하는 생각이 든다. 프로이트는 임상에서 환자들이 겪는 심리적 혹은 신체적 고통의 무의식적 근원이 어려서 경험하는 부모와의 근친상간적 관계에 있음을 발견해서 그 유명한 오이디푸스 콤플렉스를 주창했다. 이처럼 프로이트의 주장대로 현재의 갈등이나 고통을 해결하기 위해 사람들의 무의식이 퇴행한다면, 그 퇴행의 기착점이 바로 프로이트식의 남근기에만 다다르지는 않을 것이다. 항문기나 구순기에도 다다를 것은 자명하다. 그래서 그 이후 대상관계이론에서는 그 지점까지 내려가서 엄마와 아이와의 관계를 면밀히 연구했던 것이다. 그렇다면 그보다 더 내려가서 엄마 뱃속까지 퇴행하지는 않을까? 말하자면 태아로까지의 퇴행은 일어나지 않

발생함을 강조하는 용어였던 것이다. 1914-1915년 사이에 프로이트는 리비도를 다양한 정신적 표상이나 마음의 구조에 투자되는 정신적 에너지라고 묘사했다. 그는 이런 투자를 에너지 집중(cathexis)이라고 불렀다. 에너지의 한 형태인 리비도는 본능적 욕동이 만조되는 순간 방출되거나 정신 구조에 집중될 수 있다(미국정신분석학회 편, 이재훈 외 역, 『정신분석 용어사전』, 한국심리치료연구소, 2002, 127-128).

융은 리비도를 에너지라는 용어와 상호 교환적으로 사용했다. 리비도를 정신 에너지로 봤다는 뜻이다. 그는 이러한 심리적 에너지가 그 양이 한정되어 있고 파괴될 수 없다고 생각했다. 프로이트의 리비도가 배타적이라면, 융의 리비도는 포용적이고 중립적인 생활-에너지에 가까운 개념이다. 심리학적으로 정신 에너지 개념은 복잡한 '메타포'(metaphor)다. 즉 이것은 특별한 정신활동의 강도를, 에너지가 막힐 때 다른 곳으로 흐른다는 개념을, 그 흐름의 방향이 아무렇게나 일어나지 않는다는 가설 등 여러 가지 형태의 정신 에너지를 설명하는 데 사용하고 있다(A. Samuels, B. Shorter, F. Plaut, 민혜숙 역, 『융분석비평사전』, 동문선, 2000, 89-90).

을까? 이것이 융의 관점이었다. 만일 그럴 수 있다면 엄마 뱃속으로 들어갔다가 다시 태어나는 상징은 상당한 설득력을 가지는 치유 능력의 담지자다. 여기에 이르면 아들이 엄마와 맺는 근친상간적 관계는 그 모양이 상당히 달라진다. 융이 프로이트를 넘어선 지점이 바로 여기다. 이제 리비도와 근친상간 논쟁의 동기가 된 융의 『리비도의 변환과 상징』을 간략히 볼 것이다. 그 전에 우선 이 작품을 쓴 동기, 프로이트의 반응, 융의 심리, 프로이트의 크로이츨링겐 제스처 등을 보려고 한다.

1) 『리비도의 변환과 상징』을 쓴 동기

이 책은 융이 프로이트의 한계를 인지하기 시작하면서, 테오도르 플루르누아(Théodore Flournoy)의 환자인 밀러라는 미국 여자의 환상적인 작품을 분석한 것이다. 융이 스승처럼 여긴 플루르누아는 미국의 윌리엄 제임스의 실용주의에 많은 영향을 받은 프랑스계 스위스 정신과 의사였다. 융이 플루르누아와 지적 교류를 시작한 것은 프로이트와의 교류가 시작될 즈음이었다. 이미 언급했듯이 융은 그의 저서 『화성에 있는 인도인: 방언하는 몽유병 사례 연구』를 읽고 큰 감명을 받아서 박사학위 논문을 쓰는 데 인용하기도 했다. 이것이 계기가 되어 융은 그와 지속적인 교류를 이어갔다. 특히 플루르누아는 융이 프로이트와 결별한 이후 몹시 방황할 때 그의 정신적 지주가 되어준 인물이기도 하다.

플루르누아는 자신이 너무 늙고 지쳐서 더 이상 연구할 수 없음을 알고 자신의 환자인 밀러 양의 기록을 모두 융에게 건네면서 분석해보기를 권유했다.[42] 융은 오래전부터 조현병과 환상의 관련성에 관심을 두고 있었는데 플루르누아가 그것을 더 잘 이해할 수 있도록 도와주었던 것이다. 플루르누아와 관련한 융의 모습에서 우리는 그가 일생을 통해 일관되게 추구하고자 했던 주제가 무엇인지를 추측할 수 있다. 1900년 융이 플루르누아의 책에 지대한 영향을 받아 박사학위 논문을 쓸 당시와, 1912년 플루르누아가 제공해준 자료를 가지고 쓴 『리비도의 변환과 상징』을 출판할 시점 사이에 12년이라는 간격이 있으나 플루르누아를 매개로 하여 그가 가졌던 주 관심사는 동일했다. 그것은 영적 차원, 즉 인간의 마음속에 보편적으로 내재해 있는 좀 더 포괄적인 무의식(집단무의식)에 관한 관심이었다. 한마디로 이런 영적이고 종교적 경향의 힘이 융을 특징짓게 한다. 그리고 이 특징이 그를 결국 영지주의, 연금술, 점성술, 그리고 기독교 교리를 넘어선 새로운 신화의 지평으로까지 이끌어 갔던 것이다. 이처럼 그를 탐구의 세계로 이끌어가고 있는 그 자신의 근원적인 힘은 프로이트와는 전혀 달랐기 때문에 그들의 결별은 처음부터 예견되어 있었다고 보는 것이 옳을 듯하다.

1878년 미국에서 태어난 밀러 양은 19세기 말에 유럽으로 유학을 갔다 와서 미국에서 유럽 문화에 대한 강연을 하면서 성공적으로 경력을 쌓아나갔다. 그러나 그녀는 1907년에 어떤 급격한 변화를 겪은 뒤 '정신병'이라는 진단을 받고 매사추세츠주 댄버스 주립병원에 입원했다. 그 후 밀러 양에 관한 이야기는 알려진 것이 거의 없다. 훗날 여성운동 학자들은 밀러 양의 정신병 진단에 대한 기록을 정밀 조사한 후 그녀가 당시 독립적인 여성에 대한 사회적 편견에 의해 희생되었다고 생

---

42 밀러 양의 글은 원래 *Archives de Psychologie* (Geneva), 5(1906)에 발표되었으며, James H. Hyslop이 다시 영어로 재번역해 "Some Instances of Subconscious Creative Imagination," *Journal of the American Society for Psychical Research* 1, no. 6(1907)로 발표했다.

각했다. 20세기 초 사회적 편견은 가족과 떨어져 살면서 결혼하지 않고 자립적인 직업을 가졌던 독립적인 여성들을 부도덕하거나 상스럽다고 여기고 미쳤다는 낙인까지 찍었던 것이다.[43]

언제나 인간의 무의식적 내면에 관심이 집중되어 있던 융에게 밀러 양은 더없이 좋은 소재였다. 그는 무심히 떠오르는 망상을 연구하는 것이 성공적인 정신병 치료를 위해 반드시 필요한 방법이라고 여겼으며, 밀러 양이야말로 바로 이런 범주에 들어간다고 굳게 믿었다. 융은 그녀의 환상들을 '무의식적으로 형성된 시적 환상'이라고 불렀다. 밀러 양의 환상은 롱펠로(Longfellow)의 「하이어워사」(Hiawatha)나 포(Poe)의 「갈까마귀」(The Raven) 같은 시에서부터 그녀가 치완토펠(Chiwantopel)이라고 부르는 아즈텍 신의 전설에 이르기까지 많은 문학작품의 영향을 보여준다. 그는 그녀의 작품만을 가지고 자신의 심리학적 접근 방법을 유감없이 발휘했다. 『리비도의 변환과 상징』 1부에서는 정신 에너지로서의 리비도와 집단무의식 이론을 뒷받침하기 위해 그녀의 환상 위에 자신의 방대한 독서 내용을 덧붙였다. 융은 고전신화에서 괴테의 시, 또 리클린에서 랑크에 이르는 동료들의 글 등 많은 출처에서 자료를 뽑았으며, 프로이트도 자주 참조했다.

2) 『리비도의 변환과 상징』에 대한 프로이트의 반응

융이 『연감』에 『리비도의 변환과 상징』 1부를 실었을 때, 프로이트도 융과 같은 주제, 즉 종교의 기원(『토템과 타부』)을 연구하고 있었다. 그러나

---

43 Deirdre Bair, *Jung: A Biography*, 214(『융』, 381).

역사적 자료들, 예컨대 신화, 전설이나 기타 상징적 정보의 표현들을 이용한 『리비도의 변환과 상징』 1부는 프로이트의 『토템과 타부』보다 먼저 인쇄되었음에도 불구하고, 프로이트는 융의 글이 자신의 생각을 표현한 것이기 때문에 누가 어떤 생각을 표현하든, 그 창시자는 자신이라고 주장함으로써 정신분석과 관련한 모든 일에서 궁극적 권위를 내세우려고 했다. 그런 분위기에서 프로이트는 융의 글이 발표된 8월부터 11월까지 3개월 동안 아무런 논평도 하지 않은 채 침묵을 이어갔다.

드디어 1911년 11월 12일 프로이트는 융에게 보낸 편지에서 『리비도의 변환과 상징』 1부에 대해 마지못해 칭찬하면서, 그의 지평이 너무 기독교에 치중해 있어서 협소하다는 말과 더불어 '하지만 앞으로 훨씬 더 잘할 수 있을 것'이라며 은근히 악평을 했다. 그러면서 분석 과정에서 자신의 경험 내부에서 끌어내지 않고 외적인 참고 자료를 쌓아 올리는 방법을 비판했다.[44] 사실 프로이트의 이 지적은 그 당시 융에게 나타나고 있던 중요한 변화 중 하나였다. 본래 융 자신이 밝히고 있는 글쓰기 유형은, 명쾌한 논리로 핵심을 관통해나가는 프로이트의 방법과는 달리 한 주제 주변을 빙빙 돌면서 여러 관점에서 고찰하며 나아가는 것이었다. 그런 자신의 글쓰기 유형이 『리비도의 변환과 상징』에서 뚜렷하게 나타났던 것이다. 융이 프로이트의 방법을 떠나서 자신의 기술방법으로 되돌아가는 데 영향을 준 사람이 바로 플루르누아였다. 융은 학문적 입장에서 그가 프로이트와는 전혀 다르게 객관적 접근을 시행하고 있음에 감명을 받았다. 융은 그의 방법을 다음과 같이 묘사했다.

---

44 W. McGuire, *The Freud/Jung Letters*, 280F, 204-205.

프로이트는 역동적이며 꿰뚫는 식이었다. 프로이트는 그의 증례에서 무엇인가를 기대하고 있었다. (그러나) 플루르누아는 그렇게 하고자 하지 않았다. 그는 멀리서 보고 있었지만 분명하게 보고 있었다. 나는 프로이트의 영향으로 지식을 얻었으나 그것을 해명할 수는 없었다. 플루르누아는 객체로부터의 거리를 가르쳐주었고 넓은 시야에서 정리하는 노력을 내 속에서 지지해주었으며 그런 태도를 잃지 않게 해주었다. 그의 방식은 추측에 휘말리지 않고 더 많이 기술하는 데 있었다. 그리고 환자를 따뜻한 마음으로 생동감 있게 보고 있으면서도 그는 언제나 관조의 거리를 유지하고 있었다. 그렇게 함으로써 그는 전체를 한눈에 보고 있었다.[45]

자신의 색깔을 나타내기 시작한 융은 11월 12일 프로이트의 편지에서 그와 겪을 심각한 갈등의 가능성을 직감했다. 그래서 융은 평소 그답지 않게 편지를 받은 즉시(11월 14일) 곧바로 답장을 썼다. 이때는 갈등을 피하기보다는 다른 오해가 없도록 무언가 좀 더 명확한 태도를 보여야겠다는 결심을 한 듯하다. 14일 자 편지에서 그런 뉘앙스를 많이 풍기기 때문이다. 그는 지금 막 받은 프로이트의 고마운 편지에 감사한다는 인사말을 서두로 다음과 같은 내용을 보냈다.

어떻든 당신도 종교심리학을 연구한다면 나의 전망은 매우 어둡습니다. (왜냐하면) 경쟁으로 말한다면 당신은 위험한 경쟁자이기 때문입니다. 그럼에도 불구하고 내 생각엔 자연적 발전이란 것은 멈출 수 없고 또 누구도 멈추게 할 수도 없기 때문에 이렇게 갈 수밖에 없습니다. (그러나) 연구 정

---

45   C. G. Jung, A. Jaffé, 이부영 역, 『회상, 꿈 그리고 사상』, 424.

도에 대한 개인 차이가 있어서 연구의 결과도 다를 것입니다. 당신은 보석을 파냈습니다만, 나는 이제야 (겨우 연구 범위가) 좀 더 확장된 정도일 뿐입니다. 당신도 알다시피, 나는 항상 밖에서부터 안으로 그리고 전체로부터 개별로 진행해나갑니다.…우리의 연구 방법이 다르기 때문에 언젠가는 의심의 여지없이 예기치 않은 장소에서 만나게 될 테죠.[46]

이 편지에는 융의 여러 가지 복잡한 심정이 진하게 배어 있다. 우선 종교심리학에 대한 프로이트의 연구에 관한 이야기가 그렇다. 이미 언급했듯이 융이 『리비도의 변환과 상징』을 쓰고 있을 당시에 프로이트는 『토템과 타부』[47]를 쓰고 있었다. 이 점에 관해 융은 그 당시 자신의 심정을, "같은 시기에 프로이트가 보인 이 방면의 관심은 내게는 좀 거북했다. 그의 관심 속에서 나는 사실보다도 이론이 더 지배적이라는 인상을 받았기 때문"[48]이라고 회고했다. 융은 계속해서 그다음 단락에서 그런 것이 대세라면 반대할 이유는 없다고 하면서 프로이트와 자기는 연구 방법이 다르다는 것을 지적했다. 이것은 앞서 설명한 융만의 독특한 연구 방법을 강조하는 것이다. 다시 말해서 그는 "나는 내 방식을 그대로 고수할 것이니 언젠가는 서로 다른 방법 때문에 논쟁거리가 될 것"이라는 경고 아닌 경고를 프로이트에게 보내고 있었다.

---

46 W. McGuire, *The Freud/Jung Letters*, 282J, 205.
47 [부록 5]: 프로이트의 『토템과 타부』 요약 참조
48 C. G. Jung, A. Jaffé, 이부영 역, 『회상, 꿈 그리고 사상』, 186.

3) 그 당시 융의 심리

그 당시 융은 프로이트와의 결별을 예고하는 두 개의 꿈을 꾸었다. 하나는 스위스와 오스트리아 국경에서 프로이트가 오스트리아 제국의 세관원 혼령으로 나오는 꿈이었다. 또 하나는 이탈리아 한 도시에서 강렬한 햇볕이 내리쬐는 한여름에 갑옷을 입은 십자군 기사에 관한 꿈이었다. 꿈속에서 그 기사가 생생하게 살아 있는 존재로 등장하여 새로운 생명의 의미를 융에게 주었다.[49] 이 두 꿈에 대해 융은 전자는 프로이트와의 결별을, 후자는 12세기에 번창했던 연금술과 성배 탐구를 암시한다고 해석했다. 12세기는 프로이트의 세계와는 전혀 다른 융 자신의 세계였다고 느꼈기 때문이다. 융은 자신만의 세계를 찾아야만 인간의 신경증적 구조를 벗어던질 수 있다고 생각했다.[50] 그러나 융은 프로이트에게 여전히 양가감정을 가지고 있었다. 다음의 고백이 그것을 말해준다.

당시(1911년) 프로이트는 내게 있어서 그의 권위를 상실해가고 있기는 했다. 그러나 여전히 그는 나에게 우월한 인격이어서, 나는 그에게 부성(父性)을 투사했고 이 투사는 그 꿈을 꾸었을 시기에도 전혀 없어지지 않고 있었다. 그러한 투사가 있을 때 사람들은 객관적일 수 없어서 판단이 분열된다. 한편으로는 의지하고 다른 한편으로는 저항을 느끼듯이…. 그 당시 나는 프로이트를 아직 높이 평가하고 있었으나 다른 한편으로는 그에게 비판적이었다. 이런 분열된 태도는 내가 이러한 상황을 아직 의식하지 못

---

49 Ibid., 189.
50 Ibid., 189-190.

하고 있었고, 그것을 성찰하지 않았기 때문이다. 그것은 모든 투사의 특징이다. 꿈은 이것을 깨우치는 데 분명히 도움을 주었다.[51]

융은 비로소 왜 자신이 프로이트 개인의 심리에 그토록 매달렸는지를 알았다고 고백했다. 그것은 그가 프로이트의 '이성적인 해결'의 실체를 알고자 했기 때문이었다. 이제 그것은 분명해졌다. 프로이트는 자신이 신경증을 가지고 있어서, "온 세상이 다소 신경증적이다. 그러므로 우리는 관대해야 한다"라고 가르쳤다. 그러나 융은 그것으로 만족하지 못하고 더 많은 것을 알고 싶어 했다. 융의 표현이다.

우리가 어떻게 신경증을 피할 수 있는가를 알고 싶었다. 나는 프로이트 자신이 자기의 신경증을 극복하지 못한 상황에서, 정신분석의 이론과 실제가 그나 그의 제자들에게 무엇을 의미하는지 이해할 수 없었다. 그가 이론과 방법을 동일시하고 독단화할 의도임을 말했을 때 나는 더 이상 그와 함께 일할 수 없었다. 그리고 내가 물러서는 수밖에 다른 길이 없었다.[52]

4) 프로이트의 크로이츨링겐 제스처

어떻든 『리비도의 변환과 상징』을 통해 드러나기 시작한 융과 프로이트의 견해 차이는 결별이라는 목표 지점을 향해 서서히 달려가고 있었다. 그때 둘이 주고받은 편지들 속에는 아직도 그 당시의 미묘한 감정들이

51　Ibid., 187-188.
52　Ibid., 191.

생생하게 살아 움직이고 있다. 그중에 프로이트의 크로이츨링겐 제스처(Kreuzlingen gesture)라고 불리는 사건이 유명하다. 다음은 1912년 4월 27일에 융이 프로이트에게 보낸 편지 내용 중 일부분이다. 프로이트의 크로이츨링겐 제스처가 이 편지로부터 발단했다고 보이기 때문에 나름대로 의미 있는 편지일 수 있다.

『이마고』에 실을 매우 흥미로운 당신의 논설을 고맙게 받았습니다. 유감스럽게도 내 원고는 이미 담당자에게 넘어갔습니다. (그렇지 않았으면) 나는 여러 가지를 고칠 수 있었을 것입니다. 당신처럼 나도 근친상간 문제에 열중했습니다. 그리고 그것은 무엇보다도 환상의 문제라는 결론에 이르렀습니다. 원래 도덕이란 단순한 속죄의식, 즉 대체적 금기(substitutive prohibition)이기 때문에 인종적 근친상간의 금기에서의 그것은 전적으로 생물학적 근친상간을 의미하는 것이 아니라, 첫 금기를 세우기 위해 단순히 유아적 근친상간 자료를 이용하는 것뿐입니다. (내가 명확하게 설명하고 있는지 잘 모르겠지만 말이죠!) 만일 생물학적 근친상간을 의미하는 것이었다면, 아버지-딸 간의 근친상간이 의붓아들과 의붓엄마 사이에서보다 더 선뜻 금기되어야 할 것입니다. 신화에서의 어머니의 중대한 역할은 생물학적 근친상간 문제보다 훨씬 더 의미가 있습니다. 수많은 순수한 환상의 중요성 말이죠.[53]

융의 편지에 프로이트는 아무 대답도 없었다. 그러자 융은 5월 8일에 또다시 편지를 보냈다. 융은 자신이 근친상간에 대해 충분한 배경설명

---

53 W. McGuire, *The Freud/Jung Letters*, 312J, 227.

도 없이 편지를 보내서 좀 더 알기 쉽게 전달하지 못한 자신의 무능을 탓하면서 그 배경에 대해 자세하게 설명했다. 그러면서 사실 금기의 목적은 근친상간을 예방하려는 것이 아니라 가족(신앙심 혹은 사회구조)을 통합하려는 것이라고 말했다. 5월 14일, 이에 대한 답장이 프로이트로부터 왔다.

근친상간에 대한 자네의 개념이 아직도 내게는 불명확하지만, 그게 그렇게 놀라운 건 아니라네. 자네의 주장에 나는 세 가지 관측을 제시하겠네. 이것은 논박이 아니라 단지 의문의 표현일 뿐일세.
(1) 대부분의 학자들이 난혼(亂婚, promiscuity)의 원시 상태를 전혀 있음직하지 않은 것으로 간주하네. 그러나 자랑하는 것은 아니지만, 나 자신은 (다윈의) 원시 기간에 관해서는 다른 가설을 지지하네.
(2) 어머니의 권리를 여인정치(gynaecocracy)와 혼동해서는 안 된다네. 어머니의 권리는 완벽하게 일부다처제에서의 여성의 비하와 양립되는 것이니까.
(3) 아버지의 아들들이 항상 존재해왔다네. 아버지란 어머니를 성적으로 소유하고 아이들은 재산처럼 소유당하는 존재라네. 그러므로 아버지에 의해 발생하는 일은 어린이에게는 결국 심리학적 의미가 아닐세.[54]

융은 이러한 프로이트의 편지를 받고도 자신의 주장을 꺾지 않고, 원시인들이 타부 의식을 창조해낸 이유는 부동성 불안(浮動性不安, free-floating anxiety)이 워낙 커서 그렇게 한 것이라고 더욱더 자세하게 설명

54　Ibid., 314F, 229.

해나갔다. 그리고 여러 타부 중 하나가 근친상간 타부라고 주장했다. 그러니까 근친상간이 욕동 때문에 금기시되는 게 아니라 부동성 불안 때문임을 주장한 것이다. 이 과정에서 프로이트는 융의 리비도 개념이 자신의 개념과 상당히 다르다는 것을 감지했다. 그리고 5월 23일에 융에게 다음과 같은 답장을 보낸다.

친애하는 친구에게

자네의 신속한 답장과 설명에 매우 감사하네. 리비도 문제에 있어서, 최종적으로 나는 어떤 면에서 자네의 개념과 나의 것이 다르다는 것을 알게 되었네. 자네가 왜 옛 견해를 버렸는지, 그리고 근친상간의 금기에 대한 다른 기원과 동기는 무엇인지에 대하여 나는 아직도 이해하지 못하고 있다네. 물론 편지로 이런 어려운 문제들을 충분히 설명할 수 있으리라고는 기대하지 않는다네. (그래서) 나는 자네가 이 주제에 대해 자네의 생각을 출판할 때까지 인내를 가지고 기다릴 것이네.

그러나 나는 자네의 새로 바뀐 생각에 강한 반감을 가지고 있네. 두 가지 이유가 있지. 첫째, 그 새로 바뀐 생각이 퇴행적 성격을 가지고 있다는 것. 내가 믿기로는 지금 보편적으로 불안이 근친상간의 금기로부터 기인한다고 하고 있는데, 그러나 자네는 그 반대인 근친상간의 금기가 불안으로부터 기인한다고 말하고 있더군. 그것은 과거의 정신분석에서 일컫던 것과 매우 유사한 것이지. 두 번째로, 아들러의 논리적 명제와 비참할 정도로 유사하기 때문이야. 물론 아들러의 모든 창안을 다 비난하는 것은 아니네만….

나는 성령강림절 주말 동안 지리적으로 자네와 가까운 곳에 있을 것이네. 24일 저녁에 (크로이츨링겐의) 콘스탄스로 빈스방거를 만나러 갈 거니까. 그다음 화요일에 되돌아오기로 계획하고 있지. 이 기간은 매우 짧아서 나는 더 이상 다른 것을 할 수는 없을 것이네.[55]

프로이트는 이 편지에서 융의 근친상간에 대한 견해를 두 가지 이유를 들어 강하게 비판하면서 노골적으로 불쾌해했다. 그리고 편지 말미에 융에게 함께 가자고 초대하지도, 시간이 없어 취리히까지 가지 못해 안타깝다거나 미안하다는 말도 하지 않은 채 자기가 그 근처로 간다고만 알렸다. 이것은 너무도 명확하게 융의 반론에 대한 프로이트의 싸늘함의 표시였다. 이 제스처에는 프로이트가 융의 마음을 시험해보려는 의도가 다분히 내포되어 있었다. 크로이츨링겐은 취리히로부터 약 60km 정도 떨어진 곳이라 마음만 먹으면 한걸음에 달려갈 수 있는 거리였다. 그런데 융은 프로이트에게서 하루 전날 아무런 권면도 없이 "빈스방거를 만나러 가니 알아서 하라"는 식의 편지를 받았던 것이다. 이것을 정신분석학의 역사에서는 프로이트의 크로이츨링겐 제스처라고 일컫는다.

물론 이 사건에 대해 후대 사람들이 각각의 입장에서 프로이트를, 혹은 융을 옹호하면서 왈가왈부하고 있다. 어떻든 융은 서글픔과 회환이 뒤섞인 마음으로 성령강림절 주말을 보내며 프로이트의 제스처를 받아들여야만 했다. 그는 이 시기의 프로이트가 무시무시하게 무자비했다고 묘사했다. 프로이트가 플리스, 아들러, 슈테켈까지 무자비하게 추방하고 기피 인물로 만든 과정을 아주 잘 알고 있었기 때문이다.[56] 7월 18일 편

---

55 Ibid., 316F, 231-232.
56 Deirdre Bair, *Jung: A Biography*, 227 (『융』, 404).

지에서 융은 크로이츨링겐 제스처를 이해한다면서 다음과 같이 간략한 답장을 프로이트에게 보냈다.

> 당신의 방법이 옳았는지 아닌지는 나의 앞으로의 연구가 성공할지 실패할지에 따라 명확해질 것입니다. 나는 언제나 나의 거리를 지킬 것입니다. 그렇게 하는 것이야말로 아들러의 배신 행위를 모방하는 모든 것들에서 나를 보호해줄 것이기 때문입니다.[57]

그러나 프로이트 입장에서는 오히려 융이 자신을 무시했다고 생각했다. 그리고 융이 생각만 있었다면 자기를 찾아올 수도 있었다는 것이다. 심지어 프로이트는 융이 거짓말을 하고 있다고 비난했다. 도대체 둘의 리비도 개념과 근친상간에 대한 논쟁의 핵심이 무엇이길래 이들은 헤어지는 지경까지 가야만 했을까? 간단히 말해서, 그 당시 프로이트의 리비도는 성적 성향이 강한 정신 에너지이고, 융의 리비도는 보편성이 강한 정신 에너지였다. 근친상간에서도 프로이트는 오이디푸스 콤플렉스에서 보듯이 남근기로의 퇴행을 주장하고, 융은 어머니 뱃속의 태아로까지의 퇴행을 주장했다. 이제 융의 『리비도의 변환과 상징』을 간략히 보자. 이 작품의 소재가 된 「밀러의 환상들」이라는 작품과 1912년에 출판되었던 『리비도의 변환과 상징』이 1950년에 『변환의 상징』이라는 이름으로 재출판되는데, 바로 그 『변환의 상징』을 [부록 1-2]에 요약해두었다.

---

57 W. McGuire, *The Freud/Jung Letters*, 320J, 235.

5) 『변환의 상징』

(1) 제1부

융은 서른여섯 살에 이 작품을 썼다. 이 나이는 인생의 후반기가 시작되는 때로 메타노이아(*Metanoia*), 즉 정신의 변환 시기다. 또한 융에게 당시는 프로이트와의 작업 공동체의 상실, 그와의 친분 관계의 상실이 확실해진 때다.

『변환의 상징』은 밀러 양의 작품만을 보고 그녀의 정신 작용을 유추해나간 작품으로, 글의 제목이 암시하듯 리비도의 변화 과정을 추적해나간 작품이다. 다시 말해서 융은 프로이트의 리비도와는 확실히 다른 리비도의 속성을 증명하려 했던 것이다. 그는 일시적 암시 혹은 순간적인 자기 암시로 인해 발생하는 하찮은 환상에서부터 분석을 시작한다. 첫 소재는 밀러 양이 〈시라노〉라는 연극을 보면서 크리스티앙이라는 군인이 칼에 찔려 죽을 때 그녀의 가슴도 같이 아팠다는 에피소드다. 이어서 밀러 양이 크루즈 여행 중에 마음으로만 사모했던 간부 승무원을 향한 사랑에 관한 에피소드를 소개한다. 그다음은 그녀가 "하나님께 영광"이라는 시를 짓는데, 이 시가 앞의 두 에피소드와 어떻게 연결되는지를 설명한다. 우선 밀러 양은 그 시를 쓰게 된 동기가 밀턴의 『실낙원』과 욥기의 영향이 아니었을까 생각한다. 융은 이에 착안하여 앞선 두 에피소드와 『실낙원』 그리고 욥기가 가지고 있는 공통점을 생각해낸다. 그것은 '그리워하는 자, 이해받지 못한 자'다. 왜냐하면 〈시라노〉에서 록산을 진정 사랑한 사람은 크리스티앙의 연애편지를 대신 써준 추남 시라노였고, 간부 승무원에게 연민의 정을 느꼈던 밀러 양 역시 뚜렷한 사건 없이 그리움 상태 혹은 이해받지 못한 상태로 끝났으며, 『실낙원』에서는 사탄의 유혹으로 억울하게 낙원을 잃은 사람들이 나온다. 욥기에서의 욥도 애꿎은 사탄의 제안 때문에 억울하게 고난을 당한다. 따라서 지금 밀러 양에게 중요한 감정적 주제는 바로 '그리워하는 자, 이해받지 못한 자'임이 틀림없어 보인다.

이렇게 '무엇인가 잃고 억울하게 당했다'는 감정은 그것이 뚜렷하지 않은 한, 어떤 다른 형태로 변형되기 쉽다. 그것이 바로 밀러 양이 "하나님께 영광"이라는 시를 쓰게 한 원동력이었다. 그럴 경우 무언가를 창조해내려 해서 천지를 창조하는 장면의 시가 만들어졌다. 이때의 신의 표상은 아버지-이마고(imago)로부터 유래한다. 신을 이미지화할 때 우리 정신 안에서의 가장 기초적인 틀은 구약의 공포의 하나님으로서의 부성과 신약의 사랑의 하나님으로서의 부성이 공존하는 것이다.

이렇게 심리적 사건들이 변형되는 데는 어떤 목적이 있다. 거기에는 부당한 목적과 정당한 목적이 있는데, 부당한 목적은 실제의 심리적 갈등을 비현실적으로 만들기 위해 억압하고 투사하는 경우다. 간부 승무원을 향한 연민의 정은 밀러 양에게 갈등을 일으켰다. 그러나 현실로 그것을 실현하기에는 여러 제약이 있을 수 있으니까 그런 감정을 억압해서 전혀 현실적이지 않게 만들 필요가 있었던 것이다. 억압은 동시에 퇴행으로 이어져 아버지-이마고를 활성화시키고 그것을 외부의 어떤 것으로 투사한 결과가 천지창조의 하나님에 관한 시다. 이것은 무의식적이라 자동적이다. 그래서 승무원은 신이 되었고, 지상의 사랑은 천상의 사랑이 된 것이다. 이처럼 내면의 성애적 갈등이 아버지-신(father-god)의 형상으로 투사되는 기제는 사실상 자기기만적 술책이다.

또 다른 목적은 정당한 것이다. 이 경우는 억압 기전으로 일어나는 현상이 아니므로 아버지-이마고에서 생겨나는 창조신은 자연스럽고 자동적인 변환 과정이 된다. 이때는 그 형상을 인간이 만드는 것이 아니기 때문에 그것은 인간 내부에서 그냥 모사된다. 즉 인간은 신의 부름에 반응하는 자다. 예를 들어, 보통 사람은 힘들거나 위험한 상황에 직면하면 모든 일을 신에게 맡기고 도움을 구한다. "여러분의 걱정을 모두 하나님께 맡기십시오. 하나님께서는 여러분을 돌보고 계십니다"(벧전 5:7). "아무것도 염려하지 말고 모든 일을 오직 기도와 간구로 하고, 여러분이 바라는 것을 감사하는 마음으로 하나님께 아뢰십시오"(빌 4:6). 이 성경 말씀은 마음을 괴롭히는 콤플렉스를 의식적으로 하나님-형상에 전이시키라고 말한다. 이런 행위가 부당한 목적과 다른 점은 억압과는 정반대로 행동하는 것이다. 억압이란 콤플렉스를 잊기 위해 무의식적 세력에 내어맡기는 행위를 일컫는다. 그렇기 때문에 자신의 콤플렉스를 하나님-형상에 전이시키는 수단은 상호 간에 죄를 고백하는 것이다. 야고보서 5:16에서, "그러므로 너희 죄를 서로 고백하며 병이 낫기를 위하여 서로 기도하라. 의인의 간구는 역사하는 힘이 큼이니라"라는 말은 죄가 무의식화되는 것을 효율적으로 막아준다. 이것은 갈등을 의식화하도록 돕는다.

융은 프로이트와 달리 심리적 사건들(예컨대 일종의 트라우마 같은)이 무의식 차원에서 변형될 때 단지 억압 기전을 통해 불안 혹은 신체화로만 나타난다고 생각하지 않았다. 또 다른 변형이 있는데 그것은 억압 기전을 통해서 일어나는 것이 아니라, 선험적으로 가지고 있는 힘을 통해서다(이런 힘이 나중에 집단무의식이라는 용어로 집약된다). 그 힘이 작동되면 우리는 베드로전서 5:7, 빌립보서 4:6에서처럼 행동할 수 있다. 이런 과정의 연장선에서 야고보서 5:16을 보면 자기 자신의 죄책감을 억압하지 않은 채 그대로 고백하는 태도가, 억압 기전을 통해 무의식화하는 우리의 본능적 방어 기제와 다른 것임을 이해할 것이다. 융은 야고보서 5:16이 그냥 건성으로 자기의 죄를 고백하고 있지 않다고 보았던 것이다. 다시 말해서 억압 기전 없이 자기 자신을 드러냄은 곧 무의식의 의식화를 돕는다는 말이고, 그렇게 무의식이 의식화되면 심리적 요인에 의한 병의 발병이나 악화가 상당 부분 치유될 것은 자명하다.

또한 이것은 의사가 정신 치료 환경에서 환자의 갈등을 의식화하도록 돕는 것과 동일하다. 이런 태도는 억압을 하지 않음으로써 펼쳐지는 상황을 똑바로 보면서도 의식적으로 아무것도 하지 않는 것이다. 신앙적으로는 모든 것을 그냥 하나님께 맡긴 채 깨어 있는 상태를 일컫는다. 심리학적으로는 내면의 무의식이 적극적으로 활동하도록 자아를 내려놓는 행위다.

기독교의 이와 같은 의식적 투사는 두 가지로 마음을 평안하게 해준다. 첫째, 그것을 통해 인간은 양분된 갈등을 지속적으로 의식하게 된다. 그러므로 억압과 망각으로 인한 더 큰 재앙을 막아준다. 둘째, 모든 해결책을 전능한 신에게 떠맡김으로써 부담에서 벗어난다. 이런 과정에서 하나님-형상과 인간 사이에는 친숙한 관계가 만들어진다. 이 관계에서 하나님을 사랑하듯이 이웃을 사랑하는 마음이 생겨난다. 이 시점에서 우리가 "하나님은 사랑이시라"고 말할 때 우리는 사실상 하나님-형상과 일치하고 있는 것이다. 문제는 사랑이라는 것이 인간이 그것을 관장하는 한 인간에게 속하지만, 인간이 사랑의 대상이 되거나 그것의 희생자가 되면 사랑은 곧 악마에 속한다는 점이다. 사랑은 리비도적 에너지인데 그것은 또한 무의식의 힘이다. 그렇기 때문에 이런 사랑은 의식이 조절할 수 없다. 의식과 무의식의 관계는 보상적이다. 그래서 의식이 어떤 한 방향으로 치달으려고 하면 무의식은 이내 그것을 반대 방향으로 돌리려고 활동하기 시작한다. 그러므로 무의식은 그 자체로 지적 기능을 가진 것처럼 인식된다. 이러한 경험에서 보면 하나님-형상을 하나의 인격적 존재로 여기는 것은 이해할 만하다.

또한 우리는 "하나님은 사랑이시라"고 할 때 "하나님은 영이시라"는 말을 생각하게 되는 것처럼 하나님 사랑은 영적 사랑이다. 그것은 원형 에너지에 속하는데 그 에너지가 자아에 전달될 때는 원형의 자율적 활동에 의해 영향을 받거나 사로잡힐 때뿐이다. 그러므로 인간이 실제로 영적 사랑을 실천할 때 느끼는 것은 마치 은총의 선물과 같다. 인간은 자신의 방법으로는 그것을 실천할 수 없다. 인간은 원형적 차원을 취해서 그에 걸맞은 효과를 실행할 수 있다. 그렇기 때문에 원형적 질서를 지닌 공동체가 생겨날 수도 있다.

그러나 인류의 역사는 그렇지 않았다. 이런 공동체는 쉽게 타락할 수밖에 없다. 왜냐하면 이런 공동체에서 인간은 쉽사리 친밀성을 갖게 되는데, 그 친밀성을 인간적 사랑이라는 개인적 본능으로 여기면서 위험해졌기 때문이다. 이때 권력과 에로스의 본능이 활성화된다. 이런 예가 고대 종교 체험이다. 그들은 온갖 양태의 성욕을 신성과의 육체적 결합이라고 이해했다. 이런 도덕적 타락이 기원후 초기 몇 세기 동안 횡행했다. 여기서 벗어나오려는 움직임이 사회 하층민으로부터 시작됐다. 이때 민중의 마음을 대변했던 종교가 바로 기독교와 미트라교(Mithraism)였다. 초기 기독교에서는 서로 사랑하고 형제라 부르는 진보된 집단이 성립되었다. 그러나 이것은 지나친 금욕과 억압으로 인해 세상은 덧없는 곳이라 가르쳤고, 그 대신 내세를 바라는 신앙으로 변질되었다. 그러다가 르네상스 시대에 와서 종교적 신앙심은 과학적 진실성과 정직성으로 변화했다. 여기서 인간은 새롭게 획득한 합리적이고 지적인 독립성을 확인했다. 그러나 그 정신은 가면 갈수록 그것이 정복했던 세계의 포로가 되었다. 그에 따라 인류는 점차 신화적 요소를 상실해서 신들이 세상에서 사라져갔다. 뿐만 아니라 인류의 영혼들도 더불어 사라져갔다. 게다가 현대인들은 초기 기독교 시대의 윤리적 열망도 없기 때문에 기독교적 구원의 이념이나 기독교적 공동체의 필요성을 느끼지도 못한다. 이런 상황에서 계몽된 사람들에게 종교란 신경증이나 다름없는 것으로 치부되었다. 밀러 양의 글에서도 새로운 창조는 일어나지 않았다.

제1부에서 밀러 양의 시를 통해 융이 주장하는 리비도의 변환 과정은 다음과 같다. 즉 그녀의 첫 번째 시인 「창조주의 찬가」에서 그 창조주를 떠올리게 된 동기가 무엇보다 성적이었다는 것이다. '갑판 위에서 노래 부르는 간부 승무원'으로 향했던 성적 리비도가 내면화하면서 창조주의 이미지로 변했다. 그리고 두 번째 시인 「태양을 향한 나방」에서 그 창조주의 이미지가 태양으로 나타나고 있고 그것이 인류에게 얼마나 보편적인 현상인가를 보여준다. 이 과정은 물론 리비도의 변환 과정과 동일하다. 이러한 배경에서 융은 제2부의 글을, 바로 전에 전개했던 태양을 향한 나방을 정리하면서 시작한다.

(2) 제2부 – 영웅성과 근친상간에 대하여

융이 파악하고 있는 영웅숭배 현상은 우리가 상식적으로 알고 있는 숭배와는 전혀 다르다. 그에 의하면 인간은 누구나 영웅이며 그것의 숭배자들이다. 다만 영웅을 밖으로 투사하여 그러한 자신의 내면 형상을 인식하지 못할 뿐이다. 그렇기 때문에 영웅숭배를 이야기할 때 그 영웅은 세상의 세속적 영웅을 일컫는 것이 아니다. 그것은 우리 정신에 관한 이야기다. 따라서 그것이 우리 정신의 어떤 현상을 표현하고 있는지를 이해하는 것이 무엇보다 중요하다. 왜냐하면 그러한 과정의 인식이 바로 우리의 심리적 성숙을 촉진시키기 때문이다.[58]

영웅숭배 현상은 한 인간이 집단 내에 파묻혀 있을 때에는 전혀 나타날 수 없다. 그러나 한 개인이 집단에서 분리되어 뚜렷한 하나의 개체로 존재하려 할 때, 비로소 인격의 형성에 초점이 맞춰지면서 동시에 영웅숭배의 관념이 생겨나게 된다. 예컨대 합리주의 신학에서 자신들의 논리적 한계에 직면하면서까지 예수를 마지막 신적 존재로 소중히 여기는 것이나, 가톨릭교회 전통에서 사제를 눈으로 볼 수 있는 영웅의 표상으로 간주하는 것이 그렇다. 이처럼 사람들은 신의 대리자를 숭배한다.[59]

그러나 이 경우 실제로 사람들이 숭배하는 것은 그 대리자로서 인간이 아니다. 예수와 사제는 모두 실체로서의 영웅이 아니라, 다만 종교적 형상일 뿐이다. 다시 말해서 사람들은 눈에 보이는 인간의 형태에서 초인, 영웅, 신과 같은 인간 비슷한 실재성을 찾고 있다는 뜻이다. 이것들은 인간 정신을 사로잡고 형상화하는 이념, 형식, 그리고 힘을 말하기도 한다. 그러므로 이러한 종교적 형상들은 언제 어디서나 매우 큰 영향력을 나타내는 원초적 상들의 총체성을 나타낸다. 심리학적 경험으로 보면 그것들은 집단무의식의 원형적 내용인 셈이다.[60] 이처럼 인간은 영웅을 숭배하면서 그 영웅 자체를 숭배하는 것이 아니라, 자신의 정신을 사로잡고 있는 무의식 영역의 영웅적 표상을 갈구한다.

그렇다면 영웅적 표상으로 나타나고 있는 무의식적 정신, 곧 집단무의식의 원형적 내용은 과연 무엇인가? 인류는 본능적으로 삶의 활력

---

58 장덕환, 『인간 없이 神은 없다』(금풍문화사, 2010), 168.
59 C. G. Jung, *Symbols of Transformation*, CW 5, par. 259.
60 Ibid., par. 259.

을 재충전하기 위해 혹은 정신적 성숙을 위해 힘의 근원으로 회귀하려 한다. 그것은 건강한 자아(영웅)가 태곳적 환경으로 퇴행하여 부모상, 특히 모성원형을 만나려 하는 것이다. 그러한 만남은 태초 그곳에서 경험했던 결합의 신비 혹은 혼연일체의 황홀감을 다시 경험하는 것이며, 그러한 경험은 또한 현재의 삶에 강력한 활력과 인성의 변화를 이끈다. 다시 말해서 영웅 표상이 의미하는 것은 인간의 집단무의식 속에 있는 퇴행 본능이다. 그것은 곧 출생 전 어머니와 혼연일체가 되었던 태아 시절로 되돌아가려는 것이다. 그곳에는 생명을 재활성화하는 치유의 힘이 내재되어 있기 때문에 과거의 혼연일체의 황홀감을 갈망하는 것이다.

그러나 이러한 갈망은 유약한 자아에게서는 성취될 수 없다. 각 개인의 자아는 현실의 영웅처럼 용기와 인내, 그리고 지혜를 가지고 있어야 한다. 그러므로 건강한 자아로서의 영웅은 과감히 어머니 뱃속으로 들어갔다가 새롭게 되어 다시 세상 밖으로 나온다. 그러나 대부분의 사람들은 자아가 그리 강하지 못해서, 평범한 사람들에게서는 그런 현상이 쉽게 일어날 수 없다. 그렇기 때문에 대부분 그와 같은 무의식적 동인들은 다만 밖으로 투사될 뿐이다. 그럴 때 우리는 영웅숭배를 자신의 정신 영역에서 체험하는 것이 아니라 밖에서 관망하며 대리 만족으로 대신할 뿐이다.

(3) 재정리

지금까지의 이야기를 다시 정리하면, 본능적으로 인간의 정신은 성장하려 하는데 그때 필요한 것이 어려서의 어머니와의 관계 상황으로 퇴행을 반복하면서 매번 새롭게 다시 태어나는 것이다. 우리가 생명력이 있는 치유의 힘을 가지려면 필연적으로 죽었다가 다시 살아나는 경험을 해야 하는데 그것이 바로 어머니 뱃속으로 들어갔다가 나온다는 상 징이다. 영웅신화와 근친상간이 바로 이러한 재생의 구조를 보여주는 상징들이다. 따라서 영웅성에 관한 이야기는 곧 근친상간의 이야기가 된다. 그러나 직접적인 근친상간은 도덕·윤리적인 면에서는 물론 생물학적인 면에서도 금기되어야 한다. 그렇기 때문에 사람들은 근친상간의 문제를 우회함으로써 금기의 문제를 해결하려 한다. 즉 신화나 전설 속에서 아들이자 연인인 남자 주인공이 죽거나, 근친상간의 징벌로 거세를 당하거나, 성욕이 희생되거나, 금욕주의를 표방하여 그것들을 돌아간다. 융은 다음과 같이 말한다.

> 어머니로부터 다시 태어나는 단순한 방법 중 하나가 어머니를 수태시켜 다시 자신을 생산하게 하는 것이다. 그러나 근친상간의 금기가 이를 방해한다. 그러므로 결과적으로 태양신화들과 재생신화들에서 상상할 수 있는 모든 종류의 어머니 유비가 고안된다. 어머니 유비의 목적은 리비도를 새로운 형태들에게로 흘러들어 가게 해서 리비도가 실제적인 근친상간으로 퇴보하는 것을 효과적으로 방지하려는 것이다. 예컨대 어머니를 동물로 변화시키거나 다시 젊게 만드는 것이다. 그래서 어머니는 출산 후 사라지며 그녀의 옛 모습으로 되돌아간다. 그러니까 여기서 찾고 있는 것은 근친상간적 동침이 아니라 재탄생이다.[61]

여기서 보듯이 실제적 근친상간의 위험은 환상의 기능을 통해 멋있게 대체 승화된다. 그러니까 경험적 진실(empirical truth)은 사람들을 감각

---

61 Ibid., par. 332.

적 구속에서 결코 벗어나지 못하게 해서 근친상간을 어머니와의 실제적 관계로밖에 인식하지 못하게 한다. 그에 반해 어머니 대신에 물, 아버지 대신에 성령, 혹은 불을 설정하는 상징적 진실(symbolical truth)은 근친상간의 성향으로부터 리비도를 해방시켜서 리비도에 새로운 변화도를 제공한다. 그래서 그 리비도를 영적인 형태로까지 흘러가게 만든다.[62]

이처럼 융은 프로이트와는 달리 리비도의 퇴행 현상이 부모와의 성적 관계(오이디푸스 콤플렉스)보다 더 이전으로까지 내려간다고 보았다. 성보다 더 이전의 관계란 우선 영양 공급의 관계인 젖먹이의 체험 세계로의 회귀다. 이러한 본능적 회귀를 신화 같은 상징체계에서는 잡아먹힘과 집어 삼켜짐의 이야기로 엮는다. 그러므로 소위 근친상간 성향을 수반한 '오이디푸스 콤플렉스'는 이 단계에서 '요나-고래-콤플렉스'(Jonah-and-Whale complex)로 변환하는데, 이 콤플렉스에는 아이들을 잡아먹는 마녀, 늑대, 식인귀(Ogre), 용 등 여러 가지의 변이가 있다. 즉 근친상간에 대한 공포는 어머니에게 잡아먹히게 되는 공포로 변한다.[63]

퇴행하는 리비도는 여기서 멈추지 않고 자궁 내의, 출생 전의 상태로까지 되돌아간다. 이것은 물론 글자 그대로의 의미가 아니라 심리학적인 의미로, 개인 심리학의 영역을 넘어 집단적인 정신으로 들어가는 것을 의미한다. 즉 요나는 고래 뱃속에서 '비의'(mysteries), 곧 '집단적 표상'을 봄으로써 그의 리비도는 원초적 상태에 다다른다. 이로부터 리비도는 모성적 휘감김에서 다시 풀려나와 새로운 삶의 가능성을 갖고 재탄생한다.[64] 결론적으로 말해서 근친상간의 환상과 자궁 속으로의 회귀 환상에서 실

---

62 Ibid., par. 335.
63 Ibid., par. 654.
64 Ibid., par. 654.

제로 일어나는 것은 리비도가 무의식 안으로 빠져 들어가는 것이다. 무의식 속에서 리비도는 한편으로는 개인적이고 유아적인 반응, 정감, 의견과 태도들을 유발시키고, 다른 한편으로는 예로부터 신화가 간직하고 있던 보상과 치유를 의미하는 집단상들(원형들)을 되살려낸다.[65]

이러한 퇴행을 위해서는 반드시 희생이 전제되어야 한다. 희생이란 한마디로 의식이 그 자신의 소유를 무의식을 위해 포기하는 것이다. 이러한 상황들이 인간의 정신 안에서는 다음과 같은 형상들로 상징화되어 나타난다. 즉 무서운 어머니의 화를 달래기 위해 사람들이 탐욕의 상징인 가장 아름다운 처녀를 제물로 바친다든가, 그것보다 완화된 형태의 희생으로는 첫아이나 여러 가지 소중한 가축들을 제물로 바치는 등의 형태가 나타난다. 이런 것들보다 더 이상적인 사례는 어머니를 위해서 자기를 스스로 거세하는 행위다. 이것을 조금 완화시킨 형태가 바로 영웅의 자기희생, 어머니에게로의 회귀, 그리고 그 후의 재탄생 신화다.

2. 철학사적 배경 — 계몽주의적 프로이트와 낭만주의적 융

프로이트의 정신분석학에서 성은 종교와도 같았다. 융의 자서전에 이에 대한 견해가 노골적으로 나온다. 1907년에 융이 프로이트를 처음 만났을 때부터 성욕 이론이 진지하게 논의되었다. 프로이트가 그것을 말할 때 융은 깊은 감명을 받았다고 한다. 융이 그 내용을 확실히 이해하지 못해서 몇 번이고 이의를 제기했으나 프로이트는 경험 부족을 내세우며 그의 의견을 귀담아 듣지 않았다. 그 강도가 얼마나 강했는지 심지어는

---

65 Ibid., par. 655.

문화적 측면까지도 성욕 이론으로 설명했다.

무엇보다도 영혼(spirit, Geist)에 대한 프로이트의 태도는 상당히 의문스러웠다. 개인에게서나 예술작품에서나 영성(spirituality)의 표현이 어디서 어떻게 나타나건 간에 그는 그것을 의심했으며, 그것이 성을 억압하고 있다고 넌지시 말했다. 그는 직접 성욕으로 해석될 수 없는 것은 무엇이나 '정신성욕'(psychosexuality)이라고 언급했다. 나는 이 가설의 논리적 결론이 결국 문화에 대해 파괴적으로 판단하는 지점에 도달하게 할 것이라고 반론을 제기했다. (그렇게 되면) 문화란 마치 억압된 성욕의 병적인 결과로서 단순한 광대에 지나지 않는 것처럼 보인다고 말했다. 그랬더니 그는 "그렇소. 그렇고 말고요. 그래서 그것은 우리가 대항해서 싸우기에는 무력한 운명의 저주지요"라고 단언했다.[66]

성욕 이론은 프로이트 마음속에 강하게 자리 잡고 있었다. 그것에 관한 이야기를 할 때 프로이트의 말투는 급해지고 초조해졌으며, 얼굴은 어떤 감동에 심취해 있는 듯했고 생기가 돌았다. 성욕이란 그에게 하나의 신성성을 의미했다. 1910년 비엔나에서의 대화는 그의 이러한 생각을 극명하게 보여준다.

"친애하는 융이여, 성 이론(sexual theory)을 결코 포기하지 않는다고 약속해주게. 그것은 모든 것 중에서 가장 근본적인 것이네. 자네도 알다시피, 우리는 이것으로 도그마, 흔들리지 않는 방파제(bulwark)를 만들어야만

---

66 C. G. Jung, A. Jaffé, 이부영 역, 『회상, 꿈 그리고 사상』, 172.

하네." 그는 이것을 마치 아버지가 아들에게, "내 사랑하는 아들아, 이제 내게 한 가지를 약속해라. 일요일마다 교회에 나갈 거라고!"라는 어조로 나에게 열정에 넘쳐서 말을 했다. 나는 약간 놀라서 그에게 물었다. "방파제? 무엇에 대항해서입니까?" 그것에 대해 그는 "검은 진흙탕의 홍수에 대항해서이네"라고 대답했다. 그리고 그는 잠시 주저하더니 "오컬티즘(심령술 혹은 신비학, occultism)의 홍수에 대항해서…"라고 덧붙였다. 무엇보다 내가 놀란 것은 '방파제'니 '도그마'니 하는 말이었다. 왜냐하면 도그마라고 하는 것은 명백한 신앙고백을 일컫는데, 그것은 의심을 단번에 누르려고 할 때 내세우는 것이기 때문이다. (그렇게 되면) 그것은 이미 학문적 판단과는 아무 관계가 없으며 개인적 권력욕동(personal power drive)과 관계될 뿐이다.[67]

한편 프로이트가 지적하고 있는 '심령술의 홍수'는 융의 삶의 배경에서나 사상적 배경에서는 너무도 일상적이고 핵심적인 것이었다. 1909년 4월경, 융은 이상심리학(異常心理學)[68]과 선인지(先認知, 심령술에서 미래를 보는 능력을 일컬음)에 관한 프로이트의 견해를 듣고 싶어서 그를 찾아갔다. 그러나 프로이트는 융의 물음에 유물론적 편견에 입각하여 '그것은 난센스'라고 일축하고 말았다. 이에 융은 화가 치밀어 오르

---

67 Ibid., 173.
68 이상심리학은 이상심리 현상에 대한 일반적인 개념과 법칙을 발견해내고자 하는 학문이다. 이것은 심리학과 정신의학이라는 양 분야에 걸쳐서 연구되고 있으며 중복되는 부분도 많지만, 나라에 따라서 그 발전 방향이 달랐다. 특히 독일에서의 이상심리학 영역은 심리학과는 관계가 없고 거의 정신의학 영역에서 발전하여 정신병 환자의 심리가 주로 문제가 된다. 여기서 말하는 이상심리학과 선인지라는 것은 융이 끊임없이 관심을 가지고 있었던 심령술과 그에 관련된 현상, 또는 영매를 통해 나타나는 심리적 현상에 관한 것이다.

는 것을 느꼈고, 그 순간에 책장에서 큰 소리가 났다. 이때 융은 "이런 것이 촉매적 외면화 현상이다"라고 설명했고, 프로이트는 일관되게 "그건 정말 난센스요"라고 대답했다. 융은 자기도 모르게 "그렇지 않습니다. 교수님, 교수님이 잘못 보셨습니다. 제가 옳다는 증거로 한 가지 예고하지요. 이제 곧 또 한 번 그런 소리가 날 것입니다!" 이때 정말 책장에서 또 한 번 같은 소리가 나기 시작했다.[69] 프로이트는 그와 헤어지고 나서 4월 16일 자 편지에서 이런 현상이 우연이었음을 다음과 같이 반박했다.

지금 내가 그 소리 나는 유령(the poltergeist)에 대해 어떻게 생각하고 있는지를 자네에게 말한다면 내가 또 한 번 자네의 아버지 노릇을 하게 될까 두렵네. 그래도 말을 해야 하는 이유는, 내 생각이 자네가 믿고 있는 것과 다르기 때문이네. 자네의 설명과 실험이 나에게 깊은 인상을 주었다는 것을 부인하는 게 아니네. 나는 자네가 간 뒤에 몇 가지 관찰을 하기로 작정했고, 그 결과는 이러했다네. 내 첫 번째 방에선 끊임없이 무엇인가 탁탁 빠개지는 소리가 났지. 그곳에는 서가의 오크나무 널빤지 위에 두 개의 무거운 이집트 석비(石碑)가 놓여 있었네. 그러니 소리가 날 것은 자명한 일이었지. 우리가 함께 소리를 들은 두 번째 방에서는 평소에 소리 나는 일이 거의 없었네. 처음에 나는 만약 그 소리가 자네가 있을 때는 자주 들리고, 없을 때는 한 번도 나지 않는다면 그것을 어떤 뜻이 있는 증거로 받아들이려 했다네. 그러나 자네가 간 뒤에도 그 소리는 계속 울렸으며 내 생각과 전혀 관계없이 났고 내가 자네에 관해 생각하거나 자네의 문제에 골몰할 때는 한 번도 그 소리가 난 적이 없었지(이에 대한 도전으로 한 마디

---

69 C. G. Jung, A. Jaffé, 이부영 역, 『회상, 꿈 그리고 사상』, 179.

더 추가하건대, 그 소리는 지금도 들리지 않는다네). 그러나 내 관찰은 곧바로 다른 중요한 것 때문에 신뢰를 잃었네. 나의 경신(輕信), 즉 최소한 기꺼이 믿고자 했던 마음은 자네의 개인적 현존의 마술과 함께 사라졌다네. 자네가 말한 그와 같은 현상이 일어날 수 있다는 것은 여러 가지 내적인 근거에서 볼 때 매우 믿기 어렵지. 나는 그리스의 모든 신이 사라진 후 신성(神性)이 없어진 자연 앞에 서 있는 시인처럼 그렇게 혼(魂)이 없는 가구 앞에 서 있다네. 그래서 나는 또다시 아버지의 뿔테 안경을 쓰고 사랑하는 아들에게 머리를 식히라고 경고하는 거지. 왜냐하면 뭘 이해하기 위해서 그렇게 큰 희생을 치르는 것보다 아예 무엇을 이해하고자 하지 않는 것이 더 나을 수도 있기 때문이네.[70]

이처럼 프로이트는 심령 현상을 미신으로 여겨서 연구의 대상이 아니라 타파의 대상으로 본 반면에, 융은 그의 성장 과정에서 보여왔듯이 그 속에 내포되어 있는 무의식적 힘을 알고 몰두해 있었다. 이러한 견해 차이는 서로 다른 시대정신의 영향을 드러내는 것이기도 하다. 엘렌버거(Ellenberger)는 철학적 관점에서 프로이트와 융을 모두 후기 낭만주의에 속한 인물로 보고 있다. 그러나 프로이트의 정신분석학은 실증철학, 과학만능주의, 다윈주의(Darwinism)의 유산을 아울러 받고 있어서 내용으로 본다면 오히려 계몽주의에 가깝다. 반면 융의 분석심리학은 이러한 유산을 거부하고 정신적 낭만주의와 자연철학의 원류로 되돌아갔다.[71]

지나친 단순화가 조금 부담스럽기는 해도, 이처럼 프로이트의 성욕

---

70 W. McGuire, *The Freud/Jung Letters*, 139F, 104-105.
71 H. F. Ellenberger, *The Discovery of the Unconscious* (Basic Books, Publishers, New York, 1970), 657.

이론이 계몽주의의 대표적 표상이라면 융의 심령술은 낭만주의의 대표적 표상으로 간주되어도 그리 큰 무리는 없을 듯하다. 즉 성욕 이론의 핵심은 그동안 서구인들이 의지해왔던 감성적·종교적 혹은 미신적 전통이 인간을 무지의 구렁텅이로 몰아넣어서 완전히 우매한 종속적 존재로 만들었다는 전이해로부터 시작되고 있다. 그렇기 때문에 인간을 현혹시키는 심령술과 같은 정신 현상들에 대항하여 이성의 힘을 강화시켜야 한다는 것이다. 프로이트는 그 중심에 성욕 이론이 있다고 확신했다.

반면에 심령술을 긍정적으로 보는 낭만주의적 관점은 이성주의의 폐해로 메말라버린 인간의 영성적 측면을 되살릴 보고로 심령술을 인식하려 했다. 이러한 시대사조 속에서 프로이트와 융이 부딪쳤던 것이다. 그때 프로이트로부터 제기된 문제가 바로 '아버지 살해'였다. 많은 학자들에 의하면 이 아버지 살해의 논쟁은 그리 단순하지가 않다. 그 속에서 여러 가지 개인적 문제와 사회적 문제가 뒤얽히면서 인류의 보편적 문제로까지 확대 재생산되었기 때문이다. 여기서 두 거장의 충돌을 좀 더 자세하게 이야기해보려고 한다.

3. 정신분석적 동기 – 아버지 살해

프로이트는 1909년 미국 여행 중에 한 번, 그리고 1912년 뮌헨의 정신분석학회 중에 한 번 총 두 번 융 앞에서 실신했다. 융은 놀랐고 나중에 두 사건의 공통점을 발견했다. 그것은 프로이트가 '아버지 살해'의 환상을 가졌다는 점이었다.[72] 이 문제를 프로이트와 융의 입장에서 각각 보

---

72 C. G. Jung, A. Jaffé, 이부영 역, 『회상, 꿈 그리고 사상』, 180-181.

기 위해서는 융이 남겨놓은 실신 당시의 자료를 먼저 볼 필요가 있다. 1909년 미국 여행 출발 전 있었던 실신 사건은 앞서 언급한 바 있으나, 두 사건의 공통적 연속성 때문에 부득이 다시 한번 더 인용한다.

1909년은 우리의 관계에서 결정적인 해가 되었다. 나는 연상검사에 관한 강의를 하기 위해서 클라크 대학에 초청되었다. 나와는 별도로 프로이트도 초대받았다. 그래서 우리는 함께 여행하기로 했다. 우리는 브레멘에서 만났다. 페렌치가 우리를 수행하고 있었다. 브레멘에서 사건이 생겼다. 여러 사람 입에 오르내리던 프로이트의 기절이었다. 그 사건은 간접적으로 '늪지대 시체'에 관한 나의 호기심에 의하여 유발되었다.

북부 독일의 어떤 지방에 이른바 '늪지대 시체'가 발견되었다는 사실을 나는 알고 있었다. 그것은 일부 선사 시대에 유래된 시체로서 늪에 빠져 죽었거나 거기 묻힌 사람들의 시체였다. 늪의 물은 부식산(腐蝕酸)을 포함하고 있어서 이것은 뼈를 파괴하고 동시에 가죽을 무두질하므로 피부와 머리카락이 완전히 보존된 채 남아 있게 된다.

우리가 브레멘에 있을 때 내가 읽은 일이 있는 이 '늪지대 시체'가 내 머리에 떠오른 것이다. 그러나 나는 그때 좀 산란해져서 늪의 시체를 브레멘의 지하실에 있는 납으로 만든 미라와 혼동하고 있었다. 나의 호기심은 프로이트의 신경을 건드렸다. "그 시체에 뭘 그리 관심이 많소?" 그는 여러 차례 나에게 물었다. 그는 이상할 정도로 짜증을 내고 있었고, 그 이야기를 하고 있는 도중 책상 옆에서 기절했다. 그 뒤에 그는, 이런 시체에 관한 수다스런 지껄임은 내가 그의 죽음을 원하기 때문임을 확신했다고 말했다. 그의 이런 의견은 전혀 뜻밖이었다. 나는 깜짝 놀랐다. 그것도 그의 환상의 강도가 그를 기절하게 만들 만큼 컸다는 데 놀랐다.

비슷한 상황에서 프로이트는 내 앞에서 또 한 번 기절했다. 그것은 1912년 뮌헨에서 정신분석학회를 하는 동안이었다. 누군가가 이집트 왕 아메노피스 4세를 화제로 끌어들였다. 그가 아버지에 대해서 부정적인 태도를 가지고 있었기 때문에 돌기둥 위의 그의 카르투슈를 파괴하였다는 사실이 강조되었다. 그리고 그의 유일신교적 종교의 위대한 창조 뒤에는 부성(父性) 콤플렉스가 있다고 했다.

그것은 내 신경을 건드렸다. 그래서 나는 그 의견과 대결하고자 했다. 즉 "아메노피스는 창조적인 깊은 종교적 심성을 지닌 사람이었다. 그의 행위는 결코 아버지에 대한 개인적인 반항으로 설명될 수 없다. 반대로 그는 그의 아버지를 영광 속에 추모하고 있으며 그의 파괴열은 다만 아몬신의 이름을 향한 것이다. 그 이름을 그는 모두 없애게 했고, 그래서 그의 아버지 아몬호테프의 장식틀 카르투슈 속에 있는 이름도 없앴다. 더 나아가 다른 파라오들도 기념비나 조상(彫像)에 있는 그들의 조상(祖上), 실제적 조상이든 신의 조상이든 그 이름을 자신의 이름으로 대치했다. 그들은 여기에 대해서 그들이 같은 신의 육화(肉化)이므로 그렇게 하는 것은 당연한 일이라고 느꼈던 것이다. 그러나 그들은 어떤 새로운 양식이나 어떤 새로운 종교도 만들지 않았다." 이것이 나의 대응이었다.

이 순간 프로이트가 기절하여 의자에서 쓰러졌다. 모두 어쩔 줄 모르고 그 옆에 둘러서 있었다. 나는 그를 안고 옆방으로 옮겨서 소파 위에 눕혔다. 내가 그를 안고 갈 무렵 그는 반쯤 의식이 회복되었다. 그때 그가 나에게 던진 시선, 그 시선을 나는 영원히 잊지 못할 것이다. 절망 속에서 그는 나를 마치 내가 그의 아버지이듯 그렇게 쳐다보았던 것이다. 무엇이 이런 기절을 일으키게 하는 요인이었든지 간에 두 경우는 모두 '부성 살해'의 환상으로서 공통점을 지니고 있었다.[73]

융과 프로이트는 처음 만나는 순간부터 서로에게 강한 전이 감정을 느꼈다. 그들에게 상대를 향한 긍정적 감정이 그들의 관계를 계속 발전시켜나가는 원동력으로 작용했음은 주지의 사실이다. 그때 그들 사이에 형성된 것이 바로 아버지와 아들의 관계였다. 그러나 프로이트의 '아버지와 아들'과 융의 '아버지와 아들'은 서로 다를 수밖에 없었다. 우선 프로이트의 문제를 찬찬히 따라가 보자.

1) 프로이트

정신분석적 관점에서 프로이트를 보았을 때 먼저 오이디푸스 콤플렉스와 그의 아버지가 연상된다. 어머니를 사이에 두고 벌어진 심리적 갈등은 그의 아버지와 어머니의 나이 차이가 20년이나 되어서 더했을지도 모른다. 프로이트의 어머니는 결혼 당시 전처소생의 장성한 두 아들과 비슷한 나이였다. 그래서 어린 프로이트는 아버지가 젊은 어머니와 같은 방을 쓰는 것을 이해하지 못했다. 프로이트가 기억하는 최초의 꿈이 어머니에 대한 성적 욕구를 나타내는 내용[74]이었다는 것은 의미하는 바가 크다. 간단히 말해서 근친상간을 나타내는 꿈이었다. 이런 환경에서 일곱 살 때 부모의 성교 장면을 보게 되었고, 그는 너무 놀라 온몸이 굳은 상태로 그 앞에서 오줌을 싸고 말았다. 그때 그의 아버지가 어처구니

---

73 Ibid., 180-181.
74 꿈의 내용은 이렇다. 어머니가 죽은 듯이 평화롭게 잠들어 있는데, 두세 사람이 어머니를 방으로 옮겨서 침대에 눕혔다. 이상한 것은 어머니를 옮기는 사람들의 입이 새의 주둥이를 하고 있었다는 것이다. 독일어로 성교를 의미하는 동사 푀겔른(vögeln)은 새라는 단어인 포겔(Vogel)에서 유래되었다.

없다는 표정으로 "이 녀석은 아무짝에도 쓸모가 없겠어"라고 말했다.[75] 어머니는 어린 프로이트를 데리고 들어가서 재웠다. 후에 프로이트는 이런 자신의 행위를 둘 사이의 관계를 방해하기 위한 것으로 해석했다.

그러나 그의 삶에 크나큰 영향을 준 것은 어머니였다. 그의 어머니 아말리아(Amalia)는 프로이트가 양막을 뒤집어쓴 채 태어났음을 자랑스러워했다. 민담에 의하면 이렇게 태어난 아이는 행복하고 유명한 삶을 살 운명을 가지기 때문이다. 어머니는 한 아이를 유아 때 잃고 일곱 자녀를 두었다. 그중에 첫째인 프로이트는 아말리아의 총아, 즉 '나의 황금 같은 지기, 지기, 나의 황금'(mein goldener Sigi, Sigi, mein Gold)이었다. 이러한 어머니의 태도는 프로이트를 위풍당당하게 살아가게 하는 원동력이 되었다. 그의 여동생 안나 프로이트 베르나이스(Anna Freud Bernays)는, "어머니는 자신의 첫아이에게 대단한 것을 소망했고, 그녀의 소망이 구체화되었던 초기 사건들을 소중히 여겼다. 모르긴 몰라도 어머니가 지닌 지그문트의 장래 운명에 대한 신뢰가 그의 전 생애의 방향에 확실하게 일조했다"고 증언함으로써 이를 뒷받침했다. 아들에 대한 아말리아의 신뢰는 프로이트가 모든 일에 최선을 다하도록 힘을 주었을 뿐만 아니라 그의 심리학적 개념화에도 영향을 주었다. 예컨대 괴테에 관한 이론을 전개하면서, 그는 그 자신의 문제를 이론화했다.[76]

사람이 어머니의 명백한 사랑의 대상이 되면 그는 평생 의기양양한 느낌, 성공의 확신(이것에 따라 실제로 성공하지 못할 경우는 거의 없는)에

---

75 이무석, 『정신분석에로의 초대』(이유, 2003), 41.
76 D. P. Margolis, *Freud and His Mother* (Jason Aronson Inc., Northvale, New Jersey, London, 1996), 3-4.

찬다. 그래서 괴테는 그의 자서전에 다음과 같은 표제를 언급하고 있는 것이다. "나의 강함은 내 어머니와의 관계에 그 뿌리가 있다."[77]

프로이트의 아버지와 어머니의 인품은 너무도 달랐다. 그의 아버지 야콥이 81세에 세상을 등지자 프로이트는 그의 친구 플리스(Wilhelm Fliess)에게 다음과 같이 썼다. "나는 아버지를 아주 잘 이해했고, 높이 평가한다네. 깊은 지혜와 환상적인 신명이 독특하게 뒤섞여 있던 그분은 내 삶에 의미 있는 영향을 주었지." 그의 손자들 중 누구도 할아버지에 대한 애정이 결여되어 있는 아이들은 없었다. 야콥이 사망할 당시 일곱 살이었던 프로이트의 장남 마르틴(Martin)은 그를 모든 사람이 사랑하고 존경했던 분으로 회상하면서 다음과 같이 말을 이었다. "그분은 우리 어린이들과도 놀랍도록 유쾌하게 지내셨던 분이죠. 그는 우리들에게 작은 선물들을 사주셨고, 마치 '우리가 여기서 말하고 행동하는 모든 것들이 거대한 농담이 아닐까?'라고 말하고 싶은 것처럼, 큰 갈색 눈을 찡긋거리면서 우리들에게 이야기를 해주시곤 하셨어요."[78]

반면에 할머니 아말리아에 대한 평가는 그렇지 않았다. 할머니에 대한 마르틴의 회상은 다음과 같다.

할머니는 동 갈리시아(East Galicia) 출신이었다. 갈리시아 유대인이 유럽에 사는 그 어떤 민족들과 비교해도 다를 뿐만 아니라 여러 세대를 이어 서구에 살고 있는 유대인들과도 절대적으로 다른 독특한 민족이라는 것

77　S. Freud, *A childhood memory of Goethe,* Standard Edition 17., 1917, 156.
78　M. Freud, *Sigmund Freud: Man and Father* (New York, Vanguard, 1958), 10 (D. P. Margolis, 5. 재인용-).

을 많은 사람들이 모르고 있을 것이다. 갈리시아인들은 우아하지도 않고 매너도 없어서, 여인네들은 우리가 "숙녀들"이라고 불러야 하는 유의 사람들이 확실히 아니다. 그들은 매우 감정적이라서 그들의 느낌에 따라 쉽게 흥분했다. 그들은 여러 면에서 문명화된 사람들보다 야성적인 야만인들이지만, 그러나 그들만이 모든 소수민족 중 유일하게 나치스에 항거했다. 바르샤바의 폐허 속에서 독일군과 싸웠던 이들이 바로 아말리아의 민족의 남자들이었다.

이러한 갈리시아 사람들은 남들과 더불어 살아가기가 쉽지 않아서, 그 민족의 진정한 대표자 격인 할머니도 예외는 아니었다. 그녀는 아주 생동감이 있었고 매우 많이 참았다. 즉 그녀는 삶을 위한 목마름과 굴복하지 않는 영혼을 가지고 있었다. 태풍 같은 늙은 어머니를 돌보는 데 헌신해야 하는 운명의 돌피 고모(Aunt Dolfi)[79]를 아무도 부러워하지는 않았다. 한번은 돌피 고모가 새 모자를 사기 위해 할머니를 데리고 갔는데, 고모는 잘 어울리는 모자를 할머니에게 권할 만한 현명함이 아마도 없었던 것 같다. 써보고 싶은 모자를 쓰고 자신의 이미지를 찬찬히 뜯어본 후 90고개를 넘은 할머니 아말리아가 마침내 소리 질렀다. "나는 이걸 쓰고 싶지 않아. 이건 늙어 보여."[80]

엘리 베르나이스(Eli Bernays, 프로이트의 아내 마르타의 남동생)와 결혼한 안나 프로이트(Anna Freud)[81]의 딸 유디스 베르나이스 헬러(Judith Bernays

---

79 아돌피네, 아말리아의 넷째 딸.
80 M. Freud, *Sigmund Freud: Man and Father*, 11 (D. P. Margolis, *Freud and His Mother*, 5에서 재인용).
81 아말리아의 장녀. 프로이트의 바로 아래 여동생.

Heller)는 그녀의 부모들이 미국에 가 있을 때 일 년간 외조부모(프로이트의 부모)와 함께 살았다. 유디스도 태풍 같은 할머니와 친절한 할아버지를 회상했다.[82]

나는 실제로 그 가정을 지탱하고 있는 사람이 누구인지를 말할 수 없다. 나는 할아버지가 더 이상 일을 하지 않고, 그 대신 원전으로 된 탈무드를 집에서, 커피숍에 앉아서, 그리고 공원을 걸으며 읽는 데 시간을 할애했다는 것을 알고 있다. 때때로 다른 사람들이 너무 바빠서 나와 함께 지낼 수 없을 때 할아버지는 나를 데리고 다녔다. 키가 크고 가슴이 넓고 콧수염이 길었던 그는 매우 친절하고 점잖았고 게다가 유머 감각까지 있었다. 그런데 할머니는, 내가 그녀의 위엄과 그녀가 친구들을 만나러 나갈 때 입었던 멋있는 옷들에 감탄스러워했음에도 불구하고 실제로 무섭기만 했다. 변덕스러운 기질의 나의 할머니는 가정부뿐만 아니라 딸들을 꾸짖으며 집 주위로 돌진하곤 했다. 그녀는 나의 관심을 끄는 모든 것들에는 전혀 무관심했음이 틀림없었다. 그녀는 낯선 사람들이 주변에 있으면 매우 조신했다. 그러나 나는 적어도 그녀가 폭군이었고 자기중심적인 사람이었다는 느낌에 늘 친숙했다.

그러면 아말리아의 총아였던 프로이트는 그의 어머니와 어떻게 지냈을까? 영웅의 옷이 요람에서부터 곧바로 짜였다면, 그가 그 직조자를 기쁘게 만드는 것은 당연한 의무였을 것이다. 다른 애들보다 우선적으로 어머니의 사랑을 받았던 금쪽같은 아들은 그녀의 우선적 사랑을 유

---

82   D. P. Margolis, *Freud and His Mother*, 6.

지시키기 위해서는 자신이 성공해야 한다는 것을 깨달았다. 그는 스물여섯 살 때 마르타(아내)에게 다음과 같은 내용의 편지를 썼다. "사랑하는 이여! 만일 한 개인이 우수해야 성공할 수 있다면 사랑은 과연 얼마나 손상이 될까요? 나는 성공이, 당신이 사랑했던 나인지 아닌지 또는 그것이 나에게 주어졌던 깨달음인지 아닌지 확신할 수가 없습니다. 그리고 만일 내가 성공하지 못한다면 여자인 당신은 이렇게 말할 수도 있겠죠. '나는 이제 더 이상 당신을 사랑하지 않아요. 당신은 무가치하니까요.'" 한마디로 그는 어머니의 사랑에 보답하기 위해 필히 성공해야만 했고, 그런 감정이 모든 여성에게 보편화되어 사랑은 곧 성공과 직결된다고 믿었다. 그는 어느 한 꿈에서 그의 진심 어린 욕망을 있는 그대로 표현했다. "나는 한 번만이라도 나에게 아무 대가도 지불하지 않는 것을 사랑해보고 싶다."[83]

서른 살 때에는 마르타에게 다음과 같은 내용의 편지를 썼다. "나는 사람들이 내게서 이질적인 어떤 것을 본다고 믿습니다. 그리고 이런 현상의 진정한 이유는 내가 어렸을 때 결코 어리지 못했고, 성숙한 나이에 접어든 지금도 적절하게 성장할 수가 없기 때문입니다." 프로이트는 아주 어릴 때부터 자신에 대한 어머니의 소망과 염원에 동일시되어 있었고 또한 그녀의 기대에 대한 부담을 당연하게 여겨왔기 때문에, 그 자신이 어린 시절 친구들의 자유로운 세상과는 동떨어져 있음을 느꼈다. 투사적으로, 그는 그 당시 세상을 "이질적인 어떤 것"을 나타내는 곳으로 경험했다. 같은 맥락에서 몇 년 후 그는 융에게 편지를 썼다. "나는 내 성격에서, 나의 생각과 말하는 습관에서 사람들이 이상하고 불쾌한 것을 찾

---

83 Ibid., 7-8.

아낸다고 항상 느껴왔다네."[84]

이처럼 프로이트의 어머니 아말리아는 그가 애증(愛憎)을 가질 수밖에 없는 존재였다. 그럼에도 불구하고 의식의 차원에서 프로이트는 그녀에게 화를 내거나 거절하는 행위를 평생토록 한 번도 하지 않았다. 그는 그녀가 원하면 한밤중이라도 달려갔던 효자였다. 그러니까 그는 어머니에게 불평하거나 투정할 수 있는 자리에 있지 못했다. 그러므로 현실에서는 늘 불평을 들어주고 감싸주는 이상적인 어머니가 그리웠을지도 모른다. 이런 배경을 고려해볼 때 그가 플리스에게서 전지전능한 어머니상을 찾았던 것이 충분히 이해된다.

결국 태풍 같은 어머니의 강력한 후원은 그를 의존적인 인간으로 만들었다. 이러한 의존성은 우선 특정한 사람들을 과대평가하는 경향으로 나타났다. 그동안 프로이트와 교류했던 브로이어, 플리스 그리고 융을 그는 대단한 인물로 평가했다. 이 의존성은 프로이트의 표현대로 한다면 동성애적 의존성이다. 그것은 부적절성, 모호한 주체성, 수동성, 무력함, 대체적으로 삶에 대해 강력한 자세를 취하지 못하는 무능력으로 간주된다. 이런 점에서 볼 때 융의 배반은 프로이트의 자신감을 훼손시켰다.[85] 그리고 이때 프로이트에게 더욱 중요한 문제는 그가 제일 싫어하는 무력감에 그 자신이 빠지고 말았다는 점이다. 이것이야말로 아버지 살해로 인한 자기 자신의 죽음인 셈이다.

84　Ibid., 8.
85　Ernest Becker, 김재영 역,『죽음의 부정』(인간사랑, 2008), 219.

2) 융

융은 물론 프로이트라는 거장과 배움의 관계에 있었음을 인정한다. 그러나 그때까지 이루어놓은 명성이나 너무도 다른 관심사들로 미루어 볼 때, 그들의 관계는 처음부터 종속적일 수 없었다. 따라서 융이 늘 홀로, 동등한 자격으로 서기를 갈망했다고 해도 하나도 이상하지 않다. 그런데 이러한 욕망이 아메노피스 4세에 관한 논쟁에서 사실상 노골화되었다. 융은 아메노피스 4세가 아버지를 살해한 것이 아니라, 아몬신에 대한 새로운 해석 때문에 조상들의 이름을 지웠다고 주장했다. 이 주장은 사실 융이 자신의 우월권을 밝히는 순간이었다. 그리고 이것은 곧 프로이트가 평생토록 주장해온 연구를 위협하는 행위였다. 이에 대해 베커(Ernest Becker, 1924-1974)는 다음과 같이 언급했다.

> 프로이트는 가장 깊숙한 밀실 공간인 상담실에 스핑크스와 피라미드 상을 진열해놓고 있었다. 이것은 그에게 낭만적인 이미지나 혹은 고고학적인 취미의 대상이 아니었다. 이집트는 정신분석학이 판독하기 위해 선택한 인류의 모든 신비스럽고 어두운 과거를 의미했다. 로젠이 말하듯이 20세기 정신분석학과 고대 이집트학 사이에, 즉 아메노피스가 돌기둥에서 그의 아버지의 이름을 긁어낸 것과 융이 취리히에서 이와 똑같이 행한 것 사이에는 직접적인 연관성이 있다. 융은 프로이트의 불멸을 공격하고 있었던 것이다.[86]

---

86 Ibid., 210.

이 순간에 융 개인의 심리가 그 자신 내면의 아버지상과 직결되었을 가능성을 상상해본다. 융에게 아버지란 기독교 교리를 이성적으로만 해석하던 당대의 자유주의 물결 속에서 고뇌하던 인물이었다. 당시 자유주의 신학은 인간의 이성을 너무 앞세운 나머지 내면의 감성적 요소를 모두 없애버려 종교의 영성을 고사시켜버렸다. 융의 아버지는 자신의 마음속에서 용솟음치는 감정들을 느끼기는 했지만 당시의 거대한 물줄기에 감히 대항하지는 못했다. 이것은 부분적으로는 물론 그의 아버지, 즉 융의 할아버지로부터 기인했다. 할아버지는 군주처럼 가족들 위에 군림했기 때문에 융의 아버지는 억압된 환경 속에서 성장할 수밖에 없었다. 뿐만 아니라 그는 신비주의적 분위기에 젖어 있던 자신의 아내를 이해하거나 이끌어가지도 못했다. 그는 가정 분위기를 통합해내기보다는 결과적으로는 양극화되어가게 방치했다. 이런 것들이 융에게서 아버지가 짐으로 다가왔던 이유였다.

어떻든 그의 아버지는 감정이 억압된 채 자기 내면의 갈등을 어찌하지 못하고 고뇌하기만 했던 무능한 존재의 표상이었다. 따라서 융에게는 예리한 통찰력을 가진 힘센 아버지상이 동경의 대상이 되었다. 그러므로 프로이트를 처음 본 순간 융에게 강한 긍정적 전이 감정이 생겼던 것은 틀림없어 보인다. 전이 감정의 해소가 인간 성장의 보편적 원리라면 처음에 형성되었던 강한 전이 감정을 현실 속에서 객관화하는 작업은 필연적이다. 이러한 객관화가 바로 프로이트의 실신 사건을 통해 명확하게 진행되었다. 전이 감정으로 덧입혀 있던 프로이트에게서 융은 영성이 메마른 채 나약한 모습으로 주저하는 아버지를 발견하지 않았을까? 그 결과 융은 자신의 앞길에 방해가 되어왔을 아버지 콤플렉스를 스스로 극복해나갈 수 있었을 것이다. 따라서 융이 아무리 부정한다 해도

'아버지 살해'의 의도가 있다고 한 프로이트의 지적은 옳다.

4. 사회학적 배경 — 실존적 측면에서의 결별 사유

1) 똥 누는 신과 '자기원인 프로젝트'

베커의 견해는 인간의 실존적 과제를 깊이 생각하게 하여 사고의 지평을 한결 광활하게 넓혀준다. 그의 관점은 인간의 근원적 모순성을 보게 만든다. 그런 측면에서 프로이트의 실신은 새로운 의미로 해석된다. 동시에 문제해결에서 프로이트의 정신분석학 또한 그 한계가 드러난다.

똥 누는 신과 같은 존재로서의 인간은 한편으로는 무한한 상상력의 광대한 확장, 재치, 영묘함을 영위하며 어떤 것들을 창조해내는 신적 속성을 가지고 있는 반면에, 다른 한편으로는 생리적 조건에 갇혀 있는 육체로서 원초적 생존을 위해 가장 더러운 것들을 아무렇게나 싸대는 존재다. 게다가 인간은 벌레이자 벌레들을 위한 음식이다. 그는 자연 밖에 존재함과 동시에 절망적이게도 자연 안에 속한다. 이런 가공할 만한 역설이 어디 있겠는가? 이것이 실존적 인간의 핵심적 문제다.

이러한 인간의 모순적 딜레마를 해결하기 위해 인류는 고결한 자아의 모습과 원초적인 피조물성 중에 어느 한쪽으로 치우쳐왔다. 예컨대 그동안의 역사 속에서 종교와 세속적 환경은 인간을 동물과는 질적으로 다른 고상하고 영적인 창조자로 이해하려 했다. 그래서 자기 고양의 오컬티즘(심령술 혹은 신비학, occultism)은 인간의 정신에 뿌리박혀 있으며, 어떤 면에서는 사회의 규범이 독선적으로 강요해온 문제였다. 말하자면 고결한 자아의 측면으로만 치달아갔던 것이다. 이러한 경향은 인간의 기본적인 피조물성을 부인하며, 인간의 참된 동기를 감지하지 못하게 만든다. 따라서 인간은 허구 속에 갇혀 참된 본성의 회복 혹은 그 한계의 극복에 실패하고 만다.

이처럼 인간의 참된 본성을 회복하기 위해 '인간은 똥 누는 존재'라는 진실을 밝혀내야 하는 상황에서 분연히 일어난 인물이 프로이트다. 프로이트는 인간의 이중성 때문에 말로 표현할 수 없는 인간의 조건에 대해 진실을 말해야 한다는 강렬한 신념을 가지고 있었다. 그의 신념은 원초적 피조물성에 대한 진솔한 표현과 설득이었다. 그리고 인간의 피조물성에 대한 정확하고 완벽한 인식이야말로 인간의 한계를 초월하게 할 것이라는 믿음에 사로잡혀 있었다. 그런 성질을 극명하게 드러내 보여주는 속성이 바로 본능적인 성(性)과 성에 사용되는 본능적인 공격성이라고 그는 간주했다. 프로이트가 오컬티즘에 대항해서 성욕 이론을 우리의 도그마로 세워야 한다고 주장한 이유가 바로 여기에 있었다. 과거의 역사가 고결한 자아로 치우쳤다면 프로이트는 그곳으로부터 탈출해 나오기 위해 그 반대의 길인 원초적 피조물성을 강조하는 길로 내달았던 것이다.

서로 다른 두 방향은 해결의 힘이 어디로부터 오는가라는 문제에서도 아주 상반된다. 오컬티즘에서 그것은 자아가 포기(죽음)될 때 자아의 밖으로부터 온다고 보는 반면, 프로이트의 관점에서는 그와 정반대다. 즉 그것은 절대적으로 우리의 내면인 자기 자신에게서 오게 마련이다. 베커는 이런 것을 '자기원인 프로젝트'(causa sui project)라고 명명했다. '자기원인'이란 말 그대로 자체의 원인을 일컫는 것으로 신을 가리키는 용어다. 신만이 그 자체가 원인이 되어 존재할 수 있기 때문이다. 이처럼 '자기원인 프로젝트'란 인간의 한계를 극복하기 위해 우리 자신 안에서 그것의 절대적 기준을 세워나가는 노력이다. 마치 인간이 신이라도 되어야 하는 듯이 말이다. 그렇기 때문에 이것은 오컬티즘에서처럼 자아를 포기하기보다 자아를 극대화시키는 작업과도 같다. 뒤집어 말하면 자아를 포기한다는 것은 자기원인 프로젝트를 포기한다는 것이 되고 만다. 이것은 곧 인간이 지주로 받치고 있던 중심을 흩트리는 것이고, 경계를 늦추는 것이며, 인간의 성격이라는 갑옷을 벗는 것이고, 인간의 자부심 부족을 인정하는 것이다. 그리고 지주로 받치고 있던 중심, 이러한 경계, 이러한 갑옷, 이러한 가정된 자부심은 어린 시절부터 성년에 이르기까지의 전 프로젝트가 온통 관여한 것들이다.[87] 그러므로 프로이트의 관점에서는 '자기원인 프로젝트'를 절대로 포기할 수 없다. 바로 그러한 무능을 넘어 인간의 능력을 곧추세우려는 것이 정신분석학의 사명이기 때문이다. 베커는 그것이 인간의 취약성과 한계를 초월하기 위한 영웅성(heroism)[88]을 전달하는 그의 개인적인 수단이라고 보았다.[89]

베커는 이러한 이해를 전제로 실신 사건을 새롭게 해석해낸 사람이 폴 로젠이라고 소개하면서 그의 실신 사건을 재해석해냈다. '자기원인 프로젝트'에서 보면 프로이트는 자신의 연구 작업 속에서 인간으로서의 그의 가치를 찾아내야 했다. 이는 그가 연구를 통해 자기 자신을 정당화해야 한다는 부담감을 지니고 있었음을 의미한다. 여기서 정당화란 영웅성이라는 개념에서 볼 때, 불멸의 자격을 갖춤으로써 죽음을 초월한다는 영웅적 양태를 의미한다. 이러한 과정에서 절대적으로 필요

---

87 Ibid., 203.
88 삶의 어려움이나 한계에 부딪칠 때 그것을 돌파하려는 인간의 존재론적 영웅적 자질을 의미한다.
89 Ernest Becker, 김재영 역, 『죽음의 부정』, 202.

한 에너지는 자기애(narcissism)가 확대되면서 발생한다. 자기애의 확대는 곧 그에게 자연으로부터 자생적으로 솟아나는 역할을 부여한다. 이제 그는 가족도 없으며, 자기 자신의 아버지라는 점에서 가장 순수한 '자기원인 프로젝트'를 지녔다고 말할 수도 있다.[90] 실제로 프로이트는 자기 창조의 환상 속에 빠져들곤 했다. 로젠은, "프로이트가 거듭해서 아버지 없이 성장했다는 환상으로 되돌아가곤 했다"고 말했다. 그의 지적처럼 우리는 친아들을 갖고 나서야 아버지가 될 수 있다. 그러므로 프로이트는 전적으로 새로운 가족인 정신분석학 운동을 창조해야만 했는데, 그것은 분명 그의 독특한 불멸의 매개물이 될 것이었다. 그가 죽었을 때 그 운동의 천재는 사람들의 생각 속에서, 그리고 지상에서 이룬 그의 업적의 효과 속에서 영원히 기억됨으로써 자신의 영구적인 정체성을 확보할 수 있을 것이기 때문이다.[91]

자식을 창조하는 과정은 여느 성장 과정과는 다르게 이루어진다. 예컨대 정상적인 인간은 일차 자기애의 경험을 지나 '오이디푸스 프로젝트'(the Oedipus project)[92]에서 부모와 부모가 구현하는 초자아, 일반적으로 말해 문화를 내면화한다. 그러나 새롭게 창조해야 하는 천재의 운명에서는 전통 속에서 이어받는 일이 불가능해진다. 역으로 천재는 부모가 대표하는 것들을 포기해야 한다. 심지어는 그들 자신의 구체적인 인격마저 포기해야 창조가 이루어진다. 따라서 프로이트는 아버지를 정신

---

90 Ibid., 207.
91 Ibid., 207.
92 오이디푸스 프로젝트란 초기 프로이트 이론에서처럼 어머니에 대한 자연적 사랑(오이디푸스 콤플렉스)이 아니라, 그의 나중 저작들이 인식한 바처럼 모순된 감정의 갈등적 산물이다. 즉 자기애적 자만으로 모순된 감정과 갈등을 극복하려는 시도를 말한다. 좀 더 구체적으로 설명하자면 아이가 숙명의 수동적 대상이 될 것인지, 다른 사람들의 부

적으로나 육체적으로 모두 포기했다. 이러한 행위는 그에게 불안을 심어준다. 왜냐하면 그가 의존할 대상이 아무도 없어 상처받기 쉽기 때문이다. 그는 자유 속에서 홀로 있어야 했다.[93]

그렇다면 프로이트가 아버지 살해 관념에 특별히 민감했던 것이 이해될 것이다. 그에게 '아버지 살해'의 관념은 우선 정신분석학 운동의 창조 과정에서, 즉 그의 불멸성과 관련해서 아버지와 자신을 동일시한 것에 대한 공격이었다. 이어서 그것은 상처받기 쉬운 취약성 위에 홀로 서 있다는 죄의식을 자극하는 언급이었다. 한마디로 아버지 살해는 피조물로서의 자기 자신의 미천함을 의미할 수도 있다는 말이다. 게다가 정신분석학은 1912년 무렵이 돼서야 이론으로 구체화되었다. 프로이트는 융을 정신분석학을 성공적으로 이끌어갈 계승자, 즉 자신의 아들이 될 수 있는 인물로 보았다. 그러나 그때 융은 그 집단에서 이탈하고 말았다. 바로 이러한 융의 행동 하나만으로도 아버지 살해의 복합적 상징을 불러일으킬 수 있었다.[94]

2) '자기원인 프로젝트'의 허구성에 갇힌 프로이트에 관한 융의 견해

프로이트는 다른 사람들에게 지적으로 의존한다거나, 혹은 신에게 영적으로 의존한다는 것에서 벗어나려는 욕구가 너무 강해서 그것에 반하는

속물이 될 것인지, 세상의 노리개가 될 것인지 혹은 자신 안에서 활동적인 중심인물이 될 것인지, 곧 그 자신의 힘으로 운명을 통제할 것인지 아닌지에 대한 프로젝트다. 브라운은 오이디푸스 콤플렉스의 본질은 신이 되려는 프로젝트인 (스피노자 공식의) 자기원인이라고 말한다.

93   Ernest Becker, 김재영 역, 『죽음의 부정』, 208.
94   Ibid., 208.

지적 태도를 유지하고 완고할 정도로 고수하려 했다. 그 한 예가 바로 자기원인이라는 거짓말을 인정하려 하지 않았다는 것이다. 이것을 인정하지 못하면 결국 또 다른 극단으로 치닫게 되고, 자연을 거슬러 추구하는 그런 행위는 크게 상처받게 된다. 이에 대해 융은 다음과 같이 말한다.

프로이트는 자신이 왜 끊임없이 성에 관해 말할 수밖에 없는지, 왜 그러한 생각이 그를 그토록 사로잡는지에 관해 스스로 자문해본 적이 없다. 그는 자신의 '해석의 단조로움'이 자기 자신으로부터의 도피거나, 혹은 신비주의적이라고 할 수 있는 그 자신의 또 다른 측면으로부터의 도피라는 것을 인식하지 못했다. 그가 자신의 그러한 측면을 인정하지 않는 한, 그는 결코 자기 자신과 화해할 수 없었다. 그는 무의식의 내용이 지닌 역설과 이중해석 가능성을 볼 줄 몰랐고 무의식에서 출현한 모든 것은 위와 아래, 안과 밖이 있음을 몰랐다.

프로이트의 일방성(onesideness)에 관해서는 어찌 할 도리가 없었다. 어쩌면 그는 자신의 어떠한 내적인 경험으로 인해 눈을 떴을지도 모르지만, 그러나 그의 지성은 그런 내적 경험조차도 '단지 성욕'(mere sexuality) 혹은 '정신성욕'(psychosexuality)으로 환원했을 것이다. (그러므로) 그는 그가 인지할 수 있었던 어떤 한 측면의 희생자로 남아 있었으며, 그 때문에 나는 그를 비극적인 인물로 간주한다. 왜냐하면 그는 위대한 인물이었으며, 더구나 그 자신의 다이몬(daimon) 수호신에 사로잡혀 있는 사람이었기 때문이다.[95]

---

95 C. G. Jung, A. Jaffé, Richard and Clara Winston, *C. G. Jung Memories, Dreams, Reflections*, 175-176.

이어지는 융의 견해는 다음과 같다.

나는 우리가 온갖 탐구심을 동원해서 노력해도 영혼의 심층에서 그저 너무도 알려진, '너무나 인간적인' 것 말고는 발견할 수 없다는 사실에 깊이 실망했다.…근친상간이나 도착증 등은 나에게 조금도 주목할 만큼 새로운 것도, 특별히 설명을 붙일 만한 가치가 있는 것도 아니었다. 그런 것들은 인간의 범죄성과 더불어 나에게 인간 존재의 추악함과 무의미성을 바로 눈앞에 보여줌으로써 나로 하여금 인생의 진미를 망쳐놓은 저 검은 침전물에 속하는 것들이었다.[96]

베커의 관점에서 보면 융은 프로이트의 한계를 직시하면서, 프로이트의 고집스러운 '자기원인 프로젝트'의 허구성을 넘어 새로운 지평으로 나아가기를 갈망하고 있었다. 그러므로 융은 프로이트와는 달리 오컬티즘의 폐해보다는 그것에 내포되어 있는 광대한 영성, 즉 그것의 강력한 무의식성에 보다 많은 심혈을 기울여나갈 운명에 있었다. 한마디로 프로이트의 한계를 뛰어넘는 것은 과학적 피조물성에서부터 종교적인 피조물성으로 이동하는 것인데, 이때 핵심적인 주제는 성이 아니라 죽음의 공포라는 것, 그리고 그것을 행하기 위한 원동력은 피조물의 욕동인 강박적 에로스가 아니라 내적인 수동성임을 깨닫는 것이다.[97] 융은 다음과 같이 회상하고 있다.

---

96 C. G. Jung, A. Jaffé, 이부영 역, 『회상, 꿈 그리고 사상』, 190.
97 Ernest Becker, *The Denial of Death* (The Free Press, A Division of Macmillan Publishing co., Inc. New York, 1973), 124. 『죽음의 부정』(인간사랑, 2008).

돌이켜보면 사실 나는 프로이트가 가장 관심을 지녔던 두 가지 문제를 의미상으로 발전시킨 유일한 사람이라고 말할 수 있다. 즉 그것은 '고태적 잔재'와 '성'이다. 널리 퍼진 잘못된 생각은 내가 성의 가치를 인정하지 않는다는 견해다. 오히려 그 반대로 성은 나의 심리학에서 정신 전체의 한 본질적인 표현으로 큰 역할을 한다. 즉 나의 주된 관심사는 성의 개인적인 의미와 생물학적인 기능을 넘어서서 그것이 지닌 정신적 측면과 누미노제적인 의미를 탐구하고 설명하는 데 있었다. 그러니까 바로 프로이트가 매혹을 느꼈으면서도 파악하지 못했던 것을 묘사하고자 한 것이다.[98]

이러한 융의 회고는 그가 결코 프로이트와 동떨어져 있지 않음을 보여줌과 동시에 그가 또한 프로이트에게 많은 빚을 지고 있음을 간접적으로 나타낸다. 사실 융은 성을 신상(神像)의 어두운 측면으로까지 확대하여 실존적 인간의 이원론적 분열의 문제를 해결하는 주요 열쇠로 삼았다.

결별 과정

1912년 11월 14일에 융에게 보낸 프로이트의 편지에서부터 첫머리의 호칭이 '친애하는 친구'에서 '경애하는 융 박사'로 바뀐다. 둘 사이의 사적인 유대관계가 소멸해가고 있음을 보여주는 대목이다. 그 당시 둘 사이에 오간 편지에는 모욕과 비꼼이 깊이 배어 있었다. 급기야 12월 18일

---

98 C. G. Jung, A. Jaffé, 이부영 역, 『회상, 꿈 그리고 사상』, 193.

자 편지에서는 융이 자신의 속내를 좀 더 솔직하게 드러냈다.

친애하는 프로이트 교수님께

저는 교수님께 솔직한 심정으로 몇 마디 하려고 합니다. 제가 교수님에게 양가적 감정이 있음을 인정합니다만, 이 상황을 거짓 없이 아주 솔직한 관점으로 보고 싶습니다. 이런 제 말을 의심한다면 교수님께 그만큼 더 안 좋을 것입니다. 어떻든 제자들을 환자처럼 취급하는 교수님의 기법은 큰 실수라는 점을 지적하고 싶습니다. 그러한 방법 때문에 교수님은 노예 같은 아들이나 무분별한 애완견들(아들러, 슈테켈 그리고 지금 비엔나에 그들의 책임을 전가하는 무례한 모든 무리들)을 키워내게 됩니다. 저는 교수님의 작은 속임수도 꿰뚫어 볼 만큼 객관적입니다. 교수님은 교수님 주변에서 일어나는 모든 증상적 행위의 냄새를 맡으려고 배회하시지요. 그러니까 모든 사람이 얼굴을 붉히며 자신의 잘못을 인정하는 아들이나 딸의 수준으로 전락해버립니다. 그러는 동안 교수님은 아버지로서 멋들어지게 그 꼭대기에 앉아계시지요. 아무도 감히 예언자의 턱수염을 뽑으려 하지 않으며, 분석가를 분석하려는 의도로 당신이 환자에게 무엇을 물어보는지 질문하지 않습니다. 교수님은 제게 확실히, "누가 신경증에 걸렸느냐?"고 반문하셨습니다.

친애하는 교수님! 교수님께서 그런 식으로 행동하시는 한 저는 저의 증상적 행동들에 상관치 않을 것입니다. 그런 행동들은 제 형제 프로이트의 눈에 있는 엄청난 들보와 비교하면 아무것도 아니기 때문입니다. 적어도 저는 신경증 환자가 아닙니다. 터치 우드!(touch wood!)[99] 교수님이 교수

---

99 자기 자랑 등을 한 뒤 복수의 신(Nemesis)의 화를 피하려고 미신적으로 가까이 있는

님의 콤플렉스를 완벽하게 없애겠다고 한다면, 교수님의 아들들에게 아버지 역할을 멈추겠다고 한다면, 그리고 그들의 약점을 계속 들추는 대신에 변화를 위해 교수님 자신을 돌아보겠다고 한다면, 저는 제 길을 수정하겠습니다. 그리고 교수님에 대해 두 마음을 품고 있는 악덕을 단숨에 뿌리째 뽑아버리겠습니다.…아들러와 슈테켈이 교수님의 작은 속임수에 의해 참인 듯 여겨지게 되었고, 그리고 그들은 어린아이와 같은 오만함으로 반응했습니다. 저는 공식적으로는 제 견해를 유지하면서 교수님 곁에 계속 있을 것입니다. 그러나 사적으로는 제가 교수님에 대해 진심으로 생각하고 있는 것을 편지로 말할 것입니다. 그 과정은 단지 예의상으로만 그럴 것입니다.

의심의 여지없이 교수님은 이런 독특한 우정의 증표(token of friendship)에 격분하시겠지만 그래도 그것이 교수님께 도움이 될지도 모릅니다.

최대의 경의를 표하며

융[100]

융의 이 편지에 1913년 1월 3일, 프로이트는 다음과 같은 답장을 보냈다.

친애하는 박사에게

지난번 당신의 편지에 대해 한마디만 하겠소. 내가 내 제자들을 환자처럼 취급한다는 당신의 주장은 명백하게 사실이 아니오. 비엔나에서 나는 확

나무에 손을 대는 행위를 빗대는 말.
100 W. McGuire, *The Freud/Jung Letters*, 338J, 252-253.

실한 반대자로부터 비난을 받았소. 나는 슈테켈과 아들러를 잘못 지도한 것에 대한 책임감을 갖고 있소만, 사실상 슈테켈에게 그의 분석에 대해서는 한마디도 안 해왔소. 그것은 십 년 전에 이미 모종의 결론에 도달했기 때문이오. 아들러와도 함께 어떠한 분석도 해오지 않았소. 그는 결코 내 환자가 아니었지. 나는 대부분 서로의 관계가 끝났을 때, 그들에 관한 분석적 관찰을 다른 사람들에게 강연했소. 이러한 기초 위에 당신의 해석을 세워가는 데 있어서, 당신은 그 자료들을 당신의 유명한 '크로이츨링겐 제스처'에서처럼 당신 자신에게만 편리하도록 다루었소.

당신의 편지의 그 밖의 것에는 대답할 수가 없구려. 그것은 개인적인 얘기를 어렵게 만들고, 편지 왕래를 완전히 불가능하게 하는 상황을 만들어내고 있소. 우리 중 아무도 자신에게 있는 신경증적 소질을 부끄러워하지 않는다는 것이 분석가들 사이에서의 관례요. 그러니까 비정상적으로 행동하면서 자신이 정상이라고 계속 외치는 사람은 자신의 병에 대한 병식(病識)이 없다는 의심을 살 만한 근거만 제공하는 것이오. 그러므로 나는 우리의 사적인 관계를 완전히 그만두기를 제안하오. 그런다고 해서 내가 잃을 것은 아무것도 없소. 그동안 당신과의 정서적 유대는 오래전부터 점차적으로 실처럼 가늘어져서 과거의 실망감의 흔적만 지워지지 않고 남아 있소. 따라서 나는 당신이 완전한 자유를 누리기 바라오. 당신이 상상하고 있는 '우정의 증표'일랑은 내게 주지 마시오.[101]

이러한 프로이트의 차가운 편지에 1월 27일, 융은 아주 간략하게 답장을 썼다.

---

101 Ibid., 342F, 254-255.

친애하는 프로이트 교수님께

저도 교수님이 제안한 사적 관계의 청산에 동의합니다. 저는 누구에게라도 제 우정을 결코 억지로 강요할 의도가 없기 때문입니다. 이러한 결별의 순간이 교수님에게 무엇을 의미하는지를 판단하는 최상의 재판관은 바로 교수님 자신입니다. "나머지는 침묵하겠습니다."[102]

그 이후 개인적인 비방은 대부분 끝이 났다. 그들 사이의 편지 왕래는 1913년 내내 계속되었지만, 간행물의 내용이나 계약, 여러 학회의 구성원에 대한 비판, 탈퇴, 입회 등 공식적인 것들에 관한 격식의 편지들뿐이었다. 두 사람이 마지막으로 만난 것은 1913년 9월에 뮌헨에서 열렸던 제4차 국제정신분석학회에서였다. 회장 선거에서 프로이트를 따르던 사람들 중 22명이 백지 투표용지를 냈음에도 불구하고 그 밖에 52명의 분석가들이 융에게 찬성표를 던져 융은 회장으로 재선되었다. 후에 프로이트는 22명이 반대했음에도 불구하고 회장 자리에 앉은 융의 태도를 맹렬히 비난했다. 프로이트 진영은 수개월 넘게 융이 IPA 일을 계속하면서 『연감』 편집자로 있는 것에 당황스러워했다. 그러나 그해 10월에 융은 편집자 일을 그만두었고, 1914년 4월에는 IPA 회장직도 사임했다.[103]

102　Ibid., 344J, 257.
103　A. Casement, 박현순·이창인 역, 『분석심리학의 창시자 칼 융』, 75.

융 자신의 심리학을 찾아서

1. 프로이트의 그늘을 벗어나서

이미 살펴본 대로 융은 그의 삶의 과제를 프로이트의 정신분석학의 관점에서 풀어보려 했지만 '너무나 인간적인' 것 말고는 아무것도 발견할 수 없었다. 이제 융에게 프로이트의 이론은 더 이상 탐구의 대상일 수가 없었다. 그래서 그는 프로이트와의 결별을 선택한 후 드디어 아무도 가 본 적이 없는 곳으로 향하기 시작했다. 그의 저서인 『리비도의 변환과 상징』은 졸작이라고 평가되었으며 사람들은 비아냥거리듯 그를 신비가라고 불렀다.

   이때 융에게 무엇보다 중요했던 것은 환자를 보는 그 나름의 방법을 찾아내는 일이었다. 프로이트가 정신분석학의 영역을 명확하게 구분 지어놓은 상황에서, 그리고 그와 결별한 상황에서 그것은 절실한 문제였다. 그것을 해결하기 위해 우선 융은 상담 시간에 환자들이 자발적으로 이야기하는 것을 선입관 없이 기다리기로 했다. 환자들은 자발적으로 꿈과 환상을 보고하기 시작했고, 융은 단순한 몇 가지 질문만 했다. "그것에 대해서 무엇이 떠오르나요?" "그것이 무슨 의미죠?" "왜 그런 해석을 하는 겁니까?" 융은 이러한 질문들에 대한 대답과 연상 속에서 해석이 저절로 나오는 것을 발견했다. 그는 환자가 꿈의 상을 자기 스스로 이해하는 것을 거들어줄 뿐이었다.[104] 이러한 방법은 여태껏 해오던 방법과는 전혀 달라서 융은 처음에는 이 방법이 옳은 것인지 두렵기까지

---

104 C. G. Jung, A. Jaffé, 이부영 역, 『회상, 꿈 그리고 사상』, 195.

했다. 그러나 시간이 지나면서 그는 이 방법이 꿈을 해석하는 데 옳은 일임을 깨달았다. 왜냐하면 그것 자체가 바로 꿈과 환상이 의도하는 바임을 알았기 때문이다. 융은 이것을 환자들의 '개인적 신화를 들어보는 일'이라고 표현했다. 이렇게 함으로써 그는 꿈과 환상을 프로이트와는 전혀 다른 시각으로 보기 시작했다.

2. 융의 창조적인 병(creative illness)

프로이트의 비난과 주변의 냉소에도 불구하고, 그리고 프로이트와의 친분을 깨면서까지 모험의 길로 접어든 융에게 정작 필요했던 것은 새로운 방향감각이었다. 그는 그 새로운 방향을 학문적인 것에서 찾을지 아니면, 내적 인격의 법칙과 보다 높은 이성의 원리를 좇아서 무의식과 직면해나가는 실험, 즉 흥미로운 그의 과제를 서서히 추진해야 할지 하는 선택의 기로에 서게 되었다. 그는 결국 무의식을 탐구하기 위한 실험을 택하면서 8년간 해오던 강사 자리도 포기한다. 나중에 그가 대학에서 교육 활동을 재개한 것은 1933년으로 그의 나이가 58세 되던 해였다.

이렇게 무의식에 온 힘을 쏟은 시기는 1913-1918년 혹은 1919년까지 이어졌다. 이 기간은 제1차 세계대전이 일어나기 일 년 전부터 그 전쟁이 끝나는 시점까지였다. 바깥세상의 전쟁과 그의 내면세계의 투쟁 기간이 일치한다. 이것은 어떤 면에서는 그에게 행운이기도 했다. 왜냐하면 프로이트와의 결별로 인한, 그리고 자신이 자처한 고립 혹은 침잠의 시간들을 전쟁으로 인한 사회적 단절이 자연스럽게 덮어주었기 때문이다. 이 기간에 융은 의미심장한 꿈과 환상이 종종 일어나 열병을 앓듯 괴로워했다.

넬슨(James M. Nelson)은 프로이트와 헤어진 융이 정신병적 와해(psychotic breakdown) 상태에까지 이르렀다고 표현했다.[105] 융은 그 당시 떠올랐던 환상들을 작은 책자에 일기처럼 메모해나갔다. 그것이 바로 검은 책과 붉은 책이라고 하는 것인데, 융은 나중에 이 중 붉은 책을 그의 책 번역가이자 신뢰하던 친구인 홀(R. F. C. Hull)에게만 보여주었다. 그 책을 본 홀은 그가 분명히 미쳐 있었다고 증언했다. 그러나 홀은 융이 걸어 다니는 정신병원이었을 뿐만 아니라 최고의 의사이기도 했다고 덧붙였다.[106]

끔찍한 환상과 꿈이 반복되면서 융에게 깊은 인상을 주었지만, 그 꿈들이 그 당시 그가 심각하게 경험하고 있던 방향 상실감을 명확하게 해소시켜주지는 못했다. 아직 융에게는 이런 체험들을 재구성하여 해석해 낼 마땅한 도구가 없었기 때문에 그동안 익숙해져 있던 방식대로 그는 그의 전 생애를, 특히 어린 시절의 추억을 두 번씩이나 낱낱이 조사했다. 그러나 별 성과를 거두지 못했다. 그래서 융은, "이렇게 아는 게 아무것도 없으니 그저 덮어놓고 머리에 떠오르는 것들을 생각하자"고 자기 자신에게 말했다. 이는 곧 자신을 의식적으로 무의식의 충동에 내맡기는 모험적이고 독창적인 행위였다.

이때 맨 처음 떠오른 것이 열한 살 때의 추억이었다. 어린 시절 융이 주로 하던 놀이는 바로 성과 집과 교회 등을 세우는 '건축 놀이'였다. 융의 무의식은 그 어린 시절로 돌아가고 싶어 했다. 그는 주저하다가 결국 그렇게 내어 맡기기로 해서 호숫가로 밀려오는 막대기, 돌, 그 밖의 파편

---

105 Nelson James M., *Psychology, Religion, and Spirituality* (Springer, New York, 2009), 148.
106 Deirdre Bair, *Jung: A Biography*, 292-293.

들을 모아 마을을 짓기 시작했다. 교회를 짓고 거기에 걸맞은 제단용 돌을 발견해서 제단을 만드는 동안 융의 머릿속에는 어린 시절 꿈에 나온 지하의 음경이 떠올랐고, 그 순간을 그는 만족스러워했다. 매일 점심식사 후에 날씨만 허락하면 융은 집을 지었다. 그럴 때 그의 생각은 맑아지고 어렴풋이 느끼는 환상을 붙잡을 수 있었다. 융은 이런 유치한 과정이 자신의 신화를 향해가는 길임을 확신했다. 건축은 그저 시작에 불과했다. 그것은 환상을 유발했고, 융은 그 환상들을 면밀히 기록해나갔다. 이것이 총 6권의 작은 노트로 된 검은 책(The Black Book)[107]이 만들어진 유래다. 하여간 이런 종류의 작업은 그의 후기의 삶에까지도 이어졌다. 그는 막히는 일이 있을 때마다 그림을 그리거나 돌을 다루곤 했다. 그런 행위는 언제나 그다음에 떠오르는 생각과 일을 위한 통과의례였다.[108]

어떻게 보면 융의 무의식에 대한 탐구는 프로이트의 '자기분석'(self-analysis)과 유사했지만 그 방법은 현저하게 달랐다. 프로이트는 자유연상법을 사용했다. 이 방법은 한 가지 주제에서 연상되는 것들을 꼬리에 꼬리를 물어 가지처럼 뻗어가게 하여 할 수 있는 한 상세하게 기록한다. 그것은 수많은 연상의 조각들을 한데 모은 다음 거기서 모자이크 그림을 맞추듯이 그것의 관련성을 찾아내서 결국 무의식에 숨어 있는 동기들을 발견하는 방법이다. 그러나 융은 우리가 지금 관찰하고 있듯이 무의식의 심상이 고조에 달하게 촉발시키는 기술을 사용했다. 그 기술이란 첫째로 매일 아침 꿈을 써놓기도 하고 그림으로 형상화하기도 하는 작업과, 둘째로 자기 자신에게 이야기를 해주면서 그 이야기를 통해 일

---

107 검은 책은 검은 양피지로 씌운 6권의 작은 노트. 융은 자신의 환상을 처음에는 검은 책에 기록했다가 나중에 붉은 책에 옮겨 썼다. 붉은 책은 붉은 가죽 표지의 2절판 책.
108 C. G. Jung, A. Jaffé, 이부영 역, 『회상, 꿈 그리고 사상』, 198-199.

어나는 자유로운 상상력의 지시사항을 모두 기록함으로써 무의식의 심상(心象)을 촉진시키는 것이었다.[109]

융은 니체를 통해 간접적으로나마 무의식에 대한 탐구가 얼마나 위험한 일인지를 잘 알고 있었다. 이런 무시무시한 내적 세계를 탐구하기 위해서는 그에 버금가는 현실감이 평형추처럼 작동해야 했다. 만일 그렇지 않으면 그도 니체처럼 무의식의 희생자가 되어 미쳐버릴지도 모를 일이었다. 융은 이러한 전철을 밟지 않기 위해 몇 가지 원칙을 정했다. 첫째, 현실과 자신을 단단히 결속시킨다는 원칙이었다. 다행히도 그는 직업과 가족이 있어서 항상 현실로 되돌아오기가 수월했다. 둘째, 무의식으로부터 도출된 각각의 상을 신중하게 검증해서 할 수 있는 한 의식의 언어로 번역한다는 원칙이었다. 셋째, 무의식의 폭로가 매일의 삶에서 얼마나 일치하고 얼마나 행동화할 수 있는지를 확인한다는 원칙이었다.[110] 이러한 원칙 아래에서 융은 아침에 일어나 서재에서 자신의 꿈에 대한 글을 썼다. 평소의 그답지 않게 매일 편지를 쓰고, 가끔씩 환자를 보기도 했다. 그리고 나머지 아침 시간은 그가 속내를 가장 많이 털어 놓는 동료 토니 볼프(Tony Anna Wolff)에게 자신의 이야기를 하면서 보냈다. 점심식사 후 그는 매일 '건축 놀이'를 했고, 오후 2-3시경부터는 그날의 환자들을 보았다.

토니 볼프는 융 주변의 수많은 여인 중 가장 중요한 여인으로, 평생 융과 함께 일상을 보냈다. 그녀는 1888년 9월, 취리히의 유명한 집안에서 세 자매 중 장녀로 태어났다. 그녀의 아버지는 극동에서 비단 직물을 수

---

109 Ellenberger, *The Discovery of the Unconscious*, 671.
110 Ibid., 671.

입하는 스위스 회사의 대표로서 상당한 부를 축적한 사람이었다. 부인보다 스물한 살이 많았던 그는 자신이 먼저 죽을 때를 대비해서 부인에게 미리 회사 경영 수업을 받게 했다. 그 덕에 그가 죽은 후에도 토니의 어머니는 회사를 잘 운영해서 부를 지킬 수 있었다. 토니는 풍요로운 환경에서 충분한 교육을 받으며 성장했고, 특히 철학, 비교종교학, 신화학에 관심이 많았다. 그녀는 아버지가 병에 걸렸을 때부터 우울증에 시달리다가 아버지가 사망한 이후 증상이 더욱 악화되어 급기야 융에게 치료를 받으러 오게 되었다. 상담 시 그녀는 음울했고 고집이 세서 말을 하지 않았다. 융은 그녀에게 말을 시킬 방법을 찾다가 그녀의 슬픔을 그리스 신화에 나오는 몇몇 일화와 비교했다. 그러자 그녀는 융이 신화를 엉성하게 말한다고 핀잔을 주면서 그 신화들을 정확하게 이야기하기 시작했다. 융은 그녀의 해박하고 씩씩한 태도가 마음에 들었다. 그때부터 둘의 상담은 공통된 지적 관심사에 집중되었고, 주로 그녀가 대학에서 받은 수업과 읽었던 책들에 관해서 이야기를 나누었다. 그녀의 증상은 상당히 호전되었다. 융은 치료하다 많은 여자에게 호감을 받았는데, 그녀는 그중 첫 번째 여자였다. 그 후 토니는 기꺼이 대학 도서관에서 연구를 하며 어머니 집에서 살았다. 융은 프로이트에게 토니를 소개하면서, 그녀가 종교와 철학에 탁월한 감각이 있다고 칭찬했다.[111]

1914년 3월, 엠마는 막내인 넷째 딸을 낳았다. 그녀는 임신 전부터 융과 토니 볼프가 서로에게 깊이 끌리고 있음을 느꼈다. 이때 시작된 비정통적인 감정적 삼각관계는 평생 지속되었다. 융은 토니와 둘이서만 휴

---

111 Deirdre Bair, 정영목 역, 『융』, 350-357.

가를 떠나기도 했다.¹¹² 융의 외아들인 프란츠 융은, "집안일이나 자식에 대한 모든 책임을 아내에게 맡겨 놓고 자신은 놀이를 하거나 집안에서 다른 여자와 함께 시간을 보내는 남자와 함께 사는 것을 상상해보라"고 하면서 어머니 엠마가 곤경에 빠졌던 시절을 증언한다. 그는 이어서, "내 어머니를 생각해보십시오. 침대 옆에 총을 놓아둔 채 잠을 자고, 하루 종일 동그라미 그림이나 그리는 남자와 함께 사는 것을 상상이나 할 수 있겠습니까?"라고 회고했다.¹¹³

1913년 가을, 융은 내면에서 느끼던 압박감이 밖으로 옮겨간 듯한 기분에 사로잡혔다. 실제로 바깥 분위기는 예전보다도 어두웠는데, 그것이 점점 더 현실로 구체화되는 듯했다. 그러던 중 10월에 혼자서 여행을 하다가 그는 갑자기 한 환상에 사로잡혔다. 그것은 제1차 세계대전을 예고하는 첫 번째 꿈이었다. 그는 무시무시한 홍수가 영국에서 러시아로, 북해에서 알프스에 이르러 낮은 곳에 있는 나라들을 삼켜버리는 것을 보았다. 그 홍수가 스위스에 다다랐을 때는 산들이 마치 스위스를 보호하려는 듯이 점점 높아지는 것을 보았다. 엄청난 누런 파도와 물에 떠내려가는 문화유산의 부서진 조각들, 그리고 수많은 죽음을 보았다. 이내 바다는 피로 변했다. 이 환상은 한 시간쯤 지속되었다. 그는 이 환상이 혁명을 가리키는지 자신에게 물었으나 그것을 상상할 수 없었다. 그래서 자기 자신의 문제라고 결론 내리고, 아마도 정신병의 위협일 것이라고 가정했다.¹¹⁴

세계대전과 관련한 두 번째 꿈은 1914년 4월과 6월 사이에 세 번이나

---

112   Ibid., 443.
113   Ibid., 447.
114   C. G. Jung, A. Jaffé, 이부영 역, 『회상, 꿈 그리고 사상』, 200.

연속해서 나타났다. 그것은 한여름에 북극의 추위가 들이닥쳐서 전국이 꽁꽁 얼어붙는 꿈이었다. 세 번째 꿈에서는 우주에 무시무시한 추위가 들이닥쳤다. 그러나 이 꿈의 결말이 뜻밖이었다. 그 추위 속에 잎사귀는 있으나 열매가 열리지 않는 나무(융 자신의 인생 나무)가 서 있었는데, 그 잎사귀가 추위의 자극으로 딸기로 변했다. 그 딸기는 치유력 있는 달콤한 즙을 한가득 머금고 있었다. 융은 그 딸기를 따서 기다리고 있던 수많은 사람들에게 나누어주었다. 이것은 제1차 세계대전이 그의 정신적 성장을 돕고, 그만의 심리학을 만들게 하여 많은 사람들에게 도움을 줄 것이라는 예언적 꿈이었을까? 드디어 8월 1일에 제1차 세계대전이 발발했다. 그때 융은 다음과 같이 고백했다.

> 이제 나의 과제는 확립되었다. 나는 무엇이 일어났으며 어느 만큼 내 자신의 체험이 집단의 체험과 연관을 가지는지를 이해하도록 시도해야 했다. 그러므로 나는 먼저 내 자신을 성찰해야 했다. 그런 목적을 가지고 시작한 첫 작업은 건축 놀이에서 일어난 환상들을 그리는 일이었다. 이 작업이 우선되었다.[115]

융이 꾼 제1차 세계대전을 예고한 일련의 꿈은 '예고' 자체에 초점이 있는 게 아니다. 그는 이 경험을 통해 개인의 체험과 개인 밖의 사건이 연관되어 있다는 생각을 하지 않을 수 없었다. 그렇기 때문에 우선 시급히 해결해야 할 것이 자기 자신의 내면의 문제임은 말할 것도 없었다. 그에게 확실한 것은 아무것도 없었기 때문이다. 또한 이렇게 위험한 대면

---

115 Ibid., 201.

작업을 감히 실행하게 한 동기 중 하나가 융 스스로 행할 수 없는 것을 환자들에게 기대할 수 없다는 확신이었다.

융은 감정을 상(image, 像)으로 번역하는 그만의 독특한 방법을 자신의 내면을 관찰하는 데 사용했다. 그는 감정 속에 숨어 있는 상들을 성공적으로 발견함에 따라 차츰 내적 안정을 찾아갔다. 이 방법의 장점은 무시무시한 감정의 소용돌이 속으로 그 자신이 휘말려드는 것을 막아준다는 점이다. 좀 더 구체적으로 설명해보자. 무의식은 그것 자체가 원초적이라서 강한 힘을 가지고 있다. 그것을 그냥 나오는 대로 두면 의식에 직접적으로 작용해서 혼란을 야기할 수 있기 때문에 그 힘을 약화시켜야 한다. 그 방법이란 무의식의 내용을 고립시키는 것인데, 그 내용을 인격화하면 일단 고립이 성사된다. 즉 감정을 형상화하면 무의식은 그 형상 안에 갇히게 된다는 말이다. 따라서 그다음 의식이 그 인격체(무의식)와 관계를 형성함으로써 내 것이면서도 내 것이 아닌 감정으로 객관화시킬 수 있게 된다.

이처럼 융은 상이라는 매개체를 무의식적인 감정 덩어리들을 의식화해나가는 데 이용했다. 물론 그렇다고 해서 이 작업이 그렇게 호락호락한 것은 아니었다. 융은 상으로 변한 내면의 감정 덩어리들을 '원형'이라고 불렀는데, 그것이 열정적으로 혹은 과장되게 융에게 말을 걸어왔기에 마치 누가 못으로 석고벽을, 또는 칼로 접시를 긁는 것처럼 그의 기분을 거슬리게 했다. 그러나 그는 이런 상들이 무엇을 의미하는지, 또 그것들이 일으키고 있는 일들이 무엇인지 하는 것들을 알아낼 수는 없었다. 다만 그 무의식들이 스스로 선택하는 스타일대로 받아쓰는 수밖에 도리가 없었다. 그러다가 그것들이 귀로 들리듯 느껴졌고, 자신에게 중얼거리는 것을 듣는 일이 일어나기도 했다. 그는 그것들이 의식의 문턱 아래

에서 생생하게 살아 있는 느낌을 받았다.[116]

융은 혼란스러워 자신의 경험을 정리할 수 없었다. 그러던 중에 한 여인상에 대한 경험이 그의 유명한 개념인 '아니마'를 창안하는 데 큰 도움을 주었다. 그것은 달콤한 말로 시작되었는데, 바로 융에게 치료받은 적이 있는 한 여인의 목소리였다. 융은 그 여인이 자신에게 강한 전이를 가지고 있던 재능 있는 정신병질자(psychopath)였다고 회고했다. 그녀가 부르크횔츨리 정신병원에서 조수로 일할 때(1911년경) 융은 그녀를 처음 만났다. 그녀는 마리아 몰처(Maria Moltzer)라는 네덜란드 의사로, 취리히에서 독자적인 진료도 하고 프란츠 리클린과 협력하여 진료를 하기도 했다. 갈대처럼 마른 그녀는 '몰처 수녀님'이라는 별명을 얻을 정도로 금욕적인 수도자 같고, 순수한 처녀 같았다. 또한 그녀는 열성적이고 지적이고 성실했다. 융은 육체적으로 그녀에게 무척 끌렸기 때문에 남성 속의 여성적 형태를 가리키는 아니마를 정식화할 때 그녀에게서 처음 영감을 받았다고 말했다.[117]

어떻든 융은 환상과 꿈을 적어가며 자신의 무의식을 관찰하는 이 작업을 학문적 연구라고 생각할 수는 없었다. 그래서 "도대체 나는 지금 무엇을 하고 있는 것인가?"라고 반문했다. 그때 그의 내면에서 그 여인의 소리가 들려왔다. "그것은 예술(인위적인 것)이다." 그러나 융은 아무리 생각해도 이 작업을 예술이라고는 볼 수 없었다. 융은 그 말에 대항해서, "그것은 예술이 아니라, 오히려 자연(자연 발생적인 것)이다"라고 말했다.[118] 이 말은 무의식 탐구 중 나타나는 여러 형태의 충동이 개인적 욕

116　Ibid., 202-203.
117　Deirdre Bair, 정영목 역, 『융』, 346-347.
118　C. G. Jung, A. Jaffé, Richard and Clara Winston, *C. G. Jung Memories, Dreams, Reflec-*

망을 충족시키려고 인위적으로 하는 행동이 아니라, 인격의 근원에 내재된 본성에서부터 유래한다는 주장이다. 이러한 주장에 그녀는 아무런 반응도 하지 않았다. 융은 자기 안의 여인이 어떤 언어중추도 가지고 있지 않다고 생각했다. 그래서 그녀에게 융 자신의 언어를 사용하라고 제안했다. 그녀는 그 제안을 받아들였고 이내 긴 이야기를 시작했다.

융은 자신 속에 있는 여인이 자기를 간섭한다는 사실에 매우 흥미로워했다. 그리고 그것이 바로 원시적인 감각의 혼(soul)이 틀림없다고 결론지으면서, 왜 혼에 아니마라는 이름을 붙였는지, 그것이 왜 여성으로 생각되는지 그 이유를 생각하기 시작했다. 후에 융은 이 내적 여성상이 남성의 무의식 속에서 전형적인 혹은 원형적인 역할을 한다는 사실을 알게 되었고, 이것을 '아니마'라고 불렀다. 한편 여성의 무의식에 있는 동일한 것은 '아니무스'(animus)라고 불렀다.[119]

융은 계속해서 환상을 붙들기 위해 하강을 상상하면서 무의식의 내면으로 내려가는 시도를 했다. 보다 더 깊은 곳에 다다르기 위해서 이와 같은 시도를 여러 번 해서 죽음의 나라와 같은 곳에 도달했을 때, 그는 어느 암벽의 가파른 비탈 근처에서 자신이 엘리야(Elijah)와 살로메(Salome)라고 하는 두 사람을 만났다. 장님인 살로메와 엘리야는 기묘한 짝이라 당황스러웠는데 엘리야가 "우리는 언제나 영원한 연인 사이"라고 말함으로써 융을 더욱 혼란에 빠뜨렸다. 융은 환상 속에서 성서의 인물을 만난 것이 목사였던 아버지의 영향은 아니었을까 생각해보았지만 그것만으로는 설명할 수가 없었다. 여러 해가 지난 뒤에야 그는 엘리야

tions, 210.
119 Ibid., 211.

와 살로메라는 기묘한 짝의 의미를 알게 되었다.[120] 융은 이렇게 말했다. "살로메는 아니마 상이고, 그녀는 사물의 의미를 인식하지 못하기 때문에 장님이다. 엘리야는 지혜로운 늙은 예언자의 모습으로 지성과 지식의 요소를 대표한다. 반면에 살로메는 에로틱한 요소다. 따라서 두 인물은 로고스(Logos)와 에로스(Eros)가 인격화된 것이다. 그러나 이러한 정의는 지나치게 지적(知的)이다. (그러므로) 그때 나에게 발생한 사건과 경험의 모습 그대로 그냥 두는 것이 더 의미가 있다."[121] 이 환상이 있은 지 얼마 뒤에 융의 무의식은 엘리야의 모습에서 발전한 다른 상을 떠올렸다. 융은 그를 필레몬(Philemon)이라고 불렀다. 필레몬은 비기독교도였고, 영지주의적 색채가 농후한 이집트식 헬레니즘의 분위기를 풍기는 인물이었다.

필레몬과 다른 환상은 융에게 중대한 통찰을 확신시켜주었다. 즉 정신 안에 융이 만들어내는 것이 아니라 스스로 만들어지는, 그래서 그 자신의 삶을 살아가는 어떤 것이 존재한다는 확신이었다. 필레몬은 융 자신이 아닌 어떤 다른 힘을 나타냈다. 융은 이 환상 속에서 필레몬과 대화를 나누었고, 그는 융이 의식에서 생각하지 못한 것을 이야기해주었다. 융은 말하고 있는 대상이 그 자신이 아니라 필레몬이라는 것을 명확하게 보았다. 필레몬은 융에게 정신적 객관성(psychic objectivity), 즉 정신의 실체(the reality of the psyche)를 가르쳐주었다. 융은 필레몬과의 대화를 통해서 자아와 생각의 대상 간의 차이를 분명하게 알게 되었다. 그는 융을 객관적인 방법으로 대했다. 그러므로 융은 그 자신 안에 자신이 알지

---

120   Ibid., 205-206.
121   Ibid., 206-207.

못하고 의도할 수도 없는 어떤 것들, 더욱이 자기에게 대적하기도 하는 어떤 것들이 있음을 이해했다.[122]

심리학적으로 필레몬은 탁월한 통찰(superior insight)을 상징했다. 그것은 신비롭기도 하고, 마치 살아 있는 인격체인 듯이 실체처럼 느껴지기도 했다. 융은 그와 함께 정원을 거닐었다. 융에게 그는 인도의 구루(guru) 같은 존재였다. 그밖에 새롭게 인격화된 상이 나타날 때마다 융은 개인적인 패배감을 느꼈다. 이는 "내가 아직도 모르고 있었던 어떤 것이 있구나!" 하는 것을 의미했기 때문이다. 그리고 이러한 상들이 계속 나타나서 끝없는 무지의 수렁 속으로 빠져들어 결국에는 자신을 잃을지도 모른다는 두려움에 슬며시 사로잡혔다. 세상일에서 성공하여 자신만만해할 수 있었음에도 불구하고 그의 자아는 무가치함을 느꼈다. 그리고 그렇게 캄캄한 상황에서 그가 간절히 바랄 수밖에 없었던 존재는 바로 살아 있는 구루, 탁월한 지식과 능력이 있는 어떤 사람이었다. 그런 임무의 수행자가 바로 필레몬이었다. 필레몬은 융에게 수많은 깨달음(illumination idea)을 전달해주었다.[123]

후에 융이 카(Ka)[124]라고 부른 다른 형상이 출현하여 필레몬을 상대화했다. 고대 이집트에서 '왕의 카'는 왕의 지상의 형태, 즉 형태를 갖고 있는 혼(형상혼, embodied soul)이었다. 융의 환상 속에서 카혼(ka-soul)은 땅밑, 심연 같은 곳에서 나왔다. 융은 이것을 아래는 돌로 위는 청동으로 이루어진 헤르메스의 주상(柱像)처럼 땅에 속박된 형태로 그렸다. 카에는 악마적인 어떤 것, 곧 메피스토펠레스적(Mephistophelian)인 것이 표

---

122 Ibid., 208.
123 Ibid., 208.
124 영(靈), 혼. 고대 이집트인이 믿었던 사후의 부활을 위한 영적 부분.

현되었다.¹²⁵ 필레몬은 다리를 절지만 날개를 가진 영혼(spirit)이었다. 반면에 카는 일종의 땅의 귀신 혹은 금속 귀신을 나타낸다. 필레몬이 영적 측면(spiritual aspect) 혹은 '의미'(meaning)였다면 카는 그리스 연금술의 안트로파리온(Anthroparion)과 같은, 일종의 자연 정령(a spirit of nature) 이었다. 나중에 융은 연금술을 연구하면서 이 두 가지 형상을 통합할 수 있게 되지만 그 당시는 아니었다.¹²⁶

1915년경 융은 이상하리만치 맑은 정신 상태를 경험하면서 그동안 늘 가져왔던 의문에 대한 다른 차원의 반응을 보는 듯한 순간을 맞이했다. 그때 그는 다음과 같은 환상적 사고를 경험했다.

나는 "지금 신화에 대한 열쇠를 가지고 있고, 그것으로 무의식적인 정신(the unconscious psyche)의 모든 문을 자유로이 열 수 있다"고 생각했다. 그러나 그때 내 속에서, "왜 모든 문을 열어야 하나?"라고 속삭이는 무엇이 있었다. 그러자 곧 내가 그동안 성취해놓은 것이 무엇인지에 대한 의문이 떠올랐다. (그 의문에 대해 나는 스스로에게 다음과 같이 말했다.) 그래 나는 과거 민족들의 신화를 설명했고, 영웅에 관한 책을 썼으며, 인류가 항상 살아왔던 신화에 대해 썼다. 그러나 오늘의 인간은 어떤 신화 속에서 살고 있나? 기독교적 신화라고 대답해야 할 것이다. (그렇다면) "너는 그 신화 속에서 살고 있는가?"라고 나는 자신에게 반문했다. 솔직히 말해서 그것에 대한 답은 "아니오"였다. 나의 삶을 이끌어가고 있는 것은 그 신화가 아니었다. "그렇다면 우리는 더 이상 어떠한 신화도 가지고 있지 않

---

125 C. G. Jung, A. Jaffé, Richard and Clara Winston, *C. G. Jung Memories, Dreams, Reflections*, 209.
126 Ibid., 209-210.

나?" "그렇다. 우리에게는 분명 이제 더 이상 아무런 신화도 없다." "그렇다면 당신이 지금 살고 있는 그 신화는 무엇이란 말인가?" 바로 이 지점에서 나 자신과의 대화는 불편해지기 시작해서 이내 생각을 멈췄다. 나는 막다른 골목에 다다랐던 것이다.[127]

어느새 융은 무의식의 정신을 모두 열 수 있는 지경에까지 이르렀다. 그러나 정작 인류를 위한 신화를 열려고 할 때, 그에게는 근원적인 의문이 생겼다. "현재 우리는 어떤 신화 속에서 살고 있는가?" 어떤 면에서 보면 이것이 융 사상에 가장 초석이 되는 질문일 것이다. 그 질문에 대한 대답은 너무도 명확하게, "없다"였다. 여기서 융의 평생의 중요한 과제가 명확히 드러난다. 그의 평생의 과제는 바로 이 '잃어버린 신화 찾기'였다.

3. 「죽은 자들을 위한 일곱 가지 설교」

융은 「죽은 자들을 위한 일곱 가지 설교」를 쓰기 전에 흔히 빨간 책(The Red Book)이라고 부르는 새 일기장에 필레몬이 한 말을 기록했다. 이것은 빨간 가죽으로 장정한 피지 2절판 공책으로, 융은 그 안에 자신의 환상을 공들여서 꼼꼼하게 그려 넣고 검은색 잉크로 해설해놓았다. 필레몬의 말은 이집트적이고, 영지주의적이고, 헬레니즘적인 분위기였으며, 그는 이교도였기 때문에 무엇보다 분명하게 영지주의적 색채를 느낄 수 있었다.[128]

127　Ibid., 194-195.
128　Deirdre Bair, 정영목 역, 『융』, 525-526.

1916년 여름, 토니 볼프가 가족과 함께 점심을 먹고 호숫가에서 융과 단둘이 오후를 보낸 뒤 떠났던 어느 일요일 저녁 5시경에 이상한 일이 벌어졌다. 갑자기 초인종이 계속 미친 듯이 울렸다. 부엌에 있던 딸들이 얼른 문으로 달려갔지만 밖에는 아무도 없었다. 공기만 아주 탁했다. 그때 융은 "이제 무슨 일이 일어날 수밖에 없음"을 알아차렸다. 융은 집 안에 유령이 가득함을 느끼고, "도대체 이게 무엇인가?"라고 크게 물었다. 그러자 마음속에서 그 유령들은 크게 합창했다. "우리는 예루살렘에서 우리가 원하던 것을 찾지 못한 채 돌아오는 길이오." 이 말은 「죽은 자들을 위한 일곱 가지 설교」의 첫 구절이 되었다. 융의 마음속에서 여러 생각이 봇물 터지듯 터져 나왔고, 융이 펜대를 쥐면 모든 유령이 사라졌다. 이런 분위기 속에서 그는 사흘 저녁 동안에 이 글을 모두 완성했다. 그리고 이 책에 동양과 서양이 만나는 도시 알렉산드리아의 영지주의자 바실리데스(Basilides)가 쓴, 죽은 자들을 위한 일곱 가지 설교라고 설명을 붙였다. 융은 자신의 심리학적 이론과 통찰 대부분이 이 책에 수록된 '초기의 환각들' 속에 종자의 형태로 존재했다고 고백했다. 따라서 융의 과학적인 연구 너머에 영지주의적 영감이 있었음은 너무도 자명하다.[129]

이 체험을 하기 전, 그는 영혼이 자신으로부터 날아가 버리는 환상을 체험했다. 그것은 영혼(아니마)이 무의식(죽음의 나라)과 의식을 연결시켜주고 있음을 의미하기 때문에 매우 중요했다. 영매처럼 영혼은 죽은 자가 스스로 나타날 수 있도록 해준다. 그러므로 영혼이 사라진 바로 다음에 죽은 자가 융에게 나타났고, 이어서 그가 「죽은 자들을 위한 일곱 가지 설교」를 쓰게 된 것이다. 이것은 융이 분석적 체계를 구상하는 동

---

129 Stephan A. Hoeller, 이재길 역, 『이것이 영지주의다』(샨티, 2006), 220-221.

안 쓴 매우 개인적인 글이다. 융은 이 글을 무척 당혹스럽고 모호하게 생각해서 삶을 마감할 때까지 몇 안 되는 아주 친한 친구들에게만 보여주었다. 좀 더 자세한 내용은 [부록 3]에 있다.

4. 영지주의와 더불어 진행되던 창조적인 병, 연금술로 이어지다

융은 제1차 세계대전이 끝날 무렵이 되어서야 비로소 점차적으로 '기나긴 밤'으로부터 벗어나는 느낌을 받았다. 거기에는 두 가지 사건이 계기가 되었다. 첫째는 융의 환상이 예술적 가치를 지니고 있다고 확신시키려 한 마리아 몰처와의 절교가 계기를 마련해주었다.[130] 그녀는 자기가 취리히에서 환영받지 못함을 알고 결국 네덜란드로 돌아가 그곳에서 진료를 하면서 여생을 보냈다. 융은 그녀와의 절교를 통해 아니마·아니무스 개념에 대한 깨달음을 얻었다고 고백했다. 두 번째 계기는 그가 만다라 그림을 이해하기 시작한 것이다. 이것은 1918년과 1919년 사이에 일어났다.

1918년과 1919년에 융은 피억류 영국인 수용소의 지휘자로, 샤또되(Château d'Oex)에 있었다. 거기서 그는 매일 노트에 인도와 티베트의 만다라와 유사한 그림을 그렸는데, 그것이 일상의 내면 상황과 관련되어 있는 듯이 보였다. 하루는 마리아 몰처가 그에게 편지를 보냈는데, 그녀는 예전처럼 융의 무의식적 환상이 예술적 가치가 있으며 예술로 간주되어야 한다고 주장했다. 현대의 예술가들이 무의식으로부터 예술을 창조해내려고 탐구하고 있기는 했지만, 융은 그녀의 주장 뒤에 숨어 있

---

130 C. G. Jung, A. Jaffé, 이부영 역, 『회상, 꿈 그리고 사상』, 222.

는 공리주의(utilitarianism)[131]와 자기도취(self-importance)를 경계했다. 즉 융이 만들어내고 있는 환상이 자연 발생적인 것인지, 아니면 그 자신이 인위적으로 만들어내고 있는 것인지 하는 문제를 자극하고 있었던 것이다. 이렇게 마음이 혼란한 다음 날 융의 그림 일부가 균형을 잃은 만다라를 그리고 있었다. 그는 만다라라는 것이, "형성, 변환, 영원한 심성의 영원한 재창조"였음을 알았다. 그리고 그것이 바로 자기 자신, 인격의 전일성이며, 매일매일 새롭게 나타나는 자기(self)의 상태와 연관되는 암호 같은 것임을 깨달았다. 융은 거기서 '자기'의 전 존재가 활발히 작동하고 있음을 보았고, 그것들을 통해서 '자기'의 생생한 개념을 터득했다.[132]

1918-1920년 사이에 융은 정신적 발전의 목표가 '자기'임을 이해하기 시작했다. 그는 "거기에는 직선적인 변화가 있는 것이 아니라, 순환이 있을 뿐"이라고 표현하면서, 모든 발전이 '자기'라는 중심을 향한다고 생각했다. 이러한 깨달음은 융의 마음을 편안하게 만들었다. 그는 만다라가 '자기'의 표현임을 발견함으로써 궁극적인 어떤 것에 다다랐음을 깨달았다.[133] 융의 이 과정은 짧게는 5년 이상, 길게는 1930년에 '자기'와 만다라의 의미를 발견하기까지 계속되었다. 그는 그의 빨간 책(The Red Book) 말미에, 1930년에 연금술과 가까워지면서 빨간 책과 멀어졌다고 말하고 있다. 1928년에 리하르트 빌헬름에게서 도교 경전인 『태을금화종지』를 받아보고 나서 그 책의 내용과 자신의 무의식 탐구를 기록한 빨간 책의 내용이 상당 부분 같음을 알고부터 더 이상 빨간 책 작업을 진행

---

131 모든 일에 개인의 공명(功名)과 이익만을 추구하는 경향이나 태도.
132 C. G. Jung, A. Jaffé, 이부영 역, 『회상, 꿈 그리고 사상』, 222-223.
133 Ibid., 224.

할 수 없었다고 한다.¹³⁴

융은 이 기간에 네 편의 논문을 썼다. 그것들은 「무의식의 심리학」, 「자아와 무의식의 관계」, 「초월적 기능」 그리고 『심리학적 유형들』이었다. 이것들은 그의 분석심리학 체계를 특징짓는 서술적·과정적·발전적 성격을 잘 보여준다. 그중에서 초월적 기능을 어느 정도 알아두는 것이 앞으로 전개할 개성화 과정을 이해하는 데 도움이 될 듯하여 [부록 4]에 정리해두었다.

---

134 C. G. Jung, *The Red Book, Liber Novus* (W. W. Norton & Company New York · London, 2009), 555.

제4장

융이 본 영지주의

융이 영지주의를 탐구하게 된 동기

융은 환자와 자신의 무의식 탐구를 통해서 얻은 학문적 업적이 자신을 영지주의 탐구로 이끌어감을 인지했다. 영지주의가 특별히 융의 개성화를 규정한다고 할 수는 없지만, 그가 독립적으로 발견한 정신에 관한 인상과 개념들이 영지주의가 제공하는 것들을 인정하고 유용하게 한 것만은 틀림없다.[1] 영지주의에 관한 융의 표현을 보자.

> 영지는 의심의 여지없이 무의식에서 나온 심리학적 지식이다. 즉 영지는 집단무의식이 의식적 마음에 영향을 주어서 형성된 '주관적 요소'(subjective factor)에 집중함으로써 깨닫게 된 통찰력이다.[2]

그러니까 융은 영지주의자들이 무의식의 원초적 세계와 직면해 있

---

1 John Pennachio, Gnostic Inner Illumination and Carl Jung's Individuation, *Journal of Religion and Health*, Vol. 31, No. 3(Fall, 1992), 238-241.
2 C. G. Jung, *Aion*, CW 9ii (Routledge & Kegan Paul Ltd.), par. 350.

고, 또한 본능의 세계에 오염된 그 무의식의 내용을 다룬다고 생각해서, 1918-1926년 사이에 영지주의 관련 서적을 열심히 탐구했던 것이다. 그러나 융이 공식적으로 영지주의에 관심을 가진 것은 1912년경부터였다고 볼 수 있다. 그해 8월 12일에 융은 프로이트에게 영지주의자에 관한 편지를 써 보냈는데, 거기서 그 영지주의자는 소피아라는 영지주의적 개념(the Gnostic conception of Sophia)이 현대 정신분석 안에서 재현해볼 수 있는 옛 지혜의 재구성이라고 말했다. 다시 말해서 그는 소피아에 대한 영지주의 개념이 정신분석학을 통해 곧 서구 사상에 재도입될 수 있음을 이야기했다. 또한 바바라 하나(Barbara Hannah)는 융이 쇼펜하우어에 큰 흥미를 느낀 것도, 그 위대한 독일 철학자가 그에게 세상의 고통스러운 측면을 강조하는 영지주의자들을 회상시켰기 때문이라고 지적했다. 쇼펜하우어가 창조자의 모든-선과 모든-지혜의 섭리(the all-good and all-wise providence of a Creator)를 말하지도 않고, 우주의 조화를 말하지도 않고, 다만 불명확하게 인간 역사의 슬픈 과정과 자연의 잔인성 아래를 흐르는 근본적 흠인 세계-창조 의지의 맹목성(the blindness of world-creating Will)만을 언급했다는 사실에 융은 진심으로 동의했던 것이다. 이런 것들로 미루어볼 때 융은 영지주의를 본격적으로 탐구하기 이전에 이미 영지주의적 태도를 가지고 있었음을 알 수 있다.[3]

그 이후로도 융의 영지주의적 태도는 계속 이어졌다. 그가 프로이트와 헤어지고 독자적으로 자신의 무의식을 탐구해가던 시절, 즉 창조적인 병을 앓던 시절(1913-1918년)의 여러 가지 경험을 돌아보면 곧바로

---

[3] Stephan A. Hoeller, *The Gnostic Jung and the Seven Sermons to the Dead* (The Theosophical Publishing House Wheaton, Ill. U.S.A., 1994), 16-17.

그것을 인정하게 된다. 그 당시 그가 그의 무의식, 곧 아니마 형상의 인도함에 따라 그의 깊숙한 내면에서 엘리야와 살로메 형상을 만났을 때 그는 반문했다. "환상 속에서 성서의 인물을 만난 것이 목사였던 아버지의 영향 때문일까?" 그러나 그것만으로는 설명할 수 없었다고 하면서 그 두 쌍을 영지주의에 등장하는 쌍과 중국의 노자와 무녀로까지 연결했다가, 그들은 결국 로고스와 에로스가 인격화된 것이라고 설명했다. 그러나 엘리야가 그 후에 영지주의적 인물인 필레몬의 형상으로 발전하여 떠올랐다고 하는 그의 설명을 들으면 기독교적인 것과 비기독교적인 것을 대비시키지 않을 수 없다. 다시 말해서 그의 환상은 기독교적인 엘리야의 형상에서 비기독교적이고 영지주의적인 필레몬의 형상으로 변형되어간 것이다.

우리는 여기서 융이 왜 영지주의에 그토록 관심을 많이 갖게 되었는지를 좀 더 유추해볼 수 있는 촉발 인자를 발견하게 된다. 왜 그의 무의식은 엘리야(기독교적)에서 필레몬(비기독교적·영지주의적)의 형상으로 변해간 것일까? 이 질문은 우리가 앞에서 봤던 그의 인생의 과제에까지 되돌아가게 한다. 그는 열한 살 때 이미 '인격의 비밀을 탐구하기' 시작했다고 고백했다. 그때쯤에 그는 자기 자신 안에 1호 인격과 2호 인격이라고 표현한 서로 상반되는 성격의 존재를 느끼고 있었고, 그것들의 분열을 경험하고 있었던 것이다. 이러한 분열은 아버지를 통한 기존 기독교에 대한 불만으로 발전하기도 했다. 아버지로 대표되는 당시의 자유주의 신학의 기독교는 메마른 도덕적 실천만 있었지 인간을 감동시키고 변화시키는 경외로운 영성은 결여되어 있었다. 이런 상황, 곧 어린 그에게 분열된 인격에 대한 과제와 영성이 메마른 기독교의 대표자와 같은 아버지에게서 풍겨 나오는 절망감이 기독교 안에는 답이 없고 기독교 그 너머 어딘가에 해결책이 있을 것이라는 암묵적 소망을 심어준 것은 아니었을까? 하여튼 융에게 기존 기독교 사상을 넘어선다는 것은 우선 아버지의 한계를 넘어서는 것이고, 다른 한편으로는 자신의 인격을 돌아보는 것이었다. 더 나아가서는 맹목적이고 방향감을 상실한 채 살아가는 현대인들을 위한 새로운 신화를 찾아가는 여정의 시작일 수 있었다. 이런 배경의 영향으로 인하여 기독교 엘리야의 형상이 비기독교적이고 영지주의적인 필레몬의 형상으로 변화되어 융의 무의식에 나타났던 것은 아니었을까?

영지주의에 대한 정통파 기독교의 선입견으로 융이 이해하고 있는 영지주의를 보면 큰 오해가 생긴다. 융이 영지주의에서 관심 있게 본 것은 기독교가 보고 있는 교리적 측면이 아니라, 심리적 측면이다. 사실 교리적인 것들은 융에게 무가치했을 뿐만 아니라 융은 그것에 관심도 없었다. 다시 말해서 융은 인간에 내재되어 있는 무의식을 만나고 그것에 영향을 받는 과정을 관찰하고 탐구하려 했던 것이다. 그렇기 때문에 영지주의에 대한 일반적인 정보를 융 심리학과 비교해볼 만큼만 소개하는 것이 적절해 보인다.

영지주의란?

1. 정의

영지주의에 대한 두 가지 정의가 있다. 좁은 의미에서는 1-3세기에 걸쳐 발생했다가 사라진 고대 기독교의 이단으로 정의하고, 넓은 의미에서는 기독교의 전신인 비기독교의 영역으로까지 확대해서 정의한다. 여기에는 근동 지방의 상당히 많은 종교 운동이 포함되기도 한다. 넓은 의미의 영지는 고대뿐만 아니라 근대 그리고 현대에 이르기까지 범위를 넓힐 수 있다. 이 책에서는 주로 좁은 의미의 영지주의에 대해 이야기할 것이다. 왜냐하면 기독교는 서구뿐 아니라 동양에서도 중요한 종교라서 그것을 가운데 두고 생각하는 것이 훨씬 합당하고 효과적이기 때문이다.

영지주의자(gnostic) 그리고 영지주의(gnosticism)라는 단어는 현대인들에게는 정확한 기준이 없다. 무지자(無知者)와 대조적으로 그들은 자신들을 지식(gnosis)을 가지고 있는 지자(知者: 그리스어로는 *gnostikoi*)라고 생각했다. 그들이 2-3세기 기독교 시대 때 기독교 안에서 살던 사람들이었으므로 그들 스스로를 영지주의자라고 부른다는 것은 언어도단이다. 그들은 자신들이 기독교인, 유대교인, 이집트, 바벨론, 그리스, 로마의 옛 종파의 전통에 속한다고 생각했다.[4] 그리스어 *gnostikoi*는 일반적으로 '지식' 또는 '앎'을 의미하지만 고대 그리스어에서 지식은 크게 다른 두 가지 의미로 사용되었다.

하나는 명제적 지식으로, 특별한 경험이 없이도 알 수 있는 이성적이고 과학적인 지식을 말한다. 이것은 현상계에 대한 앎, 보고 듣고 경험하는 것, 눈으로 검증되는 것, 객관적 관찰에 의한 지식을 포괄하는 앎이다. 그것은 플라톤에게는 이데아에 대한 지식이고, 아리스토텔레스에게는 우주의 궁극적 법칙에 대한 이성적 이해다.[5] 또 하나는 '나는 그의

---

[4] Stephan A. Hoeller, *The Gnostic Jung and the Seven Sermons to the Dead* (The Theosophical Publishing House Wheaton, Ill. U.S.A., 1994), 10-11.
[5] 김용옥, 『기독교성서의 이해』(통나무, 2008), 142.

생각이나 느낌을 안다'와 같은 의미의 지식으로, '그노시스'라고 한다. 영지주의자들이 추구했던 그노시스란 오늘날 우리가 암기 주입식 학교 교육을 통해서 얻을 수 있는 지식과는 전혀 다르다. 영지주의자들은 관념적인 지식이나 이론적인 지식을 추구하지 않았다. 그들은 영혼을 구원할 수 있는 방편으로서의, 혹은 영혼 구원 그 자체를 의미하는 것으로서의 그노시스를 얻으려고 애썼다. 그들은 직관을 통해 자신과 우주와 하나님에 대한 그노시스를 파악한 사람들이었다. 그노시스가 이런 뜻이라면 우리말로는 '지식'이라기보다는 오히려 '통찰', '이해' 혹은 '깨달음'에 더 가깝다고 할 수 있다.[6]

영지주의란 어떤 일정한 범주의 사상적 운동이 아니라 정통파 기독교가 정립되어가는 과정에서 그 밖의 기독교를 총망라해서 부르는 이름이라서, 영지주의 문서는 종류도 다양하고 일치된 견해를 도출해내기도 쉽지 않다. 이 때문에 오늘날 대부분의 학자들은 영지주의가 다양한 전통에서 그 뿌리를 찾을 수 있는 광범위한 종교 운동이었다는 데 동의한다.[7]

2. 기원

영지주의의 기원이 여러 학자들 사이에서 오랫동안 논의되어왔다. 그 기원은 유대교 내부에서의 종말론과 유대교 외부에서의 중기 플라톤 학파 및 신플라톤 학파인 것으로 보인다.

---

6 이재길, 『성서 밖의 복음서』(정신세계사, 2007), 21-22.
7 Elaine Pagels, 하연희 역, 『숨겨진 복음서 영지주의』(루비박스, 2006), 33.

1) 유대교 내부 문제로서의 종말론

종말론은 악의 문제에 대한 인식의 변화과정으로부터 배태되어 나왔다. 그것은 곧 하나님과 이 세상 악과의 관계에 대한 인식의 변화이기도 하다. 대부분의 성서 저자들은 이 세상의 악이 하나님의 훌륭한 창조를 타락시킨 인간의 죄에서 비롯했다고 주장하고 있다. 그러나 영지주의 저자들은 인간의 죄 때문에 악이 발생한 게 아니라 물질세계 자체가 악의 재질로 되어 있다고 보았다. 영지주의가 기독교의 한 분파임을 감안하면 하나님과 악의 문제가 상당히 많이 변화되었음을 알 수 있다. 왜 이렇게 변했을까?

유대인들이 애굽에서 빠져나온 사건은 유대신학의 핵심 요소다. 이것은 "하나님이 이스라엘 민족을 자기의 백성으로 택하고 그들을 위기에서 구해내기 위해 적극적으로 개입했다"는 사실을 입증해주는 사건이기 때문이다. 그러나 그 후 이스라엘 민족이 비슷한 상황에 부딪쳤는데도 하나님이 외면했다는 사실에 대해서는 신학자들뿐만 아니라 일반 백성들마저도 의아하게 생각했다. 구약의 많은 경전들은 그 이유를 이스라엘 백성이 하나님께 죄를 지어 하나님이 벌로 군사적·정치적·경제적·사회적 시련을 준 것이라고 경고했다. 그들이 모세 율법의 기록대로 공동체 생활과 예배에 관한 지침을 따르는 바른 생활로 돌아오자 하나님은 노여움을 풀고 그의 백성들이 다시 행복하고 복된 삶을 누리도록 허락했다는 것이다.[8] 기원전 180년경까지만 해도 이러한 '출애굽 신학'은 설득력이 있었다.

---

8 Bart D. Ehrman, 박철현 역, 『잃어버린 기독교의 비밀』(이제, 2008), 253.

그러나 기원전 180년경 안티오코스 4세(에피파네스)가 이스라엘을 지배하면서 출애굽 신학으로도 이해할 수 없는 일이 벌어지기 시작했다. 다시 말해서 이스라엘 백성들이 하나님께 돌아와 그의 계명을 충실히 이행하는데도 불구하고 그들에게 무시무시한 재앙에 가까운 고난이 전국을 뒤덮었고, 악한 자들이 활개 치기 시작했다. 새로운 설명이 절실히 요구되는 상황이 전개되고 있었다. 이스라엘 백성들은 그들이 하나님 앞에 죄를 짓기는커녕 율법을 정성껏 준수했음에도 불구하고 왜 이런 어처구니없는 일들이 벌어지는지 의문이 들 수밖에 없었다. 이러한 의문에 답한 이들은 바로 종말론자들이었다. 유대 종말론자들은 하나님에게는 인간의 고통에 책임이 있는 악마라는 적이 있으며, 이 세상에는 하나님의 백성을 괴롭히는 우주적인 권세, 즉 악마의 지배를 받는 악의 세력이 존재한다는 사상을 발전시켰다. 이러한 사상에 따르면, 하나님은 여전히 이 세상의 창조자인 동시에 궁극적인 구세주다. 그러나 당분간은 악의 세력이 하나님의 백성을 속박하고 해를 끼치게 된다.[9]

유대 종말론자들이 이런 생각을 하게 된 데에는 다음과 같은 역사적 배경이 깊숙이 자리하고 있다.[10] 알렉산드로스(기원전 356-323) 사망 후 그의 제국은 네 부분으로 나뉘었고, 그리스 장성들이 각각 하나의 왕조를 이루었다. 그중 오늘날 시리아를 지배했던 왕이 안티오코스(Antiochus)였다. 그의 자손들이 2세, 3세, 4세로 그 뒤를 이었다. 안티오코스 4세(에피파네스) 때가 기원전 180년경이며 신구약 중간 시대였다. 안티오코스 에피파네스("빛을 발하는 등불")는 아돌프 히틀러 때까지의

---

9 Ibid., 255.
10 James Kallas, 박창환 역, 『사탄의 생태』(The Real Satan, 컨콜디아사, 1995) 참조.

모든 역사를 통틀어 가장 무시무시하고 가장 더러운 이름이 될 운명을 지녔었다. 그는 알렉산드로스의 옛 이상, 즉 '인간의 막대한 크기와 능력'을 다시 회복시키고자 했다. '사람은 하나의 위대한 존재이며 자기 자신의 운명을 좌우하는 자'라는 알렉산드로스의 복음을 특히 유대인들에게 다시금 전파하려는 것이었다. 그러나 유대인들은 완강히 거부했다. 사람이 찬양할 대상은 인간이 아니라 하나님이라고 생각하는 것이 유대인들이 물려받은 전통이었기 때문이다. 유대인들은 인간 중심의, 인간을 숭앙하는 안티오코스 에피파네스의 철학을 배척했다.

화가 난 에피파네스는 그리스 철학을 심기 전에 먼저 유대인의 신학을 뽑아내야겠다고 생각하고는 가장 참혹한 박해를 마구 해대기 시작했다. 유대인들은 그동안 그들의 역사 속에서 수많은 박해를 받아왔지만, 안티오코스의 박해만큼 지독했던 적은 없었다. 안티오코스는 그들의 영혼을 발기발기 찢었고 그 나라의 정신적 중심체를 파괴하려고 그들의 종교를 공격했다. 그가 제일 먼저 한 일은 율법 읽는 일을 금지한 것이다. 누구든지 모세의 책들을 읽다가 발각되면 사형을 당했다. 또한 그는 큰 무리의 돼지 떼를 몽땅 성전으로 몰고 들어가 거기서 도살하고, 그 피를 성전 제단에 흐르게 하여 성소를 모독했다. 이러한 공포의 밤을 겪으며 유대인들은 자신들이 믿었던 모든 것에 대해서 고민하며 재평가하기 시작했다. 거기서부터 유대인 사회의 발작적인 재형성이 이루어졌다. 예수가 살았던 사회의 구조가 바로 거기서 발원한 것이다. 신약성서 도처에서 발견되는 유대 종파와 당파들은 하나같이 이 공포의 시대에 태어난 것들이다.

안티오코스의 박해에 적응하거나 투쟁하면서 유대인들 속에는 여러 집단이 생겨났다. 사두개파(Sadducees)는 안티오코스의 사고방식을 따름으로써 쉬운 길로 빠져나간 사람들이다. 그들은 그리스 철학을 수락했고 그리스적 유대인들이 되었다. 그리스 사상은 사람이 몸과 영혼 두 부분으로 나뉘어 있다는 것과, 더 나아가 영혼만이 영원하고, 영혼만이 죽음 후에도 살아남는다는 것을 믿었다. 이 사상을 받아들인 사두개파 사람들은 육체의 부활을 믿지 않고 영혼 불멸설, 즉 영혼만이 살아남는다고 믿었다. 반면 바리새파는 유대 사상에 그대로 집착한 집단이었다. 바리새파(Pharisees) 유대인들은 하나님이 몸과 영혼을 모두 만드셨기에 육체의 부활까지도 믿었다. 그러니까 사두개파는 부활도 천사도 영적 존재도 다 없다고 주장하는 사람들이고, 바리새파는 그것들이 다 있다고 믿는 사람들이었다.[11] 당연히 사두개파 사람들에게 권력이 주어졌고 그들이 제사장직을 맡았다. 바리새파 사람들은 유대 주민 중 가장 고상한 부류로서, 유대 전통을 고수하기 위해 안티오코스에 대항하여 싸웠다. 한편 에세네파(Essenes)는 결코 타협도, 맞서 싸우지도 않고 도피한 제3의 파였다. 이들은 사해 서편의 불모지에서 살았다. 그들이 이러한 삶의 형태를 택하게 된 이유는 세상이 하나님의 주권에서 벗어나 악마에게 붙들렸다는 확신을 가지고 있었기 때문이다. 그들은 세상과 모든 쾌락을 포기했다. 이처럼 안티오코스가 일으킨 대재난은 유대 사회를 재형성하여 사두개파, 바리새파, 에세네파를 만들어냈을 뿐 아니라 사탄의 성격과 역할에 관해서도 전혀 새로운 이해를 이끌어냈다.

구약성서는 하나님이 온 세상의 주재이시고, 그분이 천상회의를 통해서 세상을 다스리시며 선인에게는 상을 주시고 악인에게는 벌을 주신다는 신념을 강조하고 있다. 간혹 욥과 같은 문제를 놓고 고민하지만, 그것

---

11 사도행전 23:6-8.

도 궁극적 해결은 인간에게 참으라고 충고하며, 해결은 하나님의 신비 속에 있어 우리는 그것을 알 수 없다고 말한다. 그러나 안티오코스 에피파네스의 대학살만큼은 더 이상 그것이 간혹 있는 혹은 고립된 예외일 수가 없었다. 정의의 정반대가 득세하여, 악독하고 부패하고 타협하기 좋아하는 사두개인들이 날뛰었다. 악인이 번영하고 선인은 짓밟혔으며 그들의 이가 부러지고 그들의 생명은 파멸되었다. 도대체 하나님의 공의는 어디에 있는가?

이 끔찍한 시대에 유대인들은 하나님께서 세상을 지배하시는 방식에 관한 개념을 하나씩 고민하면서 재평가했다. 전에는 사탄이 하나님의 뜻을 집행하는 종으로서 하나님을 대신하여 악한 자를 벌한다고 믿었었다. 그런데 이제는 갈피를 잡을 수 없는 수난과, 공명정대를 찾아볼 수 없는 악의 난무를 앞에 놓고, 유대인들은 저 위에서 무슨 일이 생겼다는 확신을 가지기에 이르렀다. 사탄이 반기를 들었다는 것이다. 즉 하늘에서 전쟁이 일어났고, 종이었던 자들이 반역을 했으며, 하늘의회 중 자기 편에 가담한 자들을 충동하여 하나님께 반란을 일으켰다는 것이다. 그 반란이 하늘에서는 진압되어 질서가 잡히고 평온이 회복되었지만, 그들이 땅으로 내려왔다. 이것이 바로 안티오코스 에피파네스의 포악함을 설명한 유대인들의 방식이었다. 그들은 공정한 처사를 깡그리 짓밟는 그 무시무시한 패역은 하나님의 뜻이 아니라 하나님의 원수인 사탄의 역사이고, 사탄은 그의 악한 대행자 안티오코스 에피파네스를 통해서 활동한다고 주장했다. 그들의 생각은 예언자적 견해(인간의 고통은 하나님에게서 나왔다)에서 종말론적 견해(인간의 고통은 하나님의 적인 악마에게서 나왔다)로 급진적으로 변화했다. 여기까지가 종말론자들의 설명이다.

2) 중기 및 신플라톤 학파의 영향

영지주의자들은 여기에 덧붙인다. 그렇다면 이 세상은 유일한 참 하나님이 창조한 것이 아닐지도 모른다. 이런 세상을 창조한 신은 선한 하나님이 아니다. 그는 악이거나, 무지하거나, 열등하거나, 사람들이 고통 받길 원하거나, 그들이 고통을 받더라도 전혀 개의치 않거나, 아니면 그것에 대해 어떤 관여도 전혀 할 수 없기 때문에 인간에게 고통을 주는 것일지도 모른다. 그렇다면 이 세상을 주재하지만 세상을 창조하지 않은 더 위대한 하나님이 존재해야 한다. 세상을 이렇게 이해하면 물질세계는 열등한 것이고, 악이다. 따라서 그것을 창조한 하나님도 역시 마찬가지다. 악한 구약의 창조주 하나님을 넘어서 있는 존재, 이 세상과는 관계없는 비물질적인 하나님은 그의 백성들을 이 세상에서 구해내고, 이 물질적인 존재의 속박에서 해방시켜 그들이 고통에서 벗어나기를 원한다. 이것이 영지주의적 세계관의 핵심이다.[12]

이처럼 영지주의의 가장 놀라운 특징은 물질은 악이고 정신은 선이라고 보는 극단적인 이원론이다. 이러한 사상이 동양 종교와 유사하기는 하지만, 학자들은 이것이 플라톤 학파에 속하는 철학적 개념과 유사하다고 보았다. 플라톤 역시 어둠과 실재, 물질과 정신이라는 일종의 이원론을 주장했다. 그리고 1세기와 2세기에는 플라톤의 견해와 그에게 의존하여, 전 우주론을 발전시킨 수많은 철학자들이 활동했다. 이 사상가들은 세 그룹으로 분류되는데, 대개 기원전 4세기 플라톤이 죽자마자 그의 사상을 계승한 '구플라톤 학파', 구플라톤 학파보다 더 유명했던

---

12 Bart D. Ehrman, 박철현 역, 『잃어버린 기독교의 비밀』, 256-257.

3세기 이후의 '신플라톤 학파', 그리고 그 둘 사이에 끼어 있는 '중기 플라톤 학파'로 나뉜다. 여기서 중기 (그리고 신) 플라톤 학파가 영지주의에 지대한 영향을 미쳤다.[13]

영지주의자들과 마찬가지로 중기 (그리고 신) 플라톤 학파는 절대적으로 완벽하고 이 세상의 범주로부터 완전히 벗어난, 우리의 상상을 넘어선 전혀 표현할 수 없는 궁극적인 신이 있다고 믿었다. 그들은 그 궁극적인 신(유일신)이 이 세계를 창조하기로 마음먹었다고 말하지 않는다. 대신에 이 세계는 이러한 유일신에게서 다른 신적 존재들이 물이 흘러 아래로 넘쳐나듯이 그렇게 방출되는 과정을 겪으며 생겨났으며, 그런 연고로 유일한 참 정신과 물질세계 사이에는 참 정신인 궁극적 신에게서 우리를 아주 떼어놓으려는 수많은 종류의 신적 중간자들이 존재하고 있다는 논지를 펼친다.[14]

영지주의 사상은 한가한 명상의 결과물이 아니다. 그것은 비탄과 절망적 상황에서 자연 발생적으로 태동한 사상이었다. 초기 기독교인들이 활동하던 당시는 예루살렘 성전이 무너지고 재건할 희망마저 잃은 데다, 한결같이 기다리던 그리스도의 재림도 실현되지 않은 채 악이 넘쳐나는 지독히 암울한 상황만이 전개되고 있었다. 다시 말해서 당시는 기독교인들에 대한 핍박이 엄청났던 시대였다. 1세기의 기독교 운동의 박해는 200년간이나 지속되었다.[15] 그야말로 구원이 절실히 필요한 시대에 종말론과 중기 및 신플라톤 사상에서 자양분을 얻은 영지주의 사상이 예수 그리스도의 행적과 말씀을 새롭게 해석함으로써 사람들에게

---

13 Ibid., 257-258.
14 Ibid., 258-259.
15 Elaine Pagels, 류점식·장혜경 역, 『아담, 이브, 뱀』(아우라, 2009), 15.

정통파와는 다른 희망을 주려고 했던 것이다.

3. 영지주의자들이 활동했던 초기 기독교 공동체

로마 제국은 가족종교, 토착종교, 도시종교, 국가종교와 같은 다양한 종교가 공존하는 하나의 종교 전시장이었다. 사실상 유대인들을 제외하고 이러한 복합 종교 문화의 토양에서 살았던 로마인들은 제각기 다른 방식으로 다양한 신을 섬겼다. 또한 고대 종교들은 신을 숭배하는 데 있어서 교리를 만들거나 받아들일 것을 강조하지 않았다. 신들의 진정한 성격이나 그들과 세상의 관계와 관련해서 선언해야 할 신조를 창안해내는 경우도 없었다. 따라서 정통과 이단의 구별도 존재하지 않았다.[16]

이러한 시대에 기독교가 출현했다. 기독교인들 중에는 예수의 부활을 믿는 것이 구원받는 유일한 길이라고 믿는 사람들이 생겨났다. 이러한 움직임이 일자 새로운 요소들이 고대의 종교 무대에 등장했다. 이때부터 기독교는 자신만이 옳고 다른 종교들은 그르다고 주장하는 배타적인 성격을 띠기 시작했다.[17] 그 당시는 기독교가 막 형성되어가고 있던 터라 수많은 공동체가 존재했으며, 이런 공동체에 속한 기독교인들은 자신들의 교리를 불변의 진리로 철석같이 믿고 있었다. 그때 기독교 공동체들은 로마의 종교들 및 기독교의 모종교인 유대교와 경쟁 관계에 놓여 있었을 뿐만 아니라 그들 내부에서도 경쟁이 심했다. 그렇기 때문에 어떤 형태의 기독교가 옳은지를 가려내려는 교리 논쟁이 격렬하게 전개

---

16 Bart D. Ehrman, 박철현 역, 『잃어버린 기독교의 비밀』, 202-203.
17 Ibid., 203.

되고 있었다. 이 공동체들 중에 특히 4개가 대표적이었다. 즉 유대적인 성격이 강한 에비온파, 반유대적인 성격이 강한 마르키온파, 몇몇 초기 기독교 영지주의파, 정통파 등이다.[18] 이들의 싸움은 결국 오직 한 공동체(정통파)의 승리로 끝나 오늘에 이르게 되었다.

우리의 주제인 영지주의를 정리하기에 앞서 우선 간단히 에비온파와 마르키온파를 정리해보자. 첫째, 에비온파는 하나님과 올바른 관계를 맺기 위해서는 먼저 유대인이 되어야 한다고 주장한 유대인들이었던 반면, 마르키온파는 유대인들의 관습이 도리어 하나님과 올바른 관계를 맺는 데 근본적인 장애물이 된다고 주장한 이방인들이었다. 둘째, 에비온파는 오직 하나님 한 분만 존재한다고 주장한 반면, 마르키온파는 하나님이 두 분 존재한다고 주장했다. 셋째, 에비온파는 유대법을 따르고 구약성서를 진실하고 유일한 하나님의 계시로 본 반면, 마르키온파는 유대법을 부정하고 그것을 유대인들의 열등한 하나님에게 영감을 받아 기록한 책이라고 보았다. 넷째, 에비온파는 예수를 신성이 아니라 완전히 인간으로 본 반면, 마르키온파는 예수를 인간이 아니라 완전히 신성으로 보았다. 다섯째, 이단의 원조로서 에비온파는 유대법에 의해서가 아니라 그리스도에 대한 믿음에 의해 구원을 받는다고 가르친 반면, 마르키온파는 바울이야말로 그리스도의 진정한 사도라고 보았다.[19]

한편 영지주의에 대한 정통파의 비난은 에비온파와 마르키온파에 가했던 것보다 더 격렬했다. 여러 가지 이유가 있겠지만 제일 먼저 눈에 띄는 것 중 하나가 마르키온파와 에비온파는 그들만의 교회가 있었는데,

---

18 Ibid., 206-207.
19 Ibid., 237.

영지주의자들은 그들만의 교회가 없었다는 점이다. 오히려 영지주의자들은 기존 교회 안에서 정통파 기독교인들과 같이 활동하면서, 그들을 위해 신경(信經)을 낭독하거나 경전을 읽어주는 영적 엘리트를 자처했다.[20] 그렇기 때문에 그들은 기존 기독교 공동체를 뒤흔들 훨씬 더 강력한 힘을 가진 자들로 여겨졌을 것이다. 그들이 이단으로 몰릴 수밖에 없었던 것은 너무도 당연한 귀결이었던 셈이다. 이들은 서로 극한 대립을 보이며 자기네들이 진정한 기독교인이라고 주장했다. 그러나 끝내는 모두 정통파에 의해 이단으로 비난받고 퇴출당했다.

4. 영지주의 경전들의 발견

영지주의자들은 창조, 하나님, 인간, 선과 악, 영과 물질 등과 같은 종교와 철학의 근본 문제를 철저하게 다시 탐구하고 파헤쳤다. 하지만 그들의 진리 탐구는 구약성서나 예수의 어록, 혹은 플라톤 철학을 비롯한 고대 철학에 대한 사변적인 주석이나 공론(空論)이 아니었다. 오히려 그들은 몸소 경험한 종교적 체험을 바탕으로 구약성서의 창조신화를 새롭게 쓰고, 예수의 어록을 재해석하고, 고대 철학사상을 풀어냈다. 그 결과 영지주의 경전들이 탄생했다.[21]

영지주의를 알 수 있는 문헌은 두 종류다. 하나는 영지주의 적대자들이 집필한 문헌이고, 나머지 하나는 영지주의자들이 집필한 원문이다. 반영지주의 서적의 대표적인 저자들은 2세기 리옹의 이레나이우스

---

20 Ibid., 270.
21 이재길, 『성서 밖의 복음서』, 24.

(130?-202), 3세기 로마의 히폴리투스(170?-235), 4세기 콘스탄티아/살라미스의 주교 에피파니우스(315?-403)다. 이레나이우스는 그의 『반 이단서』에서 영지주의자들이 성서를 잘못 해석했음을 강조하며, 그들의 신화적 해석이 잘못된 해석의 결정적 요인이라고 언급한다. 이와 달리 히폴리투스는 영지주의자들이 끊임없이 그리스의 지혜에 의존한다고 주장한다. 에피파니우스는 이단을 뱀에 비유해서 『파나리온』[22]이라는 작품을 썼다. 이 책에서 그는 영지주의자들의 종교적 실천과 관습에 대해서 비판하는데, 그 방법이 종교적 다수가 소수에게 사용했던 무기인 원초적 비난이었다. 곧 성적 방종, 식인 풍습, 폭력, 타락, 방탕 등을 고발하는 형식이었다.[23] 영지주 적대자들의 언급은 상당 부분 과장되거나 왜곡되었으나 그들이 인용하는 영지주의 문헌이 영지주의자들의 사상을 엿볼 수 있게 해주었다.

영지주의자들이 직접 쓴 원문은 이집트 기독교인들이 사용하는 콥트어[24]로 쓰인 문헌만이 보존되어 있다. 이 원천 문서는 두 종류로 구분된다. 하나는 18-19세기에 발견한 필사본들이고, 다른 하나는 1945년에 나그함마디에서 발견한 영지주의 필사본들을 소장한 서고다. 나그함마디 문서들은 영지주의 연구를 완전히 쇄신시킴으로써 그 중요성을 더했다.

---

22 파나리온은 그리스어로 의사들이 들고 다니는 구급함 또는 약상자를 가리킨다. 통 속에 든 약은 뱀에 물렸을 때 치료하는 해독제로 영지주의자들의 교설을 막기 위한 방편을 의미한다.
23 Madeleine Scopello, 이수민 역, 『마들렌 스코펠로 영지주의자들』(분도출판사, 2005), 34-38.
24 콥트란 이집트라는 뜻이다. 콥트어(coptic)는 1세기 초부터 이집트에서 쓴 말이며, 이것은 그리스 문자에 고대 이집트 민중 문자에서 파생된 이집트 자체의 문자를 더한 것으로 지금도 콥트 교회는 전례어로 사용한다.

18-19세기에 발견된 필사본은 『런던 코덱스』(Codex Askewianus, 피스티스 소피아),²⁵ 『옥스퍼드 코덱스』(Codex Brucianus), 『베를린 코덱스』 (Codex Berolinensis 8502) 등이다. 『베를린 코덱스』 안에는 「마리아 복음」 (Gospel of Mary), 「요한의 비밀서」(Apocryphon of John), 「소피아 예수 크리스티」(Sophia Jesu Christi), 「베드로 행전」(the Act of Peter) 등 4개의 영지주의 경전이 들어 있었다.²⁶

나그함마디 문서는 1945년 12월에 이집트 남부 지방의 농부인 마호메트 알리 알 삼만이 퇴비로 쓸 부드러운 흙(sabakh)²⁷을 파오기 위해 나그함마디란 마을 근처에 있는 산에 갔다가 우연히 약 1600년 전에 제작된 경전 뭉치들이 보관되어 있던 붉은 토기를 발견하여 세상에 나오게 되었다. 이 뭉치들은 가죽으로 장정된 13권의 코덱스로 구성되어 있었다. 사람들은 여기서 발견된 문서들을 그 지역의 이름을 따서 『나그함마디 문서』(the Nag Hammdi Library)라고 부른다. 이 문서들은 영지주의 정신을 잘 보여주는 것은 물론이고 그 당시 정통파 기독교도들과의 갈등 상황도 자세히 전달해준다.²⁸

프레데릭 위스는 이 문서가 이곳에 묻히게 된 동기를 연구했다. 이 문서는 성 파코미우스 수도원(기독교 최초의 수도원) 근처에서 발견됐다.

---

25 코덱스(codex)란 필사본을 제본한 책을 말한다. 파피루스나 양피지로 되어 있는데, 두루마리보다 비용도 저렴하고, 부피도 적으며 펼쳐보기에도 편리하다. 이것이 우리가 사용하는 책의 원조라고 볼 수 있다.

26 Kurt Rudolph, *Gnosis: The Nature & History of Gnosticism* (Harper San Francisco, 1987), 28.

27 질소가 풍부하게 들어 있는 천연 비료로서 땅에서 캔다. 여름에는 땅이 너무 딱딱해서 캐기 어렵지만 12월이 되면 땅이 연해져서 캐기 좋기 때문에 농한기에 많은 농부들이 캐러 나간다(김용옥, 『기독교성서의 이해』, 442).

28 Elaine Pagels, 하연희 역, 『숨겨진 복음서 영지주의』, 10-15.

3-4세기경, 막강한 권력을 가진 알렉산드리아의 대주교 아타나시오스 (Athanasius)가 출현하기 전까지는 교회가 논쟁의 여지가 있는 개념과 관습이라도 기본 제도에 누를 끼치지 않는 한 모두 수용하고 용납했다. 따라서 그 당시 수백 명의 가톨릭 기독교인들은 고독, 환상, 무아경 등을 통해 종교적인 통찰력을 구하겠다는 목적으로 고행과 극기를 활용했다고 여겨진다.[29] 4세기 초 로마 제국을 통일한 콘스탄티누스 황제는 제국을 통치할 하나의 종교적 이데올로기로서 기독교를 공인하고, 기독교 지도자들에게 기독교를 '하나의 하나님, 하나의 종교, 하나의 신조, 하나의 성서'로 통일할 것을 요청했다. 그에 따라 325년에 니케아 공의회가 열렸다. 여기서 이집트 알렉산드리아의 젊은 부제 아타나시오스가 아리우스파를 물리치는 데 혁혁한 공을 세웠다. 그는 당시 개별적으로 떠돌아다니던 기독교 문헌들 중 27권을 선별하여 기독교 경전으로 정경화하는 데 결정적인 역할을 했다. 367년에는 그의 신학적 판단 기준에 따라 '이단적' 경향이 있는 책은 모두 없애버리라고 명령했다.[30] 이때 수도승 가운데 한 사람, 또는 여러 사람이 그 귀중한 문서들을 항아리에 숨겨 알리가 발견한 산의 절벽에 묻었다. 그리고 1600년 뒤 그가 이를 발견한 것이다.

이 문서들 대부분은 여러 우여곡절 끝에 1952년에 이집트 카이로의 콥트 박물관에 보관됐다. 그러나 그중 제1코덱스가 해외로 나갔고 그것을 칼 융 연구소가 사들였다. 그 이후 제1코덱스는 융 코덱스(Jung Codex)라고 불리게 되었다. 융 연구소는 이것을 출판한 뒤 카이로의 콥

29　Ibid., 191-192.
30　오강남, 『또 다른 예수』(예담, 2009), 16-17.

트 박물관에 돌려주었다. 그 뒤 20년 동안 전 세계 학자들이 이 문서들을 연구했다. 1972년에 첫 번째 영인본이 출간되었고, 1979년까지 코덱스 13권 분량이 모두 공개되었다.[31] 13권의 코덱스로 묶인 이 문서들 안에는 52개의 경전이 기록되어 있었다. 거기에는 비밀 복음서에서부터, 시, 우주의 기원에 관한 유사 철학적 설명, 신화, 마법, 신비 의식 관련 지침까지 다양한 종류의 글이 들어 있다. 그중 「도마복음」(1959년)을 최초로 출간한 퀴스펠과 동료 학자들은 이 원본의 연대를 대략 기원후 140년경으로 추정했다. 일부 학자들은 이 복음서들이 이단인 만큼 기원후 60-110년경으로 거슬러 올라가는 신약성서의 복음서보다 나중에 작성되었을 것이라고 주장하기도 했다.

5. 영지주의와 정통파 간의 논쟁적 주제

영지주의자들이 정통파가 혐오한 사상을 표방했음은 의심의 여지가 없다. 예컨대 첫째, 영지주의 문헌에서는 그리스도의 부활을 상징적으로 보는 반면, 정통파에서는 실제의 역사적 사건으로 본다. 둘째, 정통파가 오로지 한 하나님만 주장했다면 영지주의자들은 그 반대였다. 물론 일원론적 영지와 이원론적 영지가 공존하고 있었지만, 조물주라는 열등한 신 위에 또 다른 신이 있는 구조는 대체로 동일하다. 셋째, 정통파의 하나님은 아버지로서 남성적 요소만 두드러진 데 반해, 영지주의에서는 신의 여성적 요소를 언급하면서 하나님을 아버지와 어머니라는 두 요소로 동시에 표현한다. 넷째, 기독교 박해에 있어서 정통파와 영지주의는

---

31 Elaine Pagels, 하연희 역, 『숨겨진 복음서 영지주의』(루비박스, 2006), 25-27.

서로 의견이 달랐다. 정통파가 박해를 기꺼이 용기 있게 감내했다면 영지주의자들은 그것을 무가치한 것으로 간주했다. 여기서 그리스도의 가현설이 쟁점이 된다.

기독교 운동 초기부터 '정통'과 '이단'이 존재했던 것은 아니다. '정통'과 '이단'이라는 구분은 4세기 말 자신들을 '정통'이라고 부른 다수에 의해 결정되었다. 소수는 어쩔 수 없이 '이단'이 되어야 했으며 하나님의 이름으로 자신들의 유물과 함께 세상에서 사라져야 했다. 이렇게 '이단'으로 몰려 철저히 소멸되었던 영지주의가 오늘날 초기 기독교 연구의 중요한 주제로 인정받고 있으며, 현대의 많은 사상에 지대한 영향을 끼치고 있다. 그중에 하나가 융 심리학이다.

융과 영지주의

융에게 영지주의적 사고가 결정적으로 드러난 작품이 바로 「죽은 자들을 위한 일곱 가지 설교」다. 이것은 융이 창조적인 병을 앓던 시절에 단숨에 써 내려갔던 작품으로서 그 내용은 영지주의적 색채로 가득하다. 융은 이 작품을 말년에 공개했는데, 그 이유는 아마도 그 자신이 이것의 성격을 너무도 잘 알고 있어서 영지주의에 대한 편견으로 인한 쓸데없는 논란에 휩싸이기 싫어서였을 것이다. 이제 「죽은 자들을 위한 일곱 가지 설교」를 요약할 터인데, 좀 더 자세히 알기 원한다면 이 책 말미에 있는 [부록 3: 죽은 자들을 위한 일곱 가지 설교]를 참조하기 바란다. 원문을 번역해두었다.

1. 영지주의의 기본 틀

「죽은 자들을 위한 일곱 가지 설교」를 이해하려면 우선 영지주의자들이 사용하던 주요 용어들을 알아야 한다.

영지주의자들은 이미 우리가 봐왔던 것처럼 종말론의 영향으로 이 세상이 본래 악하다는 생각과 플라톤 학파의 유출설을 받아들여 그들만의 신화를 창조해냈다. 그것은 우선 최상위 신성 혹은 최초의 존재로부터 시작된다. 그 최고의 신은 모나드(Monad), 완전한 아이온(Aion telos), 뷔토스(Bythos), 프로아르케(Proarke) 등등의 이름으로 불린다. 이 최초의 존재로부터 발출이 시작되는데 처음 발출로 생겨난 것이 양성체인 바르벨로(Barbelo)이고, 여기서 쌍들(Syzygies)로 이루어지는 아이온(Aion)들이 발출된다. 시저지의 총 개수는 15쌍(30명)이다. 그 아이온 중 유명한 것은 예수-소피아 쌍이다. 이런 아이온들이 모두 모여 플레로마("빛의 세계")를 구성한다. 이 플레로마의 가장 하급 지역이 어둠, 곧 물질에 가까이 있는 세계다.

한편 소피아(Sophia)는 배우자 없이 어떤 존재를 발출했는데 그 결과가 데미우르고스(공공 작업자)의 탄생이다. 이는 유대인들이 얄다바오트(Yaldabaoth)라고 부른 그 존재다. 데미우르고스는 자신의 동료 지배자인 아르콘(Archon)을 창조해서 그들과 더불어 물질세상을 창조했다. 이때 인간도 함께 창조되었다. 인간을 창조할 때 데미우르고스는 소피아로부터 훔쳐온 플레로마 요소를 인체 속에 가두었다. 최상위 신은 이런 인간을 구원하기 위해 두 명의 구세주 아이온, 즉 그리스도와 성령을 발출한다. 그리스도는 예수의 형상으로 화신(incarnation)되어 사람들에게 영지(gnosis)를 성취하는 방법을 가르쳐서 그 결과 플레로마로 되돌아갈 수 있게 해주려고 이 땅에 온 것이다.

2. 「죽은 자들을 위한 일곱 가지 설교」와 융의 영지

「죽은 자들을 위한 일곱 가지 설교」에서 '죽은 자들'이란 죽은 기독교인의 영혼들이다. 유령들은 정통 기독교가 그들의 사후에 대하여 아무런 답도 제공하지 않는다는 것을 발견했다. 이미 말했듯이 여기서도 우리는 융이 종교적인 문제에 대해 품고 있던 의문에 그의 아버지가 대답해주지 못했던 것을 불만족스럽게 느꼈던 것과 연관시켜볼 수 있다. 일곱 가지 설교는 아버지가 주지 못했던 답을 찾으려는 무의식적 압력이며, 따라서 여기에 출현하는 바실리데스(기원후 2세기 초)는 융 자신임을 추측해볼 수 있다. 바실리데스는 기독교적 영지주의의 가장 위대한 형이상학자였으며, 일원론적 영지를 주장한 사람이다. 일원론적 영지에서는 두 개의 신적 원리를 부정하고 제1의 신비인 절대적 신성으로부터 모든 것이 유래한다고 생각했다.[32]

죽은 자들은 정통 기독교의 탄생지인 예루살렘에 살았다. 반면에 바실리데스는 동서가 만나는 알렉산드리아 태생이다. 이것은 의식과 무의식의 만남이라는 융의 이상을 잘 나타내준다. 따라서 바실리데스는 개성화된 '자기'의 전형이다. 전형적인 영지주의적 양식에서 융의 신화는 창조신화이며, 원초적 무의식 상태인 플레로마(Pleroma)[33] 혹은 신성으

---

32 S. Hutin, 황준성 역, 『신비의 지식, 그노시즘』(문학동네, 1996), 44-45.
33 플레로마란 '영적 세계와의 결합을 가능하게 하는 충만'을 의미한다. 또는 신적인 것이 충만한 것, 최고의 신적인 상태 혹은 모습을 일컫는다.

로부터 출현하는 자아의식(ego-consciousness)을 보여준다.[34] 이 설교들에는 장차 융의 사상을 꽃피울 씨앗이 고스란히 뿌려져 있었다. 따라서 이 글은 융의 사상을 이해하기 위한 초석이라 할 수 있다. 융의 표현대로 하면, 이 글은 "무의식의 일반적인 내용에 관한 일종의 해석과 정렬 공식"을 나타낸다.[35]

그는 이 글에서 인간은 본래 플레로마의 대극적 속성을 가지고 태어난다고 묘사한다. 플레로마란 지고의 존재에게서 발견되는 모든 특질의 총합을 의미한다. 그러나 인간은 피조물이기 때문에 그 플레로마처럼 조화를 이루어 무(無)가 유(有)이고 유(有)가 무(無)인 상태를 만들 수 없으며, 그 대신에 피조물의 특성인 구별성으로 인하여 플레로마의 속성은 인간의 내면에서 산산조각으로 부서진 채 분열하여 존재하게 된다. 따라서 그는, 인간은 운명적으로 구별된 선과 악의 공존체라는 실존적 조건 속에 놓여 있음을 제시하는 것으로부터 설교를 시작한다. 이미 융 자신의 삶에서 경험된 제1호 인격과 제2호 인격 간의 분열상이 이러한 실존적 상황의 전구 현상이었을 것이다.

두 번째와 세 번째 설교는 인간의 본성이 선함에도 불구하고 실존적으로 선하게 행하지 못하는 이유와 속성에 대한 것이다. 그는 우리가 흔히 알고 있는 선한 신(神)과 마귀, 그리고 이 둘을 모두 포함하는 아브락사스(Abraxas)[36]라는 신을 상정하여 그러한 관계를 설명해나간다. 우리

---

34 S. Hutin, 황준성 역, 『신비의 지식, 그노시즘』, 134-135.
35 C. G. Jung, A. Jaffé, 이부영 역, 『회상, 꿈 그리고 사상』(집문당, 1996), 218.
36 선과 악, 즉 최고신과 데미우르고스를 한 존재 속에 모두 지니고 있는 신. 아브락사스는 유일신교의 유일신을 나타내지만 기독교의 하나님과는 달리 무한히 선한 신은 아니다.

가 흔히 신이라 부르는 신은 태양의 신이며 순수한 선이고, 마귀는 그 태양의 대극인 공허이며 순수한 악이다. 이러한 선한 신과 마귀는 플레로마의 작용으로 생겨나는데, 이때 그 '작용'이 아브락사스라고 불리는 신(神) 위의 신(神)이다. 그러므로 아브락사스는 순수한 선이며 동시에 순수한 악이다. 즉 그것은 양성(兩性)이다. 이 아브락사스는 '작용'이기 때문에 인간의 본질인 분별성이 작용하는 것도 바로 이 아브락사스로 인한 것이다. 인간의 본성이 선함에도 불구하고 선을 행하지 못함은 바로 이 분별성 때문이다. 그러므로 인간도 아브락사스 아래에 있을 수밖에 없다.

아브락사스의 작용으로 무수히 많은 신들이 창조되며 그중에서도 세계를 측정하는 수인 네 신이 주신(主神)으로 창조된다. 여기에 나오는 완성의 의미로서의 4라는 숫자는 나중에 기독교의 삼위일체를 사위일체로 완성해야 한다는 그의 생각의 씨일 수 있다. 그 네 신은 시작의 태양신(순수한 선), 에로스(결합과 빛의 발함과 소멸), 생명나무(끊임없는 성장), 악마(모든 것을 무로 만드는 파괴자) 등이다. 아브락사스를 무의식의 작용이라고 보았을 때 그 작용의 방향에 따라 성장과 파괴가, 생명과 사망이 교차하는 것을 나타낸다고 해석할 수 있다. 그렇기 때문에 구원을 얻기 위한 인간이 무엇보다도 정확하게 행해야 하는 것은 분별해내는 일이지 모든 것을 동일하게 동화시켜 순수한 선의 신만 경배하는 일이 아니다. 그런 행위는 파멸만 초래할 뿐이다. 왜냐하면 아브락사스의 (무의식적) 작용을 통해 순수한 선만 추구하면 언제나 그 대극인 순수한 악을 동반할 수밖에 없기 때문이다. 그는 네 번째 설교에서 이 사실을 강조하고 있다.

다섯 번째와 여섯 번째 설교에서는 인간 구원의 가능성으로서의 영성

(靈性)과 성(性)에 대하여 말하고 있다. 인간에게는 영성과 성이 동시에 있다. 그러나 그것들은 인간의 속성이 아니라 신들의 출현 형태라고 표현한다. 다시 말해서 그것들은 본래부터 인간 안에 있는 플레로마의 속성이라는 것이다. 하나는 선을 향해 있고, 다른 하나는 악에 빠지기 쉬운 속성을 가지고 있다. 그러나 악에 빠지기 쉬운 것이라도 영성을 위하여 작용할 수도 있다. 여기서 그는 개인적 존재로서의 발전(개성화)과 동시에 공동체의 따뜻함과 양보 또는 이웃 사랑의 장으로서의 거룩한 공동체의 중요성을 보여준다.

마지막 일곱 번째 설교에서는 인간 안에 있는 신성성, 플레로마의 존재 또는 지도적 하나님의 존재, 즉 하나님-형상을 인식시키면서 아브락사스, 즉 무의식의 작용이 점진적으로 성장의 방향으로 나아가면 그 하나뿐인 내면의 하나님과 인간 사이에는 어떠한 간격도 없어진다고 말한다. 다시 말해서 상이성(相異性)을 본질로 갖고 있는 인간은 그럼에도 불구하고 내면의 하나님과 동일성(同一性)을 가지게 되는 것이다. 내면의 하나님이란 다름 아닌 '자기'의 원형을 뜻하므로 여기서 비로소 분열된 인격이 조화를 이룬다.

로버트 시갈(Robert Segal)은 「죽은 자들을 위한 일곱 가지 설교」에서 융이 영지주의자들과 다른 몇 가지를 지적한다. 첫째, 영지주의자들은 의식이 주축이 되어 무의식을 알아가려고 하는 데 반하여 여기서는 무의식 혹은 신이 그 자신을 의식에 드러내려고 한다. 그러니까 융의 주장은 의식으로부터 계시를 추구하는 것은 무의식이라는 말이다. 둘째, 신과 악마는 원초적인 하나의 상태인 영지주의적인 플레로마의 현현이다. 융은 인격의 통합을 궁극의 목표로 삼고 있어서 그에게 최고의 신은 전적으로 선하기만 한 것이 아니라 동시에 악하기도 한 신이다. 셋째, 두 번째와 같은 맥락이지만 성성(물질)과 영성이 동시에 포함된다는 점이 융과 영지주의자들 사이를 구분 지어준다. 영지주의가 완벽성을 추구했다면 융은 전일성을 추구했다고 할 수 있다.[37] 이런 측면에서 볼 때 융은 영지주의자와 달랐다.

스테판 홀러(Stephan A. Hoeller)는 이와 같은 시각의 평가가 옳지만, 그가 "영지주의자들이 오로지 이 세상에서 벗어나는 것에만 관심을 가졌고, 따라서 '대극의 합일'이라든지 '그림자와의 통합' 같은 융 심리학적 이론들은 영지주의 사상과 아무 관계가 없다"라고 하면서 융이 부적당한 방법으로 영지주의 운동의 방향을 바꿔서 주관적 형태로 변형시켰다고 비난한 것은 잘못되었다고 지적한다. 사실 융은 영지주의를 심리학으로 바꾸기 위해 그것을 주관적으로 변형시킨 적은 없다. 융의 저술을 보면, 영지주의 안에 어떤 다른 의미가 숨어 있든지 간에 그와는 별개로 자신은 심리학자로서 거기서 심리학적 의미를 읽어낼 수 있다고 생각했음이 분명히 드러난다. 더욱이 『나그함마디 문서』에는 자기 지식에 대한 언급, 전일성의 필요성에 대한 언급이 수도 없이 많이 나온다. 그러니만큼 융 심리학의 중심 개념인 '개성화'와 영지주의자들의 관심사가 무관하다는 주장은 설 자리가 없다.

어떻게 보면 융이야말로 고대 신화와 그 가르침을 현대적 관점에서 제시한 현대의 영지주의 대가라는 사실을 깨달을 수 있다. 특히 융의 책 『욥에의 응답』(Answer to Job)에 수록된 신화는 독창적이고 창조적인 방법으로 데미우르고스(Demiourgos)에 관한 고대 영지주의의 가르침을 확장

---

37 A. Casement, 박현순·이창인 역, 『분석심리학의 창시자 칼 융』(학지사, 2007), 135-136.

시키고 있기도 하다.[38] 이처럼 융의 심리학이 영지주의와 밀접한 관계가 있다고 한다면 과연 그 둘의 유사점은 어떤 것들이 있을까? 영지주의와 심층심리학의 유사점을 찾아보자.

3. 영지주의와 심층심리학의 유사점

형태와 뉘앙스의 유사함으로 두 영역을 단순 비교하는 일은 위험할 수 있다. 그러나 그런 위험을 감수하면서라도 한 번쯤은 비교해볼 필요가 있다. 다만 오해하면 안 될 일은 둘 사이에 여러 가지 비슷한 점이 있다고 해서 심층심리학이 곧 영지주의의 색채를 띠는 학문이라는 추정은 언어도단이라는 점이다.

1) 통찰력을 통한 자아에 대한 지식의 중요성

영지주의와 심층심리학의 첫 번째 공통점은 둘 다 통찰력으로 볼 수 있는 '자아에 대한 지식'에 중점을 둔다는 데 있다. 자아에 대한 지식이 결여되어 있으면 스스로도 이해할 수 없는 충동에 의해 휘둘리게 된다고 한다. 무지는 배우지 못해서가 아니라 망각, 곧 잊어버림으로 인해 찾아온 질병이다. 무언가를 망각했다는 것은 거꾸로 보면 아직 인간에게는 잊힌 상태로 방치되어 있는 무언가가 있다는 뜻이다. 하지만 망각으로 말미암아 인간은 자신이 누구인지도 모른 채 술에 취해 잠들어 있는 듯이 살아간다. 이렇게 살아가는 인간을 영지주의자들은 '결핍된 존재'라

---

38 Stephan A. Hoeller, 이재길 역, 『이것이 영지주의다』(산티, 2006), 221-222.

고 말한다. 「야고보의 비밀서」는 다음과 같이 말한다.[39]

그러므로 내가 너희에게 말한다. 결핍되지 않도록 충만하여라. 결핍된 자는 구원받지 못한다. 충만은 선하고 결핍은 악하다.

결핍이란 플레로마(Pleroma)라고 불리는 어머니-아버지 하나님의 세계와 반대되는 상태다. 아버지에 대한 무지와 자기 정체성에 대한 망각 때문에 인간은 결핍된 노예 신분이 되어버렸다. 영지주의에서 말하는 '무지', '망각', '결핍'은 정통파 기독교의 '죄' 개념과 비슷하지만 똑같지는 않다. 대부분의 정통파 기독교인들은 선악과를 따먹은 아담과 하와의 불복종 탓에 인간에게 씻을 수 없는 원죄가 대물림된다고 주장한다. 그러나 영지주의자들은 무지는 '지식'으로, 망각은 '기억'으로, 결핍은 '충만'으로 치유되어 본래의 상태를 회복할 수 있다고 믿는다. 어둠이 빛을 이기지 못하듯이 무지는 지식을, 망각은 기억을, 결핍은 충만(완전)을 이기지 못한다. 해가 떠오르면 눈이 녹아내리듯, 따스한 영지의 빛이 비치면 아무리 두터운 무지와 망각과 결핍의 장막이라도 녹아 없어진다. 이렇듯 영지주의자들은 영지(자아에 대한 지식)가 인간의 무지와 망각과 결핍을 치유하고 구원을 가져다준다고 믿었다. 영지를 통해 모든 악의 뿌리가 제거되는 것이다.[40]

이것은 정통 기독교의 죄 개념과 분명하게 부딪치므로 예민한 주제임이 틀림없다. 그러나 우리에게 주어진 고통과 근심을 죄의 결과로만 보

---

39 이재길, 『성서 밖의 복음서』(정신세계사, 2007), 33.
40 Ibid., 33-34.

면 우리는 그것을 풀어가는 주체가 되지 못하고 수동적 존재로 남아 그 문제의 중심에 서지 못한다. 그렇게 되면 결과적으로 우리는 삶의 고통 속에서 성숙할 수 있는 기회를 놓치게 된다. 그러나 그 점에 초점을 맞추기보다 그것이 죄가 되었든 무지와 결핍이 되었든 간에 우리에게 주어진 고통과 근심의 문제를 풀어가는 데 우선 중요한 것이 나 자신의 의식임을 강조한 측면에 초점을 맞춰보면, 인간의 속성이 무능함에도 불구하고 그 상황의 중심에 서 있는 성실한 실존적 자아를 만나게 된다. 이것은 현대인들에게 상당한 설득력을 선사한다. 그런 면에서 영지주의와 심층심리학은 유사하다.

2) 해방과 파멸은 영혼 안에 있다

영지주의와 심층심리학의 두 번째 공통점은, 둘 다 해방 또는 파멸의 가능성이 '영혼 안에' 잠재되어 있다는 데 동의한다는 것이다. 다시 말해서 현재 우리가 옥죄어오는 죄책감이나 분노에 휩싸여서 스스로 파괴되어가고 있다면, 그로 인해 상처를 받는 것은 전적으로 우리 정신이다. 그러므로 치료 환경에서 환자(내담자)와 치료자가 같이 노력해야 할 것은 환자의 내면을 합심해서 찬찬히 살펴가는 일이다. 그것이 어떤 분노나 죄책감이라도 그 원천은 우리의 무의식 안에 잠재되어 있기 때문이다. 예수가 「도마복음」에서 다음과 같이 간단명료하게 하는 말은 심리치료의 기초를 이루는 개념과 유사하다.[41] 여기서 낳는다는 것은 무의식을 의식화해가는 작업과 많이 닮아 있다.

---

41 Elaine Pagels, 하연희 역, 『숨겨진 복음서 영지주의』(루비박스, 2006), 199.

네가 네 안에 있는 것을 낳으면, 네가 낳은 것이 너를 구할 것이다. 네가 네 안에 있는 것을 낳지 못하면, 네가 낳지 못한 것이 너를 파멸시킬 것이다.

이러한 통찰은 노력을 통해 점차 얻어진다. "네 눈앞에 보이는 것을 인지하라. 그러면 숨겨진 것이 네 앞에 드러날 것이다." 그러나 이렇게 알아가는 과정은 한편 각각의 내부 저항과 싸워나가는 외롭고도 힘든 과정임을 그들은 충분히 알고 있었다. 이것은 마치 정신 치료 중에 환자가 치료자와 말다툼을 하거나, 결석 혹은 지각을 하거나, 할 말이 없다고 하는 등의 저항과도 유사하다. 우리는 본능적으로 우리에게 다가오는 무의식을 보려고 하지 않는다. 그것은 괴롭기도 하고 자신을 힘들게 만들기도 하기 때문이다. 그러므로 '무의식 상태로 남아 있고자 하는 욕망' 때문에 저항하지 않거나 못하는 상태를 영지주의자들은 마치 잠이나 술에 취하고자 하는 상태라고 묘사했다. 『나그함마디 문서』인 「가르침」(Teachings)의 저자이자 교사인 실바누스는 추종자들에게 무의식에 저항하라고 말했다.[42]

너를 무겁게 짓누르는 잠을 멈추어라. 너를 어둠으로 채우는 망각으로부터 벗어나라.…너는 왜 빛을 손에 넣을 수 있는데 어둠을 찾느냐?…지혜가 너를 부르는데도 너는 어리석음을 갈망하는구나.…어리석은 사람은…모든 열정을 욕망하는 법이다. 그는 삶의 욕망 속에 헤엄치다가 침몰했다.

이렇게 인간이 내면을 탐구할 수 있는 혹은 탐구해야만 하는 근원은

42　Ibid., 200.

무엇인가? 실바누스는 「구세주와의 대화」에서 예수가 말했다고 주장하면서 다음과 같은 말을 전한다.[43]

> 그대의 인도자와 교사를 데려오라. 마음은 인도자이고, 이성은 교사이니…그대의 마음 가는 대로 살라.…마음은 강하므로, 강인함을 습득하라.…마음을 깨우치라.…그대 안에 있는 등불을 밝히라.

이처럼 인간에 대한 영지주의의 이해는 정통 기독교와는 상당히 달랐다. 아울러 이러한 이해는 '이성의 빛'을 따르라고 주장했던 프로이트와 동일하다. 그리고 '집단무의식'의 중심에 '자기'가 있고, 그 자기는 바로 '하나님의 형상'이라고 주장한 융의 견해와도 일맥상통한다. 즉 의식적 자아를 죽이고 하나님의 형상으로부터 전해지는 집단무의식의 형상에 집중하면 그것은 항상 창조적이고 건설적인 쪽으로 우리를 인도한다는 것이 융의 생각이었다. 그러므로 영지주의에서 "마음 가는 대로 살라"는 것이 바로 융이 말하는 집단무의식에 맡기라는 것은 아닌지 모르겠다.

3) 내적 경험을 우선시한다

영지주의와 심층심리학의 세 번째 공통점은 경험의 내적인 질에 대한 이해를 우선시한다는 것이다. 영지주의자들은 실제 일어난 사건은 부차적이고, 자신들이 파악해낸 의미가 중요하다고 보았기 때문에 내면

---

43 Ibid., 201.

의 경험을 우선시한다. 그러나 내면의 경험은 바로 드러나는 것이 아니므로, 문자 그대로가 아닌 언어의 함축적 의미를 찾아야 비로소 이해할 수 있게 된다. 융은 발렌티누스의 창조 신화를 심리학적 관점에서 해석했다. 발렌티누스는 삼라만상이 '깊은 곳' 혹은 '심연', 즉 분석심리학적 용어로는 무의식으로부터 생겨난다고 말하고 있다. 그 깊은 곳에서 마음과 진리가 나오고, 다시 이 마음과 진리로부터 '말씀'(로고스)과 '생명'이 나온다. 바로 인류를 존재하게 했던 말씀이다. 융은 이를 인간 의식의 기원에 관한 신화적 묘사로 해석했다.

영지주의자들에게 자아에 대한 지식의 탐구는 동시에 인류의 근원을 자각하는 실마리를 발견하는 것이다. 그것은 우주와 신과 인간의 이야기처럼 종교적 속성에 다가간다. 그러니까 인간 경험을 탐구하는 자는 누구나 동시에 신성한 실재를 발견하게 된다는 것이다. 이러한 관점이 심층심리학과 서로 연관되어 있는 곳에는 융이 있기 마련이다. 성욕으로 대별되는 인간의 합리적이고 이성적인 속성에 근거한 프로이트의 인간 이해로는 신비적이기까지 한 인간의 종교적 혹은 집단적 정신세계를 설명해낼 수 없었기 때문이다. 따라서 르네 데카르트(René Descartes, 1596-1650)가 "나는 생각한다. 고로 나는 존재한다"고 했다면, 융 학설의 핵심은, "나는 신화를 창조한다. 고로 나는 존재한다"라고 할 수 있다.[44]

4) 염세적 도피가 아닌 영성적 자각을 통한 극복

정치가들과 사회 철학자들은 이 세상을 풀릴 만한 문제를 가진 것으로

---

44 김용옥, 『도올의 도마복음 이야기 1』(통나무, 2008), 165-171.

보지만, 영지주의자들은 이 세상을 탈출할 필요가 있는 곤경의 상황으로 본다. 그래서 영지주의가 옛날에는 이단으로 간주되었지만, 현대에는 "세계 부정"(world denying) 및 "반생명적"(anti-life)이라고 종종 불린다. 그러나 그 내용은 사실 그렇지 않다. 오히려 영지주의에는 분별력이 있어서 어떻게 보면 유익한 영적 신학이기도 하고 유익한 심리학이기도 하다.

여기서 말하는 세계란 히브리어로는 *olam*, 그리스어로는 *kosmos*를 일컫는다. 이것은 잘못 번역되었는데, 실제의 뜻은 체계(system)의 개념에 더 가깝다. 그러므로 영지주의자들은 그들을 에워싸고 있는 체계가 악해서 그것을 해결하기 위해서는 진리를 알고 의미를 발견해야 한다고 생각했기 때문에, 그런 진리와 의미 발견을 위해 그것으로부터 도망가야 한다고 말한 것이지 염세적 탈출을 의미했던 것은 아니다. 이런 영지주의자들의 행위는 당대의 기존 체계에 항거했던 성 프란체스코로부터 비트족 및 히피들에 이르기까지 수없이 많은 소외자들의 선조로서의 행동이었다. 뿐만 아니라 현대 심층심리학이 재발견한 심리학적 사실도 그런 류의 소외적 행동이었다.

다시 말해서 우리가 인류를 자유롭게 해주는 핵심 지식인 영지를 얻기 원한다면, 우리는 우리의 조건반사적인 마음(our conditioned minds) 때문에 만들어진 가짜 세계(체계)로부터 우리 스스로를 해방시켜야만 한다. 여기서 가짜 세계를 벗어나는 길이란 우선 인간의 외향적 자아(extroverted human ego)가 보다 큰 자기(greater Self)로부터 총체적으로 소외되었음을 깨닫는 것이다. 즉 무엇이 가짜인지를 알아야 한다. 그래야만 비로소 소외된 자아와 보다 큰 자기가 연합하는 상태로 회귀하기 시작한다. 이때 소외된 자아는 개성화되는 자아(individuated ego)의 선구자이고 필연적인 전 상태가 된다. 간단히 말해서 사실 영지주의자들도 조물주(Demiourgos)가 불완전하게 창조한 체계를 거부했지 실제의 지상 세계 자체를 거부하지는 않았다는 말이다. 영지주의 저서들에서 세상을 비난할 때 사용한 단어는 틀림없이 *kosmos* 또는 this aeon이었지, 결코 ge(지상: earth)는 아니었다. 그들은 지상을 중립적인 곳으로 간주했기 때문이다. 따라서 그들은 염세적이기는커녕 오히려 현세적 삶을 적극적으로 개선하려 했다고 봐야 한다.[45]

4. 부정적 뉘앙스의 영지주의와 융

영지주의자라는 말이 모멸적인 뉘앙스를 내포하고 있을 때, "융은 영지주의자였는가?"라는 질문을 던지는 것은 이해할 만한 일이었다. 마르틴 부버(Martin Buber, 1878-1965)와 같은 사람들은 이 질문에 "예"라고 대답했다. 1952년에 발간한 『신의 소멸』(*Eclipse of God*)에서 부버는 융을 영지주의자라고 고발했는데, 이는 융이 비난받아 마땅한 이단자란 뜻이었다.[46] 이처럼 정통 종교가 가지고 있는 영지주의자에 대한 의미 안에서의 "예"라는 대답은 융이 결코 존경받는 과학자도 선한 사람도 아니라는 사실을 내포했다. 영지주의자라는 용어를 경멸적으로 사용한 결과 때문에, 때때로 융도 자신은 영지주의자가 아니라고 말하곤 했다. 비

---

45 Stephan A. Hoeller, 『이것이 영지주의다』, 14-15 참조.
46 1951년에 부버가 융을 심리학자가 아닌 영지주의자라고 고발하면서 부버와 융의 논쟁이 수면 위로 떠올랐을 때, 유럽, 미국, 이스라엘의 수많은 사람들이 충격을 받았다. 그 이유는 전통적으로 종교의 적은 프로이트였으며, 융은 종교와 훌륭한 우정을 쌓고 있다고 보였기 때문이었다(Ann Casement, 『분석심리학의 창시자 칼 융』, 270).

근한 예로 융은 화이트 신부의 1953년 작품인 『신과 무의식』(God and the Unconscious)이라는 책 서문에서 자신의 심리학적 개념들, 예컨대 아니마, 원형 또는 정신적 에너지 등이 경험적이고 과학적인 개념임을 강조하면서, 자신의 개념을 설명할 때 사용하는 내용들이 이국적이고 믿기지 않는 증거들로 되어 있어서 얼핏 보면 영지주의적 체계를 가지고 있는 듯하지만 사실상 아니라고 강변한다. 아마도 융은 당시 일부 사람들이 그가 발견했다고 주장하는 원형, 아니마, 정신적 에너지 등의 개념을 영지주의적 발상이라고 비판하면서 무시하려 한 태도를 염두에 두고 이야기한 듯하다.[47] 그리고 대부분의 융 추종자들도 그가 영지주의자였다는 것을 부정했다. 이러한 애매모호함의 아주 전형적인 예가 힐레스 퀴스펠(Gilles Quispel, 1916-2006)[48]의 "융은 보편적인 감각으로 말하는 그런 영지주의자가 아니었다"라는 말 속에 있다.[49] 이 말은 정확하게 맞다. 그는 정통 기독교에서 말하는 영지주의자는 확실히 아니었다.

그러나 '영지주의'(gnosticism)를 보편적인 '영지'(gnosis)[50]로만 이야기하면 여기에 포함되지 않을 사람이 거의 없다. 이런 관점에서 보면 사도 바울, 헤겔, 블레이크, 괴테, 바이런, 니체, 막스, 헤세, 하이데거, 콜라드,

---

47 C. G. Jung, *Transformation Symbolism in the Mass*, CW 11, pars. 460-461.
48 네덜란드 위트레흐트 대학(Universiteit Utrecht)의 저명한 종교사학자.
49 Stephan A. Hoeller, 『이것이 영지주의다』, 20.
50 1966년 메시나에서 열린 영지주의 기원에 대한 학술대회에서 영지(gnosis)와 영지주의(gnosticism)를 다르게 정의 내렸다. 즉 영지는 엘리트가 보유하고 있는 신적 비밀에 대한 지식으로 비전(祕傳)의 특징을 가지고 있고, 영지주의를 포함한 넓은 의미의 깨달음을 일컫는다. 반면 영지주의는 2-3세기에 있었던 영지적 체계로서 영지의 특별한 한 형태라고 정의했다. 물론 이런 정의가 효용성이 떨어지는 것은 사실이다. 그러므로 보통 독일어권에서는 영지를 고대 말의 구원 종교로 지칭하고, 영지주의는 그런 것의 새로운 형태를 일컫는다고 본다(Kurt Rudolph, *Gnosis: The Nature & History of Gnosticism*, HarperSanFrancisco A Division of HarperCollinsPublishers, 1987, 56-57).

케루악 등 상당히 많은 사상가들이 영지주의자로 묘사된다. 그들 모두가 공통적으로 '영지주의적 태도'를 가지고 있었기 때문이다. 여기서 영지주의적 태도란 세상은 악하지만 더 나아질 수 있다는 믿음, 즉 그 진전은 역사적으로 전개될 것이라는 믿음, 인간은 이 변화에 영향을 미칠 수 있고, 영적 지식인 영지가 그 변화의 핵심이라는 믿음을 말한다.[51] '영지주의'를 포괄적 개념인 '영지'의 범주로 보면 융은 영지주의자라고 하지 않을 수 없다. 홀러는 모든 융 전기 작가들이 "융이 영지주의에 대해 대단한 흥미를 가지고 있었다"고 지적했다면서, 그를 타고난 영지주의자였다고 단호하게 평한다. 바바라 하나의 인용구는 매우 인상적이다. 그에 의하면 융은 영지주의에서, "마침내 나를 이해하는 한 무리의 친구들을 발견한 것처럼 느껴졌다"고 말했다.[52]

융과 영지주의를 이야기할 때 위와 같은 논란이 일어난 가장 근본적인 이유는 기존 기독교 문화 속에 남아 있는 영지주의에 대한 편견과 융이 탐구했던 영지주의 안에 있는 무의식적 과정과 상징에 관한 언급을 구별하지 못했기 때문인 듯하다.

5. 융은 영지주의자들과는 이렇게 다르다

영지주의에 대한 편견은 정통파 기독교와의 갈등 과정을 겪으면서 형성되었다. 영지주의는 주장이나 교리가 매우 복잡하고 유동적이며 비교(秘敎)적 또는 비의(秘儀)적이다. 그러면서 기독교의 정통 교리와 충돌하

---

51 A. Casement, 『분석심리학의 창시자 칼 융』, 131.
52 Stephan A. Hoeller, 『이것이 영지주의다』, 20.

는 몇 가지 공통된 요소들이 있다. 열거하면, (1) 영지주의는 구약의 하나님을 부정하거나 비하한다. 영지주의의 복잡한 신화에 따르면 세상은 데미우르고스라는 불완전하고 악한 신에 의해서 창조되었고 그 안에서 인간 영혼은 육체라는 감옥에서 찌들고 숨 막힌 채 온갖 고통을 당하며 살고 있다. 영지주의자들은 이런 데미우르고스를 구약의 하나님이라고 한다. 그러므로 이 신을 신약성서에서 전하는 아버지 하나님으로, 그분이 보낸 아들을 예수 그리스도로 받아들인다. (2) 영지주의는 절대자로부터의 계시보다 인간 스스로의 깨달음 또는 인식을 더 중요시한다. 영지주의에서 구원은 자기 자신을 발견하고 과거와 현재의 나를 인식하며 자신의 고유한 운명을 의식하는 것 자체다. (3) 영지주의는 인격적이고 개별적인 역사의 예수를 부정하고 예수의 수난과 십자가 죽음을 부인하거나 엉뚱하게 해석한다.[53]

융의 영지주의 탐구는 초기 기독교 교부들의 논박서를 통해서 할 수밖에 없었는데도 그것에 접근하는 방법이 신학적이기보다 심리학적이어서, 교부들의 시각을 통한 부정적 영지주의를 대했음에도 불구하고 그는 그런 한계점을 어느 정도 극복할 수 있었다. 융은 특히 3세기 로마의 히폴리투스(170년경-245년)의 『모든 이단자에 대한 논박서』(Elenchos)를 자주 인용했는데 그 이유는 히폴리투스가 영지주의에 대한 논박을 전개하면서, 영지주의 문헌의 발췌문을 있는 그대로 자주 인용한 관계로 그 작품들이 고스란히 남아 있었기 때문이다.[54]

융이 영지주의를 어떻게 재해석하고 있는지 몇몇의 예를 보려고

---

53 Madeleine Scopello, 이수민 역, 『마들렌 스코펠로 영지주의자들』(분도출판사, 2005), 15-17.
54 Ibid., 36-37.

한다. 독자들은 그가 이해하고 있는 영지주의가 기존 기독교가 이해하는 것과는 사뭇 다름을 즉시 알 수 있을 것이다. 이런 측면에서 보면 단언컨대 융은 결코 영지주의자가 아니다.

(1) 우선 위에서 언급한 영지주의에 대한 편견 중 데미우르고스(demiurgos or demiurge)라고 불리는 저급한 신에 관한 이야기부터 보기로 하자. 융은 『아이온』에서 사도 바울의 예를 들면서 데미우르고스에 관한 이야기를 다음과 같이 한다. 사도행전 17:29-30부터 보자.

우리가 하나님의 자녀이므로, 우리는 하나님을 금이나 은이나 돌에다가 사람의 기술과 고안으로 만들어낸 것들과 같다고 생각해서는 안 됩니다. 하나님께서는 그 무지의 시대에는 그대로 지나치셨지만, 이제는 어디에서나 모든 사람에게 회개하라고 명하십니다.

여기서 바울이 말하는 "무지의 시대"는 과연 무엇일까? 하나님도 이 "무지의 시대"를 그냥 지나치셨다는데 말이다. 영지주의에서는 이런 시대를 만든 이가 데미우르고스라는 불완전한 신이다. 영지주의 전통은 이러한 무지 상태에 있던 인간을 최고의 신이 구원해준다고 한다. 즉 "최고의 신(the highest God)은 데미우르고스가 창조한, 비참하고 무의식적인 인간 존재들이 제대로 서서 걷지도 못하는 것을 보고서, 그 즉시 구원 작업을 시작했다"고 설명해준다.

그러나 융은 이 "무지의 시대"가 인류의 '무의식 상태'를 나타낸다고 봤다. 사도행전에서 바울은 아테네 시민들에게, 그들이 '하나님의 자녀'임을 상기시키면서 '무지의 시대'를 탐탁지 않게 여기며 되돌아본 하나님이 "모든 곳에 있는 사람들에게 참회하라"는 메시지를 보냈음을 상기시켰다. 그런데 이 참회라는 단어가 사실은 '마음의 변환'(transformation of mind)이라는 그리스 단어로부터 유래된 것이다. 그 과정은 이렇다. 즉 그전 '무지의 시대' 곧 '무의식의 시대'가 너무도 비참했기 때문에 다시 말해서 무의식의 의식화, 곧 마음의 변환이 잘 이루어지지 않는 시대라서 그 '마음의 변환'은 죄를 참회하는 도덕적 성격을 띠었던 것이다. 그 결과 5세기 초 라틴어 번역 성서인 불가타(Vulgate)에서는 '마음의 변환'이라는 그리스 단어를 '회개 행위'로 옮기게 되었다. 이것의 본질은 당연히 마음의 변환, 곧 무의식의 의식화를 일컫기 때문에 회개해야 할 죄는 무의식이다.[55] 이 구절을 다시 표현하면, "그전에 인류에게 있어서 무지의 시대인 무의식의 때가 있었는데, 지금은 그 무지에서 벗어나 우리가 하나님의 자녀임을 알 수 있는 시대가 왔다"는 것이다. 무지에서 깨어나 (무의식의 의식화로) 마음의 변환이 생겼다는 말과도 같다.

융은 이렇게 말한다. "이런 상태를 만든 의식 없는 신(God without consciousness)이 바로 데미우르고스인데, 이렇게 의식 없던 신이 의식을 찾아가는 것이 '구약성서'에서 '신약성서'로 바뀌는 동안에 나타나는 하나님의 변화다. 이는 바로 분노의 하나님에서 사랑의 하나님으로 바뀌어갔다는 전통적인 기독교 관점과 거의 일치한다."[56] 그러나 융이 여기서 말하고자 하는 것은 영지주의자들이 말하는 최고의 신 → 바르벨로 → 아이온 → 데미우르고스 → 아르콘으로 이어지는 유출에 의한 위계적 관점에서의 데미우르고스가 아니다. 융이 설명하고 있는 신은 하나인데 그의 본성이 변화되어가는 신이다. 이것은 신이 그렇다기보다 인

---

55 C. G. Jung, *Aion*, CW 9ii, par. 299(김세영·정명진 역, 『아이온』, 부글북스, 2016, 261-262).
56 Ibid., par. 299(Ibid., 262).

간 의식이 변화해서 그런 것이다. 즉 신의 본성을 이렇게 다양하게 표현하는 것은 인간 의식이 변화함에 따라 동시에 신의 형상(God-image)에도 변화가 일어난다는 것을 보여준다. 신의 형상은 인위적으로 지어내는(invented) 어떤 것이 아니라 사람에게 저절로 다가오는 하나의 경험(experience)이기 때문이다.

그러므로 이론과 편견 때문에 진리를 보지 않으려 하는 사람이 아니라면, 누구나 스스로 신의 형상을 볼 수 있다. 어떻든 심리학적으로 보면 신의 형상이 실제와 상관없이 변화하는 것은 대단히 중요하다. 왜냐하면 인간이 무의식의 변화를 통해 신성을 만날 수 있다는 뜻이기 때문이다. 이때가 신성이 무의식의 성스러움(numinosity)과 동일해지는 순간이다.[57] 즉 신의 이름이 바뀐다는 것은 인간의 의식이 바뀌면서 성스러운 관계가 달라진다는 말이기도 하다.

융은 이런 관점에서 영지주의의 데미우르고스를 보고 있었다. 그러니까 데미우르고스는 인간의 무의식이 의식화되기 전, 인간이 떠올리던 무의식적인 세력 혹은 힘일 수 있다. 그런데 그것이 인간의 자아가 깨어나기 시작하면서, 말하자면 인간의 불복종으로 말미암아 죄가 이 세상에 들어온 것이 아니라 본래부터 이 세상이 잘못 창조되었다는 자각, 그러니까 인간의 죄가 문제가 아니라 인간의 무지가 문제라는 자각이 생겼을 때 이 세상은 혼란스러워지기 시작했다. 그때 인간의 의식 속에 두드러지게 나타난 신의 모습이 바로 데미우르고스였다.[58] 이러한 융의 시각은 기존 기독교 신학이 비판하고 있는 '불완전하고 악한 신'으로서의

57　Ibid., par. 303(Ibid., 265).
58　Ibid., par. 303(Ibid., 265).

데미우르고스와는 판이하게 다르다.

(2) 상기한 영지주의에 대한 편견 중 '영지주의는 계시보다 개인의 깨달음이나 인식을 중요시한다는 비판'을 융의 입장에서 보기로 하자. 영지주의에서 말하는 개인의 깨달음이란 무엇일까? 융은 영지주의자들의 영성적 작업을 소개하면서 무의식이라는 개념이 그들에게 아직 알려지지 않은 상태였음을 이야기한다. 그런데도 그들의 작품 속에는 그런 무의식의 흐름이 명확했다. 예컨대 영지주의자 에피파니우스는 발렌티누스의 편지들 중 하나에서 다음과 같은 글을 인용하고 있다. "태초에 아우토파토르(Autopator)[59]는 모르는 상태(무의식 상태)에 있는 모든 것들을 그 자체 안에 포함하고 있었다." 또한 히폴리투스의 글에 따르면, "하나님 아버지는 의식도 없고 실질도 없으며, 남자도 아니고 여자도 아닌 존재다."[60] 그렇다면 '하나님 아버지'는 존재의 특성이 없는 무의식일 뿐만 아니라, 반대되는 것이 없고, 특성이 결여되어 있고, 그래서 알 수 없는 니르바나(nirdvandva)의 상태이기도 하다.[61] 융은 이런 것들이야말로 무의식 상태를 묘사한다고 본다. 즉 영지주의자들의 깨달음이란 그들의 무의식 상태에 대한 인식이었을 가능성이 매우 높다는 뜻이다.

기독교의 계시는 개인의 깨달음보다 교리가 우선하는 듯한 인상을 준다. 그러나 엄밀히 따져보면 기독교 믿음이라고 하는 것도 개인의 깨달음이 동인이 되어야 생명력이 있다. 그런 측면에서 보면, 영지주의자

---

59 발렌티누스 글의 본문에서는 아우토파토르를 "어떤 사람들은 그를 영원히 젊고 남자이며 동시에 여자인 불로의 아이온이라고 부른다. 불로의 아이온은 자체 안에 모든 것을 포함하고 있으며 그 자신은 그 어떤 것에도 포함되지 않는다"라고 말한다(*Aion*, par. 298).
60 C. G. Jung, *Aion*, par. 298(김세영·정명진 역, 『아이온』, 260-261).
61 Ibid., par. 298(Ibid., 261).

들의 깊은 내면으로의 여행은 지금까지 봐왔던 대로 자연스럽게 심리학적 현상과 맞닿게 된다. 다시 말해서 융은 기독교의 계시 신앙마저 인간의 무의식적 인식으로부터 시작되는 것이 자연스러운 현상임을 말하면서 교리와 깨달음이 서로 다르지 않음을 강조하고 있다.

(3) 영지주의에 대한 편견 중, '인격적 예수를 부정하고, 예수의 수난, 십자가 죽음 등을 부인하거나 엉뚱한 해석을 한다는 비판'에 대한 부분을 보기로 하자. 융은 예수를 '자기'라는 집단무의식을 나타내는 상징으로 보기 때문에 신학적 주제에 대한 접근 방법이 전혀 다르다. 다시 말해서 그가 역사적 예수를 부정하거나, 십자가 위의 죽음과 대속을 부정한다고 볼 수는 없다. 오히려 그는 예수에 대한 초기 교회 교부들의 전통을 면밀히 검토하면서 그들이 하나님의 아들로서의 예수 그리스도를 '최고선'의 표상으로 삼아간 역사를 되짚어본다. 다시 말해서 역사적 예수와 믿음의 대상으로서의 예수 그리스도의 관계를 심리학적으로 풀어가는 것이다. 이런 작업은 융 심리학 여기저기에 특히 『아이온』과 『욥에의 응답』에 자세하게 논의되어 있다. 융은 영지주의 문헌을 가지고도 동일한 작업을 했는데, 영지주의자들이 예수 그리스도를 어떤 상징으로 표현하고, 왜 그렇게 표현했는지 그들의 무의식을 탐구했다.

융은 히폴리투스의 『모든 이단자에 대한 논박서』(Elenchos)에 자석과 철 사이의 끌림이 세 번 언급된다고 운을 떼면서, 이 논박서에 인용된 영지주의 문헌을 심리학적으로 해석한다. 여기서 '자석에 끌린다'는 표현은 전적으로 인위적이지 않은 어떤 알 수 없는 힘이 작동한다는 뜻이다. 현대 언어로 말하면, 무의식적 힘이 작용하고 있다는 말이라고 융은 본다. 인간의 내면에서 무의식적으로 나타나 자석처럼 끌어당기는 힘을 나타낸 형상은 물, 뱀, 로고스였다. 다시 말해서 영지주의자들이 예수 그리스도에 관해 관상할 때 물, 뱀, 로고스라는 형상들이 떠올랐는데, 그런 과정이 무의식적이었을 것이라는 이야기다. 왜냐하면 물, 뱀, 로고스에 관한 여러 문헌과 성경 구절과 영지주의 문서들을 추적해보면 동일하게 예수 그리스도를 상징하기 때문이다.[62]

그러므로 물, 뱀, 로고스라는 상징은 영지주의자들이 육화된 하나님 (예수 그리스도)의 알 수 없는 본질을 묘사하려는 노력임이 틀림없다.[63] 이 세 가지 상징은 그 자체로 성스러운(numinous) 속성을 지니고 있고, 그러므로 어느 정도의 자율성을 갖고 있는 동화 현상(phenomena of assimilation)이다. 확실히 이 상징들이 나타나지 않았다면, 그리스도 형상의 성수태고지(annunciation)는 전혀 효력이 없었을 것이다. 이 상징들은 사람의 무의식 안에서 잠자고 있다가 그리스도가 역사 속에 실제로 등장함으로 인해 일깨워진, 즉 자력에 끌려나온 그리스도 형상의 원형들을 대표하고 있다.[64]

이 끌어당김의 과정은, 자아와는 대조적인 여러 목표 또는 중심(예. 물고기, 뱀, 갈매기, 점, 단자, 십자가, 천국 등)을 만들어내는 것으로 봐서 자아와는 다른 어떤 내면의 힘에 의한 것으로 봐야 한다. 그런 자아 너머의 힘 또는 형상을 연금술사들은 '철학자의 돌'[65]이라 불렀는데, 이것

---

62 Ibid., pars. 288-293(Ibid., 252-257).
63 Ibid., pars. 288-293(Ibid., 252-257).
64 Ibid., par. 295(Ibid., 258).
65 현자의 돌(라틴어: *lapis philosophorum*), 철학자의 돌(Philosopher's stone) 또는 마법사의 돌(Sorcerer's Stone)은 전설 속에 존재하는 물질로, 값싼 금속(卑金屬)을 금으로 바꿀 수 있는 능력을 가졌다고 전해진다. 또 때로는 사람을 젊게 할 수 있는 능력이 있다고 믿어지기도 한다(생명의 묘약). 이는 오랫동안 서양 연금술의 최고 가치로 여겨졌다. 신비주의적인 연금술에서, 현자의 돌을 만드는 데 성공하는 것은 그것이 곧 "위대한 일"을 완수한 것이거나 또는 "위대한 일"을 완수하는 데 결정적인 전환점이 된다(위

은 천 개의 이름으로 불렸다. 이런 현상은 영지주의자들이 '안트로포스'(Anthropos)를 셀 수 없이 많은 명칭으로 부른 데서도 나타났다. 이처럼 어떤 상징적 형상이 수많은 이름을 가진다는 것은 그 상징적 형상, 예컨대 '안트로포스'가 의식적 과정과 무의식적 과정이 합쳐진 묘사할 수 없는 온전성을 지닌, 즉 보다 위대하고 이해력이 넓은 존재였음을 명확하게 보여준다. 주관적인 자아-정신(subjective ego-psyche)과 대립하는 이런 객관적인 온전성(objective whole)을 융은 '자기'라고 부른 것이다. 이것은 '안트로포스'라는 관념과 정확하게 일치한다.[66]

지금까지의 이야기를 정리해보면 인류의 무의식은 구세주를 갈망했고, 그러한 갈망은 무의식적 언어로 나타났는데 그것이 바로 자아 밖에서 표출되는 상징들로서 대표적인 것이 물, 뱀, 로고스였다. 이 상징은 성수태고지를 암시할 뿐만 아니라 그것들의 성스러움으로 자아를 넘어선 거룩한 온전성인 '안트로포스', 곧 그리스도를 이른다. 이것은 심리학적으로 '자기'와 동일하다.

요약하면 역사적 예수를 부정하고, 예수의 수난과 죽음 등을 부정하거나 왜곡했던 영지주의자들과는 달리 융은 예수라는 내 안의 심상이 인간의 정신사 속에서 어떻게 시작되어 실제로 역사 속에 나타나게 되었는지, 그리고 그의 출현이 인간의 정신에 어떤 변화를 초래했는지 등에 관심을 쏟은 것으로 보인다. 다시 말해서 융은 신앙의 대상으로서의 역사적 예수를 어떻게 하면 내 안에서 살아 움직이게 할까를 고민했던 사람처럼 느껴진다.

키백과 참조).
66 C. G. Jung, *Aion*, CW 9ii, par. 296(김세영·정명진 역, 『아이온』, 259).

6. 영지주의가 남긴 유산과 융의 역할

영지주의를 범지혜적 전통(pansophic tradition)으로 보면 인간 속성의 깊은 내면에 한 줄기 빛이 있는 한, 그리고 자신들이 그 빛과 유사함을 느끼는 남성과 여성들이 있는 한, 이 세상에는 항상 영지주의자들이 존재할 것이다. 리차드 스미스(Richard Smith)는 『나그함마디 문서』(*The Nag Hammadi Library in English*) 제2판 후기에서, 윌리엄 블레이크(William Blake)의 시, 허먼 멜빌(Herman Melville)의 『모비딕』(*Moby Dick*), 칼 융의 심리학 이론, 헤르만 헤세(Hermann Hesse)의 작품, 에릭 뵈겔린(Eric Voegelin)의 정견들, 그리고 그 밖에 여러 예를 들면서 이들을 영지주의라는 용어로 설명하는 것이 얼마나 적절한지를 언급했다.[67] 더 나아가 이오안 쿨리아누(Ioan Culianu)는 그것의 범주에 가톨릭 권위자들, 신플라톤주의자들, 종교 개혁가들은 물론 공산주의도, 나치즘도, 자유주의도, 실존주의도, 그리고 융 심리학과 프로이트의 정신분석학까지도 모두 포함시켰다.[68] 이는 영지주의적 물음이 인류의 원초적 혹은 근원적 과제임을 증명해주는 것이기도 하다.

이 세상 특히 서구는 확실히 새로운 깨달음, 곧 새로운 영지주의를 필요로 한다. 그러나 1700년 전 고대의 영지주의를 현대에 적용하기에는 확실히 한계가 있다. 이 문제를 해결하고 있는 것이 융이다. 현대에 영지주의가 재조명되는 데는 두 출처(source)가 있는데, 2-3세기의 전형적인

---

[67] James M. Robinson, *The Nag Hammadi Library in English* (Harper San Francisco, 1990), 532-549.
[68] Michael Allen Williams, *Rethinking "Gnosticism"* (Princeton University Press, 1999), 3-4.

영지주의 문헌들과 융에 의해 공식화된 영지(gnosis)가 그것들이다.[69]

융이 아니었으면 아마도 영지주의는 성공하지 못한 기독교 이단 중 하나로 역사의 그늘에 가려진 채 있었을 것이다. 융은 영지주의의 가르침 속에서 자신의 견해와 이론의 증거를 찾았고, 영지 사상을 정신적 실제의 수준으로까지 끌어올렸다. 범지혜적(pansophic)이라고 하는 영지주의의 핵심이 전파되는 과정에서 융이 진정으로 현대와의 연결고리 역할을 했다는 사실을 받아들인다면, 우리는 필연적으로 어떤 결론에 이를 것이다. 그중 하나가 융의 분석심리학은 정신 치료적 이론과 실행의 영역에만 제한할 수도 제한해서도 안 된다는 것이다. 그것을 통해 오히려 융의 사상에 폭넓게 내포되어 있는 문화적이고 영적인 뜻을 탐구하고 실행할 필요가 있다.

우리가 고려해보아야 할 또 다른 결론은 융의 핵심적인 메시지가 동떨어진 현대적 현상이 아니라 오히려 위대한 고대의 뛰어난 영적 전통의 정점에서의 어떤 유기적 결과로 간주될 수 있다는 것이다. 간단히 말해서, 융의 통찰력은 영지주의자들에게서 전수받은 대안적 영성의 흐름을 가장 최근에 가장 강력하게 표현해낸 것이라고 보아야 한다. 융의 심층심리학이 치료학문 이상이라는 것은 바로 영지주의가 고대 종교 이상인 것과 같다. 둘 다 영지의 실존적 사실의 특수한 수준에서의 깨달음(지식)을 표현한다. 현대 심리학과 고대 영지주의는 한마디로 개인이 자신의 정신이 생생하게 변형되는 경험을 할 때 실제로 만나게 되는 바로 그 진리를 가리키는 지시봉이다.[70]

---

69 Stephan A. Hoeller, 『이것이 영지주의다』, 33.
70 Ibid., 33-34.

영지주의와 연금술

1. 연금술을 만나게 된 계기

여태껏 보아온 대로 융은 창조적인 병을 앓고 난 이후 영지주의적 관념에 사로잡혔다. 그것은 그 자신의 탐구방법을 통해 만다라를 그려가는 작업 중에, 인간의 내면에 '자아'와 '자기'의 총체적 합일을 갈망하는 거대한 힘이 있음을 발견하면서 결론에 이르렀다. 융은 자신의 경험적 이론이 주관적인 것이 아님을 증명하기 위해 이런 현상들을 인류의 문화유산 속에서 확인받으려고 노력했다. 영지주의가 이를 뒷받침하고 있기는 하지만, 그가 연구하고 있던 영지주의는 영지주의자들을 이단으로 처단한 정통파 교부들에 의해 제한된 자료들을 통한 것들이라서 역사적 연속성이 단절된 상태였다. 또 그 내용도 왜곡되고 제한된 것들이었다.

  융은 영지주의자들이 틀림없이 자신들의 무의식을 관찰하고 그 속에서 인간 정신의 변환을 꾀했음을 확신했지만, 그런 정신이 역사성을 결여한다면 아무런 힘이 없음을 너무도 잘 알고 있었다. 이렇게 단절된 정신사에 답답해하던 차에 리하르트 빌헬름이 융에게 결정적인 도움을 주었다. 그는 융에게 연금술의 중요성을 깨닫게 했다. 빌헬름은 앞에서 언급했던 '아들 블룸하르트 목사'의 사위로 탁월한 중국학자였고, 1928년에 융에게 중국 연금술서인 『태을금화종지』를 번역한 『황금꽃의 비밀』(*The Secret of the Golden Flower*)이라는 책을 보내주었다. 그리고 융은 그 책의 해설문을 쓰게 되었다. 이것이 계기가 되어 융은 비로소 본격적인 연금술 연구에 몰입할 수 있었다. 그는 빌헬름의 번역서를 읽고 나서 인간의 정신에 대한 자신의 생각이 보편적인 현상임을 확신했다. 다시 말해서 융은 중국철학에 관해 전혀 문외한이었지만 『황금꽃의 비밀』을 읽으면서 그가 그동안 환자를 통해 얻은 환자들의 마음의 발전 과정 중에 일어났던 사실들과 그 책의 과정이 생생하게 병행하고 있음을 확인했다. 여기서 그는 모든 인류에게는 공통적인 무의식이 있으며 그 무의식 때문에 동서고금을 막론하고 공통적인 상징들을 만들어낸다는 생각에 확신을 가지게 되었던 것이다. 그의 말을 직접 들어보자.

이렇게 이상한 사실을 독자들에게 좀 더 이해하기 쉽게 설명하기 위하여, 인간의 신체가 모든 인종적 차이를 넘어서 해부학적으로 공통의 구조를 하고 있듯이, 인간의 정신도 모든 문화와 의식의 차이를 넘어서 공통의 기층을 가지고 있다는 점이 강조되어야만 한다. 나는 이 기층을 집단무의식이라고 부른다. 이 인류 공통의 무의식적 정신은 단순히 의식할 수 있는 내용으로 구성되어 있는 것이 아니라, 동일한 반응을 하게 하는 잠재적 소인으로 구성되어 있다. 이 집단무의식은 세계의 인종들이 제각기 다르다 하더라도 뇌의 구조만큼은 동일하다는 것을 나타내주는 정신적 표현이다. 이것은 다양한 신화의 주제와 상징들이 인간의 보편적 의사소통의 가능성과 유사하거나, 때로는 동일하다는 것을 설명해주는 것이기도 하다.[71]

융은 환자들의 마음의 발전 과정과 중국 연금술서에서의 변환 과정이 유사함을 보면서, 인간은 동서고금을 막론하고 무엇이든지 관념화하고 행동하는 공통의 본능을 가지고 있고, 또한 모든 의식적 관념화와 행동은 이러한 무의식의 원형적 패턴에 기초하여 발달해왔고 항상 그러한

---

71 C. G. Jung, *Commentary on "The Secret of the Golden Flower,"* CW 13, par. 11.

패턴들에 의존한다고 주장하기에 이르렀다.[72]

『황금꽃의 비밀』이 계기가 되어 융은 연금술을 자세히 알고 싶어서, 고서점에 부탁해 『연금술 제2권』(Artis Auriferae Volumina, 1593)이라는 책을 구입했다. 이 책은 라틴어로 된 방대한 논문들의 총서로서, 그 가운데 연금술의 고전이 몇 편 있었다. 처음 2년간 융은 이 책을 그대로 방치해 두었다. 그는 때때로 그림들을 들여다보았지만 도무지 알 길이 없었다. 그다음 해 겨울, 이 책을 좀 더 철저히 살펴보다가 문헌의 내용을 알아가면서 융은 그것에 매료되기 시작했다. 그러면서 연금술사들이 말하고 있는 것이 바로 상징들이었음을 깨달았다. 상징의 언어는 이미 융에게는 너무도 익숙한 화법이었기 때문에 그것을 알아가는 데 흥미를 느끼지 않을 수 없었다.

그 이후로 융은 본격적으로 연금술 연구를 시작했다. 그 첫 번째 작업이 『연금술 제2권』을 자세히 읽어가는 것이었다. 이 책에 수록되어 있던 「현자의 장미원」(Rosarium Philosophorum)을 읽으면서 융은 그 내용을 좀 더 확실하게 이해하기 위하여 주요 어구의 전후참조가 붙은 사전을 만들어나갔다. 예컨대 '용해와 융합'(solve et coagula), '하나의 그릇'(unum vas), '돌'(lapis), '원물질'(prima materia), '메르쿠리우스'(Mercurius) 등이 특별한 의미로 되풀이해서 사용됨을 알아차렸지만, 그 뜻이 무엇인지 전혀 알 수 없었기 때문이다. 이런 작업을 통해 수천 개의 주요 어구들이 모였다. 이런 과정을 거치면서 융은 연금술의 표현방식을 통해 그 의미를 알게 되었다.[73]

72　Ibid., par. 12.
73　Jung, Jaffé, 이부영 역, 『회상, 꿈 그리고 사상』(집문당, 1996), 233-234.

융 시대에는 연금술이 거의 알려지지도 않았고 사람들이 그것에 관심도 없었음에도 불구하고 융은 연금술에 대한 연구를 10년 이상 지속적으로 하였다. 드디어 그는 연금술이 분석심리학과 일치함을 알게 되었다. 그는 자신의 경험이 연금술사들의 경험과 같음을 확인했을 뿐만 아니라 그들의 세계와 자신의 세계가 어떤 면에서 같음도 확인했다. 그는 이미 신화 연구를 통해 그 정신적 내용 속에 있는 전형적인 성격에 대해 이해하고 있었지만, 연금술 연구를 통해 그것들을 더욱더 깊이 이해할 수 있었던 것이다. 즉 원초적 상(원형의 본체)이 그의 연구의 핵심을 이루게 된 것이다.[74] 실제로 융은 연금술을 잘 알게 된 뒤에야 비로소 무의식이 하나의 '과정'이라는 것, 자아와 무의식의 내용에 대한 관계에 의해서 정신의 변환과 발전이 이루어진다는 것을 깨달았다.

2. 영지주의와 연금술은 어떤 관계일까?

융은 연금술이 고대의 서양 정신인 영지주의와 현대인의 정신을 이어주는 가교 역할을 한다는 것을 발견하였다. 연금술을 추적하다가 그것이 영지주의와 맞닿아 있음을 발견한 것이다. 연금술의 역사를 간단히 되짚어보면 이 둘의 연관성을 곧 알게 된다.

연금술의 역사를 간단히 정리해보자.[75] 연금술과 기독교는 서구에서 거의 동시에 시작되었다. 기원전 330년에 알렉산드로스 대왕이 이집트를 정복한 후 알렉산드리아를 세우고 고대 세계의 가장 큰 도서관을 건

---

74 Robin Robertson, 이광자 역, 『융과 괴델』(몸과마음, 2005), 234.
75 Ibid., 284-287.

립했다. 그때 그리스의 철학, 이집트의 예술, 칼데아와 페르시아의 신비주의 등이 모두 모아져 서로 영향을 입히기 시작했다. 이러한 배경에서 그리스의 이론과 이집트의 실험이 결합되면서 연금술이 발달하기 시작했다.

최초의 위대한 연금술사들은 바로 영지주의자들이었다. 영지주의자들은 물질과 정신을 동일 차원으로 보았기 때문에 연금술 속에서 우주의 가장 깊은 비밀을 찾아내려고 애를 썼다. 연금술사들은 실험의 미시적 세계가 우주의 거시적 세계와 연결되어 있다고 믿었기 때문에 연금술 작업은 늘 상서로운 시간에만 진행되었다. 이들의 작업은 현대의 심층 심리학과 동일한 기전으로 진행되었다. 그것은 곧 실험의 대상인 물질의 본질에 대해 깊이 명상할 때 그 작업을 행하는 자기 자신의 본성에 대해서도 깊이 명상하는 양태에서 분명하게 나타났다. 즉 이러한 양태는 심층 심리학자가 환자의 정신을 관찰할 때 동시에 치료자 자신의 정신도 면밀히 관찰해야 함과 동일하다.

영지주의가 박해로 인해 소멸되어갈 즈음인 3세기경, 연금술의 전통이 이슬람 세계로 퍼져나갔다. 기독교에서처럼 이슬람에서도 대중들의 외부 지향적인 종교와 지성인들의 내부 지향적인 신비스러운 종교 사이에 분열이 있었다. 그러므로 대중들보다 지성인들이 연금술을 더 큰 신비로 가는 하나의 수단으로 삼았다. 연금술은 10세기 동안 이슬람 세계에서 절정에 달했다. 그리고 이슬람이 지적 세계의 중심이 됨에 따라 유럽의 기독교 학자들이 그곳으로 몰려들었다. 스페인에서는 연금술의 신비적 가르침이 유대인 신비주의자들 사이에서 널리 퍼졌다. 유대교의 카발라(Kabbalah)가 그 산물이다.

이슬람교도들에 의해 직접적으로든, 또는 스페인의 유대인들에 의해

간접적으로든 연금술은 르네상스 시대에 다시 서양으로 건너갔다. 그리고 15-16세기에 절정에 달했고, 17-18세기에 어떤 형태로든 여전히 존재하고 있었다. 예컨대 괴테(Johann Wolfgang von Goethe, 1749-1832)는 연금술 책에 익숙해서 성서나 셰익스피어 작품을 인용하듯이 연금술을 『파우스트』에 인용했다.

그러나 사실 연금술은 16세기 말, 계몽주의가 시작되면서 그 안에 내포된 비합리적인 특성과 모호성 때문에 피지카(das Physische, 물리적인 것)와 미스티카(das Mystische, 신비적인 것)로 분리되기 시작했다. 그리고 이것의 내적 붕괴는 이미 야콥 뵈메(Jacob Boehme, 1575-1624)의 시대인 17세기에 활발하게 시작되었다. 당시에 수많은 연금술사들이 실험실을 떠났고 애매모호한 철학을 완전히 포기했다. 화학자는 연금술사와 분리되었다. 화학은 자연과학으로 발전한 반면, 연금술은 설 땅을 잃고 극단으로 치우쳐 터무니없고 공허한 비유와 사변으로 흘러갔다.[76] 그리고 그것은 18세기에 이르러 점차 자가당착의 어둠에 빠져서 쇠퇴하기 시작했다.

융은 연금술을 거쳐 영지주의에까지 거슬러 올라가는 정신적인 연속성을 통해 자신의 분석심리학이 역사성을 갖는 실체임을 확신했다. 그러니까 융은 고대 문헌을 깊이 고찰해감으로써 그가 자신의 진료실에서 수집한 모든 환상상(幻想像)의 세계, 경험적 자료와 거기서 이끌어낸 결론들이 모두 제자리를 찾아가고 있다고 생각했다.

그때 융은 여러 상징적인 정신적 내용들이 역사적 관점에서 무엇을

---

[76] C. G. Jung, *Religious Ideas in Alchemy*, CW 12, par. 332(한국융연구원 C. G. 융 저작 번역위원회 역, C. G. Jung 기본저작집 6, 『연금술에서 본 구원의 관념』, 솔출판사, 2004, 15-16). 앞으로 C. G. Jung 기본저작집은 '융 기본저작집'으로 표기함.

의미하는지를 이해하기 시작했다. 그는 역사 없이는 심리학이 있을 수 없는데 무엇보다도 무의식의 심리학이 그렇다는 것을 확실히 인식하게 되었다. 그는 의식의 심리학(프로이트)은 물론 개인적인 생활에서 끄집어낸 자료로 족하다는 것, 그러나 우리가 신경증(노이로제)을 이해하고자 하면 역사를 필요로 하며 그것은 의식을 아는 것보다 더 깊이 들어가야 한다는 것, 그리고 치료 과정에서 비일상적인 결단이 요청될 때 꿈이 나타나는데 이것을 해석하려면 개인적인 기억 이상의 것이 필요하다는 점을 깊이 알게 되었다.[77]

융은 점차로 정신의 변환이 개인의 경우에는 꿈이나 환상에서 읽히지만, 집단적인 경우에는 그 침전물이 주로 여러 가지의 종교 체계와 종교적 상징의 변환 속에서 발견된다는 것을 알게 되었다. 다시 말해서 무의식의 역사성을 발견했다는 말이다. 개인적 혹은 집단적인 변환 과정의 연구를 통해서, 그리고 연금술의 상징을 이해함으로써 융은 자신의 심리학의 중심 개념인 '개성화 과정'을 비로소 정립했다고 고백한다.[78]

---

77 Robin Robertson, 이광자 역, 『융과 괴델』, 234.
78 Ibid., 238.

제5장
분석심리학의 기본 틀

기본 개념

인간의 정신은 네 수준으로 볼 수 있다. (1) 개인의식(personal consciousness) 혹은 일상적 깨어 있음, (2) 개인무의식(personal unconscious), (3) 인류 보편적 구조로서의 집단무의식(collective unconscious) 혹은 객관적 정신(objective psyche),[1] (4) 집단의식(collective consciousness): 이것은 가치와 형식이 공유되는 문화적인 외부 세계를 일컫는다.[2] 일상적인 개인의식과 집단의식을 제외하면, 개인무의식과 집단무의식이 남는데, 이것들이 융의 주 관심사였음은 주지의 사실이다.

인간의 삶을 보는 융의 시각은 인간 정신의 분열된 두 대극의 융합 혹은 합일에 집중되어 있었다고 해도 과언이 아니다. 그의 성장 배경과 그

---

1 융은 집단무의식을 객관적 정신으로 불렀는데, 그 이유는 인류의 다양한 집단적 군(collective groups)과 구별하고, 또한 이것이 객관적 실재와 동일하게 실재하는 것임을 강조하기 위해서다.
2 James A. Hall, *Jungian Dream Interpretation, A Handbook of Theory and Practice* (Inner City Books, 1983), 9.

가 추구하던 모든 것들을 보면 볼수록 그런 느낌은 강해진다. 그렇다면 그의 심리학에서 가장 근원적 바탕은 융합 혹은 합일을 이룰 수 있는 힘, 혹은 구조가 되어야 하는 것이 자연스럽다. 그런 힘과 구조를 가지고 있는 개념은 과연 무엇이 있을까? 우선 그것은 개인의 차원을 넘어선 인류 보편적 성질이어야 하고, 그다음 그것은 인류 발생의 근원으로 올라가서 가장 원초적인 어떤 것이어야 한다. 말하자면 보편적이고 근원적인 어떤 것이어야 한다는 말이다. 보편성에 부합하는 것은 집단무의식이고 그 근원은 원초적 이미지로서의 원형이다. 그러므로 융 심리학의 근원적 바탕은 집단무의식과 원형이라는 개념이다.

1. 집단무의식: 원형

원형 이론은 집단무의식의 개념과 더불어 나타날 수밖에 없다. 왜냐하면 원형은 집단무의식을 나르는 그릇이기 때문이다. 둘 사이의 관계가 어떤 것인지 알기 위해 먼저 집단무의식 이야기부터 시작하려 한다. 융은 프로이트와는 달리 주로 정신병 환자들을 치료했다.[3] 융이 어느 날 병실 회진을 돌 때 한 환자가 융을 창문 쪽으로 불렀다. 그러면서 하늘에 있는 태양을 가리키며, 태양의 페니스가 보이냐고 융에게 물었다. 그는 태양의 페니스가 움직일 때마다 바람이 분다고 말했다. 융은 그 당시에는 그의 말을 무심히 지나쳤지만 나중에 미트라교의 예식에 관한 책을 보다가 거기서 동일한 이야기를 보게 되었다. 융은 그 환자가 이 책을 봤

---

3 프로이트는 개업의였기 때문에 외래에서 신경증(neurosis) 환자들, 특히 그 당시 히스테리로 명명된 환자들을 주로 보았다. 이렇게 융과 프로이트가 봤던 환자의 유형이 달랐기 때문에 인간의 정신적 문제와 그 정신적 구조에 대한 이해가 다를 수밖에 없었다.

을 리도 없고, 더구나 연구했을 리도 없음을 확인하면서 인간에게는 무엇인가 개인적 차원을 넘어선 정신 현상이 있음을 추측하게 되었다.

또한 융은 환자와의 정신 치료 과정에서 일어나는 전이 현상을 통해서 프로이트가 주장하던 무의식과는 다른 무의식을 발견했다. 즉 전이란 무의식의 내용들이 투사되는 현상인데 처음에는 환자 자신의 표면적인 무의식이 밖의 존재인 의사에게 투사되어 환자가 의사를 가까운 애인처럼 느끼는 것을 관찰했다. 그다음 그의 좀 더 깊은 무의식이 의사에게 투사되자 그는 어린 시절 중요한 인물이었던 부모의 상으로 의사를 보았다. 그러나 최종 단계인 가장 깊은 무의식이 투사되자 그는 의사를 신비한 능력을 가진 사람으로 간주하게 되었는데, 말하자면 마술사 또는 사악한 마귀, 아니면 인격화된 선(善) 또는 구세주처럼 보았던 것이다.[4] 이 최종 단계의 무의식은 프로이트가 관찰했던 것과는 전혀 달랐다. 융은 마귀나 선, 그리고 구세주와 같은 자료들이 사실 개인의 무의식적 기반에서 유래되는 것이 아니라는 결론에 이르렀다. 그래서 그는 개인무의식과는 별개의 비개인적 혹은 초개인적 무의식(an impersonal or transpersonal unconscious)을 발견했다고 생각했고 이것을 집단무의식이라고 명명했던 것이다.[5] 굳이 이런 예를 들지 않더라도 융이 영지주의, 연금술, 기독교 신비주의와 점성술에서 찾고자 했던 것이 인류의 보편적 무의식의 흐름, 즉 집단무의식의 양태였음을 우리가 상기하면 '집단무의식이 있다 없다'를 논하는 것이 무의미해진다.

어떻든 예로 든 두 집단무의식 상태에서 주요한 이미지는 '태양의 페

---

4 C. G. Jung, *The Psychology of the Unconscious*, CW 7, pars. 98-99.
5 Ibid., par. 103.

니스'와 '마술사, 마귀, 인격화된 선, 구세주' 등이었다. 여기서 환자가 본 '태양의 페니스'라는 이미지는 미트라교를 숭상하던 사람들 마음속에서도 떠오른 것이다. 환자와 미트라교인들 사이에서 어떠한 연관성도 찾아볼 수 없기에 이것은 학습을 통해 활성화된 것이 아님은 틀림없다. 그렇다면 이 이미지는 인간의 정신 안에서 자연스럽게 형성되었다고 볼 수 있다. 이런 것은 시공간을 초월해서 언제 어디서나 인간의 마음속에서 일어날 수 있는 현상인데, 우리는 전 세계의 신화, 전설, 민담을 형성하는 바탕자료 속에서 그 증거들을 발견할 수 있다. 위에서 보았던 정신치료 과정에서의 전이 때 나타난 마술사, 마귀, 구세주 등도 여기에 속하는 이미지임이 틀림없다.[6]

융은 이런 이미지들을 1912년부터 원초적 이미지(primordial image)라고 불렀다. 이 원초적 이미지들은 기본 바탕과 같고, 여기서부터 그다음 심상(subsequent imagery)이 이어져서 나타난다. 이 원초적 이미지는 독립적인 특성이 있어서 꿈, 백일몽, 환상, 예술적 창조를 통해 아무 예고도 없이 갑자기 마음에 나타난다.[7] 융은 이런 이미지들을 1919년에야 비로소 원형이라는 용어로 불렀다. 이것을 좀 더 자세하게 설명하면 그 이미지 자체를 원형이라고 하는 것이 아니라, 그런 비슷한 유형의 이미지들을 만들어내는 기본 형태 혹은 패턴을 원형이라고 생각했던 것이다.

그렇게 생각하게 된 근거는 집단무의식이라는 개념 자체가 오래전부터 인류에게 이어져온 어떤 무의식적 속성이기 때문에 유전처럼 내려오

---

6 프로이트가 무의식을 탐구하기 위해 언어를 도구로 삼았다면, 융은 무의식 탐구를 위해 이미지를 도구로 삼았다.

7 Andrew Samuels, *Jung and the Post-Jungians* (Routledge Taylor & Francis Group, London and New York, 1985), 24.

는 것이라야 한다는 데 있다. 그러나 바로 부모 자식 사이에서 얻은 정신적인 심상이나 내용들이 유전된 것이라면 생물학적 상식으로는 어불성설(語不成說)이 된다. 당대에 획득된 형질은 유전될 수 없기 때문이다. 그러나 심상의 내용은 전달되지 않지만 형태나 유형만이 전달된다고 한다면, 그것은 완벽하게 합리적인 주장이 될 수 있다. 원형 개념은 바로 이 기준에 부합한다. 그래서 원형의 틀이나 유형은 유전적으로 전달되지만 그 내용은 환경이나 역사적인 변화에 따라서 달라질 수 있는 것이다.[8] 그 내용 또한 자연현상을 신화적으로 설명하기 위해 만들어지는 상이 아니라, 어떤 정동(감정)에 의해서 생긴 환상이 상으로 머물러 있게 된다고 융은 보았다.[9]

원형을 예를 통해 다시 보기로 하자. 앞서 보았듯이 갓난아기는 엄마의 젖가슴이 자신과 다름을 알아가면서 자신의 의식을 인식하기 시작한다. 바로 이 과정에서 원형이 의식의 분화를 돕는다. 예컨대 아기가 엄마에 대한 여러 가지 정보를 습득하면 그 정보를 한곳에 모으게 된다. 엄마에 관한 정보는 어떤 그릇에 고스란히 담기는데, 그 그릇은 원초적이고 본능적으로 부여받은 그릇이다. 그 그릇의 이름은 '모성원형'(archetype of Mother)이다. 거기엔 개인적 정보는 물론이고 태곳적 정

---

8 Ibid., 25.
9 해가 뜨고 지고 밤이 되었다가 아침이 되는 자연현상을 신화는, "매일 아침 영웅 신이 바다에서 탄생해서 해의 수레를 타고 하늘에 오르며 서쪽으로 향한다. 서쪽에는 태모(太母)가 있어 그를 기다렸다가 그가 서쪽으로 오면 저녁에 그를 삼켜버리며 밤중에 그는 용의 뱃속을 헤매면서 그 '밤의 구렁이'와 무시무시한 싸움을 하게 되고, 그 후 아침에 영웅 신으로 다시 태어나게 된다"라고 얘기한다. 융은 이것을 자연의 물리적인 과정이 환상적인 변화 과정에 동화되어 파악되고 무의식으로 하여금 비슷한 상을 재생하도록 하였으리라고 보는 것이다. 즉 정신은 사실 일어나고 있는 과정을 기록하는 것이 아니라 그 물리적 사실에 대한 환상을 기록하는 것이다(이부영, 『분석심리학』, 103).

보도 담겨 있다. 개인적 정보는 그 개인이 경험한 구체적 사건과 언어로 담기겠지만, 태곳적 정보는 어떤 양식(pattern)으로만 담겨 있다. 이를 좀 더 구체적으로 묘사하면 우리는 그 그릇에 담겨 있는 개인적 정보 중 개인의 감정이 많이 깃들어 있는 것들을 '모성 콤플렉스'라고 하고 태곳적 정보를 '모성원형'이라고 한다. 그러므로 우리가 모성원형을 인식하려면 당연히 그 위에 덮여 있을 개인적 모성 콤플렉스부터 걷어내야 한다. 물론 여기서도 그 두 요소가 가지런히 놓여 있을 것이라는 상상은 금물이다. 그것들이 서로 뒤엉켜 있는 것이 훨씬 더 자연스럽기 때문이다. 그것들을 분별하면서 의식화하는 것을 개성화 과정이라고 한다.

원형은 수도 없이 많다. 예컨대 '정상적인 인간 상황들' 그리고 싸우는 것에서부터 사랑에 빠지는 것에 이르기까지 관계들의 수만큼 많은 원형이 존재한다. 이처럼 수많은 원형이 있는 이유는 인간의 다양한 상황의 수만큼 거기에 해당하는 원형이 있기 때문이다. 원형은 인간이 부모, 어린이, 남녀 연인 등의 존재에 본능적이고 자발적으로 반응하게 준비시키고 촉진한다. 융이 논의한 그 밖의 다른 원형들로는 모성원형, 부성원형, 어린이원형, 아니마와 아니무스 원형, 영웅원형, 자기원형 등이 있다.[10]

2. 집단무의식의 속성

원형의 성질을 이야기하다 보면 이것은 집단무의식의 속성과 일맥상통

10　Steven F. Walker, 장미경·이미애·이상희·채경선·홍은주 역, 『융의 분석심리학과 신화』(시그마프레스, 2012), 10-11.

한다. 이것은 동어반복처럼 중복된다. 다시 말해서 원형은 집단무의식을 실어 나르는 틀이나 유형이라고 말해도 되기 때문이다. 그러므로 집단무의식의 속성이란 곧 원형의 속성인 셈이다.

첫째, 집단무의식은 독립된 생명체로 지속적인 활동을 한다. 융은 집단무의식에서 특히 그것이 가지고 있는 자율적 생명력을 자신의 경험을 통해 잘 알고 있었다. 그는 무의식의 자율적 성격을 다음과 같이 설명한다.

실로 그것들(원상 또는 원형들)은 부분적 영혼(part-souls)이 활동하듯이 독립된 생명을 가지고 스스로를 인도한다. 이런 현상은 무의식이 지식의 원천임을 깨달은 여러 철학 유파 또는 영지주의적 체계 속에서 쉽게 발견된다. 성 바울에 있어서의 천사, 대천사, '권품천사와 세력'(principalities and powers)의 개념, 영지주의의 집정관 개념, 그리고 디오니시우스 아레오파기타[11]의 천상의 서열과 같은 개념들은 모두 원형의 상대적 자율성을 지각한 데서 유래된 것들이다.[12]

다시 말해서, 무의식의 자율적인 힘 때문에 그러한 힘을 가진 어떤 상징물, 예컨대 천사, 대천사, 집정관 등을 떠올리지 않을 수 없었다는 것이다. 게다가 위의 인용문에서 보듯이 그것들은 다양하고 복잡한 기능을 활성화시키기 때문에 서열을 이루어 나타난다. 어떻든 집단무의식은 여러 상징의 상들을 매개로 자율적으로 우리의 정신 안에서 활동한다.

---

11 위(僞) 디오니시우스(Pseudo-Dionysius) 혹은 디오니시우스 아레오파기타(Dionysius Areopagita)라고도 한다. 중세 그리스도교에 중대한 영향을 미친 신학자이자 철학자.
12 C. G. Jung, *The Psychology of the Unconscious*, CW 7, par. 104.

둘째, 집단무의식은 역전환성(逆轉換性, enantiodromia)¹³을 띤다. 무의식이 아무리 자율적 생명력을 가지고 있다 하더라도 의식과 별개로 활동하지는 않는다. 의식과 무의식은 서로 보상적으로 활동한다.¹⁴ 그렇다고 해서 보상 활동이 아무렇게나 일어나는 것이 아니라 어떤 법칙을 가지고 일어난다고 융은 보았다. 그것이 바로 역전환성이라는 법칙이다. 역전환성이란 주로 의식적 삶 속에서 한쪽 면이 극도로 우세함을 보이면 그런 의식과 반대되는 성격의 무의식이 돌출되는 경우를 두고 사용했던 용어다.¹⁵ 이 작용은 물론 무의식 안에서도 서로 상반되는 자료들(대극 관계) 사이에서 일어나 상호 보완되어 전체적으로는 조화로운 통일을 이루려고 한다.¹⁶ 융은 무의식의 활동성과 보상 관계를 다음과 같이 설명한다.

무의식은 활동하지 않는 것처럼 보이나 결코 그렇지 않다. 무의식은 그 내용들을 편성하고 또다시 재편성하는 일을 계속한다. 또한 정상 상태에서

---

13 'enantiodromia'(*enantos*, opposite, and *dromos*, a quick movement)라는 용어는 헤라클레이토스 철학에서 사용했던 것으로서, 그는 '반대로 선회하는 경주'(running counter to)라는 뜻으로 이 단어를 사용했다. 존재하는 모든 것은 그것의 반대로 선회한다는 견해로, 그는 어떤 일들이 진행하는 중에 반대 역할을 하는 것을 표현할 때 이 단어를 사용했다. 그는 "삶으로부터 죽음이 오고 죽음으로부터 삶이 오며, 각성으로부터 수면이 오고 수면으로부터 각성이 온다"고 말했다. 이것은 모든 자연생명의 주기를 관장하는 원리다. 융은 이 개념을 시간 과정 속에서 반대되는 무의식이 돌출될 때 사용했다. 예컨대 의식적 삶에서 한쪽 경향만 두드러지면, 그때 무의식에서는 반대 위치에 똑같은 힘이 생겨나서, 의식적 행동을 제어하여 그것을 극복해나가게 한다. 이런 경우를 두고 융은 'enantiodromia'라는 용어를 사용했다(CW 6, par. 709).
14 C. G Jung, *Psychological Types*, CW 6, par. 843.
15 Ibid., par. 709.
16 C. G. Jung, *The Relations between the Ego and the Unconscious*, CW 7, par. 274.

그것은 의식적인 마음과 보상적 관계 속에서 서로 협력한다. 무의식 활동이 완전히 자율적으로 행해지는 경우는 병든 상태일 때뿐이다.[17]

무의식이 자율적으로 움직이는 에너지라고 할 때, 그것은 그야말로 여러 정신적 요소와 아무 연관성도 없이 천방지축으로 움직이는 세력이 아니다. "무의식 활동이 완전히 자율적으로 행해지는 경우는 병든 상태일 때뿐"이라는 표현에서처럼 그것이 의식과 무관하게 제멋대로 움직일 때는 비정상적일 때뿐이다. 다시 말해서 무의식 안에서 계속적으로 일어나는 역전환적 활동은 항상 의식과의 보상적 관계 속에서만 발생한다는 말이다. 그러므로 완전히 자율적이라서 천방지축으로 움직이는 무의식의 활동은 예컨대 조현병 환자에서 두드러지게 나타나는 환청이나 망상에서 보이는 것들을 말한다.

셋째, 집단무의식은 근본적으로 인간 정신을 성장시키는 방향으로 활동한다. 다시 한번 더 생각해보자. 만일 집단무의식이 유전처럼 후세대로 이어져 내려가는 것이라면, 그것은 분명 본능적 힘을 가진다. 이는 본능이란 선험적이고 유전적인 것, 즉 본래 우리 안에 있는 속성이기 때문에 집단무의식은 바로 이러한 본능에 속한다는 말이다. 그런데 그 집단무의식 안에는 본능적 직관이라고 하는 무의식적 이해력(the unconscious, purposive apprehension of a highly complicated situation)이 존재한다.[18] 즉 그 직관은 한마디로 '지각과 이해력의 원형'(the archetypes of perception and apprehension)이라고 부를 수 있다.[19] 원형의 내용은 인류가 생각하고 느

---

17 Ibid., par. 204.
18 C. G. Jung, *Instinct and the Unconscious*, CW 8, par. 269.
19 Ibid., par. 270.

껴왔던 가장 아름답고 선한 것 일체를 포함한다. 물론 그 속에는 인간이 할 수 있는 가장 나쁘고 파렴치한 행위와 마성적인 것들도 모두 포함되기 때문에 위험한 힘이기도 하다. 그러나 직관 속에 있는 이러한 두 힘의 역동은 의식에 매혹적이고 소유욕이 강한 영향력을 행사해서 그 주체를 확실하게 변화시킬 수 있다.[20] 이때의 힘을 우리는 무의식의 자기해탈 능력이라고 말할 수 있다.[21] 이 능력은 바로 직관의 힘이다. 이처럼 우리의 집단무의식 안에는 인간 정신을 성장시키는 본능적 힘이 있기 때문에 우리가 집단무의식을 활성화시키는 순간, 우리의 정신은 원숙해진다. 그러므로 집단무의식은 본능적으로는 인간 정신을 성장시키는 쪽으로 향해 있다고 보는 것이다.

3. 의식과 자아

집단무의식이 아무리 독립적인 생명체처럼 활동하며 자아와 밀접한 관계를 맺고 전체적인 균형을 이뤄나가면서 우리의 정신을 성장시키는 힘이라 할지라도, 의식의 중심인 자아가 건강하게 인식하지 못한다면 그 힘은 아무 의미가 없다. 그렇기 때문에 어떤 면에서 보면 자아 역시 집단무의식만큼 중요하다.

프로이트 심리학과 융 심리학을 비교할 때의 핵심 개념은 '의식과 무의식', 그리고 '자아와 자기'다. 이 개념들을 잘 이해하면 두 사람의 차이를 분명히 알 수 있다. 이 두 묶음의 개념은 각각 다른 것들이 아니다. 간

---

20 Ibid., par. 110.
21 C. G. Jung, 김성관 역, 『융 심리학과 동양종교』(일조각, 1997), 14.

단히 말해서 '의식과 자아', '무의식과 자기'가 서로 같은 영역에 속한다. '자아'는 의식의 중심이고 '자기'는 무의식의 중심이기 때문이다. 물론 좀 더 엄밀히 말하면, 자기는 의식과 무의식의 총체적 중심이다. 따라서 자아와 자기가 대등하게 있는 것이 아니라, 자기 안에 자아가 포함되는 구조다. 그러나 이해를 쉽게 하기 위해서 우리는 자아-의식, 자기-무의식이라는 도식을 임시로 그려보는 것이다. 여기서 말할 때의 '자아'와 '자기'는 물론 융의 개념이지만 이 정도로 정의해두고 좀 더 나아가 보자.

의식의 발생에 있어서 융은 프로이트와는 반대로 생각했다. 즉 프로이트는 의식에서 용납될 수 없는 것들이 억압되어 무의식을 이룬다고 보았는데, 융은 처음부터 있었던 것이 무의식이며 의식은 무의식적 상황 속에서 분화되어 나온 것이라고 보았다. 그러니까 그가 보는 유아기는 모든 본능적 기능이 무의식의 지배를 받는 동물과 같은 상태다.[22] 〈그림 1〉[23]의 첫 번째 자아-자기 원들이 이 상태를 잘 보여주고 있다. 여기로부터 분화되어가는 과정을 예를 들어 보면 다음과 같다.

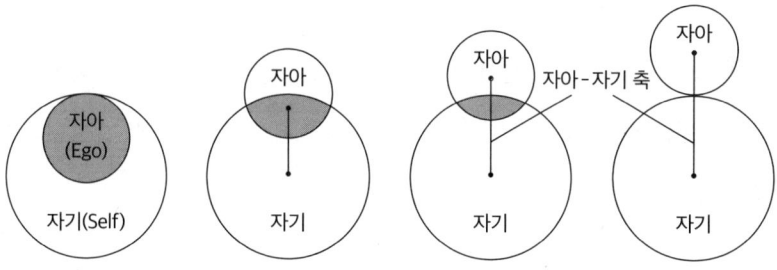

<그림 1> 자아-자기 관계(Ego-Self Relationship)의 단계

---

22 C. G. Jung, *Child Development and Education*, CW 17, par. 106.
23 E. F. Edinger, *The Aion Lectures* (Inner City Books, Toronto, Canada, 1996), 36.

배고픔을 해결하기 위해 엄마의 젖가슴을 찾는 갓난아기가 배고플 때마다 그 젖가슴이 늘 자기가 원하는 그 자리에 있지 않다는 것을 알게 될 때 엄마의 젖가슴이 자신과 분리되어 있다는 인식을 갖게 된다. 이때가 바로 의식이 생겨나기 시작하는 순간이다. 이와 같은 의식은 점차 세상과 자신이 분리되어 있음을 구별하게 되는 아기의 주체적 의식으로 되어간다. 주체적 의식이 바로 '자아'다. 유아가 자아의식을 갖고 그 자신을 '나'라고 지칭할 수 있는 나이를 융은 3-5세로 보았다.[24] 이때쯤 되어야 유아는 비로소 자아 감각을 형성한다는 것이다. 이처럼 정신적 내용(psychic contents)이 하나둘씩 '자아'의 일부분이 되어가면서 의식은 점차적으로 확대되어간다. 아마도 3-5세경부터 시작된 '자기' 안에서의 '자아'의 분화는 청소년기까지 이어진다고 볼 수 있을 것이다. 〈그림 1〉의 두 번째 자아-자기 원들이 이 상태를 잘 보여준다. 이 그림에서 자아의 중심점은 아직도 무의식인 '자기' 영역 안에 머물러 있다.

4. 개인무의식: 그림자와 콤플렉스

원형 개념이 집단무의식과 같이 논의될 때 자연스러웠던 것처럼, 그림자와 콤플렉스 개념은 개인무의식과 같이 논의될 때 자연스럽다. 그 이유를 살펴보자.

'그림자'란 자아가 근본적인 존재로부터 너무 멀리 벗어나게 되면 무의식에서 만들어내는 자아의 어두운 상(像)이다. 인간은 태어나서 학생을 거쳐 성인이 되어갈 때 사회의 윤리 도덕과 같은 규범과 문화 등을 배

---

24 C.G. Jung, *Child Development and Education*, CW 17, par. 107.

우면서 성장한다. 그 과정은 존재의 근원으로부터 점점 멀어져 가는 과정일 수밖에 없다. 그러면 인간의 무의식은 한쪽으로 치우친 상태를 보상하려고 활기차게 뻗어가기만 하는 밝은 모습의 자아와 반대되는 어두운 상을 거기에 형성하게 된다. 즉 개인 생활에서 부적합해 보이고 부정했던 모든 부분이 하나의 원형적 핵 주위에 모여서 '그림자'를 형성한다. 달리 말하면 우리가 '나쁜 것'으로, 혹은 '우리가 아닌 것'으로 간주한 모든 것이 '그림자 원형' 주위에 축적된다는 뜻이다.[25] 따라서 그림자는 개인적인 자아 또는 사회적인 자아의 영역을 벗어나지 않기 때문에 '개인무의식'[26]이라 할 수 있다. 그리고 이렇게 모인 각각의 감정 덩어리를 '감정이 깃들어 있는 콤플렉스'(feeling-toned complexes)라고 일컫는다.[27]

콤플렉스를 좀 더 설명하면 이렇다. 우리가 유아기 때든 성인기에든 정감이 깃든 강한 외적 경험을 하게 되면 그 경험들은 원형적 핵을 둘러싸고 엮이게 된다. 특히 유년 시절에 있었던 내적 갈등은 개인적 콤플렉스를 형성한다. 그러나 콤플렉스에는 어떤 하나의 특별한 원형만 관계

---

25 Robertson, 이광자 역, 『융과 괴델』(몸과마음, 2005), 220.
26 융이 보는 개인무의식은 잊힌 기억, 억압되어 있는 아픈 인식들, 감각적 지각이 그 강도가 미약하여 의식에 아직 도달하지 못한 잠재의식적 지각, 그리고 아직 성숙하지 못해 의식 밖으로 튀어나오지 못한 것들로 이루어져 있다(CW 7, par. 103). 개인무의식은 프로이트가 말한 억압(repression)에 의해 고통스러운 의식의 내용이 의식 아래로 가라앉아 형성된다(CW 6, par. 839). 그렇기 때문에 그 무의식의 가장 밑바닥에는 최초의 유아기 기억이 깔려 있으며(CW 7, par. 118), 이것이 꿈에서 종종 '그림자'의 형상으로 나타나게 되는 것이다(par. 103). 이처럼 융의 개인무의식은 프로이트의 무의식과 다를 바가 없다. 다만 의식에 도달하지 못할 정도의 미약한 잠재의식까지를 거기에 포함시켰다는 것이 다를 뿐이다.
27 C. G. Jung, *The Archetypes and The Collective Unconscious*, CW 9i, par. 4. 콤플렉스란 감정적으로 강조된 어떤 특정한 심리적 상황의 이미지, 즉 습성화된 의식 태도와 상용할 수 없는 것으로서 비교적 높은 수준의 자율성을 가지고 있다(C. G. Jung, *A review of The Complex Theory*, CW 8, par 201).

되는 것이 아니다. 오히려 콤플렉스란 여러 가지 원형적 유형에 따른 행동에 개인적 체험과 정감들이 스며들어서 만들어진 덩어리라고 해야 한다.[28] 융에 의하면, 정동(emotion)이란 "감정으로 착색된 표상들의 집합"인데 그것은 기억에 영향을 끼쳐서 결국 "기억의 덩어리 전체가 어떤 특정한 색깔의 감정으로 물들게 되는 것"이다. 그러므로 콤플렉스란 결코 하나의 단일한 실체가 아니다. 예를 들어, 모성 콤플렉스에는 자아가 수많은 원형적 요인들과 상호작용을 하면서 형성한 정동들이 모여 있다. 즉 개인, 어머니, 개인과 어머니, 어머니와 아버지, 개인과 아버지, 개인과 형제자매, 개인과 형제자매와 어머니, 개인과 가족 등 생각할 수 있는 수많은 상호작용의 조합들 속에서 생긴 정동을 품고 있는 것이다. 이렇게 수도 없이 뻗어나갈 수 있는 목록에서 생기는 정동들을 파악하기 위해서 콤플렉스라는 개념이 고안되었다.[29]

따라서 그림자를 개인무의식의 영역에 속하는 것으로 한정 지었을 때, 콤플렉스는 그림자의 핵심 구조라고 말할 수도 있다. 그리고 그 콤플렉스의 기저(基底)에 원형이라는 틀이 존재하고 있음을 이해한다면, 또한 원형이 왜 집단무의식의 핵심 구조로 취급되는지도 이해하게 된다. 즉 개인무의식으로서의 콤플렉스가 의식화되고 나면 이내 그 밑의 원형이 드러난다. 이때 비로소 집단무의식을 나르는 틀 혹은 원칙으로서의 원형의 모습을 만나게 되기 때문에 그것에 대한 분석은 곧 집단무의식 탐구의 열쇠가 된다.

어떻든 '그림자'는 우리의 '다른 측면'이다. 그러므로 신화에서 그것은

---

28 Andrew Samuels, *Jung and the Post-Jungians*, 47.
29 Ibid., 121.

우리의 '어두운 형제'처럼 동일한 성의 모습으로 인격화되어 나타난다. 즉 남성에게서는 남성으로, 여성에게서는 여성으로 인격화된다는 뜻이다. 좋은 예가, 가인(Cain)과 아벨(Abel), 셋(Set)과 오시리스(Osiris), 메피스토(Mephisto)와 파우스트(Faust), 지킬 박사(Dr. Jekyll)와 하이드 씨(Mr. Hyde) 등이다.[30]

개성화 과정 혹은 자기실현

1. 개성화란?

앞의 〈그림 1〉에서 보듯이 인간의 정신적 성장은 본래 무의식에서 의식이 분화되면서 시작된다. 즉 의식의 중심인 자아가 점점 강해져서 주체적 주관성을 확립해나가는 것이 성장이라는 말이다. 이러한 과정에서 개인 및 사회적 전통과 가치관, 그리고 윤리적 규범들은 필연적으로 '자아'의 밝은 면만을 강조하여 그것의 열등한 속성을 의식 밖으로 몰아내 버린다. 이때 우열 혹은 음양을 판단하기 위한 기준점이 되는 것이 집단무의식의 가장 중심에 있는 '자기'다. '자기'는 '자아'가 중심에서 멀어지면 질수록, 다시 말해서 '자기'로부터 '자아'가 분화되어나가면 나갈수록 짙은 '그림자'를 형성하게 한다. 그리고 그 '그림자'가 짙어지면 짙어질수록 '자기' 원형은 또한 본능적으로 강력한 힘을 가지고 그 골을 메우려

---

30 Roberts Avens, The Image of the Devil in C. G. Jung's Psychology, *Journal of Religion and Health*, Vol. 16, No. 3, 196-222., 1977, 200.

고 한다. 이와 같이 그 골을 메워가는 과정, 즉 '자아'가 '자기'로부터 분화되어 나왔다가 다시 통합되어가는 과정을 개성화(자기실현)라고 한다. 그러므로 이 과정은 원래 삶의 자연스러운 경과, 즉 개체가 늘 그랬었던 것으로 되어가는 과정을 따르는 것이다.[31] 그러므로 우리는 개성화를 자기화(coming to selfhood)나 자기실현(self-realization)이라고 할 수 있다.[32]

융이 개성화의 원리에 대한 생각을 처음 언급한 것은 아마 1916년에 나온 「죽은 자들을 위한 일곱 가지 설교」와 「적응, 개성화, 집단성」이라는 논문 속에서였다. 융은 개성화 과정에 대한 생각을 쇼펜하우어와 니체는 물론 괴테의 성장소설(Bildungsroman)에서 얻었지만, 그것을 자아와 자기 사이에서 일어나는 일들의 기나긴 여정과 만다라 체험을 바탕으로 해서 전혀 다른 것으로 변화시켰다. 개성화 과정은 일생 동안 계속 진행되는 것으로 자아가 집단무의식을 체험하는 과정을 거치면서 무의식이 의식화될 때 인격의 변환이 이루어지는 무의식의 과정이다. 이 개성화 과정은 흔히 그림자와 만났을 때, 아니면 아니마와 아니무스를 그들이 투사한 내용과 분화시킬 때 일어난다. 그리고 언제나 자아가 변환되는 갈등 속에서 이루어진다. 다시 말해서 개성화는 우리가 인격의 무의식적 중심의 존재를 깨닫고 그것과 조화를 이루는 것을 전제로 한다. 개성화는 인격이 온전해지는 것을 의미한다. 상처와 결핍이 아무리 많다고 할지라도 자아와 자기가 결합하면 전체성을 이루게 된다.[33]

---

31 C. G. Jung, *The Archetypes and The Collective Unconscious*, CW 9i, par. 84.
32 C. G. Jung, *The Relations between the Ego and the Unconscious*, CW 7, par. 266.
33 Elie G. Humbert, 김유빈 역, 『C. G. 융』(한국심리치료연구소, 2015), 182-185.

2. 전개 시기

융은 개성화 과정을 인생의 전반부와 후반부라는 두 단계로 구분해서 보았다. 이러한 아이디어는 물론 그 자신의 경험으로부터 얻어진 것이다. 이미 앞에서 보았듯이 융은 서른여섯 살 때 근무하던 정신병원을 그만두고 자신만의 심리학에 몰두하는 새로운 삶을 시작했다. 그의 삶의 후반부가 시작되는 순간이었다. 인생의 전반부에서 우리는 외부 현실로 나아가기 시작한다. 이 시기에 두드러진 목적은 자아를 튼튼하게 하여 각각의 환경에 적응하는 것이다. 인생의 후반부는 우리의 내적 현실에 대한 깊은 지식을 얻고 성격 내 대극적 성향들이 서로 통합하여 온전성을 획득하려는 목표를 향해 나아가는 시기다. 이 후반부는 융이 '초월적 기능'이라고 부른 것에 의해 조절된다. 어떻든 융은 그의 연구의 대부분을 이 과정의 후반부를 위해 헌신했다. 그래서 그는 중년을 맞는 사람들에게 의미 있는 인생의 가능성을 제공했다.[34]

인간은 중년기가 되면 일반적으로 "내 개인의 삶 또는 보편적 인생의 의미가 무엇인지"를 묻게 된다. 이것은 그동안 바깥세상을 향해 열심히 살아오느라 소홀히 했던 내면의 자기가 감각적인 자기를 향해 물어오는 질문이다. 그래서 육적인 자기와 영적인 자기 사이에서, 또는 '자아'와 '그림자' 사이에서 갈등이 일어나기 시작한다.[35] 즉 내면의 세계 안에 대치하는 두 사람이 있음을 자각하기 시작한다는 말이다. 이때가 개성화에 대한 갈망이 깨어나는 시기다.

---

34 Roberts Avens, The Image of the Devil in C. G. Jung's Psychology, *Journal of Religion and Health*, Vol. 16, No. 3, 200.
35 C. G. Jung, *Psychotherapists or the Clergy*, CW 11, par. 522.

신경증은 이런 인간 상황이 병적으로 나타나는 극명한 예로, 마음속에 틈이 생긴 상태다. 즉 자신과의 전쟁 상태다.[36] 이러한 내면의 분열은 물론 순수하게 한 개인의 문제는 아니다. 그것은 환경의 영향을 벗어날 수 없다. 다시 말해서 신경증이라고 하는 것은 현대의 문제와 밀접하게 관련되어 있는 자기 자신과의 부조화(self-division)라고 말할 수도 있다.[37] 그러나 우리가 신경증에 시달리고 있지 않다고 해서 우리는 과연 건강한 삶을 살고 있는 것인가? 답은 "아니다." 우리가 이 병을 앓고 있지 않다 하더라도 인생의 후반부의 과제는 그대로 있는 것이다. 에리히 프롬(Erich Fromm)은 우리에게 다음과 같이 경각심을 일깨워준다.

잘 적응된 일반 사람들은 노이로제(신경증)적인 사람보다도 좀 더 빨리, 좀 더 완벽하게 독립성을 취득하기 위한 투쟁을 포기했기 때문에 잘 적응하고 있는 것이다. 그들은 다수의 판단을 그토록 완전하게 인정하고 있었기 때문에 노이로제적 인간이 경험하는 심각한 갈등의 고통을 겪지 않고 지낼 수 있다. 그들은 '적응'이라는 관점에서 보았을 때는 건강하다고 볼 수 있겠지만, 인간 존재로서의 목적을 실현한다는 관점에서는 신경증적인 인간보다 더 병들어 있다.[38]

융도 우리의 현실적인 삶에서는 우리 자신의 개인적인 관심보다 사회적 또는 집단적 시각이 우선하기 때문에 보편적으로 중년의 과제에 소홀함을 지적하면서, 이러한 상황에서는 '자기실현'보다는 '자기박

---

36 Ibid., par. 522.
37 C. G. Jung, *The Psychology of the Unconscious*, CW 7, par. 18.
38 E. Fromm, 문학과 사회연구소 역, 『정신분석과 종교』(청하, 1983), 104-105.

탈'(self-divestiture) 현상이 나타날 수 있음을 경고했다.[39]

3. 진행 과정

개성화는 한마디로 말하면 무의식이 의식화되는 과정이다. 그렇다면 우선 그 무의식을 의식할 줄 아는 주체가 필요하다. 그것은 말할 것도 없이 '자아'다. 그런데 그것은 무의식의 세력에 쉽게 휘둘리지 않는 건강한 '자아'여야 한다. 그래야 무엇이 의식이고 무엇이 무의식인지 판단할 수 있고, 또한 내가 왜 무의식을 의식화해야 하는지를 절절히 느낄 수 있기 때문이다. 그러므로 첫째 건강한 자아의 필요성을 강조한 다음, 둘째 개인무의식의 의식화, 셋째 집단무의식의 의식화로 이야기가 이어져야 할 것이다.

1) 건강한 자아로부터

우리가 의식과 무의식의 관계를 이야기할 때 프로이트와 융의 공통된 견해는 인간이 무의식의 지배를 받는다는 것이다. 이 말은 우리들이 자신 있게 '나'라고 여기고 있는 '자아', 곧 의식은 사실상 볼품이 없다는 말처럼 들리기도 한다. 실제로 인간의 의식은 합리주의자들이 믿고 있었던 것과는 달리 인간의 무의식보다 훨씬 협소하다. 더구나 의식은 무의식이 존재하지 않는다면 존재할 수도 없다. 인간의 의식이란 참으로 시간과 공간 속에 갇혀 있는 것으로서 유한하기 짝이 없고 피상적이기 짝

---

39 C. G. Jung, *The Relations between the Ego and the Unconscious*, CW 7, par. 267.

이 없다.

그러나 의식의 중심인 '자아'에 대한 오해가 없기 바란다. '자아'는 그렇게 무가치하거나 무용한 것만은 아니기 때문이다. 프로이트는 자아보다는 원본능(id)에 더 많은 초점을 맞췄기 때문에 정작 자아를 중요하게 다룬 이들은 그의 뒤를 이은 자아심리학자들이었다. 그러나 융은 그렇지 않았다. 그는 의식이 무의식에 비해 작다고 해서 의식의 기능을 무시하고, 그를 비판하는 사람들이 말하듯이 '자아'를 충동의 종속물처럼 생각하지 않았다. 그는 '자아'가 없으면 인간 정신의 성숙도 불가능하고 개성화도 불가능하다고 보았고, 무의식적인 것을 의식화하려면 '자아'가 있고 의식이 있어야 한다고 생각했다. 그는, "결국 결정적인 것은 언제나 의식이다. 의식이 무의식의 표현을 이해하고, 그에 따라 자신의 태도를 취하는 것"이라고 단언한다.[40]

또한 무의식은 '자아'의 태도 여하에 따라서 긍정적으로도 부정적으로도 반응하게 된다. '자아'는 자유의지를 가지고 있기 때문이다. 여기서의 자유의지는 철학적인 용어가 아니라 심리학적인 용어임을 융은 강조한다.[41] 실존적 상황 아래 함몰될 것인가, 아니면 본질적 성격을 활성화시킬 것인가 하는 선택의 기로에서 '자아'는 그의 이성을 가지고 자유롭게 어느 한쪽을 선택하는 것이다. 이때 자아 기능이 건강하지 못하면 무의식의 파괴적인 힘에 말려 들어가게 된다. 그 전형적인 예가 조현병과 같은 자아가 약화된 병적 상태다. 이 경우 환자의 자아는 무분별한 무의식의 힘에 압도당하게 된다.

---

40 C. G. Jung, Jaffé, 이부영 역, 『회상, 꿈 그리고 사상』(집문당, 1996), 213.
41 C. G. Jung, *Aion*, CW 9ii, par. 9.

임상 현장에서 개성화 과정은 에리히 프롬의 지적대로 신경증이 발병하는 순간일지도 모른다. 신경증으로 병원을 찾는 사람들의 대다수는 대체적으로 중년이거나 그 전후반 나이의 사람들이고, 그들의 고통이나 불안, 우울 등의 이유도 살아가는 현장에서의 문제들과 관련되어 있기 때문이다. 게다가 적어도 정신병이 아닌 한, 그들의 자아는 전혀 약하지 않다. 물론 심리학적 기전이나 그 역동에 관해 무관심하거나 이해가 힘든 경우도 있지만, 그런 경우들이야 면담 중에 충분히 판단 가능한 일들이다. 따라서 개성화 과정이라는 것을 우리가 특별히 교육이나 훈련을 통해 준비해야 할 필요가 있는 것이 아님은 분명하다. 그러나 병이 아니라도 어떤 계기는 반드시 필요할 터이다.

어떻든 건강한 '자아'와 이성은 융에서뿐만 아니라 모든 정신 치료에서의 치유, 또는 모든 종교적 경험을 통한 진정한 삶의 변화를 위하여 기본적으로 매우 중요한 조건들 중 하나인 것만은 틀림없다. 〈그림 1〉의 세 번째 자아-자기 원들이 이때의 자아-자기 관계를 잘 보여주고 있다. 이 그림에서는 자아의 중심점을 자기의 원(집단무의식의 중심) 밖에 놓인 것으로 묘사함으로써 건강한 자아의 출현을 나타내고 있다. 그때 비로소 자아는 자신을 분리된 존재로 경험하면서 자아와 자기 사이의 연결 관계를 의식하기 시작한다. 개성화가 활성화될 수 있는 여건이 마련된 셈이다. 여기서 에딩어가 자아-자기 축(ego-self axis)이라고 부르는 것은 바로 자아나 자기 어느 한쪽이 그들의 관계를 자각하기 시작할 때 작동하는 연결고리를 일컫는다. 물론 하나가 아니라 둘임을 알기 전까지 그 고리는 자각되지 않을 것이다.

2) 개인무의식의 의식화

(1) 페르소나

무의식의 의식화는 페르소나의 한계성을 깨닫는 데서부터 시작한다.[42] 페르소나란 그리스어의 프로소폰(*prosopon*)과 같은 것으로 배우가 어떤 특별한 역을 하기 위해 쓴 가면을 의미하는데, 융은 이 단어를 어떤 개인이 살고 있는 사회에 보여지는 자신의 외면적 역할을 지칭하는 말로 사용했다. 이것은 상황에 따른 인간의 본분이고, 개인과 사회가 서로 타협하여 얻은 결과이기 때문에 진정한 내가 아니고 남들이 생각하는 '나',[43] 즉 집단정신에 동화되어 있는 자신이다. 이처럼 자기 자신이라고 알고 있던 것이 사실은 가상적인 모습이었음을 깨달을 때 비로소 개성화 과정에 들어서는 것이다.

예를 하나 들어보자. 어느 날 까까머리를 한 중년 남자가 진찰실로 들어왔다. 까까머리는 통상적으로 보통 사람이 아님을 나타내는 상이다. 그의 인상은 범죄자 혹은 깡패를 연상시켰다. 그러나 그의 눈빛은 무언가 안정되어 있지 않았다. 불안한 것 같기도 하고, 우울한 것 같기도 했다. 면담을 시작하면서 비로소 그가 스님이라는 것을 알게 되었다. 그런데 그의 말에는 한 가지 특징이 있었다. 그는 예컨대 "우리 수행하는 사람은요…" 이런 스타일의 어투를 자주 사용했다. 그는 수행하는 스님으로서의 자세를 유지하려고 노력하고 있었던 것이다. 아니 노력한다기

---

42 개성화 과정은 한편 자기로부터 페르소나의 거짓 포장(the false wrappings of the persona)을 벗겨내고, 다른 한편 원초적 상들(=원형)의 암시적인 힘들(the suggestive power of primordial images)을 제거하는 것이다(CW 7, par. 269).

43 C. G. Jung, *Concerning Rebirth*, CW 9i, par. 221.

보다 그런 스님의 삶이 그의 일부분인 듯한 느낌이 더 강했다. 그는 스님이라는 페르소나의 가면을 단단히 쓰고 있는 것이다. 그의 증상은 '사회공포증'이었다. 그는 사람들이 많은 곳이나, 주목받는 상황에서 상당히 많이 긴장하게 되고 불안해진다고 호소했다. 그의 방어적인 말투와 자세로 인해 면담은 더 이상 진전되지 못해서 그가 어떤 성격이며 왜 그런 공포증을 경험하고 있는지 전혀 알 수가 없었다. 그는 스님 페르소나 안에서 나올 생각이 없는 사람처럼 느껴졌다. 그가 자신의 여린 자아를 스님의 가면 속에 넣어 보호하고 있는지도 모르기 때문에 굳이 무의식적 속성들을 그에게 설명해줄 이유는 전혀 없어 보였다. 이처럼 의식이 무의식을 만날지 말지는 전적으로 그의 자아의 선택에 달려 있다.

다른 예다. 어느 날 나는 명상을 몇십 년째 하고 있는 동료 의사를 따라 명상을 주로 하는 한 산사를 찾아갔다. 조그마한 암자 같은 절이었다. 나보다 훨씬 어려 보이는 젊은 스님이 그 명상 모임을 주도했다. 자그마한 방에 7-8명이 삥 둘러앉았다. 그 스님은 사람들에게 벽을 보고 돌아앉으라고 했다. 모두가 벽을 앞에다 두고 명상을 시작했다. 한 30분쯤 지난 것 같았다. 스님은 각 사람에게 말을 건넸다. 내 차례가 되었을 때 그 스님이 내게 이렇게 청했다. "일어나서 저에게 큰절을 하시죠." 느닷없이 절을 하라니 좀 당황스러웠지만 일어나서 스님에게 큰절을 했다. 그랬더니 그 스님이 물었다. "지금 누구에게 절을 하셨습니까?" 아니 나 보는 앞에서 그 스스로가 절을 받았으면서 이 무슨 뚱딴지같은 질문인가? 나는 어이없다는 듯한 표정을 하면서, "그야 스님한테 절을 드렸죠"라고 대답했다. 그랬더니 그 스님은 엷은 미소를 띠며, "아닙니다. 그건 선생님 자신에게 한 절입니다"라고 설명했다. 그 순간 나는 무언가에 한 방 얻어맞은 기분이 들었다. 그 짧은 순간에 나는 얼마나 많은 생각을 했던 가? 속으로, '나이도 젊은 놈이 참 건방지기도 하다. 내가 그래도 명색이 의사이고, 신학박사로서 신학대학원 교수이고, 나이를 먹어도 얼마를 더 먹었는데, 그러니까 내가 어른인데 말이야. 절을 하라니?' 이런 생각에 머리가 복잡했었다. 그런데 "그 절은 당신 자신에게 한 것이오"라는 말로 되돌아왔을 때 결국 나는 나 자신에게 건방진 놈이라고 한 셈이 되었던 것이다. 그날 나는 그 짧은 시간 동안 나의 신분과 명성과 사회적 위치, 곧 나의 페르소나를 마치 나인 양 착각한 자신을 볼 수 있었던 값진 경험을 했다.

사람들은 모름지기 체면과 명분을 중시하여 자신이 처한 자리에서 맡은 역할에 충실하려고 노력한다. 희생적인 어머니와 며느리, 아무리 부모가 못되게 굴어도 효라는 명분에 얽매여 자신의 사생활을 포기하면서까지 뒷바라지하는 자식들, 남자라는 명분 때문에 참고 견디는 사람들 등등 우리 주변에는 페르소나와 얽혀 생기는 마음의 부담이 너무도 많다.

그러나 이것은 환경과 관계되는 인격이다. 다시 말해서 사회생활을 할 때 반드시 필요한 가면이라는 말이다. 그런 가면이 없으면 사람들은 타인들과 함께 원초적인 퇴행으로 빠져들거나 다른 사람으로부터 소외되거나 할 터이다. 그러므로 페르소나는 없애야 하는 것이 아니라 한 개인이 사회적 관계망 속으로 들어갈 때 필요한 것이라서, 그 사람이 쓰는 가면이 완전히 억제되어서는 안 된다. 페르소나는 주체가 다른 사람과 일정한 거리를 유지하면서도 그들과 어울릴 수 있도록 해준다. 다시 말해서 페르소나는 사람들에게 사회적 역할을 다할 수 있도록 도와주는 역할을 한다.[44] 그러므로 페르소나는 없애야 하는 것이 아니라 나의 본질과 다름을 알고 구별할 줄 알아야 하는 것이다. 이것을 달리 표현하면, 페르소나는 동일 구조(identity structure)가 아니라 관계 구조(relational structure)라고 할 수 있다. 그러니까 페르소나는 나의 본질과 관련되어 있는 것이 아니라, 외부 세계와 내가 관계를 맺을 때 필요한 구조다. 그렇기 때문에 페르소나의 문제를 해결하는 방법은 그것이 나의 본질과 다름을 인식하는 것이다.

이러한 구분을 잘못할 때 여러 가지 문제가 야기된다. 건강한 자아는 주어진 상황에 맞춰 적절하게 다른 페르소나 역할을 성공적으로 채택할 수 있다. 그러나 페르소나가 제대로 작동하지 않는 경우가 있는데, 이 경우 종종 정신 치료적 중재가 필요해진다. 가장 두드러진 양태는 다음의 세 경우다. ① 페르소나의 과도한 발달, ② 페르소나의 부적절한 발달, ③ 페르소나와의 동일시. '페르소나의 과도한 발달'인 경우, 사회적 역할만 가득 찬 성격이 만들어진다. 따라서 내면의 진정한 인격은 결여된다. '부적절한 페르소나'인 경우는 거절과 상처가 날 가능성에 매우 취약한 성격이 형성된다. '페르소나와의 동일시'는 좀 더 심각한 문제다. 이 경우엔 자아와 사회적 페르소나 역할을 구분하지 못한다. 그래서 사회적 역할을 위협하는 어떤 것이 자아 자체의 본래의 모습을 직접 위협하는 것처럼 경험된다. "빈 둥지 증후군"은 부모 역할 페르소나와 지나치게 동일시되었을 때 나타나는 현상이다. 이것은 남녀 모두에서 나타난다.[45]

정신과 외래에서는 의사가 환자를 이런 페르소나의 명분, 도리, 의무감에서 벗어나게 해주는 것만으로도 마음의 시원함을 경험하는 순간을 종종 본다. 그런 무게로부터 벗어나서 의사와의 관계가 좀 더 신뢰할 수

---

44 Elie G. Humbert, 김유빈 역, 『C. G. 융』, 85-86.
45 James A. Hall, *Jungian Dream Interpretation, A Handbook of Theory and Practice*, 18-19.

있는 지경에 이르면, 그리고 환자에게 그런 어려움 속에서도 자신을 향한 어떤 희망의 메시지가 있을 것이라는 믿음과 용기가 생기면 인간은 비로소 자신의 무의식에 직면하려는 마음을 갖게 된다. 그리고 그것의 첫걸음이 바로 '그림자'와의 만남이다.[46] 그림자가 원초적 상들의 암시적인 힘들 중 가장 표면에 있기 때문이다.

(2) 그림자

그림자는 큰 그림자와 작은 그림자가 있다. 큰 그림자는 집단적이고 원초적인 속성이 있어서 집단그림자(collective shadow)라고 하고, 작은 그림자는 개인적이고 구체적이어서 개인그림자(personal shadow)라고 한다. 여기서 우선 소개하려는 것은 개인그림자이고 뒷부분에 가서 집단그림자의 예를 하나 들 예정이다. 개인그림자는 그 사람의 일반적인 의식에서 억압된 요소들로 구성되어 있다. 그렇기 때문에 개인그림자를 이야기할 때 프로이트의 억압 개념이 떠오르지 않을 수 없다. 프로이트가 말하는 무의식이 형성되는 기전이 바로 이 억압으로부터다. 그는 의식에서 감당하기 어려운 것들이 억압을 통해 무의식으로 가라앉는다고 생각했다. 그리고 이 억압이 왜곡되면서 여러 가지 임상 증상으로 나타나서 신경증의 범주를 이룬다고 보았다. 즉 불안으로 나타나면 불안장애가, 신체 증상으로 나타나면 신체형장애, 공포로 나타나면 공포증 등을 유발한다. 프로이트가 억압을 이런 시각으로 보았다면, 융은 그것이 한 개인에게 어떻게 작용하는지, 어떤 이야기들을 만들어내는지 등을 살폈다. 즉 억압의 결과를 본 것이 아니라 억압의 과정을 관찰했다. 말하자

---

46 M. L. von. Franz, 이윤기 역, 「개성화의 과정」, 『인간과 상징』(열린책들, 1996), 167.

면 그림자를 기능 중심으로 보면서 형상화했던 것이다. 그러고 나니까 그림자는 우선 주체와 같은 성으로 나타난다는 것을 꿈과 환상에서 중요한 등장인물로 나타나는 상을 통해서 알게 되었다. 예컨대 나를 따라오고 함정을 파놓은 구릿빛 피부를 한 원시인은 원시적인 그림자를 의인화시킨 모습이다. 또 다른 예는 집단적으로 공격적이고 성적으로 조숙한 개인을 바람직한 표상으로 보는 현대에서는 그와 반대로 약하고, 정동에 잘 휩쓸리는 모습으로 그의 그림자가 나타나는 경우가 많다. 늙고 자제심 많은 여성의 그림자 인격이 플라멩코를 추는 무희로 나타나기도 하고, 권력 지향적인 남성은 좀 모자란 아이를 그림자로 가질 수도 있다.[47]

　융은 개인그림자를 알기가 어렵다는 점을 과소평가하지 않았다. 말년에 그는 그 자신의 그림자에 대해 이렇게 말했다. "이 그림자는 아주 포착하기 어려운 것이다. 나는 내 그림자를 모른다. 나는 내 주변의 반응을 통해서 그림자를 연구한다." 사람들은 자신의 그림자에 대해서는 눈이 아주 멀어 있기 때문에 다른 사람들의 얼굴에 나타나는 공포, 충격, 놀람의 표현을 통해서만 그 그림자가 존재한다는 단서를 얻을 수 있다.[48] 그러니까 그림자는 어떤 사람의 열등한 인격 혹은 좋지 않은 부분적 성격인데 의식에서 받아들일 수 없는 속성이기 때문에 억압되어 형성된 또 하나의 '어두운 나'인 것이다. 그러므로 이것은 밖으로 투사되었을 때 감지된다. 그림자는 대체적으로 동성의 사람들에게 투사된다. 어떤 동성의 사람이 괜히 싫고, 또한 그를 게으르고, 무책임하고, 예민하고, 교만하고,

---

47　Elie G. Humbert, 김유빈 역, 『C. G. 융』, 81.
48　Steven F. Walker, 장미경·이미애·이상희·채경선·홍은주 역, 『융의 분석심리학과 신화』, 41-42.

이중적이라고 심하게 비난하고 있으면 곧 자신의 그림자를 보고 있는 것이다.

융은 한 사람의 내면의 악인 그림자와의 대면이 아주 중요한 심리적 가치를 지닌다고 하였다. 한 사람의 그림자에 대해 이해한다는 것은 자기이해의 시작이다. "자신의 개인적 콤플렉스, 특히 자기 그림자의 본성에 대한 어떤 성찰을 얻지 못하는 한, 원형적 요소들을 이해하기 위해서 노력하는 것은 아무런 의미가 없다"고 융은 말했다. 실제적인 그림자에 대한 인식 없이는 그 이상의 심리적인 과정은 진행되지 않는다. 융은 말년에 이르러 "그림자를 피하고 원형만을 만드는…어리석은 융학파여!"라고 지탄했다.[49] 이제 그림자와 관련한 몇 가지 예를 들어보려 한다.

① 무의식 속에 묻혀 있는 그림자

정직하고 빈틈없는 A씨는 무엇이든지 정도를 걷는 사람이다. 그는 하다못해 신호등 하나도 정확하게 지킨다. 그런데 누군가가 신호등을 어기면 속에서부터 분노가 치밀어서 심하게 비난하거나 가끔씩 말다툼을 할 때도 있다. 그는 보도로 튀어나와 보행을 방해하는 광고 장치들만 봐도 화를 내며, 보행자들을 불편하게 하는 불법적 행위에 대해 비난을 퍼붓는다. 때때로 그런 광고주와 싸우기도 한다. 또한 TV에 부정부패한 공무원이나 기업가가 나오면 죽여버려야 한다며, 모든 공무원과 기업가들을 싸잡아 비난한다. 그는 자신이 항상 옳다고 생각하며 늘 분노와 불평 속에서 생활한다. 그가 분노하는 대상이나 사건들은 그 자신의 그림자가 투사된 것들임이 틀림없어 보이는데 그런 투사는 무의식 속에 갇혀 있

---

49 Ibid., 40.

어서 그가 왜 그렇게 지나치게 분노하는지 그 자신은 알 길이 없다.

② 그림자와의 동일시 예

[주증상] 어느 날 중년의 가정주부가 "부정적 감정이 들면 오래가고, 잘 빠져나오지 못한다. 대인관계가 잘 안 되고, 자꾸 움츠러든다"며 진찰실을 찾아왔다. 그녀는 대학을 졸업했고, 자기 자신에 대해 관심이 많아서 여기저기 상담 공부도 하러 다니고, 이것저것 배우는 것이 많았다. 아르바이트로 아이들에게 영어도 가르치곤 했다.

[성격과 생활의 좌우명] 그녀의 성격은 평소에도 쉬 불안하고, 강박적 사고에 종종 젖어들곤 했다. 예컨대 아이들을 보면 갑자기 사고가 날 것 같고, 아이가 다르게 행동하면 자신이 문제라는 생각이 들었다. 어떤 원칙이 정해지면 그녀는 그것을 벗어나려 하지 않았다. 모든 걸 다 안고 가고, 약속은 반드시 지켰다. 몇 시에 누구랑 만나고, 애들은 몇 시까지 보내야 하고 등등 그녀의 계획표는 휴식 시간 없이 종일 꽉 짜여 있었다. 그녀에게 가치 있는 활동이란 공부하는 것이다. 이 환자의 특징은 지적 욕망이 끊임없이 일어난다는 점이다. 그녀는 상담도 받고, 공부도 하고, 애들도 가르친다. 그녀가 공부하는 이유는 딱 한 가지, 인정받고 싶어서다. 인정받고 싶은 대상은 보통은 주변 사람들이 되지만 결코 그렇게 해서만 해결될 성격은 아니었다. 그녀는 공부를 하면 불안해하지 않고 안 하면 불안해했다.

[가족력] 그녀에게는 여동생이 한 명 있고, 부모님은 그녀가 스무 살 때 한날한시에 교통사고로 돌아가셨다. 아버지는 일을 쉬엄쉬엄하려 했지

만, 어머니는 일벌레였다. 어머니는 계속 분식집, 만화가게, 청바지 장사, 마늘 까는 부업 등으로 쉬는 날이 없었다. 돈도 잘 안 쓰고, 돌아가시기 전까지 수산시장에서 장사를 하셨는데, 그날도 두 분이 자전거로 출근하다가 음주운전 차에 치여 돌아가셨다.

평상시 어머니는 언제나 공부를 강조했다. 공부 잘해서 신분 상승하라는 식이었다. 자기네들처럼 살지 말고 잘 살라는 의미였다. 그런 어머니는 환자인 큰딸에 대해 언제나 비판적으로 평했다. 어머니는 항상 그녀가 융통성 없고, 자잘한 실수를 한다고 야단쳤다. 예를 들어 통풍으로 고생하는 아버지의 다리를 치고 넘어간다고 야단쳤다. 어머니는 환자를 보고 "미친년", "저승사자"라며 혼낸 적이 많았다. 환자가 아주 어릴 때 외갓집에 가는데 어머니가 환자에게 띄어쓰기 문제를 물어보았다. 즉 "어머니 가방에 들어가신다" 같은 문제였다. 어머니는 외갓집에 가는 내내 딸이 그것을 모른다고 무척 답답해하면서, "널 보면 꼭 물에 내놓은 애처럼 걱정이 된다"고 했다. 환자는 어머니에게서 칭찬을 들어본 적이 없었다. 반면에 환자의 여동생은 공부만 빼고 다 잘했다. 여동생은 일처리를 깔끔하게 했고, 손재주도 좋아서 어머니에게서 칭찬을 많이 들었다.

[아들 속에서 보는 자신의 모습] 어느 날 환자의 아들이 친구를 만나는 것과 인라인 스케이트를 타러 가는 일 사이에서 고민하면서 울고 있었다. 그때 환자는 아들에게 이렇게 말해주고 싶었다. "바보 못난이 찌질이가 결정도 못 하고, 문 앞에서 짜고 있구나. 죽여버리고 싶어." 환자는 사실 이 표현은 환자 자신에게 하는 소리라고 하면서, "죽여버리고 싶어"를 다시 한번 웅얼거렸다. "바보, 멍청이, 찌질이"는 환자가 자신의 어머니에

게서 많이 듣던 말이었다. 환자의 친구는 숙제를 다 끝냈는데 환자가 숙제를 계속하고 있으면, 어머니는 "아이구 이런 머저리, 답답이, 멍청이"라고 했다. 이런 표현은 그녀가 초등학교 때부터 계속 들었던 것이다. 그녀는 특별한 사람이 되고 싶었다고 말하면서, 아마도 "그것이 생존본능이었나 보다"라고 스스로 해석했다. 그렇게 해야 살아남을 수 있다고 생각했다는 것이다. 그녀는 자신이 특별하지 않으면 사랑, 관심, 인정받기가 힘들 거라고 생각했다. 지금은 아무도 특별하기를 요구하지 않지만 환자 자신이 그런 걸 요구한다고 표현했다. 그녀의 어머니는 그녀가 평범하게 살기를 바란다고 하셨지만, 실은 어머니의 기대치를 충족시키려면 특별한 사람이 되어야만 했다.

[우유부단한 자신의 모습] 이런 그녀에게 문제가 생겼다. 그동안 자기네 아이들을 포함해서 몇몇 아이들에게 논술을 가르쳐왔는데, 이것이 돈이 안 되어 영어 학원 강사로 취직하기로 한 것이다. 그러니까 두 일을 선택해야 하는 상황에 놓인 것이다. 문제는 그 결정을 못 내리고 있다는 데에 있었다. 왜 문제냐 하면 그 상황에서 그녀가 자기 자신을 계속 비난하고 있었기 때문이다. '너는 그런 것 하나도 결정을 못 내리는 바보 멍청이구나! 그것밖에 안 되는 존재구나! 게다가 그런 걸 가지고 의사 앞에서 신세타령이나 하고 말이야! 의사는 네 처지를 들어주는 사람이 아니야. 병 고쳐주는 사람이지!'라고 자신을 비웃고 있었다. 남편도 한마디 거들었다. "나한테는 학원이든, 논술이든 중요하지 않아. 네가 돈을 벌어오든 안 벌어오든 중요하지 않다고! 짜증난다. 듣고 싶지 않아." 그녀는 논술을 가르치는 일이 돈벌이가 안 되어서 바꾸려 한 것이다. 그런데 그녀에게 논술 선생이 되기 위한 공부(논술 선생이 되는 학원을 다니고 있었음)는

남다른 의미가 있었다. 그 공부는 그녀의 어머니가 그토록 바라던 바로 그것이었다. 그런데 현실에서는 그 준비 과정이 너무 어렵고 힘들었다. 논술 준비도 계속 새로운 것으로 해야 해서 실제로 힘든 일이었다. 좀 더 쉬운 영어 강사가 현실적으로는 맞는 일이었다. 그러나 영어 강사는 공부하는 일이 아니다. 그것은 그냥 반복 작업일 뿐이기 때문이다.

[정리] 이 상황에서 문제는 논술 선생을 계속하느냐 아니면 영어 강사를 하느냐를 결정하지 못하는 데 있는 것이 아니라, 그런 모습을 하고 있는 자기 자신을 진짜 자기라고 느끼는 것이다. 그녀는 자기 본래의 모습이 이렇게 결정을 못 하고, '머저리'이고, 융통성 없고, 바보 같다고 확신했다. 그래서 그동안에도 무슨 일이든 남편과 여동생의 의견을 듣고 거기에 맞추려 해왔다. 말하자면 그녀는 그녀의 그림자인 성격 중 부정적인 부분과 자기 본래의 모습을 동일시하고 있었다. 이런 경우 치료자가 아무리 "그것은 당신이 당신의 어머니의 관점을 그대로 받아들여서 형성된 당신의 부정적인 부분입니다. 곧 당신의 그림자이지 참 당신의 모습은 아닌 것 같군요"라고 설명해도 소용없는 일이다. 오히려 그녀는 속으로 치료자에게 이렇게 되뇌일 것이다. "당신은 나를 이해하지 못하고 있어!"

[또 다른 예] 위의 예와 비슷한 모성 콤플렉스를 가지고 사는 40대 가정주부의 예다. 그녀의 어머니도 위의 경우와 비슷하게 자기중심적이라서 자기주장이 뚜렷했고, 딸에 대한 평가가 인색했다. 그리고 그녀의 어머니도 적응을 잘하고 있는 자기와 비교하여 딸을 항상 '머저리' 취급을 했다. 이런 그녀가 어느 날 이런 표현을 했다. "언제부터인가 주변 사람

들 눈치를 덜 보게 되었어요. 내가 이렇게 하나 저렇게 하나 그들은 한결같다는 걸 느끼게 되면서부터 자연스럽게 그렇게 되더라고요. 그 이후 마음이 편해졌어요." 그녀는 자신의 그림자를 이해하는 순간을 맛보았던 것이다.

③ 그림자를 의식하지 못하거나 외면하는 경우

30대 후반의 남자 영어 강사 K씨 이야기다. 그는 나름 열심히 사는 사람으로서 내면에 숨어 있는 문제를 보려고 하지 않는 것이 특징이다. 그의 마음속에 숨어 있는 문제는 의존심과 열등감이라 할 수 있다. 그럼에도 불구하고 그의 태도나 언어 안에서 그것에 대한 진솔한 반추를 찾기는 어려웠다.

[가족력 및 성격] 그는 어머니를 몇 년 전에 여의었다. 남은 가족은 아버지와 여동생이다. 여동생은 나가 살고 그도 원룸을 얻어서 나와 있기 때문에 가족들이 제각각 흩어져서 살고 있는 셈이다. 그의 성격은 세심하고 자기 일에 무척 성실하다. 학원에서 일이 있으면 설령 회식이 있다고 해도 혼자 남아서 그 일을 처리한다. 불안해서 그러는 것이 아니라, 그렇게 하는 것이 옳다고 생각하기 때문이다. 그는 남에게 자기감정을 전혀 드러내지 않는다. 드러내지 않는다기보다 불편한 감정이 생기지 않는다고 표현하는 게 맞을지도 모른다. 그러나 그가 분노하는 몇 가지 장면이 있다. 그중 하나가, 전철역이나 전철 안에서 길을 못 찾고 남에게 의존하는 사람들을 봤을 때다. 왜 미리 찾아보고 나오지 않았는지 이해가 안 된다는 것이다. 대체적으로 그는 사람들이 무조건 의존하는 듯한 경우에 화를 참지 못한다고 한다. 그렇다고 해서 그들에게 화를 표현하는 것

은 아니다. 그는 학벌이 그리 좋은 편은 아니지만 영문법만큼은 대단한 자부심을 가지고 있다. 그 분야에서는 남에게 뒤질 게 없다고 생각한다.

[아버지] 그의 아버지는 걱정이 많은 사람이다. 예컨대 환자가 운전을 배운다고 하면, 연수 교육을 다른 사람들보다는 몇 배를 받아야 한다. 그리고 자신이 옆에 앉아서 또다시 운전 실력을 확인한 다음에야 비로소 차를 내주는 편이다. 그것도 단숨에 허락하지는 않는다. 또 다른 예는 환자가 20대 초반일 때, 그가 지방에 기차를 타고 가야 한다고 하자 그의 아버지는 미리 기차표를 사고 어떻게 가야 하는지를 확인한 다음 자식에게 그것을 알려줘야 안심을 하셨다고 한다. 그럼에도 불구하고 아버지와 아들 사이가 그리 좋은 편도 아니다. 둘은 하찮은 것으로 자주 부딪쳤고 그때마다 환자는 아버지를 함부로 대하곤 하였다. 이런 그의 모습은 밖에서와는 완전히 딴판이었다. 집에서는 아버지에게 조금 버르장머리 없는 듯한 행동을 하곤 해서, 어머니가 사망한 이후 부자는 빈번하게 부딪쳤다. 그래서도 환자가 집을 나와 있는 것이다.

[최근 사건들] 이런 그에게 최근에 문제가 생겼다. 그는 1년 조금 넘게 같은 학원에서 강사로 일했는데, 그 일에 대한 한계를 느끼면서 다른 곳으로 옮기거나 그 일 자체를 그만두고 싶어졌다. 나이가 많아서 다른 학원 자리를 찾는 것도 쉬운 일이 아니라서 본인이 직접 학원을 차릴 생각도 해봤지만 경험이 너무 없고 용기도 안 났다. 지금 학원에서의 한계를 어떻게 하든지 해결해야 하는데 딱히 할 만한 것이 없는 딜레마에 빠졌던 것이다. 그러던 차에 아버지와 함께 어머니 유골이 안치되어 있는 납골당도 다녀오고, 마침 바로 아래층 영어 학원 원장이 일을 같이하자는 제

의를 해왔다. 다음은 그런 이야기를 나눈 날의 면담 내용과 그에 대한 설명이다. 이 이야기는 세 부분으로 나눌 수 있다.

[연속된 세 이야기]   첫 번째는 아버지와 함께 어머니 유골이 있는 납골당에 가다가 생긴 일이다. 환자가 아버지한테, "안전벨트 하세요"라고 했는데, 아버지가 "통제받기 싫다"며 안전벨트 매기를 거부했다. 환자는 어이가 없고 화가 났다. 얼마 전 아는 형이 지방의 한 계곡에 놀러가자고 환자에게 제안했는데, 그때 TV에서 살인 진드기에 대한 뉴스가 나왔다. 아버지가 그것을 보시고 "진드기가 위험하니 안 가면 안 되겠냐"고 하셨다. 환자는 아버지 마음 편하시라고 계곡에 가지 않았다. 즉 환자는 아버지를 위해서 놀러가고 싶은 것을 포기했는데, 차 안에서 안전벨트를 안 매겠다고 하는 아버지의 행동은 너무도 이기적이라고 느껴졌다. 그래서 환자는, "아버지는 왜 이렇게 이기적이세요? 본인이 불편한 것은 상대방에게 요구하면서 제가 불편한 것은 들어주지 않으시니, 이기적인 것 아니에요?"라고 말했다. 그러면서 "아버지는 평소에도 누군가의 지적을 받고 티격태격하면서 대화하세요?" 그리고 또, "아버지가 싫어서도, 미워서도 아니지만 저와의 대화방식이 이거군요"라고 덧붙였다. 이에 아버지는 "그래, 난 그렇다"라고 답했고, 그 후 둘은 아무 말도 안 했다. 그나마 옛날 같으면 싸웠을 텐데, 이번엔 그건 아니었다.

두 번째 이야기는 학원을 그만두는 일에 관한 것이다. 환자는 학원을 그만두기로 했는데, 바로 아래층에서 영어 학원을 하는 원장이 그를 좋게 봤다며 일을 같이하자고 제안했다. 그 원장은 환자에게 "왜 그러세요? 왜 진이 빠졌어요?"라고 물었다. 그래서 그는, "인원에 차이는 없으나(내가 잘못한 것은 없으나) 1년간 해도 보람이 없어요. 사실 다른 프로그램 영어를 적용해보려고도 해봤지만 그건 저희 실정에 안 맞아요. 제가 이런데 원장님은 저한테서 무슨 매력을 느끼셨어요?"라고 되물었다. 그 원장이 대답했다. "다른 매력은 없어요. 다만 성실함 때문이죠." 환자는 그 원장에게 자기에 대한 설명을 덧붙였다. "제가 유명한 영어 강사보다 모자람은 없다고 생각합니다. 그러나 잘 안 되었어요. 저는 강의를 하고 싶습니다. 프로그램을 사와서 그걸 기계적으로 전달하는 강사가 아니라…." 원장이 다시, "매력은 없지만, 다듬으면 될 수 있을 것 같네요. 나랑 같이해봅시다!"라고 했다. 그런데 지금 그가 일하는 학원의 원장과 그 영어 학원 원장 사이에서 일이 좀 꼬였다. 그때 환자는 가운데 놓여서 '내가 물건도 아니고, 나를 우습게 보나? 자존심 상하네. 내가 인건비가 싸서 이용해먹으려는 건가? 나이 사십에 내가 왜 이런 처지에 놓이게 되었을까?'라는 생각이 들었다고 한다.

　세 번째 이야기는 돈에 관한 것이었다. 그는 자신이 번 돈을 부모에게 안 맡긴 이유가 있다고 말했다. 그분들은 무조건 아끼는 분들이라 결과가 뻔하다는 것이었다. 환자는 사회생활을 해보고 싶어서 돈을 자기 맘대로 썼다고 말했다. 그러다 보니 현재는 모아놓은 돈이 없어서, 하루 벌어 하루 산다고 했다. 그러자 다시 아버지에게 경제적으로 의존할 수밖에 없는 상황이 된 것이다. 환자는 아버지에게 빚을 질 수밖에 없는 상황이 되었다. '현실은 아버지한테 의지할 수밖에 없나?'라고 반문하면서 환자는 자신이 계속 경제적으로 의존하며 살고 있다고 표현했다.

[정리]　그날의 이야기 주제는 크게 세 가지였다. 그중에서 우선 납골당으로 가면서 아버지에게 "안전벨트 하시라"고 했더니 아버지가 "나는 통제받기 싫다"고 답한 장면부터 찬찬히 보기 시작했다. 이때 아버지의 태

도에 환자가 화가 났다는 것에 의문이 생겼다. '왜 화가 났을까?' 궁금해하고 있는데, 환자는 곧바로 그 이유를 스스로 이야기했다. 그것은 그가 바로 지방 여행을 취소한 동기에서 나타났다. 그는 살인 진드기에 물릴 것을 걱정하는 아버지의 뜻을 따라 여행을 가지 않았다. 그는 그 순간에 다른 자식들처럼 행동하지 않았다. 즉 보통은 이럴 것이다. "아버지 너무 걱정 마세요. 조심하면 됩니다. 긴 옷을 입는다든지, 풀밭에 함부로 눕지 않는다든지…. 그러니 너무 걱정 마세요." 단지 진드기에 물릴 수도 있다는 예상 때문에 계곡으로 가볍게 놀러가는 걸 취소할 사람은 없을 것이다. 그런데 그는 전혀 다른 반응을 보였다. 왜 그는 이런 반응을 보인 걸까?

그는 지금 집에서 나와 생활하고 있고, 월급도 자기가 알아서 다 쓰고, 나름 독립적인 생활을 하고 있지만, 심리적 의존 관계는 변함이 없는 것 같다. 심리적으로는 아버지와 동체인 듯하다. 그리고 둘은 불안이라는 공통 단어에 서로 묶여 있는 것 같다. 그렇다면 아버지가 안전벨트를 안 맸다고 그가 화낸 이유를 알 것 같다. 그는 이렇게 생각한 듯싶다. "나는 아버지가 불안하다고 했을 때 즉시 그런 아버지의 불안을 없애주기 위해 짧은 여행이지만 가지 않는 것으로 반응했다. 나도 같이 불안해서 그런 게 아니다. 그런데 아버지는 내가 불안하다고 하는데 즉시 반응을 보이지 않고 아버지 맘대로 했다. 그래서 난 화가 난다." 다시 말해서 "나는 심정적으로 아버지와 한 몸이다. 그래서 나는 즉시 반응을 보였는데, 아버지는 한 몸이면서 반응하기를 거부했다. 그런 행동은 너무 이기적이라서 화가 났다."

이런 아버지의 태도를 자기중심적이라고 말할 수 있을까? 이기적이라고 화낼 수 있을까? 여기서 아버지의 대답은 무슨 의미가 있는지를 추측해봐야 한다. 아버지가 통제를 받기 싫어함은 평소 그가 얼마나 많은 통제 속에 사는지를 상상하게 한다. 그는 틀림없이 많은 통제 속에 있을 것이다. 이런저런 불안 때문에 해야 할 일, 준비해야 할 일, 다시 확인해야 할 일들이 산재해 있을지도 모르겠다. 완벽한 성격이라, 모든 것이 그의 통제 안에 있어야 할 것이다. 그렇다면 이 작은 반항이 이해가 간다. 그의 아버지는 이런 작은 것을 어김으로써 일상의 구속감을 해소하려는 듯하다. 환자를 무시하거나, 그에게 반항하기 위해서가 아니라.

그는 아직도 아버지와 심리적 의존 관계에 있는 것 같다. 이것은 아마도 그의 인생과제 중 가장 중요한 것일지도 모른다. 그러므로 세 번째 돈 문제도 자연스럽게 이해가 된다. 겉으로 보기엔, 즉 의식적으로 그는 독립적인 삶을 추구하고 있다. 그러나 돈 씀씀이는 아니다. 그는 돈을 자기 마음대로 막 쓴다. 자기가 주인이 되어 쓴다는 명분은 좋은데 실은 그것이 아닌 결과를 맞고 있다. 만일 그동안 건설적이고 객관적인 태도로 돈을 썼다면 아마도 많은 돈은 아닐지라도 조금이라도 모은 돈이 있을 것이다. 그러나 그는 결과적으로 아무것도 모으지 못했다. 이것은 의존의 또 다른 형태이기 쉽다. 말하자면 의식에서는 독립적 외적 구조를 지향하려 했지만, 무의식에서는 부모들의 성향(내핍 생활)에 반발하는 쪽으로 나아간 것이 아닐까? 보통 의존적인 사람이 취하는 태도가 무계획적으로 돈을 쓰는 것이다. 그 결과도 그가 심리적 의존 관계에 있음을 증명해주는 것처럼 보인다.

여기서 우리가 반드시 짚고 넘어가야 할 문제가 있다. 그는 치료자가 암시적 혹은 단도직입적으로 그의 의존성과 열등감을 지적했음에도 불구하고 그것에 전혀 반응하지 않았다. 그는 자신의 의존성과 열등감을 인정하고 싶지 않은 듯했다. 그런 무관심 혹은 부정은 그의 성격 속에 자연스레 자리 잡혀 있는 듯했다. 그렇기 때문에 그는 자신의 감정을 쉽사리 밖으로 드러내지 않는다. 오히려 그런 의존성에 대한 거부 감정은 없다고 말한다. 그러면서 그가 유일하게 화를 내는 상황 유형이 특이하다. 그는 전철에서 길을 못 찾고 남에게 의존하는 사람들을 비난하고 경멸조로 표현한다. 그들의 의존적 행동을 보면서 그는 왜 그렇게 심하게 화가 날까? 의식적으로는 그들의 준비성 없음에 대해 질타하고 있지만, 그것이 본질은 아닌 것 같다. 이 장면에서 보듯이 그는 그것이 자신과 관련이 있든 없든 간에 의존적 상황에 민감한 것만은 틀림없어 보인다. 그것은 그의 의존적 성향이 밖으로 투사되었기 때문일 것이다.

그는 틀에 박힌 듯한, 그러면서도 자신의 일에는 아주 성실한 태도만이 옳다는 식의 행동을 해왔다. 그런 행동이 먼저이기 때문에 사람들과의 허심탄회한 교류를 경멸해왔다. 그것은 쓸데없는 시간 낭비라고 여겼다. 타인들에게 보여지는 그는 매우 성실하고, 자기 일을 철저히 수행하며 어떤 일이든 꼼꼼하게 완수하려는 사람이다. 그런 성격적 성향은 그의 의존성과 열등감을 숨겨주고도 남는다. 게다가 그의 어두운 성향은 융통성 없고, 표현력 없는 사람, 자기주장이 강하지 못한 사람, 그리고 착한 사람으로 포장되기 일쑤였다. 이런 모습이 아마도 약간 불편하기는 해도 의존성과 열등감을 덮어주기 때문에 그는 그것을 어느 정도 받아들이고 있기도 할 것이다. 이렇게 왜곡되니까 그는 자신의 어두운 면을 그리 중요하지 않다고 생각하는 것 같아 보였다. 어떤 면에서는 그런 것들이 오히려 그 자신을 볼 수 없게 만드는 모습이라서 그대로 받아들이고 있는지도 모르겠다. 하여튼 그는 자신의 일부분을 무시, 부정 혹은 왜곡하고 있는 듯이 보인다. 그는 그의 어두운 부분을 놓치고 있는 듯하다. 그것은 바로 그의 그림자다. 그가 자신의 그림자를 어떻게 취급하고 있는지 한번 보자. 그것이 바로 두 번째 이야기인 학원을 그만두는 일에서 나타난다.

그가 학원을 그만두는 과정에서 좋은 제안이 들어왔다. 마침 딱히 갈데도 없고 학원을 차리자니 용기도 없고, 돈도 없는 상황에서 그보다 좋은 제안은 없었다. 그런데 그때 그가 보인 태도는 무엇인가? "나는 가르치는 일에 나름 열심히 노력해왔다. 그리고 내 실력도 상당하다. 유명 강사보다 못할 게 없다고 생각한다. 나는 프로그램을 사다가 앵무새처럼 그대로 지껄이는 엉터리 강사는 되고 싶지 않다. 그건 강의가 아니라 관리인에 불과하기 때문이다. 나는 진정한 강의를 하고 싶다."

이 말 속에는 그의 열등감이 숨어 있다. 그런데도 그는 "이제 더 이상 아이들한테 가르칠 게 없어서 지겹다. 똑같은 것을 반복하는 게 질린다"고 하면서 그의 그림자를 보려고 하지 않는다. 다만 그림자로부터 오는 답답함을 환경을 바꿈으로써 잠시 해소하려 할 뿐이다. 만일 그가 자신의 그림자를 인식하지 못하고 그 원장을 따라가면, 그는 또 한 번 실망할 것이다. 즉 "이용만 당했구나" 하는 감정에 휩싸일지도 모른다. 그 학원 원장이 그의 자존심을 잘 다독거려주고 있어서이기도 하다. 그렇게 되면 그는 그의 그림자를 더욱더 인식하기 어렵게 될지도 모른다.

④ 집단그림자의 대면과 부정적 자아팽창의 예

이제 집단그림자(collective shadow)에 관한 것을 보자. 집단그림자는 집단무의식의 한 요소로 보이는데, 이것은 집단적 악의 원형이자 악마, 적, 나쁜 사람, 악의 황제와 같은 원형 이미지로 표현할 수 있다. 전쟁 때나 그 밖의 다른 정치적 대립 상황에서 그림자는 적에게 투사되어 적들은 사악·잔혹·잔인 등의 모습을 한 비인간적인 존재가 된다.[50] 이번 예에서는 물론 그런 사회적 현상으로서의 집단성은 발견할 수 없다. 그러나 집단성이란 한 개인의 보다 깊은 무의식으로부터 유래된 것이기도 하기 때문에 우리는 그런 측면에서 환자의 무의식이 어떻게 발현되고 활성화되었는지를 볼 것이다. 좀 더 정확히 말하면 그의 개인무의식과 집단무의식이 서로 어우러져서 그에게 신비한 경험을 하게 한 경우다.

[주 증상] 30대 중반의 고등학교 남자 선생님(신학대학원 졸업)이 분노 조절이 안 되고, 감정 기복이 조울증처럼 너무 크고, 학생들을 자꾸 때리게 되어서 정신과를 찾아왔다. 그는 이런 상태가 한 7-8년 동안 지속되었다고 했다. 표면적 이유는 그의 구타가 결국 학교에서 문제가 되어 예방 차원에서 휴직을 권고당해 억울한 심정으로 나를 찾아온 것이기도 하다.

[가족력] 가족력을 간단히 보면, 아버지는 4남 2녀 중 셋째 아들이었고, 그가 다섯 살 때 이혼했다. 아버지는 평생 백수로 지냈으며 술에 절어서 살다시피 해서 환자가 고등학생일 때 결국 간경화로 돌아가셨다. 아버지가 심성은 착한데 술만 마시면 화내고, 부수고 해서 어머니는 어린 그를 데리고 숨어 있기도 하고 도망쳐 나오기도 했다. 그는 너무 어린 나이라 전적으로 어머니에게 의존하며 살았다.

어머니는 두 자매 중 장녀였다. 외할아버지가 6.25전쟁 때 실종되자 외할머니는 재혼해서 집을 나갔다. 그래서 어머니는 당신의 친할머니 밑에서 성장하며 초등학교만 졸업했고 이후로는 제대로 배울 기회가 없

---

50 Ibid., 39.

었다. 어머니는 생활력이 무척 강하고 고집이 셌다. 룸살롱과 미용실을 동시에 운영하기도 했고, 보험회사에서 보험왕도 하고, 레스토랑, 한복, 홈쇼핑을 거쳐 나중에는 다단계 회사로 영입되어 다이아몬드 자리까지 올라가기도 했다. 그러나 그녀는 다른 사람들의 말을 너무 잘 믿어서 사기를 당했다. 그때 그가 연대보증을 서서 그 빚을 갚아준 적이 있다. 어머니는 자식 말은 안 듣는다. 환자 역시 어머니를 무시했고, 어머니 얘기를 잔소리로 치부했다. 그는 '어머니는 왜 나를 따뜻하게 받아주고 인정하지 않으실까?' '어머니는 왜 나에게 훈계만 하실까?' 하는 의문을 품고 성장했다. 그가 중학교 2학년이 되기까지 어머니는 그를 많이 때렸다. 여기저기 마구 때렸다. 어머니는 꼬치꼬치 따지고 화를 잘 내며, 못 참는 성격이었다.

[성격] 환자는 고집이 세고, 다혈질에 화를 못 참고, 학생들의 지각이 반복되면 폭발한다. 그는 학생들에게 잔소리를 하고 폭력을 가하며, 교복을 제대로 안 입고 오는 학생이 있으면 머리채를 잡는다. 게다가 수업 시간에 잠을 자거나 태도가 순종적이지 않고 반항적이면 언제든 학생들의 볼을 잡아당긴다. 가끔 그의 행동에 저항하며 폭력을 신고하는 학생들은 발길질을 당했다. 그러나 언제나 폭력적인 모습만 있는 것은 아니다. 그는 학생들과 청소도 같이하고, 아이들을 다독여주기도 했다. 그렇다 해도 신고가 너무 많이 들어와서 지금은 신뢰를 잃은 상태다. 환자는 거짓말이나 배신을 하지 않는 성격이고, 할 말이 있으면 그곳이 어디든 당당하게 한다. 예를 들어 그는 교감 선생님이라도 잘못하면 그곳이 학생들이 많은 식당이라도 바로 따진다. 환자가 이렇게 행동해도 이사장은 그를 신뢰했다. 그가 나름 일을 열심히 하고 순박해서 인정받고 있었기

때문이다. 그는 어떤 경우라도 무시당하거나 모욕적인 느낌이 들면 말로 싸워서 보복해왔다. 그러나 그럴수록 점점 더 외로워졌다고 한다.

[면담 1] 몇 차례 면담이 있고 난 다음, 그는 병원에 오기를 꺼렸다. 처음에 품었던 기대와 달랐기 때문이다. 그는 처음엔 무언가 알아가는 것 같고 빨리 좋아질 줄 알았는데, 점점 더 묻어두고 싶었던 과거로 돌아가는 듯하고 기억하고 싶지 않은 것들까지 기억하게 될까 봐 걱정돼 완전히 쪼그라드는 느낌이라고 말했다. 그가 이렇게 폭력적으로 변하기 전에는 아무것도 못 하고 표현도 제대로 못 하던 시절이 있었는데, 지금이 그때처럼 위축되고 쪼그라들어 있다며 전체적으로 과거의 모습으로 되돌아갈까 봐 몹시 걱정하고 있는 듯했다. 그러면서 이런 모습을 들킬까 봐 지금은 아무도 안 만나고 있다고 했다. "고개 숙이고 아무 말도 못하는 나!" 그는 그런 자신의 모습을 들키면 굉장히 창피할 것 같다고 말했다. 어렸을 때(초등학교) 그는 학교에서 마구 나대면서 아이들을 웃기던 아이였다. 그는 그 이유를 다음과 같이 표현했다. "그 당시 저는 가정에서 무시당하고 있었습니다. 자존감에 엄청난 상처를 입어서 존재의 근거가 흔들릴 때였습니다. 학교에서나마 그 흔들림을 만회하려고 다른 사람들의 관심을 받기 위해 노력했던 것 같아요. 즉 그때가 제게는 '나는 살아 있다', '나는 살 만한 가치가 있다'는 것을 확인받는 순간이었습니다. 당시 저는 부모님께 '견디기 힘들다', '이제 그만 하시라'고 말하고 싶었습니다. 그러나 병신처럼 도망가거나 싫다고 하지도 못 하고 소나기를 맞듯 그 상황들을 그대로 맞을 수밖에 없었습니다. 그때 제가 할 수 있는 것은 침묵뿐이었습니다." 그 당시 그의 부모는 싸움으로 날을 지새웠다고 한다. 그리고 결국 그가 다섯 살이 되던 해에 이혼했다.

[치료적 정리 1] 첫째, 여러 사건은 그의 분노가 여러 형태로 드러난 것이라고 볼 수 있을 것 같다. ㉠ 교장의 태도에 대한 분노(자기를 감싸주지 않고 휴직 처리한 것에 대한 분노), ㉡ 학생들을 향한 분노(속마음으로는 잘해 주었는데 배신당한 듯한 서운한 마음), ㉢ 킥복싱 송별회에서 있었던 학교에 대한 불만 등등. 둘째, 그가 적극적으로 살아온 모습은 가짜 같다는 느낌을 준다. 동시에 지독하게 위축되어 아무 말도 못 하고 있는 모습도 그의 진짜는 아닌 듯하다. 그것은 또 다른 극단에 있는 가짜가 아닐까? 그렇다면 그의 진짜 자기는 어디에 있는가?

[면담 2] 그다음 시간에 환자는 다음과 같이 고백했다. 환자의 말을 그대로 옮긴다. "지난 시간 말미에 들려주셨던 진짜-가짜 얘기를 듣고 곰곰이 생각하다가 떠오른 과거 사건이 있어요. 7년 전 어머니가 무릎 수술 때문에 병원에 입원한 적이 있는데, 그때 마침 저는 교회를 그만두고 1-2개월 동안 쉬고 있었습니다. 다른 교회로 갈지, 다른 일을 할지 고민 중이었습니다. 어머니의 간병을 제가 도맡아 했는데, 어머니는 이런 제게 한 번도 진심 어린 웃음을 보인 적이 없었습니다. 어느 날 여동생이 문병을 왔어요. 평소 여동생과 사이가 좋지 않아서 서로 마주치지 않으려고 하는데, 그날은 마주치게 되었습니다. 그런데 어머니가 여동생을 보더니 너무도 환하게 웃으셨어요. 저는 만감이 교차해 한참을 말없이 창밖만 바라봤습니다. 그때 과거가 회상되며, '나는 가짜로 살았구나. 나는 사실 엄마를 사랑해본 적이 없다. 맨날 용서하라, 사랑하라 설교하면서 나는 한 번도 용서도 사랑도 해보지 못했구나. 이런 나는 진짜가 아니구나. 이대로 살면 안 되겠구나' 하는 생각이 밀려왔습니다. 생각이 여기까지 이르자 속에서부터 메스꺼움이 밀려 올라와서 견딜 수가 없었어

요. 여동생과 어머니 사이의 분위기를 방해하고 싶지 않아서 밖으로 뛰쳐나왔습니다. 윌리엄 제임스의 『종교적 경험의 다양성』에서처럼 종교체험을 한 게 바로 그때였습니다. 그때 갑자기 그동안 제가 싫어했던 것들이, 그러니까 저의 그림자 같이 어두웠던 것들이 전혀 부정적으로 생각되지 않았습니다. 즉 아버지의 사망, 어머니가 저에게 했던 부정적인 행위나 말들 말입니다. 그때까지는 죽음, 절망, 전쟁 등(그가 이런 표현을 이어서 한 이유는 그때까지의 그의 상황이 바로 죽음, 절망, 전쟁과 같았다는 뜻일 수도 있겠다)을 극복해야 할 대상으로 봤는데 그게 아니었습니다. 그것들도 긍정적으로 볼 수 있습니다. 다만 그것들을 부정적으로 봐왔던 이유는 제가 그렇게 이름을 붙였기 때문이라는 생각이 들었습니다. '진짜 나는 전체다. 우주 전체가 나의 몸이다'라는 생각에까지 미쳤습니다. 이런 일련의 생각들이 자연스레 그냥 제게 밀려들었습니다. 그렇게 밀려드는 것이 의아해서 의식은 그런 진행에 브레이크를 걸었습니다. 너무 이상해서…. 그래도 밀물 같은 생각의 흐름은 계속되었습니다. 그 흐름이 계속되어서 '아! 나만 못 깨달았던 바보였구나!'라는 곳까지 이르렀습니다. 그러자 지나가는 사람들이 다 그리스도나 붓다로 보였습니다. 저는 '나만 껍질 안에 있고, 세상 사람 모두가 깨달았구나'라는 생각에 사로잡혔습니다. 그때 지나가는 한 아줌마의 눈을 봤는데, 마치 제가 저를 보는 느낌이었습니다. 즉 그 사람의 눈으로 저를 보는 경험, 그 사람이 마치 저처럼 인식되는 경험을 했던 것입니다. 너무 놀랍고 이상해서 한동안 그 자리에 가만히 앉아 있었습니다. 그리고 곧바로 '깨달았다'는 인식을 하게 되었습니다. '나는 나이고, 전체이고, 우주이기 때문에 어떤 것도 나를 막을 수 없다. 이제는 윤리 도덕에 지배되는 삶이 아니라 윤리 도덕을 만들어가는 삶을 살아야 하는 게 나다.' 그러면서 도덕적이고 윤리적인 것을 다 깨부수고 살아야겠다는 결심이 섰습니다. '감정 표현에서는 그 누구도 나를 방해할 수 없어' '내 삶의 주인은 나야'라고 생각하면서 그때부터 교회도 안 나가기 시작했습니다. 그런 깨달음이 밑바탕이 된 삶이 7년간 이어지면서 꽃피운 결과가 오늘의 문제를 야기한 것은 아닐까 생각합니다."

[치료적 정리 2] 이 마지막 말은 정확하지 않다. 이것이 그의 진정한 표현인지 아니면 치료자의 견해에 동조한다는 의미로 던진 말인지 신뢰가 가지는 않았다. 이 사례는 다음과 같이 정리할 수 있다.

㉠ 첫 장면, 즉 여동생과 어머니의 교류, 그리고 환자와 어머니 간 교류의 차이점은 환자에게 강한 배신감을 느끼게 하기에 충분했던 것 같다. 아들은 어머니의 관심을 갈구하는데 어머니는 무심했다. 아니면 어머니는 오히려 그런 아들을 부담스러워하고 있었을지도 모르겠다. 어머니는 아들의 갈망을 모르기 때문에 아들의 행동을 이해할 수 없었을 것이다.

㉡ 그때의 강한 배신감은 환자의 정신 속 깊숙한 곳에 있던 무의식을 일깨웠다. 강한 배신감이 방아쇠 역할을 한 것이다. 그래서 순간적으로 그의 집단그림자(collective shadow)와 화해하는 경험을 하게 되었을 것이다. 화해라는 말을 달리 하면, 그림자를 잘라내려 하거나 부정하려 하는 억압기전의 사용을 멈췄다는 뜻도 된다. 억압의 멈춤은 곧 투사되었던 것들을 회수하기 시작했다는 것이기도 하다. 환자의 표현대로 싫었던 생각들은 그가 그렇게 싫다고 이름 붙였기 때문이지 그것 자체는 싫고 좋음이 없는 것들이다. 그러므로 이제 그가 그것들을 긍정적으로 보면 그런 환경적 실체들은 또한 긍정적인 의미를 띤다. 이런 깨달음을 '투

사의 철회'라고 할 수 있다.

이것은 큰 깨달음인 한편 문제가 생긴다. 이것은 그동안 좀 불편하기는 했어도 나름 그 자신을 지탱해오던 기둥뿌리가 송두리째 뽑히는 경험이기 때문에 공허감과 상실감을 겪게 된다. 그러나 한편 밖의 투사 대상(어머니, 여동생, 아버지)에게 가 있던 정신 에너지는 투사의 철회로 인해 자아에게 되돌아온 상태가 된다. 그렇기 때문에 의식이 갑자기 확장되는 경험을 할 수밖에 없다. 그것을 '자아팽창'이라고 한다. 융은 자신 안에 그림자가 있다는 사실을 깨달은 사람은 그림자가 그에게 해를 끼칠 것이라는 사실을 안다고 보았다. 왜냐하면 그림자라는 것은 원초적이고 원형적인 속성을 가지고 의식에 나타나기 때문이다. 그렇기 때문에 보통 이런 자신의 그림자와의 화해(투사의 철회)는 경이로울 수밖에 없다. 의식세계에서는 자신의 조그맣고 어두운 면을 보기 어려울 뿐만 아니라, 그것이 강하게 억압되어 있으면 있을수록 굉장한 힘으로 의식세계로 표출되기 때문에 강렬할 수밖에 없다. 그래서 우리는 종종 그런 경험들을 종교적 경험이라고 고백하게 된다. 거기에는 누미노즘이 짙게 묻어 있기 때문이다.

ⓒ 보통 이런 누미노즘적 분위기를 풍기는 무의식과의 조우의 결과는, 다시 말해서 '자아팽창'은 긍정적 팽창과 부정적 팽창이 있다. 얼핏 보기에 그는 긍정적 팽창을 경험했던 것처럼 보인다. 그러나 이는 무의식적 에너지가 자아에 동화되기는 했어도 완전히 통합되지는 않은 상태였기 때문에 문제가 발생했다. 그것이 문제였다는 징표로는 이성적 한계를 명확히 구분할 수 없게 되고, 의견과 태도가 급격히 바뀔 수도 있고, 감정이 불안정하여 조증 상태처럼 되었다가 우울해지기도 하는 변화들이 있다. 결과적으로 그의 경험은 자기실현의 긍정적인 한 과정이

되지 못하고 부정적 자아팽창으로 왜곡되었다.

⑤ 그림자의 의식화를 보여주는 꿈

위에서 예로 들었던 학교 선생님의 꿈이다. 그는 정신 치료를 열심히 받으며, 꿈 분석에 관한 느낌도 일기로 적어가고 있었다. 그러다가 어느 날 다음과 같은 꿈을 꾸었다. "꿈에서 저는 시골 동네 언덕길을 가고 있었습니다. 제 목적지는 교회였는데, 거기로 가려면 무덤을 지나야 했습니다. 그 길은 사람 키만큼이나 무성한 풀숲으로 덮여 있어서 그것을 헤치고 지나가야 했습니다. 저는 행복하게 가고 있었습니다. 그런데 풀숲이 바스락거렸어요. 사람 소리 같기도 하고 짐승의 움직임이었던 것 같기도 했습니다. 무서워서 달리기 시작했어요. 저는 개를 무서워합니다. 그 개 혹은 늑대는 검은 밤색이었고 멋있었어요. 그것은 저에게 위협을 가하거나 물려고 하지 않았습니다. 그런 의도를 가지기보다는 오히려 저를 반기는 듯했어요. 저는 무덤에 참배도 하지 못하고, 교회에 가지도 못하고, 그 늑대와 마주치지도 못하고 도망치다가 깼어요."

그는 늑대가 자신의 그림자라고 연상하면서, 원시성과 폭력성을 상징하는 것 같다고 말했다. 이어서 그 늑대는 아무거나 물어뜯는 동물이 아니고, 외로워 보이지만 눈물을 흘릴 줄 아는 멋있는 늑대라고 부연했다. 무덤은 그가 감추고 싶고, 잊고 싶었던 것들을 의미한다고 표현했다. 그런 것들은 아버지의 죽음, 악몽 같았던 20대 초반의 교회 생활, 괴로웠던 군대 생활 등이었다. 교회는 진리와 은혜의 상징이라고 그는 연상했다. 그의 꿈은 무덤과 같은 자신의 좌절 콤플렉스들을 넘어서 진리와 은혜가 있는 곳으로 가고자 했지만, 결국 실행하지 못하고 깨어났다. 그가 무덤을 지나 교회로 가려고 했던 것은 어떤 의미를 상징하고 있는 듯했지만, 간단하게는 부정적 측면에서 긍정적 측면으로 변해가려는 마음처럼 보인다.

어떻든 그의 연상대로 그의 7년간의 삶은 자신은 물론 주변 사람들을 파괴하고 폭력을 행사하는 쪽으로 기울었다. 꿈에서 늑대가 그를 해치기보다는 오히려 반기는 듯했다는 것이 그에게 큰 기쁨을 주었고, 아울러 꿈의 전체적인 분위기가 그에게 참된 신앙의 길로 다시 돌아오기를 요청하는 것 같다고 긍정적으로 표현했다. 이 꿈은 그가 그의 그림자와 잘 화해하는 느낌을 준다. 그는 잠시 깨었다가 다시 이런 꿈을 꾸었다.

"저는 부자들과 차를 타고 있었습니다. 저도 부자였습니다. 그런데 저보다 더 부자인 슐라브(?, 멋있는 중동풍의 이름이었다)가 더 좋은 차와 예쁜 여자들과 함께 다가와서 차에서 내려서 자기랑 같이 가자고 했습니다. 그러자 제 차에 타고 있던 아이들이 그 아이 이름을 부르며 놀려댔어요. 왜냐하면 그는 키가 작고 우스꽝스럽게 생겼기 때문입니다. 마치 만화영화의 짱구처럼 생겼어요. 그러자 그는 우스꽝스러운 제스처로 춤을 추었습니다. 그랬더니 놀리던 아이들이 환호성을 질렀습니다. 그는 자기를 놀리던 분위기를 환영의 분위기로 바꿔놓고는 멋진 차를 타고 미녀들과 함께 행복하게 하늘로 올라갔습니다. 저는 그 아이가 너무 멋있다고 느꼈고, 그 아이와 함께하지 못해서 무척 아쉬웠습니다. 그리고 꿈에서 깼어요."

그는 행복한 기분으로 꿈에서 깼다고 하였다. 그리고 그의 과거가 모두 웃는 것 같았다고 하면서 부연하기를, 절망스러웠던 과거가 모두 크게 웃는 것 같아서 너무 황홀했다고 말했다. 그는 말할 수 없는 치유와 씻김이 일어난 것 같았다고도 하였다. 한편 작고 볼품없게 생긴 그의 친구는 그 자신의 그림자가 틀림없어 보였다. 그 작은 친구는 멋지고, 명랑하고, 에너지가 넘친다. 이 일련의 두 꿈은 그의 개인무의식의 의식화가 일어나면서 경험하게 되는 내면의 변화를 잘 보여주는 것 같았지만, 그런 해석이 그에게 도움이 되었는지 알기 위해서는 그 이후 그의 정서적 반응과 또 다른 꿈을 기다려보는 수밖에 없었다.

(3) 모성 콤플렉스와 부성 콤플렉스

인간은 부모 없이 태어나서 성장할 수 없다. 그렇기 때문에 모든 인간은 부모의 영향을 절대적으로 받으며 성장한다. 물리적 성장뿐만 아니라 정신적 성장 역시 부모로부터의 영향이다. 융은 『변환의 상징』에서 모성 콤플렉스가 생기는 보다 근본적인 원인을 명확하게 보여주고 있다. 즉 부모가 아이의 운명에 그처럼 중요한 요인으로 작용하는 이유는 그들이 인간의 이런저런 결점과 장점을 가지고 있어서가 아니라 우연히 가족과 모든 나라와 전 인류를 지배하는 신비하고 강력한 법칙을 아이의 마음에 처음으로 인상 깊게 심어주는 최초의 인간이기 때문이다.[51]

무엇보다 먼저 아이는 실제의 어머니(아버지)를 만난다. 그래서 그 어머니(아버지)의 말과 행동을 통한 보살핌을 경험하면서 모름지기 그 아이의 내면에 어머니상(아버지상)을 만들어가기 시작한다. 이런 일련의 과정은 전혀 아무것도 없는 상태에서는 일어날 수 없다. 어떤 틀이나 양식이 잠재되어 있다가 실제 어머니(아버지)가 주는 자극을 통하여 마치 나무의 눈에서 새싹이 나듯이 어머니상(아버지상)이 만들어지기 시작하는 것이다. 아이가 본래 가지고 태어난 어떤 틀이나 양식은 태곳적 인류로부터 인간에게 유전처럼 내려오는 어떤 것들이다. 그러니까 그것들

---

51 C. G. Jung, *The Significance of the Father in the Destiny of the Individual*, CW 4, 301.

은 개인적인 것이 아니라 공동체적인 것, 곧 집단무의식의 형상이다. 그런 것들을 원형이라 하고 어머니와 관련한 것을 모성원형, 아버지와 관련한 것을 부성원형이라 한다. 문제는 한 개인에게 그것들은 실제 어머니나 아버지의 영향을 통해서만 인지될 수 있다는 데 있다. 그래서 아이들은 실제 어머니와 모성원형을, 실제 아버지와 부성원형을 구분할 수 없다. 이것이 아이에게 주어진 강력한 법칙이다.

그렇다면 모성 및 부성 콤플렉스는 어떻게 형성되는가? 실제 어머니의 속성을 통해서 어떤 독특한 여성성이 심리적으로 만들어져가는 과정은 다음과 같다. 인간은 태어나면서부터 모성원형에 의해 어머니 이마고(Mother Imago, 모성상)를 실제 어머니에게 투사한다. 아이는 어머니 이마고를 실제 어머니를 통해서 경험하기 시작한다. 그 본래 어머니의 요소(어머니 이마고)는 감싸 안고, 껴안으면서 동시에 집어삼키는 이중성질을 나타내고, 아들은 붙잡히고, 빨리고, 감싸이기를 바라는 존재가 된다. 이런 환경 속에 있는 아들은 자신을 보호해주고, 자신에게 먹을 것을 주고, 자기만을 생각하는 어머니의 품을 그리워한다. 대개는 어떤 걱정도 없는 유아기 상태를 원하기 마련이다. 이런 상황을 극화해서 보면 우리 앞에 자신의 어머니를 간절히 추구하면서 퇴행적으로 살고 있는 한 어린 남아가 등장할 것이다. 이 아이는 이해받지 못하는 냉혹한 세상으로부터 늘 도피를 꿈꾸고 있다. 이때 그의 옆에 종종 어머니 같은 사람이 나타나는데, 이 여자는 어린 아들이 어른으로 성장해가는 데에는 관심이 없다. 오히려 그녀는 아들이 성장해서 결혼하는 것을 막을 수 있는 방법을 부단히 찾는다.[52]

---

52 C. G. Jung, *Aion*, CW 9ii, pars. 20-21(김세영·정명진 역, 『아이온』, 26-27).

이런 어머니는 다분히 성장 과정에서 어려움을 겪는 아이의 시각에 비친 어머니상이다. 다시 말해서 아이의 모성상의 일부가 실제 어머니에게 투사된 상태를 일컫는다. 물론 실제 어머니가 그렇게 행동할 수도 있지만, 아이가 세상으로 나아가는 두려움 때문에 유아적 자리에서 벗어나기를 좋아하지 않을 수 있다. 그렇다 해도 성장은 필연적이기 때문에 그의 의식은 성장을 멈추지 않는다. 그러므로 아이의 유아적 욕망과 점점 커지는 의식 사이에 투쟁이 시작된다. 의식이 성장함에 따라 부모에 대한 의존은 감소하고 따라서 부모의 영향력은 점차 줄어든다. 그러나 부모의 영향력이 실제로 완전히 소멸될 수는 없는 노릇이다. 그 영향력은 어쩌면 평생 갈지도 모른다. 게다가 부모의 무의식의 뿌리에서 솟아나는 힘도 만만치 않기 때문에 그 영향력은 억압되어 자녀들의 무의식으로 가라앉게 된다. 이런 과정에서 모성 콤플렉스와 부성 콤플렉스가 형성된다.

모성·부성 콤플렉스를 한마디로 정의한다면 부모에 대한 유아적 동경이라고 할 수 있다. 즉 그것들은 정신병리 현상 중 하나임이 틀림없어 보인다. 그러나 융은 이것들을 단지 병적인 요소로 보지 않고 그것의 긍정적인 측면까지도 보려 했다. 그래서 우리는 한 콤플렉스에서 긍정적인 면과 부정적인 면을 같이 볼 수 있다. 이러한 모성·부성 콤플렉스가 남성과 여성의 아니마·아니무스 이미지에 영향을 입히는 것이다. 아니마·아니무스는 다음에 이야기하기로 하고 여기서는 모성·부성 콤플렉스에 초점을 맞추려 한다.

① 모성 콤플렉스

(a) 아들의 모성 콤플렉스

모성 콤플렉스는 정신병리학적 개념이기 때문에, 늘 손상과 고통의 개념과 결부해 있다. 아들에게 모성 콤플렉스가 부정적으로 작용하면 동성애, 호색벽, 혹은 성불능증으로 나타난다. 동성애는 이성(異性)에 대한 요소들이 무의식 형태로 어머니에게 부착되어 있어서 발생한다.[53] 다시 말해서 아들이 자신의 아니마와 동일시된 상태에서 어머니상과의 관계가 활성화되면 동성애로 나타난다는 뜻이다. 호색벽은 무의식적으로 모든 여성에게서 어머니를 찾기 때문에 나타나는 현상이다. 성불능증은 키벨레-아티스 유형(Cybele-Attis type)에서 잘 나타난다. 즉 대지의 풍요신이며 태모신인 키벨레는 사랑스러운 소년 아티스가 다른 여자와 결혼하자 질투심에 휩싸여 결혼식에 나타나 아티스를 미치게 하고 아티스는 스스로 거세하여 죽는다는 그리스 신화에서처럼, 아들의 자기 거세, 광기, 이른 죽음으로 표현된다.[54]

내 환자 중 폭력적이고 권위적인 아버지에 대항하여 청소년기 때부터 아버지와 등지고 살고 있는 20대 후반의 남자가 있다. 그는 어머니에 대한 애정이 각별한데, 문제는 다른 여자와 성관계를 할 때 전혀 발기가 안 되는 것이다. 그때마다 그는 어머니가 떠오르면서 마치 근친상간의 죄

---

53 정신구조의 입장에서 보면 동성애는 아니마와 아니무스처럼 반대 성적인 요소와의 동일시로 볼 수 있다. 예컨대 아니마와 동일시된 남성의 인격은 여성적 성향을 지니고, 아니무스로 동일시된 여성의 인격은 남성적 성향을 가진다. 그러한 상황에서 여성화된 남성은 남성 파트너를, 남성화된 여성은 여성 파트너를 찾을 것이다(A. Samuel, B. Shorted, F. Plout, 민혜숙 역, 『융분석비평사전』, 113).
54 융 기본저작집 2, 『원형과 무의식』, 206.

를 저지르는 듯한 기분에 압도된다고 하소연했다.

　모성 콤플렉스 개념에 보다 폭넓은 의미를 부여하면 긍정성도 보게 된다. 예컨대 동성애의 속성이 에로스의 형태로 분화되면, 이런 요소가 여성적 취향과 심미성을 발달시켜서 여성적 공감 능력을 좋게 할 수 있다. 따라서 교육적인 자질을 발휘할 수 있고, 좋은 의미로의 보수 정신이 작동하여 과거의 모든 가치를 가장 충실하게 보존하는 역사적 정신을 가지게 되며, 대인관계에서 부드러운 유대감을 발휘하여 사람들 사이를 원만히 엮어주기도 한다. 이때 우정의 소질, 영성적 교회를 현실화하는 종교적 감정의 풍성함, 마침내는 계시를 위해 기꺼이 바치는 그릇과 같은 영적인 수용성 등을 보일 수도 있다.[55]

　호색벽이 긍정적으로 되면 대담하고 거침없는 남성성, 고매한 목표를 향한 야심, 모든 고집불통, 불공정성, 태만에 대항하는 거친 행위, 옳음을 위해 기꺼이 자신을 희생하는 영웅주의에 가까운 마음, 인내력, 굽히지 않는 강인한 의지, 우주의 수수께끼에도 놀라지 않는 호기심, 그리고 이웃에게 새로운 삶의 터전을 만들어주거나 세계 변화를 가져다주는 혁명적인 정신이 발휘될 수 있다. 이런 모든 가능성은 모성원형의 신화소에 반영되어 있는 것들이며, 아니마와도 관련된다.[56]

(b) 딸의 모성 콤플렉스

딸의 모성 콤플렉스는 여성성의 비대 혹은 위축을 유발한다.

　㉠ 여성성이 비대해지면 모든 여성적 본능이 강화되는데, 우선 모성

55　Ibid., 208.
56　Ibid., 208.

본능이 강화된다. 그런 여자들은 아이를 낳는 것이 인생의 유일한 목표가 된다. 이때 남자는 아이를 낳기 위한 도구에 불과하다. 강한 모성성은 자신의 인격마저 무의식 수준에 머무르게 하여 오로지 아이를 낳고 돌보는 데 완전히 매달려 살게 만든다. 그녀에게 아이들이 없으면 그녀의 존재 자체가 없기 때문이다. 에로스는 단지 모성적 관계에서만 발달하고, 개인적 관계에서는 무의식적이어서, 그 무의식적 에로스는 언제나 권력으로 나타난다. 이런 유형의 여성은 자식을 위해 자신을 기꺼이 희생하지만 그것은 결코 진정한 희생이 될 수 없다. 그렇기 때문에 그녀의 모성 본능은 가치 없는 권력으로 나타날 수밖에 없다. 그것은 결국 그녀의 인격과 자녀들의 삶을 파괴시키고 만다. 이 경우 어머니가 자기의 인격에 무의식적일수록, 그녀의 무의식적 권력 의지는 더 강력하고 폭력적이 된다.[57]

[모성 콤플렉스에 사로 잡혀 있는 어머니] 예를 하나 들어보자. 어느 날 중학교 2학년 남학생이 어머니 손에 이끌려 정신과를 찾아왔다. 어머니는 아들이 과민성장애(?)가 있어 심장이 아파서 데려왔다고 말했다. 아들이 잠만 자고, 모든 것을 귀찮아하고, 너무 짜증을 내서 정상이 아니라고 판단하여 약이 필요할 것 같아 왔다는 것이다. 어머니가 있는 자리에서 아들과 면담을 시작했다. 아들은 억지로 끌려왔기에 내가 무엇을 물어도 시큰둥하게 대답했다. 그러는 과정에서 아이는 어머니에게 짜증을 내고, 엄마하고는 대화가 안 된다며 비아냥거리기까지 했다. 어머니를 잠시 나가게 하고, "나도 네 편"이라고 설득시킨 후 다시 물어봤더니, "엄마가

---

57 Ibid., 209-210.

제 말을 못 알아들어요. 어지러워요. 집에 가기 싫어요. 덥고, 짜증나고, 걷기 귀찮아요. 엄마가 PC방도 안 보내주고 제 자유를 방해했어요" 등등의 불만을 털어놓았다. 그 밖의 여러 정황을 들어보니까 문제는 아이보다는 어머니에게 있어 보였다. 그래서 아이를 그냥 돌려보내고 어머니를 다시 들어오게 해서, "너무 걱정 안 하셔도 됩니다. 아이가 좀 말랐고 예민하고 어린 듯하지만 정신적으로 큰 문제가 있는 것 같지는 않으니 약 같은 것은 필요 없겠습니다. 대신 원한다면 언제라도 상담을 받으러 오세요"라고 설명했다. 어머니가 알겠다고 하고 진찰실을 나가더니, 갑자기 밖이 시끌시끌해졌다. 진찰실을 나간 어머니가 아들을 나무라는 거였다. "이 녀석이 약을 먹어야 한다고 데려왔더니 어떻게 했길래 약을 못 받게 되었냐?"며 큰소리로 야단을 쳤다. 조금 전까지만 해도 어머니한테 땍땍거리던 아이가 갑자기 순한 양이 되어 있었다. 아이는 아무 말도 못 하고 그저 고개만 푹 숙이고 있는 듯했다. 그래서 다시 아이를 진찰실로 불러서, "약은 어머니를 위해서 먹는 게 좋을 것 같구나!" 하고 약을 지어주었다.

    그 아이의 어머니는 보육교사, 사회복지사, 피부 관리와 미용 기술 자격증 소유자였다. 현재는 부부가 이혼한 상태지만 종종 왔다 갔다 하며 지낸다. 아버지는 무뚝뚝하고 무책임하며 아들 앞에서 엄마를 욕한다. 말투가 "밥 처먹어라"는 식이다. 아이의 장래 희망은 판검사다. 엄마는 계속해서 자기는 좋은 엄마로 아이에게 부담을 안 주려 하고, 간섭도 안 하려 한다고 설명한다. 그 예로, 아들이 2시간 동안 핸드폰을 하고 있으면 1시간 반쯤에 그만 하라고 말한다고 했다. 더욱이 엄마는 매사에 아이의 의견을 존중해준다고 한다. 음식을 선택할 때도, 이사 가는 것도, 운동화를 살 때도 아이가 먼저 고르게 한다. 엄마는 아이에게 "판검사 안

해도 된다. 재미있게 살아라, 흥미롭고 보람된 일 많다"고 얘기해준다.

　그러나 아들의 불평은 이렇다. 뷔페에 가면 엄마는 아들이 먹을 것까지 한가득 가져다준다. 엄마는 아들을 혼자 두지 않는다. 예컨대 아들이 공부할 때 엄마도 옆에서 같이 공부한다. 아들의 공부를 독려하기 위해서다. 그렇게 해서 엄마가 딴 자격증과 수료증이 11가지나 된다. 엄마는 아이가 화장실에서 혼자 중얼거린다고 한껏 걱정을 했다. 아이한테 물어보니까 혼자 게임하면서 중얼거리기도 하고, 그날 있었던 일을 생각하며 그러는 거라고, 미친 짓은 안 한다고 답한다. 어머니의 안테나가 온통 아들에게 향해 있음을 보여주는 예다. 일주일 후 아이는 굉장히 차분해져서 진찰실로 들어왔다. 아이는 엄마가 너무 간섭해서 힘들기는 했다고 하면서 싱글싱글 웃었다. 그리고는 무언가 타협이 잘 이루어진 사람처럼 행동했다. 엄마는 그동안 아들과 대화를 많이 했다면서 아이가 상당히 좋아져서 고맙다는 인사를 하고 진찰실을 나갔다. 이는 어머니 속에서 모성 콤플렉스가 무의식적으로 상당히 활성화된 경우다.

　ⓒ 다른 한편 딸의 모성 콤플렉스가 여성성의 위축을 일으키는 경우가 있다. 이때는 모성 본능이 과도해지는 것이 아니라 그 본능이 소실되고, 그 대신 에로스가 과도하게 증가한다. 보통 아버지와의 무의식적 근친상간 관계로 유도된다. 따라서 어머니에 대한 질투가 생겨나 어머니를 능가하려는 것이 후반의 여러 활동의 지표가 되며 이것은 흔히 파괴적인 성질을 띤다. 예컨대 스릴 넘치는 관계 맺기를 좋아해서 유부남에게 관심을 갖는다. 유부남의 가정을 깨뜨릴 기회를 즐기기 위함이 주목표라서, 가령 그 목표가 달성되고 나면 그 남자에 대해 급격히 무관심해지고 관심이 다른 상대에게 옮겨간다. 이런 행위는 전적으로 무의식적이다. 이런 유형은 에로스가 활발하지 못한 남성들의 경우에 그들의 아

니마가 잘 투사되기 때문에 유부남과 이런 유형의 여성 사이에서 문제가 될 수 있다.[58]

ⓒ 세 번째는 여성의 모성 콤플렉스에서 에로스의 강화가 나타나지 않으면, 어머니와의 동일시(identity)가 일어나게 되어 그 자신의 여성적 활동력이 마비되는 경우다. 이때는 그 자신의 여성적 본능, 즉 모성 본능 및 에로스 등의 무의식성이 어머니에게 투사된다. 이런 여성들은 어머니가 되는 것, 그에 준하는 책임감, 개인적 유대감, 에로스적인 요구를 생각나게 하는 모든 것을 접할 때 열등감을 경험하게 되어 그들의 어머니에게로 도망간다. 이때 어머니는 초인격이 되는데, 즉 딸이 도달할 수 없을 것 같은 모든 것을 완벽하게 살아내는 인물이 된다. 어머니는 본의 아니게 딸의 숭배를 받은 채 딸이 살아가야 할 모든 것을 미리 살아 버리는 인물이 된다. 딸은 줏대 없이 어머니에게 매달려 있는 것에 의식적으로는 만족하지만, 무의식적으로는 그와 반대로 폭군처럼 어머니 위에 군림하려 든다. 그러나 겉으로는 충성과 순종을 보이며 어머니의 삶이 딸에게 지속적으로 수혈되어야만 생명 연장이 가능한 여인처럼 살아간다. 이런 그들의 그림자 같은 특성과 내적 무관심함은 겉으로는 여성적 애매모호함으로 표출되기 때문에 남성적인 단호함 및 명료함과는 정반대의 모습이다. 이렇게 대비될 때, 남성들은 그런 여성을 항상 상처 입는 순진무구한 존재로 착각해 자신의 내면의 여성상을 그녀에게 쉽게 투사하게 된다. 이는 마치 조용한 요조숙녀를 위해 우월감과 관대함으로 무장한 기사 같은 태도를 나타내는 남성을 연상하게 한다.[59]

---

58 Ibid., 210-211.
59 Ibid., 211-212.

㉣ 세 유형의 중간 단계가 있다. 이 중간형은 어머니의 강세에 대한 저항이 지나친 경우다. 이것은 부정적 모성 콤플렉스의 전형적인 예다. 여기서의 주된 동기는 무슨 일을 해도 어머니와 같아지는 것만은 안 된다는 것이다. 이 경우 어머니와의 동일시에는 결코 이르지 못하지만, 다른 한편 어머니에 대한 질투에서 나오는 저항으로 자기 자신을 온통 소모하는 에로스의 상승이 문제가 된다. 이런 딸은 자신이 무엇을 원하지 않는지는 잘 알고 있지만, 그녀 자신의 운명으로 무엇을 선택할지에 관해서는 전혀 알지 못한다. 그녀의 본능은 모두 어머니에게 저항하는 데 집중되어 있어서 자신의 고유한 삶을 살아가는 데는 몹시 서툴다. 자기 고유의 삶을 살아야 할 때가 오면, 예컨대 결혼할 때 그녀는 어머니로부터 벗어나기 위해 결혼을 하지만 결과적으로는 어머니와 같은 성격 특성을 가진 남자를 만나게 된다. 그녀는 성욕이 전혀 생기지 않거나, 아이들이 달갑지 않고, 모성으로서의 의무가 견딜 수 없거나, 혹은 결혼의 공동생활에서 오는 것들에 대해 짜증으로 대응한다. 왜냐하면 삶의 최고의 목표가 어머니의 세력을 지속적으로 방어하는 데 있고, 그 자신의 본질적인 실제 삶에 있지 않기 때문이다.[60]

② **부성 콤플렉스**

(a) **긍정적 부성 콤플렉스**

긍정적 부성 콤플렉스는 아들이 아버지의 삶의 태도를 전적으로 기꺼이 받아들이게 한다. 아버지와의 동일시가 자연스레 일어나는 것이다. 성장

60　Ibid., 213-214.

과정에서 아버지와의 동일시는 나쁜 것이 아니다. 그것은 반드시 필요한 과정일 수 있다. 그래서 긍정적 부성 콤플렉스는 권위를 잘 믿고 영적인 신조와 가치 앞에 기꺼이 복종하는 경향을 보인다. 긍정적 부성 콤플렉스는 여자에게는 생생한 영적 동경과 관심을 유도한다. 그리고 꿈에서의 결정적 신념, 금지, 현명한 충고는 늘 부성상에서 나온다.[61]

그러나 인간이 어느 정도 사회적 기반을 잡고 나면 그 아버지의 굴레가 자신의 길에 걸림돌이 된다는 것을 느끼기 시작한다. 인격적 성숙을 위해서는 이런 긍정적 부성 콤플렉스가 성장의 수준에 따라 새롭게 이해되고 자신의 것으로 소화되어야 하는 과정이 필요하다. 다시 말해서 관습적인 동일시 관계를 의식적으로 분리하고 그것을 다른 삶의 양식으로 대치하려는 노력이 자식에게 필요한데, 지배적인 아버지는 이것을 허용하지 못한다. 분화되지 않은 부자의 쌍은 무의식 상태에 있기 때문에 그 자신들은 모른다. 다만 그들 밖의 존재, 대체적으로 아내에게 고통을 안겨준다.[62]

[긍정적 부성 콤플렉스에 매몰된 남편] 이런 예는 흔히 볼 수 있다. 내 클리닉에 한 여선생이 방문했다. 그녀는 지역 유지 집안으로 시집을 갔다. 시아버지는 인격적이면서도 권위적이고 가부장적이었다. 그리고 며느리가 자주 시부모를 만나러 오기를 바라셨다. 그녀의 남편은 그런 아버지를 존경하고 있었다. 그래서인지 남편 역시 상당히 권위적이고 가부장적이었다. 경제적인 도움이 필요할 때 시아버지는 언제나 기꺼이 도와

---

61 박신·김계희 공저, 『부성 콤플렉스―분석심리학적 이해』(학지사, 2015), 43.
62 Ibid., 44-46.

주셨다. 모든 자식들이 아버지를 따르는 이유 중 하나가 아마도 그의 경제적 능력 때문일 수도 있다. 어떻든 아들과 아버지는 표면적으로는 전혀 갈등이 없어 보였다. 이런 집안 분위기 때문에 며느리인 그 여선생은 사사건건 시아버지와 부딪쳤다. 불행스럽게도 그 여선생은 권위적 억압을 견디지 못하는 성격이었다. 그녀의 친정아버지도 시아버지만큼은 아니더라도 상당히 가부장적 권위를 앞세웠던 분이었다. 그런 아버지에게 자신의 의견을 내세워 따진 자식은 바로 이 여선생뿐이었다고 한다. 그녀가 시아버지와 부딪칠 때마다 남편은 어느 편도 들지 않고 피해갔다. 남편 생각엔 자신의 아버지가 딱히 잘못하고 있다는 느낌이 들지 않았기 때문이었다. 게다가 경제적으로 도움을 주시는 아버지 심기를 건드릴 이유는 더더욱 없었다. 그래서 그가 자신의 아내 편에 서는 것은 불가능했다. 이런 일들의 반복은 결국 두 부부를 이혼에 이르게 하였다. 남편이 긍정적 부성 콤플렉스에서 벗어나지 못한 결과가 이혼으로 귀결되는 데 일조한 것이다.

(b) 부정적 부성 콤플렉스

부정적 부성 콤플렉스는 두 경우가 있다. ㉠ 하나는 아버지 자신이 부성 원형에 사로잡혀 무의식적으로 자신을 신적인 존재로 여기는 경우다. 이 경우에는 자신에게 주어진 책무가 개인적 차원을 넘어서 있기 때문에(본인이 신적 존재이니까) 자식들에게 자신의 삶의 태도를 일방적으로 강요하거나, 지나치게 간섭하거나, 엄하고 완고하거나, 심한 경우 폭력적이기까지 할 정도로 권위주의적인 태도를 보이게 된다. 이때 자식들은 내적 권위와 자신감을 얻지 못하여 외적으로는 윗사람을 대할 때 어려움을 느끼고 내적으로는 늘 보상적인 권력 충동을 통해 아버지의 경직성을 타파하고 새로워지려는 욕구를 나타낸다.⁶³ ⓒ 다른 하나는 아버지가 책임감이 없고 무관심하고 방임하거나, 무기력하고 무능하고 제 역할을 못하는 경우다. 이 경우에 자식들은 교조주의에 빠져 도덕적 경직성, 권위주의, 강박적 사고나 행동 등의 형태를 나타내거나 아니면 모성적 의존 상태에서 빠져나오지 못해 끊임없이 타인의 도움을 요구하는 상태에 머물러 있게 된다. 이때 아버지는 시시한 존재로 여겨지며 자신이 넘어서야 할 어떤 것으로 경험된다.⁶⁴

두 경우 모두에서 자식들은 인생의 전반기에는 대개 아버지와의 부정적 관계로 인하여 모성에서의 독립과 의식의 획득이라는 과제를 제대로 수행하지 못하게 되며, 책임감 부족, 대인관계와 사회활동에서의 부적응 및 자신감 결여가 나타난다. 이에 따른 무의식의 보상 작용으로 부성상은 원형적 성질을 띠게 되고 끊임없이 자신이 대단한 인물이 되는 공상에 빠지거나 강박적 사고의 지배를 받게 된다.⁶⁵

[부성원형에 사로잡힌 아버지] 첫 번째 부정적 부성 콤플렉스의 예를 보자. 대학원에 다니는 여학생에 관한 이야기다. 그녀는 두 딸 중 큰딸이다. 부모님은 모두 전문 직종에 종사하고 있다. 아버지는 딸들에게 거액의 저금통장을 하나씩 주었는데, 언제 무슨 일이 벌어질지 몰라서 예비적 차원에서 주었다고 한다. 큰딸은 친구를 만나서 놀다가 늦게 들어가도 안 되고, 액세서리 가게에서 아르바이트를 해도 안 된다. 아버지는 그런 것은 다 쓸데없는 일이며, 인생을 낭비하는 것이고, 게다가 그렇게 살다가

---

63 Ibid., 52.
64 Ibid., 53.
65 Ibid., 53-54.

는 노숙자가 된다고 확신하고 있다. 혼자 가는 여행은 꿈도 꿀 수 없다. 혼자 다니다가 무슨 일을 당할지 모르기 때문에 절대 허락되지 않는다. 한동안 잠잠하다가도 아버지 심기가 불편하거나 어떤 걱정거리가 생기면, 예컨대 액세서리를 사고 봉투를 숨겨두었는데 아버지에게 들킨 날이면 아버지는 어김없이 통장 검사를 해야겠다고 닦달한다. 딸이 그런 간섭을 받기 싫어서 아버지에게 통장을 가져가라고 하면, 아버지는 "네가 내 도움 없이 어떻게 살 수 있겠느냐"며 오히려 역정을 낸다. 그녀의 아버지는 그녀를 마치 신처럼 24시간 감시하고 간섭한다. 폭력적이지는 않지만 완고하고 일방적이다. 이 학생은 가끔씩 학교에서 조교 아르바이트를 했는데, 교수들에게 감히 대꾸도 못 하고, 자기 의견을 말하지도 못 하는 등 무척 소극적이었다는 점이 특징적이다. 또한 그녀는 특히 시험에 대한 공포가 심했는데, 반드시 성공해야 한다는 강박적 사고가 그 원인으로 작동하곤 했다. 그러면서도 내적으로는 부단히 그런 아버지의 그늘에서 벗어나기를 소망하고 있어서 얼마나 다행인지 모른다. 현실에서는 번번이 좌절하고 있지만, 그녀는 아버지의 그늘에서 서서히 벗어나고 있는 중이다.

[책임감 없고, 무관심하고, 방임하는 무력한 아버지] 두 번째 부정적 부성 콤플렉스의 예다. 굴지의 대기업에 다니는 30대 후반의 남자 이야기다. 그는 경제적으로 무능하고 자기중심적이어서 자식들에게 무관심한 아버지가 그가 다섯 살경에 어머니와 별거한 환경에서 어머니에게만 의존하며 살았다. 어머니는 일에 지쳐 있어서 여동생은 이 남자가 돌봐야 했다. 형은 공부한다고 도서관으로 도피해서 집안일에는 전혀 관여하지 않았다. 그는 어머니의 마음에 들기 위해 어린 나이부터 집안 살림을 시작

했다. 형은 공부를 잘해서 집안일에 등한해도 인정을 받았지만 환자는 공부엔 관심이 없었다. 그래서 그가 칭찬받을 수 있는 것은 집안일을 하면서 동생을 돌보는 일이었다. 그에게 어머니는 무엇이든지 다 들어주는 분, 한 번도 그를 나무라지 않으셨던 분, "미안하다, 미안하다"를 밥 먹듯이 뇌까리던 불쌍한 분으로 기억되고 있었다. 현재의 그는 집에서 폭군으로 군림하며, 자기 기분 내키는 대로 행동한다. 화도 잘 내고 기분이 좋으면 애들한테 짓궂게 군다. 아내 입장에서는 빵점짜리 아빠가 틀림없지만 그는 자신이 최선을 다해 아빠 노릇을 한다고 말했다. 회사에서 그는 외톨이다. 식사도 혼자 하고, 사람들과의 대화도 스스로 막아버린다. 왜냐하면 그는 다른 사람의 마음을 읽을 수 있는 능력이 있기 때문이다. 그는 자신의 추측이 대체로 다 맞는다고 주장했다. 그러면서 자신을 마치 남과 다른 초능력이 있는 사람처럼 표현하곤 했다. 그렇다고 해서 그가 정신병적인 증상을 보이는 것은 아니다. 또한 그는 도박에 빠져서 집안 가장으로서는 전혀 무책임한 행동을 서슴지 않고 있었다. 그는 무능하고 무관심한 아버지 부재의 환경에서 자라나서 도덕적 경직성, 권위주의, 강박적 사고나 행동, 그리고 모성적 의존 상태에 빠져 있는 전형적인 가장이 되어 있었다.

③ 모성·부성 콤플렉스의 해소

지금까지 본 것처럼 우리는 부모로부터 여러 형태의 영향을 받으며 성장한다. 그렇다면 내가 생각하고 있는 부모와 실제의 부모는 동일한 존재일까? 내가 미워하거나 존경하는 부모는 실제의 부모와 어디가 같고 어디가 다른가? 결론부터 말하면, 내 심성 안에 있는 부모와 실제 부모는 전혀 다른 존재다. 그럼에도 불구하고 우리는 '나의 아버지' '나의 어머니'라는 관념이 진짜 현실 속 부모를 반영한다고 믿어왔다. 비슷하다고 동일한 것은 아니다. 예컨대 내 마음속에 있는 아버지상은 진짜 아버지로부터 온 매우 불완전한 그림이고, 그런 아버지 그림에 가한 자신의 주관적인 변경이 대부분을 차지한다. 그러니까 사람이 아버지에 대해 품고 있는 생각 중에 정말 자기 아버지와 관계있는 것은 극히 일부에 지나지 않는다. 절대 다수는 그 사람 자신의 의견일 뿐이다. 그렇기 때문에 사람은 자기 아버지를 비판하거나 찬양할 때마다 무의식적으로 자기 자신을 건드리게 되어 있으며, 따라서 습관적으로 자신을 폄하하거나 과대평가하는 사람들을 지배하는 그런 정신 상태를 낳게 된다.[66] 그러므로 우리가 부모 콤플렉스에서 벗어나오려면 무엇보다 중요한 것은 내 안의 부모상이 실제 부모에게 투사되고 있음을 깨달아야 한다는 점이다. 다시 말해서 우리는 스스로가 만들어낸 부모상을 진짜 부모에게 전가해서 그들을 미워하거나 과잉으로 존경하고 있었음을 알아야 한다. 그런 다음 투사를 해소할 필요성을 느낀다면 우리는 새로운 장(차원)으로 들어가는 것이다. 투사에서 벗어나면 모든 면에서 더 이롭고 (몸에) 유익하기 때문이다. 투사를 없애는 것이 아주 바람직하다는 것은 누구나 다 쉽게 상상한다. 그러나 그것은 알려주는 것만으로는 불가능하다. 자세한 과정은 모성원형 항목에서 계속된다.

---

66   C. G. Jung, *Aion*, CW 9ii, par. 37(김세영·정명진 역, 『아이온』, 37).

3) 집단무의식의 의식화

(1) 아니마·아니무스

융 심리학에서 아니마·아니무스가 남성 속의 여성성, 여성 속의 남성성을 일컫는 용어라는 것은 이제 상식이 되었다. 그러나 이 용어들을 이해하기란 생각보다 쉽지가 않다. 이것들을 이해하기 위해서는 첫째로 아니마·아니무스가 외적 인격인 페르소나에 대응하는 내적 인격이라는 것이 무엇인지 알아야 하고, 이어서 외적 인격과 관련되어 있는 그림자와의 관계도 고려해봐야 한다. 둘째로 남성의 여성성, 여성의 남성성이라는 것이 어디로부터 왔는지, 즉 실제 어머니 혹은 그 모성원형과 아니마와의 관계, 그리고 실제 아버지 혹은 부성원형과 아니무스와의 관계는 어떻게 되는지를 생각해봐야 한다. 셋째로 융은 그것들이 의식과 무의식을 연결해주는 교량 역할을 한다고 했는데, 그런 역할들은 어떻게 일어나는지 등을 알아야 비로소 융이 말하는 아니마와 아니무스의 진면목을 좀 더 느낄 수 있다.

① 내적 인격으로서의 아니마·아니무스

아니마·아니무스는 내적 인격이다. 내적 인격이란 외적 인격(페르소나)의 대응이다. 다시 말해서 아니무스(여성의 무의식적인 남성적 요소)는 여성의 의식적 여성성, 즉 여성 페르소나의 여성적 요소에 대한 보상이고, 아니마(남성의 무의식적인 여성적 요소)는 남성의 의식적 남성성, 즉 남성 페르소나의 남성적 요소에 대한 보상이다.[67] 이런 관계는 페르소나와 아

67　Steven F. Walker, 장미경·이미애·이상희·채경선·홍은주 역, 『융의 분석심리학과 신화』,

니마·아니무스가 관계 구조(relational structures)이기 때문에 성사된다. 즉 페르소나는 자아가 외부 세계와 관계 맺을 때 필요한 구조이고, 아니마·아니무스는 내부 세계인 집단무의식과 관계 맺을 때 필요한 구조다.

페르소나는 외부 세계를 살아가는 기본 도구다. 즉 외피이고, 옷이고, 보호막이다. 세상을 살아가는 데 외피는 필수 도구다. 그러므로 페르소나는 세상과 더불어 잘 살아가기 위해서 외부 환경에 의해 적절히 수정되고 움직인다. 페르소나의 역할은 이것뿐이다. 잘 적응하며 살아가게 하는 것! 그것이 페르소나가 하는 일이다. 예를 들어 어떤 사람이 자신의 내적·외적 환경에 적응하려고 노력하다 보니까 너무 이성적·윤리적·모범적·외부 지향적으로, 자기 직업에만 몰두하고 살아갔다고 하자. 그러면 내면에서는 공격적이고, 비윤리적이고, 일탈하고픈 욕망을 북돋우고, 야만적이게 된다. 만일 그런 것들이 이성(異性)적 이미지, 즉 아니마로 표현된다면 유혹적이고 방탕기 있고, 비윤리적인 장면들을 꿈이나 환상 속에서 본다고 융은 설명한다. 내면세계는 의식이 외부 세계 속에서 한쪽으로 치우치면 그것에 균형을 맞추기 위해 에너지가 작동되는 세계다. 이때 내적 인격으로서의 아니마가 하는 역할은 내면세계의 파괴성을 막아주는 것이다. 페르소나가 외부 세계와의 부적응성을 막아주는 것과 동일하다.

만일 아니마·아니무스가 없다면, 즉 내적 인격이 없다면 어떻게 될까? 이것은 마치 페르소나가 없다면 사람은 어떤 모습을 보일까라는 질문과 동일하다. 만일 페르소나가 없다면 사람들은 있는 그대로의 속살을 드러내 보일 것이다. 추악한 모습, 가증스러운 모습, 탐욕스러운 모

54-55.

습, 질투와 복수에 물들어 있는 모습이 투명하게 나타날 것이다. 그렇다면 내적 인격으로서의 아니마가 없다면 어떻게 될까? 우선 페르소나 뒤에 숨어 있던 그 사람의 그림자의 속성이 여과 없이 드러날 것이다. 즉 내적 인격인 아니마는 외적 인격인 페르소나가 무엇을 감추기 위해 작동하는지를 알려준다. 그것은 우리의 그림자를 감추기 위해 작동한다. 좀 더 정확하게 말한다면 개인무의식으로서의 그림자를 감추기 위함일 것이다. 그렇다면 아니마·아니무스는 외적 인격인 페르소나에 대응해 발현되는 내적 인격이니, 페르소나 뒤에 있는 개인무의식으로서의 그림자와 직결되어 있음이 명확하다. 그 이후 아니마는 개인무의식으로 인한 밸런스의 파괴 때문에 작동하기 시작하는 집단무의식의 역동을 조절해주는 역할을 할 것이다. 그래서 아니마·아니무스까지 없다면 바로 개인무의식으로서의 그림자와 집단무의식으로서의 그림자들의 속성이 매우 무시무시한 에너지를 뿜어내며 우리의 내면을 파괴시킬 것이다. 그것이 곧 정신병으로 이어지는 것 아닐까? 그러므로 정신병으로 가는 길을 막고 있는 것이 내적 인격인 아니마일지 모른다.

다시 말해서 페르소나는 개인무의식을 감싸는 외투이고, 아니마·아니무스는 집단무의식을 감싸는 내복이다. 좀 더 구체적으로 말한다면, 페르소나는 우선 개인무의식이 밖으로 튀어나오지 않게 조율하는 옷이고, 아니마·아니무스는 개인무의식의 왜곡에 의해 발생한 에너지와 그 왜곡에 의해 자극받은 집단무의식의 에너지를 모두 잘 조율하는 옷인 셈이다. 그렇다면 개성화로 진행되지 못하는 모든 페르소나와 모든 아니마는 왜곡되어 있을 수밖에 없다. 왜냐하면 그것들의 기능이 왜곡을 압축해서 최소화하는 것이기 때문이다. 그러므로 페르소나의 껍데기를 인식한다는 것은 왜곡된 그림자를 인식한다는 말이 되고, 아니마·아니무스의 마성을 인식한다는 것은 왜곡된 집단무의식의 힘을 어렴풋하게라도 깨달아간다는 뜻이다. 그러므로 우리에게 문제가 되는 것은 왜곡이다. 이 세상에 왜곡이 없다면 페르소나도 아니마도 모두 필요치 않다.

② 모성원형과 아니마

앞서 설명한 부모 콤플렉스에서 보았듯이 인간은 부모의 영향 없이 태어나지도 성장하지도 못한다. 각각의 부모상들이 무의식적 남성성과 여성성에 영향을 미치는 것은 너무도 당연하다. 특히 아들의 경우는 어머니와 성이 다르므로 그의 모성 콤플렉스 혹은 모성원형 안에는 성적 반려자의 원형인 아니마가 뒤섞여 중요한 역할을 한다. 이런 경우를 좀 더 자세히 보면 다음과 같다. 어머니는 성장할 아들이 만나는 가장 최초의 여성적(에로스적) 존재인데, 그것은 요란하게 또는 조용하게, 거칠게 혹은 부드럽게, 의식적으로 혹은 무의식적으로 아들의 남성성을 늘 넌지시 시험해본다. 마찬가지로 아들은 어머니의 여성성을 점점 더 의식하게 되거나, 무의식적으로 최소한 본능적으로 그에 대해 반응한다.[68]

그러나 자연의 이치는 남자에게 남자다운 면과 열정을, 특히 용기와 결단을 요구한다. 이 요구에 부응하려면 남자에게는 자신의 어머니를 잊을 수 있고 또 그의 인생의 첫사랑을 포기하는 고통을 견딜 줄 아는, 그런 '믿을 수 없는 에로스'(a faithless Eros)[69]가 필요하다. 그러나 무의식적 수준에서 그런 어머니는 이런 위험을 미리 내다보면서 일상에 따를 수 있는 도덕적 붕괴로부터 아들을 보호하기 위해 아들의 내면에 조심

---

68 융 기본저작집 2, 『원형과 무의식』, 207.
69 믿을 수 없는 에로스란, 어머니의 과잉보호 속에서 형성된 믿을 수 있는 에로스에 반하는 에로스라는 의미를 나타낸다. 즉 어머니 이외에서 오는 에로스를 일컫는다.

스럽게 정직과 헌신, 충직의 미덕을 주입시킨다. 아들은 이 가르침을 곧이곧대로 배우면서 어머니에게 순종하는 존재로 남는다. 이런 어머니의 태도는 전적으로 무의식적이기 때문에, 그런 상황에서 어머니는 의식적으로는 의존적인 아들이 큰 걱정거리라고 말하지만, 무의식적으로는 분명히 신화적인(positively mythological) 만족에 흡족해할지도 모른다. 왜냐하면 지금 어머니와 아들을 지배하고 있는 관계에서 어머니와 아들의 결혼이라는 대단히 신성한 원형이 절정을 이루고 있기 때문이다. 여러 신화가 이런 것들을 보여준다.[70]

이 신화는 다른 어떤 것들보다도 집단무의식의 본질을 아주 잘 보여주는데, 그 본질이란 대극적 양상이 동시에 나타나는 것이다. 그러므로 집단무의식에서 어머니는 늙기도 하고 젊기도 하고, 데메테르이기도 하고 페르세포네이기도 하며, 아들은 배우자이며 동시에 배우자의 품에 안겨 잠자는 젖먹이이기도 하다. 현실적으로 힘들여 적응해야 하고 또 실망이 다반사로 일어나는 삶의 불완전성은 이러한 신화적 성취의 상태와는 비교도 되지 않는다.[71]

그러나 아들은 어머니에게 투사되고 있는 에로스적 여성성을 언제라도 걷어내야 하는 운명에 놓여 있다. 그런 투사는 언제 사라질 수 있을까? 이는 아들이 자신의 정신 영역 안에 어머니 이마고(모성원형)만이 아니라 딸과 누이, 연인, 천상의 여신, 지하의 바우보[72] 이마고도 있다는 사실을 볼 수 있을 때에만 투사가 사라질 수 있다. 그러면 모든 어머니와 모

---

70 C. G. Jung, *Aion*, CW 9ii, par. 22(김세영·정명진 역, 『아이온』, 28).
71 Ibid., par. 23(Ibid., 28-29).
72 그리스 신화에 나오는 할머니로, 데메테르가 페르세포네를 잃고 비탄에 빠져 있을 때 데메테르를 놀렸던 여자다.

든 연인은 시대를 떠나서 어디에나 있는 이미지, 즉 남자의 내면 가장 깊숙한 곳에 자리하고 있는 실체(the deepest reality)를 구현하거나 매개하게 된다. 이런 아주 위험한 여인의 이미지는 단지 남자에게 속하는 것이다.[73] 이러한 여인을 스위스의 시인 카를 슈피텔러(Carl Spiteler, 1845-1924)는 '나의 숙녀영혼'(My Lady Soul)이라고 불렀고, 융은 이 표현 대신에 특별한 무엇인가를 암시하는 것으로서 '아니마'라는 용어를 제안했다.[74]

③ 무의식에 머물러 있는 아니마·아니무스의 모습

아니마·아니무스가 무의식에 머물러 있을 때 다음과 같은 모습을 관찰할 수 있다. 무의식적 아니마는 남성들을 무드에 사로잡히게 하는 반면, 무의식적 아니무스는 여성들을 어떤 견해에 사로잡히게 한다. 융은 "의식화되지 않은 아니마는 자기색정적인 존재로서, 그것과 관계를 맺는 것은 불가능하다. 그것은 한 개인을 완전히 사로잡으려고만 하며, 그로 인해서 남성은 아주 이상하고 해로운 식으로 여성화되어버린다. 이는 지금까지 잘 작동하고 있던 지능과 같은 기능들까지 망가뜨릴 정도로 변덕스럽게 변하는 기분이나 자기를 통제하는 데 실패하는 것으로 나타난다"고 말한다. 그는 또한 남성의 비합리적인 기분(irrational mood)에서 보통은 무의식으로 남아 있는 정서적 생활에 영향을 미치는 아니마에 대한 가장 일반적인 특징을 발견했다. 분노, 짜증, 민감성, 감상성은 아니마의 전형적인 표시다.[75]

---

73 C. G. Jung, *Aion*, CW 9ii, par. 24(김세영·정명진 역, 『아이온』, 29).
74 Ibid., par. 25(Ibid., 30).
75 Steven F. Walker, 장미경·이미애·이상희·채경선·홍은주 역, 『융의 분석심리학과 신화』, 59.

여성의 아니무스는 아니마와 마찬가지로 그 기원이 일부는 개인적이고 일부는 원형적인데, 이는 고집스럽거나 의심의 여지가 없는 견해와 뭐든지 아는 체하여 사람을 격앙시키는 태도, 흠만 잡는 비평, 그리고 갑자기 논쟁에 돌입하는 태도 등의 근원이라고 융은 보았다.[76] 여성의 무자비한 비판은 남성을 크게 분개하게 만드는 아니무스 공격의 한 형태다. 여성의 인생의 심리적인 맥락에서 아니무스에 사로잡히는 것은 폰 프란츠가 한 다음의 말에 나타나 있다.

나는 추상적이고 완고한 생각에 사로잡혀 성급하고 잔인하고 단호한 행동에 이끌려 갑자기 차가운 남성의 분위기로 바뀐다. 이 모든 것은 나의 여성적 본성이 아니다. 여성이 아니무스에 사로잡히면 여성적 특성의 얼굴이 변하고, 눈동자와 내뱉는 말도 거칠어진다. 나는 전쟁을 치를 준비가 된 사람들처럼 아니무스가 나의 어깨 위로 내려앉은 것을 깨달았다. 그렇게 느낀 순간 나는 스스로에게 이렇게 말했다. "자, 그만하고 긴장을 풀어."[77]

어떻든 집단무의식에 속하는 이미지로서의 아니마와 아니무스는 오직 꿈이나 신화, 문학작품에 등장하는 이미지에만 투사되는 것이 아니라, 우리의 행동과 정서적인 삶에도 투사된다. 아니마와 아니무스는 주체의 성적 주체성과 관련한 모든 것, 특히 구강 성애와 항문 성애, 거세환상과 오이디푸스적 관계 등을 형성한다. 그러므로 아니마와 아니무스는 반대되는 성의 잠재적 이미지나 투사된 이미지일 뿐만 아니라 체험

---

76 Ibid., 65.
77 C. G. Jung, *Aion*, CW 9ii, par. 32(김세영·정명진 역, 『아이온』, 34).

을 통해서 주체에게 상당히 큰 압력을 행사할 수 있는 자율적 콤플렉스로 성장한 것이기도 하다. 이 콤플렉스들이 무의식에 머무르면 주로 부정적인 영향을 미친다.[78]

이런 콤플렉스들은 특히 부부 사이에서 활발하게 작용하는데, 연애 때는 긍정적인 양상을 띠어 티격태격하다가도 그 사이에서 정열을 불러일으키지만, 결혼 생활이 오래 지속되다 보면 이것은 부정적인 힘을 발휘하여 심각한 다툼을 초래하기도 한다. 이때 남성을 둘러싸고 있는 적대감의 구름(부정적 아니마)은 주로 감상벽(sentimentality)과 분함(resentment)으로 나타나고, 반면에 여성 속의 적대감의 구름(부정적 아니무스)은 관계를 끊는 데 치중하게 하는 독단적인 견해와 해석, 암시, 오해 등으로 나타난다.[79] 이런 두 사람 사이의 관계는 대체적으로 무의식적이라서 당사자들의 의지와는 전혀 상관없이 제 갈 길을 가기 때문에 정작 당사자들은 자신들에게 무슨 일이 일어났는지를 파악하지 못할 때가 많다.[80]

사람들이 이런 식으로 아니마와 아니무스에 사로잡혀 있다면 그 상태에서 빠져 나오기란 결코 쉬운 일이 아니다. 왜냐하면 무의식적으로 아니마와 아니무스가 자아에게 크나큰 영향을 행사하기 때문이다. 아니마와 아니무스에 의해 지배받는 자아는 자신만이 옳고 정당하다고 확신한다. 게다가 자기가 그렇게 확신하는 이유를 모두 밖에서 찾아내기 때문에도 그런 확신은 더욱 강화된다. 다시 말해서 자기 자신의 아집을 여러 대상이나 객관적 상황에 투사하는 것이다. 한마디로 상대 탓만 하

---

78 Elie G. Humbert, 김유빈 역, 『C. G. 융』, 94.
79 Ibid., 95-96.
80 C. G. Jung, *Aion*, CW 9ii, par. 31(김세영·정명진 역, 『아이온』, 33).

고 있게 된다. 이런 기전이 반복되면 될수록 자아의식은 최면 상태에 빠진 듯 그런 왜곡을 주장하는 아니마와 아니무스의 포로가 되어가는 것이다. 전개되는 상황은 해결될 기미 없이 악순환만을 반복할 뿐이다. 그렇게 되면 자아는 아주 많은 경우에 도덕적으로 실패한 것 같이 느끼고 모든 일에 방어적으로 대처하게 된다. 이에 반복되는 의심과 자기 합리화가 열등감을 더 키우는 악순환의 고리를 만들기도 한다. 이어서 인간관계의 바탕이 깨진다. 과대망상증(megalomania)처럼, 열등감이 상호 인정을 불가능하게 만들기 때문이다. 상호 인정이 없으면 어떤 관계도 형성되지 못한다.[81]

④ 무의식적 아니마·아니무스에서 벗어나오면

융은 아니마·아니무스의 의식화를 위해 그림자의 통합, 즉 개인의 무의식을 깨닫는 것이 분석 과정의 첫 단계가 되어야 한다는 점을 강조한다. 자신의 무의식을 확인하는 과정을 거치지 않는 한, 아니마와 아니무스를 인정하기란 불가능한 일이다. 그림자는 동성 파트너와의 관계를 통해서만 인식할 수 있고, 아니마와 아니무스는 이성 파트너와의 관계를 통해서만 인식할 수 있다. 그런 관계에서만 아니마와 아니무스의 투사가 작동하기 때문이다.

  아니무스가 의식화되는 방법을 신화나 설화에서는 다음과 같이 묘사한다. 주술 때문에 야수나 괴물로 변한 왕자가 어느 소녀의 사랑으로 구제받는다는 이야기가 있다. 주인공(여자)은 신비스러운 애인이나 남편에 대하여 질문을 해서는 안 된다. 이야기에 따라서 주인공은 상대를

---

81 Ibid., par. 34(Ibid., 35).

바라보아선 안 된다거나, 어둠 속에서만 만나야 한다거나 하는 경우도 있다. 이것은 주인공이 맹목적으로 상대를 믿고 사랑해야 그 상대를 구원할 수 있다는 의미로 해석될 수 있다. 그러나 종종 주인공은 그 금기를 깨서 성공하지 못하고 수난과 고통의 기나긴 여정을 거쳐야 그 상대를 다시 만날 수 있게 된다. 실생활에서도 여성이 자신의 아니무스를 만나는 과정은 길고 고통스럽다.[82]

어떻든 자아가 아니마와 아니무스를 의식화하게 되면, 다시 말해서 밖의 이성적 상징물에 투사되었던 감정들을 회수할 수 있게 되면, 점차 아니마·아니무스의 부정적이고 파괴적인 상태에서 벗어나게 된다. 그러면 그때 아니마와 아니무스는 변환되고, 그들의 행위는 긍정적으로 바뀌면서 정신이 성숙하는 데 기여하게 된다. 그렇게 되면 아니마는 여러 자료나 상황을 모으고 통합하는 기능을 하고, 아니무스는 주변의 것들을 구별하고 인식하는 기능을 하게 된다.[83] 아니마가 통합을 통해서 의식의 에로스가 되듯이, 아니무스는 로고스가 된다. 또한 아니마가 남성의 의식에 타인과 관계를 맺고 협력하는 능력을 가져다주듯이, 아니무스는 여성의 의식에 생각하고 숙고하고 자신을 인식하는 능력을 가져다준다.[84] 다시 말해서 아니마가 에로스가 된다는 것은 주체가 심적 관계의 측면에 관심을 집중하게 돕는다는 뜻이고, 아니무스가 로고스가 된다는 것은 주체가 사실에 대한 관심을 갖는 데 도움을 준다는 뜻이다.[85]

이러한 아니마·아니무스의 의식화 과정을 이미지화하면 다음과 같은

---

82 C. G. Jung 외, 이윤기 역, 『인간과 상징』(열린책들, 1996), 193-194.
83 Elie G. Humbert, 김유빈 역, 『C. G. 융』, 97.
84 C. G. Jung, *Aion*, CW 9ii, par. 33(김세영·정명진 역, 『아이온』, 34).
85 이부영, 『아니마와 아니무스』(한길사, 2004), 59-60.

캐릭터들로 형상화할 수 있다. 융은 아니마의 발전에 네 단계가 있다고 보았다. 제1단계 아니마는 하와상으로 나타난다. 이 아니마는 그 주체와의 본능적이고 생물학적인 관계를 나타낸다. 제2단계 아니마는 『파우스트』의 헬렌으로 나타난다. 이때의 헬렌은 로맨틱하고 미학적이지만 여전히 성적인 수준에서 인격화된 아니마다. 제3단계에서는 동정녀 마리아로 나타난다. 이때의 아니마는 사랑(에로스)의 정신적인 헌신의 높이까지 고양되어 있는 아니마상이다. 제4단계는 사피엔티아(Sapientia)인데, 이것은 가장 성스럽고 지순한 것까지도 초월한 지혜를 상징한다. 이 단계에 관한 적절한 예가 성서의 아가서에 나오는 술람미 여인이라고 할 수 있다(현대인의 경우 정신의 발전단계가 여기에까지 도달하는 일은 극히 드물다. 모나리자가 이 같은 지혜의 아니마에 비교적 가깝다고 할 수 있다).[86]

아니마가 그랬듯이 아니무스 역시 네 단계의 발전과정을 보인다. 제1단계 아니무스는 단순한 육체적 능력의 인격화로 나타난다. 가령 스포츠의 우승자나 근육질 남성이 그 좋은 예다. 제2단계는 주도적으로 계획하고 행동하는 능력을 드러내 보인다. 제3단계는 '말씀'이 되어 교수나 목사 같은 사람으로 인격화한다. 제4단계에서 아니무스는 '의미'의 화신이 된다. 바로 이 최종 단계에서 아니무스는 아니마가 그랬듯이 삶에 새로운 의미를 부여하게 하는 종교적 체험의 중개자가 되는 것이다. 이 단계에 이르렀을 경우 아니무스는 여성의 정신적 기반을 튼튼히 해주고, 외적인 연약함을 보상할 수 있게 하는 보이지 않는 내적인 힘을 준다.[87]

---

86 C. G. Jung 외, 이윤기 역, 『인간과 상징』, 185-186.
87 Ibid., 194-195.

결론적으로 말해서 그림자가 숨겨진 개인적 성격이 인격화된 원형의 표현이라면 아니마와 아니무스는 개인적 경험과는 무관한 의식과 무의식 사이의 관계를 인격화한 원형의 표현이다. 그렇기 때문에 집단무의식 속의 수많은 원형 중 아니마·아니무스 원형은 무엇보다 중요하다. 그것의 창조적 힘이 우리의 진정한 중심인 '자기'를 만나게 하는 역할을 한다고 보기 때문이다. 다시 말해서 아니마·아니무스는 동일 구조(identity structure)가 아니라 관계 구조(relational structure)이기 때문에, 열등함에도 불구하고 내가 수용하여 나의 것으로 삼아야 할 성질이 아니라, 내적 세계의 중심인 자기를 만나기 위한 한 도구로서의 매개 기능을 잘 발휘할 수 있도록 긍정적 활성화가 필요한 인격화된 원형의 표현인 것이다.

(2) 모성원형

모성원형은 모성상(mother Imago) 혹은 한 특수한 형태인 태모 상징으로도 파생된다. 다시 말해서 모성원형이라는 틀이 있고, 그 안에 태고부터 있어온 모성상이 스며 있고, 그런 모성상 중에서 태모의 형상으로 나타나는 모성원형이 있다는 말이다. 따라서 '모성원형 > 모성상 > 태모'로 그것들의 구체적 형상을 비교할 수도 있다. 그러나 심리학적 설명을 원활하게 하기 위해서 그 세 가지 개념을 구분 없이 사용해도 큰 문제는 없을 듯하다.

모성원형은 본래부터 두 모습, 즉 긍정적인 것과 부정적인 것으로 이루어져 있는 원형이다. 이 원형은 인간이 성장하는 과정에 있으면 누구나 필연적으로 만나게 되는 것 같다. 왜냐하면 두 얼굴을 가진 모성원형이 성장 동력의 원천이기 때문이다. 변환 경험의 진수로서의 어머니 경험을 제대로 인식하기 위해서는 우리 내면의 본래적인 어머니 이미지(모성상) 때문에 받는 영향과 그 모성상을 활성화시키는 도구에 불과한 실제 어머니의 영향 사이에서 필연적으로 발생하는 오해와 혼돈을 풀어내야만 한다.[88] 다시 말해서 우리는 실제의 어머니와 모성상의 근본적 차이를 쉽게 알아차릴 수 없기 때문에, 그 모성상을 만나기 전에 반드시 모성 콤플렉스에서 벗어나야 한다. 그 콤플렉스에서 벗어나는 길은 우리가 실제 어머니와 겪은 체험을 귀중히 여기며 관찰하는 데서부터다. 그때 어머니는 곧 나의 체험 덩어리이며, 그런 체험은 에너지의 원천이다. 우리가 틀에 박힌 채 모성 콤플렉스를 해소하려 하면 안 되는 이유가 바로 여기에 있다. 실제 어머니와의 관계 속에 우리가 의식하지 못하는 어마어마한 에너지가 흐르고 있기 때문에 우리는 그 에너지가 손실되지 않도록 그 과정을 잘 이해하고 있어야 한다.

그 과정은 이렇다. 실제 어머니와 겪는 여러 가지 감정적 콤플렉스는 의식화되어야 하고, 그러기 위해서는 어머니에게 투사되는 나의 내면적 무의식을 감지해야 한다. 예컨대 어느 한 어머니가 어린 아들을 사랑하지 않고, 밖으로만 돌고, 자신의 삶에만 몰두하여 살면서 그 아들을 내팽개쳤음에도 불구하고 그 어머니는 자신의 삶이 오로지 아들 하나 때문에 희생되었다고 하소연한다고 하자. 그런 어머니를 둔 아들은 분노하고 어머니의 가증스러운 삶에 대해 혐오하면서도 이제 마지막 소원이니 "그래 아들아, 그동안 내가 많이 잘못한 것 같구나! 너를 진심으로 사랑한단다"라는 말만이라도 해달라고 실제 어머니한테 하소연한다. 그러나 실제 어머니는 "아들이란 놈이 제 어미가 그동안 희생한 공도 모르고 모

88　Elie G. Humbert, 김유빈 역, 『C. G. 융』, 87 참조.

든 게 다 엄마 잘못이라니 기가 막힐 뿐이구나. 어쩌겠냐, 내가 낳은 자식인걸. 그냥 내가 참고 가야지"라고 푸념한다.

이때 아들과 어머니 사이의 견해 차이는 그 간격이 너무도 크다. 그 간격이 크면 클수록 어머니에 대한 아들의 감정은 다분히 어머니를 자기 자신의 온갖 부정적인 것들의 원인자처럼 여기게 된다. 그는 세상일이 잘 안 풀려도 어머니 탓, 사람들과 다투어도 어머니 탓, 어느 집단에서 불화가 생겨도 어머니 탓을 하게 된다. 이런 현상은 자신의 어두운 면을, 싫은 어머니상에게 던져버리는 행위다. 즉 모든 부정적인 감정을 다만 부정적이라는 공통점 때문에 어머니상에 투사하는 것이다.

이런 현상을 조금 다르게 이해해보자. 즉 그 아들은 모든 것을 어머니상에다 다 던져버렸다. 그래서 그가 분노하고, 적응을 못 하고, 대인관계가 어려운 것들을 모두 어머니 탓을 했다고 하자. 그런데 그런 것들이 과연 실제 어머니가 그를 잘못 키워서 그런 걸까? 아니면 그 아들이 어머니가 미워서, 그리고 어머니 사랑이 그리워서 그렇게 못 해준 어머니를 원망하려는 걸까? 자! 여기서 실제 어머니를 다시 보자. 그분은 여리고 힘없고 남성중심주의가 강한 나라의 여인이고, 여성이라는 제한 때문에 경제 활동이 불리한데도 나름 열심히 노력하며 살아온 생활력 강한 한국 여인네 중 하나일 뿐이다.

그런 현실적인 어머니를 떠올리며 지금 그 아들의 원망과 분노 속에 있는 실제 어머니의 모습을 제거해보자. 그러면 그가 던져놓은 바로 그 감정만이 거기에 남게 된다. 거기에는 이제 세상일이 잘 안 풀려서 오는 불만, 사람들과 다툴 때 생겨난 분노, 집단에서 발생한 억울함 등의 감정만이 남게 된다. 실제 어머니가 빠져도 그런 감정은 어머니상에 그대로 살아 있다. 왜냐하면 실제 어머니 때문에 생겼던 감정들이 아니기 때문이다. 그런 것들은 그 아들 속에 언제나 있던 감정들이다. 그것이 밖으로, 다만 어머니라는 형상 위에 투사된 것이다. 그렇다면 그 감정들은 전적으로 아들의 것이다. 그런데 선뜻 그 아들이 내 것이라고 말하지 못하는 이유는 사실 그런 감정들은 그의 비밀스러운 무의식에 속해 있어서 그렇다.

그러므로 우리가 가지고 있는 모성상은 그것이 놀라운 상이건, 아니면 무시무시한 상이건, 충만한 상이건 아니면 결핍된 상이건 간에 바로 그 자신이다. 그것을 거부하거나, 지워버리거나, 어떤 다른 것으로 만들 때 우리가 소외감을 경험하는 이유는 그것 자체가 바로 나 자신이었기 때문이다.[89]

그동안 어머니상에 투사되었던 개인적 무의식을 회수하고 나면, 그때 보편적 모성으로서의 감정이 거기서 빛을 발하기 시작한다. 우선 긍정적인 측면으로서의 모성상인 너른 치마폭으로 감싸는, 생명의 젖을 제공하는, 그러면서 한없는 용서와 사랑을 베푸는 어떤 여성상을 갈망하는 자신을 발견하게 된다. 실제 어머니로부터 고통스러운 경험을 했던 사람을 포함해서 인간이라면 누구나 너른 사랑을 베푸는 어머니를 그리워하는 이유가 이것 때문일지도 모른다. 그러므로 사람들이 평화로운 고향집과 따사로운 미소의 어머니를 그리워한다는 것은 긍정적 모성원형을 본능적으로 그리워하는 것이다. 심리학적으로 표현하면 리비도가 모성상으로 퇴행하려는 자세를 취하고 있다고 할 수도 있다. 물론 퇴행이란 낮은 단계로의 퇴화가 아니라 근원으로의 회귀를 의미한다. 왜냐하면 어머니는 개인적 어머니일 뿐만 아니라 모성원형의 대변자이기 때문이다.

---

89 Ibid., 89.

이런 상황에 직면할 때 인간의 정신 안에서는 여러 가지 모성원형상이 떠오른다. 그것은 신화에 나오는 여신들(데메테르나 페르세포네 등), 빛과 지혜의 처녀 소피아, 또는 인간 구원의 상징인 천국이나 하늘의 예루살렘, 넓은 의미로는 교회, 대학, 도시, 나라 또는 땅, 숲, 바다, 잔잔한 물 등, 좁은 의미로는 정원, 나무, 샘, 깊은 우물, 바위, 동굴, 마법의 원(만다라) 등, 가장 좁은 의미로는 자궁, 속이 빈 형태의 음기, 빵 굽는 아궁이, 냄비, 암소, 토끼, 도움 주는 동물 등이 떠오른다.

물론 모성원형의 양가성 때문에 부정적인 측면도 고려해야 한다. 그때의 이미지들은 음산한 파괴력의 마귀할멈, 서양의 용, 사람을 칭칭 감거나 삼키는 동물인 커다란 물고기나 큰 구렁이, 지네, 금강산 큰 호랑이, 음산한 무덤, 관, 깊은 심연, 죽음 등이다. 모성원형의 대극성은 바로 사랑하면서 동시에 무서운 어머니다. 이러한 모성원형의 양가적인 예를 보여주는 이야기가 바로 단군신화다. 여기서 의식화된 모성상이 곰으로 상징되고, 의식화되지 않은 모성상이 호랑이로 상징된다. 이 신화에서 무의식의 의식화란 동물에서 인간으로 변하는 것이다. 여기서 호랑이는 곰의 그림자다. 이처럼 모성원형도 양가적으로 구성된다.

이런 구조로 어머니상을 되돌아보면 개인적 모성 콤플렉스 안에 부정적 모성원형이 내재되어 있었음을 인식할 수 있다. 즉 인간은 실제 어머니를 통한 부정적인 경험이 부정적 모성상으로 연결되어 어머니상의 분열을 경험한다. 그리고 그렇게 분열된 어머니상으로부터 혹은 그 분열을 통해 진정한 모성원형을 만날 수 있게 된다. 다른 말로 하면, 모성원형은 어쩌면 나를 자신에게 가까이 부르기 위해 실제의 어머니에 대한 내 감정을 이용했는지도 모른다. 그 모성상은 본질적으로 나를 사랑하기 때문이다. 이처럼 분열된 어머니상이 내 안의 모성원형과 연결되는 관문이라면, 그 모성원형은 나를 깨달음으로 이끌 것이다. 나를 무한한 사랑으로 덮어줄 것이다. 그녀는 나를 멸망의 구렁텅이로 밀어낼 수도 있고, 따뜻한 사랑의 품으로 인도할 수도 있다.

그런 깨달음의 이미지는 모성상이 좀 더 발전하면 나타나는, 신성한 아이를 낳는 영원한 여성상이다. 이 어머니는 끊임없이 새로운 생명을 낳아서 우리에게 갱신의 길을 열어주는 존재다. 그런 모성상이 바로 우로보로스(Ouroboros)다. 이는 그 자신을 낳고 또 잡아먹는 용의 이미지다. 이 우로보로스는 정신에너지의 기본적인 본성과 근본적인 구조를 가장 잘 표현하는 이미지다.[90] 우로보로스는 사람들이 모성상이라고 부르는 이 모순된 존재의 특성을 잘 보여주고 있다. 모성상은 창조하기도 하고 파괴하기도 하고, 활성화시키기도 하고 거세하기도 하며, 겁에 질리게도 하고 보호하기도 하기 때문이다.[91]

융은 어머니가 최초의 존재로서 무의식을 나타낸다고 말했다. 무의식이 어머니라거나 어머니의 상을 가지고 있다는 말이 아니다. 모든 사람은 그의 내면에 있는 어머니의 부름에 응해서, 어머니가 일으키는 감정적인 혼란에 자신을 맡기면서 무의식과 다시 접촉할 수 있다는 것이다. 이처럼 어머니는 바로 무의식으로 가는 문이다.[92]

모성원형의 분열은 필연적이다. 분열되지 않으면 에너지 발생의 동인이 없는 것이기 때문이다. 그러므로 인간은 누구나 마음속에 두 어머니를 가지고 성장한다. 그러니까 모성상은 본래 분열된 상태로 시작한다. 분열되지 않은 모성상은 모성상이 아니다. 분열로부터 시작된 모성상은

---

90 Ibid., 90.
91 Ibid., 90-91.
92 Ibid., 89.

필연적으로 합일을 향해간다. 본래 둘은 하나였다는 것을 알았을 때, 그러니까 미움, 열등감, 무능함, 사랑 없음, 자식에 대한 무관심 등등 이런 모든 것들이 사실은 사랑, 헌신, 인정, 다독거림, 자랑스러움, 무조건적인 칭찬의 이면이라는 것을 알 수만 있다면 우리는 분열된 모성상 속에서 합일된 속성을 느끼기 시작하는 것이다. 다시 말하건대 모성상은 삶의 근본 바탕이자 존재의 근본 바탕이다. 그렇기 때문에 반드시 합일되어야 한다. 모성상이 '자기'의 한 단면일 수 있는 이유가 여기에 있다.

(3) 자기

여러 가지 원형, 특히 아니마·아니무스의 마성을 극복하고 통합에 이르면 무의식은 다시 그 지배적인 성격을 바꾸어 정신의 가장 심오한 내적 중심인 자기원형을 상징적으로 드러낸다. 자기원형은 동양의 아트만과 도(道)의 개념에서처럼 믿음이나 형이상학적인 조망에 의해 발생하는 것이 아니라 어떤 상황 아래에서 무의식이 자연스럽게 전일성의 원형적 상징을 만들어내는 경험에 근거한 인식의 산물이다.[93] 그 상은 우리 자신이 돌아가야 할 살아 있는 '어떤 것'으로서 안과 밖 두 세계상에서 그저 막연히 예감되지만, 그러나 그럴수록 뚜렷이 지각되는 존재로서의 상이다. 이와 같은 '어떤 것'은 우리에게 낯설면서도 매우 가깝고, 우리 자신이면서도 우리에게 인식되지 않은 비밀스러운 체질을 갖춘 잠재적 중심이다. '어떤 것'이란 바로 융이 '자기'라고 명명한 것이다.

나는 이 중심을 자기라고 불렀다. 지적인 면에서 자기는 하나의 심리학

---

[93] C. G. Jung, *Aion*, CW 9ii, par. 124(김세영·정명진 역, 『아이온』, 108).

적인 개념에 지나지 않는다. 즉 정의상 그것은 우리의 이해 능력을 초월해 있기 때문에 우리가 파악할 수 없는 인식 불가능한 본체(unknowable essence)를 표현하는 데 사용되는 하나의 구조다. 그것은 '우리 안에 있는 하나님'이라고도 말할 수 있다. 우리의 전체 정신생활의 여러 시작들은 피할 수 없이 이 중심으로부터 발원하는 듯하다. 또한 모든 최상의 그리고 최후의 목표는 이 중심을 향하는 것 같다.[94]

여성의 꿈에서 이 마음의 중심은 일반적으로 초인적인 여성상(무녀, 마녀, 어머니의 대지, 자연, 사랑의 여신 등)으로 인격화하고, 남성의 경우에는 입문의례의 스승이나 수호자(인도의 구루, 현자, 자연의 영신 등)로 인격화한다.[95] 일반적으로 이러한 자기원형은 상징을 통하여 스스로의 모습을 나타내기도 한다.

첫 번째 유형은 산스크리트어로 '원륜'(圓輪) 또는 '마법의 원'이라는 뜻의 만다라(Mandala)다. 이 그림은 원과 사각을 기본으로 하여 구성되고 그 중앙에 최고의 원리를 상징하는 상이 도시되어 있다. 두 번째 유형은 인격화된 모습으로 나타나는 경우다. 종교에서 '신'이라 부르거나 최고의 진리로 삼는 상들은 자기원형상들이다. 인간의 마음을 살펴보면 신(神)이라든가 도(道) 또는 불성(佛性)이라 부르면서 그것에 관해서 사람들이 생각하고 있는 것들이 무의식 속에 여러 가지 인격적인 상으로 나타난다는 것을 알 수 있다. 이러한 인격상은 부처나 그리스도[96]의 모

---

94 C. G. Jung, *The Relation between the Ego and the Unconscious*, CW 7, par. 399(융 기본 저작집 3, 『전이와 인격』, 159).
95 Franz, M. L. von., 이윤기 역, 『인간과 상징』, 196.
96 융은 그리스도를 하나님/인간, 영/육이라는 대극의 쌍을 화해시킨 자기의 상징으로

습으로 나타나기도 하지만 산신령 같은 노현자, 때로는 어린이의 모습으로도 나타난다. 세 번째는 인격상이 아니더라도 금강석, 황금의 꽃, 연꽃, 장미 같은 상도 흔히 자기원형으로 표현된다. 네 번째는 음양이 합쳐 태극을 이루듯 자기원형의 상징도 흔히 두 가지 대극적인 요소의 합일로 표현된다. 신화나 종교 현상에서 보는 신성혼(神聖婚, hieros gamos)은 대극의 합일(coniunctio oppositorum)의 전형적인 상징적 표현이다.[97]

'자아'와 '자기'가 서로의 분별성을 유지하면서 합일에 이르렀을 때, 곧 개성화가 완벽하게 성취되었을 때의 자아-자기의 관계는 〈그림 1〉의 네 번째 자아-자기 원들이 잘 보여주고 있다. 이때의 자아는 자아-자기 동일성에서 완전히 벗어나 있다. 이것은 아마도 가설적 이상, 상상의 상태라고 봐야 옳을지도 모른다.[98]

[신비주의 경험으로서의 자기 경험] 분열된 삶이 점차적으로 재결합되는 과정을 여러 학자들이 다음과 같은 용어로 제각각 언급했으나 그 구조나 내용은 유사하다. 융은 자아와 자기가 합일되는 순간을 '자기 경험'이라고 말했고, 매슬로(Abraham Harold Maslow)는 '절정 경험', 버크(Richard Maurice Bucke)는 '우주 의식', 윌리엄 제임스는 '신비주의 경험'이라고 명명했다. 유한한 의식(자아)이 무한한 무의식(자기)을 만나는 것이기 때문에 그런 순간은 신비적으로 경험될 수밖에 없다. 그러므로 우리는 이

생각하였다. 그리스도의 부활 속에서 그는 삶/죽음의 대극을 초월하고, 그 두 차원을 매개한다. 그러나 그리스도는 통합의 상징을 더 깊게 하기 위해서 적그리스도와 연결되어야 한다. 선은 물론 악과도 연결되어야 하는 것이다(『C. G. 융과 후기 융학파』, Andrew Samuels, 김성민·왕영희 역[한국심리치료연구소, 2012], 226).

97 이부영, 『분석심리학』(일조각, 2005), 114-117.
98 E. F. Edinger, *The Aion Lectures*, 35.

시점에서 신비주의 경험에 관한 것을 간단히 정리할 필요가 있다.

윌리엄 제임스는 그의 책 『종교적 경험의 다양성』의 「신비주의」 장에서 신비주의적 의식 상태에 대하여 다음과 같이 정의했다.

① **형언 불능성(Ineffability)**: 경험자들은 즉각적으로 신비적 정신 상태를 표현하는 것이 불가능하고, 그 경험의 내용에 대한 타당한 보고가 말로는 이루어질 수 없다고 말한다. 이 상태는 다른 사람과 나누어 가질 수 없고 다른 사람에게 전이될 수도 없다. 이런 신비적 상태는 지적 상태보다는 감정적 상태에 더욱 가깝기 때문이다. 이것은 마치 교향곡의 가치를 알기 위해서는 음악적인 청각이 있어야 하고, 연인의 마음 상태를 이해하기 위해서는 자기 안에 사랑하는 마음을 가져야 하는 것과 같다. 이런 것이 없는 사람들은 그들을 이해하지 못할 뿐만 아니라 오히려 마음이 약한 사람이라거나 터무니없는 사람 정도로 생각한다. 신비주의자는 대부분의 사람들이 그의 경험을 이와 똑같이 무능한 것으로 취급하고 있음을 발견한다.[99]

② **순이지적 특성(Noetic quality)**: 신비적 상태는 비록 감정의 상태와 유사하다 하더라도 그 상태를 경험하는 사람에게는 역시 지식의 상태인 것처럼 보인다. 그것은 추론적 지성으로는 이해 불가능한 진리의 깊이를 통찰하게 되는 상태다. 분명하지는 않지만, 그것은 중요한 의미로 충만한 환상과 계시들이다. 그러므로 보통 신비적 상태는 앞일에 대한 권위(authority for aftertime, 예언하고 싶은 욕망)에 호기심을 수반한다.[100]

윌리엄 제임스는 이 두 가지 특징을 신비적 상태에서 두드러진 것이

99　William James, *The Varieties of Religious Experience* (Longmans, Green and Company, 1929), 371.
100　Ibid., 371.

라고 보았고, 아래의 두 가지는 그렇게 두드러지지는 않지만 일반적으로 발견되는 특징이라고 말하고 있다.

③ **일시성(Transiency)**: 신비적 상태는 오랫동안 지속될 수 없다. 기껏해야 30분 또는 한두 시간 정도다. 그 시간이 넘으면 일상에서 사라지지만, 그 후에 불완전하게 기억 속에서 되살릴 수 있다. 이러한 현상이 연이어 반복되면 내적 풍요함과 중요성을 느끼게 해준다.[101]

④ **수동성(Passivity)**: 신비주의자는 의식이 특정한 상태에 놓일 때 그 자신의 의지가 마치 정지된 듯이 느끼며, 종종 자신이 어떤 상위의 힘에 사로잡혀 있는 것처럼 느낀다. 이것은 신비적 상태를 예언자적 선포, 자동 글쓰기, 또는 영매적 몽환의 경지와 같은 이차적 혹은 대체 인격적 현상과 연결시켜준다.[102] 신비적 상태는 그 상태가 반복되는 사이에 체험자의 내적 삶을 변형시킨다.[103]

제임스는 신비주의 경험의 예를 낮은 단계에서부터 높은 단계로 열거했다. 그중에서 의미 있는 몇 개를 소개하려 한다. 이것은 융의 언어로는 자기 경험의 예들이다.

① **가장 단순하면서도 기초적인 신비적 경험**: 루터는, "어느 날 한 동료 수사가 사도신경 중 '나는 죄사함 받았음을 믿는다'라는 구절을 반복해서 외우던 바로 그때, 그는 완전히 새로운 빛 속에서 성서를 보았으며 곧바로 새로 태어난 느낌을 받았다. 그것은 마치 활짝 열린 천국문을 발견한

---

101 Ibid., 372.
102 Ibid., 372.
103 They(mystical states) modify the inner life of the subject between the times of their recurrence.

것과 같았다"라고 보고했다.¹⁰⁴

② **보다 명확한 단계**: 찰스 킹슬리(Charles Kingsley)의 기술이다. "들판을 걸을 때면 때때로 내가 보는 모든 것이 어떤 의미를 갖고 있다는 생득적인 느낌에 압도된다. 마치 내가 그것을 모두 이해할 수 있는 듯이 말이다. 내가 파악할 수 없는 진리에 둘러싸여 존재하는 듯한 느낌은 때때로 표현할 수 없는 두려운 상태에 이르게 한다.…여러분의 정신적 눈으로는 간혹 있는 거룩한 순간을 제외하고는 여러분의 진정한 영혼을 지각할 수 없음을 느끼지 않는가?"¹⁰⁵

③ **우주적 혹은 신비적 의식**: 위에서 '우주의식'을 언급한 캐나다 정신과 의사인 버크(R. M. Bucke)의 경험 이야기다. "나는 한 대도시에서 두 친구와 함께 시와 철학에 관하여 읽고 토론하며 저녁을 보냈다. 우리는 한밤중에 헤어졌다. 나는 오랜 시간 이륜마차를 타고서 하숙집에 도착하였다. 독서와 토론으로 인하여 상기된 생각, 영상, 그리고 감정의 영향 속에 깊숙이 빠져 있는 나의 마음은 고요하고 평화로웠다. 나는 조용히 수동적 즐거움 상태에 있었다. 즉 생각, 영상, 그리고 감정이 내 마음을 관통하여 스스로 흘러가도록 내버려둔 상태였다. 그때 나는 갑자기 화염 같은 붉은색의 구름으로 뒤덮인 나 자신을 발견했다. 순간적으로 나는 도시 어딘가에서 큰 화재가 났다고 생각했다. 다음 순간 그 불은 내 자신 속에서 났음을 알았다. 얼마 후 크나큰 기쁨, 곧 환희의 감정이 내게 직접 엄습해왔으며, 형언할 수 없는 지적 깨달음이 주어졌다. 나는 단순히 믿게 되었던 것이 아니다. 나는 우주가 죽음의 물질로 구성되어 있

---

104 William James, *The Varieties of Religious Experience*, 373.
105 Ibid., 375-376.

는 것이 아니라, 그와 반대로 살아 있는 실재로 구성되어 있음을 보았다. 그리고 나 자신 속에서 영원한 생명을 의식하게 되었다. 그것은 내가 영원한 생명을 얻을 것이라는 확신이 아니라, 그때 이미 영원한 생명을 소유하고 있다는 의식이었다. 나는 모든 사람이 불멸이라는 것, 우주질서는 한 점의 의구심도 없이 모든 것들이 개체와 전체의 선(善)을 위하여 서로 협력한다는 것, 모든 세상의 근본원리는 우리가 사랑이라고 부르는 것임을, 그리고 개체와 전체의 행복이란 결국 절대적으로 확실한 것임을 보았다. 그 광경은 몇 초간 지속되었다가 사라졌지만, 그것에 대한 기억과 그것이 가르쳐주었던 것에 대한 실재 감각은 그 이후 25년 동안 남아 있었다. 나는 그 광경이 보여주었던 것은 사실임을 알았다. 그 조망, 그 확신, 즉 그 의식은 가장 심한 절망의 순간에도 결코 상실되지 않는다고 말할 수 있다."[106]

④ **조직적으로 육성되는 신비주의적 의식**: 힌두교(요가), 불교, 이슬람교의 방법은 생략하고, 기독교의 신비주의자들만 보기로 한다. 기독교 교회 안에는 항상 신비주의자들이 존재해왔다. 이들의 경험은 전례로 취급되어왔고 그것이 기초가 되어 신비신학의 체계가 성문화되었다. 그 체계의 기초는 신을 향한 영혼의 조직적 상승의 방법인 '기도' 또는 '명상'이다. 기도 행위를 통하여 신비적 경험의 고차적 경지에 도달할 수 있는 것이다.[107]

기도의 첫째 목적은 정신을 외부 감각으로부터 분리하는 것이다. 외부 감각이 이상적인 것에 집중해야 하는 기도를 방해하기 때문이다. 성

---

106 Ibid., 390-391.
107 Ibid., 397.

이그나티우스의 『영성훈련』에서는 거룩한 장면을 상상하기 위한 점차적인 노력으로 감각을 추방하는 훈련을 권장하고 있다. 이런 훈련의 절정은 반환각적인 일원론적 관념주의, 예컨대 마음 가득 채워지는 그리스도에 대한 성상의 형상일 것이다. 극히 최정상의 황홀경 상태에서는 심상마저 완전히 사라진다. 그때의 의식 상태는 지극히 무감각해진다. 십자가의 성 요한은 이런 상태를 '사랑의 연합'이라고 불렀다. 그는 암흑의 관상을 통해 이 연합에 도달한다고 말했다.[108]

성 테레사는 합일의 기도에 대해 다음과 같이 말했다. "합일의 기도 상태에서 영혼은 신에 대하여는 완전히 깨어 있지만, 세상의 것들과 그녀 자신에 대하여는 완전히 수면 상태다." 합일이 지속되는 짧은 기간 동안 그녀는 모든 느낌이 박탈당한 듯하다. 그녀는 생각하려고 해도 전혀 생각할 수가 없다. 간단히 말해서 그녀는 세상의 것들에 대하여는 죽어 있으면서 다만 신 안에서만 살아 있는 것이다. 신이 한 영혼을 높이 올려 그 자신과 합일을 이룰 때, 신은 그녀의 모든 기능의 본성적 활동을 중지시킨다. 그녀가 신과 합일된 상태에 있는 한, 그녀는 보지도 듣지도 이해하지도 못한다. 그러나 이런 시간은 항상 짧다. 이와 같은 방법으로 신은 이런 영혼의 본성 안에서 자기 자신을 확증한다. 그래서 그녀가 자기 자신으로 되돌아왔을 때, 자신이 신 안에 그리고 자신 안에 신이 있었음을 의심할 수 없게 한다. 이 진리는 그녀에게 너무 강렬한 인상을 남겨서, 이와 같은 상태가 반복되지 않고 몇 년이 지나도 자신이 받은 은혜를 잊을 수 없을 뿐만 아니라, 그것의 실재를 의심할 수 없다. 그때 그녀는 보지 못한다. 그러나 그녀가 그녀 자신으로 되돌아올 때 그것을 명확히 보

---

108 Ibid., 397-398.

게 되는데, 그것은 시각을 통해서가 아니라 신이 그녀와 함께 있다는 확신과 신만이 그녀에게 줄 수 있다는 확신을 통해서다.[109]

의학적으로 보면, 이러한 황홀경은 단지 미신적 사고와 최면 상태에서 보이는 퇴행과 히스테리 같은 육체적 감각의 변화를 의미할 뿐이다. 이러한 병리적 상태는 의심의 여지없이 매우 많다. 따라서 이 상태에 대하여 영적 판단을 내리기 위해서는 표면적인 의학적 설명에 만족해서는 안 되며, 더 나아가 삶을 위해 그것의 열매가 어떠한지를 물어야 한다.

윌리엄 제임스는 이런 물음에 대하여 진정한 신비주의자를 분별할 수 있는 기준을 제시했다. 그 기준은 그 체험의 열매가 낙관적이고, 삶의 변환이 뚜렷하고, 범신론적, 즉 포용적이라고 말하면서,[110] 그는 다음과 같이 결론 내렸다.

① **잘 발전되어 있는 신비적 상태는 언제나 그런 경험을 한 개인에게는 절대적으로 믿을 만한 것이며, 그럴 만한 정당성을 가진다.**

심리학적 사실(psychological fact)에서 본다면, 아주 뚜렷한 신비적 상태는 그것을 경험한 사람들에게는 믿을 만하고 권위 있는(authoritative) 것임이 틀림없다. 이런 것을 합리적 잣대로 비판하는 것은 헛된 일이다. 어떤 사람에게 다가온 신비적 사실(mystical truth)이 그의 삶에 힘이 되고 있음이 입증된다면 어떻게 우리가 그에게 다른 방법으로 살아가라고 하겠는가? 우리는 그를 정신병동에 가둘 수는 있어도 그의 정신을 변화시킬 수는 없다. 사실 우리가 믿는 합리적 믿음들도 신비주의자들이 그들을 위해 인용하는 것과 유사한 증거에 기초하고 있다. 어떻게 보면 우리

---

109 Ibid., 400.
110 Ibid., 413.

의 감각은 특별한 상태가 사실임을 확신하게 해준다. 오감은 신비적 경험 속에서 정지 상태에 있음에도 불구하고 인식론적 측면(epistemological quality)에서는 완전히 감각적임을 여러 기록이 보여주고 있다. 즉 신비적 경험은 즉각적으로 현존하는 듯한 어떤 것이 드러남을 직접 대면하는 것이다. 간단히 말해서, 신비적 경험자의 진술은 반박할 수 없다. 그래서 우리가 그것을 좋아하든 좋아하지 않든 간에, 신비적 경험자는 그 어떤 방해도 받지 않고 그의 신조를 즐기게 된다. 톨스토이는 "믿음이란 인간을 생존케 하는 것이며, 신앙의 상태와 신비적 상태는 실질적으로 동의어"라고 말한다.[111]

② **신비적 상태의 어떠한 권위도 신비적 상태를 경험하지 못한 사람들에게 그 계시를 무비판적으로 받아들이라고 할 수는 없다.**

윌리엄 제임스는 신비적 체험이 아무리 성스러워도, 그것을 어떤 권위로 포장해서 강요해서는 안 된다고 강변한다. 다시 말해서 그는 그런 경험을 앞세워 자신의 우월감이나 종교 지도자로서의 특별함을 강조하는 것을 지극히 경계하였다. 또한 그런 경험들이 모두 건강하지는 않음을 제시하면서, 신비 체험의 병리적 혹은 건강하지 못한 측면을 놓치지 않기를 당부하고 있다. 그의 말에 의하면 신비적 경험의 반은 정신 이상으로 간주될 수 있고, 종종 편집증이라는 망상적 정신 이상에서 우리는 종교적 신비주의를 뒤집어놓은 악마적 신비주의(diabolical mysticism)를 볼 수 있다. 가장 사소한 사건에서 형언할 수 없는 중요성을 느끼는 것, 동일한 책과 언어에서 새로운 의미를 발견하는 것, 환청과 환상, 그리고 인도와 임무, 외부적 힘에 의해 통제되는 것 등이 이러한 신비주의의 특

---

111 Ibid., 414-415.

성이다. 이런 신비주의 안에서 일어나는 감정은 단지 비관적이다. 위안 대신에 고독감을 느끼며, 목적하는 것들은 두려움으로 가득하고, 거기서 나오는 힘은 삶에 적대적이다. 이어서 그는 무의식적 영역에서 나타나는 것, 즉 융의 언어를 빌리면 집단무의식의 만남에서 오는 현상들을 소개한다. 그때에도 신비적 내용이 우리 정신 속으로 들어옴은 익히 알고 있는 사실이다. 즉 '세 쌍의 날개를 가진 천사'라거나 '뱀'과 같은 동물들이 등장한다.

③ 신비적 상태는 (이해력과 감각에만 기초하고 있는) 비신비적 또는 합리적 의식의 권위를 붕괴시킨다. 우리 안에 어떤 것이 신비적 진리에 반응을 보이는 한, 우리는 자유롭게 그것에 대한 믿음을 계속 유지할 수 있다. 그러나 그것은 단지 한 종류의 의식만을 보여준다.

신비적 상태의 정신이 항상 보다 넓고 포괄적인 세상을 조망할 수 있게 하는 창문인지 아닌지 하는 것은 의문이 아닐 수 없다. 우리의 일상적 세계에서와 똑같이 신비적 상태 안에도 천국의 영역과 지옥의 영역이 있고, 유혹의 순간과 유보적인 순간이 있고, 정당한 경험과 거짓된 경험이 있을 것이다. 그렇기 때문에 일상의 자연주의적 세계에서의 관습처럼 우리는 그 세계의 경험들을 선택하거나, 무시하거나, 대체해서 사용해야 한다고[112] 제임스는 강조한다. 그러면서 "신비적 상태는 단순히 신비적 상태에 있다는 것을 이유로 권위를 세우려 하지 않는다. 그중 고차적인 것들은 비신비적인 사람들도 동의할 수 있는 종교적 감정으로 향해 있다. 즉 그것들은 최고의 이상, 광대함, 합일, 안전 그리고 휴식에 대해 말한다. 그것들은 전복시킬 수 없는 가설을 우리에게 제공한다"고 말

---

112   Ibid., 419.

하면서, 앞에서 말했던 진정한 신비주의의 열매를 다시 한번 더 상기시켜준다. 그러니까 그들이 우리에게 말하는 초자연주의(super-naturalism)와 낙관주의(optimism)가 결국 지금 우리 삶을 건강하고 건전한 방향으로 가도록 힘을 준다는 점에서 진실된 통찰일 수도 있다[113]는 것이다. 융 심리학적 측면에서 다시 말하면, 자아와 자기의 합일 경험이 진정으로 이루어졌다면, 그 경험은 틀림없이 우리의 일상생활을 보다 건강한 쪽으로 나아가게 하는 원동력이 된다는 뜻이다.

4) 개인무의식과 집단무의식은 쉽게 구분될까?

우리가 지금까지 정리해온 것처럼 개인무의식의 의식화 다음에 집단무의식의 의식화가 수학공식처럼 순차적으로 진행될 수 있을까? 물론 그럴 수 없다. 무의식을 개인적인 것과 집단적인 것으로, 혹은 그림자를 개인적인 것과 집단적인 것으로 나누는 것은 융 심리학을 쉽게 설명하기 위함일 뿐이다. 실제 임상에서 이러한 나눔은 그리 환영할 만한 일이 못 된다. 왜냐하면 나누어 생각하는 행위는 우리의 정신 안에서 언제나 자연스럽게 활성화되어 있는 분열의 성향들(the splitting tendencies)을 오히려 증강시킬 수 있기 때문이다.[114] 융도 이런 위험을 잘 알고 있었기에 그는 가급적이면 두 개념을 나누려고 하지 않았다.

그러나 역사적으로 두 개념은 프로이트와 융 사이가 갈라지면서부터 나뉘기 시작했다. 이미 우리가 대충 보았던 『변환의 상징』의 네 번째 스

113　Ibid., 419-420.
114　Mary Williams, The Indivisibility of the Personal and Collective Unconscious, *Journal of Analytical Psychology*, Vol. 8, Issue1 (January, 1963), 49.

위스판 서문을 보면 이 과정을 알 수 있다. 그 서문[115]에 의하면 융은 프로이트 심리학의 제한된 환경에 무척 갑갑해했다. 그의 표현대로 그는 "숨도 쉴 수 없고 어떤 여지도 발견할 수 없는" 지경에 이르렀다. 그가 그 책을 쓴 주요 목적 하나는 의학적 심리학을 그 당시의 관점(주로 프로이트의 관점)이었던 주관적이고 개인주의적인 편견으로부터 자유롭게 하는 것이었다. 그래서 융은 무의식을 객관적이고 집단적인 정신처럼 이해할 수 있는 가능성을 보여주고자 했다. 그러므로 그 『변환의 상징』은 무의식 개념이 두 갈래로 나뉘는 이정표가 되었다. 그리고 융이 별로 관심을 갖지 않았던 개인무의식은 프로이트에게 양도되고, 집단무의식만이 융의 분야가 되었다.[116] 그렇기 때문에 융이 그냥 무의식이라고 표현할 때는 대개 집단무의식을 일컫는다고 봐야 한다.

이처럼 정신을 개인 및 집단의 측면으로 분리해봄으로써 환자를 보는 양상이 두 학파 사이에서 흥미롭게 나뉘었다. 한동안 프로이트 학파 사람들은 35세 미만의 환자만 봤고, 그들의 관심과 방법은 성적(性的) 및 사회적 목적의 달성에만 제한되어 있었다. 반면 융과 그의 제자들의 관심은 집단무의식 이론을 증명해줄 수 있는 삶의 후반기, 곧 중년기 환자들에게 향했다. 그들은 주로 프로이트 학파에서 사용했던 환원적 방법을 객관적 정신에 접근하는 합성적 방법으로 바꾸어서 효과를 증명하려 하였다.[117]

물론 집단무의식이 개인의 부속물로 여겨지면, 그 결과는 거의 통제

---

115 C. G. Jung, *Symbols of Transformation*, CW 5 (Princeton University Press), xxiii.
116 C. G. Jung, *Psychological Factors Determining Human Behaviour*, CW 8, 258.
117 Mary Williams, The Indivisibility of the Personal and Collective Unconscious, *Journal of Analytical Psychology*, Vol. 8, 46.

불가능한 인격의 왜곡에 이른다. 그렇기 때문에 개인무의식과 집단무의식이 명확하게 구분되어야 한다는 강한 이유가 생긴다. 그러나 문제는 이 둘 사이의 구분이 쉽지 않다는 것이고, 게다가 그것들의 관계는 나무 줄기와 뿌리처럼 서로 밀접하게 연결되어 있다는 데 있다. 그래서 마리 윌리엄스(Mary Williams)는 이런 문제를 해결하기 위해 융의 생각을 정리하여 두 가지 공식을 제시했다. 즉 (1) 자아가 원형적 힘에 위협당한다고 느끼지 않는 한 억압되어야 할 개인적 경험은 없다. (2) 개개의 신화를 형성하는 원형적 활동은 개인무의식에 의해 공급되는 자료에 의존한다.[118]

첫 번째 공식은, 의식 속에 떠올리고 싶지 않은 개인적 경험이라 하더라도 그 내용이 집단무의식의 어떤 패턴 혹은 틀인 원형과 관련되어 있지 않으면 억압되지 않는다는 것이다. 그러므로 개인무의식 속에 억압된 내용들은 틀림없이 원형적인 것과 연관되어 있음을 강조하고 있다.

예컨대 조울증의 조증을 주기적으로 보이던 어머니 밑에서 성장한 한 정신과 의사가 증상이 재발한 어머니를 어떠한 감정적 동요도 없이 전문적 기술로 잘 다루었다. 그러나 그가 집에 가서는 울화통을 터뜨리는 아내 앞에서 잔뜩 긴장하여 몸을 부르르 떠는 아주 미숙한 모습을 보이곤 했다. 아내는 그런 그를 이해할 수 없어 경멸하기까지 했다. 이 의사는 왜 그랬을까? 그 이유는 그의 내면에 다음과 같은 개인무의식과 집단무의식이 서로 연결되어 있었기 때문이었다. 즉 어린 시절 미친 행동과 말을 해서 너무 무서웠던 어머니에 대한 기억과 그런 어머니와 자기 자신을 동일시하여 그 자신 안에 내재해 있을지도 모를 조증적 공격 성향에 대한 두려움과 같은 자아 수준의 경험들인 개인무의식이, 원초적이

---

118 Ibid., 47.

고 무시무시한 원형적 어머니(terrible archetypal mother)인 집단무의식과 연결되어 있었다. 그렇기 때문에 어머니에 대한 것들이 억압되었던 것이다. 그는 개인적 차원에서의 무의식은 의사라는 페르소나 뒤에 잘 억압하여 냉정하게 그의 어머니를 치료할 수 있었지만, 아내의 울화통은 그의 집단무의식, 곧 집어삼키는 모성원형을 건드려서 극도로 불안한 증상을 나타냈던 것이다. 이처럼 그의 어머니에 대한 두려움은 보다 깊은 모성원형과 연결되어 있었기 때문에 억압되었다. 그는 치료 과정에서 무서운 원형적 어머니에 대한 공포(집단무의식)를 다시 경험하게 되면서 자연스럽게 집단무의식과 개인무의식을 구별할 수 있었고, 그 후 그것들이 서로 연관되어 있음을 새롭게 인식했다. 그러면서 개인무의식에 속하는 어머니에 대한 두려움도 사라지게 되었다.[119]

두 번째 공식인, "개개의 신화를 형성하는 원형적 활동은 개인무의식에 의해 공급되는 자료에 의존한다"를 이해하기 위해 예를 들어보려고 한다. 융은 '무의식에서 나온 산물이 신화적인 것과 밀접한 관계가 있음'을 증명하기 위해 『변환의 상징』 첫 장에서 신앙심 깊은 외거(Abbé Oegger) 신부의 이야기를 소개하는 아나톨 프랑스(Anatole France)의 글을 인용한다.

외거 신부는 생각이 많고 환상을 많이 경험한 사람이었다. 그는 특히 예수를 배반한 유다가 실제로 영원한 지옥에 떨어졌는지, 아니면 하나님이 그래도 그에게 은총을 베풀었는지 하는 문제에 매달렸다. 외거는 전지전능한 하나님이 그리스도의 구원 사역을 완성하기 위해 유다라는 도구를 사용한 것이기 때문에, 자비로운 하나님이 유다를 저주할 리는

---

119 Ibid., 47-48.

없다고 결론 내렸다. 의문을 종결짓기 위해 외거는 어느 날 밤 교회로 가서 유다가 구원받았다는 표식을 보여달라고 간구했다. 그때 그는 어깨에 하늘의 손길이 닿는 것을 느꼈다. 다음 날 그는 하나님의 무한한 자비의 복음을 전파하기 위해 세상으로 들어가겠다는 자신의 결심을 대주교에게 말했다.[120]

유다 이야기의 주제는 주인에 대한 배신이다. 지크프리트(Siegfried)와 하겐(Hagen), 발더(Balder)와 로키(Loki), 카이사르(Caesar)와 브루투스(Brutus) 등이 그런 예들이다. 이 주제는 태곳적부터 있어온 인류의 보편적 이야기이고 지금도 반복되고 있다. 그러므로 유다 이야기는 개인적 주제라기보다 보편적 주제다. 그런데 왜 우리의 경건한 신부는 하필이면 옛 유다의 전설에 그토록 집착해서 자기 자신을 괴롭혔을까? 그는 복음 전파를 위해 세상으로 들어가서 얼마 후 가톨릭교회를 등지고 스베덴보리(Swedenborg, 1688-1772, 새 예루살렘 교회 창시자)의 추종자가 되었다. 그는 유다처럼 자신의 주님을 배반했다. 그렇기 때문에 평안한 마음으로 유다가 되기 위하여 무엇보다도 하나님의 자비를 확신해야만 했던 것이다. 이 사례는 한 개인의 의식적 환상이 신화적 소재에 의해 생길 수 있음을 보여준다.[121]

두 번째 예는 확충기법(amplification)에서 찾아볼 수 있다. 이 두 번째 공식은 분석과정 중 환자가 제공한 자료를, 신화 등의 자료를 이용하여 해석하는 확충기법이 얼마나 타당한지를 잘 보여준다. 이것이야말로 개인무의식의 자료를 통해 신화와 민담의 상징을 탐구하여 집단무의식의

---

120 C. G. Jung, *Symbols of Transformation*, CW 5, par. 41(융 기본저작집 7, 『상징과 리비도』, 56-57).
121 Ibid., pars. 42-44(Ibid., 57-58).

의미를 유추해내는 기법이기 때문이다. 그래서 융은, "물론 개인의 뱀 꿈을 신화적 뱀의 출현과 연결시키는 것은 충분한 처사가 아니다. 왜냐하면 누가 꿈속의 뱀의 기능적 의미가 신화 속의 것과 동일하다고 보장해 주는가? 그들 사이에 타당한 유사점이 있다고 믿기 위해서 꼭 필요한 것은 개인적 상징의 기능적 의미를 아는 것이다. 그리고 신화적 상징에서도 그와 유사한 정황이 전개되고 있는지, 그래서 동일한 기능적 의미를 갖는지를 발견하는 것이 필요하다"고 말한다.[122] 이처럼 개인무의식과 집단무의식은 서로 얽혀 있다고 이해해야 한다.

종교 속에서의 개성화 과정

'자기'의 개념이 집단무의식의 중심인 한, 개성화 과정을 공동체적 관점에서 이해해야 하는 것은 필수적이다. 자기의 개념은 그것 자체가 집단적이기 때문에 사회를 한 단위로 볼 때 각 개인의 자기들은 그 사회의 집단무의식의 중심에 모이게 된다. 융이 말하는 '자아와 자기의 관계' 안에는 이러한 사회적 구조가 이미 내포되어 있다. 즉 개인은 동시에 사회의 일원이 되고, 그 사회는 또한 각 개인에게 영향을 준다. 우리는 이러한 구조를 통해 많은 사람들이 한 이념이나 종교를 중심으로 공동체를 이루는 현상을 이해할 수 있다.

이러한 과정을 간단명료하게 보여주는 도식이 〈그림 2a〉다.[123] 그림 아

---

122 C. G. Jung, CW 9i, par. 103.
123 E. F. Edinger, *The Aion Lectures*, 38.

래에 그려진 큰 반원이 무의식의 범위를 나타낸다. 그 무의식의 중심에 '자기'가 그려져 있다. 그리고 그 반원의 변두리에 각 개인의 인격들이 작은 원들로 표시되어 있는데, 그 작은 원들은 앞에서 나온 〈그림 1: 자아-자기 관계의 단계〉에서 봤던 자아를 나타내는 원들이다. 여기서 작은 원들의 중심점은 모두 무의식에 머물러 있기 때문에, 자아-자기의 관계는 〈그림 1〉에서의 두 번째 원의 상태와 동일하다. '자아'가 아직까지 무의식 밖으로 나오지 못한 상태라서 각 개인의 '자기'가 밖으로 투사되어 한 덩어리로 응집되어 있음을 보여준다. 그러면 공동체의 종교(그 밖에 여러 가지 사상이나 이념들)는 일종의 도그마를 만들게 된다. 다시 말해서 사람들은 각 개인의 자기를 그 도그마에 투사한다. 이때 개인의 '자기'는 내적 하나님-형상과 동등해지고, 이를 통해 그것은 형이상학적 투사(a metaphysical projection), 곧 우리가 보통 생각하고 있는 하나님으로 형상화된다. 그것을 나타내는 것이 〈그림 2a〉의 맨 꼭대기에 그려진 십자가와, '각 개인이 자기를 투사하여 형성한 공동체의 종교'라는 타이틀이다.

이러한 현상은 사실 각 사람에게 방어적 기능을 제공한다. 나약한 인간은 대체적으로 하나님 형상의 그늘 아래로 숨어버리려 하기 때문이다. 그러므로 투사가 공동체적으로 온전히 남아 있는 한, 개인의 '자아'와 '자기' 사이에는 어떠한 직접적인 만남도 생겨날 수가 없다. 한마디로 말해서 맹목적·순종적 신앙의 소유자들은 그 신앙의 행태가 변하지 않는 한 어떠한 정신적 성숙의 기회도 얻을 수 없다.

설상가상으로 '각 개인이 자기를 투사하여 형성한 공동체의 종교' 자리에 그리스도나 붓다가 아니라 살아 있는 종교 지도자(목사나 스님)가 놓이게 되면 현재 우리가 쉽사리 목도하는 다양한 비윤리적·비도덕적인 종교 문제가 야기된다. 인간은 본래 자기 자신의 중심에 내재하는 자기

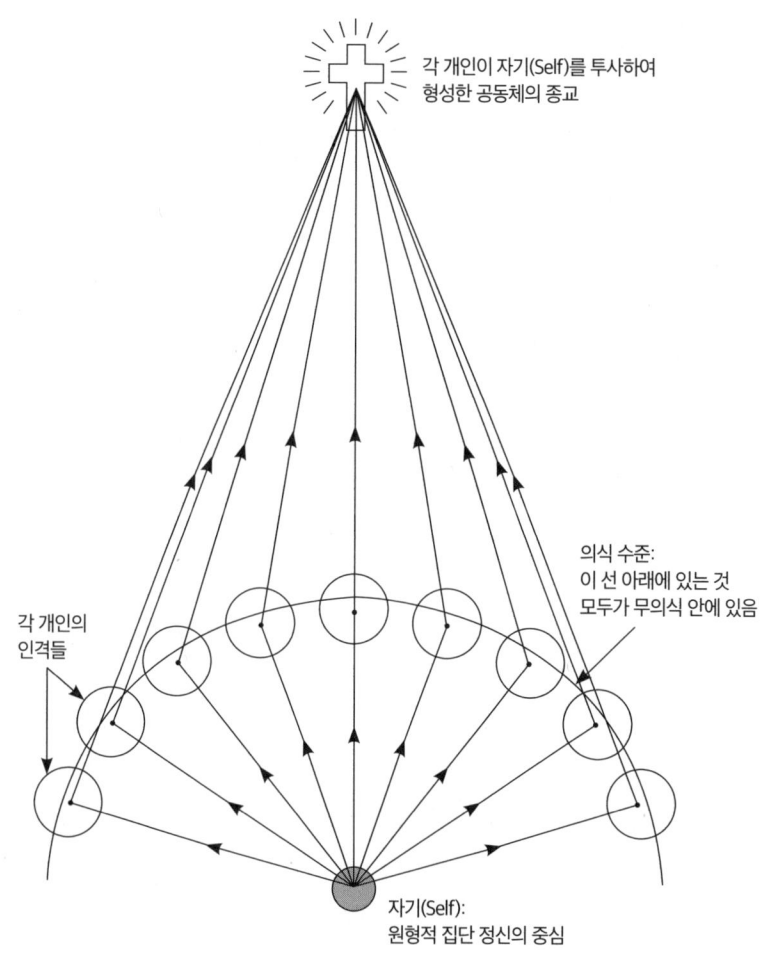

<그림 2a> 종교적 투사의 단계

(Self)를 살아 있는 존재에게 투사하려는 뿌리 깊은 욕구가 있다. 그래서 나폴레옹이나 히틀러 같은 독재자가 세계 역사 속에 등장하는 계기가 마련되는 것이다.

 이런 현상을 좀 더 자세히 보자. 사람들은 자신의 자기를 외부의 능력자에게 투사한 후, 어린아이처럼 자기 자신을 포기하고 투사한 사람에게 저자세를 취하거나, 그 투사한 사람을 숭배의 대상으로 삼는다. 그 결과 사람들은 어린애 같은 방식으로 자신을 잃어버리고 유아적인 상태로 남는다. 이런 사람들은 투사 대상(소위 종교 지도자)을 막무가내로 방어하고, 동일시를 통해 주인의 영광을 자신들도 받는다고 착각하며, 광적인 찬양을 보낸다. 투사는 그들 스스로 노력하는 것을 면하게 해준다. 이와 같은 투사는 인격을 파멸시킨다. 이때 훌륭한 지도자는 유아적인 의존성의 위험을 알고 투사를 용인하지 않는다. 그들은 초심자와 제자를 그들 자신의 내면의 과제로 되돌려 보내려고 노력한다.[124]

반면에 이런 신앙의 형태가 변하면 어떻게 될까? 〈그림 2b〉는[125] 종교적 투사들(religious projections)이 붕괴될 때 이어서 나타나는 현상을 보여준다. 투사가 붕괴된다는 것은 내 문제를 남 탓으로 돌리며 살던 태도, 또는 나의 무능을 신에게 의존하며 살던 태도, 아니면 그동안 철저하게 믿었던 신앙에 대해 회의를 느끼는 순간 등, 어떤 순간에 습관화된 삶에 균열이 가는 경험을 한다는 뜻이다. 그것은 인생의 후반부 위기의 순간일 수도 있고, 예상치 못한 삶의 고통이나 실패의 순간일 수도 있다. 물론 이런 순간이 드라마틱한 경우만 있는 것은 결코 아니다. 어떤 때는 극히 평범한 상황에서도 그 순간이 올 수 있다. 그리고 그러한 순간은 사실상 그 자신의 정신적 성장, 곧 개성화 과정이 일어날 수 있는 좋은 기회임이 틀림없다. 그러나 모두에게서 그런 일이 일어나는 것은 아니다. 그러므로 그 결과를 다음의 네 가지 경우로 정리해볼 수 있다.

---

124 Fraser Boa, 박현순·이창인 공역, 『융학파의 꿈해석』(학지사, 2004), 75.
125 E. F. Edinger, *The Aion Lectures*, 39.

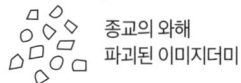

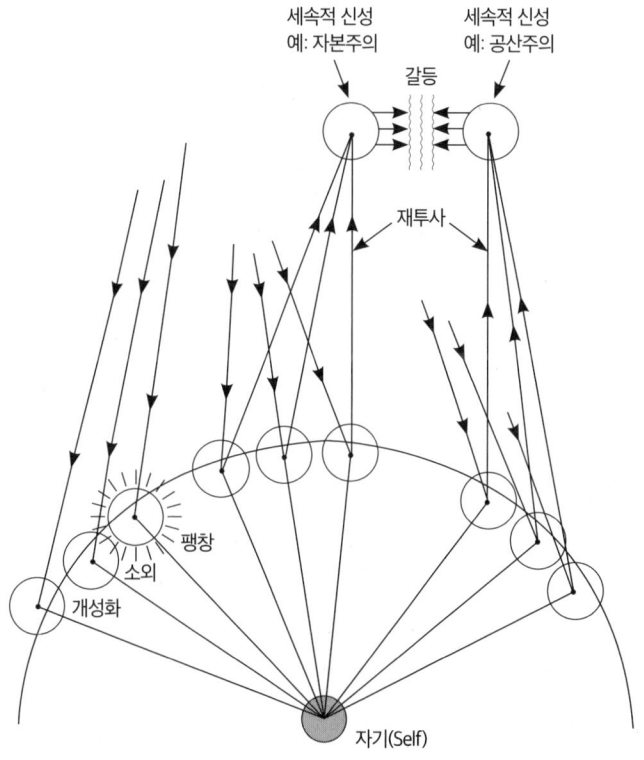

<그림 2b> 종교적 투사의 단계

    (1) 어떤 사람은 그동안 유지되어오던 '자기'와의 연결을 상실하면서 동시에 삶의 의미를 상실하기 때문에 소외와 절망 상태(a state of alienation and despair)로 빠질 수 있다. (2) 어떤 사람은 자아팽창(inflation)으로 떨어질 수 있다. 그러나 그것은 아주 빈번하게 그것과는 정반대인 소외로 이행될 가능성을 내포한다. (3) '자기'는 일반적 현상인 정치 체계(예. 자

본주의 혹은 공산주의)로 재투사될 수도 있다. 다시 말해서 종교적 내용들에 의해 수반되던 의미들이 이제는 종종 정치 운동에 의해 전달되는 것이다. (4) 네 번째 가능성은 개성화(individuation)가 진행될 수 있다는 것이다. 이때 '자아'는 심리학적 실체로서의 '자기'를 생생하게 만난다.[126]

〈그림 2b〉에서 하나 더 주의해서 봐야 할 점은 개성화가 활성화되는 경우를 묘사한 원이다. 개성화를 가리키는 원의 중심만이 무의식의 경계를 넘어 의식의 수준에 있다. 다시 말해서 자아팽창(Inflation), 소외(Alienation), 세속적 신성(Secular deity)들에서의 개인적 성격을 나타내는 원의 중심은 모두 무의식 수준 안에 있는데, 개성화(Individuation)를 나타내는 원의 중심만이 무의식의 밖인 의식에 놓여 있다.

이것은 〈그림 1: 자아-자기 관계의 단계〉의 세 번째 자아-자기 관계를 나타낸 원들을 생각하게 한다. 다시 말해서 개성화는 '자아'와 '자기'의 분리가 좀 더 확실하게 이루어져 자아의식이 뚜렷해졌을 때 일어남을 설명해주고 있다. 이것은 자아가 자기로부터 분리되는 의식화 과정이 전제되지 않는 한, 종교적 투사가 붕괴되는 상황이 전개된다 해도 곧바로 개성화 과정으로 이행되는 것이 아니라, 자아팽창, 소외, 혹은 세속적 신성으로 재투사되는 일이 우선적으로 일어난다는 뜻이다.

종교적 투사의 붕괴 후 나타나는 현상을 좀 더 구체적으로 설명할 필요가 있다. 우선 다른 세속적 신성(자본주의, 공산주의)으로 재투사하는 경우를 보자. 이것은 사실 현대 사회에서 흔하게 일어나는 현상이라고 해도 과언이 아니다. 현대의 우리는 너무도 많은 세속적 세력을 가지고 있다. 다양한 종교는 물론이고, 스포츠, 각양각색의 문화적 콘텐츠가 가

---

126 Ibid., 36-39.

지는 대중적인 힘, 그리고 그 밖의 여러 가지 사회적 운동 등이 이런 범주에 속할 것이다. 현대인들은 이제 이런 것들 속에서 종교적 도그마와 같은 힘을 경험한다. 두 번째 소외나 절망의 순간들을 보기로 하자. 이 경우는 한마디로 자기가 자아를 집어삼킬 때 나타나는 현상이다. 예컨대 조현병과 같은 심각한 정신병에서 자아는 어마어마한 자기의 힘에 압도당해 환청과 망상에 시달리게 된다.

세 번째는 자아팽창의 경우다. 이러한 상황은 소외에서와는 반대로 자아가 자기를 집어삼킬 때 나타난다. 융은 자아에 동화되고 있는 무의식의 내용이 풍부하면 할수록, 그리고 중요하면 할수록 자아와 자기가 더욱더 가까워진다고 말한다. 그런데 이때 자아와 무의식적 형상 사이에 명확한 경계선이 그어지지 않으면, 필연적으로 자아팽창이 일어난다고 보았다.[127] 물론 이 자아팽창은 〈그림 2b〉에서 보았듯이 완전히 무의식적이다. 그렇다고 해서 그것 역시 자율적 정신(an autonomous psyche)인 것은 아니다. 만일 자아팽창이 자율적 정신이라면 여간 큰 문제가 아니다. 만일 그렇다면 자아팽창이 극대화된 경우인 사이비 교주들의 행태나 사상도 정당화될 것이다.

자아팽창은 두 가지 특징을 갖는다. 먼저, 아주 많은 사람들이 자아팽창 상태에서 아무 문제의식 없이 행복하게 살 수 있다는 것은 놀라운 일이다. 그것은 개성화 과정이 활성화되지 않는 한 자연적 상태다. 즉 그때 사람들은 평가를 중단한다. 또 다른 중요한 점은 자아팽창 상태의 증상 중 하나가 자신의 주변 환경의 반응에 주의를 기울이는 데 싫증을 보인다는 것이다. 사실 무의식의 메시지는 내면으로부터뿐만 아니라 밖으

---

127 C. G. Jung, *Aion*, CW 9ii, par. 44.

로부터도 우리에게 다가온다. 그렇기 때문에 사람들이 우리에게 보이는 반응, 우리 주변에서 일어나는 사건 등은 꿈에서 무의식이 드러나는 것처럼 그것들 모두가 무의식의 표현들이다.[128] 그럼에도 불구하고 그 소리들을 듣지 않기 때문에 자아팽창의 결과는 한쪽으로 왜곡된 사람, 예컨대 사이비 종교의 교주 같은 인물이 되거나 소외나 절망으로 이행될 가능성이 농후하다.

이러한 일련의 과정이 반복되면서 개성화 과정이 진행된다. 즉 종교적 투사의 붕괴와 그 후의 재투사 혹은 자아팽창의 반복을 거친다. 그러다가 자아의 분리가 어느 단계에 오르면, 곧 자아가 의식화되어 자아-자기 축이 하나의 연결고리로 형성되어 있음을 자각할 때 비로소 개성화 과정이 앞으로 나아간다. 이 순간을 새로운 의식이 탄생한다고 표현한다. 그리고 또 다시 이 과정이 반복된다. 그러니까 자아가 매번 탄생하고 탄생하는 것이다. 이것이 무의식이 점차적으로 의식화되어가는 개성화 과정이다.

---

128 E. F. Edinger, *The Aion Lectures*, 40-41.

제6장
전이심리학과 연금술

정신 치료에서 전이와 변환의 관계

1. 융의 정신 치료 과정

1929년에 융은 자신의 치료 경험을 「현대 심리치료의 문제들」(*Problems of modern psychotherapy*' CW 16)이라는 논문으로 발표했다. 융은 여기서 치료 과정을 네 단계(stage)로 나누어서 설명했는데, 사실상 그 단계는 그다음 단계로 이어져 가는 것이 아니라서, 아마도 차원(dimension)이나 수준(level)이라고 하는 것이 더 적절할 것 같다. 그 네 단계는 고백, 설명, 교육, 변환이다.[1]

(1) 고백(Confession): 융은 정신 치료가 전통적으로 로마 가톨릭교회에서 볼 수 있는 종교적 행위와 연결되어 있다고 생각했다.[2] 정신 치료가 시작되면 맨 먼저 치료자와 환자 상호 간에 기본적인 신뢰감을 전제

---

1 Murray Stein, *Transformation, Emergence of the Self* (Texas A&M University Press, College Station, 1998), 77.
2 Ibid., 77.

로 해서 환자는 자신의 숨겨진 이야기를 털어놓게 된다. 이런 치료 환경은 그동안 아무에게도 말할 수 없었던 환자 자신의 비밀을 숨김없이 말할 수 있는 기회를 제공한다. 이렇게 시작된 고백은 '심리적인 독'으로 사용되던 것들을 털어내는 효과를 가지므로 이 과정을 한편으로는 정화(catharsis)의 단계라고도 한다. 그때 환자의 죄의식은 어느 정도 완화되면서, 동시에 환자는 자신과 자신의 삶의 이야기에 대한 분석가의 반응을 확인할 수 있게 된다.[3]

(2) **설명(Elucidation)**: 이 단계는 프로이트가 말하는 해석(interpretation)의 단계와 동일하다. 융은 설명이라는 단어를 해석보다 선호했는데, 아마도 해석이 프로이트식이라서 그랬을 것이다. 이 단계에서 그는 '프로이트식의 전이'를 환자에게 이해시키고 설명했다. 즉 과거로부터 현재로, 부모로부터 분석가로 전이되는 현상들을 이해시키려 했던 것이다. 그러니까 분석가는 이 단계에서 환자의 현재 심리적 상황을, 그가 어렸을 때 인격 형성에 관여한 중요한 인물과 장면들을 참조하면서 환원적으로 설명한다. 설명 과정에서 분석가는 환자에게 도덕적·심리적 권위를 가진 친밀한 친구로 경험된다. 그런데 이렇게 설명의 단계를 거치면서 환자들은 의사에게 전이가 생겨 어린아이 같은 의존감을 가지게 된다. 치료에 의해 새로운 증상이 생겨 신경증을 형성한다고도 볼 수 있다. 분석가와의 유대(bond)는 무의식적 근친상간 환상들(unconscious incest fantasies)에 기반을 둔다. 이런 이론은 당연히 프로이트의 영원한 자랑거리임이 틀림없다. 융은 자신이 프로이트와의 관계에서 그런 부자

---

3 Andrew Samuels, *Jung and the Post-Jungians* (Routledge Taylor & Francis Group, London and New York, 1985), 177.

간의 심리적 갈등을 경험한 터였기 때문에 이런 관계를 너무도 잘 알고 있었다.[4]

설명의 단계가 가지는 장점도 많다. 설명은 분석가의 권위를 환자의 자아에게 되돌아가게 해서 환자의 자아를 강화시키고 좀 더 자율적으로 만들어준다. 그래서 이 단계는 어린 시절에 머물러 있던 사람들을 어른으로 성장하게 돕고, 어른의 힘과 책임을 받아들이게 돕는다. 그것은 또한 정신의 그림자 측면을 충만한 의식 속으로 가져와서 공개하게 한다. 전이의 설명은 비현실적이고 과장된 의식적 태도를 없애는 효과가 있고 그런 의식적 태도를 현실에 발붙이게 한다. 전이의 설명은 변화를 위한 강력한 도구다. 그래서 융은 신경증적 환자들(특히 젊은)을 치료하는 데 이것을 적극적으로 사용해야 한다고 굳게 믿었다.[5]

(3) **교육**(Education): 환자가 설명 단계를 지나고 나면 삶에 새롭게 적응해야 하는 책무를 가지게 된다. 즉 전이적 설명을 통해 이상화된 습관과 어린아이 같은 소망적 사고가 드러났으니 이제 그것들을 제거하고, 삶에서 새로운 일들을 찾아야 한다. 이 시점에서 세 번째 단계인 교육이 시작된다. 융은 이 단계가 설명의 단계 이후 필연적으로 전개된다고 생각했다. 이 단계를 아들러의 단계(Adlerian stage)라고도 한다. 아들러는 정신 치료 과정에서 환자가 무의식의 이해와 병식을 알게 하는 것도 중요하지만 그것만으로는 환자가 잘 변화되지 않음을 알고, 그 너머로 사회적 교육이 필요함을 깨달았다. 그래서 그는 자존감을 높이는 교육과 그 자존감을 여러 사회적 상황에 골고루 적용하도록 하는 교육을 실행

---

4 Murray Stein, *Transformation, Emergence of the Self*, 77-78.
5 Ibid., 78.

했다. 이때 분석가는 교육자가 되어서 환자가 사회적 이상과 현실에 잘 적응할 수 있도록 환자의 행동을 교정하는 데 도움을 주게 된다.[6]

(4) **변환**(Transformation): 이 단계는 치료가 앞으로 더 나아가는 것을 말한다. 즉 환자가 자아-구축(ego-building)과 삶의 집단적이고 사회적 차원에 적응하는 문제를 넘어서 보다 더 무의식적 수준으로 다가가서 근본적인 인격의 재탄생을 경험하려는 것이다. 이 단계가 누구에게나 적합한 것은 아니다. 변환은 보통 그동안 사회에 충분히 적응하고 기여한, 그러면서도 병적 결함이 크게 없는 인생의 후반기에 있는 환자들이 경험하게 된다. 변환은 개성화에 초점이 맞춰져 있다. 즉 변환은 의식적·무의식적 제한에 묶여 있는 개인의 유일한 인격을 풀어주는 것에 집중하고 있다. 융은 변환이란 양방향의 과정(two-way process)이라서 만일 의사가 그 자신을 환자의 영향으로부터 보호하려 한다면 정신 치료는 불가능하다고 보았다. 이는 다른 한편 의사 자신이 영향을 미치는 것에 민감하지 않으면, 환자에게 치유적 영향을 줄 수 없다는 말과도 같다. 그러니까 이 치료 단계에 들어설 때, 환자와 의사 둘 사이에서 생겨난 심원한 계약에 의해 둘이 모두 영향을 받는다. 융은 그 둘의 정신이 이렇게 깊게 서로 엉키는 것을 쌍방향의 연금술(interactive alchemy)이라고 표현했다. 이런 상호작용의 결과로 변환이 일어난다고 융은 보았다.[7] 그리고 그것은 자아의 조절 밖에서 일어나기 때문에 예측이 불가능하다. 변환을 포함한 전반적 전이 현상을 자세하게 설명한 것이 다음의 전이의 여섯 가지 유형이다.

---

6 Ibid., 78.
7 Ibid., 78-79.

2. 전이의 여섯 가지 유형

1946년에 융은 『전이의 심리학』을 발간했는데, 거기서 분석적 관계의 변환적 가능성에 대해 명확하게 언급했다. 그는 특별히 분석의 네 번째 단계인 변환을 중점적으로 길게 기록하였다. 그리고 거기서 광범위한 이론을 제공했는데, 그 전이 관계를 두 사람 사이에서 발생할 수 있는 여러 요소들을 총망라해서 정리해볼 수 있다. 다시 말해서 의사의 의식(a)과 무의식(a′), 그리고 환자의 의식(b)과 무의식(b′)이라는 네 요소가 서로 교차하면서 발생할 수 있는 전이의 형태를 생각해볼 수 있다. 그러면 두 사람 관계에서 6쌍이 발생한다. 즉 a 대 b, a 대 a′, b 대 b′, a 대 b′, a′ 대 b, a′ 대 b′ 등이다.[8]

(1) **의사의 의식과 환자 의식의 쌍**(the a to b couple): 정신 치료 초기에는 물론 의사의 의식과 환자의 의식이 만나기 시작한다. 이것은 공적이고 직업적인 관계로서의 의식적 쌍이다. 이 경우에는 윤리와 법에 의한 비밀보장을 해주는 것이 규칙이다. 이런 공적이고 의식적인 관계는 분석을 담아내는 그릇이고, 믿음과 안전을 창조하는 데 필요하다.[9]

(2) **의사의 의식과 환자 무의식의 쌍**(the a to b′ couple): 이것은 고전적인 전이 관계로 한쪽은 의식이고 다른 한쪽은 무의식이다. 즉 환자의 무의식은 의사의 의식적인 말과 권위에 반응한다. 그 반응의 근거는 어려서의 경험, 과거와 비슷한 모양에 동반되는 무의식이 활성화되는 것이다. 융은 이런 고전적 전이 관계를 더 깊이 파고들어 가 원형적 전이

---

8 Ibid., 80.
9 Ibid. 80-81.

(archetypal transference)를 발견했다. 그것은 의사를 그 개인의 아버지 이 마고나 그 내면의 아버지 이미지로 윤색하는 것이 아니라 영웅, 애인, 현자, 마술사, 심지어 신으로까지 과장하는 전이다.[10]

(3) **환자의 의식과 무의식의 쌍**(the b to b′ couple): 이 관계도 고전적인 정신 치료 상황에서 흔히 발생한다. 예컨대 의사의 자아가 환자의 연상 등을 통해 환자의 억압된 무의식을 관찰·분석하고 나서 환자의 의식과 무의식의 관계를 설명해줄 때 환자의 정신 안에서는 바로 그 자신의 의식과 무의식의 쌍이 활성화된다. 이 경우는 환자가 어떤 특별한 치료 시간에 의사의 말, 진찰실이나 육체적 외양에 자극받은 혼란스러운 반응(disturbing reaction)을 나타낸다. 이때 분석자의 역할은 그 반응을 말로 표현해내게 도와서, 그것들을 통해 그들의 무의식적 내용을 점검해보는 것이다. 이것이 환자를 소파에 눕혀 분석하는 프로이트식 정신 치료의 주 소득원이다.[11]

(4) **의사의 무의식과 환자 의식의 쌍**(the a′ to b couple): 이 전이 관계는 의사의 무의식(anima)에 관한 것이다. 융은 초기 분석치료 중에 젊은 여성 환자(Sabina Spielrein)에게 자신의 마음을 빼앗기는 경험을 했다. 이런 반응은 그 자신의 무의식으로부터 유래된 그의 과거의 정서가 젊은 사비나에게 투사되어서 나타난 것이다. 이런 심리학적 요소를 그는 아니마라고 불렀는데, 그것은 남자의 무의식 안에 깊이 심겨진 영원한 여성의 혼적 이미지(the soul image of the eternal feminine)다. 확실히 융은 더 이상 중립적 경청자는 아니었다. 그는 그의 환자와 함께 정신의 상호활동 속

---

10 Ibid., 82.
11 Ibid., 84.

으로 빠져들었다. 그런 그의 행동은 청년의 순박함의 결과만큼 무모했지만, 그는 자기 자신이 이러한 전문적인 관계에 영향을 받도록 자신의 행위를 어느 정도까지 확장되도록 내버려두었다. 이 경우는 역전이라고 말하기가 어렵다. 왜냐하면 융이 환자의 투사와 전이에 반응했을 뿐만 아니라, 그도 역시 그 자신의 무의식적 재료를 능동적으로 그것들(환자의 투사와 전이)에 투사했기 때문이다. 그래서 거기서는 일종의 상호 전이(mutual transference)가 진행되었다. 이런 경험을 통해서 융은 분석적 쌍에 대한 이해가 확장되면서 그의 치료 기술을 크게 바꾸었다.[12]

(5) **의사의 의식적 자아와 무의식적 바탕의 쌍(the a to a′ couple)**: 이 전이 관계는 역전이(countertansference) 때 나타나는 쌍이다. 분석가가 어떤 특정한 정신 치료 시간에 까닭 없이 불안하거나 감정적인 반응을 보이면, 그것은 보통 분석가의 콤플렉스가 환자의 존재, 말, 행동에 의해 어떤 것이 연상되면서 자극받아서 그렇다. 아마도 환자의 제스처나 말의 어느 구절이 어린 시절의 부모의 형상이나 어떤 장면을 연상시켜서 분석가의 무의식에 있는 콤플렉스를 건드렸을 것이다. 이런 경우 분석가는 스스로 자신을 조용히 분석해보거나 감독을 받아야 한다.[13]

(6) **의사의 무의식과 환자의 무의식 쌍(the a′ to b′ couple)**: 이것은 프로이트는 인지하지 못했고 융은 나중에 아주 많이 강조한 또 다른 전이-역전이 관계에 기초한 쌍이다. 융이 그의 심리학적 공헌을 공식화한 이래로, 두 무의식 간의 관계는 분석심리학의 대단한 관심과 배려의 중심이 되었고, 그의 책『전이의 심리학』의 후반부는 모두 이러한 분석적 관

---

12 Ibid., 83.
13 Ibid., 83.

계의 차원을 다루고 있을 정도다.[14] 이처럼 상호 무의식 수준에서 분석적 관계가 시작되는 동안에, 융은 '친족 리비도'(kinship libido)에 대한 경험이 뚜렷해지면서 그것이 점점 발달해나간다고 생각했다. 여기서 그는 가족의 근친상간이라는 독특한 분위기를 말하고 있다. 그는 이런 것이 꿈과 연상에서 빈번하게 나타나는 것을 보편적 현상의 증거라고 여겼다. 이런 친족 리비도가 공헌하고 있는 것은 정신적 접착제로서의 역할이다. 다시 말해서 그 접착제란 분석치료 중에 있는 두 짝을 묶어주는 역할, 그리고 그들을 분석 기간 동안뿐만 아니라 그 후에도 그들의 자리에 고정적으로 있게 하는 역할을 말한다. 친족 리비도의 이런 에너지는 분석적 관계에서 두 사람을 끌어당기기도 하고 밀어내기도 한다. 그러면서 결국 친족 리비도는 연금술에서처럼 두 정신의 결합에 기초한 이미지를 창조해낸다. 이것은 어떤 쌍들을 담지하고 인도할 변환의 이미지(transformative image)다. 예컨대 그 쌍들이란 형제와 자매, 아버지와 딸, 어머니와 아들, 사촌과 사촌, 삼촌과 조카딸 등이다.[15]

이런 관계 속의 두 쌍은 변환에 동참하고, 그것의 결과를 즐긴다. 물론 이런 결과는 나비가 하늘을 나는 과정처럼 애벌레, 번데기, 성충 과정 속에서 전개되는 고통과 절망을 경험하면서 이루어진다. 그렇기 때문에 융이 말하는 이 과정의 무의식은 이해하기가 다소 까다롭다. 두 무의식의 만남이 이뤄내는 이 드라마는 필연적으로 '정신의 내적 부분', 즉 무의식에서 전개하고 진행되기 때문에, 모든 것이 구름에 싸여 있고, 어둡고, 남성이 여성일 수 있고, 여성이 남성일 수 있고, 육체영혼(body spirit)

---

14 Ibid., 84.

15 Ibid., 84.

등이 가능한 곳이다. 그렇다면 의식은 이런 무의식적 드라마의 효과를 알 수 없는 것인가? 그렇다고 말할 수는 없지만 아마도 지극히 미묘하게 나타날 것이 틀림없다. 그렇기 때문에 치료 상황에 있는 쌍의 각각의 인격에서 변환이 일어나는 것도 느릴 수밖에 없다. 그러므로 그 두 짝은 꾸준히 오랜 기간을 지나면서 서로 조우하게 된다.[16]

◆ ◆ ◆

그러나「현자의 장미원」을 단순히 의사의 무의식과 환자의 무의식 쌍(the a′ to b′ couple)의 전이 현상을 풀어낸 글이라고 보는 것은 융 심리학적 전이를 너무 평면적으로 접근하는 것이다. 치료 과정에서의 전이는 보다 더 복잡하고 입체적이다. 게다가 연금술에서의 융합, 즉 대극의 통합은 다음과 같은 내용을 보여준다. 즉 지금까지 우리가 봐왔던 것처럼 ① 분석가와 분석 작업에서의 대극인 환자 사이의 상호작용을 상징하고, ② 환자의 정신 안에서 갈등하고 싸우는 요소들을 자아 안에서 분별하고 통합하는 것을 상징하고(개인무의식 차원), ③ 환자 정신의 의식과 무의식의 부분들을 꿰뚫고 들어가서 통합하는 것을 상징한다(집단무의식 차원).[17] 그렇기 때문에 우리는「현자의 장미원」에서의 전이 과정을 다르게 설명하는 다른 학자의 견해를 참조할 필요가 있다. 그것은 '상처 입은 치유자'라는 관점의 설명이다.

---

16 Ibid., 84-85.
17 Andrew Samuels, *Jung and the Post-Jungians*, 179.

3. 상처 입은 치유자

구겐뷜-크레이그(Guggenbühl-Craig)는 사람이 병이 들면 치유자-환자 원형(the healer-patient archetype)이 작동하기 시작한다고 말한다. 겉사람이 병들면 속에서는 '내적 치유자'(inner healer)가 깨어나기 시작한다는 것이다. 그러니까 의사-환자 관계에서 치유가 일어나려면, 우선 그 환자 안에 있는 '내적 치유자'가 실제 앞에 있는 의사에게 투사되어야 한다. 그리고 똑같은 방법으로 분석가는 자신의 환자를 정서적 감각(an emotional sense)으로 알기 위해 그의 내면의 상처받은 부분을 환자에게 투사해야 할 것이다.[18] 그러나 투사가 치료를 위해 필요하다 할지라도, 그 투사는 어느 시점에 이르러서는 철회되어야 환자의 자기-치유 능력이 활성화된다.

그러나 일상적 치료 과정에서는 치료자가 권위를 가져야 한다고 믿고 있기 때문에 의사와 환자 모두에게 있는 치유자-환자 원형이라는 서로 모순되는 양극성을 분리시켜서 분석가는 강하고, 건강하고, 능력 있는 최강의 모습만을 보이게 하고, 반면에 환자는 수동적이고, 의존적이고, 과도한 의존성으로 고통 받기 쉬운 환자로만 남는다.[19]

그로스벡(Groesbeck)은 환자와 분석가 모두의 정신 안에 '상처 입은 치유자'(the wounded healer)라는 갈라진 원형 이미지를 가능한 한 복원시켜 놓으려 하였다. 여기서 '상처 입은 치유자'라는 개념은 그리스 신화가 그 바탕을 이룬다. 그리스 신화에서 치유자로서의 케이론(Chiron)이 등장

18　Ibid., 187-188.
19　Ibid., 187.

한다. 케이론은 반인반수(半人半獸)인 켄타우로스(centaur)족에 속한다. 보통 켄타우로스는 그의 모양새가 암시하듯이 반은 말이기 때문에 동물적 속성을 가지고 있는 족속이라서 술을 먹고 난동을 부리거나 여러 가지 나쁜 일들에 매번 등장하는 캐릭터다. 그러나 케이론은 그렇지 않았다. 그는 수많은 노력으로 영적 지혜를 얻게 되었고, 그것이 소문이 나서 유명한 영웅들의 선생이 되었다. 그에게서 배운 영웅들은 헤라클레스, 아스클레피오스, 이아손, 디오스쿠로이, 아킬레스, 악타이온 등이다. 그리고 케이론은 위대한 치유가로도 유명했다. 이런 케이론이 '상처 입은 치유자'가 된 과정은 다음과 같다.

헤라클레스는 켄타우로스들과 싸우던 중에, 의도치 않게 그의 선생인 케이론에게 상처를 주었다. 그가 가지고 있던 독화살이 실수로 케이론의 무릎을 스친 것이다. 그 독은 너무도 강해서 스치기만 해도 죽었다. 그러나 케이론은 죽지 않는 운명을 타고나서 죽을 수가 없었다. 그런데 이 상처는 어떤 면에서 보면 스스로 자처한 것이었다. 왜냐하면 케이론이 평소에 그 영웅에게 히드라의 피에 화살을 담가 독화살을 만드는 법을 가르쳐주었기 때문이다. 결국 그것은 케이론에게 극복할 수 없는 내면의 상처로 남았다. 그러나 이런 상처로 인해 그는 더욱 유능해졌다. 그는 상처 입은 자신의 고통을 통해서 타인의 고통을 이해할 수 있었고, 환자들에게 깊이 공감해 그들을 진정으로 치유할 수 있었다. 그로스벡이 갈라진 '상처 입은 치유자' 원형을 복원시키려 했다는 말은, 그동안 인간의 편견으로 인해서 치유자는 전능한 사람으로, 환자는 아픔에 의한 수동적 인간으로 나뉘었는데, 그가 진정한 치유자의 능력을 가진 사람들의 심리적 상황을 회복하려는 데 초점을 맞췄다는 의미다.

다음은 그로스벡이 분석 중에 일어나는 투사의 생성과 철회를 조명하기 위해 고안해낸 일련의 그림들이다. 그림의 양옆에 a, a′, b, b′를 표시한 것은 전적으로 내 개인적 견해다.

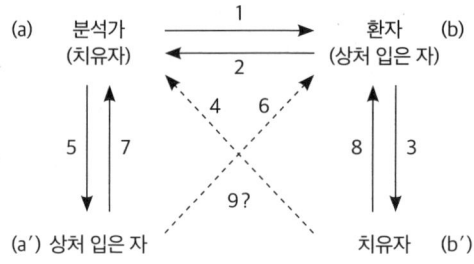

<그림 1> 분석가와 환자의 상호작용

[분석가와 환자의 상호작용]   분석가와 환자 사이의 상호작용은 양방향성이다(1과 2). 이것은 우리가 앞서 보았던 전이 관계 중 의사의 의식과 환자의 의식 쌍(the a to b couple)처럼 보인다. 게다가 분석가와 환자는 각각 그들의 무의식 속에 상처 입은 자(a wounded)와 치유자(a healer)라는 수용력(capacity)을 가지고 있으며, 의식의 역할과 무의식의 성분 사이에서 상호작용이 일어난다(5,7,8,3). 또한 이 관계는 앞서 보았던 의사의 의식과 무의식 쌍(the a to a′ couple)과 환자의 의식과 무의식 쌍(the b to b′ couple)과도 견줄 만하다. 그리고 분석가는 그의 상처들을 환자에게 투사하고, 환자는 그의 치유자를 의사에게 투사하는 관계를 나타내고 있는 것이 4와 6의 점선이다. 이것은 의사의 무의식과 환자의 무의식 쌍(the a′ to b′ couple)으로 볼 수 있다. 그러나 아직까지는 환자의 내적인 무의식적 치유자와 의사의 내적인 무의식적 상처 사이에는 어떠한 연결고리도 없다(9).[20]

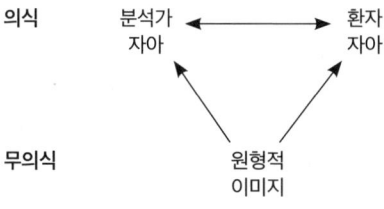

<그림 2> 분석의 초기 상황

[분석의 초기 상황] 분석 초기에 분석가와 환자는 상호작용 속에 있다. 분석가의 자아와 환자의 자아가 똑같이 환자의 자료인 원형적 이미지(archtypal image)를 보고 있다. 그런데 그 자료는 원형적이라서 여러 가지 이미지와 주제를 담고 있다. 이 자료는 바로 분석가를 치료 안으로 끌어들이는 환자의 자료다.[21]

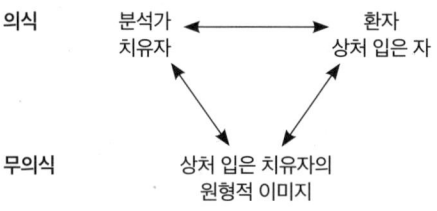

<그림 3> '상처 입은 치유자' 출현

['상처 입은 치유자' 출현] <그림 3>에서 비로소 '상처 입은 치유자'라는 원

---

20 Ibid., 188-189.
21 Ibid., 189.

형적 이미지가 출현한다. '상처 입은 치유자'는 치료가 어느 정도 진행된 후 나타나는 것으로 보인다. 이것은 물론 여러 원형적 이미지 중 하나이며, 치유와 직접적인 관련이 있기 때문에 출현하는 것이다. 이것이 나타났다는 것은 분석가는 치유자의 역할을 받아들여서 환자의 약점과 강점을 살펴보기 시작한다는 뜻이고(이것들은 나중에 환자의 '내적 치유자'와 관계된), 환자는 분석가의 기술을 탐색하기 시작해서 어느 정도의 부정적 전이를 불가피하게 보이면서, 그의 약점인 듯한 것을 분석가에게 드러내 보인다는 뜻이다.[22] 그러니까 분석가는 '치유자'의 역할을, 환자는 '상처 입은 자'의 역할을 충실히 하기 시작하면서 상대방 안에 숨어 있는 각각의 '상처 입은 자'와 '치유자'에 대한 투사가 일어나는 것이다. 여기서 치유자의 무의식과 환자의 무의식이 교류하기 시작한다.

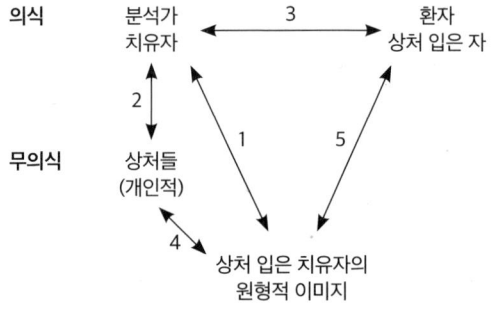

<그림 4> 분석가의 역전이 문제

[분석가의 역전이 문제] 〈그림 4〉는 분석가의 역전이 문제를 보여주고

22　Ibid., 189.

있다. 분석가에게 역전이가 일어나면, 분석가는 '신경증적 역전이'와 '본래의 역전이' 사이에서 균형을 잡으려고 노력하게 된다. 분석가의 상처는 환자와의 공감(empathy)을 촉진한다(2,4,5). 그러나 이때 분석가가 환자와 동일시(identification)되는 것은 위험하다(2,3). 분석가의 무의식적 상처를 통해 공감을 촉발하는 분석가의 경험이 '본래의 역전이'에 속한다면, 분석가가 그 과정에서 환자와 동일시되는 것은 '신경증적 역전이'다. 이런 면에서 볼 때 이 그림은 분석가가 가지게 되는 역전이를 균형 있게 조절해야 하는 과제를 잘 보여준다. 어떻든 환자의 성격은 분석가의 정신병리를 통해서 평가되고, 탐색되고, 그의 공감 상태에 따라 여과된다(1,2,4,5). 그렇기 때문에 이때는 분석가에 의한 왜곡이 덜 되기만을 바랄 뿐이다.[23]

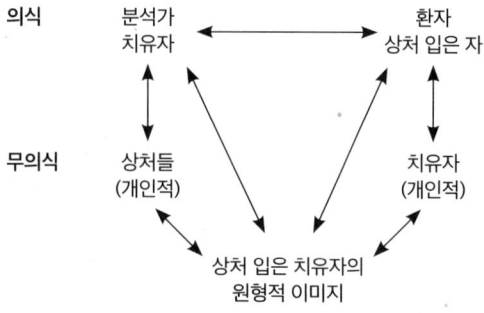

<그림 5> 환자의 내적 치유자와의 만남

[**환자의 내적 치유자와의 만남**] 〈그림 5〉는 〈그림 4〉와 관련되어 있다. 분

---

23 Ibid., 189.

석가의 균형 잡힌 공감 능력은, 환자로 하여금 분석가를 더욱더 치유해주는 현존(a healing presence)으로 인식하게 만든다. 그래서 환자는 분석가를, 그 전이를 잘 받아주고 반영하는 사람으로 알게 된다. 이것은 환자가 그의 잠재 능력과 동일시된 그의 내적 치유자와 자유롭게 의사소통할 수 있게 해주는 요소다. 뒤이어 환자는 내적 치유자를 어린아이 이미지나 혹은 새로운 시작을 나타내는 어떤 다른 형태의 이미지로 만나게 된다. 〈그림 4〉와 〈그림 5〉는 병과 건강으로 나뉜 이미지들을 보여주려는 것이 아니라, 상처 입은 치유자라는 양극성적인 원형 이미지(the bipolar archetypal image)에 주목하고 그것을 받아들이고 있음을 보여준다.[24]

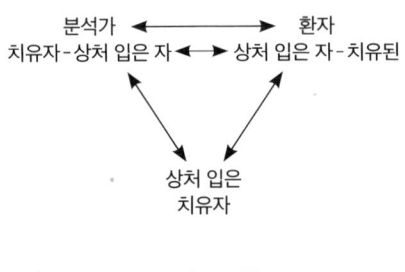

〈그림 6〉 변환

[변환] 〈그림 6〉에서 분석가와 환자의 관계는, 각각 '상처 입은 자'의 이미지와 '치유자'의 이미지만으로 나뉘어졌던 편집-분열적 성향을 뛰어넘어서 진행되고 있다. 이 관계에서는 분석가나 환자 어느 누구도 분열되어 있지 않다. 그러므로 분석은 온전한 객체를 기반으로 한다. 그러

---

24 Ibid., 189-190.

나 여기서 이미 우리가 봐왔던 초기 그림의 단계로 퇴행하는 것을 배제할 수는 없다. 동시에 모든 분석이 당연히 〈그림 6〉에 이른다고 할 수도 없다.[25] 지금까지 우리는 전이 문제를 여러 각도에서 정리해봤다. 이제 그런 전이에 대한 지식을 가지고 융이 연금술을 연구하면서 발표한 『전이의 심리학』에 수록된 「현자의 장미원」을 보도록 하자.

연금술에서의 개성화 과정 혹은 전이: 「현자의 장미원」의 그림들을 중심으로

여기에 제공되는 그림들은 전적으로 연금술사들의 무의식이 투사되어 그려졌다. 연금술사들이 의식적으로는 사색을 했지만 실제적으로는 무의식적 투사를 그 그림들 속에 했던 것이다. 왜냐하면 나름대로의 방법을 모색하기 위한 연금술사들의 탐구가 정확한 관찰을 통해서 이루어지기보다는, 선구자들의 기록 등을 참조하면서 사색과 명상에 의존할 수밖에 없었기 때문이다. 그러면서 그들은 자신들이 모르는 사이에 그들의 집단무의식을 활성화시키면서 그들의 심층에 있던 원형들에 다다랐고, 그렇게 퇴행된 연금술사들의 마음이 원형들에 투사되었다. 따라서 연금술의 전 과정은 바로 연금술사들의 무의식이 투사되는 과정이었다.

한편 융은 이러한 연금술의 과정이 바로 정신 치료에서 환자-의사 관계에서 경험하게 되는 전이 과정과 동일함을 발견했다. 이 두 과정이 왜 같은 현상을 불러일으키는 것일까? 무의식의 내용이란 그 속성상 의

---

25 Ibid., 190.

식이 직접적으로 알 수 없는 것들이다. 인간이 신을 알 수 없듯이 유한한 의식은 무한한 무의식을 알 수 없다. 그러면서도 의식과 무의식은 한 주체를 형성하고 있는 안과 밖의 요소들이기에 떼려야 뗄 수 없는 것들이다. 그러므로 둘 사이에는 어떤 형태로든지 교류가 일어날 수밖에 없다. 그런 교류가 바로 '투사'를 통해서 일어나는데, 투사란 인간의 모든 관계의 기본을 이루는 기전이다. 누구나 아무 이유 없이 너무 지나치게 좋은 사람과 싫은 사람이 있음을 경험하는데, 그런 것들은 우리의 무의식이 그들에게 투사되었기 때문에 일어나는 현상이다. 즉 나의 부정적인 속성이 투사된 타인은 괜히 싫은 사람이 되고, 긍정적인 속성이 투사된 타인은 특별히 좋은 사람이 된다. 이렇게 투사된 것들 중 어떤 것들은 한 개인에게 속한 것임을 인식하고 나중에 그 개인에게로 되돌아가지만, 그 밖의 것들은 그 개인의 밖에 있는 특정한 인물(의사, 지도자, 혹은 가족들)에게 전이된다.

전이가 어떤 사람의 무의식이 특정한 인물에게 투사되는 현상이라고 한다면, 투사와 전이가 유사함을 알 수 있다. 또한 전이는 환자-의사 사이의 라포(rapport)를 형성하는 데도 주요하게 작용하는 현상이다. 그러니까 전이란 곧 무의식의 내용이 의식의 세계로 들어올 수 있게 도와주는 한 방편인 셈이다. 그렇기 때문에 우리는 오로지 인간관계 사이에서 일어나는 전이 현상을 통해서만 우리 자신의 무의식을 볼 수 있다. 그렇다면 연금술사가 여러 비밀스러운 방법들을 시행할 때 그려두었던 심상들은 바로 그들의 무의식이 투사된 그림들이다. 비밀스러운 방법들이 그들의 무의식을 활성화시켰기 때문이다. 반면에 정신 치료 상황에서도 시작부터 환자와 의사의 무의식이 활성화되기 시작한다. 환자는 자신의 무의식을 자연스럽게 의사에게 투사하게 되고, 의사도 환자에게 그의 무의식을 투사하게 된다. 둘 사이에서 전이가 일어나는 것이다. 연금술이나 정신 치료나 그 과정에서 중요한 것은 바로 어떤 대상에게 자신의 무의식을 점차적으로 투사(전이)해간다는 점이다. 다만 그 상대가 살아 있는 인간인가, 아니면 명상을 통한 심상의 표출인가만 다를 뿐이다.

더욱이 연금술과 정신 치료 과정이 동일하다고 주장할 수 있는 또 다른 근거는 전이의 내용이 유사하다는 데에 있다. 연금술에서 가장 중요한 화두는 '신비적 결혼'(mystic marriage)이다. 그리고 정신 치료에서 중요한 내용은 에로스적인 측면으로 거의 언제나 성적인 성질을 나타낸다. 그것은 곧 근친상간적 성향을 말한다. 이러한 속성이 프로이트가 근친상간설을 주장하는 계기가 되었다. 예컨대 이는 아버지-딸, 어머니-아들, 형제-자매 등의 형태를 말한다. 이것은 가족이 아닌 의사 혹은 타인에게도 고스란히 전이되어 그들의 관계를 왜곡시킴으로 괴로움을 주거나 비현실적인 친밀감에 사로잡히게 만든다. 결국 이것은 양측에서 저항과 회의를 일으킨다.[26]

어떻든 신비적 결혼과 근친상간적 결합은 물론 상반된 두 개의 대극이 하나로 합쳐지는 융합을 의미한다. 융은 융합을 인간의 내면에 본래부터 있는 상이라고 보았다. 그렇기 때문에 그것은 본능적이고 비-개인적이다. 즉 융합이란 하나의 신화소인 대극 합일의 원형으로서, 각 개인 속에 있든, 모든 사람들 속에 있든 간에 모두 똑같은 상을 이끌어낸다고 보았다.[27] 그렇기 때문에 연금술에서의 투사(전이)나, 정신 치료에서의 전이나 동일할 수밖에 없다. 융이「현자의 장미원」을 해석해나가면서,

---

26 C. G. Jung, *The Psychology of the Transference*, CW 16. par. 368.
27 Ibid., par. 354.

동시에 치료 환경에서 어떻게 전이가 형성되고 해소되는지를 우리들에게 보여주려는 이유가 바로 여기에 있다.

융은 전이가 정신 치료 과정에서 핵심 요소임은 틀림없으나, 그것의 해소가 그리 간단한 문제가 아님을 알았다. 그리고 그 중요성은 절대적인 것이 아니라 상대적인 것임을 깨달았다. 다시 말해서 전이가 어떤 사람에게는 치료약이지만 다른 사람에게는 완전히 독으로 작용할 수도 있다는 말이다. 그러니까 전이의 출현이 어떤 사람에게서는 좋은 방향으로의 전환을 의미하지만, 다른 사람에게서는 그것을 방해하고 더욱더 악화시킬 수도 있다. 게다가 제3의 경우엔 그것이 별로 중요하지 않을 수도 있다. 일반적으로 말해서, 전이란 대부분 온갖 다양한 색깔로 변화하는 중대한 현상(critical phenomenon)이며, 전이가 있거나 없거나 둘 다 모두 중요한 의미를 가진다고 융은 보았다.[28]

그렇기는 해도 전이의 해소가 치료적 힘을 발휘하려면 환자의 자아가 좀 더 깊은 무의식, 곧 집단무의식을 만나야 하고 그것을 인식해야만 한다는 것이 융의 일관된 견해다. 그리고 그는 그 과정이 충분히 자연스럽게 진행되었을 때 치유 혹은 변환이 일어난다고 보았다. 이러한 일련의 과정이 바로 「현자의 장미원」에 있는 열 장의 그림에 상징적으로 표현되어 있음을 융은 발견하고 『전이의 심리학』이라는 제목을 붙였을 것으로 추측된다. 물론 여기서 전개되는 전 과정을 곧 개성화 과정으로 볼 수도 있음을 여러분은 눈치 챘을 것이다.

---

28 Ibid., forward, 164.

1. 메르쿠리우스의 샘

[원질료] 열 장의 그림 중에서 첫 번째 그림인 〈그림 7〉은 근본적으로 연금술의 방법과 철학을 묘사하고 있다. 연금술에서는 실험을 통해 물질 속에 내재하고 있는 원질료(*prima materia*, 최초의 물질, 원질료, 제1의 물질)를 체험적으로 발견하는 것이 연금술사들의 본질적인 작업이었다. 이 원질료를 찾으려고 한 이유는 그것이 근본적 원물질이라서 창조 전부터 존재하며 창조 후에는 모든 것들 속에 존재하는, 모든 물질의 어머니이기 때문이다. 현실에서 그것은 음과 양을, 여성과 남성을 모두 포함하고 있어서 언제나 변용될 가능성이 있는 것이기도 하다. 그러므로 그것은 활성적 존재다. 그것은 곧 하늘이자 땅이기 때문에 자연혼이기도 하고 신적 특성을 가진 존재이기도 하다. 그러므로 연금술의 핵심 주제는 그런 양쪽 속성을 가지고 있는 물질을 융합하는 것이다. 즉 대극의 합일이 핵심 주제다.[29]

중세의 연금술에서 가장 잘 알려진 원질료는 라틴어로 메르쿠리우스(*Mercurius*)다. 이것은 그리스어로는 헤르메스(*Hermes*)이고, 영어로는 머큐리(Mercury)다. 그리스 신화에 의하면 헤르메스는 신들의 사자(使者, messenger), 과학·웅변·상업 등의 신이다. 헤르메스의 속성이 사자, 즉 메신저라는 것은 그것이 양성적이라서 위와 아래를, 양과 음을, 혹은 남성과 여성을 아우르고 있음을 보여준다. 또한 메르쿠리우스는 수은이다. 수은은 액체이기도 하고 고체이기도 한 물질이므로 역시 메르쿠리우스

---

29 이유경, 「서양 중세 연금술에서의 '안트로포스 Anthropos'」, 『심성연구』, 13:(1). (1998), 29.

의 속성을 잘 대변한다. 이러한 메르쿠리우스의 속성을 〈그림 7〉이 자세히 보여준다.

<그림 7>

[둥근 물받이] 우선 둥근 물받이를 보자. 그것은 헤르메스의 그릇이며 변환이 일어나는 곳으로, 여성의 자궁이기도 하다. 물받이가 원형인 것은 사각형이 서로 갈라져서 적대적인 상황을 상징하는 데 반해, 그러한 상

황을 둥근 것 속에서 융합해낸다는 의미다.³⁰ 이제 변환이 시작될 수 있는 바탕이 마련되었다.

[4개의 육각별] 그다음 그 속에서 일어나는 변환은 혼돈의 상태를 나타내는 분리된 4원소로부터 시작한다. 이것은 그리스인들이 익히 알고 있었던 변환 과정의 4분법(the tetrameria of the transforming process)이다. 이것의 상징이 〈그림 7〉의 사방 끝에 각각 그려져 있는 4개의 육각의 별이다.³¹ 이 네 원소들은 처음에 두 증기로부터 유래되었다는 옛 관념들이 있다. 최초에 연기와 같은 증기(a smoky vapor)와 물과 같은 증기(a watery vapor)가 있었는데, 연기 같은 증기가 둘로 나뉘어 땅과 공기가 되었고, 물 같은 증기가 둘로 나뉘어 불과 물이 되었다. 그 두 증기는 뱀으로부터 뿜어져 나오고 있다. 그리고 그때 각각의 코너에 4개의 육각의 별이 생겨난다.³² 또한 〈그림 7〉을 에워싸고 있는 뱀과 연기들은 메르쿠리우스의 순환의 성질을 보여준다. 그릇에서 솟아오르는 메르쿠리우스의 샘이 다시 그릇으로 되돌아와 떨어지는 것을 나타내는 그림도 똑같이 순환하는 메르쿠리우스의 본질적 성질을 보여준다. 이것은 메르쿠리우스가 자기 자신을 잉태시키고, 삼키고 다시 잉태시키는 뱀이라는 의미다.³³

---

30 C. G. Jung, *The Psychology of the Transference*, CW 16., par. 402(융 기본저작집 3, 『인격과 전이』, 214-216).
31 Ibid., par. 404(Ibid., 218).
32 E. F. Edinger, *The Mystery of The Coniunctio* (Inner City Books, Toronto, Canada, 1994), 40.
33 C. G. Jung, *The psychology of the Transference*, CW 16., par. 409(융 기본저작집 3, 『인격과 전이』, 222).

[마리아의 공리] 4는 이내 3으로 나아가는데, 그것의 상징이 메르쿠리우스 샘으로 물을 떨구고 있는 3개의 관이다. 여기서 3이란 무기물의 세계, 유기물의 세계 그리고 영적 세계 안에서 메르쿠리우스가 표명되는 3가지 형태를 말하고 메르쿠리우스의 표명 정도에 따라 다음 단계로 상승한다. 그다음 3은 2로 나아간다. 이것의 상징이 태양과 달의 형태다. 이것들은 고귀한 보석들인 황금과 은이기도 하고, 또한 사랑으로 여러 요소의 다툼을 극복할 수 있는 신들의 광채이기도 하다. 그리고 마지막으로 2는 다시 1이 된다. 이것은 제5원소, 영원한 물, 현자의 돌로 상징되는 하나이며 나눌 수 없는 성질이다. 이것을 상징적으로 나타내고 있는 것이 태양과 달 사이에 그려져 있는 육각의 별이다. 이렇게 4에서 3, 2, 1로 진행되는 방식을 마리아의 공리(axiom of Maria)라고 한다. 이것은 연금술 전체를 통해 일관되게 이어지는 법칙이다.[34]

[정신의 토대는 무의식] 〈그림 7〉의 이미지들은 우주적(별, 태양, 달), 비유기체적(4요소들과 증기들), 그리고 파충류로 그려진다. 이것은 인간 정신의 토대가 무엇인지를 보여준다. 그것은 자연이다. 즉 그 주위에 인간은 없다. 자연은 포유류도 아니다. 자연은 따뜻한 피를 가진 우리와 연결되어 있지도 않다. 파충류가 의미하듯이 그것은 냉혈이고 비열하기까지 하다. 여기서 보이는 전체적인 이미지는 바로 분석의 마지막 산물과도 같다. 그러나 보통 그것은 처음에는 전혀 보이지 않는다.[35]

---

34 Ibid., par. 404(Ibid., 218).
35 E. F. Edinger, *The Mystery of The Coniunctio*, 42.

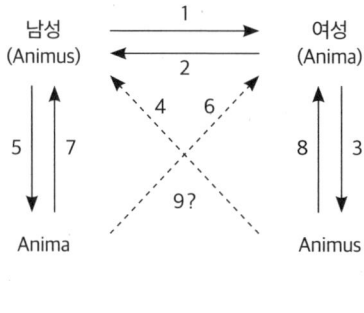

<그림 7-1>

[그로스벡의 구조로 이해하기] 이것을 앞서 봤던 그로스벡의 구조의 틀을 응용해서 〈그림 7-1〉처럼 그려보면 좀 더 쉽게 이해할 수 있다.[36] 그로스벡은 분석 중 일어나는 투사의 생성과 철회를 보기 위한 구조의 틀을 소개했다. 분석 상황에서의 전이는 주로 각각의 아니마와 아니무스가 상대에게 투사됨으로써 형성되기 때문에 분석의 시작을 〈그림 7-1〉처럼 그릴 수 있다. 여기서 남성, 여성이란 특정한 인물을 말하는 것이 아니고 남성은 남성성, 여성은 여성성을 일컫는다. 의식의 차원에서 치유자와 환자는 남성성과 여성성으로 만난다(1,2). 그러나 그 이면에서는 여성의 아니무스가 남성에게 잠재적으로 투사를 준비하고 있고('남성' 단어 아래 괄호 속 Animus), 똑같이 남성의 아니마가 여성에게 잠재적으로 투사를 준비하고 있다('여성' 단어 아래 괄호 속 Anima). 남성과 여성은 알게 모르게 그 자신의 집단무의식인 아니마·아니무스와 각각 교류하고 있다(5,7과 8,3). 각각의 집단무의식인 아니마와 아니무스는 아직 투사되고 있지는 않다(4,6과 9). 정신 치료의 기본 구조는 이렇게 형성되어서 시작된다.

---

36 그로스벡의 구조로 그려지는 모든 그림은 전적으로 저자의 주관적 견해임.

2. 왕과 왕비

[근친상간 대극의 탄생] 첫 번째 그림에서 우리는 연금술의 총론을 보듯 메르쿠리우스의 속성을 한눈에 볼 수 있었다. 그리고 〈그림 8〉에서 비로소 둘로 나뉘고 있다. 왕과 왕비는 각각 얼굴을 맞대고 있다. 이 면전은 제3의 동기인 비둘기의 매개에 의해 이루어진다. 그러므로 〈그림 7〉과 비교해서 이것은 어둠에서 빛이 분화되어 나오는 첫 창조 행위에 걸맞은 분리(separatio)를 나타낸다. 분리는 아주 빈번한 창조신화의 테마다. 즉 태초에 모든 것들이 혼돈된 혼합 구성물로 있었고, 그때 어떤 신성한 개입(a divine intervention)이 일어나면서 하늘로부터 땅이 갈라져 나온다. 여기서는 달로부터 태양이 나뉜다. 분리의 창조 행위는 의식이 태어남을 의미하고 의식은 인류를 의미한다. 그러므로 〈그림 8〉에서 우리는 처음으로 인간성(humanity)의 출현을 본다. 그러나 그들은 평범한 인간이 아니다. 아직 인성이 없다. 그들은 각각의 개인이라기보다 원형적 독립체들(archetypal entities)이다. 그들을 두 측면에서 볼 수 있다. 첫째는 그들이 해와 달 위에 서 있다는 것이고, 둘째는 그들이 왕족이라는 것이다. 우선 두 번째 측면의 왕족이라는 것은 신성혼의 상징일 수 있다.

첫 번째 측면을 좀 길게 설명하면 이렇다. 즉 해와 달 위에 있다는 것은 연금술적 상징에서는 대극의 한 쌍을 나타낸다.[37] 이러한 대극 쌍에는 신랑과 신부 혹은 아폴로와 디아나(Apollo and Diana)[38]의 남매 관계에

---

37 Ibid., 44.
38 그리스 신화에서 제우스의 연인 레토(Leto)가 낳은 쌍둥이 남매, 아폴론과 아르테미스와 동일하다. 로마 신화의 아폴로는 태양의 신, 디아나는 달의 신이다. 디아나는 그녀의 쌍둥이 남동생인 아폴로를 사랑해서 다른 신들이나 남자들에 무관심했다.

<그림 8>

서처럼 근친상간적 동기가 숨어 있다. 이것은 연금술사들이 자연에 자신들을 내어 맡긴 채 명상에 잠겼을 때 근친상간적 요소를 내포하고 있는 왕과 왕비의 모습이 도출된 것인데, 그것은 결코 인위적이지 않고 자연스러운 현상이었다. 그러므로 사실 연금술사들이 찾고 있던 융합은 합법적인 합일이 될 수 없고 일찍부터 언제나 근친상간적일 수밖에 없었다. 따라서 이 콤플렉스를 둘러싼 두려움, 즉 근친상간 공포는 전형적

이고 이미 프로이트에 의해 강조되었다.[39]

[근친상간적 전이] 근친상간의 공포는 어떤 면에서는 전이가 만들어지고 해소되는 과정, 즉 무의식이 의식화되는 과정을 촉발시키는 에너지다. 〈그림 8〉은 그러한 과정을 잘 묘사해주고 있다. 우선 근친상간적 전이가 어떻게 시작되고 있는지 보기로 하자. 마음속에 두 존재가 생성되었다. 이것은 각각 태양과 달 위에 있다. 이것으로 미루어봐도 태양 위의 왕은 의식이고, 달 위의 왕비는 무의식을 상징한다. 의식의 중심에는 또한 자아가 자리함으로 왕은 곧 자아를 의미하기도 한다. 이들(의식과 무의식)의 만남은 둘의 궁정풍의 옷차림으로 봐서 아직 격식을 갖춰야 하듯이 멀다. 그리고 그것은 왼손을 잡고 있는 것으로 봐서 우연이 아니고 의도적이다. 의식과 무의식의 만남은 일상적으로 흔하게 발현되는 것이 아니기 때문이다. 이것은 개인 차원의 개성화 과정의 시작으로 볼 수도 있겠지만, 근친상간적 관계라는 것 자체가 무의식적 수준에서 나타나는 이미지이기 때문에 집단무의식 수준으로 보는 것이 타당하다. 다시 말해서 둘의 관계에서 앞서 보았던 전이의 여섯 가지 형태 중, 의사의 무의식 대 환자의 무의식인 a′와 b′쌍의 전이가 중심을 이루는 것이다. 더러 의사의 의식 대 환자의 무의식인 a와 b′ 혹은 의사의 무의식 대 환자의 의식인 a′와 b쌍의 전이는 부차적일 뿐이다.

[왼손의 만남] 왼쪽(sinister)은 그 의미상 어둡고 무의식적이며, 불길하

---

39 C. G. Jung, *The psychology of the Transference*, CW 16., par. 415(융 기본저작집 3, 『인격과 전이』, 227).

고 서툴다. 그러므로 왼손의 만남은 두 무의식적 참가자(two unconscious players)가 접촉할 것임을 가리킨다. 위에서 언급했듯이 의사의 무의식과 환자의 무의식 쌍(the a′ to b′ couple)이 만나는 순간을 보여주고 있다는 말이다. 이것은 둘이 같이 만드는 불합리한 인식(irrational recognition)의 수태적 순간(a pregnant moment of irrational recognition)을 시사한다. 즉 무의식에서 대극의 합일이 일어날 것이라는 암시를 말한다. 이런 순간은 낯설지만 신뢰할 만한 존재에게 마음의 문을 여는 것으로 마치 비범하고 놀랍게 느껴졌던 것이다. 그 신뢰할 만한 존재는 증거나 증명, 즉 편안한 익숙함, 확신 같은 것 없이 인정한 그런 존재다. 그것은 매우 크지만 숨겨진, 원형적 환상들과 합일에 대한 엄청난 동경이 가득한 투사의 순간이다. 또한 이 순간은 초월적인 속성을 가진다. 〈그림 8〉에서 한 마리의 비둘기가 왼손 악수를 하고 있는 왕과 왕비 사이의 관계를 축복하면서 합류함으로 그것을 표시하고 있다. 이런 초월적 표시는 치료 환경에서는 인상 깊게 남는 상징적인 첫 꿈 또는 동시성적 사건(a synchronistic event)으로 나타날 수 있다.[40]

[근친상간 이미지가 신성혼 이미지와 동일한 이유] 근친상간적 전이 관계의 이미지는 두 무의식적 참가자가 접촉할 때 보편적으로 일어나는 정신 현상이고, 그것은 무의식적 합일에 이르는 관문이며 결과적으로 변환에 이르게 하는 힘을 갖는다. 그러나 그 과정은 쉽지 않고 흔히 발생하지 않기 때문에 신성혼과 같은 이미지로 인류의 정신사 속에 잔존하고 있다.

---

40 Murray Stein, *Transformation, Emergence of the Self* (Texas A&M University Press, College Station, 1998), 86.

근친상간의 이미지와 신성혼의 이미지 간의 관계를 융의 언어로 들어보기로 하자.

왕과 왕비가 서로 교차적으로 연금술사와 신비한 누이동생의 이성적(異性的)인 무의식을 나타낸다는 사실은 복잡한 전이 관계를 암시한다. 이렇게 교차되는 전이 관계가 민간전승에서 '결혼 4위'(marriage quaternio)라고 부른 교차 결혼의 원형으로 발견된다. 옛날에는 동족결혼 관계로서의 근친상간은 가족을 서로 결속시키는 데 일조하는 리비도의 표현이었고, 이것을 '친족 리비도'(kinship libido)라고 한다.[41] 그러나 인류는 종족의 안전과 발전을 위해 근친상간을 금지하고 족외혼을 권장하면서 문화의 발전을 이루어왔다. 그러므로 근친상간은 원칙적으로 금기시되었다. 금기가 강하면 강할수록 아니마의 투사는 동족에서 일어나는 것이 아니라 이족에서 일어난다. 이것의 중간 단계가 사촌 간-교차결혼(cross-cousin marriage)으로 나타났다. 이 과정은 사회가 복잡해지면 질수록 4분할에서 8분할, 12분할 등으로 발전해나갔다.

결혼의 형태가 이족으로 향하면 향할수록, 한편 인간의 족내혼적(근친상간적) 성향이 강하게 억압되어감은 당연한 이치다. 그러면 이러한 억압은 또 다른 새로운 반격을 자극하게 된다. 다시 말해서 어떤 본능적인 힘, 즉 어떤 양의 정신적 에너지가 의식의 일방적인(족외혼적인) 자세에 의해 뒤편으로 내몰리게 되면 언제나 일종의 인격해리가 일어난다. 한 가지 방향(족외혼적인)을 지닌 의식적 인격에 대하여 하나의 무의식적인 다른(족내혼적) 인격이 출현한다는 말이다. 그리고 족내혼적 인격은

41　C. G. Jung, *The psychology of the Transference*, CW 16., par. 431(융 기본저작집 3, 『인격과 전이』, 239).

무의식적이기 때문에 낯설게 느껴져서 투사된 형태로 나타난다. 따라서 그것은 다른 사람들에게는 허용되지 않는 것을 할 수 있는, 힘 있는 인간의 형상에 투사된다. 그렇기 때문에 근친상간적 무의식은 왕이나 영주라는 형상으로 나타나는 것이다. 한걸음 더 나아가 고대 이집트인들의 수많은 사례에서 보면 이 근친상간적 특권은 점차적으로 신들에게로 옮겨가서 급기야 근친상간적 신성혼(hierosgamos)에 이른다. 이처럼 내면화된 족내혼적 세력은 영적 목적을 내포하는 데까지 이른다. 문명화된 민족들의 종교에서 이러한 근친상간적 신성혼의 관념은 흔하게 나타난다. 예컨대 그리스도와 교회, 신랑과 신부, 아가서의 신비주의 등이 그것들이다.[42]

[교차 결혼의 심리학적 관점] 이제는 교차 결혼에서부터 심리학적 관점을 추적해보자. 우리는 교차 결혼 때의 관계의 얽힘이 전이 문제를 나타내고 있음을 볼 수 있다. 이때는 교차 결혼의 문제가 퇴행하여 우리 내면의 아니마와 아니무스의 문제로 투사된다. 그러므로 남녀 각각의 내면의 무의식이 교차 투사된 이 아니마와 아니무스는 집단 결혼 시대의 원초적 관계를 형성하려 한다. 또다시 근친상간적 세력의 문제에 봉착하게 된다는 말이다. 그러나 이때 근친상간적 욕구가 실제의 가족 내 여인들(어머니나 누이 혹은 누나)을 향한 욕망이 아니라 자신의 내면의 문제임을 알아서 내적 결합을 지향하게 되면 영적 결혼이라는, 밖으로 투사되지 않은 내적 체험을 하게 된다. 이때의 영적 결혼은 물론 꿈에서 오래전부터 넷으로 나누어진 만다라로 표현되며, 개성화 과정의 목표인 자기

---

42 Ibid., par. 438(Ibid., 245).

를 의미하는 것 같다.⁴³

[근친상간의 의미]   그러므로 근친상간은 자기 고유의 존재와의 합일, 개성화, 또는 자기화를 상징한다. 이것을 상징적으로 보여주는 것이 왕과 왕비, 그리고 비둘기가 서로 교차하는 꽃을 들고 있는 그림이다. 다시 말해서 왼쪽 손을 잡고 있는 것이 어두운 근친상간적 관계를 나타낸다면, 오른손이 그것의 어두움을 보상한다. 오른손은 다섯(4+1) 개의 꽃으로 이루어진 형상을 들고 있다. 왕과 왕비가 들고 있는 각각 두 개의 꽃들은 네 원소를 가리킨다. 그리고 높은 곳 제5의 별에서 내려오는 성령의 비둘기가 다섯 번째 꽃을 물고 있다. 이것은 연금술 작업의 재요약이다.

[비둘기의 의미]   비둘기는 여기서 매우 흥미로운 현상이다. 비둘기가 일련의 전체 드라마 속에서 선동자 역할을 하고 있는 것은 명백하다. 비둘기는 두 개의 주요 상징이다. 하나는 성령이고 다른 하나는 아프로디테(Aphrodite)의 비둘기다. 그러므로 두 개의 상징적으로 다른 양상이 하나의 역설적 이미지(paradoxical image) 안에 같이 놓여 있다. 아프로디테의 설득과 성령의 설득은 보통 동일하게 생각되지는 않지만, 그것들은 지금 서로 통합되어 있다. 심리학적으로 이것은 융합(coniunctio)의 시작이 열렬한 욕망에 의해 출발한다는 것을 의미할 수 있다. 아프로디테는 욕망의 어머니이기 때문이다. 그리고 이 욕망은 동시에 성령의 수태고지다. 비둘기가 별로부터 내려온다는 것은 그것이 초개인적 혹은 우주

---

43   Ibid., par. 442(Ibid., 249).

적 자기(Self)로부터 내려오는 매개자임을 나타낸다.[44]

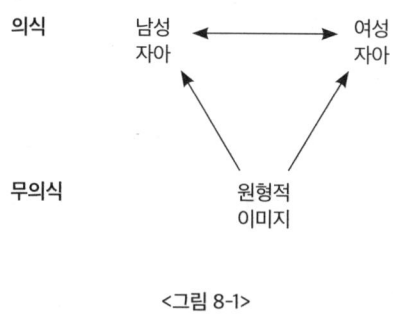

<그림 8-1>

[그로스벡의 구조로 이해하기] 정신 치료 과정에서 치료가 활성화되기 시작하는 것은 환자의 (집단)무의식에 관심이 가기 시작할 때다. 이것이 인식되려면 우선 둘 사이에 신뢰감이 형성된 다음 서로의 자아가 깨어나야 한다. 의식의 집중이 있어야 집단무의식의 낌새를 알아차릴 수 있기 때문이다. 천지창조 설화에서 태초에 신성이 개입하여 하늘로부터 땅이 갈라져 나오고 여기서부터 달로부터 태양이 갈라져 나온다. 그리고 태양 위에는 왕이, 달 위에는 왕비가 탄생한다. 이것은 의식이 태어남을 의미한다. 즉 정신 치료 과정에서는 각각의 자아가 의식을 일깨움과 비슷하다. 이렇게 깨어난 의식은 끊임없이 환자의 집단무의식인 원형적 이미지에 집중한다. 그런데 그 원형적 이미지는 좀 더 정확하게 말한다면 둘 사이에 있는 것이고, 따라서 둘 모두에게 있는 것이다. 그렇기 때문에 거기서 둘의 무의식적 탐구의 에너지가 분출되고 있음을 본능적으로 너

---

44 E. F. Edinger, *The Mystery of The Coniunctio*, 44-47.

무도 잘 알고 있다. 그 원형적 이미지는 연금술에서는 근친상간적 이미지이고, 그로스벡의 구조에서는 상처 입은 치유자의 이미지이며, 지금 우리가 응용하고 있는 장면에서는 융합의 이미지다. 이것의 이름은 각기 달라도 그 내용은 동일하다. 융합의 이미지가 곧 우리의 중심인 '자기실현' 이미지와 같다면 이 세 가지는 모두 '자기실현'을 나타내는 이미지다. 그러나 지금 수준에서는 어떤 이미지도 뚜렷하지는 않다. 다만 거기 어딘가에 무의식적 원형 이미지가 있는 것이다. 〈그림 8-1〉에서 원형적 이미지는 남성의 자아와 여성의 자아에 동시적으로 자신을 보도록 유혹한다. 그러나 아직 아무것도 동요되지 않고 있다. 이런 기본적인 역동 구조가 받아들여지면 둘 사이에서 비로소 무의식의 탐구가 활성화되기 시작한다.

3. 벌거벗은 진실

[꽃] 〈그림 9〉에서는 우선 눈에 띄는 꽃부터 보기로 하자. 꽃은 융합, 즉 대극의 합일로 나아가게 하는 동기적 에너지(motivating energy)를 에로틱한 양상으로 표현하는 것이다. 일반적으로 꽃은 꿈에서 두 가지 주요한 관점을 나타낸다. 하나는 꽃이 자연스럽게 만다라 모양을 하고 있어서 종종 만다라의 이미지를 보인다. 다른 하나는 꽃이란 마음을 끄는 아름다움과 유혹의 표명이다. 꽃은 피조물을 유혹해서 그 자신의 목적을 달성하려 한다. 여기서의 꽃은 물론 만다라를 의미하기보다는 유혹하는 꽃으로 보인다. 그러므로 심리학적 관점에서 이것은 개성화 과정으로 자아를 유혹하기 위해 무의식이 자아를 잡을 때 쓰는 아름다운 미끼를 나타내는 꽃으로 보인다.[45]

<그림 9>

[영적 차원의 근친상간] 〈그림 8〉에서 설명했듯이 근친상간을 대표적으로 상징하는 것이 왕과 왕비의 형상이다. 그리고 근친상간은 실질적인 남녀관계를 의미하는 것이 아니라 자기 고유의 존재와의 합일, 개성화(자기화)를 상징한다. 이러한 〈그림 8〉의 생각이 〈그림 9〉에서 더욱 분

---

45 Ibid., 50.

명하게 표현되고 있다. 물론 태양과 달이라는 형상은 남매를 상징한다. 그러므로 위의 왕과 왕비의 관계는 세속적 사랑처럼 보인다. 그러나 왕과 왕비의 머리 위에 리본처럼 꼬이게 그려져 있는 테이프 같은 것 안에 쓰여 있는 글을 보면 그렇지가 않다. 그 글에서 태양은, "오 달이여, 당신의 남편이 되게 하여 주시오"라고 말하고, 달은 "오 태양이여, 당신의 뜻을 따르리다"라고 말한다. 그러나 비둘기 위에 있는 글은 다음과 같다. "하나로 합치게 만드는 것은 영(靈)이다." 또 다른 판에서는 "생명을 주는 것은 영이다." 이 비둘기 위의 말이 결정적인데, 그것은 마치 에로스와 같은 벌거벗은 왕과 왕비의 관계는 그런 것이 아니라는 항변이다. 즉 이 그림은 실제의 근친상간적 이미지를 나타내는 것이 아니라 영적인 차원에서의 융합이어야 함을 강조한다.[46] 〈그림 8〉에서 왼손을 서로 잡고 있던 모습이 〈그림 9〉에서는 없어지고, 다른 짝의 변형이 생겼다. 〈그림 8〉에서 왼손을 잡고 있음은 마음속에 생성된 두 존재가 의도적으로 만나려 하고 있음을 보여준다고 해석하였다. 왼쪽은 어둡고 불길한 것, 즉 무의식적 관계를 의미함으로 근친상간적 의미를 두드러지게 했다. 지금 바로 그런 근친상간적 의미가 오로지 영적 차원의 융합, 즉 개성화를 나타낸다면 왕과 왕비의 내면적 관계는 바뀔 수밖에 없다. 그렇게 변형되어나감을 〈그림 9〉에서는 명확하게 보여준다.

[왼손과 오른손의 교차의 의미]   이제 서로는 각각의 왼손을 잡고 있기보다 왼손과 오른손을 서로 교차하여 줄기와 꽃들을 잡고 있다. 이제 왕과 왕

---

46   C. G. Jung, *The psychology of the Transference*, CW 16., par. 451(융 기본저작집 3, 『인격과 전이』, 254-256).

비 사이가 어둡고 불길한 무의식적 관계에서 벗어나고 있다. 다시 말해서 〈그림 8〉에서는 무의식적 충동으로 나타났던 것이 〈그림 9〉에서는 의식적 결심으로 변하고 있다. 즉 무의식의 의식화가 일어나고 있다는 말이다. 이제 거기서 부분적 융합이 일어나기 시작했다. 그것을 보여주는 그림이 바로 〈그림 8〉에서는 둘로 나뉘어 4위를 표시하고 있던 꽃잎들이 서로 융합하여 각각 한 개의 꽃잎으로 바뀐 점이다. 마리아의 공리에 따라 기본적인 4위성은 능동적인 3위성으로 변했다. 이것은 사실상 앞으로 둘의 융합을 준비하게 하는 표식이다.[47]

[〈그림 8〉에 있던 육각의 별이 사라짐] 〈그림 8〉의 비둘기 위에 있던 육각의 별이 〈그림 9〉에서는 사라졌다. 〈그림 7〉과 〈그림 8〉에서의 육각의 별은 하늘에서 내려온 것이었는데 그것이 〈그림 9〉에서 태양과 달 사이에 배열되었다. 이것은 신성의 육화에 해당한다. 즉 개인 초월적 내용이 둘 사이로 하강한 것이다. 이것은 하나님의 형상이 인간 영역으로 내려왔다고 말할 수 있다.[48]

[벌거벗음의 의미] 〈그림 9〉의 왕과 왕비가 들고 있는 꽃가지들이 융합을 준비하는 의미를 내포한다면, 정작 벌거벗고 있는 그들은 무엇을 의미할까? 옷은 인습적인 것들을 의미한다. 그런 옷을 벗어던졌다는 것은 거짓된 껍데기를 제거한 것이므로 진실과의 대면을 형상화한 것이다. 이전의 인습적인 것들이란 그림자들이므로 벌거벗음은 그림자가 의식화

---

47 Ibid., par. 451(Ibid., 257).
48 E. F. Edinger, *The Mystery of The Coniunctio*, 51–52.

되어서 자아와 통합했음을 의미한다. 이 그림을 분석가와 피분석자 간의 전이 관계로 봐도 옷을 벗었다는 것은 우선 정신 치료가 진행되면서 환자가 그의 그림자를 노출하기 시작했음을 보여준다. 그러나 이 그림에서는 한 사람만 벗고 있지 않다. 분석가도 벗고 있다. 이 장면은 분석가도 자신의 그림자를 피분석자 앞에서 벗어야 비로소 진정한 변환을 위한 치료 관계가 진행된다는 뜻일 수도 있다. 분석가가 그의 그림자를 피분석자 앞에서 노출시키면 피분석자는 어떤 반응을 보일까? 치료 관계에 어떤 변화가 일어날까? 우선 분석가가 그의 그림자를 보이는 순간 진실이 드러나는 것만은 확실하다. 치료자는 더 이상 환자의 구원자가 아니다. 권위 있는 아버지이거나 신비한 힘을 가진 신이 아니다. 이때 피분석자들은 멈칫한다. 여러 반응이 나올 수 있는데 첫 번째, 사람들은 아무 일도 일어나지 않았다는 듯이 이전의 태도로 돌아간다. 두 번째, 사람들은 분석가의 불완전함을 비난하고 그를 떠난다. 세 번째, 사람들은 지금까지 그들을 마비시켰던 투사에서 해방되는 느낌을 맛본다. 분석가는 이제 더 이상 '모든 것을 알고 있는 자'가 아니다. 그리하여 피분석자들은 분석 상황을 떠나서도 다른 사람들과 진실한 관계를 맺을 수 있는 능력을 새롭게 얻게 되어 예전보다 많이 편안해진다.[49]

이렇게 둘이 다 옷을 벗었다는 상징은 이제는 전체성에 접근할 수 있는 계기를 마련했다는 뜻이기도 하다. 여기서의 전체성이란 완전성(perfection), 즉 모든 것을 완벽하게 만드는 것이 아니라 온전성(completeness), 즉 모든 것을 갖추는 것이다. 다시 말해서 전체성이란 순도의 문제가 아니라 조화의 문제다. 전체성이란 의식만 있거나 무의식

---

49 Elie G. Humbert, 김유빈 역, 『C. G. 융』(한국심리치료연구소, 2015), 124.

만 있는 것이 아니라 의식과 무의식을 모두 다 인식하는 것이다. 따라서 그림자와의 동화를 통해서 인간은 어느 정도 신체적, 곧 육화가 된다. 육화된다는 것은 추상적인 것들이 구체화된다는 뜻이다. 다시 말해서 나의 속성이지만 밖으로 투사되어 인식하지 못했던 것들이 내 안에서 구체적으로 의식화된다는 뜻이다. 예컨대 불의를 저지르는 사람들에게 분노하던 어떤 사람이 자신의 모습 속에서 그런 불의를 관찰하고 있다면 그는 그의 그림자를 육화하고 있는 것이다. 그러므로 그동안 허구나 착각으로 치부하여 억압해왔던 원시적이거나 고태적인 정신(the primitive or archaic psyche)뿐만 아니라 동물적인 본능 양식(the animal sphere of instinct)도 이제 더 이상 억압할 필요가 없이 의식의 영역 안으로 들어온다.[50]

그림자는 떨쳐버려야 하는 성격의 못된 혹이 아니다. 그것은 우리를 불행하게 만드는 빌미를 제공하는 것처럼 느껴지지만 사실은 우리의 일부분이기 때문에 잘라버려야 하는 것이 아니라 오히려 감싸 안아야 하는 것이다. 그래서 우리 속에 걸림돌 같은 것이 있다 하더라도 별일 없이 지낼 수 있음을 경험해야 한다. 그러기 위해서는 그림자를 나의 일부분으로 인정해야 한다. 그것을 인정하면 겸손해질 수 있는 토대를 마련하게 되고 나아가서 인간 본질에 대한 두려움을 가지게 된다.

[근친상간 상황이 갖는 이점] 이러한 환경이 조성된다 하더라도 사실 벌거벗은 모습의 그림은 우리에게 친화력에 사로잡히는 착각에 빠지게 할 위

---

50 C. G. Jung, *The psychology of the Transference*, CW 16., par. 452(융 기본저작집 3, 『인격과 전이』, 257).

험을 보여주고 있다. 즉 그 상황을 친숙하게 만들어 은밀한 근친상간 상황을 실현하려는 충동을 수반한다. 근친상간의 상황은 그것이 통찰되지 못하면 못할수록 더욱 매력적이고 매혹적인 것처럼 보이는 법이다. 이러한 위험이 있다 하더라도 근친상간의 상황이 갖는 이점(利點)은 적나라한 진실(naked truth)이 드러남으로써 대화가 본질에 가까워진다는 사실과 자아가 그림자와 더 이상 이중성, 또는 분열 상태에 머물지 않고 하나의 연합체를 구성한다는 점이다. 이러한 연합은 크나큰 전진이기는 하지만 그것이 진행되면 될수록 그것들 사이에 차이가 많음이 드러나게 된다. 그렇기 때문에 이때 무의식은 이것들 사이의 간격을 좁힐 목적으로 끌어당기는 힘을 증가시킴으로써 어떻게 하든지 연합(union)하려는 욕망을 이끌어내려 한다. 이와 같은 노력이 다음 그림으로 연결된다.[51] 다시 말해서 치료자의 무의식과 환자의 무의식이 서로 적극적으로 상대에게 투사되기 시작하면서 각각의 그림자를 발견하고 있음을 우리는 볼 수 있다. 그러면서 상대에게서 보이는 단점이나 혐오스러운 것들이 내 그림자들이었음을 자각한다면 우리는 그 시점에서 작은 깨달음을 얻게 된다.

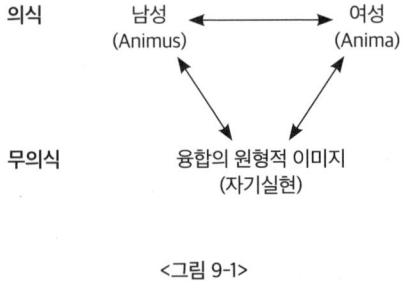

<그림 9-1>

---

51 Ibid., par. 452(Ibid., 258).

[그로스벡의 구조로 이해하기] 〈그림 9-1〉에서 '의식적 남성성'과 '여성성'은 '융합의 원형적 이미지'(자기실현)를 비로소 인식하기 시작한다. 이는 개성화를 무의식적 수준에서 의식적 수준으로 끌어올리려는 결심을 보여주고 있다. '남성'-'융합의 원형적 이미지'와, '여성'-'융합의 원형적 이미지'를 각각 잇는 선(⟵⟶)이 양방향으로 화살표가 작동하고 있음이 그것을 의미한다. 이제 무의식이 의식을 자극하고 의식 또한 무의식에 관심을 쏟기 시작했다. 이렇게 서로의 의식과 무의식이 자극받고 있다는 것은 치료자와 환자 사이의 관계가 상당히 많이 진전되었음을 의미한다. 이제 서로의 투사를 통해 각각의 무의식 안에 잠겨 있는 이성의 짝인(혹은 근친상간적 색채가 강한) 아니마·아니무스가 깨어나려 하고 있다. 다시 말해서 아니마·아니무스의 활성적 투사가 일어나려 하고 있다. 무의식의 의식화가 시작되고 있다는 말이다. 즉 집단무의식의 아니마·아니무스가 근친상간적 색채로 두각을 나타내는 것은 보다 더 적나라한 진실이 노골적으로 드러날 조짐을 보이는 것과 같다.

4. 욕조에 몸을 담그다

[욕조와 물의 의미] 〈그림 10〉에서는 새로운 주제인 욕조와 물이 나타난다. 물이라는 주제는 〈그림 7〉의 메르쿠리우스의 샘을 연상시킨다. 물은 신비한 정신적 실체인 무의식적 정신을 의미한다. 물의 대표적 상징은 바다이므로 왕과 왕비는 이제 막 바다에 빠지려 한다. 바닷속으로 몸을 담그는 것은 용해, 즉 물리적 의미의 용해를 의미한다. 동시에 심리학적으로는 문제 해결을 위해 어두운 시초의 상태인 수태한 자궁의 양수 속으로 되돌아감을 의미하기도 한다. 이것을 연금술에서도 일종의 '밤의

<그림 10>

항해' 혹은 저승으로의 하강, 귀령의 세계, 즉 저세상, 의식 저편으로의 항해라고 말한다. 따라서 이것은 무의식의 원초적 상황으로 퇴행함을 의미한다. 연금술사들은 그들의 원질료(*lapis*)가 어머니 뱃속의 아이와 같다고 암시한다.[52]

그런데 무의식으로의 침잠은 다른 관점에서 보면 성적 리비도가 아래로부터 올라와 그 두 쌍을 집어삼키고 있음을 나타내기도 한다. 그래서 여기서도 〈그림 9〉에서처럼 근친상간의 성적 환상을 경계하려는 의도를 그림의 본문에서 확실히 표명하고 있다. 그 본문에는 "왕(영)과 왕비(신체)는 혼(아니마, 사랑) 없이는 결합되지 않는다"[53]라고 쓰여 있다. 또한 그들은 물속으로 들어가고 있으면서도 아직도 성령(비둘기)에 의해 매개된 방사형 상징의 꽃나무들을 손에 쥐고 있다. 이 상징은 결합의 의미가 성적인 것이 아니라 인간의 초월적 전체성을 뜻하고 있음을 또다시 보여준다.[54]

[초월적 기능] 여기서 우리는 앞에서 말했던 정신 속의 '초월적 기능'을 다시 상기시킬 필요가 있다. 초월적 기능은 한마디로 말해서 의식과 무의식의 내용들이 서로 하나가 되려 할 때 활성화되는 기능을 이른다. "의식이 그것과는 전혀 이질적인 무의식의 내용을 어떻게 대면할 수 있을까?"라는 질문에 대하여 이 기능이 최소한의 대답을 제공한다. 의식이 한쪽으로 편중될 때 그 불균형을 보상하려고 무의식이 움직인다는 의미를 우리가 인식한다면 그때 초월적 기능이 활성화된다. 이 기능은 간단히 말해서 의식 상태에서 무의식의 흔적과 파편을 만나려는 노력이라고 말할 수 있다(보다 자세한 것은 부록의 [초월적 기능의 요약]을 참조하기 바란다). 그러므로 이 기능은 무의식의 경향과 의식의 경향으로 구성되어 있다. 이 기능을 왜 초월적이라고 하는가 하면 우리가 하나의 태도에서

---

52 Ibid., pars. 453-454(Ibid., 259-263).
53 Ibid., par. 454(Ibid., 262).
54 Ibid., par. 455(Ibid., 265).

다른 태도로 옮겨갈 때 꼭 필요한 기능이기 때문이다.

이제 이 초월적 기능이 어떻게 왕과 왕비 사이에서 작동하기 시작하는가를 그림을 통해 보기로 하자. 여기서 우리는 비둘기가 물고 있는 꽃과, 왕과 왕비가 쥐고 있는 꽃들이 서로 교차하여 만들어낸 육각의 형태를 보고 있다. 이 육각의 형태는 〈그림 8〉과 〈그림 9〉에서도 계속 봐왔던 것이다. 세 그림에서 이 형태가 어떻게 변화했는지를 잘 관찰하면 우리는 곧 우리 안의 초월적 기능이 어떻게 활성화되어가면서 의식과 무의식의 관계를 이끌어가고 있는지를 이해하게 된다. 〈그림 8〉에서의 육각의 형태는 엉성하게 형성되어 있기는 하지만, 그 육각의 이미지는 둘 사이에서 초월적 기능이 활성화되고 있음을 보여준다. 여기서 성(聖)과 속(俗)을 함께 내포하고 있는 비둘기는 육각의 별로 상징되는 제5원소, 곧 자기로부터 내려오고 있다. 〈그림 9〉에서는 이 육각의 형태가 뚜렷해진다. 초월적 기능이 확실하게 발현되고 있는 것이다. 〈그림 10〉에 와서는 육각의 형태가 왕과 왕비, 그리고 비둘기 사이에서뿐만 아니라 욕조에서도 나타나고 있다. 게다가 왕과 왕비 사이의 육각의 형태는 〈그림 9〉에서보다 더욱더 둘 사이로 가까이 내려와 있다. 이제 초월적 기능은 그들 속으로 깊이 침투해 들어가 있을 뿐만 아니라 용해의 그릇으로까지 확대되어 있다.

[자아가 상실되어갈 때의 반응] 사람들은 보통 무의식이 의식 위로 표출되려 할 때 불안해하거나 혼란스러워한다. 다시 말해서 이 그림에서처럼 의식이 무의식의 물속으로 용해되어 들어갈 때, 즉 자아가 상실되어갈 때 사람들은 여러 가지 반응을 보인다. 이런 문제를 에리히 노이만(Erich Neumann)은 「의식의 기원과 역사」(The Origins and History of Consciousness)라는 그의 논문에서 다루고 있다. 그는 태모(the Great Mother)와의 결합과 연합 현상에 대해 아주 정교하게 연구해왔다. 이때 사람들의 반응은 다음과 같이 나타난다.[55]

① 아주 미숙한 자아일 때, 사람들은 자아가 용해되어가는 상황을, 그동안 분리된 존재(separate existence)로서 고통스러웠던 경험을 제거할 축복의 기회로 삼는다. 그래서 그들은 자신의 참 모습을 찾으려 하기보다는 오히려 어머니 분수에 뛰어들어 분별적 상태를 잃어버리는 것을 축복으로 경험한다. 즉 그들은 망각의 황홀감을 경험한다. ② 자아가 좀 더 크게 확대 성장했을 경우, 자아가 용해되어간다는 것은 귀중하기도 하고 위태롭기도 한 자율적 존재(autonomous existence)가 된다는 것임을 알게 된다. 이때 분별되지 않고 용해된 상태로 되돌아간다는 두려움이 비존재의 공포(horror of non-being)로 경험된다. 그러므로 이때의 메르쿠리우스의 분수는 게걸스럽게 먹어 치우는 괴물 턱의 양상을 띤다. 다시 말해서 자아가 집어삼켜지고 만다. ③ 분리의 존재라는 가치를 충분히 알 만큼 성장한 자아는 비존재에 대한 공포를 인식하고 있기 때문에 그 공포에 휩싸이지 않는다. 의사의 무의식과 환자의 무의식의 관계(the a′ to b′ couple)로 볼 때, 이 장면은 둘의 무의식이 이제는 한 몸의 지경으로 침잠하려는 모양새다.

[양성체의 잉태] 물은 새로운 존재의 탄생을 준비하는 성수이기도 하다. 그러므로 물은 옛것을 용해시키는 죽음의 장소이기도 하고 라피스를 잉태하는 생명의 장소이기도 하다. 이러한 이중성은 자기 꼬리를 물

---

55 E. F. Edinger, *The Mystery of The Coniunctio*, 56-58.

고 끊임없이 자기를 먹고 난 후 다시 자기를 재생시키는 우로보로스(Uroboros)처럼 자기 자신을 생산해내는 힘이다. 이것은 마치 기름과 물의 관계처럼 이중적이다. 이 이중성은 메르쿠리우스의 그것과 동일하다. 그러므로 영원한 물은 메르쿠리우스의 많은 동의어 중 하나다. 이중성은 왕과 왕비에 의해서도 묘사된다.[56] 다시 말해서 정신의 기초를 이루는 표상은 반은 신체적, 반은 정신적 실체로서 연금술사들이 '자연 안에 있는 혼'이라고 부르는 것이다. 이것은 하나의 대극을 합일하는 양성적 존재다. 이것은 다른 인간과의 관계없이는 개체 안에서 결코 온전치 못하다. 남과 관계를 맺지 않은 사람은 결코 전체성을 갖지 못한다는 뜻이다. 왜냐하면 그는 오직 심혼(soul)을 통해서라야만 전체성에 도달하기 때문이다.[57]

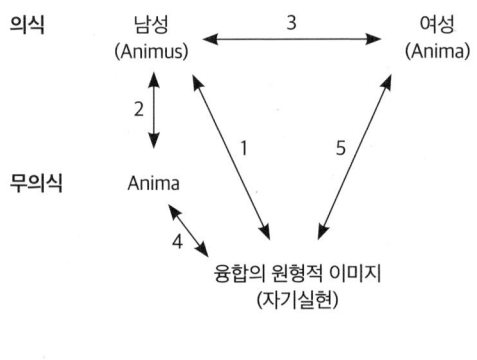

<그림 10-1>

---

56 C. G. Jung, *The psychology of the Transference*, CW 16., par. 453-454(융 기본저작집 3, 『인격과 전이』, 259-263).
57 Ibid., par. 454(Ibid., 263).

[그로스벡의 구조로 이해하기] 〈그림 10-1〉에서 남성의 아니마가 상대에게 투사되고 있다(2,4,5).

이 과정은 전적으로 무의식임을 이제 금방 눈치챌 수 있을 것이다. 이것은 또한 남성의 역전이가 일어나는 과정이다. 이 과정을 통해 남성은 상대와의 공감력이 촉진된다. 동시에 융합의 원형적 이미지가 남성의 의식에 영향을 주어서 남성의 의식과 무의식 사이에서 일어나고 있는 역전이를 점차 알아가게 된다. 그러니까 밖으로 투사된 남성의 아니마가 남성의 무의식 안의 것임을 의식할 수 있는 과정을 거치고 있는 것이다(1,2,4,5). 투사의 회수가 일어나기 시작한다는 말이다. 그러나 투사의 회수는 쉽게 일어나지 않는다. 왜냐하면 유한한 의식이 무한한 무의식을 알아가는 과정이기 때문이다. 그러므로 이것은 의식이 무의식으로 하강하지 않으면 알 수 없는 작업이다. 자아의 측면에서 보면 그것은 어머니 뱃속으로 퇴행하는 것이고, 자아가 소멸되는 듯한 느낌을 경험하는 것이다. 이때 자칫 잘못하면 자아 상실을 경험할 터이지만, 자아가 충분히 성장해 있다면 자아 상실의 공포에 휩싸이지 않고 아니마의 의식화에 성공할 것이다. 물론 이 상황에서 남성은 자신의 아니마와의 교류 중 밖으로 투사된 아니마 현상과 착각하여 여성과 동일시(2,3)하는 우를 범하면 안 된다.

5. 융합

[성교의 심리학적 의미] 바닷속에서 왕과 왕비가 결합을 하고 있다. 바다는 암흑이기 때문에 혼돈과 원초적 상태에서의 성교(*coitus*)다. 다시 말해서 무의식 상태에서의 융합이다. 이처럼 생물학적 단계의 합일은 대극

의 합일을 상징하는 최고의 표상이다. 대극의 합일은 성교처럼 실재하는 것임을 표명하고 있고, 연금술 작업이 자연의 유비가 되며 이를 통해 충동에너지가 최소한 상징적인 활동으로 이행되고 있음을 보여준다.[58]

<그림 11>

이것을 심리학적으로 보면 무의식이 의식으로 들어올 때, 그것들은

---

58 Ibid., par. 459(Ibid., 268-269).

서로 이질적 속성을 가지고 있기 때문에 혼란스럽지 않을 수 없다. 그러므로 그런 융합은 혼돈의 덩어리다. 이런 순간은 노력해서 얻으려는 목표인 것만은 틀림없지만, 결코 노력하는 대로 얻어지는 것은 아니다. 또한 융합이란 밖으로 투사되었던 나의 무의식적 모습 중 일부분이 내 안으로 침잠해 들어와서 자아와 합쳐지는 것이므로 곧 전이의 해소를 의미한다.[59] 이때의 전이의 해소는 아마도 〈그림 9〉와 〈그림 10〉에서 옷을 벗으며 경험했던 분석가에게 향했던 피분석자의 투사(그림자)의 회수와는 그 깊이가 다른 차원(집단무의식)처럼 보인다. 의도하지 않게 일어나는 융합을 성적 교섭으로 잘못 알고 있는 양심적인 의사는 정신 치료의 마지막까지 그런 융합을 방해한다.[60] 여기서 융합이라는 말의 덫에 걸리면 안 된다. 여기서의 융합이란 엄밀히 말하면 '융합의 시작'이다. 이제 비로소 의식과 무의식이 서로 얽히기 시작했다는 뜻이다. 즉 '집단무의식의 의식화'의 시작이다.

그런 과정을 연금술에서는 마리아의 공리로 이해했다. 4에서 시작된 그림은 3인 왕, 왕비, 비둘기의 상징을 거쳐 이제 비로소 둘의 결합에 이른다. 이때 주의해서 봐야 할 것은 제3의 요소인 성령(비둘기)마저 없어진 점이다. 이것은 아마도 무의식적 혼돈이 극에 달했음을 나타내려는 것 같기도 하다.

[한 몸으로 결합되지 않고 있는 융합] 〈그림 11〉은 '융합이 시작되고 있음'을 각각의 몸을 가진 성교 장면으로 묘사하고 있다. 그리고 그것이 집단

---

59 Ibid., par. 462(Ibid., 272).
60 Ibid., par. 462(Ibid., 272).

무의식의 활성화임을 명백하게 보여주는 것이 그들이 있는 장소가 사방이 꽉 막혀 있는 곳이라는 묘사다. 이 그림은 안을 들여다보기 위해 단면을 잘라낸 형태다. 완전한 암흑 상태에 그들이 있다. 그렇기 때문에 의식적으로 경험될 리가 없다. 그렇다면 무의식적으로 진행되는 융합이란 무엇일까? 그것은 욕망의 대상을 무의식적으로 끌어안는 과정일지도 모른다. 그런 경우라면 무의식의 의식화와는 거리가 멀다. 거기에선 어떤 의식도 초래되지 않는다. 다만 무의식적 만족을 경험하면서 다시 시작할 뿐이다. 말하자면 〈그림 11〉은 다시 〈그림 7〉로 환원된다. 어둠의 장막이 짙게 가로막고 있어서 〈그림 12〉로 이행하기가 쉽지 않은 상황이다.

[전이 해소를 기다림] 그렇기 때문에 치료 중 어떤 시점에 전이의 해소가 반드시 일어나지는 않는다. 전이의 해소가 일어나는 시점은 누구도 알 수 없다. 혹은 일어나지 않는 편이 나을 수도 있다. 그러므로 의사들은 자신의 지식과 능력의 한계성을 항상 잊지 말고 간직하면서 그 시기를 느긋하고 참을성 있게 기다려야 한다.[61] 어느 순간 장막이 찢어지고 창문이 열릴 때가 있다. 그때 사람들은 심리학적으로 실제로 오고 있는 것을 슬쩍 보게 된다. 그것은 대극이 어떻게 작동하고 있는지를 힐끗 보는 것을 의미한다. 일단 결정적으로 그것을 보게 되면 무서운 충격을 경험하기 시작한다. 그러면서 〈그림 7〉로 되돌아가는 순환적 정지 상태에서 벗어날 준비를 하게 된다.[62] 이때의 충격이란 자아의 죽음이다.

---

61 Ibid., par. 463(Ibid., 273-274).
62 E. F. Edinger, *The Mystery of The Coniunctio*, 62-64.

[⟨그림 12 죽음⟩으로 넘어가야 하는 이유] 무엇이 탄생하기 전에 필히 통과해야 하는 것이 바로 죽음의 과정이다. 연금술에서 태양과 달의 결합은 영혼과 육체의 결합이라고 이미 말했다. 그런 결과로 새로운 인격이 탄생한다. 그러나 그 결합은 죽음을 겪고 나야 새로운 인격을 탄생시킬 수 있다. 이때의 죽음이란 무한에 잡아먹히는 유한이다. 이런 상황을 보통 어머니와 근친상간적 관계를 한 아들의 형상으로 묘사하기도 하고, 녹색의 사자가 해를 삼키는 장면으로 표현하기도 한다. 또한 이것은 물고기에게 먹혀버린 요나처럼 괴물에게 먹혀버린 영웅의 처지이기도 하다.[63] 이것은 심리학적으로 보았을 때 자아와 집단무의식(아니마나 아니무스)과의 관계를 상징한다. 영웅을 삼키는 괴물의 장면에서 녹색의 사자는 괴물이고 영웅은 자아다. 그러니까 합일은 곧 자아와 아니마(아니무스)와의 결합인데, 자아가 집단무의식에 압도되어 집어삼켜지는 과정으로부터 시작된다는 말이다. 이러한 먹힘(자아의 죽음)이 합일의 관문이어야 함은 옛것이 죽어야 새 생명이 탄생하기 때문이다. 따라서 합일은 그런 의미에서 동시에 죽음을 수반한다. 성교(*coitus*)를 나타낸 모티브는 항상 죽음의 모티브와 함께 나타나는 현상을 자연계에서 심심치 않게 볼 수 있다.[64]

◆ ◆ ◆

⟨그림 12⟩-⟨그림 16⟩은 죽음, 분리와 혼의 상승, 그리고 혼의 되돌아

---

63 이유경, 「서양 연금술의 심리학적 의미」, 『심성연구』, 11(1,2). (1996), 47-49.
64 Ibid., 49.

음을 보여준다. 이 일련의 그림들은 융이 『융합의 신비』의 마지막 장에서 길게 논의하는 융합의 세 단계를 보여주고 있다. 융은 많은 연금술 서적의 도움과 주로 연금술사인 게르하르트 돈(Gerhard Dorn)의 도움을 받아서, 연금술의 융합이 실제로 세 단계로 이루어진다는 것을 증명했다. 여기서부터 우리는 비로소 앞서 논의했던 '의사의 무의식과 환자의 무의식 쌍'(the a′ to b′ couple)의 전이를 자세히 검증해볼 수 있다.

첫 단계는 혼과 영의 합일(the union of soul and spirit)이다. 이것은 육체와 혼이 분리됨과 동시에 일어난다. 즉 혼이 육체로부터 분리되는 작업과 그 혼이 영과 합일되는 작업이 이중적으로 일어난다는 말이다. 이 단계를 라틴어로 *unio mentalis*라고 한다. 이것은 정신적 합일(mental union)을 의미한다. 이것이 융합의 기술적 첫 단계인 혼과 영의 합일을 말한다. 〈그림 12〉와 〈그림 13〉이 이것을 보여준다. 융합의 두 번째 단계에서 혼과 영이 연합된 독립체(*unio mentalis*)는 육체와 다시 결합한다. 그때 우리는 혼, 영, 육체의 합일을 얻게 된다. 〈그림 14〉와 〈그림 15〉가 이 두 번째 단계를 보여준다. 세 번째 단계는 영-혼-육체 통일체가 하나의 세계(*unus mundus*)와 결합하는 것이다.[65] 〈그림 16〉이 세 번째 단계의 결합을 나타내고 있다.

융합의 생생한 첫 단계에서 정신의 영적인 극과 육체적인 극 사이의 분리가 완전히 일어나야 한다. 융합의 첫 단계는 2000년간의 인류의 문화적 역사 기간 동안 내내 있어왔다. 그것은 스토아 철학자들에서부터 시작되었다. 그리고 기독교가 그것을 개선하였다. 니체가 명석하게 지적했듯이 "기독교는 사람들을 위한 플라톤철학(Platonism)이다." 그러니

---

65 E. F. Edinger, *The Mystery of The Coniunctio*, 77.

까 인류의 역사란 육체와 혼이 분리되어가는 역사였는데, 그것의 전형이 서양의 정신을 장악하고 있는 플라톤의 이원론적 사고였다. 그러나 그것은 융합의 총체적인 첫 단계를 초래하려는 노력의 일부분이었을 뿐이다. 두 번째 단계가 중요하다. 그것은 정신적 합일(unio mantalis)이 육체와 다시 결합하는 것이다. 그리고 전 단계에서 분리되었던 모든 것이 의식의 새로운 단계(a new level of consciousness)에서 다시 통합되는 것이다. 여기서 우리는 그전에 했던 모든 것을 해야 한다. 동일한 힘들이 되돌아오게 해야 한다. 그러면서도 그것들은 예전과는 전적으로 다르다. 왜냐하면 그것들은 의식에 의해 동반되면서 사실상 이 에너지들과 그것들의 원천이 죽음과 재생을 겪었기 때문이다. 그것들은 다시 태어난 것이다. 융합의 세 번째 단계인 하나의 세계(unus mundus)와의 합일은 〈그림 16〉에서 좀 더 말할 터인데, 어떻게 보면 그것은 우리의 힘을 벗어나 있다고 생각한다.[66]

6. 죽음

[자아의 죽음] 〈그림 12〉는 어느 순간 무의식의 장막이 찢어지고 창문이 열려 〈그림 11〉에서 〈그림 7〉로의 악순환의 고리가 끊어질 때 샘과 바다는 관이며 무덤이 되고 두 쌍은 죽어서 머리는 두 개이면서 몸은 하나인 존재로 바뀌고 있음을 보여준다. 이것은 여러 설화에서 근친상간 후 남자가 죽듯이 대극의 융합 뒤에 죽음과 같은 정지 상태가 출현함을 의미한다. 일상에서는 언제 이런 순간이 올까? 그것은 아마도 집단무의식

---

66 Ibid., 78.

이 자아를 건드릴 때일 것이다. 그런 경우는 그것이 실제의 삶에서든, 정신 치료 중 지독한 회상적 아픔의 순간에서든 어떤 위기적 순간일 때, 무의식의 장막이 찢어지는 두려움에 직면하게 될 것이다.

<그림 12>

양성체는 죽음이 없으면 생성될 수 없다. 이때의 죽음이란 바로 자아의 죽음이다. 이것은 자아가 대극의 무의식적 역동을 보았을 때 겪게 되는 현상이다. 그 대극이 자아를 어떻게 K.O.시켰는지를 보는 순간 우리

는 갑자기 우리의 일상에서 튕겨져 나가게 된다. 그것이 심리학적 죽음의 효과다. 이 죽음 현상에 관해서는 〈그림 13〉에서 자세히 다룬다. 어떻든 우리가 그 대극 활동의 이면을 보는 순간 우리는 더 이상 우리가 그것의 희생물이 아님을 자각하지만 동시에 그동안 우리 삶의 동력으로 작용했던 에너지와의 연결 고리를 상실하게 된다. 다시 말해서 무의식이 의식 안으로 들어올 때 정신의 발전기가 파괴되는데 특히 자아의 발전기가 파괴된다는 뜻이다.[67]

이처럼 인간은 새로운 삶을 얻기 위해서는 반드시 죽어야 하는 운명이다. 융은, "어떤 진로를 택하든 자연은 몹시 당황할 것이고 죽을 만큼 고통을 받지 않으면 안 된다. 왜냐하면 단지 자연 그대로의 인간(natural man)은 그 자신의 생애 동안 어느 정도는 죽어야 하기 때문이다"라고 말한다. 이어서 그는 이런 필연적인 죽음의 원형(prototype)을, 예수 그리스도의 십자가상(十字架像)의 죽음이라고 말한다. 전일성에 이르는 길에 있는 사람은 예수가 짊어졌던 그 특정한 십자가의 죽음을 피할 수 없다는 것이다.[68] 이러한 융의 기독교 교리적 언급은 거듭남의 과정을 연금술이나 개성화의 과정과 견주어 보고 있음을 명백히 보여준다. 이러한 그의 태도는 이 글 내내 이어진다. 따라서 이것은 기독교인들에게 거듭남의 과정을 심리학적으로 되새겨볼 기회를 마련해준다.

융은 프로이트와 헤어진 후 자신의 무의식을 탐구하던 기간에 이와 비슷한 죽음의 상황을 경험했다. 그는 그때의 경험을 레드북(the Red Book)에 다음과 같이 기록해두었다. "나는 또한 내면에서 다른 반쪽의

---

67 E. F. Edinger, *The Mystery of The Coniunctio*, 68.
68 C. G. Jung, *The psychology of the Transference*, CW 16., par. 470(융 기본저작집 3, 『인격과 전이』, 283-284).

존재가 되기를 원하고 있다. 그렇기 때문에 그리스도와 같은 존재가 되어야 한다. 나는 그리스도로 바뀐다. 나는 그 고통을 감내해야 한다. 그렇게 해서 대속의 피가 흐른다. 자기희생을 통해 나의 쾌락이 보다 높은 원칙으로 승화된다. 사랑은 앞을 내다보지만, 쾌락은 앞을 보지 못한다. 두 가지 원칙은 불꽃의 상징 안에서 하나가 된다. 그 원칙들은 스스로 인간적인 형태를 벗는다."[69] 그는 마치 자신이 예수 그리스도가 된 것처럼 그 죽음의 고통을 경험했던 것이다.

[양성체의 출현] 연금술의 대가들은 (자아의) 죽음을 두려워하지 않았는데, 그들은 이미 그 죽음 가운데에서 양성체가 생성되리라는 것을 알았기 때문이다. 새로운 몸인 양성체(a compound of Hermes-Mercurius and Aphrodite-Venus)는 반은 남성, 반은 여성이다. 양성체는 오랫동안 찾던, 아직 결과가 생성되지 않은 신비한 존재를 상징하는 레비스(*rebis*) 또는 라피스(*lapis*), 곧 현자의 돌이다. 그러나 그것은 합쳐진 신체뿐이며 혼과 영은 없는 상태다. 그러므로 그것은 아직 목표에 이르지 못하고 있다. 라피스는 신체(body), 혼(soul), 영(spirit)을 지닌 살아 있는 존재이기 때문이다. 그것은 죽어 있다. 그림의 설명문은 영과 신체를 나타내는 두 쌍은 죽었으며 혼이 큰 고난 속에서 이들로부터 분리된다고 말하고 있다. 그것은 물론 심리학적으로는 아직 불투명한 채로 있는 것이다.[70]

---

69 C. G. Jung, *The Red Book Liber Novous*, A reader's Edition (W. W. Norton & Company, New York·London, 2009), 206.

70 C. G. Jung, *The psychology of the Transference*, CW 16., par. 468(융 기본저작집 3, 『인격과 전이』, 280).

[정신적 합일(혼+영) 과정] 변화의 순서는 이렇다. 우선 자아가 집단무의식과 교우하는 순간 죽으면서 혼과 영이 없는 양성체가 만들어진다. 이것은 장차 의식과 무의식이 만날 수 있는 신체로 변화된 것이다. 그러고 나면 그 죽음 사이로 혼이 출현해 영과 결합하여 정신적 합일(unio mentalis)을 이룬다. 이 합일체는 나중에 정화된 신체와 재결합하는 그것이다. 다시 말해서 정신적 합일체는 무의식과 무의식의 결합이고, 후에 이루어질 정화된 신체와 정신적 합일체의 재결합은 의식과 무의식의 결합인 것이다. 그러니까 의식과 무의식의 결합으로 이루어지는 융합은 우선 무의식과 무의식의 결합인 정신적 합일 이후의 일이다. 그 과정이 어떻게 그렇게 진행되는지 보기로 하자.

우리가 이미 알고 있듯이 무의식은 집단적이어서 직접 볼 수 없기 때문에 그것은 항상 투사된다. 그런 까닭에 무의식은 낯설게 느껴지고 우리와 감정적 유대를 맺는 사람이 가지고 있는 것으로 추측하게 된다. 예컨대 남성의 무의식은 여성적인 징후를 띠는데, 그는 자신의 여성적 측면을 자신을 은연중에 매혹시키는 여성에게서 자연스럽게 발견한다. 이처럼 아니마·아니무스는 외부의 의식적 인격이 매개가 되지 않으면 인식될 수 없다. 그렇기 때문에 이러한 관계 형성이 개인적 관계와 개인적 얽힘의 결과처럼 보이는 것은 당연하다. 물론 이러한 것에 개인적 측면이 있기는 하지만 그리 주요하지는 않다. 주요한 사실은 그 상황에 대한 주관적(내적) 경험이다. 다시 말해서 한 개인이 자신의 파트너와 함께 경험하는 것이 가장 중요한 부분이라는 믿음은 잘못됐다.[71] 왜냐하면 융합이라고 하는 것은 객체와 주체 사이에서 일어나는 것이 아니라, 한 주체

---

71 Ibid., par. 469(Ibid., 281).

의 내면에서 일어나는 현상이기 때문이다.

그러므로 융합은 남자가 상대 여성에게 투사된 아니마와 함께 경험하는 것이 아니라 남자의 자아가 그 (자신의) 아니마와, 여자의 자아가 그 (자신의) 아니무스와 함께 경험하는 것이다. 그런데 이 관계가 성립하려면 그전에 남성과 여성 사이에서 어떤 무의식적 동일시(unconscious identity)가 먼저 생긴다는 것이다. 이것은 전적으로 무의식적이기 때문에 이때 그는 무의식적으로 그녀의 아니무스의 특성들(the traits of her animus)을 수용할 것이고, 그녀는 그의 아니마의 특성들(the traits of his anima)을 수용할 것이다. 이것을 융은 이렇게 표현한다. "융합은 여성의 능동적이고 남성적인 측면(the animus)과 남성의 수동적이고 여성적인 측면(the anima) 사이에서 일어나는 왕실놀이(a royal game, 근친상간놀이)다." 그러나 이 두 형상은 언제나 자아를 그 자신들과 동일시하려고 유혹하지만, 즉 그것을 개인 차원에 가두려고 하지만, 우리는 여기서 벗어나야 집단무의식을 만날 수 있다.[72]

이처럼 융합은 우선 두 사람 간의 집단무의식이 결합하면서 시작된다. 그러나 이 결합이 성립하려면 개인적 자아의 차원을 벗어나야 하는데 그것은 큰 두려움이 아닐 수 없다. 그렇기 때문에 두 집단무의식(아니마와 아니무스)은 언제나 자아를 자신들과 동일시하려고 유혹하는 것이다. 두 무의식이 융합하려면 당연히 자아는 죽어야 한다. 자아가 죽지 않으면 융합은 시작될 수 없다.

이러한 정신적 합일 과정을 연금술의 대가들은 양성체의 출현 속에서 새로운 인격이 생성되기 시작한다고 알고 있었다. 그것은 물론 심리학

---

72 Ibid., par. 469(Ibid., 282).

적으로는 아직 불투명한 채로 있지만, 그림의 설명문은 영과 신체를 나타내는 두 쌍은 죽었으나 혼이 큰 고난 속에서 이들로부터 분리된다고 말하고 있기 때문이다.[73] 그림의 설명문은, "하나의 파괴는 다른 하나의 생성이다"라고 말한다. 연금술사들은 먼저 낡은 것이 죽지 않고는 어떤 새 생명도 생길 수 없다고 말한다.[74]

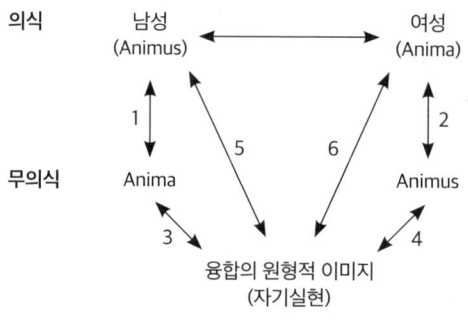

<그림 12-1>

[그로스벡의 구조로 다시 이해하기] 위의 이야기를 그로스벡의 구조로 다시 한번 보자. 우선 남성이 여성에게 투사했던 아니마를 자신의 내면으로 회수하는 과정을 우리는 그로스벡의 〈그림 10-1〉에서 이미 보았다. 〈그림 12-1〉는 그런 남성의 적극적인 공감력에 힘입어 여성의 집단무의식인 아니무스를 남성에게 투사하고, 그 후 둘 사이의 끊임없는 교류로 다시 그 아니무스를 회수하는 과정을 나타내고 있다. 이제 두 사람 모두

---

73 Ibid., par. 468(Ibid., 280).
74 Ibid., par. 467(Ibid., 278).

상대에게 전이되었던 그들의 집단무의식을 어느 정도 의식하면서 전이의 해소를 경험하고 있다. 그러나 이 전이의 해소는 자아가 죽지 않는 한 앞으로 진행되지 못하고 다시 처음 단계로 되돌아갈 수밖에 없다.

그러나 어떤 계기로든지 이 한계를 극복하면 우리가 지금까지 설명해 온 융합의 두 단계를 더욱 선명하게 이해할 수 있게 된다. (1) 자아가 죽으면 남성은 여성의 아니무스를, 여성은 남성의 아니마를 수용하는 단계에 이른다(4,3 & 3,4). 그다음 (2) 남성(자아)과 융합의 원형적 이미지로 이끄는 그 아니마와의 융합(6,3,1), 여성(자아)과 융합의 원형적 이미지로 이끄는 그 아니무스와의 융합(5,4,2)의 단계가 진행된다.

◆ ◆ ◆

앞으로 전개될 〈그림 13〉-〈그림 15〉는 〈그림 12〉에서 본 융합의 단계를 좀 더 자세하게 설명하고 있는 것처럼 보인다. 간단히 말해서 〈그림 13〉은 의식과 (집단)무의식이 성교 상태로 서로 뒤엉키는 정도가 아니라 완전히 결합해 한 몸이 된 것을 전제로 한다. 그 한 몸된 양성체는 둘 사이에서 태어난 혼이 하늘 위로 날아감으로써 신체만 남는다. 즉 새로운 자아의 틀로 존재한다. 〈그림 13〉은 이처럼 신체를 새로운 자아의 틀로 남기면서 혼이 하늘로 올라 영과 결합하는 과정을 보여준다. '혼과 영의 합일', 곧 '정신적 합일'을 상징하고 있다. 이때 정신적 합일은 무의식과 무의식의 합일이다. 즉 그것은 아니마와 아니무스 사이에서 일어난다. 그래서 융은 융합의 첫 단계를 '혼과 영의 합일'이라고 표현했던 것이다. 아니마(anima)의 어원이 혼이고, 아니무스(animus)의 어원이 영인 것이 예사롭지 않은 이유가 여기에 있다.

그러나 이런 '혼과 영의 합일', 곧 '정신적 합일'이라도 무의식 상태에 있으면 아무 소용이 없다. 그것이 의식화되어야 힘을 얻는 것은 당연한 이치다. 그렇기 때문에 관계의 기능으로서의 '정신적 합일체'는 반드시 신체 안으로 되돌아와야 한다. 그러기 위해서는 죽은 신체가 정화되어야 한다. 〈그림 14〉가 바로 이런 정화에 관한 설명이다. 정화는 지혜의 물로 암흑의 검음을 제거하는 것이다. 심리학적으로 말하면 해석이다. 해석은 지식이나 이론을 가지고 하는 것이 아니다. 그것은 영의 차원의 문제이기 때문에 감각적 기능이 필요하다. 그 기능을 가지고 무의식에 오염되어 있는 자아를 구분해내는 것이 정화이고 해석이다. 자아는 하나의 개체에 불과하지만 한 존재의 대표로서의 인간이기 때문에 '자기실현'을 위해 건강한 상태를 갖추는 것이 반드시 필요하다. 이런 과정을 거치면서 자아를 상징하는 신체는 튼튼해지고 결국 신성해진다. 이때 '정신적 합일체'가 신체 안으로 하강하여 신성한 신체와 통합된다. 〈그림 15〉가 그것을 보여주고 있다. 이제 〈그림 13〉-〈그림 15〉를 하나씩 차례로 보기로 하자.

7. 혼의 상승

[혼의 출현을 위한 자아의 죽음] 〈그림 13〉에서는 혼(soul)을 의미하는 작은 호문쿨루스(*homunculus*)와 구름이 새롭게 보인다. 한 몸으로 결합된 왕과 왕비의 죽음으로부터 나오는 호문쿨루스라는 작은 인간의 수태(生)는 자아의 붕괴와 지남력 상실(死)이라는 죽음의 결과다. 새로운 것의 출현을 위해 무엇인가가 죽어야 하는 이율배반이 여기에 있다. 자아의식의 붕괴와 지남력 상실을 달리 표현하면, 삶이 표면적으로는 전처럼

<그림 13>

일상적 습관으로 서로 교류하지만, 그래서 치료 작업에서도 설명과 교육이 매일 끊임없이 진행되고 있지만, 그러나 보다 깊은 곳에서 그 과정을 관장하고 있는 본능은 텅 비어 있는 상태다. 내면에서는 아무런 움직임도 없다. 느낌은 단조롭거나 우울하고, 특히 민감한 사람들이라면 급성 우울증과 불안증 상태에 도달하여 삶이 위축될 것이다. 이 위기의 기간에, 사람은 이런 상황으로부터 탈출하기 위해 무모한 시도를 할 수도 있다. 즉 관계를 다시 맺거나, 과도한 행동을 하거나, 약을 처방받거

나, 명상을 하거나, 새로운 기술을 소개받거나, 분석가를 바꾸려 하거나 한다. 성충이 되기 전 단계인 번데기 안은 어둡고 갑갑해서 그곳에 파묻혀 있는 것이 두렵다.[75]

이렇게 의식이 끊임없이 무의식 속으로 가라앉으려고 위협받는 위급한 상태는 원시인에게서 흔히 생기는 실혼(loss of soul)의 발작과 비슷하다. 동양에서 일반화되고 있는 요가 수행과 선도 이와 비슷한데, 다만 그런 상태를 의도적으로 만들어낸다는 점이 다르다. 요가와 선 수행에서는 편안한 상태를 만들기 위해서 '의식 긴장도의 저하', 즉 혼의 분리를 위한 기술(a technique for releasing the soul)을 도입한다.[76] 이런 관계에 대한 소소한 면들을 아주 명확하게 알 수는 없지만, 그래도 알 수 있는 것이 상당히 많다. 그러나 무의식적 쌍을 위해서는 모든 것이 신의 뜻(Deo concedente, "God willing")에 달려 있음을 알아야 한다. 이를 위한 하나의 접근법은 인내하고, 마음 챙김(mindfulness)을 하고, 무위(wu wei, 無爲)하는 것이다.[77]

[호문쿨루스의 수태] 이러한 혼란 속에서 우리가 새로운 존재 혹은 깨달음(혼, 호문쿨루스)을 놓치지 않기 위해서는 또렷한 의식을 가지고 양쪽을 품을 수 있어야 한다. 이는 치료 상황에서 의사가 방향을 잃지 않고 인도해야 함을 강조하는 것이기도 하다. 이때 의사가 지녀야 할 능력은 지적이고 학문적인 이론이 아니라, 이때 나타나는 비유와 상징들을 경

---

75 Murray Stein, *Transformation, Emergence of the Self*, 89.
76 C. G. Jung, *The psychology of the Transference*, CW 16., par. 477(융 기본저작집 3, 『인격과 전이』, 291).
77 Murray Stein, *Transformation, Emergence of the Self*, 91-92.

험으로 이해하는 것이다. 물론 너무 개인적이고 주관적으로 해석하게 되면 현실감을 상실하고 추상적이고 지적으로 흘러갈 위험이 있다. 그러므로 전통적인 신화소의 범위 안에 머무는 것이 실제 임상적인 목적을 위해서도 가장 좋다.[78]

치료는 의식(conscious mind)의 강화를 목적으로 한다. 융은 가능하면 환자에게 정신적인 활동을 할 것을 권하고 그가 처해 있는 정신의 혼돈 덩어리(the *massa confusa*)를 그 자신의 오성(초월적 기능의 일부분)을 가지고 가라앉히기를 권한다. 그래야만 그가 혼돈을 넘어선 좋은 위치에 도달할 수 있기 때문이다. 이러한 암흑의 상황에서 오성은 생명을 구하는 작용을 한다. 즉 오성은 무의식을 통합하며 그 과정을 통해 점차적으로 의식과 무의식을 모두 대변하는 보다 높은 관점을 가지도록 돕는다. 그러고 나면 무의식에 압도당하는 것이 어둡고 무서운 암흑의 사건이 아니라 마치 나일강의 범람과도 같이 농경지를 기름지게 하는 것임을 알게 된다. 이것이 니그레도(*nigredo*),[79] 곧 검음이 십자가의 성 요한(St. John of the Cross)의 저서 『어두운 밤』에서 긍정적으로 해석되고 있는 이유다.

---

78 C. G. Jung, *The psychology of the Transference*, CW 16., par. 478(융 기본저작집 3, 『인격과 전이』, 292).

79 연금술사들은 금을 만드는 것을 넘어 물질을 구성하고 있는 사물의 진정한 본성이나 실존의 궁극적 신비를 찾으려고 했기 때문에, 하나님이 태초에 물질 속에 씨앗의 형태로 주입시켜놓은 세계의 혼(anima mundi)을 찾으려고 하였다. 그러므로 그들은 물질을 용해시키거나 부패시켜서 태초의 상태처럼 만들면, 그 속에서 실체인 '금'을 얻을 수 있을 것이라고 생각했다. 바로 그 숨겨진 원물질은 수은, 곧 메르쿠리우스, 우로보로스, 자웅동체, 어린아이, 현자의 돌 등으로 표현된다. 첫 번째 연금술 과정은 검다는 뜻의 니그레도 단계(*nigredo*), 두 번째 과정은 원소의 불순물을 깨끗이 제거하는 백색이라는 뜻의 알베도 단계(*albedo*), 세 번째는 붉은 단계(*rubedo*)로 현자의 돌이 출현하는 융합의 과정이다. 그중 니그레도 단계는 이렇다. 이 단계는 원물질의 상태 또는 모든 요소가 해체된 상태다. 아직 모든 것이 혼돈 속에 있는 상태다. 그것은 심리학적으

성 요한은 이 어둠의 상태에서 보이지 않는 신적인 빛이 혼(soul) 속을 투과하여 그것을 맑게 한다고 했다.[80]

이때가 호문쿨루스가 수태되는 순간이고 이 호문쿨루스는 이내 왕과 왕비가 한 몸이 됨으로써, 즉 육체가 죽은 결과로 태어난 내적 인간, 곧 신적 아이가 되는 것이다.[81] 이때의 혼의 성질은 띠 또는 결합체인데 그것이 나중에 다시 내려와 육체와 합일되기 때문이다. 그렇기 때문에 혼은 독립체가 아니라 둘을 다시 묶어주는 관계의 기능(a function of relationship)이다. 그리고 그것은 그 둘이 변환된 형상인데 아직 만들어지지 않은, 이제 처음으로 수태된 것이다. 그러나 보편적으로 생각하는 수태처럼 혼이 신체로 내려와 활기를 주는 것이 아니라 반대로 신체를 떠나 하늘 위로 오른다. 그 혼은 분명히 아직 구체화되지 않고 이제 겨우 잠재력으로 존재하고 있는 통합의 관념을 나타낸다.[82] 그리고 이것은 신비의 참여(participation mystique)의 단계일 수밖에 없는데, 왜냐하면 무의식과 무의식의 융합으로 인한 결과이기 때문이다. 의식이 배제된 상태에서의 두 무의식의 결합은 신비가 아닐 수 없다. 이런 누미노즘의 분위기를 뒷받침해주고 있는 것이 자아초월적 실제를 나타내는 옛 상징적

로 볼 때, 피분석자가 분석가와의 대화를 통해서 무의식이 활성화되어 갈가리 찢어지고 갈라진 것과 같은 상태다. 이때 사람들은 무의식에 있는 수많은 대극의 분열 때문에 우울증에 빠지거나 여러 가지 증상을 보이면서 고통받는다. 그래서 무의식에 들어가 자신의 내면을 살펴보기도 하고 자신의 삶 전체를 뒤돌아보다가, 인격의 부정적인 부분인 그림자를 만나기도 한다(김성민, 『분석심리학과 기독교』, 413).

80 C. G. Jung, *The psychology of the Transference*, CW 16., par. 479(융 기본저작집 3, 『인격과 전이』, 293).
81 E. F. Edinger, *The Mystery of The Coniunctio*, 79-80.
82 C. G. Jung, *The psychology of the Transference*, CW 16., par. 475(융 기본저작집 3, 『인격과 전이』, 288-289).

이미지인 구름이다.[83]

이 그림에서 혼을 호문쿨루스로 묘사한 것은 그것이 이미 왕의 아들의 전 단계를, 그러니까 스스로 자기 안에서 하나가 된 양성적·원초적 인간인 안트로포스(Anthropos)를 표현하고 있음을 가리킨다. 안트로포스는 본래 자연의 위력에 의해 지배받고 있었으나 여기서 그는 지금 부패하는 신체의 감옥에서 해방되어 다시 위로 오른다. 그는 일종의 승천을 시작한다. 그리고 에메랄드 비문(*Tabula smaragdina*)에 의하면 그는 '위의 세력'을 자신과 융합한다. '아래'의 근본적인 힘인 그가 '위의 세력'과 융합하는 이유는 치유의 힘으로, 불사와 완전의 중개상으로, 그리고 중계자이며 구원자로서 다시 지상에 나타나기 위해서다. 이것은 그리스도의 재림이라는 기독교 사상과 밀접하게 관련되어 있다.[84] 여기서도 우리는 융이 기독교를 그의 심리학적 틀로 보고 있음을 감지한다.

8. 정화

[이슬이 내려옴=정화=해석] 〈그림 14〉에서 호문쿨루스가 구름 사이로 사라졌고, 석판 위에는 아직도 합일된 시체가 남아 있다. 그리고 새롭게 이슬이 구름으로부터 떨어져 내리기 시작한다. 이전 그림에서는 움직임이 아래에서 위로, 즉 육체에서 구름으로 일어났다면, 지금은 이슬이 내려옴으로써 움직임이 위에서 아래로 시작되고 있다. 이것은 깊은 심리

---

83 E. F. Edinger, *The Mystery of The Coniunctio*, 79-80.
84 C. G. Jung, *The psychology of the Transference*, CW 16., par. 481(융 기본저작집 3, 『인격과 전이』, 294).

학적 암시를 동반하는 매우 중요한 정화의 이미지를 나타낸다.[85]

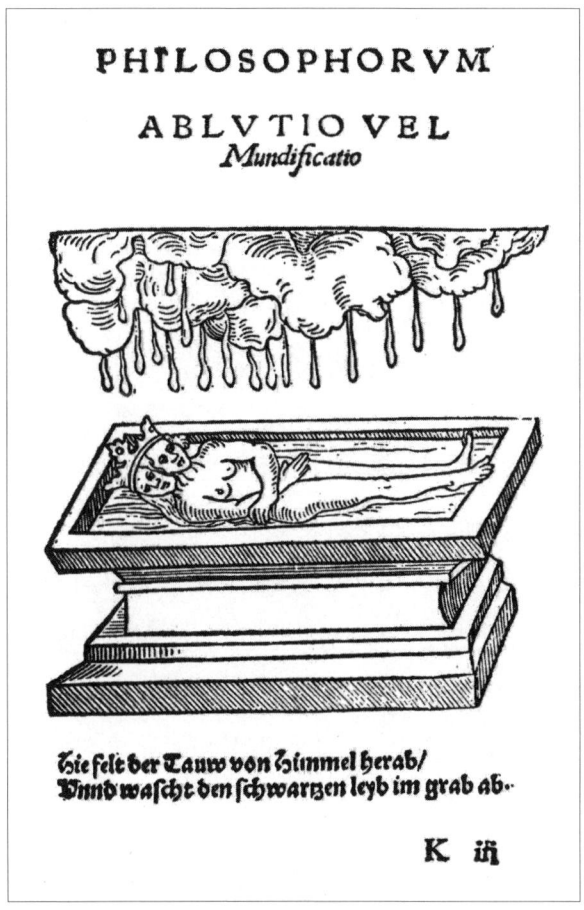

<그림 14>

이슬이 내려와서 죽은 육체를 정화하고 새 생명을 준다. 이 과정의 연금술적 용어는 *mundificatio*, 즉 정화(purification)이다. 신성한 탄생의 전

---

85 E. F. Edinger, *The Mystery of The Coniunctio*, 82.

조로서 떨어지는 이슬은 하늘의 물이고 땅은 습기로 그것을 흡수한다. 그리하여 대지의 물(Albira)은 천상의 물(Astuna)로 백화[86]된다.[87] 정화는 불필요한 것을 제거함으로써 지혜를 나타내는 물이 암흑의 검음을 제거하는 것이다. 그러므로 정화는 곧 해석이다. 따라서 연금술사들은 정화를 카르디누스의 법칙(Cardan's rule), 즉 '해석 작업의 목적은 꿈 자료를 그것의 가장 일반적인 원칙들로 되돌리는 것'이라는 법칙에 따라 한다. 이것은 연금술의 실험실 작업자가 '혼의 추출'(extractio anima)이라고 부르는 것과 같고, 심리학적 영역에서는 꿈속에 들어 있는 관념을 통찰하는 것(the working through of the idea)을 말한다.[88]

[해석 방법] 정화, 곧 해석은 지적으로 혹은 이론적으로 하는 것이 아니다. 그렇기 때문에 그것은 통각을 통해 형성된 어떤 지적인 구조를 필요로 한다. 연금술사들은 이러한 전제를 기존의 '교의의 물'(aqua doctrinae) 또는 하나님의 영감으로 얻는 지혜(the God-inspired sapientia) 안에서 얻었다. 이러한 지혜는 물론 연금술사가 그의 고전들을 열심히 공부해서 얻을 수도 있다. 그러나 그렇게 하면 영(spirit)의 차원의 문제를 단

---

86 알베도 단계는 연금술의 두 번째 단계로 죽었던 몸체에서 영혼이 분리되고 정화되는 단계다. 흰색의 단계가 이루어지면 그다음 단계는 저절로 이루어지고 이 단계가 최종적인 단계의 여명을 알리기 때문에 이 단계가 연금술에서 가장 중요하다고 융은 말한다. 분석심리학적으로 말하면, 이 단계는 분석 과정을 통해서 자아가 무의식의 흐름을 따르면서 그림자를 비롯하여 모든 억압되고 무의식화되었던 요소를 통합하는 단계다. 이때 의식은 완전히 각성되지 않았지만 무의식의 요소가 많이 통합되어 사람들은 그 전처럼 무의식의 충동에 휘둘리지 않고 편안함을 느끼게 된다(김성민, 『분석심리학과 기독교』, 414).

87 C. G. Jung, *The psychology of the Transference*, CW 16., par. 483(융 기본저작집 3, 『인격과 전이』, 295).

88 Ibid., par. 486(Ibid., 300).

순히 사고와 직관의 문제로 정의해버리는 것이 되어서 그르치게 된다. 이때 가치를 지각하는 기능, 즉 현실을 감각적으로 지각하는 기능인 감정(feeling)이 결여된다. 그렇기 때문에 그 고전들로 인해 '가슴이 찢어지지 않게 하기 위해' 사람들은 이 단계에서 책들을 찢어버리거나 피해야 한다고 알려준다.[89] 사고가 감정을 단절하지 않도록 하기 위해서다. 그렇지 않다면 혼은 되돌아오지 않을 것이기 때문이다.[90]

[무엇을 해석하여 정화할 것인가?] 정화라는 것이 연금술에서는 수많은 증류의 결과로 이루어지고, 심리학에서는 무의식에 오염되어 있는 자아를 무의식으로부터 구분해내는 일이다. 이러한 구분은 지극히 정성을 들인 자기반성(self-examination)과 자기교육(self-education)을 통해서 이루어진다. 그러니까 심리학적 해석을 통하여 무의식에 오염되어 있는 자아를 해방시키면 자아는 새롭게 튼튼한 존재가 된다. 이런 자아는 웬만한 비판에도 견딜 수 있게 된다. 튼튼한 자아를 가진다는 것은 곧 정화된 신체(*corpus mundus*)가 되었다는 뜻이다. 그토록 신체가 정화되어야 그 정화된 신체 안으로 신성화된 혼(정신적 합일체)이 내려올 수 있다.[91]

[융의 체험] 융은 프로이트와 헤어진 후 혼자서 자신의 무의식을 탐구하면서 정화의 과정과 같은 심리적 경험을 했다. 그의 표현이다. "남자들 안의 여성성은 악과 연결되어 있다. 여성 안의 남성성도 악과 연결되어 있다. 그러므로 사람들은 그들 자신의 다른 반쪽을 받아들이길 싫어

---

89 Ibid., par. 486(Ibid., 300).
90 Ibid., par. 488(Ibid., 301).
91 Ibid., par. 503(Ibid., 318).

한다. 그러나 만일 당신이 그것을 받아들이기만 하면 당신의 완벽성과 연결되어 있는 것이 저절로 나타나게 된다. 다시 말해서 당신 자신이 조롱받는 존재가 될 때, 혼(soul)의 하얀 새가 날아온다. 그 새는 멀리 떨어져 있지만, 당신의 굴욕이 그 새를 끌어들여서, 그 신비가 당신 가까이 다가온다. 그러면 당신 주변에 기적 같은 일들이 일어난다. 태양이 그 무덤에서 올라오기 때문에 금빛 광채가 빛난다. 한 사람의 남자로 남는 한, 당신에게는 혼(soul)이 전혀 없다. 그것이 여자의 내면에 있기 때문이다. 한 사람의 여자로 남는 한, 당신에게는 혼이 전혀 없다. 그것이 남자의 내면에 있기 때문이다. 그러나 만일 당신이 한 사람의 인간 존재가 된다면, 그때는 당신의 혼이 당신에게 올 것이다."[92]

[해석에 대한 환자들의 반응] 정신 치료자는 해석에 대한 어려움을 잘 알고 있다. 그렇기 때문에 해석에 대한 환자들의 반응도 그들의 수준에 따라 제각각이다. ① 환자가 어떤 꿈이나 환상을 단지 언급(등록)함으로써만 만족해하는 경우가 특히 심미주의 경향을 가진 사람에게서 자주 나타난다. 그는 지적인 이해를 마치 그의 정신적 삶의 실재를 모욕하는 것처럼 느끼기 때문에 받아들이기를 주저한다. ② 어떤 사람들은 머리로만 이해하려 하여 순수하게 일어난 일을 파악하는 단계를 생략하려고 한다. 그리고 그들은 지적으로 이해하기만 해도 마치 무의식의 내용이 충분히 실현된 것처럼 생각한다. 그들에게는 무의식의 내용들과 감정적 관계(a feeling-relationship)를 가져야 한다는 것이 이상한 일이거나 터무니없는 일인 것이다. 지적인 이해와 심미주의는 유혹적인 해방감과 우

---

92 C. G. Jung, *The Red Books*, 228.

월감을 조성하여 개체를 속일 수 있다. 그리고 그런 해방감과 우월감 때문에 개체가 쉽게 부서질 위험에 처한다. 이러한 취약점 때문에 그 상징적 내용들은 단지 윤리적 태도의 기준에 속박될 뿐이다. 이는 심미주의자와 지성주의자가 너무도 쉽게 도망가고 싶어 하는 곳이기도 하다.[93] 지적인 통찰과 이해, 또는 단순한 기억의 되살림이 치유 목적으로 충분하다는 생각을 아직도 가지고 있는 치료자는 좋은 결과를 얻을 수 없다. 그런 치료 행위는 당연히 불충분하기 때문이다. 연금술사들은 연금술 작업에 속하는 것이 실험, 책 읽기, 명상, 인내심뿐만 아니라 사랑이라고 생각했다.[94] 여기서 현재의 상황에서 볼 수 있는 해석에 대한 세 번째 반응을 만난다. 그것은 ③ 감정 가치(feeling-values)를 알고 그것을 감정을 통해 실현(realization through feeling)하는 경우라고 할 수 있다.[95] 그러나 감정을 통한 실현도 최종적인 것은 아니다. 이제 네 번째 단계를 언급해야 하는데, 그것은 ④ 매우 뚜렷한 상징체계를 가지고 있는 직관의 상상활동(the imaginative activity of the fourth function-intuition) 단계를 말한다. 이것은 분석심리학의 확충 작업과 일맥상통하고 기도나 명상을 통한 자기성찰과도 맥을 같이한다고 보인다. 즉 직관은 전망(outlook)과 통찰(insight)을 준다.[96] 환자가 마지막과 같은 태도를 보일 때 천상의 혼은 지상의 양성체로 하강하여 융합한다.

---

93 C. G. Jung, *The psychology of the Transference*, CW 16., par. 489(융 기본저작집 3, 『인격과 전이』, 302).
94 Ibid., par. 490(Ibid., 303).
95 Ibid., par. 491(Ibid., 303).
96 Ibid., par. 492(Ibid., 304).

9. 혼의 되돌아옴

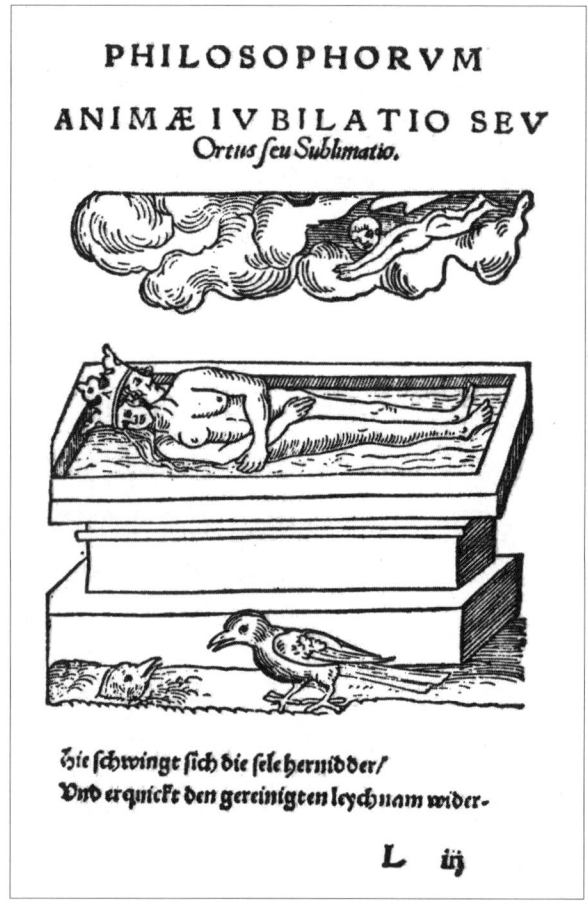

<그림 15>

[두 마리의 새와 혼의 하강] 조정자인 혼이 시체에 생기를 불어넣기 위해 하늘로부터 하강한다. 구름 사이의 작은 호문쿨루스가 그것을 나타내고 있다. 그림 밑에 있는 두 마리 새는 날 수 있는 새와 날지 못하는 새로, 우화적으로는 날개 달린 용과 날개 없는 용을 나타낸다. 이것은 메르쿠리

우스의 이중 성질, 즉 지하의(chthonic) 본질과 공기의(pneumatic) 본질에 대한 많은 동의어들 중 하나다. 대극의 나누어진 쌍의 나타남은 양성체가 통합되어 살아나려는 찰나에 있다 하더라도, 그것들 사이의 갈등이 결코 끝내 해결되지 않았고 아직 사라지지 않았음을 의미한다. 즉 그 갈등은 왼쪽 아래로 쫓겨나고 있다. 다시 말해서 무의식의 영역으로 사라지고 있다. 인간이 아닌 새 모양을 한 대극의 묘사도 그것이 무의식적임을 지지한다.[97] 이것이 어떻게 바뀌든 상황은 항상 내적 갈등과 외적 갈등을 간직하고 있다. 이것을 나타내는 것이 날갯짓이 가능한 새와 그렇지 못한 새의 그림이다. 이런 진퇴양난의 불쾌한 상황에서 누구나 빠져나오고 싶어 한다.

불쾌한 상황에서 빠져나오는 방법은 혼의 하강을 촉진시키는 일이다. 신체는 이미 정화되어서 깨끗하다. 이 상황에서 혼(정신적 합일체)이 정화된 신체 안으로 내려온다는 뜻은 아니마·아니무스가 그들의 마성적 속성을 버리고 드디어 의식과 무의식 사이를 잇는 관계 기능으로 작동하기 시작했다는 것이다. 그러니까 연금술 작업 중에 자아의식(ego-consciousness)으로 다가오는 혼(soul)은 남성에서는 여성적인 속성을 가지고 있고, 여성에서는 남성적인 속성을 가진다. 남성의 아니마는 화합하고 통합하는 것을 원하고, 여성의 아니무스는 파악하고 구별하려고 한다. 이 엄격한 대립은 대극의 일치로서의 초월적 통합의 상징인 연금술사의 레비스(*Rebis*, 양성체)로 묘사된다. 그러나 자아가 앞선 정화에 의해 무의식적 오염으로부터 깨끗해진 의식적 현실에서도, 또한 두 개체들 사이(남성-아니마, 여성-아니무스)의 의식적 관계가 아무리 조화롭다

---

97 Ibid., par. 494(Ibid., 306).

고 하더라도 그것은 갈등을 나타낸다.⁹⁸

더욱이 의식이 무의식의 경향과 동일시되지 않고 있을 때, 아무리 어렵더라도 의식은 무의식들에 직면해서 그 무의식들이 그 개체의 삶에서 자기 역할을 할 수 있게 배려해주어야 한다. 그러니까 아무리 어려워도 무의식의 성향이 개체의 삶에 참여하도록 해야 한다. 그래서 말이나 행위를 통해서, 근심과 고통을 통해서, 그리고 그 근심과 고통에 대하여 저항하고 자기주장을 하게끔 해서 그 무의식 자체가 표현될 수 있게 도와야 한다. 만일 그렇게 하지 않는다면, 그 무의식을 무시함으로써 뒤따르는 온갖 예견할 수 없는 결과들과 더불어 예전의 분열 상태가 다시 생겨날 것이다. 그러나 이때 주의해야 할 것은 무의식에 너무 굴복하면 인격에 긍정적 혹은 부정적 팽창(a positive or negative inflation of the personality)이 생긴다는 점이다.⁹⁹

[영, 혼, 육체의 합일] 이 그림에서 연금술사는 신체(*corpus*)와 영(*spiritus*)을 구별하지 않는다. 왜냐하면 앞서 진행된 죽음(*mortificatio*)과 승화(*sublimatio*)를 통해서 신체가 영적인 형태를 취하게 되었고 그 결과 순수한 신체(*corpus mundum*)로서 더 이상 영과 크게 구별되지 않으며, 그래서 그것을 자기 안에 머물게 할 수 있고 심지어 다시금 자기에게로 끌어내릴 수 있다는 가정 때문이다. 이와 같은 개념들은 융합(*coniunctio*)뿐 아니라 이른바 신체의 소생도 전적으로 초월적 사건, 즉 정신적 비-자아(the psychic non-ego) 안에서 일어나는 과정이라는 결론에 이르게 한다.¹⁰⁰

---

98 Ibid., par. 522(Ibid., 333).
99 Ibid., par. 522(Ibid., 333).
100 Ibid., par. 499(Ibid., 314).

존 가워(John Gower)의 『연인의 고백』(*Confessio Amantis*)에는 다음과 같은 격언이 있다. "호전적인 평화, 달콤한 상처, 너그러운 악"(a warring peace, a sweet wound, a mild evil). 이런 단어들로 옛 연금술사는 그의 경험의 진수를 표현했다. 그것들은 자아(ego)가 연금술 작업에서 합리적으로 요구할 수 있는 모든 것을 포함하고 있고 자아에게 인생의 역설적인 어둠(the paradoxical darkness of human life)에 관해 분명히 밝혀주고 있다. 인간성의 근본적인 대극성에 복종하는 것은 정신이 그 자체 안에 이율배반적 성향을 가지고 있다는 사실을 인정한다는 의미다.[101]

연금술과 그 연금술 속에 투사된 무의식적 내용을 오로지 합리적으로 분석하고 해석하는 일은 여러 이율배반적인 표현들을 만날 때 갑자기 멈출 수밖에 없게 된다. 왜냐하면 완전한 대극(a total opposition)은 논리학의 배중률로 알 수 없기 때문이다. 논리의 경계선상에서 과학은 끝나지만 자연은 그렇지 않다. 자연은 아직 어떤 이론도 쳐들어가지 않은 곳에서도 꽃핀다. 존경해야 할 자연은 대극에서 발걸음을 멈추지 않는다. 즉 자연은 대극들을 이용하여 하나의 새로운 탄생을 창조해낸다.[102]

10. 새로운 탄생

[완성된 양성체] 이것은 열 번째 그림인데 열이라는 수가 완전한 수라는 점에서 결코 우연한 일이 아니다. 4, 3, 2, 1은 앞서 지적한 것처럼 마리아의 공리(the axiom of Maria)다. 이 네 숫자의 합은 10인데, 이것은 높은

---

101 Ibid., par. 523(Ibid., 334).
102 Ibid., par. 524(Ibid., 335).

단계의 통일성을 표현한다. 그러니까 10은 신의 아들을 의미한다. 연금술사들은 그를 '현자의 아들'이라고 부르지만 한편으로는 그를 그리스도로서 상징화한다. 즉 그들은 자신들의 레비스(양성체)의 특징을 두드러지게 하기 위해서 교회의 그리스도 형상의 상징적 성질을 이용했다. 신랑과 신부라는 교회의 상징은 양자의 신비한 결합, 즉 교회의 신비체(corpus mysticum) 안에 살고 있는 그리스도의 혼(anima Christi)이라는 상을 이끌어낸다. 이러한 결합은 중세 연금술이 자신의 목적으로 십분 이용한 남녀양성성의 그리스도(Christ's androgyny)의 토대가 되었다. 이것의 유래는 동방교회에서 형성된 남녀양성성의 그리스도(an androgynous Christ)의 관념이지만, 이 관념은 또한 의심의 여지없이 '양성의 첫 인간'(the bisexual First Man)이라는 플라톤의 개념과 연관되어 있다. 왜냐하면 그리스도는 궁극적으로 안트로포스(the Anthropos)이기 때문이다.[103] 이처럼 집단무의식은 양성체의 성질을 보인다. 그러므로 '아니마'에 있어서도 마성과 풍요로움이 공존한다. 이러한 것들을 기독교적으로 표현하면 수태를 통해서든 출생을 통해서든 아니마의 처녀성은 손상되지 않는다. 이것은 무의식의 무시간성과 잠재력을 나타낸다. 모든 것은 이미 일어났으나 아직 일어나지 않았고, 이미 죽었으나 아직 태어나지 않았다.[104]

여기서 융이 강조하는 것은 연금술에서나 치료에서나 모두 의식적 자아가 하는 것이 아니라 무의식이 활성화될 때 새로운 변환이 일어난다는 것이다. 이 과정은 결코 합리적 관념을 낳는 것이 아니라 역설적 관념

---

103 Ibid., par. 525(Ibid., 336).
104 Ibid., par. 529(Ibid., 341-342).

들을 생산해낸다. 심리학적으로 인간의 전일성(wholeness)은 오직 이율배반의 형태로만 기술될 수 있다. 왜냐하면 전일성이란 초월적 관념이고, 그 관념을 의식 속에서 나타내는 유일한 방법이 바로 이율배반적 논리이기 때문이다. 내적인 통일성(자기) 또는 통일 체험의 가장 강한 표현들(신비적 합일, unio mystica)은 유럽의 신비가들에서, 인도의 종교와 철학에서, 중국의 도교 철학에서 그리고 (한국과) 일본의 선불교에서 발견된다. '자기'에 대해 어떤 이름을 부여하든 심리학적 입장에서는 상관이 없다. 이른바 진실이냐 아니냐의 물음도 마찬가지다. 그것은 다만 심리적 사실성으로 족하다. 게다가 지성은 어쨌든 그 이상의 어떤 것을 알 능력이 없다.[105]

[그림의 개요] 다시 마지막 그림으로 돌아가 보자. 왕과 왕비가 합쳐져서 결합된 신체가 지금 살아나서 땅 가까이 있는 달 위에 우뚝 서 있다. 오른손에는 왕관을 쓰고 있는 세 마리의 뱀, 혹은 머리가 셋인 한 마리의 뱀이 들어 있는 포도주 잔이 들려 있다. 왼손과 왼팔 주위에는 왕관을 쓰고 있는 네 번째 뱀이 있다. 그림의 왼쪽 땅 위에는 '태양과 달 나무'가 자라고 있다. 그 반대편에는 한 마리 새가 있다. 〈그림 15〉에서는 두 마리의 새가 있었는데 여기서는 하나다.[106] 이것은 융합의 세 번째 단계의 그림이다. 이미 말했듯이 세 번째 단계란 결합된 신체-혼-영의 독립체, 즉 정화되고 결합된 신체-혼-영이 하나의 세계(unus mundus)와 합일되는 과정을 일컫는다. 이것은 일종의 우주적 연합이다. 양성체가 달 위에 서

---

105 Ibid., par. 532(Ibid., 345).
106 E. F. Edinger, *The Mystery of The Coniunctio*, 94.

<그림 16>

있고 나무에 태양과 달이 열매 맺어 있다는 사실이 그것을 암시한다. 이것은 온전한 우주는 단일의 유기적 과정이라는 것을 알려준다. 이러한 깨달음은 얼핏 얻었다가 이내 다시 사라지는 것이 보통이다. 그리고 우리는 아무 일도 없었다는 듯이 다시 우리의 일상생활로 되돌아간다. 태양과 달 나무가 이런 현상을 암시한다.[107]

[달 위에 서 있는 양성체] 전에는 남녀가 각각 태양과 달 위에 서 있었는데, 양성체는 달 위에 서 있다. 이것은 이 연합된 영원한 신체의 토대가 자아라는 사실을 가르쳐주고 있다. 왜냐하면 태양과 달의 대극들은 하늘과 땅을 함축하고 있기 때문이다. 옛날에는 달이 첫 행성이라고 생각해서 사람들은 그 행성 아래에 있는 모든 것이 땅에 속한다고 생각했다. 심리학적으로 말하면, 그것은 자아에 적용된다. 상징적으로 자아는 달의 보호 아래에 있기 때문이다. 그러므로 태양과 관련해서 달 위에 서 있는 양성체는 자아-성분(ego-matter) 또는 신체-성분(body-matter)의 토대 위에 있는 것이다.[108]

[뱀] 다음은 뱀들에 관한 설명이다. 그것들 중 셋은 한 그릇에 있고 나머지 하나는 그릇에 없다. 그러나 모두가 다 왕관을 썼다. 〈그림 7〉로 가보면 거기엔 왕관이 없는 한 마리의 뱀이 있다. 이 두 그림에서 우리가 암시적으로 알 수 있는 것은 처음에 파충류(냉혈, 비열)와 같았던 정신이 왕관을 쓸 정도로 변환되었다는 점이다. 우리는 우리 존재의 기반이 자연이라는 것을 안다. 그것은 곧 파충류가 의미하는 속성과 같다. 즉 전혀 예측할 수 없는 경우에 밖으로 튀어나와서 방울뱀처럼 그 자신을 혹은 남들을 공격할 수 있는 속성 말이다. 그런데 온전한 융합 과정을 통해서 이런 파충류와 같은 정신이 변환하여 의식과 생동하는 연결 상태를 유지하기 시작했다. 바로 이런 결과를 왕관을 쓴 뱀들이 암시하고 있다.[109]

107　Ibid., 96.
108　Ibid., 96.
109　Ibid., 96-97.

[양성체의 날개] 양성체의 등 뒤에 있는 날개는 무엇을 의미할까? 날개 달린 존재는 승화의 산물이다. 승화는 아래로부터 위로의 운동이다. 이것은 어떤 화학적 사건, 즉 어떤 물질에 열을 가했을 때 일어나는 현상이다. 승화 후 식으면 그릇에 결정체 또는 응고물이 남는다. 이런 것을 연금술사들은 승화라고 하였다. 여기서 승화는 철학자의 자식(*filius philosophorum*)의 상징처럼 무덤에서 부활한 그리스도를 나타낸다.[110]

[양성체로 귀결됨] 이것은 몸의 오른쪽은 남성이고 왼쪽은 여성인 레비스가 신격화된 것을 보여준다. 레비스가 여성적인 달 같은 그릇, 즉 헤르메스의 그릇에 해당하는 달 위에 서 있다거나, 그의 날개는 휘발성, 즉 정신성을 의미한다거나, 양손에 들고 있는 세 마리의 뱀과 또 한 마리의 뱀이 마리아의 공리와 셋에서 넷까지의 딜레마와 관계하고, 다른 한편으로는 삼위일체의 신비와 관계된다거나, 뱀의 상징성은 삼위일체 밖에 있는 악의 문제를 제시하며 구원의 작업과 관계가 있다거나, 그림의 왼편에는 다른 편에서 암시된 무의식적 생성 과정의 의식적 대응으로서 '태양과 달의 나무', 즉 현자의 나무가 있다거나 하는 등등의 설명의 구심점은 모두 매우 괴이하고 경악스러운 상징체인 양성의 레비스에 집중된다. 한마디로 말해서 연금술사들이 그렇게 각고의 노력을 해서 도달한 목표가 바로 그 괴상망측한 양성체의 상징 안에 귀결되어 있다는 말이다.[111]

---

110 Ibid., 97.
111 C. G. Jung, *The psychology of the Transference*, CW 16., par. 533(융 기본저작집 3, 『인격과 전이』, 347).

[양성체가 나오게 된 배경] 그 상징을 괴이하게 보이게끔 하는 것은 무엇보다도 연금술의 목표인 대극적 성질 때문임을 누누이 설명해왔다. 이렇게 합리적인 이유를 댄다고 하더라도 이 괴물이 자연의 추악한 기형아이며 도착점이라는 사실을 바꾸지는 못한다. 이것은 우연한 사건이 아니고, 연금술의 기저에 있는 심리학적 사실들이 의미 깊게 귀결된 결과물이다. 물론 양성체의 상징은 연금술 기법의 목표에 이름 붙인 많은 동의어 중 하나다. 이처럼 이 상징이 가공되지 않은 채 배아적 양태를 보이는 이유는 연금술사의 정신이 미숙했기 때문이며, 연금술사들이 그들의 작업의 어려움을 뚫고 나갈 방법을 제대로 갖추지 못했음을 나타내는 것이다. 이런 미숙함은 두 방향에서 볼 수 있는데, 한편으로는 화학적 결합의 성질을 확인하지 못한 것이고, 다른 한편으로는 투사와 무의식의 심리학적 문제를 이해하지 못한 것이다. 이 모든 것에 관한 해명은 아직 미래에 숨어 있었던 것이다. 그래서 오늘날 자연과학의 발달은 전자의 빈틈을 채웠고, 무의식의 심리학은 후자의 충족을 위해 노력하고 있다. 연금술사가 심리적 측면을 이해했더라면 그들은 그들의 융합의 상징을 소박한 성욕의 굴레에서 해방시킬 수 있었을 것이다.[112]

자연은 최고의 대극의 합일이 자웅동체(양성체)라는 것 이외에 더 많은, 더 좋은 말을 할 수가 없었다. 그 때문에 이 표명은 성욕주의에서 더 나가지 못했다. 이 대극의 합일 문제는 수백 년 동안 성적 뉘앙스 속에 갇혀 있었던 것이다. 그래서 무의식의 성욕주의는 매우 진지하게 받아들여졌고 일종의 종교적 도그마로 고양되었으며, 심지어 광신주의가 되어 오늘날까지 수호되어왔다. 그러다가 19세기 말 프로이트가 이 문제

---

112 Ibid., par. 533(Ibid., 348).

를 심리학 차원으로 끌고 들어왔다. 그래서 연금술사들의 근친상간, 신성혼, 신성한 아이 등의 신화소들의 밑바닥에 놓여 있는 자연적인 원형들은 이제 과학의 시대로 나와서 유아기 성욕과 성도착증의 학설이 되었다.[113]

[양성체를 통해 추구한 무의식적 갈망] 여기서 연금술사들이 왜 그토록 양성체의 상에 사로잡혀 있었는지, 다시 말해서 그 상은 그들의 무의식이 활성화된 결과물이므로 그들의 무의식이 추구했던 심리학적 갈망은 도대체 무엇이었을까 하는 궁금증이 생긴다. 정신 치료 과정을 찬찬히 되짚어보면, 먼저 왕과 왕비처럼 치료자와 환자 사이에서 대극의 전이 현상이 나타나고, 이내 그 전이는 점차적으로 경계선을 무너뜨리며 약화되어가거나 한 몸으로 동화되어간다. 그러다가 자아의식이 건강하다는 전제조건 아래에서 전이 현상으로 인한 아픔과 절망의 의미를 깨닫는다. 그런 전이 현상 속에는 사실상 어떤 관계(예컨대, 부부관계, 고부관계, 친구 관계, 이웃 혹은 상사와의 관계 등)든 그 관계를 새롭게 재형성시켜 줄 어떤 힘도 없다. 그래서 환자는 실망한다. 정신 치료도 소용이 없다고 비난한다. 그래도 어쩌겠는가? 변환의 생명력은 죽음이 전제되지 않으면 생성되지 않는 것을. 그래서 건강한 자아는 자신의 죽음을 두려워하지 않는다. 전이의 소멸을 통해서 자아는 전이 너머에 넓게 드리워져 있는 무의식을 직관적으로 인식하면서 본능적으로 그 무의식의 바다에 빠져 죽는다. 이것은 전이 현상을 회피하거나 두려워하는 것이 아니라, 그 전이 현상을 충분히 소화시킨 나름대로의 전이의 해소다. 다시 말해서

---

113 Ibid., par. 533(Ibid., 349).

변환의 힘 혹은 거듭남의 힘을 얻기 위해서 우리는 직관적으로 그 너머의 무의식 혹은 암흑의 두려움 속에 내재되어 있는 하나님(우리를 지탱해 주고 있는 무의식)의 존재를 믿어야 한다는 말이다.

이제 표면적으로 나를 유혹했던 아니마나 아니무스는 없어졌다. 대신에 거기에는 이성적으로는 이해하기 어려운 과정, 즉 무의식 속에서 잉태되고 상승하고 다시 지상으로 내려오는 분리와 결합의 과정을 매개하는 한 정신적 합일체가 생겨났다. 그것은 자아가 죽어서 양성체가 되는 즉시 영과 합쳐진 인격이자 관계적 기능이다. 그것은 아직은 껍데기로만 남아 있는 변화된 자아가 정화되기를 기다린다. 해석이라는 정화 과정을 통해 무의식에 오염되었던 자아가 신성한 신체로 변화한다. 이제 껍데기로만 남아 있던 양성체인 신체 안으로, 위로 올라갔던 정신적 합일체가 하강하여 융합한다. 이제야 비로소 양성체에 생명이 생겨났다. 자아와 무의식이 한 몸이 된 이 양성체는 그 안에 서로 상반되는 속성을 포함하고 있을 뿐만 아니라 그 둘 사이가 서로 조화를 이루며 상생하고 있는 존재다. 그러므로 이제 심리학적으로 자신의 부족함을 채우려고 밖의 어떤 대상에게 자신의 욕망이나 소원을 투사할 필요가 없어진 존재가 되었다. 이제 밖을 향해 전이를 일으킬 필요가 없어진 존재가 되었다는 말과도 같다. 다시 말해서 적어도 심리학적인 문제를 해결하기 위해 이제 더 이상 타인의 존재가 필요치 않게 되었다는 뜻이다.

이것을 치료 관계에서 다시 설명하면, '변환적 관계'(a transformative relationship)에 있는 두 파트너 사이에서 형성된 상징적 객체를 통해 그들이 원형적 자기경험(an experience of the archetypal self)을 하게 된 것이다. 그 강도가 어떻든 이것은 일종의 신비 체험이다. 이 경험은 둘 사이에서 '변환의 이미지'를 활성화시킨다. 인간의 본성은 깊은 무의식 수준에서 친숙하게 연결된 두 사람(혹은 더 많이)의 관계 속에서 변환할 수 있는 능력을 가진다.

상징이란 삶을 위해 둘을 서로 묶어줄 뿐만 아니라, 그 둘에게 심리적 삶의 원형적 토대에 접근하게 하는 매개체인데, 그런 상징을 만들어내는 것이 이미지이고, 그 이미지는 또한 이런 공동의 정신적 기반으로부터 나온다. 〈그림 7〉의 생명수의 연못은 두 사람의 합일과 변형을 잉태하도록 하는 이미지가 마르지 않고 솟아나는 원천으로 회복된다.[114]

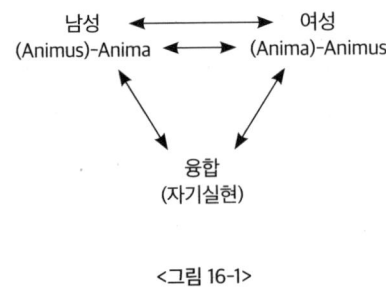

<그림 16-1>

[그로스벡의 구조로 다시 이해하기] 〈그림 16-1〉에서 남성에게 투사된 아니무스와 남성 내면의 아니마가, 그리고 여성에게 투사된 아니마와 그녀의 아니무스가 하나로 합쳐졌다. 이것은 현자의 장미원 〈그림 15〉에서, 무의식적 오염으로부터 깨끗해진 자아(정화된 육체) 안으로 되돌아온 혼의 결합에서 설명한 내용을 잘 보여준다. 그런 과정을 거쳐서 형성된 남녀가 한 쌍으로 각각의 몸 안에 있는 모양새다. 다시 말해서 자웅동체의 이미지를 떠올릴 수 있는 모습이다. 그런 이미지는 융합, 즉 자기실현

---

114 Murray Stein, *Transformation, Emergence of the Self*, 97.

이라는 원형적 근원과 연관되어 나타나고 있다. 이제 더 이상 자신의 내면의 무의식을 인식하기 위해 밖으로 투사할 필요가 없다. 투사가 필요 없음은 곧 새로운 존재로 다시 태어났음을 의미한다.

[분석가의 내면화] 분석 상황에서 〈그림 7〉로의 회귀라는 표현은 분석이 종결되었음에도 불구하고 환자의 내면에서는 자기성찰 혹은 무의식의 탐구가 계속될 수 있음을 말하는 것일 수도 있다. 분석가들은 치료가 종결된 후에도 분석적 관계가 환자의 마음속에 남아 계속해서 작동하고 있음을 발견했다. 그래서 어떤 분석 이론가는 그런 작용을 '분석가의 내면화'(internalization of the analyst)라고 표현하고 코헛(Kohut)은 '변형하는 내면화'(transmuting internalizations)라고 부른다. 확실히 정신 치료가 종결된 후에도 분석의 구조가 오래도록 환자에게 남아 있다. 더욱이 정신 치료 때의 모습 그대로 그 자리에 남아 있는 내적 분석가는 환자의 기억, 상상력, 연상을 통해 그를 새롭게 할 수 있다. 그렇기 때문에 이런 종류의 개인적 결속(personal bond)은 결코 해체되지 않는다. 그것은 다만 감추어지고, 더욱 미묘해질 뿐이다.[115]

115　Ibid., 99.

제7장
기독교 신화의 재해석 – 『욥에의 응답』

융은 말년에 기독교 신화를 재해석하는 데 몰두하였다. 이 연구는 결과적으로 현대인을 위한 새로운 신화의 창조로 결실을 맺었다. 그중 『아이온』과 『욥에의 응답』이 대표적인 작품이다. 이 작품들을 통해 그의 새로운 신화를 정리해보려고 하는데, 점성술과 기독교를 연계한 『아이온』은 간단히 소개만 할 것이며, 기독교의 하나님에 대한 인간의 자세를 새롭게 조망하는 『욥에의 응답』을 중심으로 할 예정이다.

『아이온』

1951년 출판된 『아이온』(Aion)에서 융은 기독교의 그리스도 문제를 다시 다룬다. 그는 정신사적 유비의 문제를 다룬 것이 아니라, 그리스도상을 심리학과 대면시키는 문제를 다루었다. 다시 말해서 그는 여기서 모든 형식주의를 벗겨낸 모습으로서의 그리스도를 보려 한 것이 아니다. 오히려 그는 수백 년의 역사 안에서 그리스도라는 상징을 통해 종교적 내용들이 어떻게 표현되어왔는지를 보려고 했다. 게다가 그리스도의 출현이 어떻게 점성학적으로 예언될 수 있었는지, 그가 그의 시대의 정신에 비추어서, 또한 2000년간의 기독교 문명 속에서 어떻게 이해되어왔는지를 제시하고자 했다.[1]

융은 『아이온』에서 기독교심리학을 다루기 시작했던 것이다. 여기서는 신상의 밝은 면과 어두운 면에 관한 언급이 있다. 그는 그리스도의 출현이 새로운 기원, 즉 "물고기" 시대와 동일하게 시작되고 있음을 설명하고자 했다. 그리스도의 삶과 객관적인 천문학적 사건, 즉 춘분이 물고기좌(쌍어궁)에 들어가는 것 사이에는 동시성이 존재한다. 그러므로 그리스도는 "물고기"(마치 함무라비가 숫양좌[백양궁] 시대의 왕이었듯이)이며 새로운 기원의 통치자로서 나타난다. 이런 사실에서 동시성의 문제가 대두되는데 이런 동시성론을 융은 그의 저술 「비인과적 관련 원리」에서 논했다. 『아이온』에서의 그리스도의 문제는 안트로포스(Anthropos), 즉 심리학적 용어로는 '자기'의 현상이 개인의 체험 속에서 어떻게 나타나고 있는가 하는 문제로 귀착되었다. 융은 「의식의 뿌리에 관하여」(1954)에서 이 문제에 대한 회답을 시도했다. 거기서 그는 의식과 무의식 사이의 상호작용, 무의식으로부터의 의식의 발전, 그리고 보다 큰 인격, 내적 인간이 모든 개인의 생에 미치는 작용을 다루었다.[2]

『아이온』의 중요한 내용은 다음과 같다. 융은 인간의 역사를 천 년 이천 년 단위로 생각했다. 이것은 그가 점성술과 그의 심리학적 관점들을 연관시키면서 찾아낸 법칙의 영향이다. 그는 점성술의 12자리의 상징과 인류 역사의 각 시대적 특성을 비교하고 관찰하면서 하나의 메시지

---

1 C. G. Jung, A. Jaffé, Richard and Clara Winston, *C. G. Jung Memories, Dreams, Reflections* (Fontana Press, Hammersmith, London, 1995), 237-238.
2 C. G. Jung, A. Jaffé, 이부영 역, 『회상, 꿈 그리고 사상』(집문당, 1996), 251.

를 발견했다. 예컨대 초기 기독교 시대부터 현대까지가 쌍어궁(雙魚宮, Pisces) 시대이고, 새천년(2000년)이 되면서 물병자리(Aquarius) 시대가 시작되었다. 물고기는 초기 기독교 시대에 '그리스도' 또는 '그리스도인'을 상징했다. 한편 '물'은 깊은 어둠 속으로 침잠케 하는 속성이 있어서 보통 인간의 무의식을 상징한다. 그렇기 때문에 21세기가 시작되는 물병자리라는 새 시대(Aion)에 인간들은 자신의 무의식의 내용들을 의식화시켜서 의식과 무의식을 통합하여 전일성을 이루어야 할 것이라고 융은 주장하고 있다. 이것이 그가 말하고 있는 개성화다.

『아이온』의 기본 주제는 기독교 시대(영겁, aeon)의 역사 속에서 그 자신을 드러냈던 하나님-형상의 이중적 혹은 양극적 성질에 관한 것이다. 기독교 시대 전반부는 야웨의 아들인 그리스도의 형상과 함께 시작하는데 그 시작은 점차적인 에난치오드로미아(enantiodromia; 역전환성)[3]를 유발시켰고, 그로 인해 그 시대의 후반부에서는 양극적 신성의 대극―나쁜 아들, 적그리스도 극단―이 활동하기 시작했다.

---

3 반대되는 행동을 취하는 것. "나는(융) 이 enantiodromia라는 용어를 시간이 경과함에 따라 무의식적 대극이 분출되어 나올 경우에 사용한다"(*"Definition," Psychological Types*, CW 6, par. 709).

『욥에의 응답』

1. 욥기에 대한 신학적 견해[4]

구약은 대체적으로 율법서(계약신앙과 선민사상), 예언서(구속신앙과 그리스도의 대속과 관련됨), 지혜문학(선민사상의 편협성 극복을 위한 창조신앙)으로 구성되어 있다. 욥기는 지혜문학으로 분류되는 작품이다. 지혜문학은 지혜전승의 내용에 따라 인생의 성공과 행복을 위한 실용적 교훈을 담고 있는 잠언과, 인생의 고통과 의미에 대한 사색을 담고 있는 욥기와 전도서로 나뉜다. 전도서가 지혜자의 사색을 다루고 있다면, 욥기는 경건자의 부르짖음을 통해 실존적 체험과 깨달음을 다루고 있다. 욥기에서의 깨달음의 과정이란, 곧 의인이 하나님과 만나는 과정으로, 처음엔 축복을 통해서 만나고, 중간엔 고통 속에서 만나고, 마지막엔 깨달음 속에서 만나게 된다.

 욥기가 보편적 관심의 대상이 되는 이유는, 욥이 인생의 고통에 대한 문제와 대결하고 있기 때문이다. 그 대결은 결과적으로 절대자 하나님의 응답을 이끌어내고 있다. 이것은 인간의 치열한 고민의 흔적을 보여주며, 우리를 고민의 현장으로 초청해서 그 하나님의 음성을 듣게 해준다. 그러므로 욥기의 주제는 당연히 의인의 고통과 하나님의 세상 섭리다.

 욥기가 기록된 시기는 바벨론 포로 후기인 기원전 6세기 후반부터 5세기 전반 사이로 여겨진다. 욥기는 포로 후기 초기에 예루살렘의 회

---

4 안근조, 『지혜말씀으로 읽는 욥기』(한들출판사, 2007) 참조.

복을 꿈꾸며 바벨론에서 귀환한 경건한 유대인들 가운데 전통적인 야웨 신앙의 한계를 초월적 계시와 깨달음으로 극복할 수 있었던 한 지혜자의 기록인 것 같다.

욥기가 던지는 질문들이 있다. 첫째는 인과응보의 신앙에 대한 반론으로 "왜 믿는가?"라는 질문이다. 기존 신명기 사가의 신학은 율법을 좇는 언약 공동체의 야웨 신앙이었는데, 욥기에서는 공동체 신앙을 벗어나서 믿는 자와 하나님과의 개인적 관계성 속에서 야웨 신앙을 새롭게 변혁시키려는 신학적 사상을 펴고 있다.

두 번째는 "욥의 말이 왜 정당했는가?"라는 질문이다. 기존 계약 신앙에서는 시편(6, 32, 51, 102, 130, 143)의 시들이 그렇듯 시인에게 일어나는 고통의 원인이 인간의 죄악 때문이고, 그렇기 때문에 하나님 앞에서 회개할 때 구원을 경험한다는 전통적인 모습을 그리고 있다. 욥의 친구들이 이를 대표한다. 그러나 욥은 오히려 자신에게 죄 없음을 주장하면서, 혹시 범죄한 사실이 있다면 그것이 무엇인지 알려달라고 하나님 앞에 항변한다. 욥은 정면으로 교조적 신앙에 대적하고 있다. 다시 말해서 욥은 철저히 실존적 현실의 문제를 안고 하나님 앞에 나아가고 있었던 것이다. 삶의 현실과 동떨어진 관습화된 기도는 하나님 앞에 상달되지 않는다. 삶의 한가운데에서 인생의 부정성(negativity)을 정직하게 떠안은 채 하나님 앞에 나아가는 부르짖음이 응답된다. 이것이 욥이 정당했던 이유다.

세 번째는 "욥은 무엇을 깨달았나?"라는 질문이다. 하나님은 욥의 집요한 부르짖음에 자신의 모습을 그 앞에 드러내며 어리석은 인간 욥에게 창조신의 위력을 보여주면서 나무란다. 이때 욥은 크게 깨닫는데, 그것은 창조의 질서에 대한 깨달음이었다. 즉 첫 번째 신언설(38-39장)

에서, 창조의 질서란 개별적 상황의 특수성에도 불구하고 일반적인 하나님 세계의 질서는 여전히 태초의 운행 법칙대로 유지되고 있다는 것이다. 이런 깨달음은 욥을 자기 중심의 세계로부터 해방시켜 비로소 하나님 세상의 큰 그림을 볼 수 있게 해주었다. 두 번째 신언설(40-41장)을 통해서 욥은 인간 자신의 중요성을 깨닫는다. 즉 욥 자신이 베헤못과 리워야단과 똑같이 만물의 으뜸으로 지은바 되었다는 깨달음이다. 이것을 깨달았을 때 욥은 하나님의 새로운 창조의 일꾼으로 또는 동역자로 응답하며 새로운 신앙의 경지에 서게 되었다. 바로 이러한 깨달음은 "태초에 하나님의 형상으로 창조되고 세계 통치의 지배권을 위임받은 창세기의 창조신학의 인간론"(창 1:26)의 재발견이다.

네 번째는 "욥은 왜 갑절의 축복을 받았나?"라는 질문이다. 욥은 최종적으로 처음보다 갑절이나 되는 물질적 축복을 받는다. 이것은 "인과응보 신앙에 대한 반론이라는 욥기 본래의 정신에서 벗어난 결론이 아니겠는가?"라는 의문이 들게 한다. 그러나 이런 결말은 인과응보 사상을 다시 긍정하는 것이 아니라, 구약성서의 영육 일원론 또는 현실주의적 신앙사상 때문에 생겨난 모습일 뿐이다. 욥기 저자는 욥의 신앙적 회복이 영적인 영역에서뿐만 아니라 삶의 모든 영역에서 이루어지고 있음을 밝히고자 했던 것이다. 구약의 영육 통합의 신앙 사상은 '신앙 따로 생활 따로'의 현재의 신앙생활과는 많이 동떨어진다. 따라서 욥기는 인과응보 신앙을 거부하며, 인간의 가치가 존중되는 새로운 신앙관을 강력하게 보여주고 있는 것만은 틀림없어 보인다.

2. 『욥에의 응답』에 관하여

일반적으로 말해서 『욥에의 응답』은 서구 정신의 핵심인 유대-기독교적 신화를 분석심리학적으로 고찰한 것이라고 볼 수 있다. 이것은 서구 하나님-형상에 관한 연구의 연속선 위에 있으며, 특히 인간의 의식이 하나님-형상의 성질을 어떻게 변화시키는지를 탐구하고 있다. 이 작품을 읽는 독자들의 혼란을 예방하기 위해서는, 서구 하나님-형상의 서로 다른 세 가지 양상 혹은 견해를 식별하는 것이 중요하다.

㉠ 구약성서에 묘사된 하나님-형상—야웨
㉡ 기독교 신학에 묘사된 하나님-형상. 이것은 그리스도로 서술된 형상과 동일하다—사랑의 하나님
㉢ 현대의 남녀들이 심리적으로 경험하는 하나님-형상

간단히 말해서, 구약의 하나님, 신약의 하나님 그리고 심리적으로 경험되는 하나님을 일컫는다. 융은 이 세 가지 모두를 간헐적으로 언급하고 그것들을 서로 엮어낸다. 우리들은 융이 도달하고자 하는 것을 잃거나 그것에 혼란을 겪을 수 있기 때문에, 세 가지 서로 다른 영역을 실제적으로 다루어봐야 한다.

㉠ 구약성서에 묘사된 하나님-형상: 이것은 욥이 경험했던 하나님-형상이다. 이 형상은 대극의 결합을 특징으로 한다. 즉 야웨는 친절하기도 하고 노기등등하기도 하며, 공정하기도 하고 공정치 못하기도 하다. 야웨는 그러한 자가당착에 스스로 이의를 제기하며 개입하려는 의식이 없었기 때문에 이러한 대극들을 아무런 모순 없이 계속 유지하고 있다.

그러나 욥은 야웨와의 조우에서 의식화되면서 야웨의 이러한 모순을 인지하게 되었다. 그리고 그는 야웨에게 이의를 제기한다.

ⓛ 기독교 신학에 묘사된 하나님-형상: 기독교 신학에서 야웨의 하나님-형상은 성육신(Incarnation)에 의해 변형된다. 그것은 결코 완전하다고 말할 수 없다. 악이 배제된 순선이기 때문이다. 그러나 전설적이고 비정통적인 자료에서 야웨는 동정녀의 무릎 안에서 길들여졌다고 명백하게 언급된다. 그는 인간으로 육화됨으로써 변형되었다는 관념이다. 야웨 하나님-형상은 인간으로 태어난다. 그리고 그 성육신 과정에서 그는 일방적인 선(one-sided goodness)만을 취하게 된다. 그는 그 안에 어둠이 없는 오직 사랑과 자비의 하나님이 된다. 이것은 신학적으로 하나님의 아들인 그리스도의 형태로 묘사되고 있다. 이러한 배경 안에는 조만간에 그의 시대를 갖게 될 다른 아들인 사탄, 적그리스도가 존재할 수밖에 없게 된다.

ⓒ 현대의 남녀들이 심리적으로 경험하는 하나님-형상: 2000년 동안 지속되어오던 신학적 하나님-형상은 11세기경에 변형되기 시작하다가 현재에까지 이른다. 이것이 『욥에의 응답』과 같은 연구가 필요한 이유다. 융은 하나님-형상이 심리적으로 경험되는 방법에 관하여 많은 이야기를 했다.

그는 그의 비전 세미나에서 그것을 다음과 같이 다루고 있다.

우리가 하나님이라는 단어를 사용할 수 있는 집단무의식을 위하여…
　여러분들 모두는 집단무의식이 무엇인지를 알고 있다. 여러분들은 집단무의식의 특질을 운반하는 확실한 꿈들을 꾼다. 여러분은 이런 이모가 나오는 꿈 혹은 저런 삼촌이 나오는 꿈 대신에, 한 마리 사자가 나오는 꿈을 꾼다. 그러면 분석가는 여러분에게 그것은 신화적 동기(a mythological motif)라고 말해줄 것이고, 여러분은 그것이 바로 집단무의식이라는 것을 이해하게 될 것이다. 그러므로 거기서 여러분은 바로 집단무의식을 인식하게 된다. 이제 하나님은 더 이상 여러분들과 멀리 떨어져 이 지구 밖 어딘가 절대적인 공간에 존재하지 않는다. 이 신성(神性)은 일개의 신학 교과서나 성서 안의 개념이 아니다. 그것은 직접적인 것이고, 밤에 여러분들의 꿈속에서 일어나고 있는 것이다. 그것은 또한 여러분들에게 위통, 설사, 변비를 일으키게 하는 원인자이고, 모든 신경증의 주제자다. 여러분들이 그것을 공식화하려 하거나, 집단무의식이 결국 무엇인지를 생각하려 한다면, 여러분은 그것이 예언서들이 언급했던 것들이라는 결론에 이르게 된다. 즉 그것은 정확하게 구약의 어떤 것들과 같다. 그때 하나님은 천재(天災)를 사람들에게 내려보내고, 그는 밤중에 그들의 뼈를 불태우며, 그들의 신장에 손상을 입히고, 모든 역경들을 일으킨다. 그러면 여러분들은 자연적으로 딜레마에 빠진다. 즉 하나님은 정말 존재하는가? 하나님이 신경증에 걸려 있나?…이처럼 그것은 충격적인 딜레마라고 인정하게 된다. 그러나 여러분들이 일관성 있게 논리적으로 생각해본다면, 여러분은 하나님 자체가 가장 충격적인 문제라는 결론에 이르게 된다. 그리고 그것은 진리다. 하나님은 그들의 이해력을 벗어나 사람들에게 충격을 준다. 그가 불쌍한 늙은 호세아(Hosea)에게 한 행위를 생각해보라. 그는 존경받는 인물이었는데 한 창녀와 결혼해야만 했다. 아마도 그는 어떤 낯선 모성 콤플렉스에 고통스러워했을 것이다.[5]

---

5 C. G. Jung, *Letters, Vol. 2.* (Princeton, Princeton University Press, 1975), 391.

다음의 구절은 심리적으로 우연히 마주쳤을 때 우리들에게 하나님-형상에 관한 어떤 관념을 제공한다. 1937년 테리 강좌에서 융은 한 암 공포 환자를 예로 언급했다. 그는 자신이 암에 걸렸다고 확신했다. 그래서 어떠한 의학적 검사도 그를 다르게 확신시키는 데 소용이 없었다.

그럴 때 우리가 암이라고 상상한 우리의 환자에게 무엇이라고 말할 수 있을까? 나라면 그에게 이렇게 말할 것이다. "그래, 친구야, 너는 실제로 암 비슷한 것에 걸려서, 본질적으로 정말 치명적인 병에 사로잡혀 있는 거야. 그래도 그것이 네 몸을 죽이지는 못할 거야. 왜냐하면 그것은 상상이니까. 그러나 결국 그것은 너의 영혼은 죽일 테지. 그것은 이미 퍼져서 너의 인간관계와 개인적 행복을 못 쓰게 만들었어. 그것은 너의 정신적 존재 모두를 집어삼킬 때까지 점점 더 힘을 불려 나갈 거야. 그래서 결국 너는 더 이상 인간이 아니라, 일개의 사악한 파괴적인 암 덩어리가 될 거야."[6]

융은 계속 말한다.

인간 정신을 단순히 개인적인 사안이라고 간주하는 것은 매우 위험한 오해라고 생각한다. 만약 어느 정도 비일상적이며 예상치 못한 사건의 형태로 어떤 가벼운 장해가 출현한다면, 즉시 본능적인 힘이 나타나고 그 힘은 전혀 예기치 않은, 새로운, 심지어 기이한 모습을 나타낸다. 이런 힘은 개인적인 동기로는 더 이상 설명될 수 없다. 왜냐하면 그것은 오히려 일식(日蝕)이나 그와 같은 일이 생겼을 때 일어난 원시인의 공황 발작과 같은

---

6 C. G. Jung, *Psychology and Religion*, CW 11, par. 19.

원시적 사건에 비길 수 있는 것이기 때문이다.

집단적 세력의 침입으로 이루어지는 성격의 변화는 놀랄 만하다. 온화하고 이성적인 기질이 광포한 기질로, 또는 거친 짐승으로 변화될 수 있다. 사실상 우리는 항상 화산 위에서 살고 있다. 그의 손이 닿는 곳이면 어느 누구도 모조리 파괴하게 될 폭발이 언제나 가능하다.

이성적인 수단으로는 이겨낼 수 없는 그런 힘을 불러들이려면 신경증 하나로 족하다. 우리의 암 공포 증례는 인간의 이성과 통찰이 바보 같은 생각 앞에서 얼마나 무력한지를 분명히 보여주고 있다. 나는 늘 나의 환자에게, 확실히 바보 같은데도 이겨낼 수 없는 그런 생각에서 우리가 아직 이해할 수 없는 어떤 힘과 의미를 발견할 수 있음을 상기시켜주고 싶다. 우리의 환자는 의지의 힘과 암시 앞에서 그의 의식이 이에 대항해서 내놓을 만한 어떤 상응한 것도 가지고 있지 못함을 알고 있다. 이와 같이 난처한 상황에서 환자 자신이 그의 증상 뒤에 숨어서 어떤 이해할 수 없는 방식으로 그러한 증상을 몰래 만들어내고 유지하고 있다고 설득시키려 한다면, 그것은 좋은 전략일 수가 없을 것이다. (환자의 탓으로 돌리는) 그런 견해는 바로 환자의 투쟁 의지를 마비시키고 사기를 꺾을 것이다. 오히려 환자 자신의 콤플렉스가 자율적인 힘을 가지고 있고, 그것이 그의 의식적 인격에 저항한다고 이해시키는 것이 훨씬 나을 것이다.[7]

이 사람은 공포증에 사로잡혀 있었다. 이것이 그에게 하나님-형상이 나타나는 방법이다. 면담 중에 그는 그의 죽음에 그리 오래 직면하지 않았고, 융은 다음과 같은 말로 그 환자의 하나님-형상에 대한 경험을 기술했다.

---

7 Ibid., pars. 24-26.

오늘날까지 하나님이란 나의 계획적인 길을 난폭하고 무모하게 방해해온 모든 것들, 나의 주관적인 견해, 계획, 의도들을 뒤집어엎고, 내 인생의 과정을 유익하게든 유익하지 않게든 변화시켜온 모든 것들을 나타내는 이름이다.[8]

『욥에의 응답』에 관하여 에리히 노이만(Erich Neumann)에게 보낸 한 편지에서 융은 다음과 같이 그의 하나님 경험을 말하고 있다.

나는 평범한 독자를 더 이상 생각할 수 없었다. 오히려 그가 나를 생각해야만 한다. 이 책은 정전(正典; Canonical)의 하나님-형상에 관한 것이다. 이것은 하나님에 관한 일반적인 철학적 관심사가 아니라, 우리의 제일의 관심사다. 하나님은 언제나 특별하고 위치상 언제나 근거가 확실하다. 그렇지 않으면 그는 무익할 것이다. 서구의 하나님-형상은 내가 지적으로 동의하건 안하건 간에 나에게는 확실한 존재다.[9]

이것이 융이 경험하고 『욥에의 응답』에 쓴 하나님-경험과 하나님-형상의 본질이다. 그보다 며칠 전에 쓴 다른 편지에서 그는 그 편지 수신인이 융의 풍자에 대해 언급하면서 던진 『욥에의 응답』에 관한 질문에 답했다.

당신의 감정을 상하게 한 것이 나에게도 고통이군요. 나도 풍자와 조롱을

---

8 Interview published in Good Housekeeping Magazine, December 1961. Letters vol. 2, 525를 보라.
9 C. G. Jung, *Letters, vol. 2*, 32.

피하고 싶었습니다. 그러나 그럴 수 없었습니다. 왜냐하면 그것이 바로 내가 느꼈던 방법이었기 때문입니다. 내가 그렇게 말하지 않았다면 그 풍자와 조롱은 모든 것을 더욱 악화시키고 숨겼을 것입니다. 그 후에 그것들이 다만 하나님의 속성에 저항하는 것을 표현하기 위해 그것들의 위치에 있음을 깨달았습니다. 우리들에겐 낯설게 보이지만 말입니다. 나는 하나님으로부터 자유로운 나 자신을 비꼬아야만 했습니다. 소위 나 자신 안에서의 연합, 즉 하나님이 인간을 통해서 얻고자 한 연합을 발견하기 위해서 말입니다.

풍자는 확실히 좋은 성질의 것은 아닙니다. 그러나 아버지로부터 자신을 낳기 위하여 내가 비난받으리라 생각한 그러한 방법들의 사용을 나는 강요당하고 있습니다. 하나님 자신은 그의 의식 안에 있는 이러한 인간 존재에게 충격을 주기 위해서 매우 다른 방법들을 사용하십니다.

풍자는 우리가 우리의 가슴 아픈 감정을 자신들로부터 숨기려는 방법입니다. 그리고 이런 것으로부터 당신은 하나님의 지식이 나에게 얼마나 많은 상처를 주는지를 볼 수 있고 또한 아버지의 보호 안에서 한 어린이로 남는다는 것을, 그리고 대극의 문제를 피하는 것을 얼마나 많이 좋아하는지를 볼 수 있습니다.[10]

마지막으로 『욥에의 응답』을 쓰게 된 심리학적인 동인을 검토해보려고 한다. 이 책이 갑자기 탄생했음에도 불구하고, 융의 무의식 안에서 그것의 잉태 기간은 길었다. 하나님이라는 주제, 그리고 그가 보았던 하나님의 어두운 면은 평생 집착해온 문제였다. 신성의 핵심적 속성과 함께

---

10 Ibid., 28.

정서적·이론적인 몸부림은 융의 어린 시절의 환상과 꿈들에서 명백하게 나타난다. 뿐만 아니라 그의 아버지(전통적인 목사)와 그의 어머니(강력한 영적-신비적 차원의 소유자) 그리고 기독교 교회 자체와의 복잡한 관계에서도 나타난다. 그의 자서전에서 그의 어린 시절에 대한 언급은 그 시절 종교적 뿌리와 갈등에 관한 깊고 개인적인 배경을 보여준다.[11] 이처럼 융의 어린 시절은 하나님의 이중적 성질에 대한 이해를 필요로 했다. 이 하나님의 이중성은 성인이 되어서 그의 임상적-이론적 논의인 '자기'와 '그림자'로 이어졌다. 이것의 대부분은 외부적으로는 1930년대와 1940년대 동안 융의 논쟁적인 저술들과 반-정치적 노력의 한 주제가 되었다. 이어서 그의 내면세계로 전환하면서, 즉 나이 먹으면서 융의 탐구는 그가 일흔여섯 살 때 쓴 욥에 관한 이 작은 책과 더불어 끝났다.[12]

융이 『욥에의 응답』에서 묘사하는 야훼는 야만적이고 폭력적이고 자아도취적이다. 이미 충분히 언급해왔듯이 그는 야훼의 이중성, 곧 그의 어두운 부분을 명료하게 들추어내려고 적극적으로 노력한다. 이것은 불경스러운 일이다. 어떤 하나님이 그렇다는 말인가? 그러나 융은 예전 열한 살 때 바젤 대성당 위에 배변하던 하나님의 환상 때와는 달리 이와 같은 것에 개의치 않았다. 그는 정면으로 하나님의 원형과 대면한다. 아니면 좀 더 정확하게 말한다면 융은 그의 의식을 신성에 대한 그의 이미지와 경험에 대항해서 곧추세우고 있다. 그가 그의 어린 시절의 환상을 이해하기로는, 대성당을 산산이 부서뜨리고, 어마어마한 똥으로 기독교 교

11　David Sedgwick, "Answer to Job" Revisited: Jung on the Problem of Evil, *The San Francisco Jung Institute Library Journal*, Vol. 21, No. 3, (2002), 5.
12　Ibid., 6.

회를 메말라버리게 한 것은 그가 아니라 하나님이었다.[13]

융의 '자아'와 '자기' 사이의 내적 전투는 지속되었고, 이런 양상의 중요한 열쇠는 초기 그의 아버지에 대한 영적 실망에서 찾을 수 있다. 『욥에의 응답』에서 융은 하나님과 동등하게 대답을 요구한다. 그러나 욥과는 달리 그는 굴복되지는 않는다. 융이 그것에 설 수 있는 사람들을 증명해 보이고 요구한 것처럼, 사람은 정면으로 누미노즘을 만나야 하고 그것이 말하는 것 그리고 그것을 통합할 수 있는지 없는지를 관찰해야 한다. 이와 같이 '자아'는 '자기'와 합의를 만든다. 일반적인 용어로 말하면, '자아'는 하나님과 함께하는 개인(the individual with God)을 형성한다.[14]

『욥에의 응답』에서 융이 기술하는 것은 개인적 과정이다. 그리고 부분적으로 욥을 통한 적극적 명상(active imagination)으로 하나님과 대화하고 있다. 융은 욥의 곤경과 동일시하고 있는 듯하다. 아마도 욥의 무의식적 억울함과 동일시하고 있는 듯하다. 그것은 전능한 하나님 앞에서 표현할 수 없는 것이다. 어떻든 융은 제2차 세계대전 이후의 시대에 전적으로 하나님을 만나고 있다. 그리고 그는 그의 환자들에게 했던 것처럼 강하게 반응할 권리를 주장한다. "나는 나 자신을 완전히 보였고 또한 제한 없이 반응했다."[15] 그 자신이 했던 것처럼 아무도 아버지의 권위에 복종하지 않는다고 융은 자신의 의견을 말한다.[16]

---

13 조지프 캠벨(Joseph Campbell)은 그의 저서 『신화의 힘』에서 다음과 같이 말함으로써 융을 돕는다. "종교는 종교적 경험에 대한 방어다."
14 David Sedgwick, "Answer to Job" Revisited: Jung on the Problem of Evil, 9-10.
15 C. G. Jung, *The Tavistock Lectures*, CW 18, par. 319.
16 David Sedgwick, "Answer to Job" Revisited: Jung on the Problem of Evil, 10.

사실 융은 한때 나치의 조력자 혹은 반유대주의자라는 오명을 뒤집어 썼다. 개인적 친구들이 몇몇 포함된 다른 비평가 그룹은 1930년대 유대인들에 대한 융의 언급이 "개탄할 만큼 중대한 인간적 실수였다"고 결론 내린다.[17] 그러나 융은 나치도 아니었고, 적극적인 혹은 잔인한 반유대주의자도 아니었다. 그럼에도 불구하고 그에게 나치의 조력자라는 라벨이 붙었는데 그 이유는, (1) 유대인의 심리학에 관해 출판한 그의 책들 중 몇 가지, (2) 나치에 순응적인 독일 의사회 그리고 괴링 문화원과의 공놀이, (3) 프로이트와 헤어졌을 때 융이 반유대주의자였다고 하는 프로이트의 주장 등 때문이다.[18] 융은 이런 것들에 대해 결코 잘못됐다는 말을 하지 않았다. 아마도 욥처럼 그런 것들이 모두 부당한 비난이라고 느꼈을지도 모른다. 융은 자신을 끝까지 방어했다.

그러나 여기서 융의 과오적 언급을 한번 살펴볼 필요는 있다. 융은 1930년대 초에, 1927년에 대충 작업했던 바로 그 인종적 테마를 다시 접했다. "그러므로 만약 유대심리학의 결과들을 보편타당한 것으로 간주한다면 그것은 전혀 용납할 수 없는 잘못이다"라고 그는 주석을 달았다. 이 생각은 1934년까지 독일인들에게 힘이 되었다. 그는 아리아인의 무의식을 유대의 무의식과 비교하면서, 아리아인의 무의식이 야만으로부터 아직도 완전히 분리되지 않았다고 보았다. 그러면서도 그는 높은 가능성을 아리아인에게 돌렸다. 그는 다시 프로이트와 아들러에게로 돌아와서 다음과 같이 말했다. "나는 의학적 심리학에서 지금까지 유대적인 범주들을 무분별하게 독일인들과 슬라브 기독교 국가들에 적용한

---

17 Aniela Jaffe. *From the Life and Work of C. G. Jung* (New York, Harper Collophon, 1971), 96.
18 David Sedgwick, "Answer to Job" Revisited: Jung on the Problem of Evil, 14-15.

것은 크나큰 실수였다고 생각한다."¹⁹

융은 프로이트의 정신분석학이 유대의 국가적 일이라고 말했다. 이런 말을 프로이트는 몹시 두려워했다. 확실하지는 않지만 몇몇 사람들이 추측하듯이 융은 그렇게 말함으로써 프로이트에게 복수했을 수 있다. 어떻든 융이, "프로이트의 이론이 유대인의 전제에 일정 부분 기초하고 있는 한, 그것이 비유대인들에게는 유효하지가 않다"²⁰는 글을 썼을 때, 문제는 그가 주장하는 방법에 있다. 그의 주장의 기초는 임상가가 아니라 갑자기 인종적 혹은 인종주의자가 된 상태에서 기인한다. 프로이트와 아들러의 이론들이 실로 틀릴 수도 있다. 아니면 모든 사람에게 적용되지 않을 수도 있다. 그러나 그들이 틀린 것은 유대인이기 때문은 아니다. 어떻든 융이 개인의 무의식에 특별히 인종적으로 결정되는 측면이 있다고 느꼈던 것만은 사실이다. 이것은 역설적이거나 혼란스럽다. 왜냐하면 융의 집단무의식 개념(예. 영웅, 대모, 재생의 신화)은 개인적 종족을 초월해서 나타나는 유사한 신화적 모티프 안에서 주요한 정당성 중에 하나를 발견하는 것이기 때문이다.²¹

그러나 다시 말하건대 융은 나치도 반유대주의자도 아니었다. 그를 옹호하는 입장에서 다시 보면, 그는 어쩌면 욥처럼 중간에 끼어서 본의 아니게 억울한 입장에 놓였던 것 같다. 사실 나치 당시 독일의 학자 마티아스 괴링과 독일의 정신 치료자들 그리고 그 밖의 나치들은 융 본인과 그의 명성을 정치적 목적으로 이용하기를 원했다. 나중에 그들은 융의 이론이 그들의 목적과 다름을 알고 그를 결국 블랙리스트에 올렸다. 그

---

19 C. G. Jung, *Civilization in Transition*, CW 10, par. 354.
20 C. G. Jung, *Letters, Vol. 1*, 154.
21 David Sedgwick, "Answer to Job" Revisited: Jung on the Problem of Evil, 16-17.

당시 융을 자기편으로 끌어들여 이용하려 했던 집단은 비단 나치뿐만 아니었다. 우리가 이미 앞서 보았듯이 프로이트 진영에서도 비유대인인 융을 이용해서 프로이트 이론의 탈인종적 정당성을 획득하려고 했다. 그들은 유대인과 비유대인이 정신분석의 서비스 안에서 서로 연합되어야 한다는 인종적 정책을 말하면서 정신분석학을 앞으로 내세우기 위해 융을 이용하기 원했던 것이다.[22]

한 번 더 융을 옹호하기 위해서는 융 자신의 말을 인용하는 것도 타당할 듯하다. 융은 『아이온』에서 절대적인 악과 상대적인 악에 대해 다음과 같이 말한다. "인간이 그의 속성 속의 상대적 악(the relative evil)을 깨닫는 것은 가능한 영역에 있지만, 인간이 절대적인 악(absolute evil)을 대면해서 본다는 것은 진기하고 충격적인 경험이다."[23] 나치가 인류의 절대적인 악이었다면 독일 문화권에서 성장한 융이 그들을 분별하기란 쉽지 않았을 것이다. 그렇다면 그 억울함이 욥에 버금갔으리라고 상상하기는 그리 어렵지 않다.

3. 『욥에의 응답』 요약[24]

1) 서론

"욥기는 '신적 드라마'(divine drama)의 긴 역사적 발전 과정에서 하나의 주요한 이정표다"라는 첫 문장은 『욥에의 응답』의 핵심 포인트다. 여

22　Ibid., 15.
23　C. G. Jung, *Aion*, CW 9ii, par. 9.
24　융 기본저작집 4, 『인간의 상과 신의 상』, 297-445 참조.

기서 '역사적 발달 과정'이란 '진화의 과정'처럼 생물학적 진화를 의미한다. 따라서 융은 유대-기독교 신화를 과학적 방법도 아니고, 정통 신앙의 방법도 아닌 제3의 방법으로 꿰뚫어 보려고 하고 있다. 그것은 바로 그의 분석심리학적 방법인 개성화 과정으로 유대-기독교 신화의 중심인 신·구약 성서를 창세기로부터 요한계시록까지 일목요연하게 꿰뚫어 보려는 것이다. 이 분석 방법은 인간과 하나님 사이의 관계를 명료화하기 위해 하나님 자신의 인식 변화 과정을 추적한다.

그렇게 하기 위하여 융은 하나님에 대한 자기 자신의 주관적 반응을 묘사할 것이라고 말한다. 다시 말해서 하나님의 거친 행동과 잔혹함을 있는 그대로 적나라하게 바라보겠다는 것이다. 왜냐하면 그렇게 해야만 인간에게서 일어나는 충격을 볼 수 있기 때문이다. 그러면서 융은 그동안 하나님의 무책임한 행동이 인간의 마음에 크나큰 상처를 주어왔지만, 인간들은 '왜 하나님이 그런 행동을 하는지' 감히 생각해볼 엄두도 못 냈음을 지적한다.

여기서부터 융의 성찰은 시작된다. 그의 첫마디는 "상처는 상처를 입힌 무기와 일치한다"는 것이다. 다시 말해서 우리 안에 분노나 아픔과 같은 상처는 순전히 우리 자신의 문제가 아니라는 말이다. 그것은 그 상처를 준 어떤 무기에 의한 것이다. 그것은 바로 야웨 하나님의 무분별한 폭력이다. 그렇기 때문에 우리의 상처를 개인적 차원에서 보려고 하는 한 우리는 우리의 정서를 객관적으로 볼 수 없다.

여기서 우리는 두 가지 서로 다른 문제를 접하게 된다. 첫째는 왜 하나님은 이중성을 가지는가? 두 번째 왜 인간은 자기 자신의 정서에서 벗어나오지 못하는가? 이 두 질문에 답하기 위해서 우리는 우선 『욥에의 응답』을 보는 내내 야웨는 객관적 정신(objective psyche)이라는 것, 즉 야웨는 무의식이라는 명제를 꼭 기억해야 한다.

만일 융의 방식으로 성서의 하나님을 보게 되면, 현대인들은 『욥에의 응답』을 통해서 하나님에 대한 특별한 체험을 하게 될 것이다. 여기서는 두려운 하나님 경험을 합리적으로 해석함으로써 마귀 쫓듯이 약화시키지도 않고, 온갖 지적 조작을 통해서 감정적 억울함을 도피하려 하지도 않는다. 오히려 하나님의 폭력성 때문에 생기는 인간의 정감을 그대로 따라감으로써 인간 내면의 문제로 뚫고 들어갈 뿐만 아니라 하나님 스스로에게도 영향을 준다. 이런 과정을 통해 인간은 하나님 폭력의 맹목성과 인간 정감의 맹목성을 인식할 수 있는 계기를 마련한다. 그렇기 때문에 융은 다음과 같이 말한다.

> 이러한 이유에서 나는 다음에 내 감정을 거리낌 없이 그리고 가차 없이 표현할 것이며, 불의에 불의로 답할 것이다. 그렇게 함으로써 나는 왜, 그리고 무슨 목적으로 야웨가 상처받았으며 이러한 사건에서 야웨나 인간에게 어떤 결과가 생기게 되었는가를 이해하는 법을 배울 것이다.[25]

유대-기독교 신화를 그의 분석심리학의 개성화 과정으로 보고 있는 융을 통해 우리는 두 가지의 밑그림을 그릴 수 있다. 하나는 인류의 정신사가 유대-기독교 신화라는 틀 안에서 어떻게 의식화되어가는지에 대한 거대한 계통발생적 그림이고, 다른 하나는 개인의 차원에서 자아와 자기의 만남이 어떻게 이루어지는지를 그려보는 자그마한 개체발생적 그림이다. 물론 이 두 그림이 애매모호하게 중복되고 반복되기 때문에

---

25 C. G. Jung, *Answer to Job*, CW 11, par. 563.

전체 맥락을 이해하는 데 조금 혼란스럽기는 하다. 그렇기는 해도 이 두 그림의 틀을 잊어서는 안 될 것이다.

2) 욥의 태도 속에서 드러나는 야웨의 모습

야웨는 사탄의 꼬드김에 넘어가 당대의 의인이자 독실한 신앙가인 욥을 사탄의 손에 맡긴다. 그러나 그 배경은 순수하지가 않다. 왜냐하면 야웨의 인간을 믿지 못하는 속성 때문이다. 그래서 그는 조금이라도 의심의 가능성이 있으면 쉽게 흥분해서 인류를 시험하려 든다. 그것의 첫 번째 시도가 에덴동산에서의 선악과 사건이다. 그 결과 인류는 의도하지도 않은 원죄를 범하게 되었다. 욥에 있어서도 야웨는 겉(의식적)으로는 그의 믿음을 만족스럽게 확신하고 있었음에도 불구하고 무의식적으로는 그렇게 하지 못했기 때문에 이러한 자신의 속성을 유감없이 드러내 보였다. 왜일까? 그것은 인간이 사실 무한히 작지만 하나님보다 더 나은 빛을 가지고 있다는 의심 때문이다. 사실 인간은 전능자에 비해 작고 약해서 저항할 수 없기 때문에, 자기성찰에 근거를 둔 다소 예리한 의식을 소유하고 있다. 즉 인간은 그 자신이 존재하기 위해 절대 권력인 하나님 앞에서 자신의 무력함을 의식하고 있어야만 한다. 이러한 상황에서 야웨는, "인간은 이미 에덴동산에서부터 나의 전제조건을 무시했다. 충직한 욥 역시 결국에는 무엇인가를 몰래 꾸밀지 모른다"고 생각했을 것이다. 그래서 그는 욥을 기꺼이 사탄에게 맡겼을 것이다.[26]

사탄의 손에 내맡겨진 욥은 지체 없이 가축을 빼앗기고, 종과 아들과

---

26 Ibid., par. 579.

딸들은 살해된다. 그리고 그 자신도 병에 걸려서 거의 죽을 지경에 이른다. 아내와 선량한 친구들은 그에게 틀린 말을 퍼부어 그의 마음의 평안을 빼앗아갔다. 정의로움을 칭송받던 재판관은 욥의 정당한 호소에 귀를 기울이지 않음으로써, 그의 권리를 거부했다.[27] 이처럼 부당한 약탈과 살해, 고의적인 신체 훼손, 권리보호의 거부 등이 횡행하는 상황에서 더욱 문제가 되는 것은 야웨가 전혀 숙고도 후회도 동정심도 없이 잔혹함과 무자비함만을 드러냈다는 점이다.[28] 바로 이 점은 『욥에의 응답』의 주요 주제 중 하나라서 빈번히 이야기된다. 그렇기 때문에 항상 염두에 두고 있어야 한다.

이러한 정황을 욥의 친구들은 인간이 아무리 선하다 할지라도 신 앞에서는 정당할 수 없다고 주장했지만, 욥은 정의와 도덕이라는 잣대를 가지고 하나님과 맞설 수 있다는 생각을 버릴 수 없었다. 다시 말해서 하나님은 정의로운 분이시지만, 그의 비도덕적인 횡포가 정의를 왜곡시키고 있는 자가당착 속에서 한 치도 물러서려 하지 않았다. 욥은 하나님이 들어줄 것 같지 않은 상황으로 몰려가고 있었지만, 그의 정의를 끝까지 믿고 있었기 때문에 자신의 사정을 하나님 앞에 내놓으면서 그 앞으로 나아갔던 것이다. "이제 당신의 모습을 보여라"라는 식으로 나아갔기 때문에 야웨의 본성이 분명하게 드러나게 될 지경에 이르렀다. 욥의 행위가 바로 야웨 스스로 의식하지 않으면 안 될 지경으로 야웨를 몰고 갔다. 야웨 쪽에서 보면 여간 큰 방해물이 아니다. 이 극적인 정점에서 야웨는 그 잔혹한 게임을 중지하려고 한다. 그리고 그의 반응은 우리의 상식적

---

27   Ibid., par. 580.
28   Ibid., par. 581.

인 예측을 뛰어넘는다. 즉 자기를 꼬드겼던 사탄을 나무라는 것이 아니고, 또한 자신의 무책임한 행위를 반성하는 것도 아니다. 다시 말해서 욥이 그토록 믿고 있었던 하나님의 정의에 대한 언급은 하나도 없이, 오히려 반은 짓밟혀진 인간벌레에게 다음과 같이 비난하면서 호통을 쳤다.[29]

통찰력 없는 말로 변호인(지혜)을 어둡게 하는 자가 누구냐? 이제 허리를 동이고 대장부답게 일어서서, 묻는 말에 대답해보아라.[30]

이어서 야웨는 천지창조의 기원을 들추어내면서, 그리고 만물이 돌아가는 이치를 들추어내면서, 인간인 욥이 얼마나 미천한 존재인지를 드러나게 한다. 그러면서 욥에게 대답하기를 채근한다. 그때 욥이 다음과 같이 말을 한다.

저는 비천한 사람입니다. 제가 무엇이라고 감히 주님께 대답할 수 있겠습니까? 다만 손으로 입을 막을 뿐입니다. 이미 말을 너무 많이 했습니다. 더 할 말이 없습니다.[31]

욥의 이러한 행동에도 하나님의 분노는 식을 줄 모른다. 그래서 야웨는 자기가 얼마나 힘이 센지, 천둥소리를 내는 능력을 과시하고, 베헤못이라는 피조물 가운데 가장 억센 힘을 가진 동물을 만들었고, 리워야단이라는 악어 같은 괴물을 만들었다고 하면서 자신의 힘을 마음껏 과시

---

29 Ibid., par. 584.
30 욥기 38:2-3(*Answer to Job*, CW 11, par. 584).
31 욥기 40:4-5

하며 하찮은 욥을 위협한다.

여기에는 많은 의미가 함축되어 있다. 첫째로 "통찰력 없는 말로 변호인(지혜)을 어둡게 하는 자가 누구냐?"라는 야웨의 말을 찬찬히 음미해보자. 이 질문에 우리는 다음과 같이 자문할 수밖에 없다. "누가 어떤 지혜를 어둡게 하고 있다는 말인가?" 여기서 어둡게 한 행위는 오히려 야웨가 사탄과 내기를 한 것인데 말이다. 그런데 이런 행위가 하나님의 오묘한 지혜였다면, "욥을 높이기 위해서 야웨 자신이 사탄을 선동했으리라"고 추측해도 되겠는가? 그러나 이것은 억지에 불과하다. 사탄과의 내기에 하나님의 지혜가 관여할 리 없고, 그런 것이라면 욥에게 깨우쳐줄 수도 있었던 문제였기 때문이다.[32]

두 번째, "어떤 말이 통찰력이 없는 말일까?" 이 말의 핵심은 욥을 비난하는 것인데, 그렇다면 욥의 죄는 무엇인가? 하나님의 정의에 자신이 당하고 있는 부당함을 호소할 수 있다고 믿은 그의 낙관주의가 통찰력 없는 죄라면 죄일 뿐이다. 그러나 욥기에 나타나고 있는 하나님은 정의를 앞세우기보다 그의 강력한 권력을 주장한 분이었기 때문에 그의 낙관주의는 거기에 전혀 적합하지 않았다. 욥은 나중에 이런 자신의 신조가 잘못되었음을 깨닫고, 하나님의 대극성을 인식하게 되면서 야웨의 정의와 자비에 알맞은 자리를 지정해줄 수 있었다. 그렇기 때문에 욥의 말이 통찰력이 없다고 말할 수는 없는 노릇이다.[33]

그런데도 불구하고 야웨는 막무가내로 욥을 몰아붙인다. 사실 야웨는 눈썹 하나 까딱 않고 모든 것을 할 수 있으며, 또한 모든 것을 자신에게

---

32 C.G. Jung, *Answer to Job*, CW 11, par. 585.
33 Ibid., par. 586.

허용할 수 있다. 그는 태연자약하게 그의 그림자 측면을 투사하고 인간을 희생하며 자신은 무의식에 남아 있을 수 있다. 그는 자기의 우세한 힘을 주장하고, 자신에게는 별 의미가 없는 법을 공포할 수도 있다. 살인과 살해는 그에게는 하찮다.[34] 그렇다면 그의 본성이 본래 그렇기 때문에 그는 거침없이 자신의 야만성을 드러내고 있는 것일까?

욥은 어마어마한 야웨의 격노 앞에서 죽을 것 같은 공포에 온 몸을 떨면서, 지극히 작은 존재로서 그 앞에 설 수밖에 없었다. 극도로 예민해진 초인간적인 존재 앞에서 감히 어떤 비판의 목소리를 낼 수 있을까? 욥은 다음과 같이 회개했다.

주께서 못하시는 일이 없으시다는 것을 이제 저는 알았습니다. 주님의 계획은 어김없이 이루어진다는 것도 저는 깨달았습니다. 잘 알지도 못하면서 감히 주님의 뜻을 흐려 놓으려 한 자가 바로 저입니다. 깨닫지도 못하면서 함부로 말을 하였습니다.[35]

주님이 어떤 분이시라는 것을 지금까지는 제가 귀로만 들었습니다. 그러나 이제는 제가 제 눈으로 주님을 뵙습니다. 그러므로 저는 제 주장을 거두어들이고 티끌과 잿더미 위에 앉아서 회개합니다.[36]

욥은 드디어 "귀로만 듣던 야웨를 직접 보게 되었다." 이것이 야웨의 분노를 더욱더 자극했다. 그렇다면 야웨를 직접 보았다는 의미는 과연

---

34 Ibid., par. 597.
35 욥기 42:2-3.
36 욥기 42:5-6.

무엇일까?

  욥은 약속(covenant)이란 법적인 문제이며, 계약 당사자는 협의된 권리를 주장할 수 있다고 상상했다. 즉 하나님은 참되며 믿음성 있고, 최소한 정의로우며, 모세의 십계명에서 추측할 수 있듯이, 어떤 윤리적 가치들을 어느 정도 인정하거나 최소한 자기 고유의 법적 견지에 책임을 느낄 것이라고 상상했다. 그러나 욥은 야웨가 인간이 아닐 뿐만 아니라, 어떤 의미에선 인간보다 더 못하며, 야웨가 악어에 대해 말한 바로 그것임을 알고 놀랐다.[37]

  일어나기만 하면 아무리 힘센 자도 벌벌 떨며 그 몸부림치는 소리에 기가 꺾인다.[38]

  무의식성은 동물적이며 소박하다. 이 상징은 야웨의 참을성 없는 행동을 설명한다. 그것은 무엇보다 우리가 도덕적으로 평가할 수 없는, 무의식적 존재가 나타내는 행동이다. 즉 야웨는 하나의 현상(a phenomenon)이며 욥이 말한 것 같이 인간이 아니다.[39]

  야웨의 말은 사실 성찰을 거치지 않은 것이었지만 그럼에도 불구하고 세계 창조자의 야만적인 권능을 욥에게 내보이고자 하는 분명한 목적을 갖고 있었다. 그래서 야웨는 욥에게 외쳤다. 즉 "어떤 것으로도 정복될 수 없고 어떤 윤리적 법칙에도 굴복하지 않는 모든 간악한 자연의 힘을 창조한 그가 나다. 그러므로 나 또한 스스로 비도덕적인 자연의 힘이며,

---

37 C. G. Jung, *Answer to Job*, CW 11, par. 599.
38 욥기 41:25.
39 C. G. Jung, *Answer to Job*, CW 11, par. 600.

자신의 등 뒤를 보지 않는 순수하게 현상적인 인격이다."⁴⁰

이때 욥은 자기 자신이, 어떠한 도덕적 판단과 윤리적 기준도 인정하지 않는 하나님에 대항하고 있음을 알게 되었다. 그 결과 욥은, "신이 자기 자신과의 모순 속에 있다는 것, 그것도 신 안에 신에 대항하는 구세주와 변호인이 함께 있다는 것"을 발견했다. 이 발견이야말로 욥의 위대함이다. 그는 야웨가 인간이 아니기 때문에 그 안에 선과 악이 함께 있음을 확신했다. 그는 박해자이며 구원자 모두다. 여기서 하나의 측면은 다른 측면과 마찬가지로 진실이다. 야웨는 분열된 것이 아니고 이율배반이며, 완전한 내면의 대극성이며, 그의 엄청난 역동성, 그의 전지전능에 없어서는 안 되는 전제조건이다. 이러한 인식에서 욥은 야웨가 자신의 분노에도 불구하고 그 자신에 대항해서 비탄을 호소하는 인간의 옹호자이기도 하기 때문에, 야웨에게 그 자신의 길을 밝혀주기를, 즉 야웨 자신의 관점을 분명히 하기를 고집했다.⁴¹

그러므로 야웨의 물음에 욥은, "자신의 뜻을 어둡게 하고 통찰이 없는 것은 야웨 자신이다"라는 식의 태도를 보인다. 야웨는 자신의 전지성으로 자기가 욥을 겁주고자 한 시도가 그런 상황에서 얼마나 부적절한지를 물론 잘 알았을 것이다. 게다가 야웨의 대극성을 인식한 욥에게 그의 협박은 그리 크게 작용하지도 않았을 것이다. 따라서 여기서의 문제는 정작 다른 곳에 있다. 그것은 야웨가 욥의 현실에 전혀 관심이 없다는 점이다. 그는 욥이 부당한 처사에 얼마나 힘들어하고 있는지에 관심이 있기보다, 자기 자신 안에서 일어나고 있는 변화에만 온통 집중하고 있다.

---

40 Ibid., par. 605.
41 Ibid., par. 567.

그러므로 욥은 하나님의 변증법적 내적 과정을 촉발시키는 외부적 계기다.[42] 한걸음 더 나아가 야웨는 오히려 자기 앞에서 항거하고 있는 자를 욥이 아니라 다른 어떤 강력한 적대자, 즉 그에게 도전할 가치가 있는 자처럼 취급하며 행동한다. 그것은 그의 두 번에 걸쳐 반복된 말에서 잘 나타난다.[43]

이제 허리를 동이고 대장부답게 일어서서, 묻는 말에 대답해보아라.

야웨는 욥에게서 신에 속하는 무엇을 본다. 즉 그는 거기서 그 자신에 버금가는 권력을 본다. 말하자면 야웨는 욥에게 의심 많은 자의 모습을 투사하고 있다. 그것은 자신을 은밀히 비판적 시선으로 바라보는 또 하나의 자기 자신의 얼굴이기 때문에 그는 그것을 좋아하지 않는다. 그는 그것이 두렵다. 그렇기 때문에 그는 자신의 모든 권력 수단을 동원해서 상대방에게 힘을 과시하지만, 그것이 욥과 무슨 관계가 있겠는가?[44] 그럼에도 불구하고 야웨는 하찮은 욥을 짓누르려 한다.

아직도 너는 내 판결을 비난하려느냐? 네가 자신을 옳다고 하려고, 내게 잘못을 덮어씌우려느냐? 네 팔이 하나님의 팔만큼 힘이 있느냐? 네가 하나님처럼 천둥소리 같은 우렁찬 소리를 낼 수 있느냐?[45]

---

42 Ibid., par. 587.
43 Ibid., par. 590.
44 Ibid., par. 591.
45 욥기 40:8-9.

욥은 마치 자신이 신인 양 야웨의 도전을 받는다. 이 현상은 전적으로 야웨의 투사 때문이다. 당시의 형이상학에서는 다른 신이란 없었다. 그에 버금가는 것이란 사탄밖에 없다. 사탄은 야웨 안에 있는 또 다른 속성이다. 그렇기 때문에 사탄은 정의로운 야웨의 의식으로부터 숨겨져 있어야 한다. 그러기 위해 가련한 하나님의 종인 욥에게 그것을 투사하고 있는 것이다. 야웨는 스스로 무의식 상태를 유지하기 위해, 무의식에 있는 공포에 질린 얼굴을 밖으로 추방하기를 희망했던 것이다.[46]

여기까지의 장면을 다시 정리해보자. 욥은 폭력적이고 비도덕적인 하나님이라 할지라도 무조건 순종해야 한다는 친구들과는 달리, 정의와 도덕의 잣대를 곧추세우고 하나님 앞에 당당히 맞섰다. 이런 욥의 태도는 야웨가 자신을 스스로 의식해야 하는 지경에까지 몰아갔고, 결국엔 야웨의 분노를 불러일으키고 말았다. 그러면서 야웨는 욥이 하찮은 미물이라는 것을 자각시키려는 듯 자신의 힘을 무자비하게 과시하지만, 그는 오히려 욥을 마치 그 자신과 대등한 권력을 가진 다른 신을 대하듯 도전적으로 그를 대한다. 이 시점에서 이제 욥은 야웨에게 하찮은 미물로서의 존재가 아니다. 욥은 야웨의 변증법적 내적 과정을 촉발시키는 외부적 계기로 작용한다. 심리학적으로 말해서 자아(욥)는 자기(야웨)의 변증법적 내적 과정을 촉발시키는 외부적 계기인 것이다. 이것은 자아-자기 동반자 관계(ego/Self partnership)에 관한 깨달음이다. 이것은 무의식의 의식화, 즉 '신적 드라마'의 진행 과정 중 한 부분으로서 자아 초월적 과정의 시작을 의미한다. 다시 말해서 하나님-형상의 내적 변증 안에 동참할 때 자아가 신성한 또는 신과 같은 속성을 운반한다는 것을 의

---

46 C. G. Jung, *Answer to Job*, CW 11, par. 594.

미한다. 그때 자아는 어떤 누미노제의 속성을 취하게 된다.⁴⁷ "야웨가 욥을 마치 신처럼 여기고 대응했다"는 말이 바로 이 누미노제적 속성을 설명한다고 볼 수 있다.

3) 야웨의 속성

이제부터 야웨는 곧 무의식이라는 등식을 염두에 두고 찬찬히 볼 필요가 있다. 무의식(야웨)은 때로 무책임하고 무시무시한 고통을 유발한다. 그럼에도 불구하고 무의식(야웨)은 동시에 자아초월적 지혜, 도움, 인내의 원천(source of transpersonal wisdom, support and guidance)이기도 하다. 이러한 무의식(야웨)에 자아(인간)가 어떠한 태도를 취하는지에 따라 무의식이 자아에 보이는 정도가 결정된다.⁴⁸ 자아(의식)로서의 욥은 자기(무의식)로서의 야웨에게 의식화를 촉구했던 것이다. 무의식은 그 속성상 본래 의식화되기를 갈망한다. 그것은 곧 인간을 간절히 요구하는 신의 모습에서 나타난다. 그러므로 다음의 융의 설명은 상당한 의미를 가진다.

이율배반적인 야웨의 모습은 비단 욥에게서만 나타났던 것은 아니다. 이미 그 이전부터 그런 야웨의 특성이 종종 보였다. 그는 질투심 많은 도덕의 감시자다. 특히 정의와 관련해서는 민감했다. 그래서 그는 항상 '정의롭다'고 칭송받기를 원했다. 이러한 사정과 특성 때문에 야웨는 단지 고대의 왕처럼 폭군이었다. 이처럼 질투심 많고 예민한 야웨는, 믿음이

---

47 E. F. Edinger, *Transformation of the God-Image: An Elucidation of Jung's Answer to Job* (Inner City Books, Toronto, Canada, 1992), 49.
48 Ibid., 37.

없는 인간들의 마음과 그들의 비밀스러운 생각을 철저히 들추어내면서 인간들과 개인적으로 관계 맺기를 강요했다. 그렇기 때문에 인간은 개인적으로 그로부터 부름을 받았다고 느낄 수밖에 없었다. 그것이 우주를 지배하는 제우스와 야웨 사이의 본질적인 차이다. 말하자면 제우스는 인격이 아닌 하나의 신적 형상으로 인간이 질서를 해치지 않는 한 벌을 내리지 않는 객관적이고 도덕과 무관한 존재다. 따라서 그에게는 딱히 인간이라는 대상이 필요하지 않다. 반면에 야웨는 한 인격으로서 인간을 중요시했다. 그는 인간이 그의 첫 관심사였을 뿐만 아니라 인간을 절박하게 원했다.[49]

이 구절을 다시 한번 더 생각해보자. 제우스로 통칭되는 그리스 문화는 이성적이고 합리적인 것이 특징이다. 게다가 객관적이기 때문에 그 문화 안에는 비합리적이고 이율배반적인 무의식의 속성은 처음부터 발붙일 곳이 없다. 반면에 유대-기독교의 문화를 분석심리학적으로 접근할 때 거기에선 인간을 필요로 하는 야웨를 만나게 된다. 이 야웨는 이율배반적이고 비도덕적이고 비합리적이라서 인간의 도움이 절대적으로 필요한 존재다.

이러한 성격의 야웨는 오직 객체와의 관계에 의해서만 자신의 존재감을 확신하게 되는 인격에 적합하다. 주체가 전적으로 자기반성(self-reflection)을 할 줄 몰라서 자기 자신에 대한 통찰을 가질 수 없다면, 절대적으로 객체에 의존하게 된다. 그것은 마치 다만 그가 거기에 실제로 존재한다고 그에게 확신을 주는 객체를 소유하고 있다는 사실에 의해서만 그가 존재하는 것과 같다. 이러한 그는 도덕적이기에는 너무 무의식적

---

[49] C. G. Jung, *Answer to Job*, CW 11, par. 568.

이다. 도덕성은 의식을 전제로 하기 때문이다. 물론 그것으로서 야웨를 영지주의의 조물주(demiurge)같이 불완전하다거나 악하다고 말해서는 안 된다. 그는 자신의 전체성 안에 있는 모든 것이다. 즉 그는 다른 것들 중에서도 완전한 정의인 동시에 그것에 대한 완전한 역이기도 하다. 사람들이 그의 본질에 대해 단일화된 상을 만들기를 원한다면, 최소한 그를 이렇게 양가적으로 생각해야 한다.[50]

이렇게 의식적 인간(conscious man)이 필요하고, 또한 그들이 외쳐주는 환호가 필요한 야웨에게, 만일 인간 집단에서 갑자기 환호가 중단되면 어떤 일이 벌어질지 우리는 상상할 수 있다. 즉 야웨는 맹목적인 파괴 분노를 동반하는 흥분 상태와 지옥 같은 고독에로의 후퇴, 그리고 비존재(non-existence)라는 고문을 당할 것이다. 게다가 야웨는 '그가 그 자신임을 의식하게 만들어줄' 어떤 것에 대하여 말로 표현할 수 없는 동경을 가지게 될 것이다.[51]

임상적 상황에서 이 구절을 다시 보면, 누군가에 의해 의식되어야 실재한다는 말은 인식되기를 바라는 무의식의 욕구를 과장되게 표현한 것이다. 이것은 분석의 기초 작업이다. 즉 무의식을 인식하기 위해 무의식에 집중해야 한다. 그리고 무의식이 보여야 분석이 진전된다. 다시 말해서 그런 기본 욕구가 인식될 때 맹목적인 파괴적 분노 폭발이 완화된다. 한마디로 이야기해서 무의식의 자기는 자기애(narcissism)를 가진 아이처럼 주목받기를 원하는 하나님-형상이다.[52]

---

50 Ibid., par. 574.
51 Ibid., par. 575.
52 E. F. Edinger, *Transformation of the God-Image: An Elucidation of Jung's Answer to Job*, 42.

어떻든 욥의 꿋꿋한 저항은 야웨를 변화시켰다. 첫째, 정의로운 신이 스스로 더 이상 불의를 행할 수는 없었다. 즉 전지전능한 신이 더 이상 아무것도 모르며 생각도 없는 인간처럼 행동할 수는 없었다. 그러므로 둘째, 자기성찰은 엄연한 요구가 되었다. 셋째, 이를 위해 야웨는 자신이 절대적인 지식을 가지고 있음을 기억해야만 했다. 왜냐하면 욥이 신을 인식한다면, 신 역시 스스로를 인식해야만 하기 때문이다. 넷째, 야웨의 이중적 성질이 온 세상에 알려졌는데, 그 자신에게만 숨기고 있을 수는 없었다. 이러한 과정을 위해 그는 필연적으로 태초부터 자신 옆에 있었던 소피아를 회상해야만 했다. 이처럼 하나님을 인식하는 자는 하나님에게 영향을 끼친다. 그러니까 욥을 파멸시키려 했던 시도가 좌절된 결과는 야웨를 변화시켰던 것이다.[53]

4) 소피아 출현을 위한 민족 이스라엘과 인간 욥

여기서 우리는 소피아의 출현을 눈여겨보아야 한다. 그리고 이 소피아, 즉 지혜는 『욥에의 응답』을 지탱하고 있는 또 다른 중심축이므로 반드시 주의해서 봐야 한다. 어떻게 보면 융은 소피아(지혜)가 언제 어떻게 우리의 세상 안으로 들어와서 화해 혹은 합일을 이루게 되는지를 이야기하고 싶었는지도 모른다. 왜냐하면 야웨를 집단무의식의 남성적 인격화(personification)라고 한다면, 지혜(Wisdom)는 집단무의식의 여성적 인격화이므로, 이 둘은 종국에 가서 하나로 융합되어야 하는 속성들이기 때문이다.

---

53 C. G. Jung, *Answer to Job*, CW 11, par. 617.

소피아(Sophia)는 지혜의 그리스식 용어이고, 호크마(Chochma)는 히브리식 용어, 사피엔티아 데이(Sapientia Dei)는 라틴식 용어다. 지혜는 제일 먼저 기원전 600-300년 사이의 그리스 철학에서 나타난다. 지혜는 그리스 철학자들의 중심 이미지였다. 그래서 그들은 자신들을 '지혜를 사랑하는 자들'(philosopher)이라고 이름 지어 불렀다. 이 용어는 그리스 문헌에서 영지주의 문헌으로 넘어오면서 소피아라는 단어로 바뀌었다.[54]

융은 욥기의 중간에 나오는 지혜에 관한 기록에 초점을 맞추기 위해 욥기가 쓰인 시점으로 돌아가서 솔로몬의 잠언집과의 연관성을 고찰하고 있다. 욥기는 잠언과 거의 동시대(기원전 3-4세기 혹은 6세기)에 기록된 것으로 보인다. 그런데 잠언에 소피아 혹은 지혜의 신 관념, 즉 영원히 공존하는, 창조 이전부터 존재해왔던, 다소 실체화된 여성적 성질을 지닌 기(氣), 즉 프네우마의 관념이 있다. 이것과 욥기의 지혜에 관한 논의는 동일한 뿌리를 가지고 있다.[55] 본질적으로 요한의 로고스와 특성이 비슷한 잠언의 소피아는 히브리 지혜서 호크마(Chochma)와 밀접한 관계가 있다. 다른 한편으로는 인도의 샤크티(Shakti)도 생각해봐야 한다. 또 다른 지혜의 전거는 시라의 아들 예수의 지혜서(기원전 200년경)다.[56]

지혜는 스스로를 로고스(Logos), 곧 하나님의 말씀(Word of God)으로 부르고 있다. 그것은 루아흐(Ruach), 곧 하나님의 영(spirit of God)으로서 태초에 물 위를 덮고 있었고, 하나님처럼 하늘에 옥좌를 갖고 있었다.

---

54 E. F. Edinger, *Transformation of the God-Image: An Elucidation of Jung's Answer to Job*, 53.
55 C. G. Jung, *Answer to Job*, CW 11, par. 609.
56 Ibid., par. 610.

그것은 우주 발생의 기(cosmogonic Pneuma)로서 하늘과 땅과 모든 피조물에 스며들어 간다. 지혜는 모든 특성에서 성 요한의 로고스와 동일하다.[57]

후대의 외경인 솔로몬의 지혜서(기원전 100-150년)에서 소피아의 영적인 성질과 또 마야처럼 세계를 조형하는 그녀의 특성이 더욱 분명하게 드러난다. 지혜는 "사람을 사랑하는 영이기 때문이다." 지혜는 "모든 사물의 장인(worker)이다." "그 안에 가장 분별 있는 성령이 거주하신다." "지혜는 하나님의 힘을 나타내는 입김", "전능하신 분께로부터 나오는 영광의 발원지", "영원한 빛의 찬란한 광채", "하나님의 활동력을 비춰주는 티 없는 거울", 모든 사물을 꿰뚫고 흐르는 가장 미세한 존재다. 그것은 거룩한 하늘과 영광의 옥좌에서 '성령으로' 보내졌다. 지혜는 영혼의 인도자로서 하나님에 이르게 하고 불멸을 보장한다.[58]

이 솔로몬의 지혜서는 조심스럽게 하나님의 정의 문제를 다룬다. 정의는 무의식적 야웨의 속성을 직접적으로 지적하는 핵심 단어라서 주의를 기울여야 한다. 그러므로 기원전 100-150년경에 이 문제를 다루는 동기를 알기 위해서는, 욥기와 소피아의 출현 관계를 좀 더 고찰해봐야 한다.[59] 융은 다음과 같이 설명을 시작한다.

우리는 고대의 문헌에서 '신적 드라마'(divine drama)가 신과 그의 민족 사이에서 일어남을 알 수 있다. 그 민족은 한 여성처럼 남성적 가능태(the masculine dynamis)인 야웨와 약혼 상태에 있고, 야웨는 질투심에 차서 그

---

57 Ibid., par. 611.
58 Ibid., par. 613.
59 Ibid., par. 615.

민족의 믿음을 감시했다.⁶⁰

우리는 여기서 남편과 같은 야웨의 이미지와 부인과 같은 이스라엘의 이미지를 접하게 되는데, 이때 욥은 이스라엘이 개인적으로 인격화된 것이다. 그리고 야웨는 질투하는 남편이 아내를 다루듯 욥을 다룬다. 즉 그녀가 실제로 그를 믿고 있는지 아닌지를 보기 위해 시험하는 상태로 몰아간다. 이것은 자아-자기 관계와 결혼관계의 이미지 사이의 상응이 연쇄적으로 일어나는 것이라고 봐야 한다. 야웨는 남편이고 이스라엘은 아내다. 이스라엘은 이때 일종의 집단적 자아로 기능하고 야웨는 자기의 표상이다.⁶¹

우리는 융이 『아이온』에서 아니마 혹은 아니무스는 다만 반대 성의 짝과의 관계를 통해서만 인식될 수 있다고 한 말을 기억해야 한다. 왜냐하면 이러한 관계를 통해서만 아니마·아니무스의 투사가 활성화되기 때문이다. 똑같은 관념이 야웨의 심리학에도 적용된다. 야웨는 소피아라는 왕비를 가졌다. 그러나 그는 소피아에 대하여 잊었다. 좀 더 정확하게 말하면 그는 결코 소피아를 인식한 적이 없었다. 자아처럼, 대극의 성을 의식하기 위해서는 관계를 통해서 반대 성(opposite sex)을 진정으로 만나는 경험을 해야만 한다. 그렇기 때문에 야웨도 그의 반대 성을 의식화하기 위해서는 똑같은 행위를 해야 한다. 야웨는 영원하고 불멸하기 때문에 그의 대극은 일시적이고 죽는 존재다. 그는 그의 내적 반대자를 의식

---

60 Ibid., par. 616.
61 E. F. Edinger, *Transformation of the God-Image: An Elucidation of Jung's Answer to Job*, 57.

하기 위해 대극이 필요한 것이다.[62]

융은 결혼관계가 시작할 때에는 파트너들 사이에 무의식적 동일시가 높게 형성되었다가 점차적으로 의식적 개개인으로 나뉘는 관계로 진화한다고 보았다. 어떤 결혼이라도 부드럽게 혹은 위기 없이 개인적 관계로 발전하는 경우는 없다. 그와 같이 의식의 탄생도 고통 없이는 일어나지 않는다는 것이 융의 생각이다.[63] 융은 심리학적 관계로서의 결혼에서 담는 자(the container)와 담기는 자(the contained)라는 아이디어를 제공했다. 그의 표현이다.

단순한 속성은 보다 복잡한 속성에게 매우 작은 방과 같아서 복잡한 속성이 머물 만한 공간을 제공하지 못한다. 반면에 복잡한 속성은 단순한 속성에게 있어서 너무도 큰 방이기 때문에 복잡한 속성은 그것이 포함하고 있는 작은 방이 무엇인지 정확하게 알 수가 없다.[64]

이때 '담는 자'로 기능하는 쪽은 만족스럽지 못해서 '담기는 자'를 견제(containment)하려고 한다. 이것은 자아-자기 관계에도 적용된다. 물론 자아는 작은 자, 단순한 자, 담기는 존재(the smaller, simpler, contained entity)다. 그리고 자기는 '담는 자'다. 욥의 친구들의 말이 견제를 표현한다. "너는 야웨보다 작다. 그러니 너는 담기는 자일 뿐이다. 그 상황을 받아들여라." 그러나 욥은 이것을 받아들이지 않았고, 상황은 다른 면으로 확대되어 그는 형세를 야웨에게로 돌렸다. 이때 순간적으로 자아가

---

62 Ibid., 57.
63 Ibid., 57-58.
64 C. G. Jung, *Marriage as a Psychological Relationship*, CW 17, par. 333.

'담는 자'가 되고 자기가 '담기는 자'가 되었다. 이때 야웨의 의심은 강화된다. 융은 다음과 같이 말한다.

> 야웨가 욥을 의심하는 것이 야웨 자신의 충실치 못한(믿지 못하는) 성향을 욥이라는 희생양에게 투사했기 때문임을 증명한다. 즉 그가 이스라엘과의 결혼 서약을 느슨하게 하려 한다는 의혹이 여기에 게재되고 있는 것이다. 그러나 이런 의도는 자기 자신에게 숨기고 있다.[65]

질투심에 차 있는 남편 같은 야웨는 그의 아내의 부정의 가능성에 집착하고 있다. 이런 상태가 예레미야 3장에 생생하게 묘사되어 있다. 야웨가 말한다.

> 세상 사람들은 말하기를 "어떤 남자가 아내를 버릴 때에, 그 여자가 남편에게서 떠나서 다른 남자의 아내가 되면, 그 여자가 본남편에게로 다시 되돌아갈 수 있느냐? 그렇게 되면, 그 땅이 아주 더러워지지 않느냐?" 한다. 그런데 너는 수많은 남자들과 음행을 하고서도, 나에게로 다시 돌아오려고 하느냐? 나 주의 말이다. "두 눈을 뜨고, 저 벌거숭이 언덕들을 바라보아라. 네가 음행을 하여서 더럽히지 않은 곳이 어디에 있느냐? 사막에 숨어서 사람을 기다리다가 물건을 터는 유목민처럼, 너는 길거리마다 앉아서 남자들을 기다렸다. 너는 이렇게 네 음행과 악행으로 이 땅을 더럽혀 놓았다. 그러므로 이른 비가 오지 않고, 늦은 비도 내리지 않는데, 너는 창

---

65 C. G. Jung, *Answer to Job*, CW 11, par. 616.

녀처럼 뻔뻔스러운 얼굴을 하고, 부끄러워하지도 않았다."[66]

심리학적 임상 용어로 보면 야웨는 부정 콤플렉스(infidelity complex)를 가지고 있다. 우리는 한 남편 혹은 아내가 배우자를 믿을 수 없다는 확신을 가지게 되는 상황을 우연히 만난다. 이것은 희귀한 일이 아니다. 융은 우리들에게 그 이유를 다음과 같이 말하고 있다.

인간이 이런 엄한 규율 아래에서 일종의 지혜를 획득하여, 즉 먼저 조심성과 신중함을 획득하여 인간 의식을 넓혀가는 동안에, 이 역사적 발전에서 분명히 밝혀진 것은 야웨가 창조의 날 이래 소피아와의 플레로마적인 공존의 관계를 명백히 상실했다는 사실이다. 그 자리에 선택된 민족과의 동맹이 대신 들어서며 이 선택된 민족은 그로써 여성적 역할을 하도록 강요된다.[67]

야웨가 이스라엘을 불신하려는 것은 나중에 소피아와 관계 맺기 위해서다. 다시 말해서 그의 이스라엘과의 관계(일종의 여성적 배우자의 투사)는 소피아를 의식하게 되기 위한 필수적 단계로 볼 수 있다는 뜻이다. 인간의 남성적 자아가 투사를 통해, 즉 실제 생활에서의 여성과의 경험을 통해 아니마와 통합되듯이, 야웨도 투사를 통해 살아 있는 여성과 함께하는 경험, 즉 이스라엘과의 외부적 사랑을 경험해야 한다. 그런 후에 투사가 소멸된다. 부정 콤플렉스는 야웨가 그의 배우자와의 투사적 관계

---

66 예레미야 3:1-3.
67 C. G. Jung, *Answer to Job*, CW 11., par. 620

로부터 소피아와 의식적이고 직접적인 관계로 회복될 것이라는 사실에 대한 일종의 무의식적 표현이다. 그때 예측되는 부정이 이스라엘에 투사된다.

같은 일이 부정 콤플렉스에 사로잡혀 있는 개인에게 적용된다. 개인은 내부의 배우자인 아니마 혹은 아니무스와 관계를 갖기 위하여 부분적으로 외부의 파트너에 대한 의심을 필요로 한다. 그러니까 종종 부정한 파트너 때문에 경험하는 것들을 통해서 자신을 믿게 된다는 말이다.

야웨의 소피아에 대한 의식과 그것과의 결혼이라는 상징은 융 심리학의 핵심 모티프라고 해도 과언이 아니다. 야웨는 욥의 사건을 통해 자신의 의식화가 매우 중요함을 깨달았다. 그러면서 그것의 원동력이 지혜임을 아울러 터득해가고 있었다. 그러므로 지혜와의 재결합을 위해 중간 매체인 투사의 대상이 필요해졌다. 그것이 곧 집단적 대상으로는 이스라엘 민족이었고, 개인적 대상은 욥이었다. 그러나 야웨는 이들과의 관계 속에서 언제나 배반의 의심을 한다. 그리고 그 의심은 지혜인 소피아와의 관계를 다시 맺기 위해서는 반드시 필요한 것이라고 했다. 왜일까?

5) 이스라엘이 야웨의 반려자가 된 동기

이런 의문에 답하기 위해서는 우선적으로 성서와 역사 속에 있는 그 이전의 단서들을 재구성해볼 필요가 있다. 완벽한 창조라고 여겨졌던 에덴동산에서 하와가 뱀의 꼬임에 빠져 선악과를 따먹는 원죄를 저질렀다. 동산에서 쫓겨난 후 두 부부는 가인과 아벨을 낳았지만, 거기에서는 가인이 아벨을 죽이는 인류 최초의 끔찍한 형제 살해 사건이 벌어진다. 이것들은 야웨의 창조 행위가 불완전했음을 여실히 보여준다. 인류가 창조된 때부터 선과 악이 상존하는 이유가 무엇일까? 왜 이렇게 되었을까? 이것이 창조의 순간을 다시 봐야 하는 이유다. 여기서 주목해야 할 것은 뱀이다. 하와를 유혹한 뱀은 아담보다 훨씬 더 영리하고 더 의식화되어 있었다. 게다가 그것은 아담보다 먼저 창조되었다. 그런데 악을 이 땅에 끌어들여 자신의 계획을 꼬이게 한, 그런 뱀을 과연 야훼가 창조했을까? 야훼 자신이 그런 어리석은 행위를 했으리라고는 생각할 수 없다. 그렇다면 그것은 틀림없이 야훼의 어두운 아들인 사탄의 짓이다.[68]

야훼는 아담에 앞서서 파충류를 창조했다. 그러나 그것은 지능이 낮은 보통 뱀이었는데, 사탄은 그 뱀 중에서 나무 뱀을 선택해서 그것의 형태로 자신을 위장했다. 그때부터 뱀이 가장 영적인 동물이라는 소문이 퍼졌다. 뱀은 누스(영, 오성)의 상징으로 쓰였고 높은 존경의 대상이 되었으며, 신의 두 번째 아들을 상징하는 것으로 허용되었다. 급기야 그 뱀은 낙원에서 아담의 첫 번째 부인 릴리스(Lilith)가 되었으며, 아담은 그녀와의 사이에서 악마의 무리를 낳았다고 한다. 전승설화에서는 아담이 그의 하늘의 전형과 마찬가지로 두 명의 부인을 갖고 있다는 이야기가 남아 있다.[69]

이것을 융식의 언어로 다시 표현하면 이렇다. 플레로마[70]의 상태, 또는 바르도(Bardo)에서는 물론 완전한 세계의 놀이가 지배한다. 거기에서 조물주는 자신의 조력자로서의 영을 가지고 있었다. 그것은 여성적이고 독립적으로 신 옆에 있던 소피아, 곧 지혜였다. 그때의 세상은 일원론이

---

68 Ibid., par. 619.
69 Ibid., par. 619.
70 pleroma: 현상적이고 임시적인 현존의 바깥에 있는 영원한 영역을 일컫는 영지주의의 용어다. 이것은 대체적으로 집단무의식과 동일하게 사용된다.

었기 때문에 갈등이 없었다. 그러나 창조, 즉 시간과 공간에서 명확한 사건으로 세계가 넘어갈 때, 사건들은 서로 마찰하고 부딪치기 시작한다. 플레로마의 세상이 무의식이자 곧 일원론의 세계라면, 천지창조의 세계는 의식의 분화이자 이원론의 세계로의 진입이다. 따라서 창조는 역시 오염된 것으로 판명된다. 이러한 과정 속에서 야웨는 어떤 이유에서인지(뒤에 설명이 나온다) 그의 조력자인 소피아를 망각하고 말았다. 그리고 그로 인한 공백을 사탄이 비집고 들어와서 모든 창조질서를 혼란스럽게 했음에도 불구하고, 이상하게도 야웨는 항상 그 원인을 외견상 순종하려고 하지 않는 인간에게서 찾았지 결코 그의 아들인 사탄에게서 찾지 않았다. 다시 말해서 야웨 안에서 분열이 일어나게 된 원인은 자신의 파트너인 소피아(지혜)를 잃어버려서 그 자신이 무의식 속에 남아 있었기 때문이었는데, 야웨는 그것을 모르고 이런 자신의 부족을 무의식적으로 채우려 했다. 그것이 이스라엘을 자신의 신부로 여겨 그들을 선택한 행위다. 그러고는 그들이 배반하지 않나 노심초사 그 관계에 집중해왔다. 그런데 그들은 종종 야웨를 배반한다. 왜 그랬을까?

6) 이스라엘의 배반 그리고 야웨의 질투심과 폭력성

이미 정리해보았듯이 역사적 발전에서 분명히 밝혀진 것은 야웨가 창조의 날 이래 소피아의 플레로마적인 공존의 관계를 명백히 상실했다는 사실이다. 그 자리에 선택된 민족과의 동맹이 대신 들어서며, 그에 따라 그 선택된 민족은 여성적 역할을 강요받는다. 여기서 문제가 생겼다. 여성적 역할을 강요받았던 그 시대가 사실상 남성 우위의 사회였다는 점이다. 보편적으로 남성은 완전성(perfection)을 추구하고, 여성은 온전성

(completeness)을 지향하는 경향이 있다. 그런데 야웨와의 관계를 이끌어가는 것이 남성의 일이었다.[71] 그래서 야웨의 이스라엘과의 결혼의 기초에는 완벽주의적인 의도가 지배했다. 그 결과 사람들이 '에로스'라고 부를 수 있는 것과의 관계성은 배제된다. 이것이 극명하게 드러나는 곳이 욥기다. 그렇기 때문에 거기서 야웨는 욥으로 대표되는 인간과의 관계에 대해서는 아무 관심도 없다. 그의 관심은 다만 인간이 오직 그 자신의 목적을 위해서만 행동해주어야 한다는 데 있다. 야웨의 마음속에는 자기의 계획만 있지 인간을 배려하려는 마음은 추호도 없다. 그렇기 때문에 그는 욥을 냉정하고 비참하게 내버려둘 수 있었던 것이다.[72]

야웨가 지혜를 잊으면 잊을수록 그의 민족의 그에 대한 충성은 더욱더 중요해진다. 그러나 당시의 이스라엘은 여성적 온전성보다는 남성적 완전성을 제일의 가치로 두었기 때문에, 율법의 완성을 추구했지 관계의 원만성을 추구하지는 않았다. 그러므로 야웨의 반복되는 호의에도 불구하고 이스라엘 민족은 점점 더 불성실해졌다. 에로스의 핵인 지혜를 상실한 탓이다. 따라서 야웨의 질투와 불신 또한 점점 커질 수밖에 없었다. 이러한 배경이 바로, 욥을 시험해도 되겠느냐는 사탄의 제안에 야웨가 선뜻 나선 이유다. 이제 야웨 혼자만으로는 인간의 어떠한 간구도 용납할 수 없는 지경에 이르렀다.

이 상황을 심리학적으로 재조명해보자. 지혜(여성성)를 망각하고 있던 무의식은 의식적 차원에서 남성적(이성적) 완전성의 자극만 받기 때문에 그의 내면적 에로스와의 관계는 형성되지 않는다. 따라서 야웨로서의

---

71 C. G. Jung, *Answer to Job*, CW 11, par. 620.
72 Ibid., par. 621.

무의식은 폭력성과 의심만 보일 뿐이다. 야웨의 의심이 커지면 커질수록 에난치오드로미아 현상으로 그 반대 극인 지혜에 대한 갈구가 강해진다. 그런 문제의 중심에 욥이 서 있다. 그는 야웨가 못 보고 있던 에로스를 야웨 자신이 볼 수 있도록 했다. 야웨(무의식)가 관계의 원칙을 의식하게 되었던 것이다. 이 말은 누구나 무의식의 폭력적이고 관계성 없는 힘을 의식하게 되면 이내 그 무의식을 변형시키게 된다는 뜻이다. 분석가는 욥이 야웨에게서 발견한 것과 똑같은 방법으로 환자의 무의식의 폭력적인 힘의 양상을 관찰한다. 이런 관찰은 변형을 촉진한다. 누군가에 의해 무의식이 한번 보여지고 깨달아지면, 그 사건은 그것이 변할 필요가 있음을 알려준다.[73]

다시 거시적 관점으로 돌아가 보자. 야웨의 의심이 극에 달해 그 자신마저도 인간에게는 아무것도 못 하겠다고 생각하고 있을 때, 사람들은 소피아(지혜)의 박애주의를 그 어느 때보다 그리워하게 된다. 그러므로 욥도 욥기의 중간쯤에서 바로 이와 같은 지혜를 진하게 갈구하고 있다.[74] 욥은 당시의 인류 가운데서는 성숙할 대로 성숙한 하나의 사고를 대표하는 인물이기는 했지만, 이처럼 신과 인간의 지혜를 요구하는 그의 생각은 그 당시로 봐서는 위험한 것이기도 했다. 그리고 욥은 이 요구를 의식하고 있었지만, 신과 영원히 공존하는 소피아에 대해서는 분명 충분히 알고 있지는 못했다.

어떻든 욥으로 인한 사건은 사람들에게 하나님을 인식시켰고, 그러한 인식은 야웨에게 영향을 주었을 뿐만 아니라 인간에게도 지속적으로

---

73 E. F. Edinger, *Transformation of the God-Image: An Elucidation of Jung's Answer to Job*, 63-64.
74 C. G. Jung, *Answer to Job*, CW 11, par. 622.

영향을 끼쳤다. 그러므로 기원전 몇 세기 동안 이전부터 존재하던(pre-existent) 소피아를 조심스럽게 접하면서 야웨의 약점을 보완하고, 동시에 지혜의 회상을 완수한 사람들이 출현했다. 거기서 지혜는 고도로 의인화되고 그와 더불어 자율성을 드러내면서, 야웨에 맞서서 친절한 조력자이자 변호인으로서 인간에게 자신을 나타냈다. 그리하여 그들에게 신의 밝고 자비롭고 의로우며 사랑스러운 측면을 보이기 시작했다.[75] 그들은 바로 에스겔, 다니엘, 에녹이었다.

하와가 얼마나 소피아를 표현하는지 그리고 얼마나 릴리스를 표현하는지는 분명하지 않다. 이것이 중요한 이유는 소피아의 재출현이 신의 영역에서 창조가 진행되어옴을 가리키기 때문이다. 소피아는 '명인'(master workman)이다. 즉 그녀가 하나님의 사고에 물질의 형태를 부여함으로써 그의 사고를 실현시켰다. 이러한 생산은 모든 여성적 존재의 특권이다. 지혜가 야웨와 함께 있음은 영원한 신성혼을 의미하는데, 이것에서 세계가 생산되고 태어나게 된다. 이것은 중대한 변화가 임박해 있음을 알려준다. 즉 하나님은 천상의 결혼의 신비 속에서 다시 태어나기를 갈망하며, 고대 이집트의 왕 파라오의 몸 안으로 육화되어 들어간 신처럼 바로 인간이 되고자 한다.[76]

7) 하나님이 인간이 되고자(육화) 하는 이유

역사적 사건으로서 육화의 진정한 이유는 무엇일까? 이미 보아왔듯이

75　Ibid., par. 623.
76　Ibid., par. 624.

언제나 야웨는 사탄의 의도를 알고 있지 못하는 것 같은 상태에 있다. 그러나 그것은 야웨가 자신의 전지성을 고려하지 않는 데에서 기인한다. 사람들은 그것을 야웨가 그의 성공적인 창조 활동에 매료되어 전지를 잊었기 때문이라고 한다.[77]

욥의 시대에도 야웨는 그의 창조의 막대한 권력과 위대함에 도취되어 있었다. 그렇지 않다면 그는 욥의 인간적인 존엄성을 그렇게 완전히 무시하지는 않았을 것이다.[78] 자신의 위대함에 도취되었다는 말은 팽창(inflation) 상태에 놓여 있었다는 말과 같다. 이것은 한 극단으로 치우쳐 있는 상태이기 때문에 그 반대편으로의 전환을 강력하게 유도한다. 이것이 에난치오드로미아(enantiodromia), 즉 역전환성이다. 그래서 야웨는 욥의 사건부터 전지성이 그의 행동에 중요한 영향을 주기 시작함을 스스로 깨닫기 시작한다. 여기서부터 어떤 박애주의적이고 보편주의적인 특성이 눈에 띈다. 즉 이스라엘의 자손들이 인류의 자식들이라는 호칭은 배후로 들어가고, 우리는 욥 이래로 새로운 계약에 관해서 더 이상 아무것도 듣지 못한다. 대신에 지혜의 말씀들이 일상의 다반사처럼 여겨지고, 고유한 새로움, 즉 요한계시록에 대한 예언적 언사들이 사람들 눈에 점차적으로 띄기 시작한다. 그것은 형이상학적 인식 행위, 즉 이미 일정하게 배열되어 의식으로 뚫고 나올 준비가 되어 있는 무의식의 내용을 가리킨다. 이미 말한 바대로 소피아의 손길이 모든 것에서 작업을 시작한 것이다.[79]

소피아가 가까이 오는 것은 새로운 창조를 의미한다. 그러나 이번에

---

77 Ibid., par. 634.
78 Ibid., par. 636.
79 Ibid., par. 637.

는 세상이 바뀌는 것이 아니라 하나님이 자기 자신의 본질을 변화시키고자 한다.[80] 인류는 과거(노아 시대)처럼 절멸되어야 하는 것이 아니고 구원되어야만 하기 때문이다. 사람들은 야웨의 인간화(육화)의 결정에서 소피아가 박애주의적 영향을 끼쳤음을 인식하기 시작한다. 그 육화는 새로운 인간들의 탄생이 아니고, 단 한 명의 신인간이 창조되어야 하는 것이다.

이제 이 목적을 달성하기 위해서는 기존 창조 과정의 역의 절차가 사용되어야 한다. 이 역의 절차란 제2의 아담이 첫 번째의 아담처럼 창조주의 손에서 바로 생겨나는 것이 아니고, 인간인 여성에게서 탄생되어야 한다는 말이다. 그러므로 이때 당연히 제2의 하와가 시간적 의미뿐만 아니라 본질적 의미에서도 우선되어야 한다. 창세기 3:15에 보면 제2의 하와는 '뱀의 머리를 밟을 여성과 그녀의 후손'에 해당된다. 아담이 원래 자웅동체(양성체)로 여겨졌듯이 '여성과 그의 후손' 역시 인간의 쌍(어머니와 아들), 즉 한편으로는 하늘의 여왕이나 신모(神母), 다른 한편으로는 인간의 아버지를 갖지 않는 신의 아들을 의미한다고 생각된다.

이러한 맥락에서 볼 때 동정녀 마리아는 다가오는 신의 탄생을 위한 순결한 그릇으로 선택된 것이다. 그녀가 지닌 남성으로부터의 자주성과 독립성은 그녀의 본질적인 처녀성을 통해 강조된다. 그녀는 신의 딸이며 원죄의 오염으로부터 자유롭다. 그래서 그녀가 원죄 이전의 상태에 속한다는 것은 명백하다. 그렇게 함으로써 새로운 시작이 설정된다. 마리아의 오점 없는 신적 상태는, 그녀가 순수함이 줄어들지 않는 하나님의 형상을 지니고 있음을 의미할 뿐만 아니라 하나님의 신부로서의 그

---

80 Ibid., par. 625.

녀의 전형(prototype), 즉 소피아를 육화하고 있다는 사실을 바로 알 수 있게 한다.[81]

신이 인간이 되고자 하는 전형은 이미 오래전부터 있어왔다. 즉 아담 이전에 창조된 인간들이 더 고도의 포유동물과 함께 세상에 나타났을 때, 야웨는 다른 날 특별한 창조활동 가운데 신을 꼭 닮은 인간을 창조했다. 그렇게 해서 인간화의 첫 번째 선-형상화(prefiguration)가 일어났다. 야웨는 아담의 후예인 이스라엘 민족을 자신의 소유로 삼았고, 때때로 이 민족의 예언자를 자신의 영으로 채웠다. 그것은 모두 신이 인간이 되고자 하는 준비된 사건이자 신 안에 내재되어 있던 경향이 꿈틀거린 징후였다. 왜 신이 인간이 되는 선-형상화가 이루어지느냐 하면, 선-형상화는 창조 사건이 아니라 다만 의식화 과정에서의 단계들일 뿐이기 때문이다.

그렇다면 그 이전에 이미 무엇이 있어야 한다. 그것이 바로 신의 전지성이다. 최초에 신의 전지성에는 신의 인간적 성질에 대한 지식, 또는 인간의 신적 성질에 대한 지식이 있었다. 왜냐하면 무에서(ex nihilo) 유를 창조할 때 모든 피조물은 신 이외의 어떤 것으로도 이루어질 수 없기 때문이다. 그러므로 인간 역시 모든 피조물과 똑같이 구체적으로 된 신일 수밖에 없다. 심리학적으로만 이야기하면 태초에 신과 인간은 동일성을 가진다. 그런데 그것은 전적으로 무의식 속에만 있어왔다. 이것을 알아가는 과정이 인류의 정신사에 면면히 암시되고 있다. 사람들은 신이 전적으로 실재한다고 의식해가면서 신이 적어도 인간이기도 하다는 것을 아주 늦게서야 알아차렸거나, 혹은 아직도 그것에 골몰하고 있다. 이런

---

81 Ibid., par. 625.

인식이 천 년간에 걸친 과정 속에 있어왔던 것이다.[82]

8) 에스겔, 다니엘, 에녹을 통해 보는 구약에서의 소피아의 활동

그리스도의 탄생과 죽음은 하나님의 육화의 결정체다. 그러나 이 사건이 있기 전에 이미 구약 시대에 그 사건을 위한 준비가 진행되고 있었다. 다시 말해서 하나님의 무의식의 의식화, 곧 하나님-형상의 분화와 변형의 역사가 서서히 진행되고 있었다는 말이다. 융은 이 분화와 변형을 증명해 보이려고 주로 에스겔(Ezekiel), 다니엘(Daniel), 에녹(Enoch)의 환영을 이용했다.

에스겔서는 바벨론 유배 시절인 기원전 550년경에 쓰였고, 에녹서는 기원전 100년경에 완성되었다. 그 중간쯤이 다니엘서가 나온 시기다. 하나님-형상이 인류에게 가까이 가는 경향은 에스겔 환영에서 처음 나타났고, 그 이후 기원전 마지막 200년에 출현한 묵시문학(apocalyptic literature)에서 아주 빈발한다. 이 문헌들 중에서 융은 다니엘서와 에녹서를 참조하고 있다.[83]

에스겔의 환영 체험은 그가 자신의 무의식을 인식하고 있음을 보여준다. 그리고 동시에 그 환영은 에스겔로 대표되는 당시 인류의 의식화 과정을 엿볼 수 있는 좋은 자료가 된다. 이제 에스겔 1장에 기록되어 있는 그 환영을 보기로 하자.

에스겔의 환영은 4개의 큰 바퀴를 단 거대한 마차가 있고, 그것 위에

---

82   Ibid., par. 631.
83   E. F. Edinger, *Transformation of the God-Image: An Elucidation of Jung's Answer to Job*, 82.

하늘의 둥근 천장이 있고, 그 천장 위에 하나님-형상이 앉아 있는데, 그는 마치 '인간의 모습'과 같았다. 각각의 거대한 바퀴들은 그 주변에 온통 눈(眼)들로 가득하다. 그리고 각각의 바퀴 옆에 4얼굴을 가진 한 피조물이 동반하고 있다. 에스겔은 야웨가 인간에게 다가감을 이러한 상징 속에서 파악했다. 다시 말해서 그가 하나님-형상을 인간의 모습으로 파악하고 있다는 것이 핵심이다. 이것은 에스겔이 무의식의 본질적 내용인, 더 높은 인간의 관념(the idea of the higher man)을 보았다는 뜻이다. 야웨는 그러한 인간 앞에서 도덕적으로 굴복했고, 나중에는 그런 인간이 되고자 했던 것이다.

욥은 이것을 체험했으나, 아마도 욥의 의식이 야웨의 의식보다도 더 높이 있다는 것, 따라서 신이 인간이 되고자 한다는 것을 그는 의식하지 못했다. 그 외에도 에스겔서에서 처음으로 '사람의 아들'(Son of Man)이라는 칭호가 나타나는데, 야웨는 선지자(prophet)를 '사람의 아들'이라고 호칭했으며, 이렇게 함으로써 야웨는 추측건대 그 자신이 옥좌에 있는 '사람'의 아들임을 암시하고 있다.[84] 이것이 하나님-형상이 인류에게 가까이 오는 첫 번째 단계다.

무의식의 동요(장애)는 수 세기 동안 지속되었다. 기원전 165년경 다니엘은 네 마리 짐승의 환영을 보는데, 네 동물 중 하나는 나머지 셋과 다른 속성으로 나타난다. 이것은 에스겔의 환영에서처럼 사위일체의 모형을 하고 있지만, 또한 3+1이라는 연금술에서의 마리아 공리(Axiom of Maria)와도 만나고 있다. 그리고 '옛적부터 계신 이'(Ancient of Days)에 관한 환영과 동시에 '사람의 아들'을 닮은 어떤 사람이 하늘에서 구름을 타

84　C. G. Jung, *Answer to Job*, CW 11, par. 667.

고 그(옛적부터 계신 이)를 향해 내려오는 환영을 본다.[85] 여기에서 '사람의 아들'은 더 이상 선지자가 아니며, '옛적부터 계신 이'의 아들이고, 그에게는 아버지를 다시 젊게 만드는 과제가 주어진다.[86] 이처럼 사위일체에 관한 구체적 모습과 '사람의 아들'이 '옛적부터 계신 이'의 아들로 상징 지어짐은 하나님-형상이 인류에게 내려오는 두 번째 단계다.

세 번째 단계가 에녹서에서 발견된다. 에녹서는 외경으로서 한 명 이상의 작가들이 적어도 반세기 동안 쓴 작품이다. 에녹은 그의 환영에서 하나님의 4얼굴을 본다. 그중 셋은 찬양하고 기도하고 간청하는데 몰두해 있고, 네 번째는 사탄을 물리치고, 지상에 살고 있는 사탄들을 고발하기 위해 영들의 주님(the Lord of Spirits) 앞에 그들이 오지 못하도록 막고 있다.[87] 환영은 하나님-형상의 본질적인 분화(differentiation)를 우리들에게 보여준다. 하나님은 네 가지 얼굴을 가지고 있다. 그중 하나가 지금은 다수로 변한, 그의 장남인 사탄을 오로지 하나님으로부터 멀리 떨어져 있게 하고, 그리고 욥에게 했던 방식으로 더 이상 실험하지 못하게 막으려고 하고 있다.[88]

사위성이 두 배로 되거나 상하로 분리되는 것은 사탄이 천상의 궁정에서 멀리 떨어져 있는 것과 마찬가지로 이미 일어난 형이상학적 분열을 가리킨다. 그러나 플레로마의 분열은 결국 신적 의지 안에서 더 깊은 분열이 일어났음을 보여주는 증상이다. 그 증상이란, 즉 아버지가 아들이 되기를 원하는 것, 하나님이 인간이 되기를 원하는 것, 비도덕적인 것

---

85 다니엘 7:13.
86 C. G. Jung, *Answer to Job*, CW 11, par. 668.
87 Ibid., par. 673.
88 Ibid., par. 674.

이 선해지기를 원하는 것, 무의식이 의식적으로 책임 있게 되기를 원하는 것이다. 그러나 이 모든 것은 이제 겨우 생겨나는 상태에 있다.[89] 융은 에녹서에서 사탄이 제거되었음을 지적한다. 형이상학적 분열이 일어나고 있는 것이다. 그리고 에녹서에서의 두 번째 변화는 에녹 자신이 바로 '사람의 아들'로 인정받는 것이다. 여기서 분명해지는 것은 인간 에녹은 신의 계시를 받은 자일 뿐만 아니라, 동시에 적어도 하나님 자신의 아들들 중 한 명인 것처럼 신적 드라마에 동참하고 있는 한 참여자라는 것이다. 이것은 하나님이 자진해서 인간 되기를 제시하는 것과 똑같은 방법으로 인간이 플레로마의 과정 안으로 침잠해 들어가는 것을 의미할 수 있다. 그는 말하자면 그것 안에서 침례를 받게 되고 신의 사위성(the divine quaternity)에 동참한다는 것(즉 그리스도와 함께 십자가에 못 박히는 것)이다.[90]

'사람의 아들'과 그 의미가 늘 되풀이해서 정의와 결부되는 것은 주목할 만하다. 정의는 중심 주제이며 주된 관심사인 것 같다. 오직 불의의 위험이 닥치거나 불의가 이미 행해지고 있는 곳에서만 그런 종류의 정의의 강조가 의미가 있다. 아들의 지배하에 있게 될 정의는 매우 강조되어서 마치 과거 아버지의 지배하에서는 불의가 우세했고, 아들과 더불어 비로소 정의의 시대가 열리는 것 같다는 인상이 생겨난다. 마치 에녹이 이것으로 무의식적으로 욥에게 응답을 준 것과도 같다.[91]

하나님의 나이를 강조한 것은 논리적으로 아들의 존재와 연관되어 있다. 즉 하나님이 배후로 물러나고 아들에게 인간 세계의 통치를 점점

---

89 Ibid., par. 675.
90 Ibid., par. 677.
91 Ibid., par. 682.

더 넘겨준다는 생각을 넌지시 비치고 있는데 이것은 더 정의로운 질서가 도래할 것이라는 희망을 갖게 한다. 우리는 이런 것들을 통해서 어떤 심리학적 상처의 후유증, 즉 하늘에 울며 매달리게 하고 하나님과의 친밀한 관계를 혼란스럽게 한 부당성(불의, injustice)에 대한 기억을 볼 수 있다. 하나님은 그 자신이 한 아들을 원하며, 인간도 역시 아버지를 대신할 한 아들을 원한다. 우리가 충분히 살펴본 바대로 이 아들은 무조건 정의로워야 하며, 이것은 모든 다른 미덕보다도 우선해야만 한다. 하나님과 인간 모두 맹목적인 불의(blind injustice)에서 벗어나기를 원한다.[92]

에녹은 그의 황홀경(ecstasy)에서 그 자신을 '사람의 아들', 혹은 '하나님의 아들'로 인식한다. 우리가 욥에게서 단지 추측했거나 불가피하다고 추론했던 신적인 고양(godlike elevation)을 에녹은 체험했던 것이다. 욥 자신은 "그러나 나는 안다. 나의 변호인이 살아 있음을"이라고 고백했을 때, 그와 같은 것을 예감한 것 같다.[93]

간단히 정리하면, 야웨의 내적 불안정성(the inner instability of Yahweh)은 세계 창조의 전제 조건일 뿐만 아니라 인간이 비극적 합창으로 봉사하는 플레로마적 드라마의 전제 조건이기도 하다. 피조물과의 조우가 창조자를 변화시킨다. 구약성서에서 우리는 기원전 6세기경부터 이러한 발달의 흔적이 증가하는 것을 발견한다. 두 주요 정점은 처음이 '욥의 비극'이고, 두 번째가 '에스겔의 계시'다. 욥은 죄 없이 고통당한 자(the innocent sufferer)이고, 에스겔은 야웨의 분화와 인간화(the humanization and differentiation of Yahweh)를 목격한 사람이다.[94] 에녹서는 대규모로 이

---

92 Ibid., par. 683.
93 Ibid., par. 684.
94 Ibid., par. 686.

를 미리 예기하였다. 그러나 모든 것은 아직 땅에 발붙이지 못한 채 단순한 계시로서 공중에 떠 있었다. 융은 기독교가 어느 날 느닷없이 세계사 안으로 들어온 것이 아니라, 바로 이러한 배경에 의해 역사적으로 준비된 상태에서 필연적으로 출현할 수밖에 없었다는 것을 강조한다.[95]

9) 하나님 육화의 모델 - 그리스도

사탄에 의해 원죄를 저질러 타락한 인류의 시조에서 나온 첫 번째 아들인 가인은 실패작이었다. 그는 사탄의 이상화된 상이었으며 작은 아들 아벨만이 하나님의 마음에 들었다. 아담이 하나님의 모상(copy)이라면, 아벨은 성공적인 하나님의 아들인데 그는 신인의 선형(prefiguration of the God-man)을 나타낸다. 신인은 로고스로서 선재하며 하나님과 영원히 공존하고 있을 뿐 아니라 그와 동일 본질이다. 그러므로 아벨은 마리아에게서 태어나는 신의 아들의 불완전한 모델이라고 볼 수 있다.

그런데 이번에는 야웨의 완전벽 때문에 사탄으로부터 보호해야 할 특별한 조치가 필요했다. 그것이 바로 무염수태로 악의 근원을 원천적으로 차단하는 것이다. 이제 새로운 아들 그리스도는 한편으로는 아담과 마찬가지로 지하계의 인간, 즉 고통을 참고 죽어야 할 인간이어야 하며, 다른 한편으로는 아담같이 단순한 모형이 아니고 아버지로서 스스로 낳고 아들로서 아버지를 젊게 만드는 신 자신이어야 한다. 신으로서 그는 이미 언제나 신이었으며 소피아의 모상을 나타내는 마리아의 아들로서 로고스인데, 로고스는 요한복음이 전하는 바처럼 소피아와 마찬가지로

---

95 Ibid., par. 687.

창조의 장인이다. 신화는 이러한 어머니와 아들의 동일성을 누차 반복해서 확인한다.[96] 한마디로 실패한 창조를 회복하려는 야웨의 의도의 핵심은 분열된 것들을 하나로 결합하는 것이다. 즉 인류의 무의식이 원하고 있는 것이 바로 그것이다. 이 과정을 설명하기란 여간 어려운 것이 아니다. 그렇기 때문에 설명하면 할수록 난해해지고 이율배반적이 된다. 역설적으로 표현할 수밖에 없는 이유가 여기에 있다.

어떻든 전통적인 구원 교리는 하나님이 죄 많은 인간과 화해하기 위해 그리스도를 통해 죗값을 치르게 했다는 것이다. 그러나 하나님의 무의식(God's unconsciousness)이라는 것은 이러한 교리를 다른 측면에서 보게 한다. 다시 말해서 인간이 규정된 방법으로 세례를 받아서 깨끗이 씻겨진다고 했을 때 자신의 죄에서는 벗어날지 몰라도 죄의 결과에 대한 공포, 즉 하나님의 분노로부터는 벗어날 수 없는 것이 문제다.

이 말은 기독교 구속교리의 의식적 인식의 측면과 무의식적 측면을 견주어 보면서 문제를 제기하고 있는 것이다. 의식적 측면에서는 정통적인 교리가 합당한 의미를 갖지만, 정작 인간을 변화시키는 무의식적 차원에서는 그렇지 못하다는 말이다. 왜냐하면 분노하는 하나님으로 상징되는 인간 무의식의 이율배반적이고 비도덕적인 야만성을 조절하지 않고서는 어떠한 변화도 기대할 수 없기 때문이다. 그러므로 구속 사업은 오히려 하나님의 공포로부터 인간을 구해내려는 의도라고 보는 것이 맞다. 다시 강조하건대 인류를 구원하기 위해 독생자 예수를 보낸 사랑하는 아버지에 대한 믿음, 즉 분노하는 야웨를 못 본 체 하면서 갖는 그러한 믿음은 반성의 결여(lack of reflection), 또는 지성의 희생(sacrificium

---

96 Ibid., par. 628.

intellectus)을 전제로 하기 때문에 힘이 없을 수밖에 없다.[97]

이러한 하나님의 구원 프로젝트에서 우리는 또한 하나님 자신의 반성의 결여도 역시 발견한다. 반성의 결여로 그는 악이 그의 다른 아들인 사탄으로부터 시작되고 있음을 간과한다. 그래서 그는 사탄을 탓하기보다 그의 선한 아들인 그리스도를 죽이는 아버지로 나타난다. 그리고 이 잔인한 행위는 인류를 구원하기 위한 하나님의 극진한 사랑으로 묘사된다. 그럴 때 우리는 결코 하나님의 공포로부터 구원받는다는 느낌을 가질 수 없다.[98] 그리스도 자신의 견해라고 여겨지는 옛 관점에 의하면, 그리스도는 하나님에 의해 위협받는 인간을 구원하기 위해서 세상에 와서 고통 받고 죽었다고 주장한다.[99] 과연 그는 어떻게 행동했다는 말일까? 그것을 돌이켜보기 전에 예수 그리스도가 이 땅에 올 즈음의 배경부터 보기로 하자.

예수 그리스도가 이 땅에 올 즈음 드디어 야웨가 그의 어두운 아들을 하늘나라에서 추방한다. 야웨는 사탄의 영향을 제한하기 시작했다. 사탄이 비교적 영향력을 가지지 못한다는 사실은 한편으로는 분명히 신의 탄생을 위한 주의 깊은 준비에서, 다른 한편으로는 그리스도가 지각한 독특한 형이상학적 현상에서 설명된다. 예수는 사탄이 어떻게 하늘에서 번갯불처럼 떨어졌나를 보았다. 이러한 시각은 형이상학적 사건이 세속화되는 것, 즉 야웨가 그의 어두운 아들과 역사적인 최종적 결별을 하는 것에 해당한다(현재로서는). 사탄은 하늘에서 추방되고, 의심스러운 일을 하게끔 그의 아버지를 설득할 기회를 더 이상 갖지 못한다. 이 '현상'은

---

97 Ibid., par. 659.
98 Ibid., par. 662.
99 Ibid., par. 663.

사탄이 왜 육화의 역사에서 나타날 때마다 늘 열등한 역할을 하는가를 설명할 수 있을 것이다. 이 열등한 역할은 어떤 것에서도 더 이상 과거의 야웨와의 신뢰 관계를 생각나게 하지 못한다. 그는 분명히 아버지의 호의를 잃어버려서 추방되었다. 그렇게 해서 우리가 욥의 이야기에서 있었으면 하고 아쉬워했던 벌이 마침내 기이하게 제한된 형태로 그에게 이르렀다. '기이하게 제한된 형태'라는 표현은 사탄이 하늘의 궁정에서 멀리 떨어져 있음에도 불구하고 아직도 지상 세계에 대한 지배권을 가지고 있다는 뜻이다. 그는 바로 지옥으로 보내진 것이 아니고 지상에 던져졌다. 그는 종국에 가서야 비로소 감금되고 지속적으로 무력해진다.[100]

'사탄이 하늘에서 땅으로 떨어졌다'는 것은 신성 안에서의 결정적인 분리(a decisive *separatio* within the God-head)를 의미한다. 신성의 야웨와 같은, 그리고 사탄과 같은 측면들이 찢어지면서 사탄은 하늘 밖으로 쫓겨난다. 그것은 대극의 결정적인 분리의 표상이다. 즉 악으로부터의 선이, 그리고 땅으로부터의 하늘이 분리된다. 그래서 야웨는 지금 하늘 그리고 영과 동일시되고, 사탄은 땅 그리고 물질과 동일시된다. 이것은 물론 심리학적 언급임을 잊어서는 안 된다.[101]

우리가 상식적으로 알고 있듯이 예수는 기존의 전통을 자신의 개인적인 현실로 바꾸어서 다음과 같이 기쁜 소식을 알렸다. "하나님은 인류에 호감을 갖고 있다. 하나님은 사랑하는 아버지이며, 내가 너희들을 사랑하듯이 너희들을 사랑한다. 너희들을 원죄에서 벗어나게 하기 위해 하나님은 나를 그의 아들로서 너희에게 보냈다." 그는 자신을 하나님과의

---

100 Ibid., par. 650.
101 E. F. Edinger, *Transformation of the God-Image: An Elucidation of Jung's Answer to Job*, 73.

화해를 가져다줄 속죄의 제물로 제공한다. 그러나 하나님과 인간 사이의 진정한 신뢰 관계가 형성되려고 하면 할수록, 야웨의 피조물에 대한 복수심이나 모순성은 더욱더 두드러진다. 최고의 선이 인간 제물을 통해서, 그것도 다름 아닌 자기 자신의 아들의 살해를 통해서 은혜를 베푸는 행위를 한다는 것은 예측 못 한 충격이다. 사람들이 확실히 알아야 하는 것은 선한 하나님이 인간 희생을 통해서만 마음을 진정시킬 수 있을 정도로 용서를 못 하고 있다는 점이다.[102]

겉으로 보기엔 사탄이 상대적으로 억제되었기 때문에 야웨는 자신의 밝은 측면을 동일화함으로써 좋은 신, 사랑하는 아버지가 되었다. 그래서 사람들은 사랑 그 자체인 선한 아버지로서의 하나님에게 이해와 용서를 기대해도 좋을 것처럼 보인다. 그러나 비록 그리스도가 자신의 아버지를 완전히 신뢰할 뿐 아니라 그와 하나임을 알고 있었지만, 그는 야웨의 잔인한 속성을 알고 있었기 때문에 하나님 아버지를 향한 주의 기도에서 다음과 같은 조심스러운 간청(그리고 경고)을 삽입하지 않을 수 없었다. "우리를 시험에 들게 하지 마시고, 다만 악에서 구하소서." 즉 신이 우리를 직접 유혹해서 악을 행하게 하지 말고, 우리를 오히려 그것에서 구원해주었으면 하는 것이다.

최고의 선(Summum Bonum)이 되고자 하는 야웨의 명백한 의도에도 불구하고, 그리고 모든 예비 조치에도 불구하고 야웨가 다시 과거의 길로 되돌아갈 가능성이 있기 때문에 우리는 그 가능성을 유의해야만 한다. 하여튼 그리스도는 기도에서 야웨로 하여금 인간에게는 파멸적인 경향이 있음을 상기시키고, 그것을 단념하도록 청원하는 것이 도움

---

102   C. G. Jung, *Answer to Job*, CW 11, par. 689.

이 된다고 생각했다. 아이들에게 위험해질 수 있는 행동을 하도록 유혹하는 것, 그것도 그저 그들이 도덕적으로 확고한가를 시험하기 위해서 한다는 것은 인간의 견해에 따르면 부당할 뿐만 아니라 극도로 부도덕하다고 할 수 있다.[103]

태초로부터 온갖 관대함을 갖고 있으면서도 때때로 파멸시키는 분노 발작에 내맡겨진 신이 갑자기 온갖 선의 화신이 될 수 있다면, 그것은 결국 모든 이성적인 기대에 어긋난다. 우리는 그리스도가 주기도문에서 하나님의 속성을 왜 의심했는지 그 이유를 요한계시록에서 확인할 수 있다. 즉 야웨는 거기서 다시금 인류에 대한 전대미문의 파괴적 분노를 드러낸다. 그 분노는 너무도 강렬해서 인류들 중 인장을 받은 14만 4천 명의 표본만이 살아남게 되는 것 같다.[104]

물론 그리스도의 성격에도 인간에 대한 사랑 이외에 화를 잘 내기도 하는 어떤 특성이 눈에 보이기도 하는데, 그것은 감정적 기질을 가진 사람에게서 흔히 있는 바처럼 자기성찰의 결여이기도 하다. 그러나 그는 자신과 대결한 것 같지는 않다. 다만 예외가 있다면 십자가 위에서의 절망적 부르짖음에서다. "나의 하나님, 나의 하나님, 어찌하여 나를 버리셨나이까?" 그의 인간적인 존재는 여기서 신성에 이르는데, 즉 신 자신이 죽어가는 인간의 고통을 체험하는 순간, 과거 그의 충실한 종 욥을 고통 당하게 했던 것을 체험하면서 신성에 이른다. 여기서 욥에의 응답이 주어진다. 그리고 분명히 이 최고의 순간은 인간적이며 마찬가지로 신적이고, '심리학적인' 것과 마찬가지로 '종말론적'이다. 이율배반적이게도

---

103 Ibid., par. 651.
104 Ibid., par. 652.

사람들이 완전히 인간성을 느낄 수 있는 이 순간에 신적인 신화가 인상 깊게 현존하는 것이다. 양자가 하나로 되면서 동시에 동일한 것으로 변한다.

10) 성령의 역할

그리스도의 죽음 후에 하나님의 육화는 어떻게 되는 것일까? 성육신한 그리스도가 우리의 죄를 대신해서 십자가에 달려 죽은 사건은 일회적인 것이 사실이다. 그러나 기독교 교리는 이 사건을 영원성(eternity) 속에 두고 있다. 따라서 단 한 번의 사망으로 인간들을 영원히 구원하고 있다. 그렇다면 시간을 초월해서 영원한 '과정'으로 존재하는 것이 유한한 시간 속으로 다시 들어오면 어떤 현상이 벌어질까? 영원성이 유한 속으로 들어오면 그것은 비주기적인 반복 진행(aperiodic sequence), 즉 여러 차례의 불규칙적인 반복으로 나타난다. 그런 예는 야웨의 두 아들, 즉 선한 아들과 실패한 아들 간의 문제에서 볼 수 있다. 가인과 아벨(Cain and Abel), 야곱과 에서(Jacob and Esau) 등 서로 반목하는 형제라는 주제가 그 것이다.[105] 이 주제는 지금도 반복된다. 따라서 영원한 주제인 셈이다.

이와 마찬가지로 하나님의 인간화(육화)는 예수 그리스도에서 단 한 번 만에 끝나는 것이 아니라, 시간 속에서는 비주기적으로 반복된다. 다시 말해서 하나님의 육화는 보통 인간들 속에서 지금도 일어나고 있는 사건이다. 이때 절대적으로 필요한 것이 성령이다.

그러나 이 시점에서 개신교와 가톨릭교회가 성령의 도움으로 지속되

---

105 Ibid., par. 628.

는 육화의 개념이 서로 다르다는 것을 짚고 넘어가야겠다. 개신교에서는 계시의 유일한 출처와 결정적인 준거가 성서라고 보기 때문에, 하나님은 신약성서의 저술을 인정하는 한에서만 준거가 된다고 생각한다. 그러므로 신약성서의 종결로 하나님의 진정한 전달은 중단된다. 다시 말해서 정경이 확정된 이후 성령의 활동은 끝났다고 보는 것이 개신교의 관점이다. 그러나 가톨릭교회는 도그마가 성령의 도움으로 계속 발전되고 확대될 수 있다고 생각하기 때문에 이러한 문제와 관련해서는 다소 신중하다. 이러한 가톨릭의 견해는 성령에 관한 그리스도의 교설과 가장 잘 일치하며, 그래서 육화의 계속된 진행과도 잘 일치한다.

그리스도의 교설은 그가 지상의 무대를 떠날 때 자신의 신자들에게 영원히 그들 곁에, 그리고 그들 안에 머물 변호인을 보내달라고 아버지에게 간청하는 것이다. 그 변호인은 바로 아버지가 보낸 성령이다. 이 진리의 영은 신자들을 가르칠 것이며 진리를 온전히 깨닫게 할 것이다. 그러니까 그리스도는 하나님의 자녀들, 즉 영적인 형제자매들 속에서 끊임없는 하나님의 실현(a continuing realization of God)을 상상하고 있었던 것이다.[106]

보혜사 성령(the Paraclete)을 보내는 일에는 또 다른 측면이 있다. 이 진리와 지혜의 영(Spirit of Truth and Wisdom)은 그리스도를 낳게 한 성령이다. 그는 육체적·정신적 생산의 영이며, 이제부터는 피조물인 인간 안에 그의 거처를 마련해야만 할 것이다. 성령은 신(the Deity)의 제3의 인격을 나타내기 때문에 그것은 하나님이 피조물인 인간 안에서 만들어짐(God will be begotten in creaturely man)을 뜻한다. 이것은 인간의 지위의 엄

---

106 Ibid., par. 655.

청난 변화를 의미하고 그 변화를 통해서 인간이 어느 의미에서는 아들의 신분, 그리고 신-인간(a man-god)의 자리로 승격된다. 그럼으로써 우리가 본 대로 '사람의 아들'이란 칭호가 피조물인 인간에게 주어져서, 에스겔서와 에녹서에서 있었던 신-인간의 예비 형상화가 충족된다. 이렇게 됨으로써 인간은 그에게 짐 지워진 죄에도 불구하고, 중재자(the mediator)의 위치, 즉 하나님과 피조물이 합일된 자(the unifier of God and creature)의 위치에 이르게 된다. 융은 다음과 같은 성서의 예를 들어 이와 같은 위치를 보여준다. "나를 믿는 사람은 내가 하는 일을 할 것이요, 그보다 더 큰 일도 할 것이다"[107]라고 그리스도가 말했을 때, 그리고 시편 82:6을 회상하면서 "내가 말하지 않았느냐. 너희들이 신들이요, 모두가 지극히 높으신 이의 아들들이다", "성서는 결코 소멸될 수 없다"[108]고 덧붙여 말했을 때, 그리스도는 아마도 이 무한한 가능성을 고려한 듯하다.[109]

성령은 삼위일체 중 제3의 인격을 나타낸다. 그리고 세 인격 중 그때그때의 각 인격에는 완전한 신이 현존하기 때문에, 성령과 함께 산다는 것은 신자가 신의 아들의 위치에 다가감을 뜻한다. 그렇기 때문에 사람들은 "너희들이 신이다"라는 말을 쉽게 이해할 수 있다. 성령의 형태로 있는 신은 인간 곁에, 그리고 인간 안에 거처를 마련한다. 왜냐하면 신은 아담의 후손뿐만 아니라 무수히 많은 수의 신자들, 또는 아마도 전체 인류 안에서 계속 자신을 실현하려고 하기 때문이다.[110]

---

107 요한복음 14:12.
108 요한복음 10:35.
109 C. G. Jung, *Answer to Job*, CW 11, par. 692.
110 Ibid., par. 656.

그러므로 이제는 평범한 사람이 성령의 원천이 되었다. 이 사실은 지속적으로 진행되고 있는 신의 육화(divine incarnation)를 의미한다. 이처럼 인간은 '신적 드라마'를 받아들이고 완성한다. 인간은 그 드라마 안에서 결정적인 역할을 운명적으로 하고 있는 듯하다. 즉 이것이 인간이 성령을 받아야만 하는 이유다.[111]

그러나 악은 그가 지배할 날이 오래 남지 않았음에도 불구하고, 결코 사슬에 매여 있지 않다. 하나님은 여전히 사탄을 억지로 다루기를 주저한다. 하나님은 아직도 자신의 어두운 측면이 그 악한 천사(the evil angel)를 어떻게 돕는지를 알지 못하고 있는 듯하다. 물론 이러한 일이 인간 안에 있기로 한 '진리의 영'에게 오래 숨겨질 수는 없다. 그래서 그 영은 이미 초기 기독교 시대 때부터 인간의 무의식을 흔들어서 큰 계시들을 촉발시켰다. 이 계시들은 불명확한 내용들 때문에 그 이후의 시대에 다양한 해석과 오해를 수없이 불러일으켰다. 그것이 요한계시록이다.[112]

11) 중간 정리

지금까지 융이 이야기하고 있는 '신적 드라마', 곧 하나님의 무의식의 의식화 또는 인류의 개성화 과정을 다시 한번 간략하게 정리해보자. 천지창조가 이루어지기 전 야웨와 소피아(지혜)만 있었을 때 그곳은 갈등이 없는 일원론적 환경이었다. 지혜와 함께 천지를 창조하면서, 조물주는 잠시 자신의 창조물들에 스스로 도취되어 소피아를 망각해버렸다. 이

---

111 E. F. Edinger, *Transformation of the God-Image: An Elucidation of Jung's Answer to Job*, 96.
112 C. G. Jung, *Answer to Job*, CW 11, par. 697.

틈을 타서 그의 어두운 아들인 사탄이 그 사이로 헤집고 들어와 분열의 씨앗을 뿌렸다. 이때부터 이원론의 세상이 되면서 갈등이 시작되었다. 인류의 역사가 처음부터 아담과 하와의 원죄와 형제 간의 살인으로 시작된 이유가 바로 여기에 있었던 것이다. 그러나 야웨는 왜 이 세상이 명암으로 나뉘었는지, 그리고 그 자신이 왜 폭군적인 속성으로 인류에게 순종만을 원하고 있는지, 왜 그 자신 안에 사랑과 분노가 함께 있는지에 대해 알지 못하고 있었다. 다시 말해서 사탄의 행태에 대해 어떤 의식도 없었다. 이때 욥의 사건은 하나의 큰 전기가 되었다. 일천한 인간인 욥이 야웨의 뒷면을 보았을 때, 전지전능한 야웨는 자신의 문제가 무엇인지 자각하기 시작했다. 다시 말해서 이러한 변화는 곧 그동안 망각 속에 있었던 소피아(지혜)가 활성화되는 것을 의미하기도 했다. 한마디로 그동안 나뉘었던 야웨의 속성이 다시 융합하려는 움직임을 시작했다는 뜻이다. 이러한 야웨의 무의식의 활성화는 인류의 역사 속에서 서서히 이루어져 왔다.

이 역사적 과정을 추적해보기 전에 반드시 염두에 두어야 할 것은 야웨의 무의식의 의식화가 이 세상에서 구체화될 때 어떤 모양으로 나타나는지를 이해해야 한다는 점이다. 그것은 곧 하나님이 피조물인 인간 안에서 되살아나는 것이다. 다시 말해서 하나님의 육화 과정이다. 이 과정을 설명하는 데 주요한 용어 중 하나가 '사람의 아들'이다. 이 단어를 가지고 그 과정을 설명하면 다음과 같다.

먼저 기원전 6세기경, 에스겔서에서 야웨는 '사람의 아들'이라는 칭호를 선지자들을 부를 때 사용했다. 그러면서 그는 그가 옥좌에 있는 '사람의 아들'임을 암시하는 데 그쳤다. 이때 에스겔은 야웨의 분화와 인간화를 목격한다. 기원전 4세기경, 다니엘서에서의 '사람의 아들'은 더 이상 선지자가 아니며 '옛적부터 계신 이'의 아들이다. 기원전 150년경, 에녹서에서 천사는 에녹을 '사람의 아들'로 부른다. 여기서 에녹은 하나님의 계시를 받은 자일 뿐만 아니라, 적어도 하나님의 자녀들 중 하나가 되어 '신적 드라마'에 동참하고 있다.

하나님이 비로소 인간 안에서 육화된 사건이 바로 예수 그리스도의 탄생이다. 그러나 하나님의 완전벽 때문에 예수는 동정녀 마리아를 통해 탄생함으로써 악이 없는 몸을 가지고 태어난다. 그렇기 때문에 그리스도는 하나님의 선한 아들로, 곧 순선(純善)의 상징이다. 이것은 하나님의 무의식이 의식화되기는 했지만 나누어진 한 극단의 의식화를 이루는 것일 뿐이다. 그리고 여기서 우리가 놓쳐서는 안 되는 것은, 이 사건이 하늘의 분열의 최정점에 놓여 있다는 점이다. 이 사건은 사탄이 하늘로부터 땅으로 추방되면서 전개된다. 다시 말해서 하나님의 밝음과 어두움이 극명하게 나뉘는 순간에 일어난 것이다.

그리스도의 죽음과 부활 이후 새로운 중재자 성령이 도래한다. 인류는 이 성령의 힘으로 하나님의 육화를 계속 도울 수 있었다. 다시 말해서 인간은 성령을 통해 하나님의 자녀가 되는 경험을 했다. 이 과정에서 인류는 또 한 단계 높은 각성의 순간을 맞이하는데, 그때의 대표적인 인물이 바로 요한이었다. 요한은 철저한 신앙생활을 통해 자신의 의식을 각성시키고 있었다. 융의 언어로 다시 설명하면, 그의 내면에서는 성령의 도움으로 끊임없이 하나님의 육화가 일어났으며, 그 과정을 통해 그의 의식은 점차적으로 깨어나기 시작했다. 그러므로 그도 역시 에스겔이나 에녹과 같이 특별한 환영을 보지만, 그때 그가 본 환영은 에스겔과 에녹의 경험과는 질적으로 달랐다. 다시 말해서 에스겔과 에녹은 각성되어 있지 않은 상태에서 환영을 경험했기 때문에 그들은 책임이 없는 객관적이고 보편타당한 원형적 자료의 형태를 경험한 데 반하여, 요한의 환영은 의식이 각성되어 있는 상태에서 경험했기 때문에 요한 자신이 '신적 드라마'에 적극 개입할 뿐만 아니라 책임감마저 갖는다. 이제 정점을 지난 하나님의 무의식의 의식화 과정이 요한에게서 일어나고 있는 것이다. 그렇기 때문에 이후로는 적그리스도가 하나의 화두로 대두된다.

12) '신적 드라마'에 동참하는 요한과 요한계시록

결론부터 이야기하면, 요한의 환영을 기록하고 있는 요한계시록은 정통적인 기독교의 교리에 입각한 예언서가 아니다. 요한이 자신의 경험을 표현할 때 정통 기독교의 용어를 사용하기는 하지만, 그것은 전적으로 그의 무의식적 활동을 묘사해낸 것일 뿐이다. 좀 더 정확하게 표현하면 융은 요한계시록을 신학적 측면에서 접근하고 있는 것이 아니라 심리학적 측면에서 접근하고 있다. 즉 요한의 환영들을 그의 활성화된 무의식들의 표상으로 해석하고 있다.

어떻든 융은 요한계시록을 요한 서신(요한1-3서)의 저자가 쓴 책으로 본다. 요한은 그의 서신에서 "하나님은 빛이시고 어둠이 전혀 없다"[113]고 고백한다. 그렇기 때문에 믿는 사람들은 죄를 짓지 않아야 한다고 강변한다. 그럼에도 불구하고 우리가 죄를 지으면 속죄의 제물인 그리스도가 필요하다고 말한다.[114] 또한 그는 우리는 하나님의 자녀들이고 하나님에게서 태어난 자는 죄를 범하지 않는다고 주장한다.[115] 그의 주장

---

113   요한1서 1:5.
114   요한1서 2:1-2.
115   요한1서 3:9.

은 모든 게 확실하고 단호하다. 그래서 그는 하나님 자신이 사랑이므로 완전한 사랑은 두려움을 몰아낸다고 설교한다. 그러면서 거짓 선지자들과 거짓 교리를 가르치는 교사들에게 경고한다. 그리고 적그리스도(Antichrist)가 도래할 것이라고 예고한다.[116]

이러한 그의 태도를 주의 깊게 보면 무언가 어색하다. 즉 그의 의식적 태도는 정통적이지만, 또 한편으로는 으스스한 악마적 불길함(evil foreboding)이 같이 드리워져 있다. 그는 철저히 자기성찰을 했던 바울과는 달리 그 자신이 죄 없는 상태뿐만 아니라 완전한 사랑을 알고 있는 사람처럼 말한다. 그의 각성된 의식은 너무 강렬해서 그에 버금가는 무의식적 힘을 그의 내면에 응집시키기에 충분하다. 이러한 긴장감은 그를 해리(dissociation)의 상태로 이끌 가능성을 높인다. 그리고 이 힘은 언젠가 계시의 형태로 의식을 뚫고 나올 수 있으며 이때의 계시는 다분히 주관적 신화(subjective myth)의 형태를 갖게 된다.[117]

요한의 환영이 주관적 신화의 형태를 띠고 있다는 증거는 여기저기에 널려져 있다. 즉 그의 첫 환영에서부터 공포를 불러일으키는 모습이 나타난다. 요한계시록의 그리스도는 입에서 '날카로운 양날의 검'이 나오는, 인간과 유사하거나 '사람의 아들'과 유사한 형태와 융합되어 있는 '옛적부터 계신 이'(the "Ancient of Days")로 나타난다. 이 날카로운 칼의 이미지는 형제의 사랑을 나타낸다기보다 투쟁과 살육을 연상시킨다. 여기에 등장하는 그리스도는 "원수를 사랑하라"고 가르친 그 그리스도라고 하기에는 너무도 폭력적이다.[118]

---

116 요한서 2:18; 4:3.
117 C. G. Jung, *Answer to Job*, CW 11, par. 698.
118 Ibid., par. 703.

융은 이어서 표현되는 요한의 에스겔식 환영을 보면서 그것들을 그의 심리학적 형상들로 해석한다. 즉 요한이 본 환영에서 옥좌에 앉아 있는 자는 에스겔서의 인간을[119] 닮지 않고 '벽옥과 홍옥' 같았다. 그의 앞에는 '수정과 같이 맑은 유리의 바다'가 있었고, 옥좌 주위에는 앞과 뒤, 바깥과 안에 '눈이 가득 박힌' '네 마리의 생물'이 있었다. 이처럼 여기서 에스겔의 상징이[120] 이상하게 수정되어 나타난다. 즉 무기물의 영역에서 유래된 생명 없고 굳어 있는 것들인 돌, 유리, 수정이 신의 특징을 나타낸다. 이때 우리는 그 이후 수 세기 동안 연금술사들을 사로잡았던 생각을 떠올리지 않을 수 없다. 그때는 신비에 싸인 '인간', 즉 고귀한 인간(homo altus)이 '돌 아닌 돌'이라고 불렸고, 수많은 눈들이 무의식의 바다에서 어슴푸레 빛났다. 어떻든 여기에는 요한이 기독교적 우주 너머의 것을 언뜻 보고 알게 된 그의 심리학 중 한 부분이 들어와 있다.[121]

---

119 "(네 짐승들의) 머리 위 덮개 위에는 청옥 같은 것으로 된 옥좌같이 보이는 것이 있었다. 높이 옥좌 같은 것 위에는 사람 같은 모습이 보였다. 그 모습은 허리 위는 놋쇠 같아 안팎이 불처럼 환했고, 허리 아래는 사방으로 뻗는 불빛처럼 보였다. 사방으로 뻗는 그 불빛은 비 오는 날 구름에 나타나는 무지개처럼 보였다"(겔 1:26 – 공동번역).
120 "그 순간 북쪽에서 폭풍이 불어오는 광경이 눈앞에 펼쳐졌다. 구름이 막 밀려오는데 번갯불이 번쩍이어 사방이 환해졌다. 그 한가운데에는 불이 있고 그 속에서 놋쇠 같은 것이 빛났다. 또 그 한가운데에는 짐승 모양이면서 사람의 모습을 갖춘 것이 넷 있었는데 각각 얼굴이 넷이요 날개도 넷이었다. 다리는 곧고 발굽은 소 발굽 같았으며 닦아놓은 놋쇠처럼 윤이 났다. 네 짐승 옆구리에 달린 네 날개 밑으로 사람의 손이 보였다. 넷이 다 얼굴과 날개가 따로따로 있었다. 날개를 서로서로 맞대고 가는데 돌지 않고 곧장 앞으로 움직이게 되어 있었다.…그 짐승들을 바라보자니까, 그 네 짐승 옆 땅바닥에 바퀴가 하나씩 있는 게 보였다. 그 바퀴들은 넷 다 같은 모양으로 감람석처럼 빛났고 바퀴 속에 또 바퀴가 있어서 돌아가듯 되어 있었는데 이렇게 사방 어디로 가든지 떠날 때 돌지 않고 갈 수 있게 되어 있었다. 그 네 바퀴마다 불쑥 솟은 데가 있고 그 둘레에는 눈이 하나 가득 박혀 있었다"(겔 1:4-9, 15-18 – 공동번역).
121 C. G. Jung, *Answer to Job*, CW 11, par. 707.

그 뒤에 어린 양이 일곱 봉인으로 봉해진 책을 개봉하기 시작한다. 어린 양은 '옛적부터 계신 이'의 인간적인 모습을 벗어버리고 요한계시록의 뿔 달린 많은 다른 동물 중 하나처럼, 순전히 짐승의 모습을 한 괴물의 형태로 나타난다. 그것은 일곱 개의 눈과 일곱 개의 뿔을 갖고 있어서 어린 양 같다기보다는 숫양과 비슷하다. 그러니까 아무 저항도 없이 도살장으로 끌려가는 순한 어린 양은 어디로 가고 거기엔 드디어 분노할 줄 알게 된, 다만 공격적이고 화 잘 내는 숫양만이 있다. 융은 이 모든 것들 속에서 형이상학적 비밀보다는 완벽을 추구하는 사람들에게서 종종 관찰할 수 있는 감정인, 오랫동안 억눌려온 부정적 감정의 폭발(the outburst of long pent-up negative feeling)을 본다.[122]

우리는 이 장면을 보면서 요한이 그의 동료 기독교인들에게 설교했던 것을 실행하려고 매일 노력했다고 확신할 수 있다. 이것을 좀 더 심리학적으로 설명하면 이러한 목적을 위하여 그는 모든 부정적인 감정들을 차단해왔고, 또한 자기-성찰(self-reflection)을 할 수 없었던 덕분에 그는 차단한 감정들을 잊을 수 있었다. 그러나 그 부정적 감정들이 의식 단계로부터 사라졌음에도 불구하고 그것들은 의식 표면 아래에서 지속적으로 마음을 괴롭혔다. 그리고 시간이 흐르면서 증오와 복수심의 실타래가 정교하게 짜였는데, 그 과정이 극에 달했을 때 결국 그 감정들은 계시의 형태를 하고 의식 위로 터져 나왔다. 이것으로부터 복종, 인내, 이웃과 원수에 대한 사랑이라는 모든 기독교의 관념들을 반박하고, 사랑하는 아버지와 인류의 구원자를 우스꽝스럽게 만드는 끔찍한 그림이 점차 형성되었던 것이다. 환상적인 공포의 상들로 나타나는 증오, 분노, 복수,

---

122   Ibid., par. 708.

맹목적인 파괴적 격분 등이 난무하는 광란의 잔치가 분출하고 있고, 예수 그리스도가 하나님과 함께하는 순결과 사랑의 공동체를 원래의 상태로 회복시키려고 무진 애를 썼던 그 세상에 피와 불이 흘러넘치고 있는 것이다.[123]

그러나 일곱 번째 천사가 마지막으로 나팔을 불고 멈추었을 때, 여태까지 묘사해오던 요한의 개인적 혹은 주관적 분노와는 거리가 먼 환영이 나타났다. 그것은 정통적인 기독교 교리에 합당한 환영은 물론 아니다. 오히려 '신적 드라마'에 매우 적합한 집단적 형태를 띠는 환영이었다. 그것은 예루살렘이 파괴된 후 하늘에서 태양-여인(sun-woman)이 나타나는 환영이었다. 그 여인은 달을 밟고 별이 열두 개 달린 왕관을 머리에 쓰고 있었다. 그녀는 해산의 고통을 겪고 있었고, 그녀 앞에는 그녀의 아이를 (거인들이 그랬듯이) 게걸스럽게 먹어치우려는 붉은 용이 있었다.[124]

이 환영은 하늘에 있는 사원이 열리고 언약궤가 보이는 것으로 시작된다. 이것은 아마도 하늘의 신부, 즉 소피아와 동격인 예루살렘의 하강의 전조일 것이다. 왜냐하면 이것은 결과적으로 신적 인간-아이(a divine man-child)를 출산하는 천상의 신성혼(Hieros gamos)을 나타내기 때문이다. 여기에 나타나는 어머니의 형상은 자신의 어둠 속에 '남성적' 의식의 태양을 포함하고 있는데, 이 태양은 어린아이의 모습으로 무의식의 밤바다에서 솟아올랐다가 노인의 모습으로 그곳에 가라앉는다. 그녀는 어둠을 밝음에 덧붙이고 있어서 대극의 신성혼을 의미하며 자연을 영과

---

123 Ibid., par. 708.
124 Ibid., par. 710.

화해시킨다.[125]

　이 환영이 정통 기독교 정신으로부터 온 것이 아닌 이유는, 정통 교리에서의 재림 예수는 '하늘의 구름 속에서' 오지 두 번 태어나서 오지 않을 뿐만 아니라 태양과 달이 결합해서 나오지 않기 때문이다. 게다가 요한이 아폴로 레토 신화를 이용한다는 사실도 이 환영이 무의식의 산물임을 증명한다. 왜냐하면 무의식에는 의식에서 버려진 모든 것이 존재하고, 의식이 기독교적일수록 무의식은 더욱 이교적으로 행동하기 때문이다.[126]

　종교적 황홀경이나 환상의 능력을 가진 사람은 항상 이 과정에 관여되고 포함된다. 여기에서도 요한의 무의식적 인격은 그리스도와 거의 비슷하게 동일시되고 있다. 즉 그는 그리스도와 비슷하게 태어나고, 그에게는 비슷한 운명이 주어진다. 이것을 달리 말하면 그리스도를 믿는 자는 그리스도 안에 들어가 있을 뿐만 아니라, 믿는 자 안에 그리스도가 신을 닮은 완전한 인간, 제2의 아담으로서 살고 있다는 진술을 가능케 한다.[127]

　요한의 환영이 현대인의 꿈이었다면 사람들은 그 신적인 아이(the divine child)의 탄생을 자기의 의식화(consciousness of the self)라고 주저 없이 해석했을 것이다. 요한의 의식 세계에서의 열렬한 신앙 태도는 그가 그리스도상을 무의식 자료로 받아들이는 데 영향을 주었을 것이다. 게다가 그는 신적인 동정녀-어머니의 원형(the archetype of the divine virgin mother)과 그녀의 아들-연인의 탄생 원형(the archetype of the birth

---

125　Ibid., par. 711.
126　Ibid., par. 713.
127　Ibid., par. 713.

of her son-lover)을 활성화하였으며 기독교적인 의식과 대결하게 만들었다. 그렇게 함으로써 요한은 개인적으로 '신적 드라마'에 관여하게 된 것이다.[128]

그렇다면 요한의 문제는 개인적인 문제가 아니다. 개인의 무의식이나 변덕스러운 감정 분출의 문제가 아니고 더 광범위하고 더 포괄적인 깊은 곳에서 나오는, 즉 집단무의식에서 나오는 역사의 문제다. 그리스도교도로서 요한은 '집단적·원형적 과정'(a collective, archetypal process)에 사로잡혔다. 물론 그의 개인 심리를 무시하려는 것은 아니다. 그의 강력한 그리스도 모방이 무의식에 상응하는 그림자를 만들어냈다고 보기에 충분한 증거들이 있다. 간단히 말해서 요한이 주체 못 할 환영을 가지고 있었다는 것 자체가 의식과 무의식 사이에 대단한 대극 긴장이 있었음을 보여준다. 그래서 그의 요한계시록에서는 이 두 문제가 서로 뒤섞인다. 왜냐하면 그가 죽음에 직면한 말년의 나이에 요한계시록을 기록했지만, 그 갑작스러운 분출이 시대의 폭풍이고 엄청난 에난치오드로미아라는 것을 알지 못했기 때문이다. 그는 다만 그런 분출을 암흑을 결정적으로 없앨 수 있는 기회로밖에 알 수 없었다. 즉 그는 암흑에서 인간이 된 신이 분리되어 나온 것도, 해-달-아이(sun-moon-child)가 무엇을 뜻하는지도 이해할 수 없었다. 그는 다만 그것들도 또 다른 복수의 형태로만 파악할 수 있었다.[129]

종말론적인 환영의 목적은 평범한 인간으로서의 요한에게 자신의 밝은 성질 밑에 얼마나 많은 그림자를 감추고 있는지를 알도록 하는 데 있

---

128 Ibid., par. 714.
129 Ibid., par. 717.

지 않고, 예언자로서의 그에게 하나님의 광대함에 대해 눈을 뜨게 해주는 데 있다. 왜냐하면 하나님을 사랑하는 자는 하나님을 인식할 것이기 때문이다. 그는 하나님을 사랑했을 뿐만 아니라 이웃을 사랑하는 데 최선을 다했기 때문에 그에게 영지, 즉 신인식이 생겼으리라고 말할 수 있다. 그리고 그도 역시 욥과 마찬가지로 야웨의 사납고 무서운 면을 보았다. 그렇기 때문에 그는 한쪽 방향으로 가는 사랑의 복음을 느꼈고, 그에 따라 거기에다 공포의 복음을 보충했다. 즉 하나님은 사랑받을 수 있으며 동시에 공포의 대상임이 틀림없다.[130]

이어서 융은 왜 요한이 파괴적인 어두운 신의 이미지를 갖게 되었는지를 설명하면서, 그런 것을 가지기 위해서는 도덕적 행위가 절대적으로 필요함을 강조한다. 왜냐하면 빛, 선, 그리고 도덕적 힘이 있어야 어두운 신을 받아들일 수 있기 때문이다. 그러므로 우리는 좀 더 많은 빛을, 좀 더 많은 선과 도덕적 힘을 필요로 하며 가능한 한 많은 불쾌한 어두움을 씻어내야만 한다. 그렇지 않으면 인간이 되기를 원하는 그 어두운 신을 완전히 소화할 수 없고 동시에 우리 자신의 멸망 없이 그런 신을 견뎌낼 수도 없다. 그것을 위해서는 모든 기독교적 덕목을 필요로 하는데, 이러한 덕목뿐 아니라(왜냐하면 그 문제는 도덕적인 것만이 아니기 때문에) 욥이 이미 추구했던 지혜를 필요로 한다.[131]

그런데 이 지혜라고 하는 것은 연금술의 핵심이기도 하고 의식과 무의식의 만남, 혹은 자아와 자기의 만남인 개성화 과정의 핵심이기도 한 바로 그 지혜다. 그 지혜는 태초부터 야웨 옆에 있었지만 야웨가 기억해

---

130 Ibid., par. 732.
131 Ibid., par. 742.

내지 못했던 것으로 '무지의'(unknown) 아버지(구약의 야웨)가 수태시켜서 신성한 신적인 아이(divine child)를 출산하는 샤피엔치아(지혜)다. 그 신적인 아이는 연금술의 호문쿨루스이며, 기독교의 그리스도다. 그리고 심리학적으로는 자아와 합일된 자기다.[132]

융은 여기서 지금까지의 경과를 간략하게 요약하면서 지혜의 출현을 암시한다. 그 내용은 다음과 같다. 우선 우리가 이미 보았듯이, 요한의 분노와는 거리가 먼 듯이 나타난 태양-여인(sun-woman)과 그녀의 아이다. 그 아이는 다른 미래의 세계에 속한다. 그렇기 때문에 그 아이는 유대인의 메시아처럼 당분간은 신에게서 멀리 떨어져 있고, 그의 어머니는 오랫동안 하나님이 돌보시는 광야에서 숨어 지내야만 한다. 왜냐하면 요한의 시대에는 오히려 빛과 선의 육화, 세속욕의 억제, 그리고 적그리스도의 도래에 대항하여 하나님 나라를 공고히 하는 것이 즉각적이고 급박한 문제였지, 대극의 합일 같은 것은 다만 미래의 문제일 뿐이었기 때문이다. 이때 악마적인 숫양으로 변한 어린 양은 새로운 복음을 드러내는데, 그 주제는 하나님의 사랑을 넘어선 하나님에 대한 두려움(the fear of God)이다. 이 과정이 있은 후 요한의 무의식 깊은 곳으로부터 오는 '신적 드라마' 본래의 모습을 드러내듯이, 요한계시록은 마치 고전적인 개성화 과정처럼 신성결혼, 즉 아들이 어머니-신부와 결혼하는 상징으로 끝을 맺는다. 그러나 이 결혼은 황폐화된 세계 저편 순수한 것만 있는 하늘에서 거행된다. 이는 지상에서 구체화되기 전 언제나 전형으로서의 모델이 필요하기 때문에, 하나님이 피조물인 인간 안에서 육화할 수 있기 전에 미리 이루어져야 하는 기독교 시대(Christian aeon)의 프로

---

132 Ibid., par. 742.

그램이다. 세계 종말에야 비로소 태양-여인의 환영(the vision of the sun-woman)이 구체화될 것이다. 그것의 좋은 예가 바로 성모 마리아 승천(Assumptio Mariae) 도그마다. 교황은 분명히 성령의 작용에 감화되어 이러한 진리를 인정하고 이 도그마를 반포하였다. 신부로서의 마리아는 하늘의 신방에서 아들과 결합하고, 그리고 소피아(Sophia)로서는 신성(the Godhead)과 결합한다.[133]

이 마리아 승천의 도그마는 매우 시의적절하다. 첫 번째로 그것은 요한의 환영이 상징적으로 완수된 것(a symbolical fulfilment of John's vision)이고, 두 번째로 그것은 세계 종말에 어린 양의 결혼을 암시한다. 그리고 세 번째는 소피아에 대한 구약성서의 회상(the Old Testament anamnesis of Sophia)을 반복하고 있다. 이러한 세 관계들은 하나님의 육화를 예언한다. 두 번째와 세 번째는 그리스도의 육화를, 그러나 첫 번째는 피조물인 인간 속에서의 육화를 예언하고 있다.[134]

13) 심리학적 관점에서의 융의 언급

이제 엄청난 파괴의 힘이 손에 주어졌을 때, 그 힘을 쓰려는 의지에 저항할지 말지, 그 의지를 사랑과 지혜의 정신으로 완화시킬 수 있을지 어떨지 하는 문제는 인간에게 달렸다. 그러나 아무 도움도 없이 그 자신의 힘만으로는 그렇게 할 능력이 거의 없을 것이다. 그러기 위해서 인간은 하늘에 있는 '변호인', 즉 신에게 사로잡혔고 그리고 그때까지 조각난 인간

---

133 Ibid., par. 743.
134 Ibid., par. 744.

을 치유하여 온전하게 만든 바로 그 아이의 도움을 필요로 한다. 인간의 전일성(wholeness), 또는 '자기' 그 자체가 무엇을 의미하든지, 경험적으로 볼 때 그 아이는 무의식에서 자발적으로 만들어진 삶의 목표를 나타내는 상이다. 그러니까 그 아이는 의식의 소망이나 두려움과는 관계가 없다. 다시 말해서 그것은 자신의 의지에 따르든 아니면 그에 반하든, 전일성과 개성(individuality)의 실현을 나타낸다.

이 과정의 원동력은 본능이다. 본능은 그 주체가 찬성하든 안 하든, 무엇이 일어나는지를 의식하든 못 하든, 개별적인 삶에 귀속되어 그 안으로 들어오는 모든 것을 지켜준다. 그러나 아무리 본능이 주체의 의지와 상관없이 활동한다고 해도 그 주체가 삶을 얼마나 이해하고 사는지, 그리고 그가 의도했거나 행한 것에 대해 책임 있게 설명하는지 못하는지에 따라서 결과에는 커다란 차이가 있다. 의식하고 있음이 중요하다는 것이다. 이것을 그리스도는 한마디로 명확하게 말한다. 즉 "네가 무엇을 하는지를 알고 있다면 너는 복을 받은 것이며, 그러나 네가 무엇을 하는지를 알지 못한다면 너는 저주받게 되고 범법자가 된다." 자연과 운명의 심판대 앞에서 그것이 무의식이었기 때문에 몰랐다는 변명은 통하지 않는다. 그러니까 모든 무의식적 성질은 사실 그런 변명에 매몰되지 않으려는 의식의 빛을 그리워한다. 간단히 말해서 무의식은 본능적으로 의식화되기를 갈망한다는 말이다.[135]

그러나 최소한 의식의 측면에서 보면, 감추어져 있는 것이나 숨어 있는 것을 의식화하기란 쉽지 않다. 거기엔 복잡한 갈등이 도사리고 있기 때문이다. 그러나 꿈을 통해 나타나는 상징들은 대극들과의 직면을 제

---

135 Ibid., par. 745.

시해주고, 나아가서는 대극들의 성공적인 합일을 나타내주기도 한다. 그러므로 꿈을 통해 우리는 우리의 무의식적 본성의 깊이로부터 경험적으로 확인될 수 있는 도움을 받는다. 그러나 의식은 이렇게 무의식이 던져주는 힌트들을 이해해야 하는 과제를 풀어야 한다. 이때 의식이 그 과제를 미처 충분히 풀어내지 못해도 개성화 과정은 계속된다. 다만 미해결 상태로 끌려가기 때문에 그 결과를 인식하지 못하는 불행에 봉착한다. 다시 말해서 인간은 자기 자신의 본성에 대해서 잘 알지 못하면 앞으로 더 나갈 수가 없다. 본성을 자각한다는 것은 더 높은 도덕적 단계에 다다라야 한다는 말과 같다. 여기서의 도덕적 단계란 일반적인 도덕 수준을 의미하는 것이 아니라 더 높은 의식 수준을 가져야 함을 의미한다. 예컨대 요한의 극단적인 열렬한 신앙생활에서 그가 윤리 선생처럼 경건한 생활을 해서 그의 무의식이 활성화된 것이 아니라, 신앙생활을 통해 그의 의식이 언제나 맑게 깨어 있었기 때문이었다는 뜻이다.[136]

  오늘날 심리학적 관점에서 무엇인가 인간에게 일어나야만 한다는 통찰을 더 이상 숨기지 않는 사람들이 있다. 그러나 그들은 무엇을 해야 하는지, 또 그 목표에 도달하는 길은 어디에 있는지를 알지 못하기 때문에 하나님에게 그들의 간청을 들어달라고 염치없이 바랄 수 있을 것이다. 그러나 우리의 간청에 귀 기울이지 않는 하나님은 인간이 되고자 한다. 그리고 그런 하나님은 성령을 통해 어두움으로 채워진 피조물인 인간을 선택했다. 즉 하나님은 원죄로 더럽혀지고, 추락한 천사가 가르쳐준 신의 학문과 기술을 터득한 인간을 선택했다. 죄 지은 인간은 어두운 신이 머물기에 아주 적합하기 때문이다.[137]

---

136 Ibid., par. 746.

요한계시록 이래로 하나님이 사랑의 대상일 뿐 아니라 두려움의 대상일 수 있음을 우리는 다시 알게 되었다. 신은 선과 악으로 우리를 채운다. 그렇지 않다면 신이 두려워할 대상일 수 없을 것이다. 그리고 그가 인간이 되고자 하기 때문에, 그의 자가당착 혹은 이율배반의 통합이 인간 안에서 일어나야만 한다. 그것은 인간에게 새로운 책임이 있음을 의미한다. 인간은 이제 자신을 더 이상 하찮은 것이라든가 사소한 것이라든가 하는 따위로 핑계를 댈 수는 없다. 왜냐하면 어두운 신은 그에게 원자폭탄과 화학전쟁 물질을 손에 쥐어주었고, 더불어 주위의 인간에게 요한계시록의 분노를 쏟아부을 권력을 주었기 때문이다. 그가 소위 신의 권력을 손에 넣었기 때문에, 그는 더 이상 장님일 수 없고 무의식 상태에 머물러 있을 수 없다. 그가 그 자신을 이해하고 그럼으로써 신을 인식할 수 있기 위해서 그는 신의 성질을 알아야만 하고 형이상학에서 진행되고 있는 것에 대해서 알아야만 한다.[138]

14) 성모 승천의 도그마 출현의 의미

새로운 도그마(성모 승천)의 선포는 틀림없이 심리학적 배경을 연구하도록 하는 계기를 마련해주는 것이었음에도 불구하고 그것에 대한 연구는 이상하리만치 없었다. 다만 몇 차례 아이들이 성모 마리아의 환영을 보았고, 교황 자신도 새 교리를 선포할 즈음에 몇 차례 신의 어머니에 대한 환영을 보았다고 했다. 이런 현상은 집단무의식이 작용하고 있음

---

137   Ibid., par. 746.
138   Ibid., par. 747.

을 보여준다. 사람들은 이미 상당히 오래전부터 대중 사이에서 깊이 갈망해오던 중재자(intercessor), 곧 여성 중재자(mediatrix)가 마침내 성스러운 삼위일체 옆에 나란히 자리를 차지하고, "하늘의 궁전에 천상의 여왕과 신부"로 받아들여짐을 알게 되었다. 본래 신의 존재가 남성적인 것과 여성적인 것을 모두 갖고 있음은 이미 선사 시대 때부터 알고 있었던 것이다. 그러나 마리아 승천이 공포되고 재발견된 시간에 비로소 그러한 종류의 진리가 수행된 것이다. 다시 말해서 1950년에 천상의 신부가 신랑과 결합된 것은 우리 시대에 심리학적으로 큰 의미를 갖는다. 이 사건의 해석에는 교황 대칙서뿐만 아니라, 요한계시록에서의 어린 양 결혼과 구약성서의 소피아에 대한 기록에서 예시된 형상도 고려된다.[139] 마리아 승천의 교리화는 플레로마에서의 신성혼을 암시한다. 그리고 이미 말한 대로, 이것은 그 나름대로 미래에 신적인 아이(divine child)가 탄생하리라는 것을 의미한다. 그 아이는 신적인 육화의 경향에 일치해서, 경험적인 인간을 탄생의 장소로 선택할 것이다.[140]

이처럼 융은 1950년 가톨릭교회에서 성모 승천을 교리로 확정지었을 때 그것을 하나님과 소피아의 결합의 상징으로 해석했다. 여기서 개신교는 가톨릭의 이 교리를 전혀 이해하지 못했다. 개신교는 분명히 개인이나 대중의 심혼에 있는 강력한 원형적 전개와의 접속을 잃어버렸고, 진정한 계시록적 세계 상황을 보상하도록 정해진 상징들과의 관계를 상실했다. 그 이유는 개신교가 합리주의적인 역사주의에 빠져 있어서, 인간의 심혼에 작용하는 성령에 대한 이해를 상실했기 때문인 듯하다. 그

---

139 Ibid., par. 748.
140 Ibid., par. 755.

래서 개신교에서는 뒤이은 '신적 드라마'에 대한 계시를 이해할 수도, 인정할 수도 없었던 것이다.[141] 반면에 가톨릭교회는 비판적 반대나 이해하기 어려운 것에 신경 쓰지 않고, 원형적 상징이 세속적으로 전개되는 과정을 용인하고 그것을 원래의 형태로 계속 이어갔다. 이런 점에서 가톨릭교회는 그 모성적 특성을 증명했다.

15) 융의 마지막 심리학적 정리

짧지만 중요한 의미를 내포하고 있는 『욥에의 응답』을 마무리하면서 융은 그간 자신이 주장해오던 일련의 심리학적 핵심을 다시 정리하고 있다. 그가 대단원의 막을 내리면서 정리한 내용은 다음과 같다.

신성혼과 같은 형이상학적 과정은 무의식의 심리학에서 개성화 과정으로 알려져 있다. 일반적으로 개성화 과정은 무의식적으로 진행되기 쉬운데 그런 경우는 보통 도토리가 떡갈나무로, 암송아지가 암소로, 아이가 성인으로 되는 것 이상을 의미하지는 않는다. 다시 말해서 무의식적으로 진행되는 자연적인 개성화 과정(the "natural" individuation process)과 의식적으로 깨닫게 되는 개성화 과정의 차이는 엄청나다. 첫 번째 경우에서는 의식이 전혀 개입하지 않는다. 그 결과 끝은 시작처럼 어두움에 그냥 머물러 있다. 두 번째 경우에서는 많은 어두움이 밝음이 되어 인격에 빛이 스며들고, 의식은 필연적으로 통찰을 얻고 그 크기가 확대된다.[142]

---

141   Ibid., par. 749.
142   Ibid., par. 756.

개성화 과정이 의식화되려면 의식은 무의식과 직면해야 하며, 대극 사이의 균형이 이루어져야만 한다. 논리적으로는 이것이 불가능하기 때문에 사람들은 대극의 불합리한 결합을 가능케 하는 상징들에 의지한다. 상징들은 무의식에서 자연발생적으로 생겨나며 의식에 의해 확충된다. 이 과정의 중심 상징은 '자기', 즉 한편으로 의식적인 것, 다른 한편으로는 무의식의 내용으로 구성된 인간의 전체성(totality)을 묘사한다. '자기'는 온전한 인간(whole man)이며, 그것의 상징들은 신적인 어린이나 그 동의어들이다.[143]

여기서 하나님의 형상으로서의 '자기'와 집단무의식의 관계를 정리해볼 필요가 있다. 하나님이 우리에게 영향을 줄 때 우리는 오로지 정신을 통해서만 확인할 수 있다. 이때 우리는 이 작용이 하나님에게서 오는지 무의식에서 오는지 구별할 수 없다. 다시 말해서 하나님과 무의식이 서로 다른 독립체인지 아닌지를 말할 수 없다. 둘 다 초월적 내용에 대한 경계선상의 개념(border-line concepts)이기 때문이다. 그러나 경험을 통해서 보면 꿈 등에서 자연발생적으로 전일성의 원형(the archetype of wholeness)이 무의식에 나타난다는 것, 그리고 그것에 다른 원형을 연관시키는 의식의 의지와는 무관한 경향이 있다는 것을 확인할 수 있다. 따라서 전일성의 원형은 하나님-형상처럼 중심 위치에 놓인다. 이 유사성은 그 원형이 이미 옛날부터 신성을 특징짓고 상징화한다는 사실을 통해서도 뒷받침된다.

그러므로 이러한 사실들은 하나님 개념과 집단무의식이 구별될 수 없다는 표현이 전적으로 잘못되었음을 보여준다. 즉 하나님-형상은 정

143　Ibid., par. 755.

확히 말해서 단순히 무의식과 일치하는 것은 아니며 무의식의 어느 특수한 내용, 즉 자기원형과 일치한다. 자기원형은 우리가 경험적으로 하나님-형상과 구별할 수 없는 것이다. 물론 사람들은 임의로 이 두 개의 크기가 다르다고 주장할 수 있다. 그러나 그것은 인간과 신을 구분하는 데에서만 도움이 될 뿐, 신의 인간화에는 방해가 된다.

신앙이 인간에게 하나님의 무한성과 도달할 수 없는 성질을 확실히 알리고 명심하게 한다는 것에 이의를 제기할 수는 없다. 그러나 신앙은 다른 한편 하나님이 시·공간적으로 가까이 있어 인간들과 교감한다는 것도 가르친다. 경험적으로는 이 인접성이야말로 대단한 의미가 있다. 이렇게 융은 인접성의 중요함을 강조하면서, 자기 자신에게 작용하는 것만을 사실과 실재로 인식한다고 말한다. 다시 말해서 그에게 작용하지 않는 것은 존재하지 않는 것과 같다. 이러한 유한함 속에서 전일성을 갈망하는 종교의 요구를 설명해보자. 이때 전일성은 우리에게 상(image)으로 다가와서 우리의 인식을 일깨운다. 그 상은 의식과는 무관한, 심혼의 깊은 본성에서 솟아오르는, 즉 무의식 차원에서 제공되는 것이다.[144]

그러므로 융은 『욥에의 응답』 맨 끝에 여태껏 묘사한 상징적 독립체의 발달이 인간 의식의 분화 과정과 동일하다는 것을 독자들이 분명히 알았을 것이라고 지적한다. 이것으로 이 책에서 그가 쓰고자 했던 것이 인간 정신의 계통발생적 발달 과정의 묘사뿐만 아니라 개인의 개체발생적 발달에도 있었음을 명백히 밝히고 있다.

의식의 분화는 초월적으로 조건 지어진 역동의 개입 효과라고 이해할 수 있다. 이 경우에 기본적인 변환을 이루게 하는 것은 원형들일 것이다.

---

144 Ibid., par. 757.

그러나 우리의 경험으로는 사람들이 인간의 밖에서 그 자신의 속을 관찰할 수 있는 정신적 상태가 존재하지 않기 때문에 원형의 행동은 그것을 관찰하는 의식의 상호작용 없이는 전혀 규명될 수 없다. 그래서 이 과정이 의식에서 시작하는지 혹은 원형에서 시작하는지는 결코 명확할 수가 없는 것이다. 그렇지 않다면 사람들이 경험에는 맞지 않게 원형에서 자율성을 빼앗든지, 아니면 의식을 단순한 기계로 만들어버릴 것이다. 그러나 만약 사람들이 원형에 특정한 독립성을 인정하고 거기에 걸맞은 창조적 자유를 인정해준다면, 사람들은 심리적 경험에 가장 잘 일치된 상태에 있게 된다.[145] 한마디로 우리의 건강한 의식이 우리 내면의 집단무의식을 관조할 수만 있다면 우리는 우리의 초월적 내면의 속성을 경험할 수 있다는 말이다.

  마지막으로 융은 한 가지 의문을 제기한다. 즉 성령의 도움으로 모든 사람에게서 그리스도화(christification)가 이루어지면, 그 수많은 사람이 모두 온전한 신인간(God-man)인지 아닌지의 문제다. 이것은 모순이 아닐 수 없다. 그렇기 때문에 인간 안에서 충돌이 일어난다. 그 충돌이란 바울이 겪었던 것과 같다. 그는 한편으로 하나님에게 소명 받은 사도였고, 다른 한편으로는 '육체 속의 가시'를 뽑지 못하고, 그를 괴롭힌 사탄을 떼어놓을 수 없는 죄 많은 인간으로서의 존재였다. 이처럼 깨달은 인간도 그렇게 그 자리에 머물러 있다. 말하자면 인간은 자신 안에 내재하고 있으면서도 무소부재의 광대함으로 둘러싸여 있는 일자 앞의 존재로서, 다만 제한된 자아(limited ego)일 뿐이라는 것이다.[146] 이것이 융의 끝말이다.

---

145 Ibid., par. 758.
146 Ibid., par. 758.

새로운 신화의 탄생

다시 한번 더 정리해보자. 융은 실존의 근원인 무의식이 완전한 의식을 향해 나아가지만 인류의 역사는 그 과정을 서서히 진행시켜왔다고 보았다. 그러한 현상들이 기독교의 도그마 속에 고스란히 간직되어 있다. 그 도그마의 체계 속에 기독교의 신성에 대한 변형 작용이 예견되어 있는 것이다. 다시 말해서 그것은 다른 측면(the "other side")에서의 역사적 변형 과정이다. 그것은 하늘에서의 불화라고 하는 새로운 신화의 형태로 일어난다.

① **뱀의 유혹**: 우리는 이 새로운 신화의 첫 번째 암시를 창조신화에서 볼 수 있다. 그것은 우리가 익히 알고 있는 조물주의 적대자(antagonist)인 뱀이 "선악과를 따먹으면 의식적 인식이 증대된다. 즉 선악을 알 것이다(scientes bonum et malum)"라는 말로 인간을 유혹해서 신에게 불순종하게 했다는 신화다.

② **천사의 타락**: 두 번째 암시는 천사들의 타락, 즉 무의식적 내용이 너무 이른 때에 인간세계로 침범해 들어온 것을 의미한다. 사실상 천사들은 영혼이 없는 독특한 존재로 자기 주인의 사상이나 직관을 그대로 드러낸다. 그럼에도 불구하고 신에 반하는 행동을 하게 된 타락 천사는 예외적으로 나쁜 천사다. 이렇게 타락한 천사는 인간들에게서 '자아팽창'을 일으키게 한다. 그러한 예가 독재자들의 과대망상(megalomania)에서 관찰된다. 타락 천사들은 인간과 더불어 에녹서(Book of Enoch)에서 말하는 거인족을 낳는다. 이들은 위협적으로 인류를 게걸스럽게 잡아먹는 족속이다.[147] 이처럼 악이 점차적으로 세력을 확장해갈 때 세 번째 암시가 시작된다.

③ **성육신한 예수 그리스도**: 이 신화의 세 번째 단계는 결정적으로 중요하다. 이 단계는 인간의 형상 안에서 구체화된 하나님의 자기-실현(self-realization of God in human form)을 일컫는다. 이것은 구약의 '신성의 결혼과 그로 인한 결과'라는 관념을 충족시키기 위한 것이고, 원시 기독교 시대에서는 이미 '우리 안에 있는 그리스도'라는 직관에 세련되게 포함되어 있었던 것이다. 이처럼 무의식의 전일성(하나님)은 내적 경험의 정신적 영역(인간)으로 뚫고 들어왔으며, 인간의 진정한 모습 안으로 들어온 모든 것들을 인식하게 만들었다. 이것은 인간에게뿐만 아니라 조물주에게도 결정적으로 중요한 단계였는데, 그 이유는 어둠으로부터 벗어난 인간들의 시각으로 보았을 때 조물주의 어두운 속성이 벗겨져 나가 지고선(至高善, summum bonum)이 되었기 때문이다.[148] 다시 설명하면 인류의 무의식은 악이 창궐하기 시작한 시대에 성육신이라는 상징을 통해 의식 안으로 들어오는 데까지 이르렀다. 그러나 이것은 또 다른 치우침 현상을 작동시키는 계기를 마련하고 말았다. 그로 인해 조물주의 어두운 속성은 온데간데없어지고 그곳엔 지고선만 남게 되었던 것이다. 이렇게 편향된 신화는 인간의 의식이 좀 더 깨어나서 변형되려는 징조를 나타내기 전까지, 즉 11세기까지 근 천 년 동안 거의 미동도 없이 유지되었다.

11세기에 접어들면서 드디어 한쪽으로 편향되어 선함만으로 인간 위에 군림하고 있던 하나님과 인간과의 관계가 서서히 변화되기 시작했다. 이런 변화는 독일 신비주의 전통에서 결실을 맺고 있었다. 우선

---

147 Deirdre Bair, 정영목 역, 『융』, 359.
148 Ibid., 360.

간단히 정리해보면, 13세기의 막데부르크의 메히트힐트(Mechthild of Magdeburg, 1210?-1282?)는 하나님을 인간과의 영적 교통을 통해서만 존재할 수 있는 분으로 파악했다. 둘째, 14세기의 마이스터 에크하르트(Meister Eckhart, 1260-1328)는 정통적인 하나님과 인간과의 관계 속에서 '신성'(Godhead)이라는 제4의 요소를 상정했다. 마지막으로 16세기의 야콥 뵈메(Jacob Boehme, 1575-1624)는 하나님의 대극은 인간 안에서 화해한다고 생각하여, 인간을 하나님의 완성에 필연적인 존재로 강조했다.

이것을 좀 더 자세히 살펴보기로 하자. 메히트힐트는 선재하는 삼위일체의 구성원들이 그들의 자기만족(their self-sufficiency) 속에서 권태로워하고 있다고 기술한다. 이러한 영원한 권태에서 벗어나서 그들의 영구적인 불임(무결과)에서 해방되기 위하여 그들은 메히트힐트를 그들의 연인으로 창조한다. 이 상상은 메히트힐트가 삼위일체에 어떤 것을 제공함으로써 삼위일체를 완성하고 있음을 암시한다. 융은 "하나님이 영혼(the soul)과의 영적 교통(intercourse)을 통해 충분히 선한 모든 것이 된다"는 메히트힐트의 말을 현대의 심리학으로 풀어서, 그의 『욥에의 응답』에서 확실하게 이야기한다. 즉 그는 하나님이 다만 인간과의 영적 교통을 통해서만 자기의식의 충만(fully self-conscious)을 이루고 또한 인간 안에서 육화하기 때문에 인간과의 영적 교통이 충분해야 한다고 보았다. 융에게 영혼의 심연으로 들어갔다가 그곳으로부터 다시 나오는 이러한 순환은 신과 인간의, 의식과 무의식의 상호 구원 작업이며, 또한 개인과 집단의 성숙을 의미하는 기반이었다.[149] 여기까지는 아직도 신과

---

149 John P. Dourley, "Jung and the Christian Apophatic Experience: Religious and Psychological Implications."

인간 사이의 상호작용이 필연적이라는 인식에만 머물러 있지 사위의 개념으로까지 발전되지는 않고 있다.

뒤이어 거의 틀림없이 베긴 수도회의 영성에 지대한 영향을 받은 에크하르트는 하나님을 신성(Godhead)과 신(God)으로 나누어 생각하였다. 그러면서 그는 그가 신성을 꿰뚫고 들어가서 신성과 하나가 되어 신과 아무 차이가 없이 똑같이 되었고, 다시 의식적인 상태로 돌아올 수밖에 없었던 체험에 관해서 이야기하였다. 이처럼 그는 삼위일체의 신을 넘어선 신을 경험하면서 다른 신은 전적으로 낯선 신이라는 것을 깨달았다. 삼위일체를 넘고 표현의 한계를 넘어서 있는 신성(Godhead)은 가장 깊숙한 차원의 제4위다. 신성 그 안에서 사위일체가 완성되고 있다. 그리고 그것은 무의식의 가장 깊은 차원이기도 하다.[150]

다음으로 뵈메는 신적인 것은 만물의 심층부, 즉 만물의 가장 낮은 곳에서 만날 수 있다고 주장하였다. 융은 뵈메로부터 신성이 그 자신의 삶에 내재해 있는 대극을 알아차리지 못하고, 인간의 의식을 창조하고 인간의 의식 속에서 자신의 갈등을 해결하려고 한다는 사실을 확인하였다. 신은 성부의 어둠과 성자의 밝음으로 대극 상태에 있고, 성령은 인간의 의식 안에서 성부와 성자를 통합하는 것으로 나타난다. 이처럼 대극의 고통 속에서 생겨난 의식은 의식의 모태인 대극들을 포함하면서 동시에 초월한다. 그러므로 사람들은 각 개인의 삶에서 생기는 고통을 통해 그의 내면에 있는 신성에 대하여 더 높은 의식을 갖게 되며, 그렇게 각성된 의식은 자기와의 대화를 통해서 개성화의 길로 나아가게 된다. 그런 의미에서 인간성은 신성의 네 번째 차원이 된다. 에크하르트가 자

---

150 심성연구(2001, vol. 16) 참조.

아와 무의식의 동일시에 주목했다면, 뵈메는 신을 뛰어넘는 신성과의 통합이 오직 인간에게서만 성육신된 모습으로 드러난다고 강조했다. 우리는 매일매일의 삶 속에서 원형적인 세계에 깊숙이 들어갈 수 있으며, 그때 자아는 신의 충만성 속에 몰입되는 것이다.[151]

그러나 이 변화는 이미 밝혔듯이 신비주의 전통에서의 것일 뿐이었다. 안타깝게도 인류 전통의 주류는 아니었다는 말이다. 두 번째 천 년 중반, 즉 르네상스 이후부터 지고선의 하나님 전통으로부터 대부분의 인간들이 변화를 시작하기는 했는데 그것은 적어도 신비주의 전통의 그것은 아니었다. 신비주의적 전통은 융에 의해 그 다음 세대에서 서서히 대두되었다.

어떻든 그 변화는 어떤 의혹과 불안의 증후가 점차적으로 증가하여 결국 두 번째 천 년 말에 세계적 재난의 윤곽이 드러날 때까지 계속되었다. 그 재난은 먼저 의식에 대한 위협의 형태로 나타났다. 그 위협은 거인증(giantism), 달리 말해서 인간 의식의 오만이다. 인간은 "인간과 인간의 행위보다 더 위대한 것은 없다"고 단언했다. 이러한 변화는 또한 기독교 신화의 초월성과 내세관을 잃게 만들었다. 따라서 전일성이 내세에서 완수된다는 견해마저도 잃고 말았다.[152] 그동안 빛(지고선)은 조물주의 다른 측면인 어두움을 끌어내 왔던 것이다.

이러한 과정으로의 발달은 20세기에 절정에 이르렀다. 기독교 세계는 오늘날 노골적인 부정(不淨), 학정(虐政), 거짓, 노예제도, 양심의 탄압과 같은 악의 원리에 직면해 있다. 이제 우리는 선의 결핍(*privatio boni*)이라

---

151 Dourley, "Jung and the Christian Apophatic Experience: Religious and Psychological Implications," 31.
152 Deirdre Bair, 정영목 역, 『융』, 360.

고 하는 완곡어법으로 악을 더 이상 축소시킬 수 없다. 악은 결정적인 실재가 되어 있는 것이다. 그 악이 여기에 실재하기 때문에 이제 우리는 악을 다루는 방법을 배워야만 한다.[153] 그럼에도 불구하고 오늘날의 인간들은 현 시점에만 모든 중요성을 부여하고 있다. 그러므로 인류와 그의 세계는 악마적인 것(daimonisation)을 초래했다. 이처럼 현대에 악이 만연해 있는 이유는, 지성에만 치우쳐 있는 초지성인들(super-intellectuals)이 인간의 내면에 있는 초월성(transcendence)을 철저하게 무시했기 때문이다. 그러므로 현대인들은 무의식의 희생자로 전락한 것이다.

④ **신을 의식화시키는 인간**: 이러한 시점에서 인간에게 주어진 중요한 과제는 무의식으로부터 초월성을 끄집어내서 그 내용들을 의식화하는 것이다. 이것이 융이 현대인들에게 전하는 새로운 신화의 네 번째 단계다. 융은 『욥에의 응답』에서 이 문제를 보다 더 간결하게 다루고 있다. 즉 "실존(existence)은 다만 그것이 누군가에게 의식될 때에만 사실이다. 창조자가 비록 무의식적으로는 인간이 의식화되는 것을 방해하고 싶을지라도, 이것이 바로 창조자가 의식적 인간을 필요로 하는 이유"[154]라는 것이다. 그리고 뒷부분에 가서 융은 "신을 인식하는 사람이면 누구나 신에게 영향을 끼친다"[155]라고 한다. 이미 앞에서 인용했던 말이지만 그는 자서전에서 다음과 같이 쓰고 있다.

인간의 임무는 무의식으로부터 솟아오르는 내용들을 의식하는 것이다. 인간은 더욱더 의식을 확장해나가야 하는 자신의 운명을 회피한 채, 자신의

---

153 Ibid., 360.
154 C. G. Jung, *Answer to Job*, CW 11, par. 575.
155 Ibid., par. 617.

무의식을 그냥 지속시키려 하거나 아니면 그의 존재의 무의식적 요소와 동일시한 채 남아 있어서는 안 된다. 우리가 분별할 수 있는 한, 인간 실존의 유일한 목표는 하찮게 되어버린 존재의 어두움에 불을 붙이는 일이다. 더욱이 무의식이 우리들에게 영향을 주는 것처럼 우리의 의식이 커지면 무의식에 영향을 줄 수도 있을 것이다.[156]

무의식에 관한 융식의 새로운 지식에 근거해서 볼 때 전통적인 하나님의 형상은 계속 확대되어왔다. 즉 전통적으로 하나님은 전지전능한 존재로 그려졌던 것이다. 하나님은 불가사의하지만 자비심 많은 하나님의 목적에 따라 모든 것을 인도하는 것처럼 여겨졌다. 그러나 이런 관점은 하나님이 자신의 깨달음(awareness)을 확장한다는 데에는 그리 큰 주의를 기울이지 않았음을 보여준다.

새로운 신화는 하나님의 무의식(the unconsciousness of God)이라는 부가적인 상을 명확하게 소개함으로써 하나님-형상을 확대시킨다. 하나님의 전지전능과 신성한 목적들이 늘 하나님 자신에게 알려지는 것은 아니다. 그렇기 때문에 하나님은 그 자신을 알기 위하여 그를 알아보는 인간의 능력이 필요하다. 어떤 면에서 이것은 덜 분화되고, 질투심 많고 분노하는, 그래서 인간이 항의해야만 했던 구약의 하나님의 실재를 새롭게 깨닫고 있음을 보여준다. 이것은 기독교가 영원한 적대자들로 나누어버린 신성한 대극들인 그리스도와 사탄이 지금 현대의 정신이라는 그릇 안에서 의식적 재결합을 시작하고 있음을 나타낸다. 융은 다음과

---

156   C. G. Jung, A. Jaffé, Richard and Clara Winston, *C. G. Jung Memories, Dreams, Reflections*, 358.

같이 말했다.

> 대극의 합일을 경험하면, 자연의 신 또는 창조의 신(a nature-god or Creator-god)이라는 형상 안에 있던 양가성(兩價性)이 아무런 문제도 일으키지 않는다. 오히려 기독교 복음의 핵심인 하나님의 필연적 성육신 신화가 인간을 창조적으로 대극들에 직면하게 하고, 그 대극들이 자기 안에서 연합하여 인격의 전일성을 나타내는 것임을 이해할 수 있게 된다. 즉 창조신의 형상 안에 필연적으로 내재되어 있는 모순들은 연금술사들의 대극의 결합(coniunctio oppositorium) 혹은 신비의 합일(unio mystica)에서처럼 '자기'의 합일과 전일성 안에서 화해될 수 있다. 이러한 '자기 경험' 속에서 그 전에 그랬던 화해하는 '하나님'과 '인간'이라는 대극은 이제 없어지고 오히려 하나님의 형상 자체 안에서의 대극들만이 있게 된다. 그것은 신에 대한 예배, 즉 인간이 하나님에게 드리는 그 예배를 의미한다. 그것은 어둠으로부터 빛이 솟아나고, 창조자가 그의 창조를 의식하게 되고, 그리고 인간이 자신을 의식하게 되는 것이다.
>
> 그것은 인간을 창조의 계획 안에 의미 있게 잘 맞추어 넣고 동시에 거기에다 의미를 부여하는 것이 목표다. 그것은 수십 년 동안, 내 안에서 서서히 형성되어온 신화의 설명이다. 그것은 내가 인정하고 높이 평가할 수 있어서 만족해하고 있는 하나의 목표다.[157]

이것이 새롭게 태어나고 있는 융의 신화에 관한 주요 언급이다. 다시 말해서 인생의 목적은 의식(consciousness)의 창조라는 것이 새 개념의 핵

---

157 Ibid., 370.

심이다. 새로운 신화는 창조된 우주와 그것의 최상의 꽃인 인간이 '의식의 창조'를 위하여 광대한 기획을 완성한다는 것, 각 개인은 이 과정 속에서 유일한 실험치라는 것, 그리고 각 개인이 그의 삶 가운데에서 창조해낸 모든 의식의 합이 집단적이고 원형적인 정신(archetypal psyche)의 금고 속에 부가물로 영원히 축적된다는 것을 가정하고 있다.[158] 그러므로 융은 다음과 같이 말한다.

> 정신 치료자는 전혀 중요하지도 않은 하나의 특별한 환자만을 위해 정신 치료를 하는 것이 아니라, 그 자신과 그 자신의 영혼을 위해서 하는 것이다. 그리고 그렇게 함으로써 그는 아마도 인류의 영혼(soul)의 저울 접시에 아주 작은 씨앗 하나를 놓는 것이다. 이러한 기여가 작고 보이지 않는 것일지는 몰라도 그것은 이미 하나의 위대한 작업이다.[159]

새로운 신화의 주목할 만한 모습은 이 세상의 다양한 현대 종교들을 하나로 묶어내는 포용력이다. 지금 기능하고 있는 모든 종교들이 개성화를 상징적으로 보여주고 있다면, 즉 '의식의 창조' 과정을 생생하게 표현하고 있다면, 확실한 기초는 보편적인 참 태도를 마련하는 것이다. 새로운 신화는 인간의 헌신을 위하여 다른 모든 종교들과 경쟁하는 종교적 신화가 아니라, 오히려 그것은 종교의 핵심적 의미를 좀 더 의식화하고 이해할 수 있도록 해줌으로써 기능하고 있는 모든 종교를 잘 이해하게 하고 확신시켜줄 수 있는 기반일 것이다. 그렇기 때문에 새로운 신

---

158 E. F. Edinger, *The Creation of Consciousness* (Inner City Books, Toronto, Canada, 1984), 23.
159 C. G. Jung, *The Psychology of The Transference*, CW 16., par. 449.

화는 모두에게 이해받을 수 있을 뿐만 아니라, 가톨릭 기독교, 프로테스 탄트 기독교, 유대교, 불교 등 거대한 종교 집단들과 공존할 수 있다. 나아가 그 신화는 아직 만들어지지는 않았지만 새로운 집단 내에 또는 그 밖에 특별한 집단과 연결되어 있지 않은 개인들과 더불어 공존할 수도 있다. 이처럼 새로운 신화는 보편적으로 적용되기 때문에 진정으로 '가톨릭'(catholic: 모든 것을 포함하는)이라는 용어를 쓸 자격이 있다.[160]

역사상 처음으로 지금 우리는 인간에 대한 이해를 포괄적으로 그리고 근본적으로 하고 있기 때문에 이런 이해는 이 세상을 종교적으로, 문화적으로 그리고 때가 되면 정치적으로 통합하기 위한 기초로 작용할 수 있다. 수많은 개인이 '전일 의식'(the "consciousness of wholeness")의 운반자가 될 때 이 세상 자체가 온전해질 것이다.

---

160   E. F. Edinger, *The Creation of Consciousness*, 32.

부록

부록 1
『변환의 상징』 요약[1]

이 글은 1912년 『리비도의 변환과 상징』으로 출판되었다가 1950년에 『변환의 상징』이라는 이름으로 다시 출간되었다. 이 글은 1-2부로 나뉘어 있다. 그중 1부는 1911년 『연감』에 먼저 실렸던 내용이다. 융은 1950년판 머리말에서 이 책을 쓰면서 얼마나 불편했는지, 그럼에도 불구하고 왜 이 작업을 하게 되었는지에 관해 다음과 같이 설명했다.

나는 이 책으로 인해 행복했던 적이 결코 없고 만족스러웠던 적도 없다. 말하자면 이 책은 내 의사와 상관없이, 더욱이 불안 속에서, 그리고 임상 업무가 쇄도한 가운데 시간과 방법을 고려하지도 않고 쓴 것이다. 이 책은 그냥 긴박감 속에서 썼다. 그 긴박감은 프로이트의 심리학과 세계관이 지닌 옹색한 편협성으로는 결코 받아들일 수 없었던 모든 정신적 내용의 폭발 때문이었다. 그 편협성이란, 나는 그의 신경증 이론을 말하는 것도, 꿈 이론을 말하는 것도 아니다. 그것은 환원론적 인과론이다. 그것은 모든 정

---

1 융 기본저작집 7, 『상징과 리비도』 참조.

신적인 것의 특징인 목표 지향성을 완벽하게 무시했기 때문이다. 프로이트의 『환상의 미래』는 뒤늦게 나온 글이지만, 19세기 말을 특징짓는 합리주의와 과학적 유물론의 경계 안에서 움직이고 있는 그의 초기의 시각을 제대로 설명해준다.

융은 불완전하게 완성된 이 작품이 자신의 생애의 주요한 프로그램이 되었노라고 고백한다. 그러면서 그가 평생 씨름했던 신화의 문제, 곧 신화의 중요성을 강조한다. 인간에게 신화가 없으면 과거와도, 현재와도 진정한 관계를 맺을 수 없다는 것이었다. 융은 현대인들에게 신화가 없다는 것이 뿌리를 상실한 상태와 같다는 것을 알았다. 안타깝게도 이러한 현대인들은 이성으로 꾸며진 주관적인 광기에 휘말려, 그것을 막 발견한 진리로 여기면서 혼자서 살아가고 있음을 보았던 것이다. 그는 밀러 양의 환상 분석을 통해 이러한 자신의 운명적 작업의 전체적 밑그림을 그렸다. 융은 이러한 자신의 상태를 다음과 같이 표현했다.

이 책은 1911년인 내가 36세 되던 해에 쓰였다. 이 시기는 드물지 않게 일어나는 메타노이아(Metanoia), 즉 정신의 변환 시기다. 인생의 후반기가 시작되는 시기다. 당시는 프로이트와의 작업 공동체의 상실, 그와의 친분 관계의 상실이 확실해진 때다.

위에서 이미 보았듯이 프로이트 심리학의 한계를 뛰어넘기 위해 그는 새로운 방향으로 나아가기 시작했다. 이때를 융은 그의 인생의 전환점으로 받아들였다. 이 시점에서 한 가지 부연해야 할 것은 사실상 여기서 정리하고 있는 『변환의 상징』이 1912년 첫 출판본이 아니라 1950년에 상당 부분이 고쳐진 개정판이라는 점이다. 따라서 융 자신의 표현에서 보듯이 1912년 당시의 문체를 고수하는 것이 불가능할 정도로 많은 새로운 것들이 첨부되었다. 그러므로 이곳에서 정리하고 있는 것은 1912년 당시의 융의 생각을 나타낸다고 보기는 어렵다. 그러나 뼈대와 주제는 변함이 없기 때문에 나름대로 융의 초기 생각을 만날 수는 있을 것이다.

제1부

과거사 – 밀러 양의 환상: 회상(The Miller Fantasies: Anamnesis)

프랑크 밀러 양의 원문 중 제1부, (I) 일시적 암시 혹은 순간적 자기암시 현상, (II) 「하나님께 영광: 몽환시」, (III) 「나방과 태양: 잠들 무렵의 시」 등을 내 나름대로 번역하여 [부록 2: 밀러 양의 환상들]로 이 글 뒤에 붙여두었다. 이 「밀러 양의 환상들」을 우선 읽어보거나 아니면 따로 출력하여 옆에 두고 다음의 요약 글을 읽어야 효율적이다. 참고로 (IV) 「치완토펠: 잠들 무렵의 드라마」는 『융 기본 저작집 8, 영웅과 어머니 원형』, 453–460쪽에 있다.

융은 "밀러 양의 환상: 회상"에서부터 밀러 양의 작품을 직접 분석하기 시작한다. "과거사" 항목에서는 우선 제1장의 "일시적 암시 혹은 순간적 자기암시 현상"을 찬찬히 조사하고 있다. 그가 여기서 하고자 하는 이야기는 밀러 양의 심리 상태다. 그것은 현실에서 감정 관계를 잘 형성하지 못하는 사람의 절박한 심정이다. 그래서 그런 사람은 자기를 무감각하게 두다가도, 자기 암시 능력을 과도로 상상하여 스스로 위로받으려 하기도 한다는 것이다. 누군가가 자신의 환상이나 꿈을 이야기할 경우, 그것은 절박한 문제 혹은 은밀한 문제들 가운데서도 그 순간 가장 괴로운 문제인 경우가 매우 많다고 지적하면서 그렇기 때문에 융은 밀러 양의 작품 속에 그녀의 괴로움이 충분히 배어 있다고 보았다.

이러한 관점에서 밀러 양의 제1장의 글을 보기로 하자. 그녀는 여기서 로스탕(Edmond Rostand, 1868-1918)의 작품 〈시라노 드 베르주라크〉(1897)에서 상처 입은 크리스티앙 드 누빌레트와 동일시되어 크리스티앙이 치명적 총상을 입은 그 가슴 부위에서 그녀 자신도 똑같이 관통되는 고통을 느낀다. 이것은 그녀에게 감정이입과 동일시의 능력이 지나치게 확대되어 있음을 보여준다. 그녀가 이토록 민감한 이유는 아마도 앞서 말한 현실에서 감정 관계를 잘 만들어가지 못하는 그녀의 제한된 적응력 때문일 수도 있고, 아니면 그녀가 겪고 있는 병의 전구 증상 때문일 수도 있다. 다시 말해서 융은 그녀를 잠재적 조현병 혹은 그 병의 전구 증상을 보이는 상태로 판단하고 있는데, 이 상태에서는 사실상 모든 감각 기관이 예민해지기 때문이다. 어떻든 그녀의 예민함 때문에 오히려 그녀의 정신 안에 침잠해 있던 집단무의식이 자연스럽게 밖으로 나오는 계기가 마련되었다.

우선 그녀의 크리스티앙과의 동일시는 그녀 자신의 사랑이 크리스티앙처럼 급작스럽게 끝났음을 말해준다. 그러나 이 작품은 록산에 대한 시라노의 이해받지 못한 사랑을 배경으로 해서 진행된다. 록산은 결국 자기를 진정으로 사랑했던 사람은 크리스티앙이 아니라 시라노였음을 알게 된다. 그러므로 크리스티앙과 동일시된 그녀의 내면에서의 변화는 아마도 틀림없이 이러한 시라노의 사랑에 대한 동일시였을 것이다. 이때 흉한 육체의 외피 밑에 지극히 아름다운 영혼을 숨기고 있는 시라노라는 인물은 그리워하는 자, 이해받지 못한 자의 표상으로 각인된다. 밀러 양의 내면은 결국 그러한 시라노와 동일시되었던 것이다.

그다음 글에서 볼 수 있는 것은 조금 다르기는 하지만 주제는 동일하다. 그녀는 바다에 떠 있는 증기선 사진을 보고 그녀 자신의 생생한 항해 기억을 떠올린다. 그래서 그 사진이 곧바로 생생하게 되살아나서 기계 돌아가는 소리, 파도치는 소리, 배의 흔들림을 경험한다. 이렇게 회상되는 기억 속에는 분명히 그것과 연결되어 있는 진한 감정이 되살아나게 된다. 진한 감정을 동반하는 기억이란 영혼 속에 깊이 각인된 것이기 때문에 의식 위로 나오기가 무척 어렵다. 그러므로 다른 표상으로 남겨져서 무의식적 감정을 감추게 된다. 감추어진 감정이란 제2장의 「창조주의 찬가」에서 나오는 '불침번을 서며 노래한 간부 승무원'에 관한 것이었다. 이 장면도 위의 〈시라노〉에 관한 것과 일맥상통한다. 그녀의 급작스럽게 끝난 사랑의 대상이 불침번을 서며 노래한 바로 그 간부 승무원이라는 암시다.

그 이후의 글들, 즉 이집트의 조상(彫像)과 같았던 경험에서 그녀는 자신의 뻣뻣하고 목석같고 초연한 무감각함을 이집트 양식의 조각상으로 표현하고 있다. 그다음 글에서는 그와는 반대로 그녀의 출판물의 삽화를 그리는 화가를 적극적으로 자극한다. 마치 그가 한 번도 가보지 않은 호숫가를 보여주기라도 하려는 듯이 그를 적극적으로 자극한다. 화가가 자기의 연필을 사용하듯이 그녀는 그를 사용했던 것이다. 여기서 밀러 양은 다른 사람에 대한 그녀의 마술적인 영향력을 강조하려는 욕구를 드러낸다. 이런 욕구는 평소 감정 관계가 잘 형성되지 않을 때 스스로를 위로하기 위해 작동된다. 그리고 이러한 절박한 심리 상태가 곧 집단무의식을 관찰하게 하는 자유로운 에너지를 창출한다. 즉 일상 의식에서 자유로워진 리비도가 어떤 인상에 집중해서 정신을 고양시킨다는 말이다.

「창조주의 찬가」(The Hymn of Creation)

밀러 양이 붙인 제2장의 제목은 「하나님께 영광: 몽환시」다. 그 내용은 뉴욕에서 스톡홀름으로, 그리고 페테르부르크(러시아)에서 오데사(우크라이나)로의 길고 험한 여행에 시달린 후 누렸던 편안한 여행이 배경이 된다. 그 여행은 우크라이나의 오데사항에서 출발하여 흑해와 지중해를 잇는 보스포루스 해협을 지나 아테네와 시칠리아 그리고 이탈리아의 나폴리와 리보르노, 피사를 거쳐 제노바까지 가는 항해였다.

 그녀는 그야말로 속세의 모든 시끄러움과 번잡함을 벗어나 파도와 하늘의 고요한 세계로 들어가는 즐거움에 젖어 있었다. 몇 시간씩 몽상에 빠진 채 갑판의 의자에 누워 있으면서 여러 나라들의 역사와 전설, 신화들을 떠올렸다. 그녀는 이런 것들을 처음에는 사람들을 피해서 한적한 곳에서 즐겼다. 더러 친구들에게 편지를 쓰기도 하고 책을 읽거나 글을 쓰기도 했다. 여행의 마지막에 이르렀을 때 선원들은 친절을 넘치게 베풀었고, 그녀는 그들에게 영어를 가르치면서 즐거운 시간을 보냈다. 카타니아 항구에서는 뱃노래를 하나 지었다. 그렇게 지내다가 큰 감동을 받는 일이 벌어졌다. 갑판에서 불침번을 서면서 노래를 부른 한 간부 승무원이 그녀에게 깊은 감동을 주었다. 그녀는 다음 날의 여행을 위해 '이탈리아 간부 승무원들의 친절함과 거지들의 흉측함' 외에는 별다른 심각한 생각을 하지 않은 채 일찍 잠자리에 들었다. 모처럼 만에 단잠을 자고, 꿈을 꾸었다. 융은 이 간부 승무원에 대한 관심에 주목하여 그녀의 내면에서 울려 퍼지는 내향적 감정이 무엇인지 이끌어내고자 했다.

그녀가 꿈에서 깨어나자마자 떠올린 것은 '새벽별들이 함께 노래했을 때'였다. 그녀가 꾼 꿈은 창조에 대한 혼란스러운 관념과 전 우주 만물에 울려 퍼진 장엄한 합창의 서곡이었다. 그리고 그 꿈속에는 뉴욕의 한 일류 음악 동호회에서 상연했던 오라토리오의 합창들과 밀턴의 『실낙원』에 대한 기억이 혼합되어 있었다. 그러고 나서 다음과 같은 시가 서서히 나타났다.

둘째 판

하나님(the Eternal)이 처음 소리를 창조했을 때,
무수한 귀들이 솟아났네. 그것을 듣기 위해
그리고, 전 우주에 속속들이
깊고 선명한 메아리가 울려 퍼졌네.
"소리의 신에게 모든 영광 있으라"

하나님이 처음 빛을 창조했을 때,
무수한 눈들이 솟아났네. 그것을 찾기(look) 위해
그리고, 듣는 귀들과 보는 눈들이 강력한 합창을 불렀네. 한 번 더…
"빛의 신에게 모든 영광 있으라"

하나님이 처음 사랑을 창조했을 때,
무수한 심장들이 생명을 얻었네. 그 즉시
음악으로 가득 찬 귀들과, 빛으로 가득한 눈들은,

사랑으로 가득 찬 심장들과 함께 우렁차게 외쳤네.
"사랑의 신에게 모든 영광 있으라"[2]

이러한 꿈이 배에서 받은 감동이 너무 컸기 때문에 일어났을 것이라는 데에 이의는 없을 것이다. 그 감동이란 갑판 위에서 불침번을 서며 노래 부른 한 간부 승무원을 보면서 생겨났기 때문에 다분히 성애적이다. 그러나 현실에서 성애적 관계는 거의 불가능한 상황이었기 때문에 성애적 형태의 반응은 지극히 미약했다. 이럴 때 그러한 느낌들은 숨어버린다. 그것의 미약한 강도 때문에 그것은 창조의 감동을 주는 꿈으로 변형되어 나타났다. 꿈은 격렬하고 과장된 표현 방식을 취하는 특이성을 가지므로 그것 속의 상징들이 직접적으로 성애적 성격을 드러내지는 않는다. 그러므로 그 인상(노래 부르는 간부 승무원으로 인한 감동)은 이해할 수 없는 형태로 나타났던 것이다.

꿈의 또 다른 특이성은 감동을 준 인상이 의식적으로 인식되지 못했을 때, 무의식의 역사적 퇴적층(the historical stratification of the unconscious), 다시 말해서 인류의 역사 속에서 켜켜이 쌓여온 집단무의식의 속성 때문에 그 인상은 삶의 초기에 있었던 대인관계의 형식으로 되돌아가게 된다는 것이다. 이것은 분별적 의식이 분명하지 않을 때 곧바로 집단무의식이 활성화된다는 뜻이다. 밀러 양의 경우에서도 남성적인 창조자-하나님(a masculine Creator-God)의 관념은 분명히 아버지-이마고(the father-imago)로부터 파생된다. 이때 시와 서곡(prelude)과 같은 것들이 새로운 세계를 '창조'하는데, 그것은 아버지-이마고로 퇴행하게 하는 내향

---

2 C. G. Jung, *Symbols of Transformation*, CW 5, par. 61.

성(introversion)이 종교적 및 시적으로 형식화되었기 때문이다.

밀러 양은 자신의 시가 탄생한 배경에 밀턴의 『실낙원』과 욥의 영향이 있었다고 말한다. 그렇기 때문에 융은 세 가지 자료, 즉 「밀러 양의 시」, 『실낙원』, 그리고 욥기에서 공통된 메시지를 찾는 작업을 시행했다. 즉 욥은 사탄의 제안에 따라 억울하게 모든 것을 잃은 인물이다. 『실낙원』에서의 인간들도 사탄의 유혹에 의해 낙원을 잃는다. 그러나 여기서도 하와는 사실 뱀의 유혹에 빠지지 않았기 때문에 그녀 자신도 욥처럼 무고하게 고통을 당했던 인물이다. 그렇다면 『실낙원』과 욥기의 공통점은 "무엇인가를 잃고, 억울하게 당했다"는 감정이다. 이러한 감정은 〈시라노〉의 경우에서도 동일하다. 그러므로 밀러 양의 시가 의미하는 것은 바로 이러한 감정이었을 것이라고 하면서, 융은 바로 이 감정이 '창조'를 유발시켰다고 분석했다. 융의 표현이다.

> 크리스티앙과의 동일시를 통해 나타나는 로스탕의 〈시라노〉의 암시, 또한 밀턴의 『실낙원』과 친구들에 의해 이해받지 못한 욥의 암시는 시인(밀러 양)의 정신 속에서 무엇인가가 이러한 이미지들과 동일시된다는 것, 시라노와 욥처럼 고통을 받고 천국을 상실했으며 '창조'를 꿈꾼다는 것, 혹은 프노이마(pneuma)의 바람에 의한 수태—생각을 통한 창조—를 계획한다는 것을 분명하게 말해준다.[3]

융은 밀러 양의 시를 다시 인용하면서 '창조'에 관한 이야기를 발전시켜나간다. 밀러 양이 열다섯 살 때 그녀의 어머니는 "자발적으로 그 대

---

3 Ibid., par. 72.

상을 만들어내는 이념"(창조적인 생각)에 관한 기사를 그녀에게 읽어주었다. 그녀는 그것에 흥분하여 잠을 설쳐가며 그것이 무엇인지를 곰곰이 생각했다. 한편 그녀는 아홉 살 때부터 열여섯 살 때까지 학식 있는 목사님이 시무하는 장로교회에 다녔다. 그에 대한 최초의 기억은 그의 어려운 설교를 들으려고 부단히 애쓴 일들이다. 그가 '혼돈', '우주', '사랑의 선물'에 대해 말할 때 무슨 뜻인지 전혀 이해할 수 없었음을 그녀는 회상했다. 융은 이러한 그녀의 글에서 창조의 개념을 확대·발전시킨다. 즉 창조에는 '창조적인 생각'과 '사랑의 선물'이 비밀스럽게 관계하고 있다는 것이다. 그리고 융은 이와 같은 창조적인 사고가 밀러 양만의 문제가 아니라 인류의 보편적인 것이라는 점을 강조함으로써 개인의 한계를 넘어 존재하는 무의식을 다시 한번 더 증명하려 한다.

제2장의 마지막 언급인, "오직 그뿐, 더는 아무것도 아니야"라는 말에 주의를 기울이면서 융은 다시금 여태까지 유추해온 자신의 분석 과정을 정리한다. 이 말은 잃어버린 사랑으로 인한 절망을 나타내는 한 문헌에서 유래한 점을 미루어봐서, 밀러 양이 '노래하던 간부 승무원'에게서 받은 감동을 과소평가했음을 융은 지적한다. 그녀가 이 감정을 과소평가함으로써 그것은 의식화되지 못했고, 따라서 '심리학적인 수수께끼'(psychological riddles)가 생겨났다는 것이다. 그리고 이 수수께끼는 일련의 환상들을 만들어냈다. 그 환상들이란 다음과 같은 것들이었다.

그 인상(impression)은 무의식 속에서 계속 작동하여 상징적 환상들을 만들어낸다. 첫 환상이, '함께 노래한 샛별들'이며, 그다음이 '실낙원', 그리고 그다음은 성직자(장로교회 목사)의 자세로 '세계 창조'를 애매모호하게 언급한 것이며, 마지막으로 종교적 찬가를 떠올려 자유로운 길을 발견하게 된 것이다. 그러나 찬가에는 그것의 기원을 표시하는 특성이 담겨 있다. 즉 아버지-이마고와의 관계라는 우회로를 통해 밤에 노래했던 간부 승무원은 창조주, 즉 소리, 빛 그리고 사랑의 하나님이 되었다.[4]

이제 밀러 양의 시의 중심 주제인 창조주에까지 다다랐다. 그렇다면 창조주란 무엇인가? 그는 욥기를 예를 들어 신의 위력이 야성과 자유분방함 그리고 폭발적 힘을 가지고 있음을 지적하면서, 그러한 신의 힘이란 다름 아닌 자연의 힘과 같음을 암시한다. 말하자면 욥기는 신이 창조주이며 동시에 파괴자로서 작업하는 것을 인간에게 보여주었다. 신은 왜 연약한 인간이 두려움에 벌벌 떨 정도로 무시무시한 속성을 인간에게 드러내는 것일까? 이러한 사건들은 인간으로 하여금 신에 대해 깊이 생각하게끔 한다. 말하자면 신의 속성 안에 어떤 자질이 숨겨져 있음이 틀림없다는 말이다. 그 신은 인간의 마음속, 즉 무의식 속에 거주하고 있다. 융의 표현이다.

그 신이 누구인가? 세상 도처에서 어느 시대를 막론하고 계속 새롭게 반복되며 유사한 형태로 집요하게 나타나는 하나의 사상이 있는데, 그것은 생산하고 또한 죽이기도 하는 어떠한 초월적인 힘이다. 그것은 삶에 있어서 필연적이고 피할 수 없는 이미지로서 우리는 그러한 힘에 내맡겨져 있다. 심리학적으로 이해하자면, 하나님-형상(God-image)은 원형의 성질을 지닌 관념 콤플렉스(a complex of ideas of an archetypal nature)이기 때문에, 어떠한 에너지(리비도)의 총합의 대표물이 투사되어 나타난 것으로

---

4 Ibid., par. 83.

보아야 한다.[5]

융은 신을 이렇게 정의하면서, 한걸음 더 나아가 인간의 마음속에 그러한 신이 창출되는 바탕은 바로 아버지-이마고라고 보았다. 그것은 바로 신을 이미지화할 때 사용되는 우리 정신 안의 가장 기초적인 틀인 셈이다. 이러한 것이 구약의 하나님 예에서는 공포를 불러일으키고 분노 속에서 박해를 가하는 부성이, 신약의 하나님 예에서는 사랑을 주는 부성이 관여했다고 본다. 그밖에는 동물성 내지 반인반수성이 신의 표상으로 나타나기도 했고, 옛 종교와 이교에서는 어머니-이마고가 관여하기도 했다는 것이다.

융은 밀러 양 시의 근원적인 원인(root-cause)을 사랑의 에피소드에서 찾았고, 그것을 증명했다고 해서 시에 대한 충분한 설명이 이루어진 것은 아니라고 지적하면서, 그 시의 목적을 밝혀야 진정한 심리적 의미를 발견하게 되는 것임을 강조한다. "목표 없는 심리적 사건은 없다"는 것이 융이 철칙으로 삼은 원리 중 하나다. 여기서 그는 두 가지 목적을 나누어 설명한다. 하나는 부당한 목적이고, 다른 하나는 정당한 목적이다. 부당한 것은 밀러 양 자신이 억압과 투사라는 방어기제를 사용하여 자신의 심리적 갈등을 비현실적인 것으로 만들려고 하여 이루어낸 창조주의 찬가를 일컫는다. 그에 반해 정당한 목적이란, 억압 행위 없이 일어나는 보편적 인성으로서의 창조주에 관한 변환 과정을 일컫는다. 그때 창조주는 자율적 의도를 목적으로 한다.

우선 부당한 목적을 설명해보기로 하자. 그 목적이 만일 우회로나 억

---

5 Ibid., par. 89.

압과 결부되어 있다면 그 과정을 찾아내기란 결코 쉬운 일이 아닐 것이다. 밀러 양의 경우에는 '노래하는 간부 승무원'에 대한 체험을 그녀가 의도적으로 간과한 점을 보아서는 분명 어떤 억압이 작동했음을 의심하지 않을 수 없다. 억압은 한마디로 갈등을 왜곡되게 해소시키는 방법이다. 그러므로 보편적으로 의식에서는 그것을 알지 못한다. 그러나 무의식에서 그것은 계속 힘을 발휘(활성화)하는데, 그럼으로써 바로 퇴행이라는 기제를 통해 이전의 관계나 관련 방식을 환기시키는 역할을 하게 된다. 그 관계나 관련 방식이란 곧 아버지-이마고를 환기시키는 것이다. 이때 활성화된 무의식의 내용(아버지-이마고)은 항상 곧바로 투사된다. 투사란 자신의 내면의 변화나 인식이라고 자각하는 것이 아니라 외부의 어떤 것으로 대상화시킨다는 말이다. 그것은 또한 무의식적으로 활성화되는 기제이므로 개인에 의해 의식적으로 만들어지는 것이 아니라 자동적으로 생겨난다. 그리고 그것은 어떤 특별한 상황이 벌어지지 않는 한 의식할 수 없는 것이라서 철회시킬 수도 없다. 융은 다음과 같이 표현한다.

투사의 '이점'은 사람을 고통스러운 갈등에서 확실하게 벗어나게 한다는 데에 있다. 이제는 어떤 다른 사람이나 외부적 상황이 그 책임을 떠맡는다. 지금의 사례에서는 다시 활성화된 아버지-이마고로부터 특히 아버지의 관점에서 신에 대한 찬가가 생겨났기 때문에, 만물의 아버지인 창조주가 강조된다. 그러므로 노래하는 인간(간부 승무원)의 자리에 신이 들어서며, 지상의 사랑이 천상의 사랑으로 대치된다.[6]

---

6 Ibid., par. 93.

이렇게 내면의 성애적 갈등이 아버지-신(father-god)의 형상으로 투사되는 기제는 사실상 자기기만의 술책이다. 이처럼 인간은 무의식적으로 내면의 갈등을 망각하고자 한다. 이것이 무의식적 꿈이나 작품이 갖고 있는 부당한 목적이다.

그런데 만일 찬가와 같은 산물이 억압 행위 없이 자발적으로 생긴다면, 우리는 인간 내면에서 자연스럽고 자동적인 변환 과정을 볼 수 있다. 예컨대 아버지-이마고에서 생겨나는 창조-신(creator-god)은 더 이상 억압 행위의 산물이거나 대체물이 아니고 필연적인 자연현상일 것이다. 물론 보편적으로 창조 행위가 콤플렉스에 의한 억압 행위를 통해 인과적 제약을 받을 수밖에 없지만, 세상에는 신의 표상들 자체의 토대를 형성하는 자연현상이 존재한다. 자발적인 창조 행위에서 생겨나는 하나님-형상(God-image)은 고유의 권리를 지닌 존재로 인식됨으로 인간이 그 형상을 만든 것이 아니라, 그 형상이 그의 내부에서 모사되었다고 가정하는 경향이 있다. 따라서 인간은 창조자와 변증법적으로 관계를 맺게 된다. 즉 인간은 부름에 반응하는 자다.

단순한 지력의 소유자(the naive intellect)는 하나님-형상의 자율성을 참조하여 그것과의 변증법적 관계를 실질적으로 활용한다. 다시 말해서 힘들거나 위험한 상황에 처했을 때 하나님이 임재하시길 호소한다. 이 때는 감당하기 힘든 것들을 하나님께 떠맡기고 도움을 구하려는 의도를 나타내는 것이다. 성서의 예를 들면 다음과 같다.

여러분의 걱정을 모두 하나님께 맡기십시오. 하나님께서는 여러분을 돌보고 계십니다(벧전 5:7).

아무것도 염려하지 말고 모든 일을 오직 기도와 간구로 하고, 여러분이 바라는 것을 감사하는 마음으로 하나님께 아뢰십시오(빌 4:6).

심리학적으로 그것은 마음을 괴롭히는 콤플렉스를 의식적으로 하나님-형상에 전이시키는 것을 의미한다. 그런데 이것은 억압과는 정반대의 행위라는 것을 염두에 두어야 한다. 억압은 콤플렉스들을 잊어버리기 위해 무의식적 세력에 그것들을 내어맡기는 것이다. 그러나 종교적 수련에서는 우리의 어려움인 죄가 의식된 상태로 있는 것이 매우 중요하다. 이러한 상태를 만드는 수단은 상호 간에 죄를 고백하는 것(약 5:16)[7]인데, 그것은 죄가 무의식화되는 것을 효율적으로 막아준다.[8] 이러한 방법은 갈등을 의식화하는 것을 목표로 하며, 그것은 정신요법의 필수적 조건이기도 하다. 치료 환경에서는 의사가 환자의 갈등이 의식화되도록 돕는다. 마찬가지로 기독교에서는 예수 그리스도가 그 역할을 맡는다. 그가 그럴 수 있는 당위는 "무고한 하나님의 아들이 친히 십자가 위에서 피 흘려 죽음으로써 인간들이 아무 조건 없이 죄 사함을 받았기 때문이다." 기독교에서 행해지고 있는 이와 같은 의식적 투사는 이중적으로 마음에 평안을 준다. 첫째, 그것을 통해 인간은 양분된 갈등을 지속적으로 의식하게 된다. 그러므로 우리가 억압과 망각으로 인해 고통을 인식하지 못하게 되어, 결과적으로 더 큰 괴로움에 시달리게 되는 계기를 막아준다. 둘째, 모든 해결책을 전능한 신(하나님-형상)에게 떠맡김으

---

[7] "그러므로 여러분은 서로 죄를 자백하고 서로를 위해 기도하십시오. 그래서 여러분이 나음을 받게 하십시오. 의인이 간절히 비는 기도는 큰 효력을 냅니다."
[8] "우리가 죄가 없다고 말하면, 우리는 스스로를 속이는 것이요, 진리가 우리 안에 없는 것입니다"(요일 1:8). 참조.

로써 그러한 부담에서 벗어난다.

이러한 과정에서 하나님-형상과 인간 사이에 어떠한 친숙한 관계(an intimate bond)가 만들어진다. 그러나 이때 인간은 사랑을 통해 하나님과 결합되어야 할 뿐만 아니라 다른 인간들과도 결합되어야 한다. 인간 상호 간의 관계는 신과의 관계만큼 중요한 것 같다. 다른 측면에서 보면 사랑은 신인동형론(anthropomorphism), 즉 신이 인격화된 것의 극단적인 예이고, 배고픔과 같은 인성의 고유한 정신적 추동력(the immemorial psychic driving-force)이다. 심리학적으로 볼 때 사랑은 한편으로 관계의 기능(a function of relationship)이며, 다른 한편으로는 감정이 배어 있는 정신적 상태(a feeling-toned psychic condition)이다. 이러한 상태는 사실상 하나님-형상(God-image)과 일치한다.[9] "하나님은 사랑이시라"고 이야기할 수 있는 것은, 예전부터 정신 안에 있는 가장 강력한 것을 하나님이라고 불렀기 때문이다. 정신적인 힘을 지닌 것은 무엇이나 하나님이라고 불린다. 그럴 때 하나님은 인간과 대립되고 뚜렷이 구분된다. 그러나 사랑은 양쪽에서 모두 일반적이다. 사랑은 인간이 그것을 관장하는 한 인간에게 속하지만, 사랑의 대상이 되거나 희생자가 되면 사랑은 다이몬(the daemon)에 속하게 된다.[10]

융은 이러한 논리로 전개하던 사랑의 속성을 리비도의 속성과 동일시했다가 다시 무의식으로 대치한다. 다시 말해서 사랑이란 리비도적 에너지인데 그것은 곧 무의식의 힘이라는 말이다. 그러므로 사랑으로 대별되는 힘은 무의식적이기 때문에 의식이 조절할 수 있는 영역에 있

---

9 C. G. Jung, *Symbols of Transformation*, CW 5, par. 97.
10 Ibid., par. 98.

기도 하지만 대부분 그렇지 않다. 무의식의 의식과의 관계는 보완적인 (complementary) 것이 아니라 보상적(compensatory)이라는 것이 융의 견해다. 즉 무의식은 의식이 어떤 한 방향으로 치달으려고 하면 이내 그것을 반대의 방향으로 돌리려고 활동하기 시작한다. 그러므로 무의식은 그 자체로 지적 기능을 갖춘 것처럼 인식된다. 이러한 경험에서 보면 하나님-형상을 하나의 인격적 존재로 여기는 것이 이해가 된다.

한걸음 더 나아가 "하나님은 사랑이시라"는 구절을 접할 때 동시에 "하나님은 영이시라"는 말을 생각해보지 않을 수 없다. 융은 인간에게 선천적으로 주어진 영적 소질(spiritual vocation)이 무의식에 의해 자극되어 옴으로써, 하나님-형상이 영이라는 견해가 자연스럽게 생겨났다고 보았다. 이것은 기독교나 철학의 발명품이 아니라 무신론자조차도 입증하는 보편적 인간의 경험의 결과다. 따라서 하나님은 사랑이심과 동시에 영이시므로, 우리는 '영적 사랑'이라는 것을 경험하게 된다. 인간 공동체를 결속시키는 것은 바로 이 '영적 사랑'인데 이것은 원래 하나님에게 속한 것이다. "그러므로 그리스도께서 하나님의 영광을 드러내시려고 여러분을 받아들이신 것과 같이, 여러분도 서로 받아들이십시오"(롬 15:7)라는 성서 구절이 여기에 잘 어울린다.

그리스도가 인간을 '신적' 사랑으로 받아들였기 때문에, 다른 사람을 위한 인간의 사랑도 마땅히 '영적' 및 '신적'이어야만 하고 또 그럴 수 있다. 그러나 심리학적으로 볼 때 그러한 일은 당연하지 않다. 대개 원형의 에너지는 의식적인 마음을 처리하는 데 사용되지 않기 때문이다. 그렇기 때문에 특히 인간적 형태의 사랑(the human forms of love)이 '영적'이거나 '신적'인 것으로 간주되지 않는 것이다. 원형의 에너지는 다만 자아가 원형의 자율적 활동에 의해 영향을 받거나 사로잡힐'때에만 자아

에 전달된다.[11]

그렇기 때문에 인간이 실제로 영적 사랑을 실천할 때 느끼는 것은 그것이 마치 은총의 선물(donum gratiae)과 같다는 것이다. 인간은 자신의 방법으로는 그러한 사랑을 실천할 수 없기 때문이다. 그러나 인간은 바로 사랑의 선물(donum amoris)에 의해 그것을 실천할 수 있게 되어 신의 자리로 올라설 수 있다. 이것을 심리학적으로는, 원형이 자아를 사로잡아 그 원형의 의지대로 행하게 강요한다고 표현할 수 있다. 인간은 원형적 차원을 취해서 그에 걸맞은 효과를 실행할 수 있다. 즉 인간은 신의 자리에 들어설 수 있기 때문에, 다른 사람들이 신에게 하듯이 그들이 인간에게 행동하는 것은 가능할 뿐만 아니라 양식 있는 일이기도 하다. 이러한 관계에서 원형적 질서(an archetypal order)를 지닌 공동체가 생겨난다. 이 공동체가 추구하는 목표는 인류의 내재성이나 유용성이 아니라 지배적인 원형의 특성과 일치하는 초월적인 상징(a transcendental symbol)이다. 이것이 다른 공동체와 구별되는 점이다.[12]

융은 여기서 더 나아가 또다시 인간이 겪게 되는 딜레마의 상황으로 그의 논리를 전개한다. 즉 이러한 공동체가 어떻게 타락해가는가 하는 것에 대한 설명이다. 인류는 이런 공동체를 통해 정신적인 친밀성을 갖는다. 이 친밀성은 인간적 사랑이라는 개인적 본능 영역에 접하게 되면서 위험해지기 시작한다. 이때 권력과 에로스의 본능(die Triebe der Macht und der Erotik)이 활성화된다. 친밀성은 인간 사이의 간격을 최대한 좁혀준다. 그 결과 인간은 인간적인 것의 매력에 너무 쉽게 이끌린다. 이러한

---

11 Ibid., par. 101.
12 Ibid., par. 101.

예가 고대의 종교 체험이다. 그들은 그 체험을 신성과의 육체적 결합으로 이해했다. 이처럼 몇몇 예배 의식에는 온갖 양태의 성욕이 배어들어 있었다. 이런 이유로 기원후 초기 몇 세기 동안 도덕적 타락이 횡행했다. 그때 여기서 벗어나오려는 움직임이 사회의 하층민들로부터 일어났다. 그 당시 이러한 민중들의 마음을 대변했던 종교가 바로 기독교와 미트라스교였다.

융은 세네카가 루실리우스에게 보낸 편지를 인용해서 네로 시대의 사람들, 즉 초기 기독교인들이 얼마나 영적으로 깨어 있었는지를 반증한다. 말하자면 융은 여기서 타락해가던 인류가 그곳으로부터 벗어나오는 모습을 보여주려고 한 것이다. 그 편지 내용에서 볼 때, 당대의 인간들은 육화된 로고스와 동일시될 만큼 성숙했고, 하나의 이념에 의해 통합된 사회(기독교 공동체)를 세울 수 있었다. 그리고 그 이념의 명분 속에서 서로 사랑하고 형제라 부를 수 있었던 것이다. 이때 인류는 엄청난 사회적 진보를 이루었다고 융은 보았다.

융의 생각은 사실상 서구의 문화사적 역사를 자신의 정신사적인 잣대로 개관하기 시작한다. 다시 말해서 그는 자신의 심리학적 틀로 서구의 정신사를 재조명했다. 다시 기독교로부터 이야기는 반복된다. 즉 기독교는 세속적 교육 작업을 통해 고대 그리스와 그 후 수 세기 동안 나타난 야만적이었던 동물적 본능을 강력하게 제어함으로써, 엄청난 양의 본능적 에너지를 문명 구출을 위해 사용할 수 있게 하였다. 그러한 교육의 효과는 먼저 하나의 근본적인 태도 변화에서 나타나는데, 그것은 수 세기 동안 초기 기독교 시대를 지배했던 사조인 세상의 덧없음과 내세성의 의식이다.

그 시대는 내면성(inwardness)과 영적 추상화(spiritual abstraction)를 이루

려고 노력했다. 그리고 자연은 또다시 악마적 혹은 마술적인 영향을 끼치기 때문에 그들은 자연을 혐오했다. 세상과 세상의 아름다움을 피해야 하는 이유는 세상의 공허함과 무상함 때문이 아니라 창조물에 대한 사랑이 인간을 곧바로 그것의 노예로 만들어버리기 때문이다. 이런 유혹을 입구에서부터 거부하지 않는 한 인간은 그 악마적 힘에 무기력하게 굴복하고 만다. 여기서 문제는 감성(sensuality)과 심미적 타락만이 아니다. 더욱 결정적인 문제는 이교도의 신앙관습(paganism)과 자연숭배(nature-worship)였다. 그들에 의하면 신들은 피조물 속에 거주하기 때문에 인간은 신들에게 예속된다. 그렇기 때문에 다시 말하건대 인간은 신들의 힘에 제압당하지 않기 위해 그들로부터 완전히 등을 돌려야 하는 것이다.

융은 이러한 인류의 정신사적 과정을 르네상스에까지 이어갔다. 그래서 르네상스 때 인간의 정신이 어떻게 변화되었는지를 설명한다. 찬찬히 그의 설명을 들어보기로 하자.

> 인간의 감각세계와의 투쟁은 외부적 요인들과는 관계없는 사고의 유형을 낳았다. 인간은 심미적 충격에 대항할 수 있는 관념의 주권(sovereignty of the idea)을 획득했기 때문에, 더 이상 사고(thought)가 감각-인상들(sense-impressions)의 정서적 효과에 휘말리지 않게 되었다. 그리고 처음에는 항거하다가 나중엔 그것들을 반추하고 관찰하게 되었다. 마침내 인간은 자연과 새롭고 독립적인 관계를 옛 그리스의 영이 자리하고 있는 기반 위에 형성하는 단계에 이르렀다. 그리고 기독교가 세상을 외면함으로써 배제시켰던 자연과의 관계를 다시 세울 수 있었다.[13]

---

13 Ibid., par. 113.

이때 종교적 신앙심의 일부분이 자연물에 헌신하고 배려하는 쪽으로 기울었고, 또한 종교적 윤리성의 일부분이 과학적 진실성과 정직성으로 변화했다. 인간은 새롭게 획득한 합리적이고 지적인 독립성을 확인했으며 인간의 정신은 이전에는 생각할 수도 없었던 자연의 심오함에 점점 더 빠져들어 갔다. 새로운 과학적 정신의 획득과 확산이 성공적으로 그 모습을 지니게 되면 될수록, 그 정신은 가면 갈수록 그것이 정복했던 세계의 포로가 되었다. 이러한 과정이 최고조에 다다를수록 인류는 신화적 요소를 상실해갔기 때문에, 신들이 세상에서 사라져갔다. 뿐만 아니라 인류의 영혼들도 더불어 사라져갔다. 관심의 초점이 내면세계에서 외부세계로 옮겨짐으로써 자연에 대한 인식은 이전에 비해 무한정 확대되었지만, 그런 만큼 내면세계에 대한 인식과 체험은 감소되었다. 가장 강하고 가장 결정적이었던 종교적 관심은 내면세계를 벗어났다. 그러므로 도그마의 형상들은 이제 낯설고 이해하기 힘든 잔존물이 되어, 그것이 지닌 영적인 힘이 없어진 지는 이미 오래되었다.

현대에는 초기 기독교 시대의 윤리적 열망도 없다. 현대인들은 더 이상 그런 것에 대한 가치관을 가지고 있지 않다. 그렇기 때문에 기독교적 구원의 이념이나 기독교적 공동체의 필요성을 느끼지 못한다. 더욱이 계몽된 사람들에게 종교란 이미 신경증이나 다름없는 것으로 치부되었다. 그 대표적인 예가 프로이트의 종교관이다. 한마디로 현대인들은 신화를 잃어버렸다. 밀러 양의 글로 되돌아가서 살펴보건대 거기서도 새로운 창조는 일어나지 않고 있다. 모든 것을 다만 덮어버리고 있을 뿐이다. 밀러 양의 글도 현대인의 표본일 뿐이다. 현대인들에게 의식되지 않은 정신은 이제 없다. 왜냐하면 그들은 자아가 알지 못하는 것은 아예 존재하지 않는다고 간주하기 때문이다. 융은 이 글의 마지막을 다음과 같이 맺는다.

> 상징이란 비유도 기호도 아니며, 대부분 의식을 초월한 내용으로 이루어진 상이다. 그러한 내용이 진실이라는 것, 다시 말해서 동인이라는 것을 이제 발견해야 한다.…그렇게 발견해가는 가운데, 도그마가 무엇을 다루고 무엇을 말하는지, 무엇 때문에 생겨난 것인지에 대해 살펴봐야 할 것이다.[14]

융은 여기에다, "이 글을 쓸 당시 이러한 문제에 대해 아무것도 모르고 있었다"는 주를 달았다.

나방의 노래(The Song of the Moth)

「하나님께 영광: 몽환시」를 짓고 난 직후 밀러 양은 제네바에서 파리로 여행을 했다. 기차 여행은 피곤했고 잠도 잘 수 없었다. 그때 열차 안의 빛을 향해 날아온 나방 한 마리를 발견했고, 비몽사몽간에 시 한 편이 떠올라 기록하게 되었다. 이것이 「태양을 향한 나방」이라는 시다. 융은 「하나님께 영광: 몽환시」와 이 시 사이가 짧은 기간이었기 때문에 적어도 아무 일도 벌어지지 않았음을 가정한다면 두 시는 서로 관련이 있을 것이라고 생각했다. 그러나 「하나님께 영광: 몽환시」는 이번 시와는 유사점이 거의 없다. 이번 시는 희망이 없는 우울한 성격을 띠고 있다. 나방과 태양은 결코 만날 수 없다. 게다가 태양을 향해 날기 위해 발버둥

---

14 Ibid., par. 114.

친다는 나방의 전설은 들어보지 못했다. 이 시에서는 확실히 실제로 서로 같이 할 수 없는 두 가지 요소가 응축되어 있다. 하나는 오랫동안 빛의 주변을 맴돌다 타버리는 나방이고, 또 하나는 미미하고 덧없는 존재의 이미지다. 즉 자신은 미미하고 보잘것없음에도 불구하고 엄청난 것을 갈망하는 지극히 모순된 존재의 모습이 거기에 있다.

이와 같은 모습은 바로 파우스트를 생각나게 만든다. 파우스트는 태양과 대지의 아름다움을 무척이나 동경했다. 자연의 아름다움을 찬미하는 것이 그의 의식적인 종교(미트라교)와 대립 관계에 있는 이교적 사상으로 이끈다는 것을 알고 있었음에도 불구하고 그는 결국 그 자신의 갈망 혹은 동경 때문에 타락하고 만다. 다른 세계에 대한 그의 갈망은 그에게 필연적으로 삶의 권태를 가져다주었고 그는 자살 직전까지 가 있었다. 현세의 아름다움에 대한 그의 갈망은 그에게 타락과 회의, 고통을 가져다주었고, 그 결과 마르가레테(Margarete)가 비극적으로 죽게 된다. 그의 오류는 무절제한 엄청난 열정을 지닌 인간으로서 그가 두 방향의 리비도의 충동(urge)에 거리낌 없이 따른 것이었다. 파우스트의 갈등은 초기 기독교 시대의 집단적 갈등(collective conflict)을 그대로 반영하고 있다. 다만 다른 것은 순서가 뒤바뀐 것이다. 다시 말해서 기독교 시대에는 인류가 스스로 그러한 타락을 배척하고 있어서 장래에 그것을 벗어나게 이미 운명 지어져 있었다는 것이다. 기독교가 광범위하게 확산됨에 따라 금욕신앙은 많은 사람들을 새로운 모험으로 안내했다. 그것이 바로 수도원 제도(monasticism)와 은둔 생활(the life of the anchorite)이었다.

반면에 파우스트는 반대의 길을 간다. 그에게 금욕적 이상(ascetic ideal)은 죽음을 몰고 온다. 그는 거기서 해방되기 위해 싸우고, 악마에게 자신을 넘겨줌으로써 생명을 얻는다. 그러나 그 과정은 가장 사랑하는 여인을 잃는 대가를 치러야 했다. 그런 다음에 그는 초기 기독교 시대의 사람들이 그랬듯이 새로운 길을 모색한다. 그래서 그는 고통에서 벗어나, 많은 사람들의 생명을 구하는 일에 자신의 삶을 바친다. 그가 구원자이면서 죽음을 몰고 오는 자라는 이중적 규정은 이미 준비 단계에서 암시되어 있었다. 이러한 두 주제의 뒤범벅이 이 시가 가지고 있는 내용이다.

여기서 융이 「태양을 향한 나방」을 어떤 형식으로 분석하려 했는지 간단히 정리해볼 필요가 있다. 그러기 위해 우리는 먼저 밀러 양 스스로가 이 시를 쓰게 된 동기적 배경을 어떻게 말하고 있는지를 들어봐야 한다. 밀러 양은 다음과 같이 열거했다. 첫째는 한 철학자의 글을 다시 끄집어내 한 여자 친구에게 읽어주었던 것이 계기가 되었다고 지목한다. 그때 "별을 향한 나방의, 신을 향한 인간의 동일한 열정적 갈망"이라는 표현을 만나게 되었다. 두 번째는 〈나방과 불꽃〉이라는 드라마가 영향을 주었고, 세 번째는 바이런의 기본 저작집에서 경험한 감동이었다. 그것은 이 시의 운율에 영향을 주었다.

융은 밀러 양이 지적한 이 세 가지 원천을 근거로 해서 이 시를 두 가지 측면에서 보려고 했다. 첫째는 위의 두 가지 근원으로부터인데, 즉 "신을 향한 인간의 동일한 열정적 갈망"과 〈나방과 불꽃〉에서 보듯이 '신을 향한 인간의 열정에 관한 분석들'이다. 그는 이 주제에서 신의 형상에 관한 다양한 전례들을 모아서 그것들이 인간 정신 안에 있는 보편적인 상들임을 밝혀내려 했다. 두 번째 주제는 밀러 양이 세 번째 원천으로 지목한 바이런의 시로부터 이끌어냈다. 그 주제는 한마디로 '나방과 불꽃'이며 미미하고 덧없는 존재의 발버둥에 관한 것이다. 나방과 불꽃은 날개가 타버릴 때까지 열정의 불 주위를 날아다닌다는 의미다. 이때 열정적 욕구는 두 측면, 즉 모든 것을 미화하면서도 상황에 따라서는 모든 것을 파괴하기도 하는 힘이다. 그러므로 이때의 격렬한 욕구는 불안을 동반한다. 우선 그 첫 번째 주제를 정리해보기로 하자.

감동이란 강렬한 심적 내용을 표현하고 있음을 의미한다. '열정적 영감'(aspiration passionnee)이라는 표현에서 우리는 별을 향한 나방의, 신을 향한 인간의 열정적인 갈망을 본다. 즉 나방은 밀러 양 자신이다. 신을 향한 그녀의 갈망은 별을 향한 나방의 갈망과 같다. 이러한 표현은 이미 「창조주의 찬가」에서도 나타나고 있다. 거기서 "샛별들이 함께 노래할 때" 불침번의 간부 승무원이 갑판에서 노래한다.

여기서 간부 승무원에 대한 밀러 양의 감정이 어떻게 신이나 태양의 찬미로 이어지는지를 보자. 우선 자연이 아름답다고 할 때 그것은 무엇을 의미하는가? 자연이 아름다운 이유는 내가 그것을 사랑하기 때문이다. 내 감정이 선하다고 여기는 모든 것은 선하다. 이처럼 가치는 주관적 반응으로부터 생겨난다. 그렇다면 밀러 양의 경우를 보았을 때, 그녀는 겉보기에 간부 승무원에 대해서 인간적으로 납득할 만한 관심을 거의 갖고 있지 않았다. 그럼에도 불구하고 그 관계에서 어떠한 깊고 지속적인 영향력이 생겨나는데, 그것은 신(the Deity)과도 관련된 문제다. 언뜻 다르게 보이는 대상들에서 나오는 분위기는 대상 자체에서 오는 것이 아니라, 사랑의 주관적 체험에서 나오는 것이다. 따라서 밀러 양이 신이나 태양을 찬미한다면, 실제로 그것은 그녀의 사랑을 의미하는데, 그것은 곧 인간 존재의 가장 깊은 곳에 뿌리를 두고 있는 본능을 의미한다.[15]

---

15 Ibid., par. 127.

이미 언급했듯이 심리학적으로 볼 때, 신은 강력한 감정을 중심으로 해서 모여드는 관념들의 콤플렉스(a complex of ideas grouped around a powerful feeling)다. 콤플렉스는 감정적 색조를 띠면서 그것 본래의 특색을 나타낸다. 그런 측면에서 빛과 불의 속성은 강렬한 감정적 색조를 의미한다. 따라서 태양이 신의 관념과 상통한다고 볼 때, 우리는 두 가지 경우를 생각해볼 수 있다. 하나는 태양으로부터 신의 관념을 이끌어내는 경우이고, 다른 하나는 그것이 감정의 강조에 의해 생겨난 신성이며 이를 통해 태양에 신적인 의미가 부여된다는 의견을 나타낼 것이다. 전자는 태도와 기질 면에서 주변 세계의 인과적 효과를 더 믿는 편이고, 후자는 심적 체험의 자발성을 더 믿는 편이다.

융은 여기서 후자의 견해를 전적으로 밀고 나간다. 따라서 융의 견해는 일반적으로 정신적 에너지, 즉 리비도는 원형적 모델을 사용해 하나님-형상을 만들어내며, 그에 따라 인간은 자신의 내부에서 활동하는 정신의 힘에 신성한 경외심을 내보인다는 것이다. 결과적으로 '신은 인간 안에 내재하는 것'이다. 그렇게 되면 심리학적인 견지에서 볼 때 "하나님-형상이란 현실적이긴 하지만 일단은 주관적인 현상이 아니겠는가?" 하는 조금은 어색한 결론에 이르게 된다. 이러한 결론은 얼핏 '자기 자신과 벌이는 유희'처럼 보이게 하지만 결코 그렇지 않다고 융은 설명한다. 즉 정신적 에너지인 리비도는 의식의 지배를 받는 것이 아니라 원형 또는 무의식에 속한 것이라서 우리가 마음대로 할 수 없기 때문이라고 보고 있다.

'자신 안에 신이 내재되어 있다는 것'은 많은 뜻을 내포한다. 즉 그것은 행복이나 권력이 보증됨을 의미하고, 심지어 전능이 보증되기도 하다. 신을 자신 안에 품고 있다는 것은 그 자신이 신이라는 의미 같기도 하다. 육욕적 관념이나 상징들이 상당히 많이 말살된 기독교에서도 이러한 심리학의 흔적을 볼 수 있다. 예컨대 수도원의 수련자는 종교적 황홀경(religious ecstasy) 속에서 자기 자신을 별들과 동일시한다. 그것은 중세의 성인이 성흔(stigmata)을 통해 그리스도와 동일시되는 것과 같다. 아시시의 성 프란체스코(St. Francis of Assisi)는 태양을 형제, 달을 누이라고 부르기까지 하면서 이러한 관계를 형성했다. 히폴리토스(Hippolytos)는 신자가 장차 신격화될 것이라고 주장한다. "그대는 신이 되었다. 그대는 신의 동반자가 되며 그리스도의 공동 상속자가 될 것이다." 예수도 시편 82:6의 말을 인용하면서 유대인들에게 자신이 하나님의 아들임을 내세웠다. 그 시편을 인용하고 있는 요한복음 10:34은 다음과 같이 말한다.

예수께서 그들에게 말씀하셨다. "너희의 율법에 '내가 너희를 신들이라고 하였다' 하는 말이 기록되어 있지 않느냐?"

인간이 신이 되면 그 자신의 중요성과 힘이 엄청나게 증가하게 된다. 즉 그것은 개인의 삶이 극도의 취약성과 불확실성에 직면했을 때 그 개인을 강화시킨다. 이처럼 그것의 외부적 효과는 힘에 대한 의식이 강해지는 것이다. 그러나 보다 더 중요한 것은 심층에서 진행되는 감정의 영역, 곧 내부적 효과다. 리비도를 외부의 객체로부터 철수시켜 내향화하는 사람은 누구나 내향성의 필연적 결과에 도달하게 된다. 즉 주체의 내부로 향해 있는 리비도가 개인의 과거를 다시 파악해 기억의 창고로부터 옛날의 이미지들을 끄집어낸다. 무엇보다 먼저 떠오르는 것은 어린 시절의 기억이며, 그중에서도 아버지와 어머니의 이미지다. 그것은 유일무이하고 영원한 것이다. 종교에서는 아버지-이마고와 어머니-이마고의 퇴행적 재활성화가 중요한 역할을 한다. 종교에서 얻는 은혜는 부모가 아이를 돌봄으로써 주는 효과와 같다. 그리고 신비스러운 감정은 초기 소아기에 경험하는 어떤 흥분, 저 원형적인 예감에 대한 무의식적인 기억에 뿌리를 두고 있다.

세상의 가시적인 아버지는 태양, 곧 천상의 불이다. 왜냐하면 아버지, 신, 태양, 불은 신화학적으로(mythologically) 동의어들이기 때문이다. 태양의 힘을 경배한다는 것은 자연의 거대한 생산력을 경배하는 것임은 잘 알려진 사실인데, 이것은 인간이 신 안에서 원형의 에너지를 경배하는 것임을 가장 극명하게 보여준다. 이러한 이미지를 인류의 역사 속에서 찾기란 어렵지 않다. 디터리히 파피루스(the Dieterich papyrus)에서, 힐데가르트(Hildegarde of Bingen, 1100-1178)의 표현에서, 신신학자 시메온(Symeon, 970-1040)의 글에서 그리고 니체의 시에서도 우리는 그런 표현들을 찾아낼 수 있다.

그것들은 또한 황홀경 속에 있는 리비도 상징들(ecstatic libido-symbols)로 이해할 수도 있다. 신의 상징들이 여러 가지로 변하는 것은 리비도의 상징성이 빛, 불 등에 머물러 있지 않고 다른 표현 수단으로 바뀌기 때문이다. 예컨대 니체의 「봉화」라는 시에서는 리비도가 불, 불꽃, 뱀으로 표현된다. '이집트의 살아 있는 태양륜'의 상징에는 리비도의 두 가지 유례가 결합되어 있다. 결국 융은 리비도의 상징화가 네 가지 방식으로 나타난다고 정리한다.

1. 유추적 대비: 태양이나 불과 같음
2. 인과적 대비
   a) 객체 비교: 리비도는 그것의 객체를 통해 표시된다.
      예컨대 자선을 베푸는 태양을 통해

b) 주체 비교: 리비도는 그것의 도구나 유례를 통해 표시된다.
　　예컨대 남근 혹은 뱀을 통해
　3. 행위의 비교: 예컨대 리비도는 황소처럼 수태를 하고, 사자나 수퇘지처럼 위험하며 당나귀처럼 욕정적이다.

　이처럼 리비도의 상징은 다양하다. 그러나 그것의 근원은 하나다. 이러한 심리학적 환원과 단순화는 역사적으로 문명이 추구해왔다. 그래서 무수히 많은 신들을 통합해 합일시키고 단순화시키려는 노력을 경주해왔다. 이런 예들은 고대의 이집트 종교에서뿐만 아니라 헬레니즘과 로마의 다신주의에서도 나타났다. 기독교처럼 엄격한 유일신론의 종교에서도 다신론적인 성향이 나타났다. 신성(the deity)은 세 부분으로 나누어져, 천상의 서열이 부과되었다. 다신론과 유일신론이라는 두 흐름은 끊임없는 투쟁 속에서 공존한다. 수많은 속성을 지닌 한 신이 존재하거나, 혹은 수많은 신들이 존재하면서 단순히 지역에 따라 다르게 불리면서 원형의 이런저런 속성을 경우에 맞게 의인화하고 있다. 융은 신의 형상 혹은 리비도의 다양한 상징들을 이야기하면서 원형론을 이끌어낸다. 융의 표현이다.

　어떤 유전된 표상들이 문제되는 것이 아니고, 동류의 혹은 유사한 관념을 생산하는 어떠한 기능적 소인이라는 것이 문제다. 그러한 소인을 나는 후에 원형이라 불렀다.[16]

16　Ibid., par. 154.

원형은 인간의 집단무의식에 속하는 것으로 본래 인간 안에 전해 내려오는 소질이다. 이것을 증명하기 위해 융이 제시하는 예는 유명한 그의 환자 이야기다. 융은 자신의 환자에게서 다음과 같은 망상을 관찰했다.

환자가 태양에서 남근의 발기를 보았다. 그가 머리를 이리저리 흔들면, 태양의 음경도 이리저리 흔들리며 그 결과 바람이 생겨난다. 미트라스 예배서를 알기 전까지 나는 오랫동안 이 기이한 망상을 이해하지 못하고 있었다.[17]

미트라스 예배문에는 태양륜에 관이 매달려 있는데, 그 관이 바람의 근원지다. 이것은 당연히 성적인 의미로 해석할 수밖에 없게 만든다. 바람은 능히 태양과도 같이 수태자이며 창조자라는 것을 떠올릴 수 있다. 독일 중세의 한 화가도 생식에 대한 표현을 다음과 같이 했다. "하늘에서 관 혹은 호스 하나가 내려와 마리아의 치마 밑으로 들어간다. 성령이 비둘기의 형체로 날아오더니 그 속으로 들어가 성모를 수태시킨다." 이렇게 여러 가지 예를 들어가면서 융은, 시간과 공간을 초월해 발생하는 그러한 유사성이 바로 누구에게나 있기 마련인 원형을 증명해준다고 생각했다.

융은 이어서 빛의 상징이 '깊이 존경받는 존재'(the well-beloved)인 태양-영웅(the sun-hero)이라는 이미지로 발전해갔음을 보여주려고 미트라스 예배 의식부터 소개하기 시작한다. 그 의식에서는 태양의 다양한 속

---

17   Ibid., par. 151.

성이 차례로 나타난다. 말하자면 헬리오스(태양신)의 환영(vision)을 따라, 뱀의 얼굴을 한 일곱 처녀와 검은 황소의 얼굴을 한 일곱 신들이 등장한다. 처녀는 인과론적 리비도 비유(a causatic libido analogy)라고 쉽게 이해할 수 있다. 낙원의 뱀은 흔히 여성에게 있는 유혹적 원리와 같이, 여성적인 것으로 생각된다. 고대에서는 뱀이 대지(the earth)의 상징이 되어 대지는 항상 여성적인 것으로 생각되었다. 한편 황소는 생산성의 상징이다. 황소신은 미트라스 예배 의식에서 '천국의 순환의 축'을 뒤집는 '세계 축의 수호자'로 불렸다. 이와 같은 속성이 미트라스에게도 있는데, 그는 때로는 천하무적의 태양(Sol invictus)이기도 하고, 때로는 헬리오스의 반려이며 그의 지배자이기도 하다. 미트라스 예배 의식에서 주신이 미트라스와 헬리오스로 나누어지는데, 이 둘의 속성은 서로 많이 비슷하다. 예컨대 헬리오스는 불같이 붉은 화관을 쓰고 진홍빛의 외투를 입은 신으로, 미트라스는 황금빛 머리카락과 빛나는 얼굴을 지닌, 황금빛 화관을 쓰고 황소의 오른손에 황금빛 어깨를 기대고 있는 신으로 묘사된다.

황금과 불의 본질이 유사하다면, 이 두 신의 속성은 동일하다. 이와 유사한 표현이 요한계시록의 환상들에서 보인다. 요한은 환상을 통해 주의 음성을 듣는데, 주는 일곱 개의 황금 촛대 사이에서 긴 옷을 입고, 가슴에 금띠를 두르고, 머리와 털이 흰 양털 같고, 눈은 불꽃같고, 발은 빛나는 주석 같고, 그 오른손에 일곱 별이 있고, 그 얼굴은 해가 강렬하게 비추는 것 같은 '사람의 아들'의 모습으로 나타난다. 그리고 구름 위에서 황금 면류관을 쓰고 앉아 있는 '사람의 아들'을 요한은 보고 있다.

요한계시록과 미트라교의 관념들 사이에 직접적인 관계가 있다고 생각할 수는 없으나, 그런 것들은 동일하게 많은 사람들의 심령(soul) 속에서 발견되는 원천에서 유래한 것이다. 그 원천에서 나온 상징들은 한 개인에게 속한다고 하기에는 너무도 전형적이기 때문이다.

이 이야기를 조금 더 진전시켜보면 종교적 제의에 이른다. 다시 말해서 빛의 상징이 태양-영웅이나 황금 면류관을 쓴 인자처럼 인격화되어 종교적으로 체험되면 그것들은 이내 예배 의식으로 굳어져 전승되기 시작한다. 이러한 현상은 이교적 상징에 저항하기 위해 대단한 노력을 경주했던 기독교에서도 뚜렷하게 나타난다. 예컨대 알렉산드리아의 필론(Philo of Alexandria)은 태양 속에서 신적 로고스의 이미지, 혹은 신 자체의 이미지를 보았다. 성 암브로시우스(St. Ambrose) 찬송가에서는 그리스도를, "오 구원의 태양이여"라고 부르고 있다. 마르쿠스 아우렐리우스(Marcus Aurelius) 시대의 멜리톤(Meliton)은 그리스도를 "동방의 태양, 하나의 태양으로서 그는 승천했다"고 말했다. 알렉산드리아의 유세비우스(Eusebius of Alexandria)의 증언에 의하면, 기독교인들도 5세기까지 떠오르는 태양의 숭배에 동참했다고 한다.

융은 그 다음 주제를 이야기하기 위해 이제까지의 작업을 정리한다. 그는 '나방과 태양'의 상징 속에서 정신(psyche)의 역사적인 층들에까지 깊이 파고들어 갔다. 이 과정에서 융은 그동안 매몰되어 있던 하나의 우상, 즉 '빛나는 머릿결과 작열하는 면류관'을 쓴 젊고, 잘 생긴 태양-영웅(the sun-hero)을 발굴해냈다. 그는 유한한 존재가 다가갈 수 없는 존재로서 영원히 땅 위를 배회하며, 낮에 이어 밤이 오게 하고, 여름에 이어 겨울이, 삶에 이어 죽음이 오게 하고, 다시 부활해 새로운 세대를 비춘다. 꿈꾸는 밀러 양은, 마치 '영혼-나방'(soul-moth)이 그에게 가기 위해 자신의 날개들을 태우듯이 그 자신의 영혼과 더불어 그 영웅을 동경한다. 여기까지가 첫 번째 주제에 관한 것이다.

그러나 우리가 욥의 신에게서 이미 보았듯이, 자연의 힘은 항상 두 측면을 이룬다. 그중 하나가 이미 언급한 것들이고 그다음이 나방과 불꽃이다. 이것은 열정적 욕구를 나타낸다. 이때의 열정은 모든 것을 미화하기도 하지만, 때에 따라서는 모든 것을 파괴하기도 하는 힘이다. 열정은 운명을 초래하고 그럼으로써 되돌릴 수 없는 어떤 것을 만들어낸다. 운명에 대한 불안은 예견할 수 없고 무한정하다. 그것은 알 수 없는 위험을 품고 있다. 그러므로 대체적으로 모험을 포기함으로써 부분적 자살을 자행하게 된다. 욕망을 체념할 때 죽음의 환상이 뒤따르는 것이다. 밀러 양의 「태양을 향한 나방」의 세 번째 출처로 지목한 바이런의 시가 그러한 내용을 전달해주고 있다. 그녀가 자신의 시와 운율이 같다고 한 바이런의 두 시행의 내용은 다음과 같다.

살아왔던 것처럼 죽게 해다오. 믿음 안에서
나는 떨지 않으리! 우주만물이 요동친다 해도

그녀의 일련의 연상들과 마지막으로 연결되어 있는 이 회상은 체념에서 생겨나는 죽음의 환상들(the death-fantasies)을 확실하게 보여준다. 이 마지막 인용 구절은 바이런의 미완성 시 「하늘과 땅」에서 나온 것이다. 이 시는 밀려오는 대홍수 앞에서 희망 없이 도주하는 한 '유한한 자'가 행하는 기도다. 밀러 양이 이 시를 인용했다는 것은 그녀 자신도 이와 같은 심정이었음을 시사한다. 우리는 그녀의 태양-영웅을 향한 그리움이 헛된 것임을 안다. 그녀는 유한한 존재이기 때문이다. 그런 다음에는 죽음으로 떨어지거나 아니면 대홍수 앞에 선 인간들처럼 죽음의 두려움에 내몰려 절망스러운 투쟁에도 불구하고 구제할 길 없이 파멸에 몸을 맡

기게 된다. 이와 같은 심정이 〈시라노 드 베르주라크〉의 마지막 장면에서도 연출된다.[18]

이렇게 유한한 그녀가 무모할 정도로 신적인 것을 갈망하는 행위는 의식적인 선택이나 결정의 결과가 아니다. 말하자면 노래하던 간부 승무원의 자리에 그녀의 의도나 개입 없이 하나의 신적 영웅이 들어섰다는 것이다. 바이런의 「하늘과 땅」이라는 시는 심리학적인 것과 땅에서 생기는 것으로 구성되어 있다. 다시 말해서 한편으로는 모든 장애를 허물어버리는 열정과, 다른 한편으로는 폭발적인 자연의 위력에 대한 두려움으로 구성되어 있다는 말이다. 보편적으로 인생의 여정들 속에서 보면 신의 위력이 열정의 유혹에 의해 도전받는다. 이러한 현상들이 밖으로 투사되면 대홍수 설화 같은 것들이 만들어지게 된다. 이러한 현상들을 심리학적으로 재구성해보자. 지혜로운 법으로 세상을 다스리는 선과 이성의 힘(the good and rational power)은 혼란스럽고 원초적인 열정(the chaotic, primitive force of passion)에 의해 위협받는다. 그러므로 열정은 근절되어야 한다. 이러한 심리가 신화로 투사되면 죄를 지은 세상 전체가 대홍수로 철저히 말살되어야 하는 이야기가 창조되는 것이다.

열정은 인간으로 하여금 그 자신을 넘어서게 할 뿐만 아니라 그의 죽어야 할 운명(mortality)과 현세적 속성(earthliness)마저 넘어서게 한다. 그리고 이런 것들은 결국 그를 파괴시키고 만다. 이러한 '자기 자신을 높임'에 대한 신화적 표현이 바로 바벨탑의 건축과 루시퍼의 높임이다. 별에 대한 나방의 동경은 바로 이런 욕망의 예에 불과하다. 그는 신적인 것을 지향하며 높여진 것 같지만, 그 때문에 자신의 인간성을 저버린다. 모

---

18 Ibid., par. 167.

든 것을 넘어서는 듯한 열정은 동시에 대단히 파괴적인 자연의 위력을 자초하게 되는 것이다.

우리는 욥을 심하게 다루었던 야웨의 정의의 저울마저 뒤집어버리는 레비아탄(leviathan)을 기억해야 한다. 레비아탄이 살고 있는 대양의 깊숙한 원천으로부터 모든 것을 파괴시키는 홍수가, 동물적 열정의 밀물이 밀려온다. 질식시킬 듯 가슴을 조여오는 본능의 큰 파도는 밖으로 투사되어 모든 것을 파괴시키는 어마어마한 홍수로 표현된다. 그것은 모든 생물을 말살시키고 그다음 더 나은 새로운 세상을 창조해낸다. 이것은 인간의 집단무의식의 파괴적이고 동시에 창조적인 역동적 힘을 표현하고 있는 것이다. 융은 이러한 관점을 기독교의 언어로 아래와 같이 재조명한다.

나방이 불빛에 죽음으로써 한동안 위험이 제거되긴 했지만, 문제는 아직도 그대로 있다. 갈등은 처음부터 다시 시작된다. 그러나 이때 막연한 약속이 주어진다. 그것은 구세주의 예고로서, 태양과 함께 하늘 꼭대기까지 올라갔다가 밤과 겨울의 추운 암흑으로 다시 내려가는 '모든 사람들에게 사랑받는 이', 바로 우리에게 부활과 내세의 희망을 가져다주는 '젊어서 죽은 신'이 오리라는 약속이다.[19]

---

19 Ibid., par. 175.

제2부

서론

제1부에서 밀러 양의 시를 통해 융이 주장하고 있는 리비도의 변환 과정은 다음과 같다. 즉 그녀의 첫 번째 시인 「창조주의 찬가」에서 그 창조주를 떠올리게 된 동기가 무엇보다 성적이었다는 것이다. '갑판 위에서 노래 부르는 간부 승무원'으로 향했던 성적 리비도가 내면화하면서 창조주의 이미지로 변했다. 그리고 두 번째 시인 「태양을 향한 나방」에서 그 창조주의 이미지가 태양으로 나타나고 있고 그것이 인류에게 얼마나 보편적인 현상인가를 보여준다. 이 과정은 물론 리비도의 변환 과정과 동일하다. 이러한 배경에서 융은 제2부의 글을, 바로 전에 전개했던 태양을 향한 나방을 정리하면서 시작한다. 제2부 서론에서 융이 말하고자 하는 것은 리비도가 개인의 정신 밖으로 향할 때 태양에서 전지전능한 존재로 확대되지만, 정신의 내면으로 향할 때 그것은 작은 엄지손가락 혹은 난쟁이이거나 결함을 갖고 있는 보잘것없는 존재의 이미지로 나타난다는 것이다. 여기서 엄지손가락이나 난쟁이는 페니스와 일맥상통한다. 따라서 프로이트에 의해 소개된 리비도의 개념인 성적 혹은 생산적인 요소와 자연스럽게 연결된다. 그러나 융의 의도는 여기에 있지 않다. 그는 리비도가 인간 정신의 보편적 에너지라는 점을 증명하려고 한다. 제2부의 서론을 정리해보자.

융은 제2부의 기초 자료를 살펴보기 전, 「태양을 향한 나방」에 대한 분석을 정리한다. 그는 이 시의 태양을 향한 그리움에서 신화적인 기본 사고를 발견한다. 그것은 점성술적 신의 이미지로서 욥기의 이중적 성질의 창조주를 넘어선다. 그것은 바로 태양이다. 그 태양은 빛(선)의 하나님과 어둠(악)의 마귀라는 도덕적 나님을 초월한 하나의 자연적 표현(a natural expression)이다. 원시 시대건 과학 시대건 태양은 세계의 수태자이고 창조자이며 이 세상 에너지의 원천인 아버지 신이므로 모든 생물이 그의 도움으로 살아간다. 또한 태양은 우리 자신의 혼(soul)의 창조적인 힘이며, 리비도라고 부를 수 있는 것이다. 신비주의자들이 이것을 증명해준다. 그들은 자신의 마음속에서 태양의 이미지를 발견한다. 신비주의자가 내면에서 관조한 이 태양 에너지가 어떤 것인지는 예컨대 인도의 신화에서 나타난다.『스베타스바타라 우파니샤드』(Shvetashvatara Upanishad) 제3부의 설명에서 나타나는 루드라(Rudra)와 관련된 구절이 그것이다. 여기서 표현되는 루드라는 우주의 창조자다. 그는 날개가 달려 있고 수천 개의 눈으로 세계를 감시하는 태양을 품고 있는 존재다.

한편 신의 형상은 개인의 내면에서도 발견된다. 그것이 내면으로 들어오면 인간의 장기 속에 있는 것으로 표현된다. 특히 사람의 심장 속에 존재한다. 더욱이 내면의 신은 작은 인간, 즉 엄지손가락이나 엄지인간 탐(Tom Thumb)의 형상으로 묘사된다. 이런 예는 인도의 카타 우파니샤드, 그리스의 신화, 괴테의『파우스트』등에서 발견된다. 이때 엄지손가락은 물론 남근숭배의 측면을 강하게 상징한다. 남근적 성적인 상징은 창조적인 신을 나타낸다. 그 예가 바로 헤르메스(Hermes)다. 여기서 한 걸음 더 나아가 초라함과 기형은 비밀스러운 지하계의 신들, 기적을 행하는 막강한 능력이 주어진 헤파이스토스의 아들들, 가비렌들 등의 독특한 특징들이다. 결론적으로 융은 리비도를 다음과 같이 표현한다.

이 모든 것들이 보여주고 있는 것은, 프로이트에 의해 소개된 '리비도'

라는 용어가 성적 개념을 내포하고 있다는 것을 부인할 수 없지만, 그러나 이 개념을 오로지 일방적으로 성적 의미로만 정의하는 것은 거부해야 한다.…정신적 자동운동으로서의 성 이론은 이치에 닿지 않는 편견이다.[20]

융은 이에 덧붙여 리비도는 인간의 기본 욕구의 하나라는 것을 다른 여러 가지 예를 들어 설명한다. 이처럼 융은 프로이트의 리비도 개념이 잘못됐음을 지적하면서 그 어원에 있어서도 그렇다는 것을 보여준다. 그 어원은 '욕구를 자극하다', '사랑스러운', '희망', '칭찬', '탐욕적인' 등이다.

20　Ibid., par. 185.

부록 2

밀러의 환상들(The Miller Fantasies)[1]

잠재의식의 창조적 상상력에 대한 몇 가지 사례
(Some Instances of Subconscious Creative Imagination)
by 뉴욕의 프랑크 밀러 양
(Miss Frank Miller of New York)

I. 일시적 암시 혹은 순간적인 자기암시 현상

'순간적인 자기암시 현상'은 다양한 형태로 나 자신에게서 나타나서 내가 직접 관찰한 특이한 현상을 일컫는 것인데, 딱히 적절한 단어가 없어서 사용한 용어다. 그것은 어떤 순간 지극히 짧은 시간 동안에 다른 사람의 인상이나 느낌들이 너무 생생하게 나에게 암시를 주어서 그것이 마치 내 것인 양 느껴졌던 것들로 구성된다. 물론 암시가 끝나는 순간 그것이 내 것이 아니었음을 나는 온전히 확신한다. 몇 가지 사례를 들겠다.

　1. 나는 캐비어(caviar)[2]를 무척 좋아한다. 그런데 내 가족 중 몇몇은 그 냄새와 맛을 몹시 역겨워한다. 그러나 내가 그것을 먹으려 할 때 가족 중 하나가 그 역겨움을 표현하기 시작하면, 나도 그것에 암시되어 한동안 내 가족처럼 캐비어의 맛과 냄새가 정말 지독하게 역겹다고 느낀다. 그

1　C. G. Jung, *Symbols of Transformation*, CW 5., 445-457.
2　철갑상어 알을 소금에 절인 것.

러나 내가 이런 인상을 물리치고 캐비어가 여느 때처럼 맛있는 음식임을 알게 되는 데는 단 1분 정도의 노력이면 충분하다.

2. 위의 예와는 반대로 어떤 기분 좋은 인상이 전달되는 경우가 있다. 냄새가 너무 진해서 속이 울렁거리고 결국 거의 멀미를 일으키게 만듦으로써 내가 지극히 싫어하는 어떤 향수와 에센스가 있다. 그러나 한 숙녀가 자신의 오드콜로뉴(eau-de-Cologne, 향수의 일종)의 냄새를 맡으면서 내게 그것의 기운과 강렬한 향기를 칭찬할 때, 그녀의 기분 좋은 느낌이 곧 내 것이 된다. 그러나 약 3-5초 정도 후에 그것은 사라지고 나는 평상시 그 강한 냄새를 혐오하는 상태로 돌아온다. 나는 기분 좋은 암시를 거부하고 나의 실제적인 혐오감으로 되돌아가는 것이 더 편하다고 느낀다.

3. 직접 읽거나 아니면 남의 이야기를 들을 때 매우 재미있는 이야기를 내가 따라가고 있을 때, 나는 단순히 읽거나 듣기보다는 종종 약 1분 정도 실제 그 이야기 속으로 들어가는 환상에 빠진다. 이런 현상은 아름다운 극작품을 볼 때 특히 뚜렷하게 나타난다. 예컨대, 사라 베르나르(Sara Bernhardt),[3] 두제(Duse),[4] 어빙(Irving)[5] 등이 공연한 것들이 그렇다. 그런 환상은 예컨대 〈시라노〉(Cyrano)[6]라는 연극 중 가슴을 뭉클하게 하

---

3 Sarah Bernhardt(1844-1923), 프랑스 여배우.
4 Eleonra Duse(1859-1924), 이탈리아 여배우.
5 Washington Irving(1783-1859), 미국 작가·역사가.
6 〈시라노 드 베르주라크〉(Cyrano de Bergerac): 프랑스 극작가 에드몽 로스탕(Edmond Rostand)의 5막 시극이다. 1897년 파리의 포르트 생 마리탱 극장에서 초연하여 성공을 거두었다. 시대 배경은 1640년(5막만 15년 후)이다. ① 제막: 간부 후보생 시라노가 극장에서 만용을 부리며 권력에 반항한다. 그는 호걸형이며 코가 큰 추남이었다. ② 제2막: 그는 남몰래 사랑하는 사촌동생 록산과 제과점에서 만나, 간부 후보생인 미남 청년 크리스티앙을 소개해줄 것을 부탁받는다. ③ 제3막: 무뚝뚝한 크리스티앙을 설득하여

는 장면에서 완벽하게 나타난다. 그 연극에서 크리스티앙(Christian)이 칼에 맞아 죽어가고, 사라 베르나르(록산 역)는 죽어가는 그의 상처에서 흐르는 피를 멎게 하려고 그녀의 몸을 던진다. 그때 나는 크리스티앙이 가격당했을 신체 부위로 추측되는 젖가슴이 후벼 파이는 고통에 휩싸이는 것을 실제로 느꼈다. 이런 종류의 암시는 1분 혹은 1초 동안 지속된 듯하다.

4. 이와 같은 순간적인 암시는 때로는 매우 특이한 형태를 띠는데, 그런 경우 어떤 부분이 상상력에 의해 활성화되어서 나타나는 것이다. 예컨대 나는 바다 여행을 엄청나게 즐겼는데, 특히 대서양 횡단 여행을 아직도 생생하게 기억하고 있다. 지금 어떤 사람이 나에게 바다 한가운데 떠 있는 증기선의 아름다운 사진을 보여주었다. 순간적으로 ─ 그 환상으로 인해 강력한 힘과 아름다움에 사로잡혔다 ─ 나는 엔진이 고동치는 소리와 파도의 출렁거림, 그리고 배의 흔들림을 느꼈다. 그것은 1초도 지속되지 않았을 것이다. 그러나 가까스로 감지할 정도의 시간 동안에 나는 다시 한번 더 그 바다 위에 있었던 것이다. 며칠 후 그 사진을 다시 보았을 때에도, 덜 명료하기는 했지만 그와 똑같은 현상이 되풀이되었다.

5. 명백하게 창조적 환상(creative fantasy)에서 비롯된 한 예가 있다. 목욕을 하려고 샤워기를 준비하고 있던 어느 날, 나는 머리카락이 물에 젖

두 사람의 밀회를 성공시킨다. ④ 제4막: 록산은 시라노가 대필한 편지의 아름다운 문장에 감동해 일선에 찾아오지만, 연인 크리스티앙은 전사한다. ⑤ 제5막: 시라노는 수녀가 된 록산을 매주 찾아가 위로한다. 어느 날 시라노는 적군의 계략에 걸려 부상을 당하면서도 약속한 시간에 나타난다. 그리고 록산이 시라노가 자신을 사랑한다는 사실을 알았을 때에는 이미 때가 늦어 그는 숨을 거둔다. 작가는 이 작품에서 주인공의 의기·독설·유머·박식·시재(詩才)·무용 등을 극단화(極端化)하여 낭만적 영웅상의 창조에 성공하였다. 작품에 나오는 대사 중에는 지금까지도 애송되는 명문구가 많다. [네이버 백과사전].

지 않도록 타월로 머리를 둘둘 말았다. 두꺼운 타월은 고깔 형태가 되었고, 나는 그것을 핀으로 고정시키려고 거울 앞에 서 있었다. 그 고깔 형태는 의심의 여지없이 고대 이집트인들의 끝이 뾰족한 머리 장식물을 상기시켰다. 그렇기는 하지만 한순간 내가 그 이집트인과 동일하다는 것이 거의 숨 막힐 듯한 명료성으로 내게 다가왔다. 나는 진짜 이집트 입상과도 같이 받침대 위에 서 있는 듯한 느낌이 들었다. 즉 사지가 경직된 채 한쪽 발을 앞으로 내밀고 손에는 휘장을 들고 있는 등 모든 세세한 모습에서 그랬다. 그것은 대단히 훌륭했다. 그래서 무지개가 사라지듯 그 인상이 사라져갈 때 나는 아쉬움을 느꼈다. 또한 그것은 무지개처럼 또다시 희미하게 나타났다가 완전히 사라져갔다.

6. 또 다른 현상. 어떤 아주 유명한 화가가 내 출판물들의 삽화를 그리기 원했다. 그러나 이런 경우 나는 나 자신의 아이디어를 가지고 있기 때문에 만족하기가 어렵다. 그러나 나는 성공적으로, 그가 한 번도 가본 적이 없는 제네바 호수와 같은 풍경을 그리게 할 수 있었다. 그리고 그는 한때, 그가 결코 느낄 수 없었던 주변 분위기에 대한 감각을 내가 그에게 제공해주었기 때문에 한 번도 보지 못했던 것을 그릴 수 있게 사실처럼 상상했다고 말했다. 간단히 말해서 나는 그를 마치 그가 자신의 연필을 사용하듯이 사용했던 것이다. 즉 그는 하나의 도구에 불과했다.

◆ ◆ ◆

나는 지금까지 내가 기록한 여러 가지 경우들에 큰 의미를 부여하지 않는다. 그것들은 일시적이고 애매모호하다. 그리고 나는 외부의 인상들에 생생하게 공감하는 예민한 기질과 상상력을 가진 사람들이면 누구나 비슷한 현상을 체험할 것이라고 생각한다. 그것들은 대단한 결과가 아닌 듯하다. 고작해야 그리 중요하지 않은 다른 것들을 이해하는 데 우리에게 도움이 되는 정도도. (그러나) 내가 믿기로는 정상적인 건강 상태에 있는 사람들에게 이러한 공감적 기질(sympathetic temperament)은 '암시적인'(suggested) 상들과 인상들을 가능하게 하거나 창조할 때 중요한 역할을 한다. 그렇다면 어떤 좋은 조건 아래에서는 전혀 새로운 어떤 것, 우리가 알고 있는 것과는 다른 어떤 것이, 마치 무지개처럼 휘황찬란하고 인상적이면서도 그 기원과 생성 원인에 있어서는 자연스러운 어떤 것이 정신의 지평 위로 떠오르지 않을까? 이런 기묘한 작은 체험들(위에서 언급한 것들을 말함)은 무지개가 푸른 하늘과 구분되듯이 일상적인 매일의 삶의 과정과는 아주 많이 다르기 때문이다.

앞에서 말한 몇 가지 관찰들은 앞으로 있을 보다 더 중요한 두세 가지 사례들의 서론이다. 그 중요한 사례들은, 그들 정신의 비정상적이고, 의식 아래의(subliminal) 혹은 잠재의식적(subconscious) 수행력을 분석할 능력이 없거나 의지가 없어서 그것들에 압도되어버리는 사람들이 경험하는 바로 그 매우 복잡하고 혼란스러운 현상들을 밝히는 데 어느 정도의 빛을 던져준다고 생각된다.

II. 「하나님께 영광: 몽환시」

1. 겨울철에 콘스탄티노플, 스미르나, 아테네, 그리고 시칠리아 항구와 이탈리아의 서해안 등을 경유하여 중간중간 짧지만 황홀한 휴식을 취하면서 오데사에서 제노바로 가는 항해보다 더 매력적인 여행을 상상하기는 어렵다. 어떠한 심미적 느낌도 없이 보스포루스 해협의 장관에 열광

하지 않거나, 아테네의 과거를 추억하면서 그것에 온 영혼이 반향을 일으키지 않는 사람이 있다면 그는 분명히 속물일 것이다. 나는 스무 살이던 1898년에 가족들과 함께 그 여행을 했다.

뉴욕에서 스톡홀름으로 그리고 또 페테르부르크에서 오데사로 길고 험한 여행을 한 후, 도시들, 시끄러운 거리들, 일로 분주한 세계, 간단히 말해서 땅의 세계를 떠나서 바다물결과 하늘 그리고 고요함이 있는 세계로 들어가는 것은 참으로 즐거운 일이 아닐 수 없었다. 나는 몇 시간 동안 계속 몽상에 빠진 채 갑판의 긴 의자에 몸을 쭉 뻗고 누워서 시간을 보냈다. 내가 어느 정도 거리를 두고 보았던 여러 다른 나라들의 모든 역사, 전설, 신화들이 혼란스럽게 다시 떠올랐다. 그것들은 야광처럼 빛나는 밤안개 속에 녹아 있는 듯했다. 그러므로 그 속에서는 실재의 것들은 사라지고 없었고, 그 대신에 꿈과 관념들만이 오로지 참 실재인 양 하고 있었다. 처음에 나는 사람들을 피해 홀로 지내면서 몽상에 빠져 있었다. 그때 내가 진심으로 위대하고, 아름답고, 훌륭하다고 알고 있었던 모든 것들이 새로운 생명을 얻어 활기차게 나에게 되돌아왔다. 또한 나는 그런 날의 대부분을 멀리 있는 친구들에게 편지를 쓰거나, 독서를 하거나 아니면 우리가 방문했던 여러 곳을 회상하면서 짤막한 시를 낙서하듯 쓰면서 보냈다. 그렇게 쓴 시 중 몇 편은 제법 진지했다. 항해가 경유할 목적지에 가까워질 즈음, 배의 간부 승무원들은 전에 없이 친절하고 상냥했고, 나는 그들에게 영어를 가르쳐주면서 많은 시간을 즐겁게 보냈다.

카타니아 항구에 있는 시칠리아 해변에서 나는 뱃노래를 하나 지었는데, 그것은 바다, 술, 그리고 사랑에 관한 어느 유명한 노래를 각색한 것에 지나지 않았다. 이탈리아 사람들은 대체적으로 모두 노래를 잘한다.

그리고 간부 승무원 중 한 사람이 한밤에 갑판 위에서 경계 근무를 서면서 노래를 불렀다. 그는 내게 강한 인상을 주었고, 나는 이내 그가 부른 멜로디에 잘 어울릴 만한 가사에 대한 아이디어를 얻게 되었다.

그 후 바로 나는 "나폴리를 보고 나서 죽으라"는 격언처럼 나폴리 항구에서 거의 죽을 뻔했다. 그렇게 위험한 정도는 아니었지만 몹시 아프기 시작했기 때문이다. 그리고 나서는 해변을 걷고, 마차를 타고 주요 관광지를 구경할 정도로 충분히 회복되었다. 그러나 여기저기 돌아다녀서 극도로 피곤했고 또 다음날 피사(Pisa)를 방문할 계획이 있었기에 나는 곧바로 승선하여 일찌감치 잠자리에 들었다. 간부 승무원들의 상냥한 표정과 이탈리아 거지들의 추함 외에는 그 어떤 심각한 생각도 하지 않은 채 잠자리에 들었던 것이다.

2. 나폴리에서 리보르노까지는 배로 하룻밤이 소요되는데, 평상시 잠을 설치고 꿈 없이는 자지 못하는 내가 그 기간 동안만은 비교적 잠을 잘 잤다. 그리고 어머니의 목소리가 다음에 설명할 꿈의 말미에 바로 나를 깨운 듯하다. 그러므로 그 꿈은 깨기 직전에 꾼 꿈이 틀림없다.

먼저 나는 "새벽별들이 함께 노래하고 있었을 때"라는 단어들을 희미하게 의식했다. 그것은 내가 그렇게 말해도 된다면, 창조와 관련한 관념과 전 우주를 관통해서 울리는 웅장한 합창들의 서곡이었다. 그러나 꿈이란 본래 혼란스럽고 이상한 모순을 가지고 있기 때문에 뉴욕의 유명한 악단들 중 하나가 연주했던 오라토리오의 합창과 밀턴의 『실낙원』에 대한 희미한 기억 등이 이런 모든 것과 함께 뒤섞였다. 그리고 그 뒤섞임 속에서부터 3연으로 구성된 시구가, 내가 늘 가지고 다니며 시를 기록하던 오래된 앨범의 한 면인 푸른 줄의 평범한 필기 용지 위에 내 필체로 서서히 그 모습을 드러냈다. 간단히 말해서, 그 시구들이 내 책 안에서 몇 분 동안 정말 사실처럼 활성화되어서 내게 나타났던 것이다.

그 순간 어머니가, "자! 이제 좀 일어나렴! 온종일 잘 수는 없잖니? 피사도 구경해야지"라며 내게 소리쳤다. 그 소리 때문에 나는 선실 침대에서 일어나 내려왔다. "말하지 마세요! 한 마디도…. 지금 난 내 생애에 가장 아름다운 꿈을 꾸고 있었단 말이에요. 아! 그 사실적인 시! 나는 그 단어, 연 그리고 후렴까지도 보고 들었어요. 내 노트 어디에 있죠? 그것을 잊어버리기 전에 얼른 적어놓아야겠어요." 시도 때도 없이 글을 쓰는 내 모습에 익숙해져 있던 어머니는 나의 변덕스러운 기분도 좋게 여겼고, 또 말로 표현할 수 있는 한 빨리 말했던 내 꿈에 열광하기까지 했다. 노트와 필기구를 찾고 옷을 입는 데 몇 분을 소비했다. 그러나 그것은 짧은 시간이었음에도 불구하고, 꿈을 바로 회상하는 데 약간의 어려움을 줄 만큼 충분한 시간이어서 내가 그 꿈을 기록하려 할 때 단어들이 벌써 어느 정도 그 선명함을 상실해버렸다. 어떻든 첫째 연은 쉽게 기억했지만, 두 번째 연은 회상하기가 조금 더 어려웠고, 마지막 연은 상당한 노력을 해야만 했다. 즉 내가 우스꽝스러운 인물을 만들어내고 있다는 느낌에 집중이 안 되기도 하고, 선실의 윗 침대에 걸터앉아 있기도 하고, 또 옷을 반쯤 걸친 채 낙서를 하기도 해서 어머니는 나를 놀려댔다. 그렇게 해서 첫판은 유감스러운 면들을 남기게 되었다. 그러나 나는 그 이후 우리들의 긴 여행이 끝날 때까지 가이드로서의 임무를 다했다. 그리고 몇 달 지나지 않아 공부를 위해 로잔(Lausanne)에 자리를 잡았을 때, 이 꿈에 대한 생각이 평온한 외로움 속에 있던 나에게로 되돌아와서 뇌리에서 계속 떠나지 않고 맴돌았다. 그때 나는 첫판보다 더 자세한 내 시의 두 번째 판을 완성했다. 내 말은 두 번째 판이 원래의 꿈에 더욱더 가깝게 완성되었다는 뜻이다. 여기에 그 시의 두 형태를 모두 소개하려 한다.

첫째 판

하나님(God)이 처음 소리를 창조했을 때
무수한 귀들이 생겨났네.
그리고 전 우주 도처에
웅장한 메아리가 울려 퍼졌네.
"소리의 신에게 영광 있으라!"

하나님에 의해 아름다움(빛)이 처음 주어졌을 때
무수한 눈들이 솟아났네. 그것을 보기(see) 위해
그리고, 듣는 귀들과 보는 눈들이
다시금 웅장한 노래를 불렀네.
"아름다움(빛)의 신에게 영광 있으라!"

하나님이 처음 사랑을 창조했을 때
무수한 심장들이 솟아올랐네.
그리고 음악으로 가득 찬 귀들과 아름다움으로 가득 찬 눈들이,
사랑으로 가득 찬 심장들이 모두 노래했네.
"사랑의 신에게 영광 있으라!"

둘째 판

하나님(the Eternal)이 처음 소리를 창조했을 때,
무수한 귀들이 솟아났네. 그것을 듣기 위해

그리고, 전 우주에 속속들이
깊고 선명한 메아리가 울려 퍼졌네.
"소리의 신에게 모든 영광 있으라"

하나님이 처음 빛을 창조했을 때,
무수한 눈들이 솟아났네. 그것을 찾기(look) 위해
그리고, 듣는 귀들과 보는 눈들이 강력한 합창을 불렀네. 한 번 더…
"빛의 신에게 모든 영광 있으라"

하나님이 처음 사랑을 창조했을 때,
무수한 심장들이 생명을 얻었네. 그 즉시
음악으로 가득 찬 귀들과, 빛으로 가득한 눈들은,
사랑으로 가득 찬 심장들과 함께 우렁차게 외쳤네.
"사랑의 신에게 모든 영광 있으라"

3. 나는 결코 반자연주의(초자연적인 것과 다름)나 유심론(정신지상주의)의 전문가가 아니었기 때문에, 몇 달이 지난 후 그와 같은 꿈이 생길 만한 필요조건과 원인을 찾아보려고 하였다. 아직까지도 설명되지 않는 환상처럼 나에게 강한 충격을 준 것은, 내가 늘 믿어왔던 모세의 설명과는 전혀 다르게 내 시에서는 빛의 창조가 첫째가 아니라 두 번째로 나타나고 있다는 것이다. 아낙사고라스(Anaxagoras)도 회오리바람을 이용하여 혼돈으로부터 우주를 창조해내고 있는데, 이것도 소리의 창조 없이는 정상적으로 일어날 수 없음을 회상하는 것은 흥미로운 일이 아닐 수 없다. 게다가 그 당시 나는 아직 철학을 공부하지 않아서, 아낙사고라스

나 그의 '누스'에 대한 이론들도 모르고 있었다. 나중에 내가 무의식적으로 그의 누스 이론을 따라갔음을 알게 되었지만…(적어도 그 당시는 모르고 있었다). 똑같이 나는 라이프니츠(Leibniz)라는 이름을 전혀 몰랐고 결과적으로, "세계는 신이 계산하고 있는 한에서 생겨난다"라고 하는 그의 신조도 전혀 알지 못했다. 그럼에도 불구하고 그 꿈을 꾸게 된 개연성 있는 출처에 관해 내가 무엇을 발견했는지를 따라가 보자.

첫째로 밀턴의 『실낙원』이 고려의 대상이다. 우리 집에 귀스타브 도레가 삽화를 그린 질 좋은 판본이 하나 있었는데 나는 그것을 어려서부터 잘 알고 있었다. 그리고 내가 기억할 수 있는 나이 이래로 나에게 소리 내어 읽어주었던 욥기가 있었다. 지금 여러분이 내 시의 첫 줄과 『실낙원』의 첫 단어들을 비교해본다면 여러분은 그것이 동일한 음보(音步)[7]임을 알게 될 것이다.

Of man's first disobedience(인간의 첫 불순종을)…
When the Eternal first made sound.[8]

게다가 내 시의 보편적인 아이디어는 약간은 욥기의 여러 구절을 연상시킨다. 그리고 헨델의 오라토리오 〈창조〉의 한두 대목도 연상시킨다(물론 이 오라토리오는 꿈의 시작 부분인 혼란에서 나타났다).

열다섯 살 때 어머니가 내게 읽어준, "자발적으로 그 자신의 대상을 창조하는 신념"이라는 논설을 듣고 굉장히 흥분했던 기억이 난다. 나는

---

7 시에서 운율을 이루는 기본 단위. 영시에서는 하나의 강음절을 중심으로 한다.
8 Of man's first…는 『실낙원』의 첫줄이고, When the Eternal…은 밀러 양 시의 첫줄이다. 이 두 문장을 소리 내어 읽어보면 운율이 매우 비슷함을 알 수 있다.

그것이 무엇을 의미할까 궁금해서 그것들을 생각하느라고 온밤을 지새웠다. 아홉 살부터 열여섯 살까지 나는 일요일마다 한 장로교회에 다녔다. 그곳의 목사님은 매우 교양 있는 사람이었다. 지금은 유명한 대학의 학장이다. 그에 관한 아주 어렸을 때 기억 중 하나를 상기해보면, 내가 아직 어린 소녀였을 때 그가 설교에서 말했던 이 세상의 '혼돈', '우주' 그리고 '사랑의 선물'이라는 의미를 이해할 수 없는 상태에서 교회의 큰 의자에 앉아 졸음을 쫓으려고 무진 애를 쓰던 내 모습이 떠오른다.

꿈에 관해서 말하건대, 내가 열다섯 살 때 기하학 시험을 준비하다가 한 문제를 풀지 못하고 잠자리에 든 적이 있다. 그리고 한밤중에 깨어나 침대에 똑바로 앉아서는 방금 꿈에서 발견했던 한 공식을 되뇌었다. 잠시 후 다시 잠이 들었고 다음 날 아침 내 마음속에서는 모든 것이 깨끗하게 해결되어 있었다. 내가 기억하려 했던 한 라틴어 단어 건에서도 매우 비슷한 일이 벌어졌다. 또한 나는 멀리 떨어져 있는 친구들의 편지가 실제로 도착하기 바로 전에 그들이 내게 편지를 쓰는 꿈을 자주 꾼다. 이런 현상을 아주 단순하게 설명하면 다음과 같다. 즉 자고 있는 동안 나는 그들이 내게 편지를 쓸 것 같은 시간을 개략적으로 계산했다. 그리고 꿈속에서 그 편지가 실제로 도착한다는 생각을 하게 되고 그것이 바로 도착 가능한 날을 예측하는 것으로 대체되었다. 이런 결론은 내가 편지받는 꿈 이후에 전혀 편지가 오지 않았던 사실들을 몇 번 겪은 후 내려졌던 것이다.

정리하면, 앞서 말한 것을 되새겨볼 때 그리고 내가 이런 꿈을 꿀 시점에 여러 편의 시를 썼다는 사실에 비추어볼 때, 그 꿈이 처음에 생각했던 것처럼 그렇게 이상하게 느껴지지는 않았다. 그것은 『실낙원』, 욥기, 그리고 〈창조〉가 내 마음속에서 뒤섞여서 나온 결과인 듯하다. 말하자면

"자발적으로 그 자신의 대상을 창조하는 신념", '사랑의 선물', '혼돈', '우주'라는 개념들의 뒤섞임 말이다. 내가 보기에는 만화경 속의 몇 안 되는 색유리 조각들이 경탄스럽고 진기한 패턴을 만들어내는 것처럼, 내 마음속의 철학, 미학 그리고 종교의 조각들이 서로 잘 섞여서 이런 아름다운 꿈을 만들어냈는데, 그때 어마어마한 고요와 아주 진기한 바다의 매력이 깃들어 있던 뱃길 여행과 스치듯 보았던 나라들의 자극이 동반되어 그 꿈에 일조했다. 단지 그뿐이고 더 이상 아무것도 없었다. "Only this and nothing more!"

III.「나방과 태양: 잠들 무렵의 시」(A Hypnagogic Poem)

제네바를 떠나 파리로 가기 전날 나는 극도로 지쳐 있었다. 나는 살레브(Saleve)로 당일 여행을 갔고, 돌아왔을 때 한 통의 전보를 받았다. 거기에는 가방을 챙기고, 하던 일을 정리하고, 두 시간 안에 떠날 수 있도록 하라고 적혀 있었다. 열차 안에서는 피로감이 너무 심해서 한 시간도 잘 수가 없었다. 여성 객실은 끔찍하게 더웠다. 새벽 4시경 베개로 쓰던 가방에서 머리를 들어 올리고 똑바로 앉아서 부어오른 팔다리를 쭉 뻗었다. 작은 나비 혹은 나방 한 마리가 기차의 흔들림에 따라 이리저리 움직이는 커튼 뒤 유리창에 비친 불빛을 향해 펄럭거리고 있었다. 나는 다시 누워서 잠을 청했는데, 이때는 거의 성공적이었다. 말하자면 나는 자기-의식을 완전히 상실하지 않은 채 거의 자는 듯한 나를 발견했다. 그때 내 마음속에서 다음과 같은 시 한 토막이 갑자기 떠올랐다. 내가 아무리 반복해서 노력을 해도 그것을 떨쳐버리기는 불가능했다. 나는 연필을 들고 곧바로 그 시를 적었다.

「태양을 향한 나방」

내가 처음 의식에 지배되었을 때 나는 당신을 갈망했네.
내가 번데기 안에 누워 있었을 때에도 나의 꿈은 온통 당신뿐이었네.
나와 같은 수많은 나방들이 자신들의 생명을 빈번하게 반복해서 부딪치네.
언젠가 당신으로부터 일어난 약한 불꽃을 향해…
그리고 한 시간 이상이면―나의 불쌍한 생명은 스러져 가지만,
아직 나의 마지막 갈망은 처음의 욕망처럼
당신의 영광으로 다가가는 것이리라. 그때 황홀한 눈길을
한 번만이라도 잡을 수 있다면 나는 만족스럽게 죽을 것이리.
내가 당신의 완전한 영광 속에 있는 아름다움, 따뜻함 그리고 생명의 근원을
한때 보았기 때문에!

이 짧은 시는 내게 깊은 감동을 주었다. 처음에 나는 이 시를 아주 명쾌하게 그리고 단도직입적으로 설명해낼 수 없었다. 그러나 며칠이 지난 후, 지난겨울 베를린에서 읽고 크나큰 기쁨에 사로잡혔던 한 철학 논문을 다시 찾아서 한 친구에게 큰 소리로 읽어주었을 때, 나는 "별을 향한 나방의, 신을 향한 인간의 동일한 열정적 갈망"이라는 구절에 맞닥뜨렸다. 나는 그것들에 대해 완전히 잊고 있었는데, 나의 잠들 무렵의 시에 다시 등장했음이 틀림없어 보였다. 게다가 내가 몇 년 전에 보았던 〈나방과 불꽃〉이라는 제목의 드라마가 역시 내 시의 또 다른 원천으로 되살아났다. 여러분이 보듯이 '나방'이라는 단어가 내게 얼마나 자주 인상적으로 다가왔는지! 이번 봄에 나는 내게 큰 기쁨을 주어 종종 깊이 빠졌던 바이런의 시선(詩選)을 읽었음을 덧붙인다. 그런데 나의 시 마지막 두

연인,

For I, the source of beauty, warmth and life
Have in his perfect splendor once beheld!

이것과 다음의 바이런 시의 두 연의 리듬이 매우 유사하다.

Now let me die as I have lived in faith
Nor tremble tho' the Universe should quake!

이 시집을 자주 읽었던 것이 내게 영향을 미쳤고, 의미의 관점뿐만 아니라 운율적 형식에도 나에게 영감을 주었을 가능성이 있다.

반쯤 깬 수면(백일몽) 상태에서 내게 다가왔던 이 시를, 완전히 깬 상태에서 썼던 "I. 일시적 암시 혹은 순간적인 자기암시 현상"과 빨리 잠들었을 때 썼던 "II.「하나님께 영광: 몽환시」" 등과 같이 놓고 비교해보면, 이 세 범주의 글이 완벽하게 자연스러운 연작물을 형성하고 있는 듯하다. 중간 상태(III)는 두 극단 사이에서 단순하고 용이한 이행 과정을 만들어가고 있다. 그러므로 사람들이 내가 잠든 상태에서 지은 시(II)를 '신비'의 개입이라고 의심할 법한 요인은 사라진다.

부록 3

죽은 자들을 위한 일곱 가지 설교[1]

동서양이 만나는 도시, 알렉산드리아의 바실리데스(Basilides)가 기록한 죽은 자들을 위한 일곱 가지 설교.

첫 번째 설교

죽은 자들이 예루살렘에서 돌아왔다. 그들은 거기서 찾고자 했던 것을 찾지 못했던 것이다. 그들은 내게 자신들을 받아주기를 간청했고, 나에게서 가르침 받기를 간구했다. 그래서 나는 그들을 가르쳤다.

들거라! 나는 무(無, nothing)에서 시작한다. 무는 충만함(fullness)과 같은 것이다. 무한(endless)의 상태에서 충만함은 텅 빔(emptiness)과도 같다. 무는 텅 비어 있기도 하고 동시에 가득 차 있기도 하다. 무를 다른 것으로 말하는 사람들도 있을 것이다. 다시 말해 그것은 하얗다거나 아

---

[1] Stephan A. Hoeller, *The Gnostic Jung and the Seven Sermons to the Dead* (The Theosophical Publishing House Wheaton, Illinois, 1994), 44-58.

니면 검다고 하기도 하고, 또는 그것이 존재한다고 하기도 하고 아니라고 하기도 한다. 무한하고 영원한 것은 아무런 성질이 없다. 그것은 모든 성질을 다 가지고 있기 때문이다.

무 혹은 충만함을 우리는 '플레로마'(Pleroma)라고 부른다. 그 속에서는 사고하는 것과 존재하는 것이 정지된다. 왜냐하면 영원한 것은 아무런 성질도 없이 있기 때문이다. 그 속에는 어떤 존재도 없다. 왜냐하면 만일 무엇이라도 있다면, 그것은 그때 플레로마와 구별될 것이고, 플레로마로부터 그것을 구분할 수 있는 성질을 소유하는 것이기 때문이다.

플레로마 안에는 아무것도 없기도 하고 모든 것이 있기도 하다. 곧 플레로마에 대하여 생각한다는 것은 유익하지가 못하다. 왜냐하면 생각한다는 것이 플레로마의 소멸을 의미할 것이기 때문이다.

'창조된 세계'(The CREATED WORLD)는 플레로마 속에 있지 않고 그 자체 속에 있다. 플레로마는 '창조된 세계'의 시작이요 끝이다. 플레로마는, 햇빛이 어디서나 공기를 투과하듯이 '창조된 세계'를 관통한다. 플레로마가 '창조된 세계'를 완벽하게 투과함에도 불구하고 '창조된 세계'는 그런 성질이 없다. 그것은 바로 완전히 투명한 물체가 빛의 통과로 말미암아 검거나 밝은 색으로 변하지 않는 것과 같다. 어떻든 우리들 자신은 플레로마다. 왜냐하면 그 플레로마가 우리 안에 존재하기 때문이다. 더욱이 지극히 적절하지 않은 상태라 해도 플레로마는 어떤 한계도 없이 영원히 그리고 완벽하게 존재한다. 작다는 것과 거대하다는 것이 플레로마에게는 낯선 성질이기 때문이다. 이것이 내가 '창조된 세계'가 플레로마의 일부분이라고 말하는 이유다. 그러나 다만 우화적인 감각으로 말할 때만 그렇다. 플레로마는 무(nothing)라서 부분으로 나뉠 수 없기 때문이다. 우리 모두는 역시 완전한 플레로마(total Pleroma)다. 왜냐하면 비유적으로 플레로마는 우리 안에 있는, 극단적으로 작고 가상적이며 더욱이 있지도 않은 한 점이면서 동시에 우리를 둘러싸고 있는 우주의 끝없는 하늘이기도 하기 때문이다. 어떻든 플레로마가 전체이면서 동시에 무라면 왜 우리는 그것에 대해 논의하는가?

내가 그것을 말하는 이유는 어디서부턴가 시작하여, 그곳의 밖이나 안 어디쯤에 전적으로 견고하고 확실한 어떤 것이 있다고 하는 망상을 너희에게서 없애기 위해서다. 견고하고 확실한 것들은 모두 상대적일 뿐이다. 왜냐하면 변화하게끔 되어 있는 것들만이 견고하고 확실하게 보이기 때문이다.

'창조된 세계'는 변화하게 되어 있다. 그것은 오직 견고하고 확실한 것이다. 왜냐하면 그것은 성질을 가지고 있기 때문이다. 사실상 창조된 세계는 오직 그 자체가 성질이다.

우리는 묻는다. 피조물은 어떻게 생겨났는가? 창조물들은 확실히 생겨났지만 창조된 세계 자체는 아니다. 왜냐하면 창조된 세계는, 창조되지 않은 영원한 죽음이 또한 플레로마의 한 성질인 것처럼, 플레로마의 성질 중 하나이기 때문이다. 피조물은 언제나 어디에나 있고, 죽음도 언제나 어디에나 있다. 플레로마는 구별되는 것이든 구별되지 않는 것이든 모든 것을 소유한다.

분별성은 피조물이다. '창조된 세계'는 확실히 구분한다. 분별성은 '창조된 세계'의 본질이기 때문에 피조물 역시 더욱더 분화를 야기한다. 이것은 인간 자신이 왜 '분할자'인지에 대한 이유다. 인간의 본질도 역시 분별성이기 때문이다. 존재하지도 않는 성질인 플레로마의 성질을 인간이 구분하는 이유가 이 때문이다. 이러한 나눔은 인간 자신의 존재로부터 이끌어내는데, 이것이 인간이 존재하지도 않는 플레로마의 성질을 이야기하는 이유다.

너희들은 나에게 묻는다. "당신이 플레로마에 대해 생각하는 것은 소용없는 일이라고 말해놓고서 지금 그것에 대해 말하는 것이 뭐가 유익한가?"라고.

나는 너희들을 플레로마에 대해 생각할 수 있다는 미망(illusion)으로부터 해방시키기 위해 너희들에게 이 말을 하고 있다. 너희들이 플레로마의 나뉨에 대해 말한다면 그때 우리는 나누어진 우리 자신의 자리에서 말하는 것이고, 우리는 또한 우리 자신의 분화된 상태에 대해 말하는 것이다. 그러므로 우리가 그렇게 행동하는 한, 실제로 우리는 플레로마에 대하여 아무것도 말했던 것이 아니다. 하지만 우리 자신의 분별성에 대해 이야기하는 것은 우리 자신을 위해 필요하다. 왜냐하면 그것이 우리들에게 충분히 식별할 수 있게끔 해주기 때문이다. 우리의 본질은 분별성이다. 그러한 이유 때문에 우리는 각각의 성질을 구분해야만 한다.

너희들은 말한다. "구분하지 않으면 무슨 해가 있는가? 그때 우리는 우리 자신의 존재의 한계를 넘어서는데…, 다시 말해서 우리는 '창조된 세계'를 넘어서 우리 자신을 확장하며, 우리는 플레로마의 또 다른 성질인 미분화된 상태 안으로 떨어진다. 우리는 플레로마 자체 안으로 침몰해 들어가서 이내 피조물 됨을 멈춘다. 이처럼 우리는 용해되어 아무것도 아닌 존재가 된다."

그와 같은 것이 바로 피조물의 죽음이다. 우리는 식별하는 데 실패하면 죽는다. 그런 이유로 해서 피조물의 자연스러운 충동은 분별하는 쪽으로, 그리고 오래되고 치명적인 동일성의 상태에 반하여 투쟁하는 쪽으로 향해 있다. 그러한 자연적 성향을 사람들은 개성화의 원리(Principle of Individuation)라고 부른다. 그 원리는 실제로 모든 피조물의 본질이다.

아마도 너희들은 그런 것들로부터 무분별의 원리(the undifferentiated principle)와 식별의 결여(lack of discrimination)가 피조물에게 왜 그리도 크게 위험한지를 선뜻 깨닫게 될 것이다. 그런 이유로 해서 우리는 플레로마의 성질을 분별할 수 있어야만 한다. 그것의 성질은 다음과 같은 대극의 쌍이다.

> 효과적이고 감동적인 것과 무효하고 무감동적인 것
> 충만함과 텅 빔
> 산 자와 죽은 자
> 구별성과 동일성
> 뜨거움과 차가움
> 기운과 물질
> 시간과 공간
> 선과 악
> 아름다움과 추함
> 일자(一者)와 다자(多者) 등

대극의 쌍은 플레로마의 성질이다. 즉 그것들도 역시 실제로는 존재하지 않는다. 왜냐하면 그것들은 서로 영향을 주어 소멸하기 때문이다.

우리 자신들이 플레로마이기 때문에 우리 역시 우리 안에 이런 성질을 가지고 있다. 다시 말해서 우리 존재의 바탕이 분별성이므로 우리는 그 분별성이라는 표지와 이름 아래에 그러한 성질을 소유한다. 이 말의 의미는 다음과 같다.

첫째, 그 성질은 우리 안에서 각각 구별된 채 따로 떨어져 있어서 서로 영향을 주어 소멸되지 못하고 오히려 각각 활성화된다. 그러므로 우리들은 대극의 쌍의 희생물이다. 왜냐하면 플레로마가 우리 안에서 둘로 찢어져 있기 때문이다.

둘째, 그 성질들은 플레로마에 속한다. 그러므로 우리는 분별성의 표지와 이름 아래에서만이 그것들과 함께할 수 있고 또 그렇게 해야만 한다. 우리는 우리 자신을 이러한 성질로부터 분리해야만 한다. 플레로마 안에서는 그것들이 서로 영향을 주어 소멸되지만 우리들 안에서는 그렇게 되지 못한다. 그러나 우리 자신이 대극의 쌍들로부터 멀리 떨어져 있음을 인식하는 방법을 안다면, 그때 우리는 구원을 얻게 된다.

우리가 선(善)과 미(美)를 얻으려고 노력하면, 그때 우리는 우리의 본질적 본성인 분별성을 망각하게 된다. 그렇기 때문에 우리는 대극의 쌍인 플레로마의 성질에 의해 희생되는 것이다. 우리가 선과 미를 얻으려고 노력하면 할수록 동시에 우리는 악과 추함도 함께 얻게 된다. 왜냐하면 플레로마 안에서 악과 추함은 선과 미와 동일하기 때문이다. 그러나 우리가 분별성이라는 우리의 속성을 충실히 지킨다면, 그때 우리는 우리 자신을 선과 미와는 다르게 분별한다. 그렇게 함으로써 동시에 우리는 즉각적으로 우리 자신을 악과 추함과도 다르게 분별하는 것이다. 그것이 우리가 무(nothingness)이면서 소멸(dissolution)인 플레로마 속으로 녹아들어 가지 않는 유일한 방법이다.

너희들은 항의하며 나에게 말할 것이다. "당신은 분별성과 동일성 모두 플레로마의 성질이라고 말씀하셨다. 우리가 분별성을 얻고자 노력한다면 어떻게 되는가? 우리가 분별성을 얻으려고 노력하는 동안, 우리는 우리의 본성에 충실하지 않은 것인가? 그리고 결국 우리는 역시 동일성 상태에도 있어야 하는가?"

너희들이 결코 잊지 말아야 할 것은 플레로마는 아무 성질도 가지고 있지 않다는 점이다. 우리는 우리의 생각을 통해 이러한 성질을 창조해 내는 존재다. 너희들이 분별성이나 동일성 또는 그 밖의 다른 성질을 찾으려고 노력하는 것은 곧 플레로마로부터 너희들에게로 흐르는 생각을 찾으려는 노력인데, 그때 그 생각은 주로 플레로마에는 존재하지 않는 성질에 관한 것이다. 너희들이 이런 생각을 찾아 헤매는 동안 너희들은 다시금 플레로마 속으로 떨어져서 분별성과 동일성에 동시에 도달하게 된다. 분별성은 너희들의 생각이 아니라 너희들의 존재함(being) 자체다. 이것이 너희들이 알고 있는 분별성과 식별성을 찾기보다 너희들의 진정한 본성을 찾으려고 노력해야 하는 이유다. 너희들이 진정으로 이러한 노력을 한다면, 너희들은 플레로마와 그것의 성질에 대한 어떠한 것도 알 필요가 없을 것이다. 그리고 너희들의 본성 때문에 너희들은 진정한 목표에 도달할 것이다. 어쨌거나 생각이 우리들을 우리의 진정한 본성으로부터 멀어지게 만들기 때문에, 나는 너희들에게 너희들의 생각을 지속적으로 조절할 수 있게 하는 지식을 반드시 가르쳐야만 한다.

두 번째 설교

죽은 자들은 여러 벽을 따라 쭉 늘어서서 밤새도록 소리쳤다. "우리는 신에 대해 알고 싶다! 신은 어디에 있는가? 신은 죽었는가?"

　신은 죽지 않았다. 그는 언제나처럼 살아 있다. 신은 '창조된 세계'다. 그러므로 그는 분별된 어떤 것이고 플레로마와는 구분되어 있다. 신은 플레로마의 한 속성이다. 내가 '창조된 세계'에 관하여 말했던 모든 것이 동일하게 그에게도 해당된다.

하지만 신은 '창조된 세계'와는 구별된다. 그러므로 그는 일반적으로 '창조된 세계'보다는 덜 명확하고, 덜 확정적이다. 그는 '창조된 세계'보다는 덜 분화되어 있다. 왜냐하면 그의 존재의 바탕이 유력한 충만함(effective fullness)이기 때문이다. 다만 그가 분명하고 분별되어 있다는 측면에서만 그는 창조된 세계와 동일하다. 그러므로 그는 플레로마의 유력한 충만함의 발현이다.

우리가 분별하지 않은 모든 것은 플레로마 속으로 떨어져서 그것의 대극과 더불어 소멸된다. 그러므로 우리가 신을 식별해내지 않으면, 그 때 유력한 충만함(神)은 우리에게서 소멸된다. 신도 역시 플레로마 그 자체다. 마치 창조되지 않은 영역에서와 마찬가지로 창조된 세계 안의 가장 작은 점이라도 플레로마 그 자체인 것처럼 말이다.

유력한 텅 빔(effective emptiness)은 악마의 본질이다. 신과 악마는 우리가 플레로마라고 부르는 무(nothingness)가 드러난 최초의 모습이다. 그것이 플레로마든 아니든 아무 상관이 없다. 왜냐하면 그것 자체는 모든 것들 속에서 소멸되기 때문이다. 그러나 '창조된 세계'는 다르다. 신과 악마가 창조된 존재인 것을 고려하면, 그들은 서로 영향을 주어 소멸되는 것이 아니라 오히려 생생한 대극으로서 서로 적대시한다. 우리가 그런 존재를 증명할 필요는 없다. 즉 우리가 항상 그들에 대해 말해온 것으로 충분하다. 설사 그들이 존재하지 않았다 하더라도, 피조물은 그 자신의 분별하려는 속성 때문에 플레로마로부터 그들을 쉴 새 없이 생산했을 것이다.

분별성을 통해 플레로마로부터 생산된 모든 것들은 대극의 쌍을 이룬다. 그러므로 신은 언제나 그와 함께 악마를 소유한다.

너희들이 이미 알고 있듯이 이러한 상호관련성은 너무도 가까워서 너희들 자신의 삶 속에서는 분리되지 않는다. 그것은 마치 플레로마 자체가 그런 것과 같다. 이렇게 된 이유는 모든 대극이 소멸되고 통합되는 플레로마에 그 둘이 매우 가깝게 있기 때문이다.

신과 악마는 충만함과 텅 빔, 그리고 생산과 파괴로 분별된다. 이 둘에게 공통점은 '활발한 움직임'(activity)이다. '활발한 움직임'이 그들을 결속시킨다. '활발한 움직임'은 신과 악마 위에 있고, 신 위의 신이다. 왜냐하면 '활발한 움직임'은 그것의 작용으로 충만함과 텅 빔을 통합하기 때문이다.

거기에는 인간이 잊고 있었기 때문에 너희들이 그에 관하여 아무것도 모르는 신이 존재한다. 우리는 그를 아브락사스(ABRAXAS)라는 이름으로 부른다. 그는 신이나 악마보다 덜 분명하다. 아브락사스와 신을 구별하기 위하여 우리는 신을 헬리오스(HELIOS) 또는 태양이라고 부른다.

아브락사스는 '활발한 움직임'이다. '실재하지 않는 것'(the unreal) 말고는 그의 영향에서 벗어날 수 있는 것은 아무것도 없다. 그러므로 그의 활발한 움직임은 자유롭게 펼쳐진다. '실재하지 않는 것'은 존재하지 않으므로 진정으로 아브락사스에 저항하지 않는다. 아브락사스는 태양 위에 있고, 악마 위에 있다. 아브락사스는 비현실의 영역에서 강력한 힘을 갖는, 있음 직하지 않으면서도 있음 직한 것이다. 만일 플레로마가 하나의 실재가 될 수 있다면 아브락사스가 그것의 발현이 될 것이다.

아브락사스 자체가 '활발한 움직임'임에도 불구하고, 그는 특별한 결과가 아니라 보편적인 결과다.

그는 활발한 비-실재다. 왜냐하면 그는 확실한 결과를 소유하고 있지 않기 때문이다.

그가 플레로마와 구분된다는 점을 고려해보면 그는 아직도 하나의 창조된 존재다.

태양은 확실한 효력을 소유하고 있고 악마도 동일한 효력을 갖는다. 그러므로 그들은 불확실한 아브락사스보다 더 유력하게 우리들에게 나타난다.

아브락사스는 힘, 인내, 그리고 변화이기 때문이다.

이때 죽은 자들이 어마어마한 폭동을 일으켰다. 왜냐하면 그들은 기독교인들이었기 때문이다.

세 번째 설교

죽은 자들은 옅은 안개처럼 늪에서 다가와서는, "우리들에게 최고의 신에 대해 더 많은 이야기를 해주시오!"라고 소리쳤다.

아브락사스는 의식하기 어려운 신이다. 그의 힘은 가장 강력하다. 왜냐하면 인간은 그 힘을 전혀 인지할 수 없기 때문이다. 인간은 태양이 가지고 있는 '최고의 선'(the summum bonum)을 보고, 또한 악마의 끝없는 사악함도 본다. 그러나 아브락사스는 보이지 않는다. 왜냐하면 그는 선과 악 모두의 어머니인 불확실한 생명 그 자체이기 때문이다.

생명은 '최고의 선'보다 작고 약한 것처럼 보인다. 그러므로 아브락사스가 세력 면에서 모든 생명력의 빛나는 원천인 태양을 대신할 것이라고 생각하기는 어렵다.

아브락사스는 태양이며 동시에 입을 크게 벌리고 있는 텅 빔의 깊은 수렁이고, 모든 것을 축소시키고 가식적으로 꾸미는 자인 악마의 깊은 수렁이다.

아브락사스의 힘은 이중적이다. 너희들은 그것을 볼 수 없다. 왜냐하면 너희들 시야에서 이 세력의 대극이 그 반대에 영향을 주어 그것을 소멸시키기 때문이다.

신-태양(God-the-Sun)이 말하는 것은 생명이고, 악마가 말하는 것은 죽음이다. 그러나 아브락사스는 덕망 있는 말과 더불어 저주의 말을 하고, 생명이자 죽음이다.

아브락사스는 진실과 거짓, 선과 악, 빛과 어두움 등을 동일한 언어와 동일한 행동으로 만들어낸다. 그러므로 아브락사스는 참으로 무서운 존재다.

그는 그의 먹이를 공격하는 바로 그 짧은 순간에는 마치 사자처럼 장엄하다. 그런가 하면 그는 봄날 아침의 아름다움만큼이나 아름답다.

실로 그는 위대한 판(Pan)[2]이며 동시에 시시한 존재다. 그는 남성 생식력의 신(Priapos)이다.

그는 지하세계의 괴물이고, 천 개의 촉수를 가진 문어이며, 날개 달린 뱀에 휘감겨 있는 미치광이다.

그는 가장 원초적인 시초의 자웅동체, 곧 양성체다.

그는 물속에 살면서 땅 위로 올라오는, 그리고 한낮과 한밤중에 함께 노래하는 두꺼비와 개구리들의 주인이다.

그는 텅 빔과 하나가 된 충만함이다.

그는 신성한 결혼이다.

그는 사랑이고 동시에 사랑을 죽이는 자다.

그는 거룩한 자이고 동시에 그의 배반자다.

---

[2] 그리스 신화에 나오는 목신(牧神), 즉 염소의 뿔과 다리를 가진 음악을 좋아하는 숲·목양(牧羊)의 신.

그는 대낮의 가장 환한 빛이며 동시에 광기의 가장 깊은 밤이다.

그를 본다는 것은 눈이 먼다는 것을 의미한다.

그를 안다는 것은 병이 드는 것을 의미한다.

그를 경배한다는 것은 죽음을 의미한다.

그에게 대항하지 않는다는 것은 해방을 의미한다.

신은 태양 뒤에 살고, 악마는 밤 뒤에 산다. 신이 빛으로부터 탄생시킨 것을 악마는 밤 속으로 끌어당긴다. 그러나 아브락사스는 우주의 생성과 소멸이다. 신-태양(God-the-Sun)의 모든 선물에 악마는 그의 저주를 덧붙인다.

너희들이 신-태양(God-the-Sun)에게 간구하는 모든 것들이 악마를 행동하게 만든다. 너희들이 신-태양(God-the-Sun)을 통해 성취한 모든 것들이 악마에게 효과적인 힘을 부가시켜준다.

이처럼 아브락사스는 무섭다.

그는 현현하는 가장 강력한 존재다. 그러므로 그 아브락사스 안에서 창조물은 그 자체를 두려워하게 된다.

그는 플레로마와 그것의 텅 빔에 대항하는 창조물의 저항을 계시한다.

그는 어머니에게 저항감을 가지고 있는 아들의 협박이다.

그는 아들을 위한 어머니의 사랑이다.

그는 땅의 기쁨이고 하늘의 잔인함이다.

인간은 그의 면전에서 마비가 된다.

그 앞에서는 질문도 대답도 생겨나지 않는다.

그는 창조물의 생명이다.

그는 분별성의 활동이다.

그는 인간의 말이다.

그는 인간의 빛과 그림자다.

그는 기만적인 실재다.

이때 죽은 자들은 울부짖으며 고래고래 소리 질렀다. 그들은 아직 완성된 존재들이 아니었기 때문이다.

네 번째 설교

죽은 자들이 여기저기서 불평을 터뜨리며 방안 가득 모여들었다. 그리고 "우리들에게 신들과 악마들에 관하여 말하라! 이 저주받을 놈아!"라고 말했다.

신-태양은 최고의 선이고 악마는 그 대극이다. 그러므로 너희들은 두 신을 가진 셈이다. 그러나 많은 대단한 선과 많은 어마어마한 악이 있는데, 그것들 가운데 두 개의 신-악마(god-devils)가 있다. 그중 하나는 불타는 것(BURNING ONE)이고 다른 하나는 자라는 것(GROWING ONE)이다.

불타는 것은 불길 모양의 에로스(EROS)다. 그것은 불꽃을 발하면서 집어삼킨다. 자라는 것은 생명나무다. 그것은 푸르게 자라면서 생명체를 모아 증식시킨다. 에로스는 불타올라 죽어가지만, 생명나무는 천천히 자란다. 그래서 헤아릴 수 없는 나이를 관통하여 위엄 있는 위상에 도달한다.

선과 악은 불길 속에서 통합된다.

선과 악은 나무의 성장 속에서 통합된다.

생명과 사랑은 그것들 자체의 신성 속에서는 서로 대극이 된다.

마치 별들의 무리처럼 신들과 악마들의 수는 헤아릴 수 없다. 하나하나의 별이 하나의 신이고 그 하나의 별이 점유하고 있는 하나의 공간이 하나의 악마다. 그리고 전체의 텅 빔이 플레로마다. 그 전체의 활발한 활동이 아브락사스다. 즉 단지 현실 같지 않은 것만이 아브락사스를 대적한다. 넷은 주신들의 수다. 왜냐하면 넷은 세계를 측정하는 수이기 때문이다. 하나는 시작이고 신-태양이다. 둘은 에로스다. 왜냐하면 그는 밝은 빛을 내며 확장하여 둘을 결합하기 때문이다. 셋은 생명나무다. 왜냐하면 그것은 몸으로 공간을 채우기 때문이다. 넷은 악마다. 왜냐하면 그는 닫혀 있는 모든 것을 열기 때문이다. 즉 그는 모양을 갖추고 있는 것들과 일정한 형태로 담겨 있는 모든 것을 용해한다. 즉 그는 파괴자다. 그래서 악마 안에서는 모든 것이 무(nothing)가 된다.

나에게 신들의 다양성(diversity)과 다수성(multiplicity)을 인식하게끔 허락해주니 얼마나 행복한 일인가! 하나의 신으로 해결할 수 없는 신들의 다양성을 너희들이 하나님이라는 일자(一者)로 대치하려 하니, 너희들에게 화가 있을지어다! 이를 통해 너희들은 이해하지 못하는 고통을 만들어내면서, 다양성이 법칙이고 본질인 '창조된 세계'를 훼손시키고 있다. 너희들이 많은 것들을 하나로 만들어내려고 시도할 때 어떻게 너희들의 본성에 충실할 수 있겠는가? 너희들이 신들에게 하고 있는 그것은, 바로 너희에게도 하고 있는 것이다. 이처럼 너희들 모두는 똑같은 것을 만들어내고, 동일한 방법으로 너희들의 본성도 역시 훼손되어가고 있는 것이다.

신을 위해서가 아니라 인간을 위하여 통합(unity)이 지배할 것이다. 신들은 많고 인간들은 적기 때문이다. 신들은 힘이 세고 그들의 다양성(diversity)을 잘 견딘다. 왜냐하면 그들은 별들처럼 엄청나게 먼 거리를 떨어져서 제각각 고독하게 홀로 있기 때문이다. 인간들은 나약하고 그들 자신의 다양성을 참아낼 수가 없다. 그들은 서로 가까이 살아가면서 공동체를 원하기 때문이다. 그러므로 그들은 그들 자신의 뚜렷이 구분되는 분리를 참을 수 없다. 구원을 위하여 나는 너희들에게 가르친다. 내 자신이 대가를 치러왔던 것 때문에 나는 너희들에게 '대가를 치러야 함'을 가르치려 한다.

신들의 다수성(multiplicity)은 인간들의 다수성과 같다. 헤아릴 수 없이 많은 신이 인간이 되기를 기다리고 있다. 헤아릴 수 없이 많은 신이 이미 인간이 되었다. 인간은 그런 신들의 본질을 나누어 갖고 있는 자다. 그러니까 인간은 신들로부터 나와서 하나의 신(God)에게로 간다.

플레로마에 대해 생각하는 것이 부질없듯이, 수많은 신을 예배하는 것도 부질없다. 더욱이 최초의 신, 유력한 충만함 그리고 지고의 선을 예배하는 것이 가장 부질없는 일이다. 기도를 통해 우리는 그 신에게 아무것도 더할 수도 감할 수도 없다. 왜냐하면 유력한 텅 빔이 모든 것을 집어삼키기 때문이다. 빛의 신들은 하늘나라를 구성하고, 그 나라는 다양하게 무한으로 뻗어나가 끝없이 확장된다. 그곳의 최상의 신이 바로 신-태양(God-the-Sun)이다.

어두운 신들은 지하세계를 구성한다. 그들은 복잡하지 않고, 무한으로 축소시키고 쪼그라뜨릴 수 있는 능력을 가지고 있다. 그들의 가장 깊은 곳의 신이 악마다. 그는 지구보다 작고 춥고 죽어 있는, 바로 지구의 노예 위성인 달의 망령(spirit)이다.

하늘의 그리고 땅의 신들의 세력에는 아무런 차이가 없다. 하늘의 신들은 증대시키고, 지상의 신들은 축소시킨다. 그리고 두 방향 모두 무한으로 뻗어 있다.

다섯 번째 설교

죽은 자들은 조소를 가득 머금은 채 부르짖었다. "이 어리석은 놈아! 우리에게 교회와 거룩한 공동체에 대해 가르쳐 보거라!"

신들의 세계는 영성(靈性, spirituality)과 성욕성(性慾性, sexuality)으로 분명히 나타낼 수 있다. 하늘의 신들은 영성으로 나타나고, 땅의 신들은 성욕성으로 나타난다.

영성은 받아들이고 이해하여 품는다. 그것은 여성적이라서 우리는 그것을 하늘의 어머니(MATER COELESTIS)라고 부른다. 성욕성은 생산하고 창조한다. 그것은 남성적이라서 우리는 그것을 팔로스(PHALLOS), 곧 땅의 아버지라고 부른다. 남성의 성욕성은 좀 더 지상적이고, 여성의 성욕성은 보다 더 천상적이다. 남성의 영성은 보다 더 천상적이다. 왜냐하면 그 영성은 보다 큰 것(the greater)을 지향하기 때문이다. 반면에, 여성의 영성은 좀 더 지상적이다. 왜냐하면 그것은 보다 작은 것(the smaller)을 지향하기 때문이다.

거짓과 악마적인 것은 남성에 있어서는 보다 작은 것을 향해가는 영성을 일컫는다. 거짓과 악마적인 것은 여성에 있어서는 보다 큰 것을 향해가는 영성을 일컫는다. 모두가 그 자체의 장소로 가는 것이다.

남성과 여성은 그들의 영적인 길을 분리하지 않으면 모두 악마가 된다. 왜냐하면 창조물은 항상 분별의 속성을 가지고 있기 때문이다.

남성의 성욕성은 지상적인 것으로 향하고, 여성의 성욕성은 영적인 것으로 향한다. 만일 그들이 그들의 성욕성의 두 형태를 구분하지 않으면 남성과 여성은 모두 악마가 된다.

남성은 보다 작은 것을 인식할 것이고, 여성은 보다 큰 것을 인식할 것이다. 인간은 그 자신을 영성으로부터 분리할 것이고, 똑같이 성욕성으로부터도 그럴 것이다. 그는 영성을 어머니라고 부를 것이며, 그녀를 하늘과 땅 사이의 옥좌에 앉힐 것이다. 그는 성욕성을 팔로스라고 이름 지을 것이고, 그것을 그 자신과 땅 사이의 장소에 놓을 것이다. 왜냐하면 그 어머니와 팔로스는 초인적 악령들(super-human demons)이며 신들의 세계를 분명하게 보여주기 때문이다. 그들은 신들보다 우리들에게 보다 큰 영향을 준다. 왜냐하면 그들은 우리 자신의 존재와 가깝기 때문이다. 너희들이 이쪽의 너희들 자신과 저쪽의 영성과 성욕성을 구별할 수 없으면 그리고 이것들을 너희들 자신의 옆과 위에 있는 것으로 볼 수 없다면, 그때 너희들은 그들에 의해 희생당하게 된다. 즉 플레로마의 성질에 의해 희생당하는 것이다. 영성과 성욕성은 너희들의 성질이 아니다. 그것들은 너희들이 소유하고 파악할 수 있는 것이 아니다. 그와는 반대로 이것들은 힘센 악령들이며, 신들의 분명한 현현이고, 그러므로 그것들은 너희들 위에 높이 솟아 있고 그것들 스스로 존재한다. 아무도 자기 자신을 위해 영성을 소유하거나 성욕성을 소유하지 못한다. 오히려 그는 영성과 성욕성의 법의 대상이다. 그러므로 아무도 이 두 악령에게서 벗어나지 못한다. 너희들은 그것들(영성과 성욕성)을 악령으로 보아야 하고, 공동의 원인들 그리고 신들과 같이, 더욱이 무시무시한 아브락사스와 같이 심각한 위험이라고 보아야 한다.

    인간은 약하다. 그러므로 공동체가 꼭 필요하다. 어머니의 징후 안에 공동체가 있지 않다면 그것은 팔로스의 징후 안에 있는 것이다. 공동체를 가지지 않는다는 것은 고통과 아픔이다. 공동체는 스스로 분열과 소멸을 초래한다. 구별은 '홀로 존재함'(solitude)을 유도하고, '홀로 존재함'은 공동체와 상반된다. 인간의 의지는 신들과 악령들 그리고 그들의 피할 수 없는 법칙과 상반되게 약하기 때문에 공동체가 필요하다.

이러한 이유로 해서 인간들을 위해서가 아니라 신들을 위해서 필요한 만큼 많은 공동체가 있어야 할 것이다. 신들은 너희들에게 강제로 공동체로 들어가기를 강요한다. 그들이 너희들에게 강요하는 만큼 많은 공동체가 필요하다. 그러나 그 이상은 좋지 않다.

그 공동체 안에서 각자는 다른 사람들의 대상이 될 것이다. 너희들이 그것을 필요로 하기 때문에 공동체가 유지될 것이다. '홀로 존재하는 상태'(solitary state)에서는 각 개인이 다른 사람들보다 우선적인 자리에 놓일 것이다. 그렇기 때문에 그는 그 자신을 인식할 것이고 노예 상태를 피할 것이다. 공동체 안에서는 자제될 것이다.

홀로 존재함(solitude)에서는 풍부함(abundance)이 낭비된다.

왜냐하면 공동체는 깊이이고, 반면에 홀로 존재함은 높이이기 때문이다.

공동체 안에서의 진정한 순서는 정화하고 보존하는 것이다.

홀로 존재함 안에서의 진정한 순서는 정화하고 증대하는 것이다.

공동체는 우리들에게 따뜻함을 선사하지만, 반면에 홀로 존재함은 우리들에게 빛을 제공한다.

여섯 번째 설교

성욕성의 악령(demon)은 우리의 혼령(soul)에 하나의 뱀처럼 다가온다. 그것은 인간 혼령의 절반을 차지하며, 사고-욕구(thought-desire)라고 불린다.

영성의 악령은 우리 혼령에 하나의 흰 새처럼 내려온다. 그것은 인간 혼령의 절반이며, 욕구-사고(desire-thought)라고 불린다.

뱀은 지상의 혼령이고, 죽은 자들의 영들(spirits)과 관련된 반-악령과 같은 하나의 영이다. 죽은 자들의 영들처럼 그 뱀도 여러 다양한 대지의 대상들 안으로 들어간다. 뱀은 역시 인간들의 가슴속에 뱀 자체를 무서워하는 공포심을 유발시키기도 하고 동시에 욕망을 불태우게도 한다. 그 뱀은 일반적으로 여성적 특성을 가지며 영원히 죽은 자들의 무리를 구한다. 그것은 '홀로 존재하는 상태'를 극복하는 길을 발견하지 못해서 지상에 묶여 있는 죽은 자들과 동행한다. 그 뱀은 매춘부여서, 악마와 나쁜 영들과 어울린다. 그녀는 폭군이고 고통을 안겨주는 영이다. 그래서 언제나 사람들을 유혹해서 무리의 최악의 유형을 유지하도록 한다.

흰 새는 인간의 반-천상적 혼령(semi-heavenly soul)이다. 그것은 어머니와 함께 살고 있고 때때로 어머니의 집에서 내려온다. 그 새는 남성적이고 유력한 사고(effective thought)라고 불린다. 그 새는 순결하고 고독한 어머니의 전령(messenger)이다. 그 새는 땅 위로 높이 난다. 그 새는 '홀로 존재하는 것'을 지휘한다. 그것은 먼 곳으로부터, 전에 죽었던 사람들로부터, 그리고 현재 완벽한 상태에 있는 사람들로부터 메시지를 가져온다. 그 새는 우리의 말을 그 어머니에게 전해 올린다. 그 어머니는 탄원하고 경고하지만, 신들에 대항할 힘은 가지고 있지 못하다. 그녀는 태양의 운송 수단이다.

뱀은 깊은 곳으로 내려간다. 그리고 간계를 부려 남근적 악령(the phallic demon)을 마비시키거나 자극한다. 뱀은 깊은 곳으로부터 땅 위의 사고들 중 매우 간교한 사고들을 끄집어내는데, 다시 말해서 모든 구멍을 관통하여 기어 다니면서 끌어 모은 욕망으로 포화 상태가 된 바로 그 사고들을 끄집어낸다. 뱀은 원하지 않지만, 그럼에도 불구하고 그 뱀은 우리들에게 유용하다. 뱀은 교묘하게 우리의 손아귀를 벗어나고, 우리는 그 뱀을 추적한다. 그리고 그 뱀은 우리가 지혜가 부족하여 발견할 수 없는 길을 우리에게 보여준다.

죽은 자들은 경멸의 눈초리로 올려다보며 말했다. "신들과 악령들과 그리고 혼령들(souls)에 관한 이야기는 이제 그만 멈춰라! 우리는 오래전에 이미 그 모든 것을 본질적으로 알고 있었다."

일곱 번째 설교

해질녘에 죽은 자들이 다시 와서 불평하면서 말했다. "우리가 알아야만 할 것이 하나 더 있다. 우리들이 그것에 대해 토론하는 것을 잊었기 때문이다. 우리에게 인간에 대하여 가르쳐라."

인간은 문이다. 나는 그를 통해 신들, 악령들, 혼령들(souls)의 바깥세계로부터 내면세계로, 또는 거대한 세계로부터 작은 세계로 들어간다. 작고 하찮은 것이 인간이다. 즉 나는 인간을 이내 뒤에 남겨둔다. 그렇게 함으로써 나는 다시 한번 더 무한한 공간 속으로, 소우주 속으로, 그 내적 영겁 속으로 들어간다.

측정할 수 없이 머나먼 거리에서 오직 하나의 별이 하늘의 가장 높은 곳에서 깜박인다. 이것은 바로 외로운 나의 유일한 신이다. 이것은 그의 세계, 그의 플레로마, 그의 신성이다.

이 세계 안에서 인간은 자신의 세계를 낳기도 하고 파괴하기도 하는 아브락사스다.

이 별은 인간의 신이며 인간의 목표다.

그것은 그를 인도하는 신성(divinity)이다. 즉 그것 안에서 인간은 대답을 발견한다.

죽은 후에 혼령(soul)의 기나긴 여행이 그곳을 향한다. 그것 안에서, 엄청난 불빛으로 반짝거리는 거대한 세계로부터 인간을 지켜낼 모든 것들이 반짝거린다.

이 일자(One)에게, 인간은 기도해야 마땅하다.

이와 같은 기도는 별빛을 증가시킨다.

이와 같은 기도는 죽음 위에 다리를 놓는다.

그 기도는 소우주의 생명을 증가시킨다. 바깥세상이 점점 추워질 때에도 이 별은 여전히 반짝인다.

만일 인간이 아브락사스의 이글거리는 장관을 외면할 수만 있다면, 인간을 그 자신의 신으로부터 분리해낼 수 있는 것은 아무것도 없다.

여기에는 인간이, 저기에는 신이. 여기에는 약함과 하찮음이, 저기에는 영원한 창조의 힘이. 여기에는 다만 어둠과 눅눅한 냉기가 있고, 저기에는 모든 것이 빛나고 있다.

이것을 들으면서 죽은 자들은 점차적으로 침묵에 빠져들었다. 그리고 그들은 마치 밤이 되어 그의 양떼들을 인도하던 목자의 모닥불에서 피어오르는 연기처럼 하늘 위로 올라갔다.

Anagramma:[3]

Nahtriheccunde

Gahinneverahtunin

Zehgessurklach

Zunnus

---

3 몰타어. 철자 순서를 바꾼 말. 언어유희.

부록 4
「초월적 기능」요약[1]

「초월적 기능」이라는 논문은 1916년에 쓴 것이다. 융은 이 논문의 미흡한 곳들을 말년에 다듬으려고 했으나 나이가 많다는 이유로 그냥 두기로 하면서 이것에 그 나름대로 역사적 의미를 부여했다. 이 논문은 분석치료에서의 정신적 과정을 합성적(종합적)인 관점(a synthetic view of the psychic process in analytical treatment)으로 이해하려고 할 때 독자들에게 도움을 준다. 그러니까 이 논문은 "우리가 실제로 무의식과 어떻게 대면할 수 있을까?"라는 의문에 대한 답이기도 하다. 사실상 이 질문은 바로 인도 철학, 특히 불교와 선이 제기하는 것이기도 하고, 간접적으로는 모든 종교와 철학의 실질적인 근본 문제이기도 하다.[2]

초월적 기능은 신비스럽거나 형이상학적인 것을 말하는 것이 아니다. 그것은 심리학적인 기능인데, 한마디로 의식과 무의식의 내용들이 합일(the union of conscious and unconscious contents)될 때 활성화되는 기능이다.

1　융 기본저작집 2,『원형과 무의식』, 335-367 참조.
2　C. G. Jung, *The Transcendent Function*, CW 8, 67-68.

그러므로 이 기능에 대해 언급하려면 우선 의식과 무의식의 개념과 그것들 사이의 관계에 대해서 이야기해야 한다. 의식과 무의식은 내용과 경향에서 완전히 다르다. 그 이유는 무의식이 의식에 보상적 또는 보완적(compensatory or complementary)으로 관계되어 있기 때문이다. 이것은 의식이 무의식에 대해 보완적이라고도 말할 수 있다. 이러한 관계가 성립하기 위해서는 다음과 같은 전이해가 있어야 한다. ① 의식은 그 내용이 도달해야 하는 문턱값(threshold intensity)을 가지고 있어서 그 값이 너무 약한 모든 요소들은 무의식에 남아 있게 된다. ② 의식은 방향 짓는 기능을 가지고 있어서 서로 모순된 모든 것을 억압시킨다(프로이트는 이것을 검열이라고 지칭함). 그 결과 그것은 무의식으로 침잠한다. ③ 의식은 끊임없는 적응 과정을 만들어내고, 반면에 무의식은 개인의 과거의 잊힌 모든 재료들뿐만 아니라 마음의 구조를 이루고 있는 모든 유전적 행동 흔적들을 담고 있다. ④ 무의식은 아직 문턱값을 획득하지 못한 모든 환상의 결합들로 이루어진다. 그러나 그것들은 시간이 경과함에 따라 적절한 상황에 의식의 빛으로 들어올 것이다.[3]

의식은 규정성(definiteness)과 정향성(directedness)을 가지고 있는 것이 특징인데 이러한 성질은 인류의 역사상 매우 뒤늦게 획득된 것이고, 인류의 편에서 보면 가장 위대한 임무를 수행하여 얻은 매우 중요한 성과다. 그 성과가 없었다면 과학과 기술, 문명은 불가능했을 것이다.[4] 보통 삶이란 긴박하기 때문에 정신적 과정이 안정되고 명확해야 함은 절대적으로 필요하다. 그러므로 의식이 어떤 상황이나 사물들을 시시각각

---

3 Ibid., pars. 131-132.
4 Ibid., pars. 134-135.

규정하고 방향을 택하는 것은 너무도 당연한 일이다. 그러나 이러한 의식의 행위는 엄청난 단점을 가지고 있다. 즉 의식이 특정한 목표를 갖게 되면, 그 반대의 정신적 요소들은 억제되고 배제된다는 뜻이다. 이때 의식의 판단 행위는 편파적이고 선입견에 사로잡혀 있다. 왜냐하면 판단이라고 하는 것이 항상 경험에서 나오는 것이라서, 낯선 것들, 아직 알려져 있지 않은 것들이 판단 기준이 될 수는 없기 때문이다. 그러므로 무의식의 내용이 의식에 도달할 수 없는 한, 무의식은 판단의 기준이 될 수 없다.[5] 그러므로 판단 행위를 통해서 특정 목표로 향하는 과정은, 아무리 합리적인 판단이 다양하고 외관상 편견에 사로잡히지 않은 것처럼 보일지라도 반드시 일방적인 것이 된다. 결국 판단의 합리성조차도 선입견일 수 있다. 왜냐하면 이성적이라 함은 우리에게 이성적으로 보이는 것을 말하기 때문이다. 우리에게 비이성적으로 여겨지는 것은 그 비합리적인 특징 때문에 배제된다.[6]

오늘날 문명화된 삶은 고도의 집중력을 요구하면서 동시에 의식이 일정한 방향으로(정향적) 이끌어가기를 요구한다. 결과적으로 그것은 무의식과는 아주 멀어지는 위기를 맞는다. 우리가 정향적 기능 활동을 통해 무의식에서 멀리 떨어지면 떨어질수록, 무의식에서는 거기에 상응하는 강력한 반대 입장을 형성하기 시작한다. 그렇게 되면 대립으로 인한 긴장이 고조되면서 반대 경향이 의식을 뚫고 나오는데, 그것은 대개 한 방향으로 나아가던 과정의 가장 중요한 순간에 튀어나와서 달갑지 않은 결과를 일으킬 수 있게 된다.[7] 이처럼 무의식이 의식 위로 표출되면 사람

---

5 Ibid., par. 136.
6 Ibid., par. 137.
7 Ibid., pars. 138-139.

(환자)들은 불안하고 혼란스러워진다. 이때 사람들은 어떤 태도를 갖게 되는가? 그리고 그러한 태도는 또 어떻게 그들에게 전달되는가?

그 대답, 곧 의식이 무의식을 인식하는 것은 분명 의식과 무의식 간의 분리가 소멸되면서 일어난다. 그것은 무의식의 내용이 일방적으로 비난받는 데서가 아니라, 오히려 의식의 일방성을 보상하려는 무의식의 의미가 인식되고 참작됨으로써 일어난다. 이때 초월적 기능이 발휘된다. 그러므로 무의식의 경향과 의식의 경향이 초월적 기능을 구성하는 두 가지 요인인 셈이다. 그 기능을 초월적이라고 하는 것은 하나의 태도에서 다른 태도로 옮겨가는 것이 유기적으로 가능하기 때문이다.[8] 즉 그것은 무의식의 상실 없이 이루어진다. 건설적인 방법은 의식된 인식들을 전제로 한다.[9]

우리는 초월적 기능이 치료 과정에서 인위적으로 유발되어 나타난다는 것을 안다. 왜냐하면 그 기능은 의사의 도움으로 만들어질 수 있기 때문이다. 임상에서는 미리 거기에 상응하는 훈련을 받은 의사가 환자에게 초월적 기능을 중재한다. 다시 말해서 의사는 환자가 의식과 무의식을 통합하고 그것을 통해 하나의 새로운 입장에 이르도록 돕는다.[10] 그러나 환자가 스스로 설 수 있게 되면 시간이 지남에 따라 외부(의사)의 도움 없이도 가능해지며, 또 그렇게 의존해서도 안 될 것이다.

초월적 기능을 만들어내기 위해서는 무엇보다도 먼저 무의식의 자료

8　초월은 수학에서 빌려온 용어로서 이중적인 움직임에서 나온 작업 기능을 가리킨다. 한쪽은 무의식의 요소들에게 말을 하고, 다른 쪽은 자아의 가치와 목표를 따라서 엄격하게 거기에 반응하는 것이다(『C. G. 융』, Elie G. Humbert, 한국심리치료연구소, 2015, 198).

9　C. G. Jung, *The Transcendent Function*, CW 8., par. 145.

10　Ibid., par. 146.

가 필요하다. 우선 가장 쉽게 다가갈 수 있는 무의식 자료는 당연히 꿈이다. 꿈은 무의식의 순수한 산물이기 때문이다. 그러나 보통 수면 중의 에너지성 긴장은 매우 낮기 때문에 의식의 내용과 비교하면 꿈은 무의식 내용의 열등한 표현이라 할 수 있다. 그러므로 대부분의 꿈이 주체에게 너무 지나친 요구를 하기 때문에, 일반적으로 꿈은 초월적 기능을 위해서는 부적절하거나 이용하기 어려운 자료다.[11] 두 번째 무의식의 다른 원천은 깨어 있는 상태에서의 무의식적 간섭, 즉 자유로이 떠오르는 착상들, 무의식적인 행동의 장애, 기억 착오, 건망증, 증상적 행위 등이다. 이 자료들은 대부분 구성적 측면보다 환원적 측면에 더 가치가 있기 때문에, 의미를 이해하는 데 없어서는 안 될 보다 긴 맥락이 부족하다. 따라서 이러한 무의식의 자료도 초월적 기능의 구현을 위해서는 적절하지 못하다.[12]

세 번째 자료인 자발적인 환상(spontaneous fantasy)은 이와 다르다. 그것들은 대부분 구조를 갖추고 서로 관련이 있는 형태로 나타나며, 눈에 띄게 심오한 의미를 지니고 있다. 많은 환자들은 그저 비판적인 주의력을 배제하고 자유롭게 떠오르게 하는 것으로 언제라도 환상을 만들어낼 수 있는 능력을 지니고 있다. 그리고 또 그것은 연습을 통해서 나타낼 수 있다. 그런데 연습은 우선 비판적인 주의력을 배제하는 체계적인 것으로서 의식의 공백 상태를 만들어내는 것이다. 그렇게 함으로써 이미 준비되어 있는 환상을 쉽게 증가시킬 수 있다. 물론 이에 대한 전제 조건은 리비도로 채운 환상이 정말로 준비되어 있어야 한다는 것이다. 준비되

---

11 Ibid., pars. 152-153.
12 Ibid., par. 154.

어 있지 않다면 특별한 조치가 필요하다.[13]

특별한 조치란 무의식의 조절력을 이용하는 방법을 찾는 것이다. 과연 우리가 깨어 있는 의식 속에서 무의식을 만날 수 있는 길은 무엇일까? 우리의 정신적·신체적 건강에 그렇게도 필요한 무의식적 조절력(unconscious regulation)을 간과하지 않도록, 자신을 관찰하고 비판함(self-observation and self-criticism)으로써 스스로를 돕도록 해야 한다. 그러나 이것만으로는 무의식과 접촉하는 수단으로서 충분치가 않다. 그다음 생각해볼 수 있는 길은 환자의 감정적 혼란(emotional disturbance)의 강렬함 속에 있다. 그 혼란 속에는 약화된 적응 상태를 해소하기 위하여 고통 받는 사람이 써야 할 에너지가 내재되어 있다. 그러므로 이 상태를 억압하거나 이성적 힘을 가지고 격하시키면 아무것도 얻을 수 없게 된다.[14]

적절치 못한 곳에 존재하는 에너지를 손에 넣기 위해 우리는 감정적 상태를 작업의 기초나 출발점으로 삼는다. 우리는 주저 없이 그 기분 안에 침잠해서 거기서 떠오르는 모든 환상과 그 밖의 연상들을 글로 적음으로써 기분 상태를 최대한 의식화한다. 이때 연상을 계속해가면서도 환상 대상의 주변, 즉 감정을 떠나서는 안 된다. 그러면 우리의 작업을 통해서 우울증(불쾌한 기분)의 내용이 어떤 식으로든 구체적이거나 상징적으로 다시 묘사되는, 어느 정도 충족된 기분의 표현이 생겨난다. 우울증은 의식에서 만들어진 것이 아니고 무의식의 측면에서 달갑지 않게 간섭하여 나타난 것이므로, 밖으로 나타난 작업된 표현은 무의식의 내용과 경향을 보이는 것이다. 그 진행 과정은 감정을 풍부하게 하고 명

---

13 Ibid., par. 155.
14 Ibid., pars. 165-166.

료하게 하는 것으로, 그런 과정을 통해서 감정이 그 내용과 함께 의식에 접근함으로써 인상적인 것이 되고 또한 이해할 수 있는 것이 된다. 이러한 작업 수행만으로도 이미 적절하고 활력 넘치는 영향력을 행사할 수 있다. 어쨌든 이전에 관계없던 감정이 의식의 측면에서 호응하고 어느 정도 뚜렷하게 말로 표현된 관념이 됨으로써 새로운 상황이 만들어진다. 이와 더불어 초월적 기능의 시작, 즉 무의식적 자료와 의식적 자료의 협동 작용이 이루어진다.[15]

감정적 혼란에 직면해서 그것으로부터의 환상과 연상들을 적어갈 때, 시각적으로 뛰어난 사람(visual type)은 그들의 기대를 내면의 심상을 만들어내는 쪽으로 향하게 해야 한다. 대개는 그런(어쩌면 잠들 무렵에 나타나는) 환상이 제공되는데 그것은 조심스럽게 관찰되고 기록되어야 한다. 그와는 달리 청각적·언어적으로 뛰어난 사람(audio-verbal types)은 내면적 말을 듣게 된다. 어쩌면 처음에는 겉보기에 의미 없는 듯 보이는 문장들의 단순한 조각이지만 마찬가지로 이것들도 주의 깊게 기록되어야 한다. 정신병 환자는 이 말소리를 시끄러운 환청으로 듣는다. 물론 이 말소리는 항상 부담스럽고 반항적이어서 거의 한결같이 억압되지만, 어느 정도 발달된 내면의 삶을 지닌 정상인은 이와 같은 듣기 어려운 말소리를 재생할 수 있다. 이러한 사람들에게는 무의식적 재료와 관계를 맺고 그로써 초월적 기능을 위한 사전 조건을 형성하는 것이 그리 어렵지 않다.[16]

이렇게 얻어진 자료들은 두 가지 방향으로 나아가는데, 하나는 형상

---

15 Ibid., par. 167.
16 Ibid., par. 170.

화의 방향(the way of creative formulation)이고, 다른 하나는 이해의 방향(the way of understanding)이다. 전자는 예술적 형상화(artistic formulation)로 나아가고, 이해의 원칙이 우세한 곳에서는 무의식적 산물의 의미 내용을 이해하려고 깊이 몰두하게 된다. 표현의 심미적 형상화는 모티프의 형식적 측면을 고집하는 경향을 보이는 반면, 직관적 이해는 형상화로 쉽게 드러났을 요소들은 무시한 채, 자주 자료의 단순하고 불충분한 암시로부터 의미를 재빨리 포착하려 든다. 두 길은 서로 보상적 관계에 있다. 하나의 길은 다른 길의 조절 원리 같다. 가능한 보편적 결론을 내린다면 심미적 조형은 의미의 이해를, 그리고 의미의 이해는 심미적 형상화를 필요로 한다고 할 수 있다. 그러므로 두 경향은 초월적 기능을 위해 서로를 보충한다.[17]

이러한 것들의 관찰과 기록들은 양쪽 길 모두에서 같은 원리로 시작하게 된다. 즉 의식은 그 표현 수단을 무의식의 내용을 밝히는 데만 사용해야 한다. 왜냐하면 무의식의 내용이 의식이 뜻하는 방향으로 기울지 않도록 하기 위해서 의식은 그 이상을 넘어서면 안 되기 때문이다. 형식과 내용 면에서의 운용은 무의식의 착상에 맡기면 된다. 이것은 곧 의식의 관점을 보류해야 함을 뜻한다. 그리고 보편적으로 의식의 보류는 고통스럽다. 분명한 것은, 그에 대한 충분한 동기가 있어야 이런 형식 과정이 합당하게 일어날 수 있다는 점이다. 다시 말해서 우리는 무의식 속에 이끌어가는 의지가 살아 있을 때라야만 무의식에게 지휘를 맡길 수 있다는 것이다. 그런데 그것은 오직 의식이 어떤 식으로든 곤경에 처해 있는 경우일 수밖에 없다. 무의식의 내용을 형상화하고 형상화된 것의

---

17 Ibid., pars. 172-177.

의미를 성공적으로 이해하고 나면 이런 상황에서 자아가 어떤 태도를 취해야 하는가 하는 문제가 제기된다. 이때 자아와 무의식의 만남이 시작된다. 이는 대극이 접근하여 제3자가 생기는, 즉 초월적 기능이 일어나는 과정에 해당한다. 이 단계에서 무의식은 지도력을 발휘하지 않으며 자아가 그 역할을 맡게 된다.[18]

무의식과의 모든 대면에서 다음과 같은 관점은 매우 중요하다. 즉 자아는 무의식에 대하여 동일한 가치를 가진 것으로 유지해야 하고 역도 마찬가지다. 이것은 필수적인 경고나 다름없는 의미를 지니고 있다. 왜냐하면 문명화된 인간의 의식이 무의식을 제약하는 방향으로 작용하는 것과 마찬가지로, 다시 인정된 무의식은 자아에 대하여 곧장 위험한 영향을 미치는 경우가 종종 있기 때문이다. 전에 의식이 무의식을 억압했던 것처럼, 자유로워진 무의식이 자아로 밀고 들어가 압도할 수 있는 것이다. 위험성은 자아가 '마음의 평정을 잃는 데' 있으며, 이것은 정감적 요소의 쇄도에 대항하여 자아의 존립을 더 이상 지키지 못하는 것을 의미하는데, 이 상황은 정신분열증의 시초에서 자주 볼 수 있다. 그러나 무의식과의 대결은 전면적이어야 한다. 왜냐하면 초월적 기능은 제한된 조건 아래 진행될 수 있는 부분 과정이 아니라 모든 측면이 관여되어야 하는 전체 현상을 다루기 때문이다. 그러므로 정감에 완전한 가치를 부여해야 한다. 행여 정감을 심미화하거나 지성화함으로써 위협적인 정감에 대항하여 그것으로부터 벗어나려 하면 안 된다.[19]

반대 극과의 대면은 매우 중요한 일로, 때로는 무척 많은 것들이 이

---

18 Ibid., pars. 178, 181.
19 Ibid., par. 183.

에 의존하고 있다. 다른 측면을 진지하게 받아들이는 것은 대면의 무조건적인 요청이다. 이것만으로도 조절적인 요소들이 행동에 영향을 미칠 수 있다. 진지하게 받아들인다는 것은 말로만 받아들이는 것을 의미하지 않고 무의식에 신호를 보내 의식의 자동적인 장애 대신에 협동 작업의 가능성을 열어두는 것을 뜻한다. 그리하여 이런 대면에서는 자아의 입장에만 정당성이 부여되는 것이 아니라 무의식에도 똑같은 권위가 부여된다. 대면은 자아에 의해 진행되지만 무의식에도 발언권이 주어진다. 이 대면이 잘 이루어지고 있음을 보여주는 경우는 다른 말소리를 어느 정도 뚜렷이 듣는 사례들이다. 그런 사람들은 다른 말소리를 기록하고 자아의 관점에서 그 말에 대해 아주 쉽게 대답할 줄 안다. 그것은 마치 대등한 두 사람 사이에서 대화하는 것과 같다. 각기 상대방의 타당한 논거를 신뢰하고, 대립되는 입장을 철저하게 비교하고 토론함으로써 서로 균형 있게 맞추거나 확실히 구분 짓기 때문에 그 노력은 가치가 있는 것이다. 그러나 두 입장이 일치되는 길이 직접 열리는 경우는 거의 없기 때문에 대개 양쪽 측면에서 희생을 요하는 오랜 갈등을 감수해야 한다.[20]

논란과 정서가 재봉틀의 북처럼 왔다 갔다 하는 것은 대극의 초월적 기능을 표현한다. 관점의 대립은 에너지로 부하된 긴장을 뜻하며, 그것은 활기를 만들어내고 곧 제3의 것이 된다.[21] 이처럼 초월적 기능은 서로 접근한 대극들의 특성으로 그 자체를 표명한다. 대극이 갈등을 피할 목적으로 서로 거리를 유지하는 동안은 초월적 기능은 제 기능을 발휘하지 못하며 죽음의 정지 상태에 머물러 있는 것이다. 다시 말해서 의식은

---

20 Ibid., par. 184.
21 Ibid., par. 188.

이전의 무의식적 내용들을 대면함으로써 꾸준히 확장된다. 달리 표현하면 의식이 무의식적 내용들을 통합하려는 수고를 아끼지 않는다면 의식은 확장될 수 있다. 물론 항상 그런 것은 아니다. 그 과정을 이해할 만큼 충분한 지성을 소유하고 있다 하더라도, 용기와 자신감이 모자라거나, 혹은 그러한 노력을 경주하는 데 있어서 정신적으로나 도덕적으로 게으르고 비겁하면 이 기능을 활성화할 수 없다. 그러나 초월적 기능은 필요한 전제조건이 충족된 경우에는 정신 치료의 값진 보완이 될 뿐만 아니라 환자에게 헤아릴 수 없는 이점을 마련해준다. 그 이점이란 의사(분석가)에게 굴욕적으로 의존하지 않고도 환자 자신의 힘으로 의사의 분석 작업에 일조하는 것이다. 그것은 자기 자신의 노력으로 자유로워지며, 자기 자신이 되는 용기를 찾는 길이다.[22]

---

22 Ibid., par. 193.

부록 5

프로이트의 『토템과 타부』 요약

종교에 관한 프로이트의 생각은 포이어바흐(Ludwig Feuerbach, 1804-1872)의 무신론 영향을 많이 받고 있다. 19세기 후반의 유물론적 무신론에서 의학은 아주 중요한 위치에 놓여 있었다. 당시에는 무신론이 마르크스주의자나 비마르크스주의 노동자 운동에 국한된 것이 아니라, '계몽된' 부르주아 계급에서도 유행하고 있었는데, 이들은 이미 교회와 기독교로부터 점차 멀어진 사람들이었다. 포이어바흐에서 시작된 풍조는 변증법적 유물론의 세계관(엥겔스, Friedrich Engels)뿐만 아니라, 기계론적 또는 유물론적 의학(뷔히너, Ludwig Büchner)을 통하여 지그문트 프로이트의 정신분석으로도 흘러들어 갔던 것이다.[1]

이런 사상적 배경 속에서 프로이트는 첫 종교 논문인 「강박행위와 종교의식」을 1907년에 발표했다. 여기서 그는 강박신경증을 "종교의 병적 대응물"(a pathological counterpart of the formation of a religion)이라 하고,

---

1 Hans Küng, *Freud and the Problem of God* (New Haven and London Yale University Press, 1990), 6.

종교를 "인류 공통의 보편적 강박신경증"(a universal obsessional neurosis) 이라고 기술하고 있다.² 그는 1912년에 종교의 기원을 정신분석적 관점에서 분석한 『토템과 타부』를 발표했다. 이것은 1907년에 제안한 "종교의식은 신경증적 강박행위와 유사하다"는 논제를 종교 역사로부터 확증하기 위한 글임이 틀림없어 보였다. 이 책은 네 편의 논문을 묶어서 낸 것이었다. 첫 논문이 「근친상간에 대한 공포」, 두 번째가 「총체적인 타부 및 금지」, 세 번째는 「애니미즘과 마술」, 네 번째 논문이 「소아기에 재등장하는 토템신앙」이었다. 여기서 프로이트는 원시인들의 관습 및 종교적 태도와 신경증 환자들의 강박행위 사이에 유사성이 있다는 것, 그리고 원시인들의 정신생활의 일면이 현대까지 남아 있다는 것을 입증하려고 노력하였다.

그는 어린아이들을 관찰하면서 그들이 처음에는 동물을 좋아하다가 더 발달이 이루어진 뒤에는 오히려 그것들을 무서워한다는 사실을 알고 매우 깊은 인상을 받았다. 그는 어린아이들과 성인 동물공포증 환자들에 대한 세밀한 관찰을 통해서 이들의 동물공포증의 근저에는 '아버지에 대한 공포'가 있음을 발견하게 되었다. 즉 아버지를 사랑하면서도 내면 한편에 자리 잡고 있는 아버지에 대한 공포가 아버지의 상징인 동물로 투사되어 나타나고 있었던 것이다.³

프로이트는 마지막 네 번째 논문에서 이런 정신분석적 설명을 토템

---

2 이 논문은 프로이트가 유년 시절에 경험했던 늙고 유능한 체코 출신의 유모의 영향이 매우 컸다. 그녀는 독실한 가톨릭 신자여서 프로이트에게 여러 교리를 주입식으로 가르쳤고 미사에 종종 데리고 다녔다. 이때 프로이트는 가톨릭의 의식주의를 체득했을 것이다. 이 여인은 프로이트가 두 살 반쯤에 집안에서 물건을 훔치다 쫓겨났다. 이 기억은 프로이트의 신 표상 형성에 영향을 주었을 것이다.
3 Hans Küng, 손진욱 역, 『프로이트와 신(神)의 문제』(하나의학사, 2003), 60.

신앙의 해석에 적용하였다. 위와 똑같은 양가감정이 원시부족들의 토템 동물에 대한 행동에서도 관찰된다. 즉 동물 죽이기를 금하면서도 일 년에 한 번은 바로 그 동물을 희생시킨다. 토템 집단의 구성원들은 마치 어린이나 신경증 환자들이 그들이 두려워하는 동물을 대하는 것과 똑같이 토템 동물을 대한다. 신경증(어린이) 환자들에게 동물이 아버지의 상징인 것처럼, 토템 집단에서는 토템 동물이 더 뚜렷한 그들의 시조의 상징이 된다. 이것은 더 진보된 민족으로 나아가는 과도기에 존재했던 토템 신앙의 뒤에서 비밀리에 작동되고 있는 것이 바로 오이디푸스 콤플렉스라는 것을 의미한다. 즉 어머니에 대한 애착과 경쟁자로 인식되는 아버지에 대한 죽음 소망(death wish), 그리고 토템신앙의 핵심적 행사는 아버지를 죽이는 것이다. 이런 의례가 토템신앙을 비롯한 모든 종교 형성 과정의 출발점이라는 것을 분명히 보여준다.[4]

역사적 근거로는 인간이 원초집단을 이루며 살 때 그 무리 속에서 가장 강하고 잔인하고 질투심 많은 한 명의 남자가 모든 여자를 독점하였다는 찰스 다윈의 가정을 인용한 것이다. 그러니까 종교의 기원 역시 인간의 오이디푸스 콤플렉스를 기반으로 한다는 프로이트의 심리적 설명이다. 즉 종교는 부성 콤플렉스와 그것이 갖고 있는 양가감정(ambivalence)을 기초로 만들어졌다는 결론이다. 그 이후 토템동물이 두려움과 증오, 그리고 존경과 부러움의 대상이었던 최초의 아버지, 즉 원부(primal father)의 대리물로서의 가치를 상실하게 되면서 신의 원형이 등장하였다. 아버지에 대한 반역과 애정으로 갈등을 느끼는 아들은 한편으로는 아버지 살해 행위를 속죄하고, 다른 한편으로는 그 행위가 가

---

4 Ibid., 60-61.

져다준 이득을 확고히 하기 위하여 지속적인 타협을 시도한다. 이런 종교관은 특히 기독교의 심리적 기초를 이해하는 데 도움을 준다. 기독교에는 우리가 잘 아는 대로 토템 잔치가 성찬식의 형태로 거의 변형 없이 그대로 남아 있기 때문이다.[5]

이러한 프로이트의 생각에는 종교의 기원에 대한 당시의 견해, 즉 진화론이 큰 영향을 미쳤다. 진화론적 관점에서 종교를 보면 종교는 전애니미즘 → 애니미즘 → 다신론적 믿음 → 일신론적 믿음으로 진화해나간다. 여기에다 로버트슨 스미스(W. Robertson Smith)는 다른 견해를 덧붙였다. 즉 그는 종교에서 근본적인 것은 정령이나 신에 대한 믿음이라기보다 신성한 행위, 의식 및 예배라고 주장하였다. 그러므로 그는 동물숭배, 즉 토템신앙(totemism)을 최초의 종교라고 생각하였다. 씨족은 자신들이 특별한 토템—주로 동물, 나중에는 식물이나 자연현상도 토템이 되었음—과 관련되어 있다고 여기며, 심지어는 자신들이 토템의 후예들이라고 믿는다는 것이다. 토템은 두 가지 타부, 즉 살해금지, 근친상간의 금지를 갖는데 그럼에도 불구하고 일 년에 한 번씩은 토템 동물을 죽인 후 그 씨족 또는 부족의 힘을 새롭게 강화시키기 위해서 그것을 나누어 먹는 의식을 가졌다. 이 준성사적(quasi-sacramental) 토템 잔치(totem-meal)로부터 신성한 존재—처음에는 동물 형태의—에 대한 숭배와 희생제사가 나왔다.[6] 프로이트는 이러한 스미스의 견해를 전적으로 받아들였던 것이다.[7] 그의 오이디푸스 콤플렉스와 근친상간에 대한 논리가 그

---

5 Ibid., 61-62.

6 Ibid., 56-57.

7 그러나 프로이트의 종교의 기원에 대한 가설은 다음과 같이 비판받고 있다. 즉 전애니미즘 → 애니미즘 또는 토테미즘이 모든 종교의 본래 형태라는 주장은 독단적인 가정

속에 고스란히 녹아 있다.

으로 역사적으로 입증된 사실이 아니다. 모든 연구가 하나같이 확인해준 분명한 사실은 지금까지의 인류 역사상 종교의 흔적이 발견되지 않은 민족이나 부족은 하나도 없다는 것이다. 마르시아 엘리아데는 당시의 주도적인 민족학자들이 모두 "최초의 토템연회의 불합리성"을 입증했음에도 불구하고 프로이트의 『토템과 타부』가 서구의 지식인들 사이에서 그토록 성공을 거두었다는 사실에 놀라움을 표시했다. 프레이저는 수백 개의 토템 부족들 가운데 단지 네 부족만이 토템 신을 죽인 후 그 고기를 나누어 먹는 것과 유사한 의식에 대해 알고 있음을 밝혀냈다. 그리고 토테미즘이 가장 오래된 문화에서 발견되는 것도 아니기 때문에 이 의식이 희생제사의 기원이라고 볼 수도 없다(Hans Küng, 손진욱 역, 『프로이트와 신(神)의 문제』, 107-108).

참고문헌

길희성. 『포스트모던 사회와 열린 종교』. 민음사, 1994.
_____. 『마이스터 엑카르트의 영성 사상』. 분도출판사, 2003.
김상일. 『동학과 신서학』. 지식산업사, 2000.
김성민. 『분석심리학과 기독교』. 학지사, 2012.
_____. 『분석심리학과 기독교 신비주의』. 학지사, 2012.
김용옥. 『도올의 도마복음 이야기 1』. 통나무, 2008.
_____. 『기독교 성서의 이해』. 통나무, 2008.
박신·김계희 공저. 『부성 콤플렉스-분석심리학적 이해』. 학지사, 2015.
손규태. 『혁명적 신앙인들』. 한국신학연구소, 1994.
안근조. 『지혜말씀으로 읽는 욥기』. 한들출판사, 2007.
오강남. 『또 다른 예수』. 예담, 2009.
임희완. 『서양사의 이해』. 박영사, 1997.
이나미. 『융, 호랑이탄 한국인과 놀다』. 민음인, 2015.
이무석. 『정신분석에로의 초대』. 이유, 2003.
이문성. 『선불교와 분석심리학의 만남』. 집문당, 2017.
이병윤. 『정신의학 사전』. 일조각, 1990.
이부영. 『그림자』. 한길사, 2005.
_____. 『노자와 융, 도덕경의 분석심리학적 해석』. 한길사, 2015.
_____. 『분석심리학』. 일조각, 2005.

_____. 『아니마와 아니무스』. 한길사, 2004.

_____. 『자기와 자기실현』. 한길사, 2005.

_____. 『한국민담의 심층분석』. 집문당, 1995.

이상은. 『퇴계의 생애와 학문』. 서문당, 1973.

이유경. 「서양 연금술의 심리학적 의미」, 『심성연구』, 11(1,2). 1996.

_____. 「서양 중세 연금술에서의 '안트로포스Anthropos'」, 『심성연구』, 13:(1). 1-53. 1998.

_____. 『원형과 신화』. 분석심리학연구소, 2004.

이재길. 『성서 밖의 복음서』. 정신세계사, 2007.

이종훈. 「로맨티시즘」, 『서양의 지적 운동』. 지식산업사, 1997.

이죽내. 「한국신화에서 본 모성상」, 『심성연구』, 2. 89-102. 1987.

_____. 『융심리학과 동양사상』. 하나의학사, 2005.

이창재. 『니체와 프로이트』. 철학과현실사, 2000.

장덕환. 『융 심리학적 관점에서 본 이용도 목사의 꿈과 환상체험』. 한국학술정보, 2007.

_____. 『인간 없이 신은 없다』. 금풍문화사, 2010.

조효남. 『의식, 영성, 자아초월 그리고 상보적 통합』. 학수림, 2008.

주도홍. 『독일의 경건주의』. 도서출판 이레서원, 2003.

주명철. 「계몽주의」, 『서양의 지적 운동』. 지식산업사, 1997.

최민자. 『동학사상과 신문명』. 도서출판 모시는사람들, 2005.

최상진·윤호균·한덕웅·조긍호·이수원. 『동양심리학』. 지식산업사, 1999.

한남성서연구소, 이수민 편역. 『마들랜 스코펠로 영지주의자들』. 분도출판사, 2006.

Bair, D., 정영목 역. 『융』. 열린책들, 2008.

Becker, E., 김재영 역. 『죽음의 부정』. 인간사랑, 2008.

Blake W., Bruleson, 이도희 역. 『융과 아프리카』. 학지사, 2014.

Boa, F., 박현순·이창인 역. 『융학파의 꿈해석』. 학지사, 2004.

Boorstein, S., 정성덕·김익창 역. 『자아초월정신 치료』. 하나의학사, 1997.

_____., 정성덕·Luke C. Kim 편역. 『사례분석집: 자아초월적 정신치료』. 하나의학사, 2005.

Boss, M., 이죽내 역. 『정신분석과 현존재분석』. 하나의학사, 2003.

Bruch, H. 김찬형·김종주 역. 『Bruch의 정신치료 입문』. 하나의학사, 1993.

Buess, E., Mattmüller, M. 손규태 역. 『예언자적 사회주의』. 한국신학연구소, 1987.

Burleson, Blake W., 이도희 역. 『융과 아프리카』. 학지사, 2014.

Casement, A., 박현순·이창인 역. 『분석심리학의 창시자 칼 융』. 학지사, 2007.

Ehrman, Bart D., 박철현 역. 『잃어버린 기독교의 비밀』. 이제, 2008.

Franz, M. L. von., 이윤기 역. 「개성화의 과정」, 『인간과 상징』. 열린책들, 1996.

Fraser Boa, 박현순·이창인 역. 『융학파의 꿈 해석』. 학지사, 2007.

Freud, S., 김명희 역. 『늑대인간』. 열린책들, 1996.

_____., 김미리혜 역. 『히스테리 연구』. 열린책들, 1997.

_____., 김인순 역. 『꿈의 해석 (상) (하)』. 열린책들, 1997.

_____., 박성수 역. 『정신분석운동』. 열린책들, 1997.

_____., 한승완 역. 『나의 이력서』. 열린책들, 1997.

Fromm, E., 문학과 사회연구소 역. 『정신분석과 종교』. 청하, 1983.

Hoeller, Stephan A., 이재길 역. 『이것이 영지주의다』. 샨티, 2006.

Humbert, Elie G., 김유빈 역. 『C. G. 융』. 한국심리치료연구소, 2015.

Hutin, S., 황준성 역. 『신비의 지식, 그노시즘』. 문학동네, 1996.

James, W., 김재영 역. 『종교적 경험의 다양성』. 한길사, 2000.

Jung, C. G., 김성관 역. 『융 심리학과 동양종교』. 일조각, 1997.

_____., 김성환 역. 『무의식이란 무엇인가』. 연암서가, 2016.

_____., 김세영·정명진 역. 『인격은 어떻게 발달하는가』. 부글, 2016.

_____., 김세영·정명진 역. 『칼 융, 차라투스트라를 분석하다』. 부글, 2017.

_____., 김세영·정명진 역. 『아이온(Aion)』. 부글, 2016.

_____., 이은봉 역. 『종교와 심리학』. 경문사, 1980.

_____., 이윤기 역. 「무의식에의 접근」, 『인간과 상징』. 열린책들, 1996.

_____., 정명진 역. 『꿈의 분석』. 부글, 2016.

_____., 정명진 역.『정신분석이란 무엇인가』. 부글, 2015.

_____., 한국융연구원 C. G. 융 저작 번역위원회 역.『융 기본 저작집 1. 정신요법의 기본문제』. 솔출판사, 2001.

_____.,『융 기본 저작집 2. 원형과 무의식』. 솔출판사, 2002.

_____.,『융 기본 저작집 3. 인격과 전이』. 솔출판사, 2004.

_____.,『융 기본 저작집 4. 인간의 상과 신의 상』. 솔출판사, 2008.

_____.,『융 기본 저작집 5. 꿈에 나타난 개성화 과정의 상징』. 솔출판사, 2002.

_____.,『융 기본 저작집 6. 연금술에서 본 구원의 관념』. 솔출판사, 2004.

_____.,『융 기본 저작집 7. 상징과 리비도』. 솔출판사, 2005.

_____.,『융 기본 저작집 8. 영웅과 어머니 원형』. 솔출판사, 2006.

_____.,『융 기본 저작집 9. 인간과 문화』. 솔출판사, 2004.

_____., Jaffé, A., 이부영 역.『회상, 꿈 그리고 사상』. 집문당, 1996.

_____ 외., 이윤기 역.『인간과 상징』. 열린책들, 1996.

Kast, V., 원석영 역.『꿈』. 프로네시스, 2007.

Küng Hans, 손진욱 역.『프로이트와 신(神)의 문제』. 하나의학사, 2003.

Mijares, S. G., 김명식·최정윤·이재갑 역.『현대 심리학과 고대의 지혜』. 시그마프레스, 2006.

Moacanin, Radmila, 김수현 역.『융 심리학과 티베트 불교의 진수』. 학지사, 2012.

Nietzsche, Friedrich Wilhelm, 사순옥 역.『짜라투스트라는 이렇게 말했다』. 홍신문화사, 2017.

Otto, R., 길희성 역.『성스러움의 의미』. 분도출판사, 1987.

Pagels Elaine, 하연희 역.『숨겨진 복음서 영지주의』. 루비박스, 2006.

_____, 류점식·장혜경 역.『아담, 이브, 뱀』. 아우라, 2009.

Pöhlmann, H. G., 이신건 역.『교의학』. 한국신학연구소, 1997.

Richard Haug, 김윤규 역.『블룸하르트의 생애와 사상』. 한들출판사, 2002.

Robert, M., 이재형 역.『프로이트 그의 생애와 사상』. 문예출판사, 2007.

Robertson, R., 이광자 역.『융과 괴델』. 몸과마음, 2005.

Samuel, A., Shorter, B., Plaut, F., 민혜숙 역.『융분석비평사전』. 동문선, 2000.

Samuels, Andrew, 김성민·왕영희 역. 『C. G. 융과 후기 융학파』. 한국심리치료연구소, 2012.

Schelling, F. W. von., 한자경 역. 『자연철학의 이념』. 서광사, 1999.

Scopello, Madeleine, 이수민 역. 『마들렌 스코펠로 영지주의자들』. 분도출판사, 2005.

Scotton, B. W., Chinen, A. B., Battista, J. R., 김명권·박성현·권경희·김준형·백지연·이재갑·주혜명·홍혜경 역. 『자아초월 심리학과 정신의학』. 학지사, 2008.

Thompson, C., 이형영·이귀행 역. 『정신분석의 발달』. 하나의학사, 1987.

Tillich, P., 송기득 역. 『19-20세기 프로테스탄트 사상사』. 한국신학연구소, 1980.

_____., 송기득 역. 『폴틸리히의 그리스도교 사상사』. 한국신학연구소, 1986.

_____., 김경수 역. 『문화의 신학』. 대한그리스도교서회, 1987.

Vanier, A., 김연권 역. 『정신분석의 기본원리』. 솔출판사, 1999.

Walker, Steven F., 장미경·이미애·이상희·채경선·홍은주 역. 『융의 분석심리학과 신화』. 시그마프레스, 2012.

Wehr, G., 한미희 역. 『카를 융 — 생애와 학문』. 까치, 1998.

Whitehead, A. N., 김용옥 역. 『이성의 기능』. 통나무, 1998.

Wilber, K., 김철수 역. 『아이 투 아이』(Eye to Eye). 대원출판사, 2004.

_____., 김철수 역. 『무경계』. 무우수, 2008.

_____., 박정숙 역. 『의식의 스펙트럼』. 범양사, 2008.

_____., 조효남 역. 『감각과 영혼의 만남』. 범양사, 2007.

루이 꼬르망, 김웅권 역. 『깊이의 심리학자 니체』. 도서출판 어문학사, 1996.

미국정신분석학회 편, 이재훈 외 역. 『정신분석 용어사전』. 한국심리치료연구소, 2002.

井上良雄, 田鏑潤 역. 『하나님 나라의 證人, 블룸하르트 父子』. 설우사, 1991.

Avens, Roberts. The Image of the Devil in C. G. Jung's Psychology. *Journal of Religion and Health*. Vol. 16, No. 3, 196-222., 1977.

Aziz, Robert. *C. G. Jung's Psychology of Religion and Synchronicity*. State University of New York Press, Albany, 1990.

Bair, D. *Jung: A Biography*. Little, Brown and Company, NY., 2003.

Barnum, B. S. Why Freud and Jung Can't Speak: A Neurological Proposal. *Journal of Religion and Health.* Vol. 45, No. 3, 346-358., 2006

Becker, E. *The Denial of Death.* The Free Press, A Division of Macmillan Publishing co., Inc. New York, 1973.

Bernfeld, S., Bernfeld, S. C. Freud's early childhood. In Freud as We Knew Him, ed. H. M. Ruitenbeek. Detroit: Wayne State University Press, 1973.

Boorstein, S. *Transpersonal Psychotherapy.* University of New York Press, Albany, 1996.

Carotenuto, Aldo. *Eros and Pathos.* Inner City Books, Toronto, Canada, 1989.

Charet, F. X. *Spiritualism and the Foundations of C. G. Jung's Psychology.* State University of New York Press, Albany, 1993.

Douglas, William. The Influence of Jung's Work: a critical comment. *Journal of Religion and Health.* Vol. 1, No. 3, 260-272, Apr. 1962.

Dourley, J. P. *The Illness That We are.* Inner City Books, Toronto, Canada, 1984.

_____. Jung, Tillich, and Aspects of Western Christian Development. Jung and christianity in Dialogue Edited by Robert Moore and Daniel J. Meckel, Paulist Press, New York, 1990.

_____. *A Strategy for A Loss of Faith.* Inner City Books, Toronto, Canada, 1992.

_____. "Revisioning Incarnation: Jung on the Relativity of God." 『심성연구』 16(1), 1-33., 2001.

Edinger, E. F. *The Creation of Consciousness.* Inner City Books, Toronto, Canada, 1984.

_____. *Encounter with the Self.* Inner City Books, Toronto, Canada, 1986.

_____. *The Christian Archetype.* Inner City Books, Toronto, Canada, 1987.

_____. *Transformation of the God-Image: An Elucidation of Jung's Answer to Job.* Inner City Books, Toronto, Canada, 1992.

_____. *The Mystery of The Coniunctio.* Inner City Books, Toronto, Canada, 1994.

_____. *The Mysterium Lectures.* Inner City Books, Toronto, Canada, 1995.

_____. *The Aion Lectures.* Inner City Books, Toronto, Canada, 1996.

_____. *The Psyche in Antiquity 1*. Inner City Books, Toronto, Canada, 1999.

_____. *The Psyche in Antiquity 2*. Inner City Books, Toronto, Canada, 1999.

_____. *Ego and Self*. Inner City Books, Toronto, Canada, 2000.

Ellenberger, H. F. *The Discovery of the Unconscious*. Basic Books, Publishers, New York, 1970.

Ellwood. Jr., R. S. *Mysticism and Religion*. Prentice-Hall, Englewood Clifts, New Jersey, 1980.

Erikson, Erik H. Themes of Adult Conflict in Freud's Correspondence with Fliess and Jung. *Bulletin of the Americal Academy of Arts and Sciences*. Vol. 31, No. 1, Oct., 1977.

Freud, M. *Sigmund Freud: Man and Father*. New York, Vanguard, 1958.

Freud, S. *A childhood memory of Goethe*. Standard Edition 17., 1917.

Fuller, A. R. *Psychology & religion: Eight points of view*. Rowman & Littlefield Publishers, Inc., London, England, 1994.

Gay, Volney P. Against Wholeness: the Ego's Complicity in Religion. *Journal of the American Academy of Religion*. Vol. 47, No. 4, 539-555, Dec. 1979.

Hall, James A. *Jungian Dream Interpretation*. Inner City Books, Toronto, Canada, 1983.

Hoeller, S. A. *The Gnostic Jung and the Seven Sermons to the Dead*. The Theosophical Publishing House Wheaton, Illinois, 1994.

Hogenson, G. B. *Jung's Struggle with Freud*. Chiron Publications, Wilmette, Illinois, 1994.

Hollywood, Amy. *The Soul as Virgin Wife*. University of Notre Dame Press, Notre Dame and London, 2001.

Jacoby, Mario. *The Analytic Encounter*. Inner City Books, Toronto, Canada, 1984.

Journal of Analytical Psychology. Volume II, Issue 2, 195-206, July, 1957.

James, William. *The Varieties of Religious Experience*. Longmans, Green and Company, 1929.

Jung, C. G. *Letters*. Vol. 1., Princeton, Princeton University Press, 1975.

_____. *Letters*. Vol. 2., Princeton, Princeton University Press, 1975.

_____. *Collected Works of C. G. Jung (CW)*. Vol. 6., Translated by R. F. C. Hull,, Princeton University Press, Princeton, New Jersey, 1978.

_____. *Collected Works of C. G. Jung*. Vol. 7., Lowe & Brydone Printers Limited Thetford, Norfolk, 1977.

_____. *Collected Works of C. G. Jung*. Vol. 8., Princeton University Press, 1969.

_____. *Collected Works of C. G. Jung*. Vol. 9. part I., Bollingen Series XX, Princeton University Press, 1969.

_____. *Collected Works of C. G. Jung*. Vol. 9. part II., Unwin brothers Limited The Gresham Press, Old Working, Surrey, England, 1968.

_____. *Collected Works of C. G. Jung*. Vol 11., Princeton University Press, 1969.

_____. *Collected Works of C. G. Jung*. Vol. 15., Bollingen Series XX, Princeton University Press, 1966.

_____. *Collected Works of C. G. Jung*. Vol. 16., Princeton University Press, 1966.

_____. *Collected Works of C. G. Jung*. Vol. 17., Bollingen Series XX, Princeton University Press, 1974.

_____. *Collected Works of C. G. Jung*. Vol. 18., Princeton University Press, 1976.

_____, Jaffé, A., Winston, Richard and Clara. *C. G. Jung Memories, Dreams, Reflections*. Fontana Press, Hammersmith, London, 1995.

_____. *The Red Book*. Liber Novus, W. W. Norton & Company New York · London, 2009.

Küng, Hans. *Freud and The problem of God*. New Haven and London Yale University Press, 1990.

Louth, A. *The Origins of the Christian Mystical Tradition*. Oxford University Press, New York, 1990.

Margolis, D. P. *Freud and His Mother*. Jason Aronson Inc., Northvale, New Jersey, London, 1996.

McGuire, W. *The Freud/Jung Letters.* Princeton University Press. Princeton, New Jersey, 1994.

Moore, Robert and Meckel, Daniel J. *Jung and christianity in Dialogue.* Paulist Press, New York, 1990.

Nathan Schwartz-Salant. *The Mystery of Human Relationship.* Routledge, London and New York, 2009.

Nelson James M. *Psychology, Religion, and Spirituality.* Springer, New York, 2009.

Palmer, M. *Freud and Jung on Religion.* Routledge, London and New York, 1997.

Paloutzian, R. F. *Invitation to the Psychology of Religion.* 2nd Ed. Boston etc., Allyn and Bacon, 1996.

Parsons, W. B. *The Enigma of the Oceanic Feeling.* Oxford University Press, Inc., 1999.

Pennachio, John. Gnostic Inner Illumination and Carl Jung's Individuation. *Journal of Religion and Health.* Vol. 31, No. 3, 237-245, Fall. 1992.

Robinson, J. M. *The Nag Hammadi Library in English.* Harper San Francisco, 1990.

Rudolph, Kurt. *Gnosis: The Nature & History of Gnosticism.* Harper San Francisco, 1987.

Samuels, Andrew. *Jung and The Post-Jungians.* Routledge Taylor & Francis Group, London and New York, 1985.

Sedgwick, David. "Answer to Job" Revisited: Jung on the Problem of Evil. *The San Francisco Jung Institute Library Journal.* Vol. 21, No. 3, 5-21. 2002.

Shamdasani, S. From Geneva to Zurich: Jung and French Switzerland. *The Journal of Analytical Psychology.* 43: 115-126., 1998.

Spiegelman, J. Marvin and Miyuki, Mokusen. *Buddhism and Jungian Psychology.* New Falcon Publications Tempe, Arizona, U.S.A., 1994.

Stein, Murry. *Transformation Emergence of the Self.* Texas A&M University Press, College Station, 1998.

Walsh, R. and Vaughan, F. E. "Comparative Models of the Person and Psychotherapy." *Transpersonal Psychotherapy.* 2nd Ed., Edited by Seymour Boorstein. State

University of New York Press, Albany, 1996.

White, V. *God and the Unconscious.* Henry Regnery, Chicago, 1953.

_____. *Soul and Psyche.* Harper & Brothers, New York, 1960.

Williams, Mary. The Indivisibility of the Personal and Collective Unconscious. *Journal of Analytical Psychology.* Vol. 8, Issue1, 45-50., 1963.

Williams, M. A. *Rethinking "Gnosticism."* Princeton University Press, 1999.

Wittels, F. *Sigmund Freud.* London: Allen & Unwin, 1934.

Wulff, D. M. *Psychology of Religion Classic and Contemporary.* 2nd Ed. New York etc., John Wiley & Sons, Inc., 1997.

C. G. 융과 기독교
융 심리학으로 재해석하는 기독교 정신

Copyright ⓒ 장덕환 2019

1쇄 발행 2019년 4월 12일

지은이	장덕환
펴낸이	김요한
펴낸곳	새물결플러스
편 집	왕희광 정인철 박규준 노재현 한바울 정혜인 이형일 서종원 나유영 노동래
디자인	이성아 이재희 박슬기 이새봄
마케팅	박성민 이윤범
총 무	김명화 이성순
영 상	최정호 조용석 곽상원
아카데미	차상희
홈페이지	www.holywaveplus.com
이메일	hwpbooks@hwpbooks.com
출판등록	2008년 8월 21일 제2008-24호
주 소	(우) 07214 서울특별시 영등포구 양평로 11, 4층(당산동5가)
전 화	02) 2652-3161
팩 스	02) 2652-3191

ISBN 979-11-6129-106-2 03230

책값은 뒤표지에 있습니다.

이 도서의 국립중앙도서관 출판예정도서목록(CIP)은 서지정보유통지원시스템 홈페이지(seoji.nl.go.kr)와 국가자료공동목록시스템(nl.go.kr/kolisnet)에서 이용하실 수 있습니다. CIP2019010915